KB053680

전쟁과 극장
전쟁으로 본 동아시아
근대극장의 문화정치학

글쓴이

이상우 李相雨, Lee, Sang Woo_고려대학교 국어국문학과 교수
오명선 吳明善, Oh, Myeong Seon_고려대학교 중어중문학과 박사과정 수료
이주영 李柱咏, Yi, Joo Young_서울과학기술대학교 강사
윤진현 尹振賢, Youn Jin Heon_인하대학교 강사
양근애 梁槿愛, Yang, Geun Ae_서울대학교 강사
백두산 白斗山, Baek, Doo San_홍익대학교 강사
이승희 李承姬, Lee, Seung Hee_고려대학교 민족문화연구원 HK연구교수
문경연 文京連, Moon Kyoung Yeon_동국대학교 다르마칼리지 강의초빙교수
이민영 李旼映, Lee, Min Yeong_경북대학교 강사
이화진 李和眞, Lee, Hwa Jin_인하대학교 한국학연구소 HK연구교수
장동천 張東天, Zang, Dong Chion_고려대학교 중어중문학과 교수
이복실 李福實, LI FUSHI_고려대학교 국어국문학과 박사과정 수료
배선애 裵善愛, Bae, Seon Ae_성균관대학교 학부대학 초빙교수
와타나베 나오키 渡辺直紀, Watanabe Naoki_무사시武蔵대학교 교수
정명문 鄭明文, Jeong, Myung Mun_고려대학교 강사

문화동역학라이브러리 21

전쟁과 극장

전쟁으로 본 동아시아 근대극장의 문화정치학

초판1쇄발행 2015년 8월 20일
초판2쇄발행 2016년 7월 10일
글쓴이 이상우 외 **펴낸이** 박성모 **펴낸곳** 소명출판 **출판등록** 제13-522호
주소 서울시 서초구 서초중앙로6길 15, 1층
전화 02-585-7840 **팩스** 02-585-7848 **전자우편** somyong@korea.com **홈페이지** www.somyong.co.kr

값 41,000원

ISBN 979-11-86356-07-4 94680
ISBN 978-89-5626-851-4 (세트)

이 책은 2007년 정부(교육과학기술부)의 재원으로 한국연구재단의 지원을 받아 수행된 연구임(NRF-2007-361-AL0013).

고려대학교 민족문화연구원
문화동역학 라이브러리 21

전쟁과 극장

전쟁으로 본 동아시아 근대극장의 문화정치학

East Asian War and Theater :
Cultural Politics of the Modern Theaters through War in East Asia

이상우 오명선 이주영 윤진현 양근애 백두산 이승희 문경연
이민영 이화진 장동천 이복실 배선애 와타나베 나오키 정명문

문화동역학 라이브러리 문화는 복합적이고 역동적인 구성물이다. 한국 문화는 안팎의 다양한 갈래와 요소가 상호작용하는 과정을 통해 끊임없이 변화해왔고, 변화해 갈 것이다. 고려대학교 민족문화연구원이 주관하는 이 총서는 한국과 그 주변 문화의 복합적이고 역동적인 양상을 추적하고, 이를 통해 한국 문화는 물론 인류 문화에 대한 새로운 통찰과 그 다양성의 증진에 기여하고자 한다. 문화동역학(Cultural Dynamics)이란 이러한 도정을 이끌어 가는 우리의 방법론적인 표어이다.

소명출판

책머리에

『전쟁과 극장－전쟁으로 본 동아시아 근대극장의 문화정치학』은 고려대학교 민족문화연구원의 HK(인문한국) 한국문화연구단 산하 '근대극장의 문화정치학과 동아시아' 기획연구팀이 2013년 초부터 2년간에 걸친 공동연구를 통해 얻게 된 결과물이다. 2011년 초에 출범한 이 기획연구팀은 각각 국문학, 중문학, 일본학 등을 학문적 영역으로 삼으면서 연극, 영화, 대중연예, 문화연구 등에 관심을 가진 학자들로 구성되어 있는데, 학계의 고질적인 칸막이 나누기식 분과적 학문 활동을 지양하고 학문간 횡단과 융합의 생산적 담론장場을 열어보자는 취지에서 '동아시아 근대극장과 문화정치학'이라는 주제를 중심으로 연구모임을 결성하게 된 것이다. 이러한 취지는 단지 학제적 연구의 중요성에 대한 인식을 의미하는 차원을 넘어서 20세기 한국, 중국, 일본의 근대문화 / 예술의 현상을 깊이 탐구하려면 국민국가의 경계를 초월하여 동아시아라는 관점에서 트랜스내셔널trans-national한 인식을 획득하지 않으면 안 된다는 절실한 이해를 함께 공유하였기 때문이었다.

우리는 2011년 초부터 2년간의 월례세미나와 심포지엄의 결과를 모아 2013년 5월에 첫 성과물로서 『월경越境하는 극장들』이라는 단행본을 이미 출간한 바 있다. 첫 번째 책은 매우 뜻깊은 학문적 결실이었지만 몇 가지 아쉬움도 있었다. 첫째, 동아시아 극장을 둘러싼 문화현상과 예술에 대한 공동연구의 주제를 동아시아 근대극장의 '횡단'과 '월경'이라는 당위론적 개념에서 그 외연을 크게 확장시키지 못한 점. 둘째, 결과적으로 9명의 연구자들의 글만 수록함으로써 구성원들의 폭넓고 깊이 있는 연구역량을 보다 풍부하게 담아내지 못한 점 등은 다소 애석한 부분이었다. 그러한 점에서 이번에 출간하는 단행본 『전쟁과 극장－전쟁으로 본 동아시아 근대극장의 문화정치학』은 이러한 아쉬움을 조금이나마 털어내게 되었다는 점에서 다행스럽게 생각한다. 우선, '전쟁'이라는 명료한 주제를 통해 20세기 동아시아의 근대 전쟁이라는 시점에 나타난 '동원動員된 극장', '전쟁戰爭하는 극장'의 단면을 분석해봄으로써 근대국민국가와 극장이라는 문화장場 사이의 은폐된 동화와 협력 이면에 숨겨진 첨예한 갈등과 긴장의 균열들을 살펴볼 수 있다는 점이다. 이러한 점들을 다채롭고 흥미진진한 주제를 지닌 15편의 글들을 통해 접해본다는 것은 매우 즐거운 일이 아닐 수 없다.

이 책은 모두 3부 15장으로 구성되어 있다. 1부, '주체의 표상, 혹은 주체의 자기서사화'에는 모두 6편의 글이 실려 있다. 전시戰時 극장과 무대에서 과연 전쟁은 어떠한 표상으로 텍스트를 통해 재현되는가 하는 점에 관심을 가진 글들이라고 할 수 있다. 이상우의 글 「파시즘과 민족사 이야기」는 중일전쟁 이후 식민지 조선 연극계에 나타난 역사극의 열풍 현상을 분석하면서 그 텍스트 이면에 나타난 '지나화'(중국 비하)의 표상들이 중일전쟁과 극장의 관계를 어떻게 재설정하고 있는지에 대해 제시하고 있다. 오명선의 글 「점령지 상하이 사람의 자화상 그리기」는 일본에 의해 점령된 이른바 '고도孤島'시기 상하이의 대중극이 민족적 텍스트로 독해될 수 있었던 전시 상하이 연극계의 특수상황에 대해 리젠우의 번안극을 통해 살펴보고 있다. 이주영의 글 「결혼이라는 불온한 제도」

는 태평양전쟁기의 국민연극경연대회 참가작품들에 나타난 내선결혼 모티브를 분석함으로써 텍스트 표면의 내선일체 이데올로기와 심층의 순혈적 종족주의간의 모순적 충돌과 균열의 양상을 강조하고 있다.

윤진현의 글 「항일 조선인 병사의 연극」은 중국에서 항일활동을 펼친 조선인 병사들이 진중에서 직접 창작하고 공연한 진중 항일연극에 관해 살펴본 것인데, 특히 여러 자료들을 통해 일본 학병에 탈출하여 독립군에 가담했던 김준엽, 장준하 등이 창작한 연극 〈광명의 길〉의 내용을 재구한 부분이 주목을 끈다. 양근애의 글 「두 개의 조선, 혁명과 전쟁 사이」는 남궁만이 해방 직후에 창작한 역사극 〈홍경래〉를 분석한 것인데, 남궁만은 이 작품에서 홍경래의 난을 평안도 농민전쟁으로 재해석함으로써 계급적 관점을 드러냈을 뿐만 아니라 서북 출신 홍경래의 혁명영웅 만들기를 통해 서북인의 이상적 공동체를 구현하고자 기도했던 재북在北작가 남궁만 자신의 정치적 의도 또한 내포되어 있다고 보았다. 백두산의 글 「월경과 전향 사이」는 박현숙의 희곡 〈사랑을 찾아서〉가 분단과 전쟁의 시기에 체제를 넘어 월경과 전향을 선택한 이들의 실존적 고뇌에 대해 다루고 있는데, 그것이 1965년에 개작되면서 어떻게 실존적 고뇌의 양상이 희석되고 반공텍스트로 전화되는지에 대해 분석하고 있다.

2부, '非 / 常時의 문화정치학'에는 모두 4편의 글을 실었다. 여기에서는 주로 식민지 조선의 극장을 둘러싼 제도, 미디어, 극단, 공연양식 등에 관해 다루고 있다. 이승희 글 「전시체제기 연극통제시스템의 동원정치와 효과」는 중일전쟁과 태평양전쟁 시기를 거치면서 일제에 의해 과거보다 한층 강화된 연극 검열과 통제제도가 어떻게 형성되고 안착되어 가며 그 내면의 미시정치학은 어떤 양상을 보이는지에 대해 분석하였다. 문경연의 글 「『文化朝鮮』(1939~1944)의 미디어 전략과 제국의 디스플레이」는 일제 말기 일본여행협회 조선지부에서 간행한 일본어잡지 『文化朝鮮』에 나타난 연극, 영화 관련 기사들을 분석하여 이 잡지가 식민지 조선 극장의 공연물 / 상영작들에 대한 소개를 통해 제국의 시선에서 식민지 조선을 전시하고자 한 미디어 기획과 전략의 한 단면에 관해 살펴보았다. 이민영의 「극단 낭만좌, 좌파 연극인들의 존재방식」은 프로연극운동 극단 신건설사 해산 이후에 좌익연극인들이 전시체제기라는 특수한 연극통제 상황 하에서 극단 낭만좌라는 공간을 통해 어떻게 운신해 가는가에 대해 분석한 글이다. 이화진의 글 「전쟁과 연예」는 전시체제기 경성 흥행가에서 어트랙션이라고 불리는 막간연예물이 선풍적인 인기를 모은 현상이 서양영화의 수입제한 조치에 따라 그 대체오락물로 양성된 측면이 있고 제국 일본의 흥행자본과 경성의 극장들이 네트워크를 구축하면서 해외의 막간연예물이 수입, 상연되는 현상까지 벌어지게 된 양상에 대해 다루고 있다.

3부, '극장의 이동, 문화의 접변'은 '만주국'과 '이동移動하는 극장들'이라는 키워드에 초점을 맞추고 있는 5편의 글들로 구성되어 있다. 장동천의 글 「철로와 부속지가 형성한 중국 동북지역의 초기 영화문화」는 동아시아의 초국超國적 공간 만주지역에 러시아와 일본에 의해 철로가 건설되고 그 부속지에 도시가 형성되면서 근대 도시문화 현상으로서 극장이 설립되고 초超민족적 영화 관객층이 형성되는 양상에 대해 분석하였다. 이복실의 「일제 말기 조선 극단의 만주 순회공연」은 전시체제기 조선 극단의 만주 순회공연의 이동 경로와 공연장, 공연작품들, 그리고 그들을 감독, 통제했던 『만선일보』와 만주연예협회와의 관계

등에 대해 살펴본 글이다. 배선애의 글 「동원된 미디어, 전시체제기 만담부대와 만담가들」은 전시체제기 전장과 후방을 이동하며 만담이라는 오락을 통해 위문과 선전 임무를 수행한 '인간 미디어'로서의 만담가와 만담부대의 활약상을 탐구한 것으로서 전시연예오락물의 특수한 단층을 보여주는 흥미로운 사례라고 할 수 있다. 와타나베 나오키의 글 「만영영화의 하얼빈 표상」은 '만영滿映의 스타' 리코란李香蘭의 마지막 만영 출연작이자 이색적인 뮤지컬영화 〈나의 꾀꼬리〉(1944)가 하얼빈을 배경으로 러시아인의 가정에 양녀로 자란 일본 여성의 민족융합 서사를 어떻게 재현하고 있는지를 분석한 것이다. 정명문의 「전시의 극장, 선동과 공감의 매개체」는 한국전쟁기에 인공人共 치하에서 이루어진 북한의 선전 공연예술의 다양한 양상들을 다루었는데, 공식적인 의례, 의식의 장에 동원된 공연예술의 양태들, 그리고 이동연예대나 공작대에 의한 소규모 조직의 선전예술들에 대해 분석한 글이다.

이러한 공동연구의 성과물은 우리 기획연구팀이 수행한 2년간의 지속적인 월례세미나와 심포지엄, 워크숍을 통해 산출된 것이다. 우리가 그동안 이러한 연구 작업에 전념할 수 있었던 것은 순전히 고려대학교 민족문화연구원의 후의와 지원에 의한 것이었음은 말할 나위도 없다. 고려대학교 민족문화연구원의 전임 최용철 원장님과 신임 조성택 원장님께 먼저 감사의 인사를 드린다. 그리고 언제나 많은 배려를 아끼지 않고 도와준 이형대 부원장님께도 고마운 마음을 전한다. 끝으로 훌륭한 책을 만들어주신 소명출판의 박성모 사장님과 공홍 부장님을 비롯한 편집부 직원께도 감사 인사를 드리고 싶다.

2015년 7월 초여름에 이상우

차례

—1부—

주체의 표상, 혹은 주체의 자기서사화

파시즘과 민족사이야기
일제 말기 역사극이 '민족'을 기억하는 방식
이상우

점령지 상하이 사람의 자화상 그리기
리젠우李健吾의 번안극 〈진샤오위金小玉〉에
숨겨진 의미
오명선

결혼이라는 불온한 제도
일제 말기 국민연극에 나타난 결혼
이주영

항일 조선인 병사의 연극
윤진현

두 개의 조선, 혁명과 전쟁 사이
남궁만 〈홍경래〉(1947)의 전후
양근애

월경과 전향 사이
박현숙 희곡 〈사랑을 찾아서〉(1960) 연구
백두산

파시즘과 민족사이야기

일제 말기 역사극이 '민족'을 기억하는 방식

이상우

1. 파시즘체제와 역사극이라는 표현공간

1937년 중일전쟁의 발발을 계기로 식민지 조선은 이른바 파시즘체제에 돌입하게 된다. 1938년 제3차 조선교육령의 발표에 따라 조선어 사용금지를 전제로 하는 '國語(일본어)常用' 정책이 추진되고, 부족한 병력을 충당하기 위한 '지원병 제도'가 실시된다. 1941년 12월 태평양 전쟁이 발발하면서 지원병 제도는 '징병제'로 전환되기에 이른다. 급박한 시국의 전개에 따라 문화계의 양상도 더욱 경색되어갔다. 『조선일보』, 『동아일보』를 비롯한 민족 신문과 문예지가 모두 폐간되고, 유일한 문학잡지로 『국민문학』이 남았으나 그나마 일본어 잡지로 전환되었다. 영화와 연극 분야에서도 '國語常用'이 강요되는 상황에 이르렀다. 1940년 12월에 "연극의 건전한 발달과 질적 향상을 꾀하여 문화의 새로운 건설에 공헌"하고, "경무국의 통제 아래 연극인의 행동과 사업을 단결하기" 위해 '조선연극협회'가 결성되면서 연극의 통제와 검열은 더욱 강화되었다.[1]

이러한 문화 환경 속에서 현실reality을 소재로 다룬 연극작품이 창작되는 것은 매우 어려운 일이었다. 파시즘체제가 도래하자 극작가들은 검열의 제약이 강한 현실소재로부터 도피하여 다른 표현의 공간에서 돌파구를 모색하게 되었으니 역사극은 하나의 뚜렷한 대안이 될 수 있었다. 통제되고 억압적인 극작의 환경에서 역사라는 소재는 '신세계新世界'일 수 있었다. 극단들이 현실소재의 고갈로 인해 심각한 '각본난脚本難'을 겪고 있는 실정에서 역사극은 가뭄의 단비 같은 것이었다. 실제로 1930년대 후반 이후 심각한 각본난은 역사극이 발흥하는 데 중요한 원인을 제공하였다.[2] 극작가 겸 평론가 김영수金永壽는 연극계의 역사극 공연 범람의 원인을 다음과 같이 분석하였다.

> 우선 **기일其一**은 늘 그것이 그것 같은 **大衆物에 이미 권태를 느끼기 시작한 관객**을 다시금 새로운 무엇으로든지 붙잡자는 야심일 것이고,
>
> **기이其二**는 **자료의 빈곤과 생산과잉**으로부터 온 **作家的 疲勞**로부터 일시 휴양休養을 하자면 그릇된 심산이었을 것이고, **기삼其三**은 **극단과 극단 사이에 일어난 경쟁심리**에서였을 것이다.
>
> 여하튼 이상의 어느 것이든지 또는 이상의 아무런 이유에서가 아니든지

---

1 『매일신보』, 1940.12.23.
2 金永壽, 「演劇時評」, 『文章』, 1940.7.

오늘의 극작가가 피로를 느끼고 있는 것만은 숨길 수 없는 사실이다.

그러나 극작가가 피로해서 〈김옥균〉이 나왔고, 〈김삿갓〉이 나왔다는 말이 아니다. 여기서 **疲勞했다는 것은 肉體가 아니고 思想이다. 思索**이다.[3] (강조는 인용자)

김영수金永壽는 1940년 무렵 연극계의 역사극 열풍의 원인으로, ① 기존 대중물에 식상해진 관객에게 새로운 대안의 필요, ② 생산과잉으로 상상력이 고갈된 작가에게 새로운 돌파구의 요청, ③ 사극이라는 새로운 영역을 놓고 극단 간에 이루어진 경쟁심리 등이 원인이라고 분석하였다. 어찌 되었던 결론적으로 당시 역사극은 극단이나 극작가, 관객들에게 있어서 연극계의 한계상황을 극복할 수 있는 '새로운 영역'으로 인식되었던 것이다. 그러나 김영수가 역사극 열풍의 본질적 원인으로 '극작가의 사상적 피로'를 지목한 점에 유의할 필요가 있다. 왜 극작가는 사상적으로 피로감을 느낄 수밖에 없었는가. 그리고 그것이 왜 역사극을 쓰게 된 동기가 되었는가. 극작가들은 현실 소재로 연극통제를 피하는 데 한계를 느꼈을 터이고 새로운 창작의 돌파구가 필요했을 것이다. 게다가 기존 대중물에 식상해진 관객에게 연극의 새로운 대안을 제시할 필요가 있었다. 극작가들은 사상적 피로감으로부터 과거로 도망쳤고, 거기서 역사극이라는 새로운 영토를 발견했다. 역사극에 대해 관객들이 긍정적인 반응을 보이자 극단들은 이 '신개지新開地'를 놓고 경쟁을 벌이기 시작했던 것이다.

---

3 김영수, 「歷史物의 대두」, 『朝光』, 1940.8, 111쪽.

1930년대 후반에서 1940년대 전반까지 극작가에게 있어서 역사극은 신천지였다. 첫째, 현실소재에 비해 상대적으로 창작의 표현 공간이 넓었다는 점. 둘째, 과거의 역사인물을 등장시킴으로써 자연스럽게 관객에게 민족이야기로 비쳐질 수 있었다는 점이다. 이 두 가지는 모두 극작가에게 성공과 흥행을 보장해줄 수 있는 요소들이었다. 국책에 부합하는 현실소재 이야기라는 것은 억지스런 계몽성의 과잉으로 작품성을 훼손할 뿐만 아니라 자칫하면 따분한 교훈담으로 흘러 관객을 잃을 수도 있기 때문이다. 반면, 역사이야기는 '지금 이곳here and now'의 이야기를 그린 것이 아니고 먼 과거의 이야기를 다루기에 통제와 검열의 잣대가 그만큼 관대한 점이 있어서 비교적 자유롭게 표현할 수 있고, 역사인물을 등장시킴으로써 자연스럽게 과거 민족이야기를 통해 관객의 민족적 심성을 자극할 수 있었다. 결과적으로 관객들은 '역사극 = 민족이야기'로 인식하게 되었고, 민족이야기에 굶주려있던 식민지 조선의 관객에게 그것은 망국민의식을 달래는 또 하나의 감성적 서사가 될 수 있었다. 식민지시대에 지식인의 계몽 욕망과는 달리 실제 극장을 지배했던 것은 통속성이었으며, 관객들은 그들의 욕망과 호기심, 자극적 갈등을 충족하기 위해 극장을 찾았던 것이다.[4] 그러한 관객에게 역사극은 또 하나의 대중극일 수 있었다. 그것은 오랫동안 굶주렸고 갈망했던 민족이야기를 듣고 볼 수 있는 공간이었고, 현실소재 이야기의 따분하고 경직된 시국강연 같은 대사를 듣지 않아도 되는 공간이었기 때문이다. 역사극의 대중성은 이러한 점에서 비롯되었다.

---

4 이종대, 「근대의 헤테로토피아, 극장」, 『상허학보』 제16집, 상허학회, 2006, 195~198쪽.

실제로, 1930년대 후반부터 8·15해방 직전까지 공연계에서 가장 인기를 끈 레퍼토리들은 대체로 역사극 장르였다. 그중에서 최고의 인기 공연 레퍼토리는 〈춘향전〉이었다. 〈춘향전〉은 1930년대 중반 이후 연극, 창극, 악극 등 다양한 형태를 통해 매년 지속적으로 공연되었다. 심지어 그 공연은 태평양전쟁이 격심하게 벌어지는 식민지 말기까지 꾸준히 이어졌다. 일본의 대표적인 가부키歌舞技 명작 레퍼토리 〈추신구라忠臣藏〉는 아무리 불경기라고 해도 상연하면 바로 만원 관객을 이룬다고 해서 즉효성이 강한 약이라는 의미로 '독삼탕獨蔘湯'이라고 부르는데,[5] 이 일본의 〈추신구라〉에 비견되는 한국의 고전 명작이 바로 〈춘향전〉인 것이다. 〈춘향전〉이 이끈 역사극의 열풍은 8·15해방까지 꾸준히 이어졌는데, 그 작품목록은 다음과 같다.

장혁주 〈춘향전〉(동경 신협극단, 1938)★

임선규 〈사비수와 낙화암〉(청춘좌, 1939, 1943)★

박향민 〈낙랑공주〉(낭만좌, 1939)

송영 〈김옥균전〉(호화선, 1940)

김건 〈김옥균전〉(청춘좌, 1940)

송영 〈김삿갓〉(조선무대, 1940 / 조선악극단, 1944)★

현진건 원작, 함세덕 각색 〈무영탑〉(고협, 1940, 1944)★

유치진 〈개골산〉(고협, 〈마의태자와 낙랑공주〉으로 改名, 1941, 1943)★

임선규 〈동학당〉(아랑, 1941)

---

5 가와다케 도시오河竹登志夫, 최경국 역, 『가부키歌舞技』, 창해, 2006, 37쪽.

서항석 〈견우와 직녀〉(콜롬비아악극단, 1941 / 반도가극단, 1944, 1945)

이동규 〈낙랑공주〉(신향악극단, 1941)

박영호 〈이차돈〉(성군, 1941, 1942)★

김건 〈불국사의 비화〉(청춘좌, 1943)★

함세덕 〈어밀레종〉(현대극장, 성보악극단, 1943 / 반도가극단, 1944 / 현대극장, 1944, 1945)★

이태준 원작, 박영호 각색, 〈왕자 호동〉(아랑, 1943, 1944)★

조천석 〈무장선 셔멘호〉(현대극장, 1944)

오영진 〈맹진사댁 경사〉(태양, 1944)

함세덕 〈낙화암〉(현대극장, 1944)★

채정근 〈화랑도〉(반도가극단, 1944)

김아부 〈일목장군〉(동일창극단, 1944)

김건 〈김유신전〉(동일창극단, 1944, 1945)★

송영 〈신사임당〉(청춘좌, 1945)

박영호 〈김옥균의 사〉(성군, 1945)

서항석 〈은하수〉(반도가극단, 1945)★

이것은 1930년대 후반부터 8·15해방 직전까지 상연된 역사극을 공연 중심으로 열거해 본 것이다. 〈춘향전〉은 워낙 많이 공연되어서 각별한 의미를 갖는 장혁주의 것만 표기하고 나머지는 제외하였다. 여기서 ★표는 여러 차례 상연된 바 있는 인기 있는 공연 레퍼토리라고 할 수 있다. 작가가 다른 두 편의 〈김옥균전〉과 박영호의 〈김옥균의 사〉도 결국 동일한 인물의 소재를 갖고 쓴 역사극이므로 '김옥균 이야기'

자체를 ★표로 분류할 수 있을 것이다. 위의 목록을 ★표의 인기 역사극 레퍼토리들을 중심으로 살펴보면, 〈춘향전〉, 〈김삿갓〉, 〈김옥균전〉 정도를 제외하고 대부분의 작품들이 고대사古代史를 소재로 한 작품이라는 사실을 알 수 있다. 고구려(〈왕자 호동〉), 백제(〈사비수와 낙화암〉, 〈낙화암〉), 신라(〈이차돈〉, 〈무영탑〉, 〈개골산〉, 〈어밀레종〉, 〈불국사의 비화〉, 〈김유신전〉) 등 고대 삼국의 이야기가 일제 말기 역사극 소재의 주종을 이루고 있음을 알 수 있다. 특히 신라를 소재로 한 작품이 가장 많은 것이 눈에 띤다. 여기에 〈춘향전〉, 〈김삿갓〉, 〈김옥균전〉 등 '이조李朝'(조선시대)이야기를 배경으로 한 역사극들이 또 하나의 흐름을 이루고 있다. 이는 환언하면 고대사이야기와 '이조'이야기가 일제 말기 역사극의 양대兩大 소재를 이룬다고 할 수 있는 것이다.

그렇다면, 당대의 연극 관객들은 왜 고대사이야기를 '이조'이야기보다 더 좋아했으며, 그 이유는 무엇일까. 우선, 신라를 중심으로 한 고대사이야기의 핵심은 무엇일까. 요약하면, 그것은 고대민족이야기에 대한 향수이면서 동시에 중국의 '지나화支那化'라고 할 수 있지 않을까 한다. 그렇다면, '이조' 이야기의 핵심은 무엇인가. 그것의 요체는 수치스런 민족이야기(支那化 된 朝鮮)에 대한 원망怨望이면서 동시에 '이조'의 '지나화'라고 할 수 있지 않을까. 그렇다면, '지나화'란 무엇이며, 그 의미는 어디에 있는 것일까. 작품을 통해 그 실상을 살펴보기로 하자.

2. 고대사이야기

-고대민족이야기의 향수, 또는 중국의 '지나화'

일제 말기에 관객들로부터 가장 인기를 끌었던 고대사 소재의 역사극 중에 주목을 요하는 작품들은 〈무영탑〉(1940), 〈어밀레종〉(1943), 〈왕자 호동〉(1943)이다. 가장 먼저 1940년대 역사극의 붐을 선도한 작품은 극단 고협高協의 〈무영탑〉이었다. 현진건玄鎭健의 동명소설을 함세덕咸世德이 각색한 〈무영탑〉은 여러 차례 재공연 되면서 그 대중적 인기를 확인하였다. 이 작품은 신라 불국사의 석가탑(무영탑) 건립 설화를 토대로 삼아 쓴 것인데, 온갖 역경 속에서 석가탑을 만든 석공 아사달의 투철한 예술혼과 그를 둘러싸고 그의 아내 아사녀와 신라 귀족의 딸 주만 사이에 벌어지는 애정의 삼각 갈등 이야기가 전개되는 것이 특징이다. 즉, 치열한 장인정신과 연애이야기가 이 작품의 핵심서사이다. 백제 출신의 석공 아사달은 신라로 와서 갖은 어려움을 극복하며 석가탑을 완성한다. 이러한 초월적 장인정신 속에는 숭고한 아름다움, 즉 탐미적 요소가 내포되어 있다. 그밖에 이 작품에는 치열한 애정 갈등이 내포되어 있다. 석가탑을 만들기 위해 백제에서 건너온 석공 아사달에게는 백제에 두고 온 아내 아사녀가 있으나 신라 귀족의 딸 주만이 그를 흠모한다. 그러나 주만은 신라의 권세가의 아들 금성과 정혼이 되어있는 사이이다. 주만은 금성의 마음을 돌리려고 자신의 얼굴에 화상을 입히는 극단적 선택을 한다.

그런데 여기서 흥미로운 지점은 이 작품에서 주만의 애정 플롯에서 방해자로 그려지는 금성에 대한 묘사 부분이다.

① 금공자라 함은 시중 금지의 아들 금성金城을 가리키는 것으로 주만과 혼인 말이 있는 귀공자다.

"금공자 따위야."

"왜요, 키가 조금 작으시지만 얼굴이 희시고 싹싹하시고 재주 있으시고 ……"

"얘, 입 고만 놀려라. 듣기 싫다. 그 키가 작기만 한 키냐, 꼽추지."

"그래도 당나라까지 가셔서 공부를 하시고 한문이라든가, 진서라든가, 그 어려운 글을 썩 잘하시고, 당나라 벼슬까지 하시고 ……"

"그까짓 당나라 공부가 그렇게 장하냐. 그 어수선한 글자나 잘 알면 무슨 소용이 있을꼬."[6]

② 주만은 터져 나오는 웃음을 막느라고 손등으로 입을 가렸다.

"처음에는 담을 넘고 나중에는 객실로 가는 것이 어느 오랑캐 예법인가요. **그것도 상주국 당나라에 가시어 배워가지고 나오신 예법인가요.** 오호호."[7]

③ **금지는 철저한 당학파요 유종은 어디까지나 국선도를 숭상하는 터**이니 주의부터가 서로 달랐다. (…중략…) 신라를 두 어깨에 짊어질 만한 인물, **밀물처럼 밀려들어오는 고리타분한 당학을 한손으로 막아내고,** 지나치게 흥왕하는 불교를 한 손으로 꺾으며 **기울어져가는 화랑도를 바로잡을 인물, 이것이 유종의 꿈꾸는 사윗감**이었다.[8]

---

6 현진건, 『무영탑』, 일신서적출판사, 1993, 25쪽.
7 위의 책, 114쪽.
8 위의 책, 117~123쪽.

①의 인용문은 주만이 자신의 몸종에게 금성에 관해 부정적으로 평하는 장면이며, ②는 자신을 만나기 위해 담장을 넘은 금성에게 면박을 주는 장면이다. ③은 금성을 바람직한 사윗감으로 받아들이지 않는 유종의 내면의식을 비쳐주는 서술이다. 위의 인용문을 통해 알 수 있듯이, 금성의 부정적 이미지를 형성하는 중요한 배경에는 당나라가 있다. 견당遣唐유학생 출신이며 당나라의 벼슬을 얻어온 금성의 못난 외모, 예법에 어긋난 행동은 모두 주만의 비위를 상하게 하는 것인데, 그의 이러한 부정적 표상은 고스란히 당나라가 지닌 낡고 고리타분한 이미지에서 비롯되는 것이다. 주만의 아버지 유종은 당학파唐學派를 배격하고 화랑도(국선도)를 숭상하는 인물로서 "밀물처럼 밀려들어오는 고리타분한 당학"을 막아내고 "기울어져가는 화랑도를 바로잡을 인물"을 사윗감으로 고대하고 있다. 이와 같이 현진건의 소설 〈무영탑〉은 '아사달(=주만) / 금성'의 대립구도가 기본 틀을 형성하고 있는데, 그 기저에는 '화랑도(국선도) / 당학', 즉 '민족 / 외세'라는 대립의식이 자리하고 있다.

비록 백제 석공인 아사달은 민족의 혼이 깃든 석가탑을 완성한 석공이라는 점에서 화랑도의 정신을 대변하는 인물이 되며, 외세에 붙어 권력과 출세를 추구하며 민족의식을 잃어버린 금성과는 대척점에 놓이게 되는 것이다. 이 '민족 / 외세'의 대립구도라는 서사는 당대의 맥락으로 볼 때 '민족주의'적 담론이면서 동시에 '식민주의' 담론이라고 볼 수 있다. 당나라라는 외세에 굴복하지 않고 민족의 국혼을 계승하려는 아사달과 주만의 정신에는 다분히 민족주의 의식이 내포되어 있다. 이러한 점은 당대 식민지 관객들로부터 환영받았을 가능성이 높다.

그러나 민족주체성 구성의 타자를 '당唐'으로 설정하여 중국을 타자화 하고자 했다는 점을 생각하면, 이 극이 과연 민족주의 담론에만 토대를 두고 있다고 보기 어려워진다. 중국을 야만화 하기, 즉 중국을 야만적 타자인 '지나支那'로 규정하기는 근대 이후 일본이 세계의 서구적 보편주의의 틀 속에서 일본을 새로운 '동양' 안에 재배치하려는 욕망과 관계되기 때문이다. 20세기 전반기에 근대 일본은 중국과 자신의 이질성을 강조하기 위해 중국을 '지나'로 불러왔으며, 1945년 종전 이후부터 다시 '중국中國'이라는 명칭을 복원하기 시작하였다. 이미 중국中國이라는 명칭에 중국-일본의 관계가 '문명 / 야만', '내부 / 외부'라는 중화中華적 인식이 내포되어 있기에 일본-중국의 관계를 재설정하기 위해서는 중국에 '지나支那'라는 다른 명칭이 필요했던 것이다.[9] 따라서 중국을 지나화 한다는 것은 아시아의 심상지리에서 '일본 = 근대 = 문명 / 지나(中國) = 전근대 = 야만'의 구도를 생산하여 일본을 서구적 보편주의의 중심에 배치시키고 중국을 근대의 야만적 타자로 배제하면서 일본을 새로운 동양질서의 중심에 두고자 하는 이른바 근대'동양학東洋學' 담론과도 연관되는 것이다.[10] 이러한 동양학 담론은 제국 일본의 중국인식에 있어서 중요한 이론적 근거로 작용하였다. 그러니까 〈무영탑〉의 담론구조에는 중국의 지나화 라고 하는 제국 일본의 동양학 담론이 스며들어 있는 것이다.

더군다나 소설 〈무영탑〉이 1938년 7월부터 그 이듬해까지 『동아일

9 스테판 다나카, 박영재 · 함동주 역, 『일본 동양학의 구조』, 문학과지성사, 2004, 18쪽.
10 위의 책, 64~65쪽.

보』에 연재되었는데, 그 연재 시기가 바로 1937년에 발발한 중일전쟁 직후라는 점에 주목할 필요가 있다. 중일전쟁 발발이라는 상황 속에서 소설 〈무영탑〉의 연재는 적국인 중국을 야만적 타자화 함으로써 검열과 통제의 굴레를 벗어나고, 석가탑과 아사달이라는 민족이야기를 시도함으로써 독자들에게 민족주의 감정에 호소하고자 하는 의중이 담겨 있을 것이다. 함세덕이 각색한 극단 고협의 연극 〈무영탑〉도 그러한 맥락에서 크게 벗어나 있지 않았던 것으로 보인다. 연출가인 유치진이 연극 〈무영탑〉의 플롯에 대해 "화랑도(本來思想)와 당학(外來思想)의 시대적 마찰 중에 불국사 무영탑의 로맨스가 전개"되는 것으로 파악한 점으로 보았을 때, 현진건 원작의 기본 갈등구도에 충실한 공연이었을 것이라고 보인다.[11] 1939년에 소설 신문연재가 끝나자 일정기간 준비를 거쳐 1940년에 상연을 시작한 점으로 미루어 소설이 담고 있는 담론의 맥락을 극장으로 확산시킨 것이라고 볼 수 있다. 당대 극장의 관객들에게 중국의 지나화에 담긴 식민주의 담론은 상대적으로 쉽게 포착되지 않았을 수 있다. 반면, 석가탑과 아사달로 상징되는 민족주의의 항수에 관객들은 쉽게 심취했을 가능성이 높다. 춘원 이광수李光洙가 연극 〈무영탑〉을 보고 가슴이 애절했다고 느낀 것도 이러한 이유와 연관될 것이다.[12] 연극 〈무영탑〉이 고협의 인기 레퍼토리로 부상하며 재공연 된 것은 이러한 이유에서였을 것이다. 함세덕이 각색하고 유치진이 연출한 이 극은 단연 극단 고협의 인기 레퍼토리로 자

11 유치진, 「〈무영탑〉에 대하여」, 『매일신보』, 1940.9.12.
12 춘원, 「고협의 무영탑」, 『매일신보』, 1940.9.15.

리를 잡았다. 현진건 원작의 흥미로운 서사에다가 함세덕의 세련된 극작술, 풍부한 신극 연출 경험을 가진 유치진의 수준 있는 연출력, 집단생활을 통해 잘 훈련된 연기 기량을 가진 극단 고협[13]의 연기진 등 여러 가지 요소들이 어우러진 결과였을 것이다.

〈무영탑〉 각색을 통해 대중적인 역사극의 서사문법이 무엇인지를 체득한 함세덕은 〈무영탑〉의 서사를 변주하여 창작극 〈어밀레종〉을 쓰게 된다. 〈어밀레종〉[14]은 신라 혜공왕惠恭王 시대에 봉덕사 신종을 주조한 주종사鑄鐘師 미추홀彌鄒忽의 헌신적인 예술혼, 그리고 평민인 미추홀과 공주 시무나詩牟那와의 신분을 초월한 사랑이야기가 서사의 기본 틀을 형성하고 있다. 이러한 기본 골조에 있어서 〈어밀레종〉은 〈무영탑〉과 닮아있다. 〈어밀레종〉의 주플롯main plot은 미추홀이 갖은 난관을 이겨내고 신비로운 소리를 내는 봉덕사 신종을 완성한다는 이야기에 있다. 이 과정에서 많은 사람들이 희생하고 헌신한다. 미추홀은 쇳물 증기에 노출되어서 눈이 멀기도 하고, 이화녀는 자기 외딸을 신종을 위해 희생양으로 바친다. 백성들은 주종에 사용할 유기鍮器의 헌납운동을 벌이기도 한다. 일본 의사 오노 히로토시小野博臣는 뛰어난 의술을 발휘하여 미추홀의 눈을 고쳐준다. 종을 만드는 데 부족한 구리는 일본의 큐슈九州 태재부太宰府 광산에서 실어오기도 한다. 성덕대

13 극단의 고협은 경기도 은평면恩平面에 약 5천 평 가량의 토지와 8채의 가옥을 지닌 극단 전용의 공동체마을, 이른바 고협촌高協村을 건설하여 단원과 그 가족들이 함께 집단생활을 하면서 공연 준비와 연극 훈련을 했다(심영, 「고협촌 건설기」, 『조광』, 1940.3).

14 함세덕의 희곡 〈어밀레종〉은 『국민문학』 1943년 1, 2월호에 연재되었으나, 현재 1943년 2월호에 실린 4막만 남아있다. 이 작품의 전모는 현재 두 가지 텍스트 형태로 전해지는데, 건국대 도서관에 소장되어 있는 1943년 4월의 현대극장과 성보악극단 합동공연 대본과 1944년에 발간된 石田耕造 編, 『新半島文學選集』(제1집)에 실린 것이 그것이다.

왕聖德大王 영전에 신종을 바치기 위한 주종작업은 신라의 명운이 달려 있는 국가적 대사업으로 인식된다. 일본도 신라의 동맹국으로서 이에 적극 협력한다. 즉, 미추홀의 주종작업은 개인적인 차원이 아니라 신라의 국가적 대업 그 자체이다. 그는 몇 차례의 실패 끝에 모든 역경을 이겨내고 신종을 완성하는 데 성공한다. 마침내 "신라 천년 푸른 하늘에 웅대, 장엄, 화평한 종소리"[15]가 울려 퍼진다.

신종神鐘의 주종이라는 국가 대사를 맡은 미추홀이 투철한 장인정신으로 결국 자기책임을 완수해내지만 여기에는 많은 난관이 존재한다. 신라의 주종기술을 신뢰하지 못하여 당나라의 주종사를 초빙해야 한다고 주장하는 신라 조정의 당 사대주의자들(김은거 등), 그리고 자기 딸을 희생양으로 바치기로 했다가 변심하고 미추홀을 원망하고 저주하는 이화녀와 같은 이기적 개인주의자들이 그러한 유형에 속한다. 그러나 사실상 이러한 미추홀의 방해물들의 핵심에 놓인 존재가 당 황자皇子 범지范知이다. 신라 고유의 주종기술을 대표하는 미추홀을 강력하게 견제하는 세력은 바로 범지를 등에 업은 신라 조정의 사대주의자들이기 때문이다.

김은거 : (섭정에게) **신라는 당나라의 번속국藩屬國**이오. 주공을 대국에서 초빙하는 것은 이 대업의 완성을 촉진할뿐더러 당 황제의 신애를 더 한층 사게 되는 것이오니 일석이조가 아니오?

만월부인 : …….

---

15 함세덕, 「어밀레종」, 노제운 편, 『함세덕문학전집』 1, 지식산업사, 1996, 552~553쪽.

미추홀 : 섭정마마, 당나라 주공의 손으로는 선대왕께서 바라신 신비한 종소리는 절대로 못 낼 것이외다.

김은거 : 무어랐다?

미추홀 : 스승님도 당나라엔 20년 계셨고 소신도 여러 해 동안 아진阿眞이란 장안 제일의 명공에게 기술을 배웠습니다. 그러하오되 지금 이 공방의 설비는 조금도 당나라의 공방을 본뜬 것이 아니옵고, **주종하는 방법도 스승님과 저의 창안으로 된 것**입니다.

김은거 : 다르긴 무엇이 달러?

미추홀 : 시험 삼아 대조해보소서. 소리에 있어 당나라의 종은 그 지세처럼 황막하고 단조하고 또 외형도 선이 미적으로 되지 못합니다. 한 번 치면 화랑의 피를 끓게 할 웅장한 소리가 나고, 두 번 치면 성대에 만세를 부르는 백성의 평화한 노래 소리가 나고, 세 번 치면 어린애 잠을 재울 수 있는 부드러운 자장가 소리가 흔연히 섞여 나올 종을 족속이 다른 당나라 사람이 어떻게 만들겠습니까.

이 강렬한 열정적 사상에 시무나와 무라사키히메는 서로 감격하고 공명했다.[16]

신종을 만들 주종사를 당나라에서 초빙해야 한다고 주장하는 사대파 김은거에 맞서 미추홀은 신라 고유의 독창적인 기술로 신종을 만들어야 한다고 반박한다. 그는 웅장하고 평화롭고 부드러운 신라의 종소리는 '족속族屬이 다른 당나라 사람'은 절대로 만들 수 없는 것이라고 단

---

16 위의 책, 489~490쪽.

정한다. 그의 이러한 주장에는 당에 대한 사대주의를 비판하는 민족자주사상이 내포되어 있는 것이다. 이러한 장면은 분명 당대 관객들의 민족주의 감정에 호소할 만한 요소를 갖는다. 이는 본질적으로 민족의 자주성, 독립성, 주체성을 주장하는 담론인데다가 당과 '번속국藩屬國' 신라의 관계가 교묘하게 제국일본과 식민지 조선의 관계를 연상하게 만들기 때문에 당시 식민지 관객의 민족감정을 자극할 만한 점이 충분히 있었을 것이다. 이러한 점에서 〈어밀레종〉은 당시 관객들이 약소민족의 설움을 지닌 신라인의 처지에 동일시함으로써 당대 식민지 망국민의 설움을 되비쳐볼 수 있게 하고 있는 것이다. 함세덕이 "저항혁명가가 못되는 옹졸한 나는 〈무영탑〉, 〈낙화암〉, 〈어밀레종〉 등의 낭만극으로 향수와 회고적인 민족감정에 호소하여 일제에 소극적이나마 반항"[17]하였다고 훗날 회고한 것도 이러한 맥락이었을 것이라 짐작된다.

그러나 이러한 민족자주성과 사대주의의 대립구도에서 그 정점에 놓인 존재는 미추홀과 김은거가 아니고, 미추홀과 당 황자 범지라고 할 수 있다. 범지는 '번속국' 신라의 공주 시무나와 정혼한 인물로 그를 당나라로 데려가기 위해 신라에 머물고 있다. 더욱이 시무나가 미추홀을 사모함에 따라 시무나를 매개로 신라 주종사 미추홀과 당 황자 범지는 첨예한 갈등관계를 맺게 된다. 미추홀과 범지의 대결구도는 자연스레 당시 관객들로 하여금 식민지 조선과 '지나支那'(중국)와의 대립적 인식을 도출하도록 이끌어낸다. 그럼으로써 대중국 전쟁을 벌이고 있는 제국일본의 시국인식과 부합하도록 만들고 있다.

---

17 함세덕, 「『동승』을 내놓으며」, 『동승』, 박문출판사, 1947, 207쪽.

더욱 흥미로운 것은 사대주의자에 대항하는 미추홀의 자주사상에 매혹되는 시무나와 무라사키히메의 반응이다. 그들은 미추홀의 '강렬한 열정적 사상'에 도취하여 "서로 감격하고 공명"한다. 신라 공주 시무나와 대화국大和國 유학생 무라사키히메가 함께 미추홀의 자주사상에 '감격'하고 '공명'하는 것은 대중국 투쟁에 함께 힘을 합친 '내선內鮮'의 일체一體됨을 보여주는 모습이라 할 수 있다.[18] 조선과 일본이 손을 잡고 중국을 퇴락하고 열등한 존재로 배제하고 타자화 하는 모습을 보여줌으로써 〈어밀레종〉은 국책연극國策演劇으로서의 자격을 완성하게 된 것이다.

이 작품은 또한 주종사인 평민 미추홀과 공주 시무나의 신분을 초월한 사랑이야기라는 또 하나의 플롯sub plot을 갖고 있다. 공주와 평민의 현격한 신분 차이는 두 사람의 사랑에 커다란 난관으로 작용한다. 더욱이 시무나가 이미 당 황자 범지와 정혼이 되어있는 상태이므로 두 사람의 사랑 사이에는 매우 강력한 장애물이 가로막혀 있다. '미추홀-시무나-범지'라는 세 인물의 애정 삼각갈등 구도에 당과 번속국 신라와의 국교 갈등문제까지 개입되어 있는 것이다. 이러한 갈등구도는 관객을 보다 흥미롭게 만든다. 미추홀의 연적을 종주국의 황자皇子로 설정함으로써 두 연적 사이의 신분과 국가관계에 있어 압도적 격차를 조성하게 한 것인데, 이에 따라 주인공 미추홀이 헤쳐 나가야 할 난관은 더욱 복잡해졌기 때문이다. 주인공들은 희생과 결단이라는 단호한 행

18 이러한 부분에 대해 『국민문학』 주간인 평론가 최재서도 "시무나와 무라사키 공주와의 교섭은 지나치게 개념적이고, 내선일체의 취지에 맞추려 한 의도가 지나치게 노골적이다. 좀 더 깊이 있는 각색이 요망된다"고 지적했을 정도로 함세덕은 두 인물의 관계를 통해 내선일체의 개념화를 시도하였다(최재서, 노상래 역, 『전환기의 조선문학』, 영남대 출판부, 2006, 175쪽).

동으로 엄청난 난관을 극복하려 한다. 시무나는 자신의 얼굴에 화상을 입힌다. 자신의 미모에 반한 범지를 떼어내기 위한 극단적 선택이자 자기희생이다. 사실 이는 자신의 가치를 훼손함으로써 범지를 떼어낼 뿐 아니라 왕족 신분인 자신이 자기 지위를 버리고 비천한 평민 미추홀에게 갈 수 있는 방법인 것이다. 이에 범지는 시무나를 포기하고 당나라로 돌아간다.

미추홀도 희생과 결단의 행동을 단행한다. 시무나의 흉한 얼굴을 보면 자신의 마음이 흔들릴까봐 자신의 눈을 멀게 하는 것이다. 결국 두 사람은 화상火傷과 맹목盲目이라는 처절한 '상처傷處'를 통해 결합하는 데 성공한다. 주인공이 처절한 희생과 상처를 감수하고 강력한 난관을 극복할 때 극의 전개는 흥미로워지고 관객의 긴장감suspense은 한껏 고조될 수밖에 없다. 〈어밀레종〉이 당대의 시국인식을 반영한 국책연극의 요소를 지니고 있음에도 불구하고 본질적으로 멜로드라마melodrama라는 평가를 받는 것은 바로 이러한 지점에 있는 것이다. 당시 평론가 오정민吳禎民 연극 〈어밀레종〉에 대해 "주종과 인신공양에 관련하여 민간에 전래되어온 애화哀話를 취재한 것으로 작자가 그에 첨부하여 주종사와 신라 공주와의 지위를 초월한 '사랑'이 谷崎潤一郎의 〈春琴抄〉식 결말에 도달한다는 일종의 '멜로드라마'적 오락성을 노린 것"[19]이라고 날카롭게 지적하고 있듯이, 이 극의 본질은 미추홀과 시무나가 자기희생적 자해행위를 통해 강력한 난관을 이겨내고 사랑의 결실을 이룬다는 멜로드라마적 구조에 있다.

---

19 오정민, 「〈어밀레종〉을 보고」, 『조광』, 1943.6.

그동안에 미추홀은 사닥다리를 올라가 용광로 우에 섰다.

미추홀 : 공주님, 저는 이대로 눈을 뜨지 않겠습니다. 그리하야 예전의 아름다운 공주님 얼굴을 가슴 속에 영원히 간직하겠습니다.

무라사키 : (당황해하며) 아, 안 됩니다. 그건 안 됩니다. 박사님은 나라의 큰일을 맡으신 몸이 아닙니까. 오래잖아 구리 실은 마차가 닿을 거예요. 한시 바삐 눈이 뜨셔서 종을 만드셔야 합니다.

미추홀 : 걱정 마시오. 눈은 멀더라도 머릿속에 공방만은 환히 다 보이니 역사에는 조금도 지장이 없을 겁니다. (가마 上口에 얼굴을 내밀고 붕대를 풀려 한다.)

시무나 : 아, 안 됩니다.

무라사키 : 안 됩니다.

(…중략…)

김옹 : (대성질타하며) 취홀이 네가 미쳤느냐? 어쩌자고 눈을 또 가마에 다 댄단 말이냐?

미추홀 : 검교사님, 조금도 염려마시고 빨리 구리를 좀 뵈주십쇼. 눈은 다시 불편해졌지만은 그 대신 저는 이 펄펄 끓는 불꽃같은 정열과 용기를 얻었습니다. 오늘밤이야말로 이 가슴에 벅찬 감격으로 미추홀이 일생일대의 영예를 걸어 천만년 후세까지 남을 신종을 만들어 놓겠습니다.[20]

20 함세덕, 『함세덕문학전집』 1, 지식산업사, 1996, 539~540쪽.

미추홀은 시무나가 자기 얼굴에 화상을 입혀 흉한 외모를 갖게 되었다는 것을 알고 시무나의 아름다운 얼굴을 영원히 간직하기 위해 자기 눈을 멀게 한다. 시무나와 미추홀, 두 사람의 연이은 자해행위는 신분을 초월하는 그들의 사랑이 얼마나 지극한 것인가를 잘 보여준다. 〈어밀레종〉이 당대 관객으로부터 지지를 받은 것은 이러한 감동적인 사랑이야기가 내재되어 있기 때문이다. 이 극 속에 나타난 처절한 자기희생과 극복의 연애담은 매우 자연스럽고 감동적으로 표현된 것이어서 이를 '통속적 오락성'이라고 비판하는 것은 별로 실효성이 없어 보인다. 문제는 처참한 상처투성이의 결합을 이룬 두 사람이 가고자 하는 길이 무엇이냐 하는 것이다.

> 미추홀 : 용서를 해주신 대두 신라 천지에 갈 데가 있겠습니까. 바다 한가운데 있다는 우산국于山國으로나, 그렇지 않으면 아주 **바다를 건너 야마토大和로 갈까 합니다.**
>
> 시무나 : 야마토로요?
>
> 미추홀 : 네, 일본 천황께선 조금도 민족적으로 차별하거나 그러시지 않는다 합니다. 오히려 미치노쿠노쿠니陸奧ノ國라는 넓은 땅에다 여기서 건너간 사람들을 위해서 부락까지 건설해주셨다 합니다. 그뿐 아니라 전답과 벼씨를 내리시고 앞으로 20년간 세금을 면제해주셔서 평화 찬 생활을 하게 하신답니다.
>
> 시무나 : (**먼 - 미지의 나라에 대한 동경**에 싸이어) 미치노쿠노쿠니, 미치노쿠노쿠니 ……. (조용히 노래로 변한다.)[21]

신종의 대업을 완수한 공으로 두 사람의 신분을 일탈한 사랑은 왕의 용서를 받는다. 시무나는 평민이 되어 미추홀과 함께 살고 싶다는 소원을 혜공왕에게 청하고 허락을 받는다. 그러나 미추홀이 가서 살고 싶어 하는 곳은 의외로 '야마토大和'의 미치노쿠노쿠니陸奧ノ國라는 곳이다. 시무나는 "먼-미지의 나라에 대한 동경"에 싸여 "천황의 세상이 영원히 번창하라고 동쪽에 있는 / 미치노쿠야마陸奧山의 집안에 황금 꽃이 피었네"(大伴家持)라는 노래를 부르면서 자신도 미추홀과 함께 미치노쿠노쿠니로 가겠다고 말한다. 미추홀에게 있어 대화국은 "까다로운 제도가 없고 귀찮은 속박이 없는" 곳으로 이상화 되어 있다. 제국 일본에 대한 찬양이 이보다 더 극치에 이를 수는 없을 것이다.

이 극에서 신라와 대화국은 매우 긴밀한 동맹국으로 묘사되어 있다. 신라의 신종 대업을 위해 대화국은 협력을 아끼지 않으며, 신라와 대화 사이의 인적 교류도 활발하다. 시무나의 절친한 친구인 무라사키히메는 대화에서 신라로 파견된 유학생이며, 대화의 명의名醫 오노히로토시는 경주慶州에서 병원을 개업하던 중 쇳물에 시력을 잃은 미추홀을 치료해준다. 실재하였다고 보기 어려운 허구적 고대역사이야기를 이용해 내선일체內鮮一體 담론과 연결시키고 있는 것이다. 이것은 분명 〈어밀레종〉이 갖고 있는 치명적 결함이다. 신라와 대화국의 동맹관계와 대립하여 당을 적대적으로 묘사한 것도 마찬가지다. 이는 앞에서 지적한 바와 같이 중국을 '지나화'(타자화) 함으로써 자신을 제국주체로 구성하고자 하는 왜곡된 욕망에서 비롯된 것이다.

21 위의 책, 535쪽.

이러한 욕망은 물론 중일전쟁이라는 시국이 반영된 것으로 보아야 한다. 그러나 이러한 중국의 '지나화'에 대한 욕망은 단지 중일전쟁으로 인해 비롯되었다고 보기 어렵다. 이는 기원을 거슬러 올라가면 시라토리 쿠라키치白鳥庫吉와 같은 일본 동양사학자들에 의해 메이지시대에 창출된 동양학 담론에서 시작된 것이며, 그 이후에도 오랫동안 강력한 영향력을 행사해온 담론이기 때문이다.[22] 그리고 이러한 동양학 담론은 제국일본의 국민뿐만 아니라 식민지 조선의 지식인에게도 식민교육을 통해 내면화 되어 있는 것이라 할 수 있다. 따라서 〈무영탑〉이나 〈어밀레종〉에 내포된 중국의 '지나화'라는 담론은 강압적 분위기에 의해 표출된 것이라기보다는 식민지 조선의 극작가들에 의해 의식적, 또는 무의식적으로 발현된 것이라고 보는 것이 맞을 것이다. 극작가들은 이러한 극작을 통해 민족주의와 식민주의라는 두 마리 토끼를 잡을 수 있었다. 다시 말해, 중국을 타자화 하는 것은 자민족에 대한 우월감 고취와 과거의 중국 예속에 대한 보상심리로 작용하여 식민지 조선인들에게 민족의식을 고취시킬 수 있는 수단이 되는 동시에 제국일본의 대중국 투쟁이라는 국책에 부합함으로써 식민주의에도 영합할 수 있는 양날의 검劒이 될 수 있기 때문이었을 것이다.

이태준李泰俊의 소설을 극작가 박영호朴英鎬가 각색하여 극단 아랑이 1943년과 1944년에 걸쳐 공연한 연극 〈왕자 호동〉도 고대사를 소재로 다룬 이 시기의 인기 있는 역사극에 해당된다. 이 작품 역시 낙랑樂浪의 보물인 '자명고自鳴鼓'를 둘러싸고 빚어지는 고구려의 낙랑 정복전

---

22 스테판 다나카, 앞의 책 참조.

쟁, 그리고 고구려 왕자 호동好童과 낙랑 공주와의 비극적 연애이야기를 다루고 있다. 실제 역사의 소재와 설화적 요소가 혼효된 작품이라 할 수 있다. 연극 〈왕자 호동〉의 경우 오늘날 대본이 남아있지 않기 때문에 연극의 구체적 내용은 알기 어렵다. 1942년 12월 22일부터 1943년 6월 16일까지 『매일신보』에 연재되었던 이태준의 소설 〈왕자 호동〉을 통해 그 내용을 통해 짐작하는 도리밖에 없다. 그런데, 여기서 흥미로운 지점은 두 가지 지점에 있다. 첫째, 〈무영탑〉, 〈어밀레종〉, 〈왕자 호동〉으로 연결되는 사랑의 난관을 지닌 주인공의 처절한 사랑이야기를 공통적 서사구도로 삼고 있다는 점이다. 〈무영탑〉, 〈어밀레종〉의 주인공들에게는 신분의 격차(아사달-주만, 미추홀-시무나)가 존재한다면, 〈왕자 호동〉에서는 호동과 낙랑공주의 사랑 앞에 놓인 국가적 적대관계라는 간극이 놓여있다. 두 번째, 세 작품 모두 주인공의 궁극적 적대자antagonist는 결국 '중국'이라는 사실이다. 〈무영탑〉과 〈어밀레종〉은 재론할 필요가 없을 것이다. 〈왕자 호동〉의 경우는 어떠한가. 이 작품도 마찬가지로 호동의 나라 고구려를 중심에 놓고 서술을 전개하면서 그 적대국 낙랑을 대척점에 세우고 있다. 작품의 내용을 살펴보자.

> "왜 이까짓 것을 못 칩니까?"
>
> 다시 묻는다.
>
> "낙랑은 부여와는 다르다."
>
> "부여보다 강합니까?"
>
> "너 낙랑을 나라로 아느냐?"

"나라가 아니면 무엇이옵니까?"

"지금 최리라는 자가 거의 왕 노릇을 하지만 낙랑 뒤에는 낙랑 수십 배나 큰 임자가 따로 있는 거다."

"오! 한漢 말씀이오니까."

"그렇다. 낙랑은 워낙 현도 따위처럼 한의 한 고을로 정해져 있는 거란다."

"한이란, 부여나 고구려나 예맥이나 신라나 백제 같은 우리들과는 아주 다른 족속이 아니오리까?"

"그렇다."[23]

고구려의 대무신왕大武神王이 그의 아들 호동과 함께 적국 낙랑에 대해 논의하는 장면이다. 여기에서 중요한 점은 낙랑을 한漢나라의 위성국으로 규정하고 있다는 점이다. 고구려 대무신왕과 왕자 호동이 낙랑을 치고자 하는 중요한 이유는 그것이 중국의 위성국이라는 사실에 있다. 즉, 낙랑을 치는 것은 한(중국)을 치는 것이 된다. 그러기에 호동에게 있어서 그것은 자기가 사랑하는 연인의 나라를 치는 행위이지만 죄의식이 있을 수 없다. 호동이 낙랑을 지키는 자명고를 파괴할 것을 낙랑공주에게 요구함으로써 공주는 조국을 배신한 여인이 되고, 그 때문에 아버지에게 죽임을 당한다. 결과적으로 호동은 사랑을 배신한 것이 되지만 그 행위 자체에는 부끄러움이 없다. 민족의 적인 한나라의 세력을 이 땅에서 몰아내기 위한 불가피한 희생적 행위로 정당화 되는 것이다.

---

23 이태준, 『왕자 호동』, 깊은샘, 1999, 66쪽.

이태준의 텍스트에 가깝게 공연되었다고 전제할 때, 이와 같은 지점은 연극 〈왕자 호동〉이 당대 관객들로 하여금 민족주의적 공감을 이끌어 내기에 충분한 대목이다. 특히 호동이 "한漢이란, 부여나 고구려나 예맥이나 신라나 백제 같은 우리들과는 아주 다른 족속이 아니오리까?"라고 말하는 발언 속에는 '부여, 고구려, 예맥, 신라, 백제'이라는 한반도와 만주 지역의 고대국가들을 이민족 '한(낙랑)'과 대립항으로 설정함으로써 민족이라는 이름으로 통합하고 있는 것이다. 물론 이러한 민족통합의 담론은 민족주의라는 현재의 관점을 고대국가 이야기에 투사시킨 것이다. 그런데, 이러한 민족통합의 담론을 구성하기 위해 그 대립항으로 중국(지나)을 설정했다는 것은 흥미로운 대목이다. 태평양전쟁을 치르고 있는 당시의 국제정세를 감안하면, 이 작품에서 고구려는 '신흥국가 일본'을 상징하며, 그 적국인 한漢은 '미영귀축米英鬼畜'을 함의한다고 해석할 수도 있을 것이다.[24] 그러나 여기에서 더 중요한 의미를 갖는 것은 식민지 말기의 극장에서 고대국가 이야기를 통해 중국을 '지나화'(타자화)하려는 시도는 중일전쟁이 발발한 지 훨씬 지나고 태평양전쟁이 거의 끝나갈 때까지 여전히 지속되고 있었다는 점일 것이다.

24 정종현, 「식민지 후반기(1937~1945) 한국문학에 나타난 동양론 연구」, 동국대 박사논문, 2005, 89쪽.

3. '이조李朝'이야기
-수치스런 민족사의 원망, 또는 '이조'의 '지나화'

일제 말기 식민지 역사극에서 일반적으로 고대사이야기가 과거 민족이야기에 대한 향수로 작용한 것이었다고 한다면, '이조'이야기는 대개 수치스런 민족이야기로서 원망怨望과 회한悔恨의 대상이 되는 경향이 있었다. 다시 말해, 고대사이야기가 상대적으로 긍정적인 민족이야기의 측면을 갖는다고 한다면, '이조'이야기는 대개 부정적인 민족이야기의 특징을 갖는 경향이 있다고 할 수 있다. 물론 이 시기 역사극의 두 가지 부류인 고대사이야기와 이조이야기가 모두 식민주의와 민족주의라는 양가성ambivalence을 내포하고 있는 것은 분명하지만,[25] 이를 다시 섬세하게 구별하자면 '고대사이야기-긍정적 민족이야기', '이조이야기-부정적 민족이야기'의 경향으로 나뉜다는 점을 알 수 있는 것이다. 1930년대 후반 이후부터 1945년 8월까지 공연된 역사극 가운데 장혁주의 〈춘향전〉(동경 신협극단, 1938), 송영의 〈김옥균전〉(호화선, 1940), 김건의 〈김옥균전〉(청춘좌, 1940), 송영의 〈김삿갓〉(조선무대, 1940 / 조선악극단, 1944), 임선규의 〈동학당〉(아랑, 1941), 송영의 〈신사임당〉(청춘좌, 1945), 박영호의 〈김옥균의 사〉(성군, 1945) 등이 이른바 '이조'이야기를 다룬 것들에 속하는데, 이 작품들은 대개 부정적인 민족이야기의 특징을 갖고 있다는 공통점을 지닌다. 그렇다면, 이 시기의 역사극은 왜 '이조'이야기를 그토록 수치스런 민족이야기로 묘사하였

---

25 이상우, 「표상으로서의 망국사이야기」, 『한국극예술연구』 제25집, 한국극예술학회, 2007 참조.

으며, 그 양상은 어떻게 나타나는지에 대해 살펴보자.

수치스런 '이조'이야기의 전조는 장혁주張赫宙의 희곡 〈춘향전〉에서 나타난다. 이 작품은 일본의 극단 신협新協이 일본 문단에서 활동하고 있는 장혁주에게 〈춘향전〉의 각색을 의뢰하여 쓰게 된 것이다. 신협의 연출가 무라야마 도모요시村山知義는 1937년에 동경학생예술좌가 쓰키지소극장築地小劇場에서 유치진 각색의 연극 〈춘향전〉을 상연한 것을 보고 일본어 연극 〈춘향전〉을 준비하게 된다. 무라야마가 연극 〈춘향전〉을 공연하려고 한 것은 조선 문화를 일본에 소개하기 위한 것이며, 〈춘향전〉을 선택한 것은 그것이 조선의 대표적인 고전물이기 때문이었다. 그러나 실은 신협이 〈춘향전〉을 상연한 것은 좌익 성향의 연출가 스키모토杉本良吉가 연인인 여배우 오카다岡田嘉子와 함께 북해도에서 소련 국경으로 월경한 사건[26]으로 인해 어려운 입장에 몰리게 되자 국면전환용('保護色的')으로 기획한 의도가 크다.[27] 아무튼 무라야마는 1932년 〈아귀도餓鬼道〉로 개조문학상을 수상하며 일본 문단에 등장한 소설가 장혁주에게 〈춘향전〉의 일본어 대본의 창작을 부탁하였고, 이를 다시 유치진이 수정하여 대본의 완성도를 높일 수 있도록 하였다.[28] 그리고 연극 상연의 준비과정에서 그는 조연출 안영일安英一을 비롯해 민속학자 송석하宋錫夏, 조선성악연구회, 극예술연구회 등으로부터 민속자료, 무대, 의상 고증 등에 대한 도움을 받는다.[29] 무라

---

26 「越境한 岡田과 杉本, 계획적 入露?」, 『동아일보』, 1938.1.9.

27 大笹吉雄, 『日本現代演劇史－昭和戰中篇』 1, 東京 : 白水社, 1993, 432쪽.

28 서석배, 「신뢰할 수 없는 번역」, 헨리임, 곽준혁 편, 『근대성의 역설』, 후마니타스, 2009, 61~62쪽.

29 무라야마의 조선에 대한 각별한 관심은 유치진의 「춘향전의 동경 상연과 그 번안대본의

야마는 일본인 배우가 일본어로 연기하는 〈춘향전〉에 고전물다운 인상을 주기 위해 판소리 대신에 가부키歌舞技 형식을 접목시키고, 이몽룡 역에 남자 대신 여배우를 캐스팅하는 새로운 시도를 기획하였다. 그의 이러한 시도는 1938년 봄에 도쿄, 오사카, 교토 등지에서 상연하면서 긍정적인 반향을 불러 일으켰다. 특히 도쿄 공연은 1938년 3월 23일부터 4월 14일까지 쓰키지소극장에서 무려 3주간이나 상연을 지속하는 열띤 호응을 얻었다.

이에 힘을 얻은 무라야마는 1938년 10월 일본어 연극 〈춘향전〉의 조선 상연을 감행하게 된다. 10월말 경성을 시작으로 하여 11월 초까지 평양, 대전, 전주, 군산, 대구, 부산 등을 돌며 순회 공연하였다.[30] 그러나 무라야마의 기대와 달리 극단 신협의 〈춘향전〉에 대한 조선 문화계, 연극계의 지식인과 비평가들의 반응은 대체로 싸늘한 편이었다. 왜 그들의 반응은 차가웠을까. 첫째, 〈춘향전〉은 조선 민족의 문화적 정체성을 대표하는 고전작품이라는 점이다. 일본 극단이 일본어로 각색하여 한국민족문화의 상징인 〈춘향전〉을 공연한다는 점에 대해 '체면'의 손상과 더불어 묘한 '불쾌감'을 느끼게 된 것이다. 더욱이 춘향전 이야기에 가부키의 양식을 접목시키고, 이몽룡 역에 여배우를 출연시키는 신협의 연극적 시도가 조선의 문학 정전正典을 훼손하고 조선인의 문화적 자존심을 상하게 만들었다고 본 것이다. 이원조李源朝에 따르면, 어떤 이는 신협의 〈춘향전〉 상연을 안타깝게 바라보며

비평」(『조선일보』, 1938.2.24)에서 잘 나타난다.

30 大笹吉雄, 앞의 책, 433~434쪽.

"춘향의 개가改嫁"라는 표현을 썼는데, 이는 우리의 문화적 영혼인 춘향전이 일본으로 팔려가는 것처럼 생각하는 태도라고 볼 수 있다.[31] 가금량賈金良은 〈춘향전〉의 각색, 제작(영화)을 일본인의 손에 맡기는 것이 "조선 문화인의 면목으로 보아 좀 창피스러운 일"[32]이라고 직설적으로 반감을 드러냈다. 다른 이들은 〈춘향전〉의 문화적 대표성을 강조하면서 우회적으로 불쾌감을 표현하였다. "〈춘향전〉이라는 고전을 건드렸다는 것이 일반의 주목을 이끄는 원인"[33]이라는 이해경李海卿의 지적도 완곡한 것이지만 외국극단이 자국의 대표적 고전물을 다뤘다는 데 대한 불쾌감을 은근히 드러낸 것이라 할 수 있다.

둘째, 〈춘향전〉을 단순화 했다는 점이다. 신협의 공연에 대해 우호적인 입장을 보였던 유치진마저 장혁주의 각색은 너무 단조로워서 〈춘향전〉에 대한 관객의 일반적인 기대감을 전혀 충족시키지 못했다고 말했다.[34] 윤형련尹滢鍊은 신협의 공연을 보고 "가장 큰 불만은 〈춘향전〉의 내용을 빈약하게 취급한" 것이라고 지적했다.[35] 〈춘향전〉의 단순화는 물론 조선 문화에 대한 불충분한 이해, 또는 몰이해에서 비롯되는 것인데, 민족의 보물인 〈춘향전〉을 빈약하고 초라하게 만든 점이 조선의 지식인, 비평가들을 불쾌하게 만든 원인이 되었던 것이다. 셋째, 〈춘향전〉의 번역불가능성을 인식했기 때문이다. 유치진과 윤형련 모두 문화적 맥락의 차이 때문에 〈춘향전〉은 외국어(일본어)로

31 이원조, 「신협극단공연의 춘향전 관극평」, 『조선일보』, 1938.11.3.
32 가금량, 「村山知義와 春香傳」, 『青色紙』 2, 1938.6.
33 이해경, 「신협극단과 춘향전」, 『조선일보』, 1938.2.15.
34 유치진, 「춘향전의 동경 상연과 그 번안대본의 비평」, 『조선일보』, 1938.2.25~2.26.
35 윤형련, 「신협극단 상연의 춘향전을 보고」, 『조선일보』, 1938.4.5.

번역하여 이해되기에 어렵다는 점을 지적하였다. 애초부터 번역 불가능한 것을 번역, 상연함으로써 조선의 문화적 자존심이 손상되었다는 데 대한 불만이 있었던 것이다. 그것은 왜 그럴까. 장혁주 각색 〈춘향전〉의 다음과 같은 대목을 보면 짐작할 수 있다.

사또 : (낮은 소리로) 이방. 오십 냥도 낼 수 없다고 하느냐?

이방 : 도저히 자기는 낼 수 없다고 합니다.

사또 : (목소리를 높여) 여봐라, 여봐라.

제1죄인 : 예.

사또 : 이것이 마지막이다. 알았느냐? 나의 명령대로 하면 된다. 그렇지 않으면 내일은 참수하겠다. 멍청한 놈. 잘 들어라. 몇 번을 말해도 못 알아듣는 놈이군. 내가 명한 대로 돈을 지참하면 너의 목숨은 건질 수 있을 뿐 아니라 싸운 상대에게서 소 값을 전부 받아준다고 하지 않느냐. 네가 손해 보는 일은 없을 텐데. 어떠냐? 알겠느냐?

제1죄인 : 예. 모. 모르겠습니다.

사령 : (죄인을 쿡쿡 찌르며 낮은 소리로) 어이. 너처럼 못 알아듣는 놈은 없다. 알겠습니다 하고 아뢰두면 되잖아. 반드시 50냥 전부라고는 하지 않아. 30냥이나 40냥이나 준비할 수 있는 만큼 가지고 오면 되는 거야.

제1죄인 : 아무리 그래도 마찬가지다. 나는 50냥은커녕 단 닷 푼도 낼 수 없다. 먼저 사또였다면 이런 일은 …….

사령 : 쉿.

사또 : 뭐라고 하는 거냐?

사령 : 아무리해도 안 되겠다고 합니다.

사또 : 음. 형리. 그놈을 지하 감옥에 쳐 넣어라. 내일은 참수시켜라. 그놈 대신에 그놈의 자식과 부모형제는 물론이고 연고 있는 자는 모조리 끌고 와 가두어라.

제1죄인 : 그 그것만은 그 그것만은 …….

사또 : 닥쳐라. 관의 명령에 거스르니까 안 되는 것이다.

제1죄인 : 그럼 30냥으로 감해주십시오. 30냥 정도는 어떻게 할 수 있을 것 같습니다.

사또 : 안 된다. 한 푼도 감할 수 없다.

제1죄인 : 그건 너무 하십니다. 너무 해요.

형리 : 쉿. 조용히 해. 잠자코 있어. (낮은 목소리로) 나중에 잘 부탁해둘 테니까 우리에게도 조금씩 가져 올 테냐?

제1죄인 : (끌려가면서) 예. 이제 이렇게 된 이상, 재산도 아무 것도 필요 없다. 뭐든 있는 대로 전부 가지고 오겠다.

제1죄인과 사령 나간다.

제2죄인 나타난다.

사또 : 네 죄는 무엇이냐?

제2죄인 : 모릅니다. 어제 막 붙들려 와서.

사또 : 아아 그래? 잘 생각해봐라. 네 죄를 알게 될 테니.[36]

---

36 장혁주, 〈춘향전〉, 『해방전(1940~1945) 일문희곡집』, 평민사, 2004, 202~203쪽.

이는 변학도의 탐욕과 횡포를 보여주는 동헌東軒 장면인데, 유치진 각색 〈춘향전〉 등 동시대 다른 〈춘향전〉의 동헌 장면과 비교해 볼 때 상대적으로 장면의 분량이 길고 내용이 과장되게 묘사되고 있다. 변학도에게 강제로 돈을 빼앗기는 죄인들이 연달아 3명이 등장하는 이 장면은 장혁주 자신이 '이조' 사회의 부패상을 강조하는 것이 〈춘향전〉의 "근대문학적 요소"라고 판단하여 스스로 덧붙인 부분인 것이다.[37] 이러한 왜곡, 과장된 묘사가 특히 외국인 극단에 의해 상연되고, 외국인 관객의 눈앞에서 펼쳐진다는 것은 자국의 대표적인 고전작품에 애착심을 가진 사람에게는 충분히 불쾌감을 불러일으킬 수 있는 일이 되는 것이다. 신협의 도쿄 공연을 지켜보고 비평을 쓴 유치진과 윤형련이 똑같이 이 장면에 대해 불만을 표시했다는 점은 단순한 우연이 아닐 것이다. 유치진은 이 장면에 대해 "사또 변학도가 수인囚人을 취조하는 데도 사또로서 너무도 자기직책을 무시한 소리가 많다. 즉 사또가 백성의 돈을 먹으려는 데도 좀 더 완곡한 고문을 해야지 下人所視下에 댓자곳자로 금액에 대한 흥정은 부치는 법이 아니라는 것"을 지적하면서 이는 "우리가 우리 과거에 대해 무식한 탓"이라며 고증의 중요성을 강조하였다.[38] 표면적으로는 '고증考證'의 중요함을 말했지만, 내면적으로는 장혁주 각색에 나타난 왜곡된 역사 인식을 지적한 것이라 할 수 있다. 윤형련의 반응도 마찬가지다. 그는 장혁주가 변학도를 선천적 악인으로 형상화 한 것은 잘못이라면서 〈춘향전〉에 나타난 지방

---

37 위의 책, 244~245쪽.
38 유치진, 「춘향전의 동경 상연과 그 번안대본의 비평」, 『조선일보』, 1938.2.26.

관리의 부패는 당시 사회의 구조적 문제에서 비롯된 것이라고 장황하게 설명하였다.[39] 이는 표면적으로는 변학도의 인물 형상화의 오류를 지적한 것이지만 실질적으로는 그러한 변학도 인물 형상화가 관극을 하는 조선인 관객의 심기를 불편하게 만들었음을 단적으로 보여주는 것이라 할 수 있다.

그뿐 아니라 〈춘향전〉의 판소리 양식을 대신하여 일본의 전통연희 가부키 양식을 접합시킨 점, 남자주인공 이몽룡의 배역을 여자배우를 사용한 점은 조선 관객의 심기를 건드린 요소가 되었다. 판소리를 가부키로 대체한 〈춘향전〉의 장면을 보고 아마도 "춘향의 개가"라는 감각이 발생했을 가능성이 있다. 또 이몽룡의 배역에 일본 여배우 아카키 난코赤木蘭子를 남장男裝을 시켜 출연하게 했는데, 이러한 연극적 시도가 어떤 점에서 비롯되었는지 정확하게 알 수 없지만 조선인 관객의 민족 자존심을 상하게 만들 수 있는 것이었다. 그렇다면, 왜 무라야마는 다른 남성인물과 달리 이몽룡 배역에 여배우를 썼을까. 아마도 일본 관객들이 지닌 시선을 의식했을 가능성이 있다. 제국의 관객들이 〈춘향전〉을 보는 시선은 어떠했을까. 아마도 '우월한' 제국국민의 호기심어린 시선으로 식민지 고전물이 지닌 이국취미를 즐기는 오리엔탈리스트의 입장이었을 터이다. 그러한 그들에게 식민지 고전물의 인물 형상들은 나약한 '여성'이거나 무지몽매한 '어린아이'의 이미지로 비쳐지는 것이 자연스러웠을 것이다. 반면 부패한 탐관오리를 척결, 응징하는 강한 남성상을 표상하는 식민지 남성인물 형상을 남성배우

39 윤형련, 「신협극단 상연의 춘향전을 보고」, 『조선일보』, 1938.4.5.

가 연기하는 것을 대하는 것은 그들의 오리엔탈리스트적 감각에는 거북한 느낌을 주었을 것이다. 일본 관객의 이러한 거북함(비난)을 피해야 했던 무라야마는 '부드럽고 연약한' 식민지 남성상을 표현하려고 일부러 이몽룡 역을 여배우에게 맡겼던 것으로 보인 것이다. 조선 공연에서는 조선인 관객을 의식하여 이몽룡 배역을 다시 남자배우(다키자와 오사무)에게 맡긴 것을 보면, 관객이 누구냐에 따라 배역을 달리 하는 판단을 한 것을 알 수 있다.

일본인이 아이누를 대하는 태도도 마찬가지였다. 일본의 문학가나 학자들이 아이누를 표상할 때, 아이누의 목소리를 대변하는 인물, 아이누의 정보 제공자는 언제나 '여성'으로 표현되었다.[40] 제국의 관점에서 멸망한 종족 아이누를 애수어린 시선으로 바라볼 때 아이누의 표상은 강한 남성보다는 연약한 여성이어야 적절하기 때문이다. 〈춘향전〉 일본 공연에서 이몽룡 배역을 여배우가 연기한 것은 이러한 맥락이었던 것이다.

문제는 공연에만 있는 것이 아니라 장혁주가 쓴 희곡에 근본적으로 깔려있는 자기 주변화self-Orientalizing의 모순이다. 그러나 부패한 나라, '이조李朝'를 표상하는 이러한 자기-오리엔탈리즘적 시선이 장혁주의 희곡에만 국한된 것은 아니다. 동시대의 다른 극작가들이 '이조'를 재현하는 방식도 사실 장혁주의 것과 크게 다르지 않게 스스로를 주변화하는 경향이 나타나는 것은 마찬가지다.

---

40 무라이 오사무, 왕숙영 역, 「멸망의 담론공간」, 『창조된 고전』, 소명출판, 2002, 271쪽.

①

朴 : 기어코 왔구나.

永 : 이 소식을 들은 서울 장안은 벌집을 쑤신 것 같이 야단이랍니다. 오랫동안 드높은 담장 안에서 **주지육림酒池肉林에 파묻혀 뇌물賂物과 매관매직賣官賣職으로 세월을 보내든 정부 벼슬아치들**이 백성들의 진정한 고함을 듣고 모두 기절해서 넘어졌을 겝니다. 그러나 놈들은 진실로 반성함이 없고 본질인 야수성을 발휘하여 청국으로 일본으로 구원병을 청해다가 그 병정들의 힘으로 우리 도탄에 빠졌던 백성들을 또 한 번 짓밟아보려는 계획을 세웠다고 합니다. (…중략…) 이 **독악한 탐관오리배貪官汚吏輩들**의 행동을 보십쇼.

일동 : 응! (이를 간다)

永 : 이놈들은 그래도 부족해서 외국군 군대의 힘으로 가난한 우리 동포들을 노략질해서 살찔 계획을 꾸미고 있습니다.

일동 : 응!

朴 : 그러니 어떻게 하면 좋단 말이냐?

永 : 우리의 갈 길은 둘뿐입니다. 하나는 개나 돼지가 되는 길, 또 하나는 사람이 되는 길 이 둘 뿐입니다.

— 〈동학당〉[41]

②

성삼 : 저것 바라. 단순아, **저 불길은 관가에 붙은 불이다. 아마 조금 있으**

---

41 임선규, 〈동학당〉, 『해방전(1940~1945) 공연희곡집』 3, 평민사, 2004, 37쪽.

면 몽땅 재가 될 거다.

단순 : 어찌된 일이냐? 불이 왜 났어?

성삼 : 내가 질렀다.

단순 : 뭐?

성삼 : 우리 아버지가 잡혀 가시자마자 맞아서 돌아가셨다. (단순 놀란다.) 단순아, 난 정말 참을 수가 없어서, 정말 분해 못 견디어서, 생각다 못해서 그냥 꽉 질러버렸다.

단순 : 뒷일은 어떡하니? 정말 큰일났고나.

성삼 : 이 고장을 떠나 버리면 그만이지.

단순 : 여길 떠나다니?

성삼 : 그럼 앉아서 죽으란 말이냐? (침통하게) 단순아, 너와는 이게 마지막이다. 나는 이제부터 땅두더지가 되겠다. …… 그러나. 나는 그냥 있지 않는다.

단순 : (울듯이 된다.)

성삼 : 단순아, 너는 너대로 그냥 잘 있어라. 아버지의 목숨 하나 구하지 못한 내가 어떻게 너 같은 처녀와 양주가 되겠니? 그렇지 않니? 이 세상이 바로 잡혀서 우리 같은 것들도 고개 쳐들고 살게 되기 전에는 나는 ……. (주먹으로 눈물을 씻는다.) 자, 난 간다. 단순아 잘 있거라.

(…중략…)

김삿갓 : **아-하, 이런 세상이 언제나 망하나-.**

— 〈김삿갓〉[42]

①은 임선규의 〈동학당〉의 한 장면이다. 동학도들이 모여 "주지육림酒池肉林에 파묻혀 뇌물賂物과 매관매직賣官賣職으로 세월을 보내든 정부 벼슬아치들"과 "독악한 탐관오리배貪官汚吏輩들"이 판치는 현실을 비판하며, 세상을 뒤집어 엎어야함을 주장하는 대목이다. 이는 ② 송영의 〈김삿갓〉에서도 마찬가지다. 〈김삿갓〉에서도 성삼은 아버지가 관가에서 억울하게 끌려가 매를 맞아 죽자 반항심에 관가에 불을 지르고 만다. 이를 지켜보는 김삿갓은 "아—하, 이런 세상이 언제나 망하나—"라고 부패한 현실을 개탄한다. 이조이야기를 소재로 한 일제 말기의 역사극에 그려진 조선 사회는 이렇듯 양반계층의 횡포와 탐학, 탐관오리의 부정부패, 백성들의 무지와 게으름, 처참한 빈곤이 판을 치는 세상이다. 김삿갓의 말대로 '이조'는 빨리 망하기를 바라는 원망과 저주, 그리고 한탄의 대상으로 그려져 있다. 이러한 '이조'인식은 물론 현재의 눈으로 과거 이조의 역사를 투사했기 때문이다. 일제의 식민지로 몰락한 조선(또는 대한제국)의 입장을 일제에게 책임을 묻기보다는 '이조'가 무능하고 부패했기 때문에 남의 나라 식민지가 될 수밖에 없었다는 원망과 자탄의 역사인식이 식민지 조선인들을 지배했고, 극작가들은 이러한 현재의 식민지적 역사인식을 조선시대로 투사하여 '이조'이야기를 그려냈던 것이다.

이러한 '이조'인식은 어디에서 비롯되었는가. 조선미술사의 경우를 통해 반추해보자. 세키노 다다시關野貞는 최초로 조선미술사를 다룬 논문 「한국의 예술적 유물」(1904)에서 신라부터 고려까지 불교미술이

---

42 송영, 〈김삿갓〉, 『해방전(1940~1945) 공연희곡집』 2, 평민사, 2004, 46~47쪽.

성행했지만, 조선시대에는 폐불, 폐사, 환속 등이 이어지면서 불교의 쇠퇴와 함께 불교미술도 퇴보했다고 보았다. 그리고 조선의 근대는 정치가 부패하여 국가도 지방도 인민도 피폐하여 유교적 미술로는 별로 볼 것이 없다고 단정하였다.[43] 뿐만 아니다. 1916년에 제정된 '고적 및 유물보관규제'와 '고적조사위원회규정'에 의해 일본 고적조사위원회가 발행한 보고서에는 통일신라 이전의 고전, 고대의 조선만을 중시하고, 조선 이후의 미술은 경시하였다. 1912년에 발행된 『이왕가박물관소장품사진전』의 소개문에서도 마찬가지로 신라 미술의 '전무후무한 정화a most remarkable development'와 이조시대 예술의 '쇠퇴decline'라는 세키노 이래 일본이 규정한 조선미술사 담론방식이 반복되고 있다.[44] 이러한 일본의 조선미술사 인식은 물론 중국과 연관성이 있다. 페놀로사Ernest Fenollosa와 오카쿠라 덴신岡倉天心에 의해 이른바 일본미술사 담론방식이 구성되는데, 일본의 미술사가 동양미술을 대표하는 것으로 성립되기 위해서는 '조선미술'죽이기가 필요했다. 그러기 위해서는 조선(미술)의 쇠퇴담론을 구성해야 했는데, 이것은 고려 말 이래 조선(李朝)이 유교를 받아들이며 중국화(지나화) 되면서 몰락하기 시작했다는 조선사 쇠퇴담론의 발명인 것이다. 즉, 조선사 쇠퇴담론의 핵심은 이조의 '지나화'에 있는 것이다. '지나화'(중국화)란 몰락, 쇠퇴, 전근대, 미개, 저개발의 상징이었던 것이다.

이러한 '이조'인식은 단지 조선미술사에만 국한되는 것이 아니다.

---

43 다카기 히로시, 「일본미술사와 조선미술사의 성립」, 임지현 · 이성시 편, 『국사의 신화를 넘어서』, 휴머니스트, 2004, 181쪽.
44 위의 책, 185~187쪽.

문학, 역사, 사상, 사회, 교육 등 전반에 걸쳐 식민지 기간 내내 널리 유포되어 있었던 것이다. 그리고 이러한 조선사 쇠퇴담론이 식민지 지식인은 물론 역사극 작가들에게도 내면화 되어 있었던 것이다. 그들이 고대사이야기는 마치 신라미술품처럼 민족의 자랑으로 여긴 반면 이조이야기는 쇠퇴한 조선의 불교미술처럼 민족의 수치로 치부해버린 것이다. 1930년대 후반부터 1945년 해방까지 우리 역사극에 나타난 고대사이야기와 이조이야기의 사례는 바로 이러한 점을 다시금 확인시켜주는 것이다.

4. 맺음말

1937년 중일전쟁의 발발을 계기로 제국 일본은 전시 파시즘체제에 돌입하게 된다. 이에 따라 1930년대 후반 식민지 조선의 연극계는 강화된 연극 통제와 검열로 인해 연극 소재의 고갈에 시달리게 된다. 더 이상 적절한 현실 소재를 발굴하기 힘든 상황에서 연극계는 새로운 표현공간을 발견하게 되는데 그것이 바로 역사극이었다. 1930년대 후반부터 1945년 해방까지 연극계는 경쟁적으로 역사극을 상연하였고, 이는 관객들로부터 큰 인기를 누렸다. 그 중에서 물론 가장 인기 있는 작품은 〈춘향전〉이었다. 이를 제외하고 관객의 애호를 받은 역사극 레퍼토리들을 살펴보면 신라를 비롯한 고대사이야기를 소재로 한 역사극이 가장 큰 비중을 차지하고 있음을 알 수 있다. 그리고 조선시대를 소재로 한 '이조李朝'이야기의 역사극이 그 다음을 차지하고 있다. 그런데, 여기서 흥미로운 점은 고대사이야기를 다룬 역사극이 대체로 긍정적인 민족이야기를 그리고 있다고 한다면, 이조이야기의 역사극은 대개 부정적인 민족이야기를 묘사하고 있다는 점이다. 관객으로부터 사랑받은 역사극의 소재 가운데 고대사이야기가 더 많았던 데에는 이러한 점도 한 이유가 되었을 가능성이 있다. 아무래도 당시 식민지 관객들의 입장에서 부정적인 민족이야기보다는 긍정적인 민족이야기 쪽에 더 호감이 있었을 가능성이 크기 때문일 것이다.

고대사이야기를 다룬 역사극으로는 〈무영탑〉, 〈어밀레종〉, 〈왕자호동〉이 주목할 만하다. 이 작품들은 무영탑, 어밀레종과 같은 찬란한 예술품을 완성하는 감동적인 예술혼의 이야기라든가 이 땅에서 외적을 몰아내고 민족의 강역을 넓히는 민족의 자랑스러운 이야기가 다루어지고 있다. 때문에 고대사이야기를 다룬 역사극에서는 과거 민족이야기에 대한 향수가 내재되어 있으며 이러한 점이 관객의 민족감정에 호소한 측면이 있을 것으로 보인다. 흥미로운 점은 세 작품 모두 자랑스러운 민족이야기의 타자로서 중국(지나)이 설정되어 있다는 점이다. 이는 당시 중일전쟁이라는 시대적 맥락과 연관되기도 하지만 중국을 타자화(지나화)하며 일본을 새로운 동양의 중심에 위치 짓고자 한 제국일본의 동양학 담론과 연관되기도 한다.

이조이야기를 다룬 역사극으로 장혁주의 〈춘향전〉과 임선규의 〈동학당〉, 송영의 〈김삿갓〉 등을 눈여겨 볼 필요가 있다. 특히 일본 극단 신협이 일본어로 공연한 장혁주의 〈춘향전〉은 동시대의 다른 〈춘향전〉 대본과 달리 이조의 부패상을 보다 과장해서 다루고 있다는 특징을 갖고 있다. 일본 공연에서는 〈춘향전〉의 내용에 가부키 형식을 접목시키고, 남자주인공 역을 여배우에게 맡겨 〈춘향전〉을 '여성화', 심미화 한 경향을 보이고 있다. 〈동학당〉은 동학혁명의 당위성을 강조하기 위해 이조 사회 양반계급과 탐관오리의 횡포, 탐욕, 부정부패를 강조하였다. 〈김삿갓〉도 이조 사회가 망할 수밖에 없는 당위성을 부각시키고 있다. 이러한 '이조'인식에는 극작가들의 자발성도 내포되어 있겠지만 조선의 역사는 고대가 찬란하고 중국화(지나화) 된 이조는 쇠퇴했다는 식의 제국 일본이 구성해낸 조선사 담론방식에서 영향을 받은 것이라고 할 수 있다. 이 또한 제국 일본의 동양학 담론의 일환인 것이다. 크게 보았을 때 식민지 말기의 역사극은 우리 민족이야기를 구성해내는 데 있어 제국 일본이 생성한 동양학 담론의 영향에서 자유롭지 못했음을 보여주고 있다.

참고문헌

논문

김려실, 「조선을 '조센'화 하기」, 『영화연구』 34호, 한국영화학회, 2007.

김성희, 「한국 역사극의 기원과 정착」, 『드라마연구』 제32호, 한국드라마학회, 2010.

백현미, 「민족적 전통과 동양적 전통－1930년대 후반 경성과 동경에서의 〈춘향전〉 공연을 중심으로」, 『현대문학이론연구』 제23집, 현대문학이론학회, 2004.

서석배, 「신뢰할 수 없는 번역」, 헨리임, 곽준혁 편, 『근대성의 역설』, 후마니타스, 2009.

양근애, 「일제 말기 역사극에 나타난 '친일'의 이중성」, 『한국현대문학연구』 제25호, 한국현대문학회, 2008.

윤석진, 「전시 총동원 체제기의 역사극 고찰」, 『어문연구』 제46집, 어문연구학회, 2004.

이상우, 「표상으로서의 망국사이야기」, 『한국극예술연구』 제25집, 한국극예술학회, 2007.

이종대, 「근대의 헤테로토피아, 극장」, 『상허학보』 제16집, 상허학회, 2006.

정종현, 「식민지 후반기(1937～1945) 한국문학에 나타난 동양론 연구」, 동국대 박사논문, 2005.

홍창수, 「송영의 역사 풍자와 표랑의식」, 『역사와 실존』, 연극과인간, 2006.

다카기 히로시, 「일본미술사와 조선미술사의 성립」, 임지현・이성시 편, 『국사의 신화를 넘어서』, 휴머니스트, 2004.

무라이 오사무, 왕숙영 역, 「멸망의 담론공간」, 『창조된 고전』, 소명출판, 2002.

단행본

최재서, 노상래 역, 『전환기의 조선문학』, 영남대 출판부, 2006.

가와다케 도시오河竹登志夫, 최경국 역, 『가부키歌舞技』, 창해, 2006.

스테판 다나카, 박영재・함동주 역, 『일본 동양학의 구조』, 문학과지성사, 2004.

大笹吉雄, 『日本現代演劇史－昭和戰中篇』 1, 東京：白水社, 1993.

점령지 상하이 사람의 자화상 그리기

리젠우李健吾의 번안극 〈진샤오위金小玉〉에 숨겨진 의미

오명선

1. 들어가는 말

점령지 상하이에서 번안극의 흥행으로 일약 연극계의 새로운 기수가 된 리젠우李健吾, 1906~1982는 사실 5·4시기 문학연구회에서부터 간간히 문단에 이름을 내비추던 인물이었다. 그는 소설가, 산문가, 극작가, 문학비평가, 번역가, 프랑스문학 연구자로서 다방면에서 활동을 보였으며 특히 피점령시기 상하이에서는 극문학 번역가로서의 활동이 두드러졌다. 1930년대 자신만의 독특한 특색을 지닌 극작들을 발표해 오던 그는 1940년대에는 서구의 희곡을 번안하는 데에 매진하게 된다. 이러한 리젠우의 행보는 점령지 상하이라는 공간적인 제약, 그가 처한 상황, 그의 이력들과 무관한 것이 아니었다. 그리고 또한 중요한 것은, 이 모든 것들을 담지하고 있는 리젠우의 번안극이 상하이의 극장에서 흥행을 했다는 사실이다.

자본화된 도시인 상하이에서 연극의 '흥행'은 소비주체[1]의 욕망의 결집체이자 생산주체의 욕망과 소통하는 표지로서, 이를 통하여 시대적 징후를 읽어낼 수 있다. 중국의 문학사에서 피점령시기 상하이 연극의 성행과 번안극의 범람이라는 현상의 주요 원인은 연극의 전문화와 상업화, 그리고 정치적인 압박에 따른 창작 시나리오의 부족으로 서술되어 왔다. 이는 객관적인 현상이었다. 문제는 점령지 상하이에 대한 이데올로기가 덧입혀진 도식적인 분석으로 이러한 사실 이외에 더 깊이 있는 연구가 진행되지 못했다는 점에 있다. 하지만 1980년대 이후 서구의 화인華人 연구자들에 의한 논의를 시작으로 최근에는 연극 방면에서도 피점령 시기의 연극을 재조명하는 연구가 활발하다.[2] 대중문화를 긍정하는 연구자들에 따르면 대중은 사회적 메커니즘에 포섭되기만 하는 것이 아니라 '상품'을 통하여 소비주체로서의 욕망을 나타낸다. 이러한 논의에 따라 연극의 '상업화'가 저열한 관객취미에 영합하여 작품의 질을 떨어뜨리고, 결국 관객의 합리적, 이성적 사고를 마비시킨다는 인식 또한 전환되어 왔다.

본 글에서는 위와 같은 인식을 바탕으로 피점령시기 상하이 연극 다시 읽기를 시도한다. 그 중에서도 1944년 큰 흥행 수익을 올린 〈진샤오

---

1 소비주체는 사회문화적인 맥락 안에서 소비라는 행위를 통하여 자신의 정체성을 드러낸다. 이러한 인식에서 이 글에서는 소비자라는 용어 대신 소비주체라는 용어를 사용한다.

2 邵迎建, 『上海抗戰時期的話劇』, 北京大學出版社, 2011; 李濤, 「大衆文化語境下的上海職業話劇(1937~1945)」, 上海戲劇學院 博士論文, 2006; 吳曉波, 「抗戰時期淪陷區話劇創作」, 山東大學 碩士論文, 2011; 李麗, 「中國抗日戰爭時期淪陷區話劇研究」, 山西大學 碩士論文, 2012.

위金小玉〉(파리대희원, 103회 공연)를 그 분석의 대상으로 한다. 우선 〈진샤오위〉는 흥행에 성공했다는 점에서 어느 정도 상하이인(소비주체)의 공감을 얻었다고 할 수 있다. 또한 리젠우가 이 시기에 선택한 레퍼토리와 번안의 특징을 통하여 창작주체의 심리를 살펴 볼 수 있다.[3] 이 시기 리젠우의 번안극들은 흥행을 염두에 둔 레퍼토리 선정이라는 혐의를 받기도 했다. 하지만 이것이 정치적, 경제적 특수성을 지닌 상하이라는 공간과 리젠우(창작주체) 사이의 절충 혹은 소통임을 인정한다면 〈진샤오위〉라는 이 '번안극', 'well-made play'가, 그리고 '리젠우의 레퍼토리 선택'과 '흥행'이 더욱 충분한 의미를 획득할 수 있을 것이다.

기존의 리젠우에 관한 연구는 많지 않다. 게다가 그가 극작가로서보다 문학비평가로서 더욱 많이 알려진 탓에 극작가 리젠우에 관한 연구는 더욱 드물다고 할 수 있다. 정치이념에 치우치지 않아 좌우익 어느 측에도 환영받지 못했던 리젠우의 문학 창작의 경향 또한 그가 정당한 평가를 받지 못하게 한 이유가 될 수 있다.[4] 그러나 리젠우 희곡의 탁월함은 일찍이 많은 비평가들에 의해 알려진 바 있고,[5] 1980년대 이후 현대문학에 대한 재조명으로 그의 희곡 또한 다시 연구되었다. 리젠우

---

3 리젠우의 번안이 단순한 기계적 번역이 아니었으며, 시대 상황을 고려한 완전하게 중국화 된 번안이었다는 점에서 그를 창작주체로 간주할 수 있다. 리젠우는 "가장 나쁜 번역은 이름만 바꾸는 것이다. 가장 좋은 번역은 원작의 어떤 부분, 예를 들어 구조나 성격, 원숙함 혹은 철리에 자신의 피와 살을 덧붙여 개성 있고 발전적인 작품을 만드는 것이다"라고 하였다. 李健吾, 『〈大馬戲團〉與改編』, 載1943年 4月藝光公演特刊之七 『大馬戲團』, 陳青生, 「淪陷時期上海的話劇創作」, 『上海戲劇』, 1995年 第3期, 42쪽에서 재인용.

4 정희정, 「李健吾의 30・40年代 文學批評 研究」, 성신여대 석사논문, 1997, 5쪽 참조.

5 司馬長風은 "田漢이 중일전쟁 시기 후방 연극의 기수라면, 李健吾는 점령지 극단의 거인이다"라고 평했고, David Pollard는 "李健吾는 중국 현대의 재능 있는 극작가 중 하나이다. 새로운 연극의 본질을 가장 잘 나타낼 수 있는 극작가는 曹禺 이외에 夏衍, 陳白塵, 李健吾 뿐이다"라고 하였다. 姜洪偉, 『李健吾劇作論』, 復旦大學博士學位論文, 2004, 1쪽.

의 희곡은 주로 그의 희극喜劇에 대한 연구, 희극과 비극에 관한 논쟁, 그의 희곡에 나타나는 인성人性의 형태와 심층의미에 대한 탐구가 주를 이룬다.[6] 본고에서 연구하고자하는 점령시기 리젠우 번안극에 관한 연구는 미미한데, 아마도 점령지 상하이 작품에 대한 좋지 않은 인식과 창작극이 아닌 번안극이라는 점 때문에 연구자들의 관심을 받지 못했을 것으로 생각된다. 그러나 이 시기에 유독 리젠우의 번안극 창작이 집중되어 있다는 점과 점령지 상하이에서 리젠우의 번안극이 큰 흥행을 거두며 환영을 받았다는 점은 흥미로운 부분이라고 생각한다.

아래에서는 우선 2절에서 피점령지 상하이 연극계의 지형도를 그리고, 3절에서는 리젠우의 문학창작의 경향과 그가 창작에서 추구해 온 '인성人性'에 대하여 살피고자 한다. 4절에서는 리젠우의 번안극 〈진샤오위〉 분석을 통하여 리젠우의 심리와 상하이인의 심리를 분석하고 이들이 공감할 수 있었던 부분에 대하여 살피고자 한다.

2. 점령지 상하이와, 연극 생산주체와 소비주체의 욕망

상하이는 중국에서 근대극이 처음 생겨난 곳으로, 1910년대에 일찍이 화려한 문명희의 시기를 꽃피웠던 곳이고, 5·4운동 시기에는 연극을 둘러싸고 벌어진 연극개혁 운동으로 연극에 대한 의식을 제고시키고 이후 아마추어 연극운동을 통하여 이를 실험하였던 곳이다. 1930

6 위의 글, 5~7쪽 참조.

년대 도시문화가 만개하고 좌익문학이 발전하면서 상하이는 다양한 연극의 실험장이 되기도 했다. 이처럼 상하이는 근대극의 흐름이 끊이지 않고 유지되어 온 곳이다. 따라서 피점령시기의 상하이 연극을 이야기 할 때에도 기본적으로는 이 흐름의 연장선상에서 이야기 되어야 한다. 실제로 피점령시기 상하이의 연극을 이끌어가던 주체들과 연극에 호응하는 관객들은 상하이라는 도시환경에서 연극계의 집적된 노하우를 전수받은 연극인과 오락문화를 향유 하고자 하는 도회적 취향의 관객이었다.

상하이가 일본에 의해 완전히 점령된 시기는 1941년 12월 8일부터 1945년 8월 15일, 4년이 조금 못되는 기간이었다. 태평양전쟁이 발발하고 도시가 점령된 초반, 일제는 언론을 장악하고 사상통제를 진행하는데,[7] 이때 상하이 연극의 중심축이었던 상하이극예사上海劇藝社와 상하이직업극단上海職業劇團은 모두 강제 해산되고, 각종 아마추어 연극 활동이 정지된다. 연극계의 진보적인 인사들은 체포되고 '고도孤島'시기 활발한 활동을 보여주었던 위링于伶과 아잉阿英를 포함한 연극계 유명 인사들은 공산당의 지시에 따라 국민당 통치지역 또는 공산당 지역으로 떠난다.[8] 그러나 점령 초반의 혼란기가 지나가고 상하이는 이내 국제도시로서의 면모를 회복한다.[9] 일본의 느슨한 규제로 상하이는

---

7 일제는 조계 내의 反日성향의 서점과 출판사를 인수하고 몇몇 영화관과 영화사를 규제하기 시작하였다. 國際大飯店에 思想部를 설치하여 자신들에게 협조하지 않는 사람들을 헌병 사령부에 불러 감금시켰다. 邵迎建, 「家破國碎思家國－1940年代的上海話劇與“五四”精神」, 『解放軍藝術學院學報』, 2009年 第7期, 18쪽.

8 陳白塵·董健 主編, 『中國現代戲劇史稿』, 中國戲劇出版社, 2008, 297쪽 참조.

9 일제는 자신들이 점령한 상하이가 여전히 '국제도시'임을 내세우기 위하여 백화점과 극장, 댄스홀 등의 영업이 중단되지 않도록 하는 등 상업 활동에 대해 느슨한 규제를 취하

기존의 질서가 와해된 가운데 상업적 · 소비적 문화가 기형적으로 번영하여 1945년 중일 전쟁이 종식된 후, 통화 팽창과 내전으로 인해 경제가 마비되어 도시로서의 화려함을 상실하기 전까지 줄곧 휘황찬란한 도시의 모습을 유지할 수 있었다.[10]

표면상의 도시적 화려함과 내부적인 정치적 압박의 미묘한 긴장감 속에서 상하이의 연극은 때 아닌 호황을 맞게 되는데, 이 호황은 바로 피점령적 상황으로 인한 '기존 질서의 와해'에서 기인한다. 먼저, 일본은 1930년대 막강한 시장을 형성하였던 영화시장을 강력하게 규제하는데 반해[11] '상업연극'(진보적 연극이 아닌)에는 미온적 조치 취한다. 이는 연극이 영화의 자리를 대신하도록 하였다. 일본이 연극에 미미한 조치를 취한 이유는 연극이 상하이 전체 오락시장에서 차지하는 지위가 열세에 있었기 때문이었으나,[12] 일본의 감시망을 벗어난 연극은 영화계의 인력과 합세하며 빠르게 성장하여 상하이 영화시장을 대신하여 큰 인기를 끈다.[13]

였다. 陶菊隱, 『孤島見聞－抗戰時期的上海』, 上海人民出版社, 1979, 109쪽. 李濤, 「大衆文化語境下的上海職業話劇(1937～1945)」, 上海戲劇學院 博士論文, 2006, 7쪽 재인용.

10 리어우판, 장동천 외역, 『상하이 모던－새로운 중국 도시 문화의 만개, 1930～1945』, 고려대 출판부, 2007, 506～507쪽.

11 1941년 12월 8일 일본 측의 中華영화사는 미국적의 6개 일류 영화관(그랜드, 난킹, 캐세이, 마제스틱, 리도, 다화)과 8개 영화배급사의 경영권을 인수하였다. 邵迎建, 『上海抗戰時期的話劇』, 北京大學出版社, 2011, 154쪽. 1942년 4월에는 新華 · 藝華 · 國華 · 金星 등의 상하이 11곳의 군소 영화사를 합병하여 中華연합영화제작사를 설립한다. 邵迎建, 「家破國碎思家國－1940年代的上海話劇與"五四"精神」, 『解放軍藝術學院學報』, 2009年 第7期, 18쪽.

12 1941년 말 통계에 의하면 상하이의 댄스홀과 영화관은 38곳, 越劇 공연장과 만담 공연장書場은 15곳, 評劇 공연장과 종합문화공간娛樂場은 5곳이 존재했으며, 연극 공연장과 申劇 공연장은 4곳이 있었다. 〈失去了光輝的南京路〉, 『申報』, 1942년 1월 5일. 邵迎建, 「家破國碎思家國－1940年代的上海話劇與"五四"精神」, 『解放軍藝術學院學報』, 2009年 第7期, 18쪽에서 재인용.

점령 초기, 고도시기 상하이 연극계의 중추였던 상하이극예사와 상하이직업극단이 해산된 이후, 연극계는 모두 일본이 내세운 극단 등록 시스템에 따라야 했기에, 상하이 연극계는 새로 판을 짜야하는 상황에 놓인다. 1933년 중국여행극단이라는 첫 전문극단이 생긴 이래로 점차 전문화와 상업화의 길로 나아가고 있던 상하이 연극계는 피점령시기 이러한 경향이 더욱 두드러져 전문극단과 전용극장이 생기고 극단 운영과 상연 시스템도 전문화, 상업화되어 다채로운 공연이 이루어지게 된다.[14] 말하자면 1930년대의 상하이 연극이 좌익계 인사들의 근거지였던 상하이극예사를 축으로 아마추어연극과 전문연극이 공존하며 상호 발전해 온 형태였다면, 피점령시기의 상하이 연극은 투자자 시스템을 갖춘 상업적 극단을 중심으로 이합집산 하는 형태로 발전하게 된 것이다. 피점령시기 상하이에서 활약하던 전문극단으로는 상하이예술극단上海藝術劇團,[15] 쿠간극단苦幹劇團,[16] 중국여행극단中國旅行劇團, 상하이 이광극단上海藝光劇團, 상하이 롄이聯藝극단, 통마오연극사同茂演劇

---

13 1942~45년 사이에 모두 30개의 정식 극단이 생겼고, 16개의 극장과 500여 명이 연극 작업에 참여하였다. 푸셱 포, 『灰色上海, 1937~1945』, 三聯書店, 2012, 120~130쪽.

14 陳青海, 『抗戰時期的上海文學』, 上海人民出版社, 1995, 280쪽. 배연희, 「함락시기 양장楊絳의 웃음」, 『중국소설논총』 제40집, 2013, 215쪽 재인용.

15 상하이 예술극단은 天風(영화인 중심)극사의 배우들을 기초로 상하이 예술극단을 성립하였다. 발기인은 고도시기 영화계에서 활약하던 費穆. 30명의 이사가 공동 출자하여 수익을 나누어 갖는 구조로, 칼튼극장과 金城극장을 근거지로 했다. 黃貽鈞, 劉琼, 喬奇 등의 인사들이 활동하였고, 1943년 하반기 이후 國風극단으로 이름을 바꿔 항전 이후까지 활동하였다. 대표작으로는 〈楊貴妃〉, 〈鐘樓怪人〉, 〈荒島英雄〉, 〈大馬戲團〉, 〈秋海棠〉 등이 있다.

16 苦幹극단은 상하이직업극단(그 전신은 상하이극예사) 출신 연극인 黃佐臨, 吳仞之, 張伐, 韓非, 黃宗江, 白文, 胡導 등을 주축으로 하였다. 이름만 있고 단체는 성립하지 않았던 苦幹은 1943년 동인제 극단 시스템으로 단체를 성립하고 巴黎大戲院을 거점으로 2년 3개월 간 장기 공연을 하였다. 상하이 예술극단과 함께 『荒島英雄』, 『大馬戲團』, 『秋海棠』을 공연하였고, 단독으로 〈飄〉, 〈梁上君子〉등을 공연하였다.

社 등이 있다. 그리고 뤼바오극장綠寶劇場은 문명희를 공연했던 곳으로 뚜렷한 극단을 형성하여 활동하지는 않았지만 문명희의 근거지가 되었던 곳이다.

생산주체로서의 극단의 성격을 조금 더 명확하게 파악하기 위하여 위 극단들의 특징과 그들의 이합집산을 거칠게나마 분류해보자면 다음과 같다. 상하이 예술극단은 영화계에서 활약하던 영화감독 페이무費穆가 발기한 극단으로 영화계의 인사를 많이 포함한 극단이다. 쿠간극단은 고도시기 좌익계 인사들의 근거지였던 상하이극예사의 계보를 잇는 극단이다. 상하이 예술극단과 쿠간극단은 한동안 몇몇 작품을 협연하며 좋은 관계를 이어갔고, 이광극단・롄이극단・통마오연극사 모두 고도시기 상하이극예사 계열의 극단으로서 상호간의 교류가 많았다고 할 수 있다. 중국여행극단은 비교적 독자적인 루트를 걸었다. 그들은 상하이극예사 계열의 극단과도 합작하였고, 정치적 성향이 옅은 문명희 연극인들과도 좋은 관계를 유지하여 그들의 근거지였던 뤼바오 극장을 이용하기도 하였다. 피점령시기 왕성한 활동을 보여주었던 상하이직업극단 출신의 연출가 후다오胡導는 상하이예술극단・쿠간극단과 문명희를 공연하는 연극인 사이에는 상호 교류가 활발하지 않았으며 주요 관객층도 달랐다고 술회한다.[17] 그럼에도 불구하고 이들 개개의 극단들은 피점령 상하이라는 생태 안에서 경쟁적으로 발전하면서 직・간접적으로 서로에게 영향을 주고받았다.

---

17 李濤, 「大衆文化語境下的上海職業話劇(1937~1945)」, 上海戲劇學院 博士論文, 2006, 99~100쪽.

5・4시기 이래로 엘리트주의에서 벗어나지 못한 채, 영화와 각종 지방극의 틈새에서 관객을 확보하지 못하고 있던 연극話劇은 '기존 질서가 와해'된 상하이에서 영화의 빈자리를 채우며 대중문화에 합류하여 상하이의 가장 세련된 소비문화로 각광받게 되었다.[18] 영화를 향유하고자 하는 욕망을 연극으로 채우려고 했던 소비주체들로 인해 관객층이 확대되었고, 이런 관객의 요구에 부응하기 위해 연극계는 할리우드 영화의 기법, 문명희의 기법, 리얼리즘 연극의 기법을 절충해가며 흥행을 위해 고심한다. 이 기법들은 상하이가 근대극의 역사 속에서 축적해온 노하우였고, 상하이 관객들에게 내재하는 심미적 취향이었던 것이다. 이 시기에는 특히 '역사극', '희극喜劇', '번안극' 안에서 이러한 기법들이 반영이 되는데, 이러한 극들은 모두 현실을 우회하는 방식으로 현실을 반영한다. 상하이의 소비주체들은 생산주체의 문법들을 공감하고 이해하였으며 이를 '흥행'으로 호응하였다. 항일・애국의 서사가 은폐되거나 삭제된 자리를 관객의 저열한 흥미에 영합한 상업연극이 채운 것이 아니라, 생산주체가 고압적인 메커니즘과 대중의 욕망 사이를 방황하며 적당한 자리를 찾으면, 소비주체는 이에 '흥행'이라는 이름으로 호응했던 것이다. 이제 아래에서는 피점령시기 리젠우의 번안극이 갖는 특징과 그의 번안극이 상하이의 관객들에게 큰 호응을 얻을 수 있었던 원인에 대하여 추적해보고자 한다.

---

18 李濤, 「大衆文化語境下的上海職業話劇(1937~1945)」, 上海戱劇學院 博士論文, 2006, 12쪽.

3. 리젠우의 극문학 창작에 나타난 점령지의 '인성人性'

극작가로서 리젠우는 1920년대 베이징에서 이름을 알리기 시작하여 1930년대에는 독자적인 작풍을 형성하였다고 평가된다. 그는 문학연구회에 가입했던 경력이 있으며, 그 영향으로 '예술은 사회의 반영이며, 문학은 인생의 거울'이라는 예술관을 갖게 되었다. 그러나 한편 극 안에서 현실의 직접적인 묘사보다는 인물의 영혼을 깊이 있게 다루고 내면적 갈등을 보여주려 노력하였다. 그의 1930년대 희곡은 인물의 감정이 풍부하고, 선과 악을 함께 지닌다는 점에서, 또한 이러한 인물 형상이 도덕적인 선을 완전히 망각하지는 않는다는 점에서 독특하다는 평가를 받는다.[19] 서양 문학을 전공하고, 프랑스에서 유학한 리젠우는 대학 때 상징주의의 표현수법에 흥미를 가지고 있었는데, 작품 안에서 이를 운용하여 인물 깊숙이 숨어 있는 복잡한 심리를 구체적으로 형상화 하고자하였다. 이러한 인물 내면의 분출 또는 외현은 근대적 자아의 해방을 강조한 5·4의 개성해방 정신과도 궤를 같이하는 것이다.

이는 그가 문학의 근본으로 주장한 '휴머니티人性의 탐구'와도 이어진다. 그는 희곡의 창작과 비평에서 모두 휴머니티에 대하여 자주 언급하며 '휴머니티의 탐구'를 강조한다.

---

19 그의 출세작이라고 할 수 있는 〈이건 봄에 불과해這不過是春天〉의 여주인공인 경찰청장 부인은 이를 대표하는 인물 형상이라고 할 수 있다. 陳白塵·董健 主編, 『中國現代戲劇史稿』, 中國戲劇出版社, 2008, 216쪽 참조.

운명이 수수께끼라면, 사람과 '휴머니티'라는 것은 아마 더 큰 수수께끼일 것이다. 사람과 운명의 충돌도 장관이지만, 사람과 사람, 특히 자신과의 충돌 또한 일종의 기적이다.[20]

위의 인용문에서처럼 리젠우는 근대 문학이 그렇듯 근대적인 휴머니즘에 근거를 두어 객관적 가치를 부정하고 개인의 발견, 개성의 존중, 독창성의 강조, 자아의 확립 등을 존중한다.[21] 이처럼 리젠우는 그의 창작과 비평의 핵심으로 '휴머니티의 탐구'를 내세우며 이를 매우 포괄적인 개념으로 사용하고 있는데, 그 구체적인 뜻을 살펴보면 다음 세 가지의 의미를 포함하고 있음을 알 수 있다. 첫째, 인간의 심리, 감정, 욕구에 무게를 둔다. 둘째, 리젠우에게 있어서 '휴머니티(人性)'와 '인생'은 자주 통용되는데 이는 문학연구회가 주장했던 '인생을 위한 예술'에서의 '인생'과는 다른 함의를 갖는다. 문학연구회의 '인생'이 시대와 사회에 더욱 치중되어 있고, 민중을 향하고 있다면 리젠우는 계급을 초월한 인류보편의 인간의 영혼을 다룬다. 셋째, 리젠우는 이를 현실과의 밀접한 관련성 속에서 포착한다. 그는 삶의 경험과 사회 현실이 인물의 성격의 형성과 이에 끼치는 영향에 매우 관심을 두었다. 따라서 리젠우가 중점을 둔 현실은 심리적인 현실로, 감정적이고 체험적인 현실이라고 할 수 있다.[22]

---

20 如若命運是謎, 人和人性也許是一個更大的謎. 人和命運的沖突是一個偉觀, 人和人, 尤其是和自己的沖突也是一種奇跡. 李健吾, 〈文明戲〉(1938), 『李健吾戲劇評論選』, 中國戲劇出版社, 1982, 18쪽.

21 정희정, 「李健吾의 30・40年代 文學批評 研究」, 성신여대 석사논문, 1997, 31쪽 참조.

22 姜洪偉, 「李健吾劇作論」, 復旦大學博士學位論文, 2004, 12~16쪽 참조.

특히 '휴머니티'를 현실성 안에서 포착한 점은, 근대적 자아를 긍정하면서도 자아의 가치를 신격화하지 않고 반성적 사고를 수반하여, 객관적 · 사실적으로 그려내고자 했던 리젠우의 노력의 소산으로 보인다. 이러한 노력은 회의주의적 인식과 상대주의적인 태도를 보이는 그의 비평론에서도 나타난다. 그는 모든 것은 변하고 인간은 세상에 대해 정확한 지식을 가질 수 없다는 인식을 하에서 비평을 전개한다.

> 우리는 인간 세상에 대해 정확한 지식을 가질 수 없다. 모든 것은 전부 변하고, 사물과 지혜, 영혼과 대상은 모두 영원한 변동의 속에서 진행된다. 연구의 대상이 한 번 변하게 되면, 그것을 연구하는 영혼도 한 번 변하고, 영혼이 의존하는 관점도 한 번 변하게 되니, 우리의 비평은 곧 시간에 따라 달라진다. 비평가는 마땅히 몽떼느의 "나는 무엇을 아는가?"라는 경고를 기억해야 한다.[23]

이러한 리젠우의 문학 비평에서의 인식은 중국 전통극에 대한 비판에서도 이어진다. 리젠우는 중국 전통극이 몰리에르 희극喜劇에서와 같은 '휴머니티'를 깊이 있게 표현해내지 못한다고 밝힌다. 중국 전통극은 이야기만을 중시하고 인물과 인생 안의 진실한 '휴머니티'에 대해서는 소홀하므로 더 이상 관객들의 환영을 받을 수 없다는 것이다.

---

23 我們對於人世就不會具有正確的知識, 一切全在變易, 事物和智慧, 心靈和對象, 全在永恒的變動之中進行. 被研究的對象一改變, 研究它的心靈一改變, 心靈所依據的觀點一改變, 我們的批評就隨時有了不同. 一個批評家應當記住蒙田的警告: "我知道什麽?"〈自我和風格〉, 214쪽; 정희정, 「李健吾의 30 · 40年代 文學批評 硏究」, 성신여대 석사논문, 1997, 36쪽.

> 우리는 이야기가 연극의 주요 요소임을 안다. 그러나 그것이 유일한 것은 아니며, 더욱이 가장 좋은 요소는 아니다(…중략…) 우리는 이야기의 의미를 확대하였다. 이야기는 더 이상 인위적인 속임수가 아닌 인생에 부합하는 형식이 되어야 한다. 이야기는 전부가 아니지만 인생은 전부다. 우리는 진실을 원한다. 이야기는 부분적인 진실만을 줄 뿐이다. 그것은 인생처럼 움직이지 않으므로 인생처럼 온전한 진실을 가질 수 없다.[24]

위의 인용문에서 리젠우는 이야기를 구조나 형식으로 보고, 이러한 이야기의 형식에 갇히지 않도록 휴머니티를 드러내야 함을 강조하고 있다. 서구의 근대극들이 신화적 질서 속에 갇힌 '비극'의 시대의 종말과 함께 태동하였듯이, 이야기라는 구조에 갇힌, 일정한 메커니즘 안에 포섭된 중국의 전통극은 타파되어야 하며, 새로운 시대에는 '휴머니티'를 충실하게 표현하는 연극이라야 한다는 것이다.

이렇듯 '휴머니티'를 강조한 리젠우의 창작경향으로 보았을 때, 피점령시기 상하이에서의 그의 창작활동은 언뜻 이해하기 힘든 부분이 있다. 리젠우는 이 시기 서구의 희곡을 많이 번안하였고, 그가 일생 동안 번안한 희곡 가운데 대부분의 작품은 이 시기에 집중되어 있다. 그런데 이 시기 번안 원작의 상당수는 문학 작품으로서의 가치를 인정받지 못하는 상업극의 혐의를 쓰고 있다.[25] 그는 1935년 상하이에 정착해 교

---

24 我們承認故事是戲劇一個主要的成分, 然而不是唯一的成分, 更不一定就是最好的成分…… 我們放大了故事的意義, 它不複是一種人爲的把戲, 而是一種切合人生的形式. 故事不是一切, 人生是. 我們要的是眞實, 故事僅僅供給部分的眞實, 它不像人生那樣流動, 因而也就不能夠像它那樣有全部的眞實. 李健吾, 〈文明戲〉(1938), 『李健吾戲劇評論選』, 中國戲劇出版社, 1982, 18쪽.

수, 프랑스문학 연구자, 작가라는 자신의 신분을 지키면서 개인주의와 자유 창작의 중요성을 주장하는 등 정치와는 거리를 유지해 왔다. 그러던 그가 이 작품들로 인해 오히려 많은 상하이 관객의 공감을 얻으며 항일영웅 취급을 받게 되기까지 한다. 이는 5·4의 세례를 받은 지식인 창작주체가 함락 당한 상하이라는 공간과 욕망하는 상하이의 관객들을 만나 상호작용 하는 가운데에 발생한 일이라고 할 수 있다.

1937년 태평양 전쟁이 발발하고 전쟁이 본격화되면서 상하이는 구국의 열기로 들끓었다. 상하이에서는 〈벽혈화碧血花〉, 〈목란종군木蘭從軍〉과 같은 난세에 나라를 구한 영웅들을 주인공으로 한 역사극과 영화가 잇달아 흥행하였다. 높아진 이 열기는 사람들을 항일과 친일이라는 막다른 이분법의 세계로 밀어 넣어 도덕적 선택을 강요했다. 역사극은 신유가의 충절 미덕의 강조에 있어 항전의 행동 양식과 일치하였지만, 자유 인문주의의 전통을 주체로 하는 도덕적 자율과 비판 이성의 5·4사상과는 충돌하였다. 수많은 지식인들은 저항운동을 자유 및 인격의 존엄성과 서로 연결되는, 나누거나 가를 수 없는 일부분이라 여겼다. 저항의 여부는 도덕적 사명 유무의 기준이 되었고, 지식인들은 마음속의 혁신과 사회적 항쟁을 끊임없이 선도하고자 했다.[26] 근대적 인간을 발견하게 한 정신이었던 개인주의와 자유는 설 자리를 잃어

---

25 상하이 완전 함락 이후 리젠우는 창작극 『青春』(1944) 외에 10여 편의 외국 희곡을 번역하였다. 그 목록은 다음과 같다. 빅토리앵 사르두의 『喜相逢』, 『風流債』, 『花信風』, 『金小玉』(『라 토스카』), 외젠 스크리브의 『雲彩霞』(『아드리엔 리쿠브뢰르』), 셰익스피어의『麥克白』(『맥베스』), 『奧賽羅』(『오셀로』), 보마르셰의 『好事近』(피가로의 결혼), 費齊의 『撒謊世界』(『眞話』). 劉欣, 〈論中國現代改譯劇〉, 上海戲劇學院 博士論文, 21쪽.

26 Poshek Fu, 『灰色上海, 1937~1945』, 三聯書店, 2012, 85·118쪽.

갔다. 리젠우 는 상하이의 항일 지식인들과 긴밀하게 교류하고, 우국의 마음을 지니고 있었지만, 여전히 자유 인문주의의 편에서 이러한 시대적 조류에 저항하였다.[27] 상하이가 고도孤島였던 시기까지만 해도 리젠우는 경파京派 성향을 지닌 작가로서 계몽의 관점에서 자본의 논리에 따르는 문학과 퇴폐주의를 비난 할 만큼의 도덕적 떳떳함을 지녔던 것으로 보인다. 급박하게 돌아가는 상하이의 정치적인 현실도, 상하이라는 대도시의 휘황찬란함도 리젠우의 문학창작에 큰 영향을 주지는 못하였다.

그러나 1941년 12월 상하이가 일본에 의해 완전히 함락되고 나서는 상황이 달라진다. 완전 함락된 상하이는 일본의 전면 통치라는 새로운 정치적 메커니즘에 포위 된다. 이러한 상황에서 리젠우는 안정적인 직장마저 잃게 되면서 경제적으로도 새로운 메커니즘에 포위된다. 앞 장에서 말한 바와 같이 일본은 상하이 전면 통치를 시작하면서 언론과 출판물을 통제하며 공포분위기를 형성하였지만, 상업적인 부분에 있어서는 상하이라는 대도시의 자본주의 시스템이 원활하게 돌아갈 수 있도록 하였다. 자본주의 시스템의 논리 안에서 생존해야 했던 연극계의 운명과 같이, 이제는 리젠우도 생존을 위하여 작품을 창작해야하는 운명에 놓이게 되었다. 피점령시기 상하이의 정치적 · 경제적 메커니즘이 변화에 따라 그 안에서 생활하던 리젠우의 삶의 양상도 변화하게

---

27 리젠우는 애국동원운동의 집단주의 풍조에 젖어있던 많은 동지들과 달리 개인주의와 자유 창작의 중요성을 주장하여 저항운동을 하면서도 최대한 비주류에 속해 있었다. 그는 시대극과 현대극이 다르지 않다고 여겼다. '현실'과 '진실', '본질'과 '현상'을 나누는 것을 견지했고, 텍스트의 철학적 의미를 주장했다. 위의 책, 85 · 117~118쪽.

된 것이다. 이러한 정치적 · 경제적 변화 이외에 또 다른 변화는, 점령지 상하이에 있다는 이유만으로 본토의 다른 전장 혹은 비점령지역에 대해서 도덕성을 의심받고 스스로를 검열해야 하는 것이었다.[28]

'휴머니티'를 추구하는 이상적인 자아는 점령지의 정치상황에 의해 억눌리고 은폐되어야 했고, 비점령지역의 사람으로부터는 도덕적인 손상을 입었다. 바로 이러한 시기에 리젠우는 '잘 만들어진 연극 well-made play'을 다량으로 번안하고 공연하였다. 사실 번안극 자체는 피점령시기 상하이에서 매우 보편적인 현상으로 이 시기 상하이 연극에서 전체 공연되는 연극의 상당부분을 차지했다. 이렇게 번안극이 범람한 이유는 점령 후 극작가들이 다른 지역으로 많이 유실되었고, 영화의 관객들을 흡수한 연극의 관객층이 두터워지고 관객의 수준이 높아졌기 때문이다. 정치적 이유로 창작의 자유가 제한되어 흥행성과 예술성이 검증된 번안극의 공연이 늘어나게 되었다.[29] 또한 이 시기 번안극이 많아진 것에 대하여 대중문화의 한 특징인 문화 '복제' 현상을 반영한 것이라는 견해를 제시한 연구자도 있다.[30] 번안극의 유형은 대체로 할리우드식 코미디流線型喜劇 영향을 받은 번안극과 멜로드라마 계열의 번안극, 리얼리즘 계열 번안극으로 나누어 볼 수 있다.

---

28 대부분의 작가들 사이에서는 낙후한 내륙의 불확실한 생활 대신 적의 지배 하에서 살아가길 선택했다는 죄책감이 만연해 있었다. 위의 책, 4쪽.

29 陳青生의 통계에 따르면 孤島시기 번안극은 10여 편, 피점령시기 발표된 번안 극본은 적어도 40편으로 "이런 번안극 붐은 당시 국민당지역에는 없었던 현상이며, '5 · 4' 이후의 중국 현대연극 역사에서도 없던 일이다." 陳青生, 『抗戰時期上海文學』, 上海人民出版社 1995年版, 296頁. 李濤, 「大衆文化語境下的上海職業話劇(1937~1945)」, 上海戲劇學院 博士論文, 2006, 44쪽에서 재인용.

30 李濤, 「大衆文化語境下的上海職業話劇(1937~1945)」, 上海戲劇學院 博士論文, 2006, 45쪽.

리젠우가 이 시기 번역했던 작품 중 상당수는 스크리브Eugène Scribe와 사르두Victorien Sardou의 작품으로, 다소 생소한 이름의 이들은 '잘 만들어진 연극well-made play'[31]을 대표하는 이름이다. 잘 만들어진 연극은 멜로드라마의 발전된 형태라고 할 수 있는데, 비평가들에게는 문학적 가치를 인정받지는 못했지만 당대를 풍미했던 대중극이었다. 고정된 플롯구조와 선악이 뚜렷한 인물형상으로 '잘 만들어진 연극'이 결코 좋은 문학적 평가를 받지 않았음을 모를 리 없는 리젠우가, 더욱이 고정된 플롯의 타파와 인물의 개성과 '휴머니티'를 강조했던 그가 무슨 이유에서 이렇게 많은 '잘 만들어진 연극'을 번안하였을까? 사르두는 뛰어난 기교와 짜임새 있는 극적 구조로 유명한데, 리젠우는 이 점을 잘 알고 있었다. 그는 사르두의 작품이 기교가 지나쳐 진실함이 가려지는 위험이 있다는 점도 있지만, 사르두의 극을 통하여 극본 창작의 원리를 깨칠 수 있다고 밝힌다.[32] 형식주의로 치우치는 단점을 경계하되, 대중적 흥행의 서사의 모범으로 사르두의 극을 배우고자 했던 것이다.

이러한 리젠우의 대중성에 관한 고민은 이 시기에 그가 썼던 평론에서도 잘 드러난다. 리젠우는 〈상하이 처마 밑에서上海屋檐下〉(1942)에서 먼저, 멜로드라마와 보드빌(가벼운 희극)이 현실을 반영하지 못한다고 비난했던 고골리의 문장을 언급한다. 리젠우는 중국 현대연극의 발전

---

31 외젠 스크리브에 의해 완성된 극으로 '상황의 분명한 제시', '앞으로 있을 사건들에 대한 치밀한 준비', '예기치 않은, 그러나 논리적인 역전', '계속적이며 점층적인 서스펜스', '의무장면', '논리적 해결'등을 기본 특징으로 한다. Oscar G. Brockett, 김윤철 역, 『연극개론』, HS MEDIA, 2009, 409쪽.

32 李健吾, 『花信風』, 『風流債』, 『喜相逢』 단행본의 공통 〈跋〉. 陳青生, 〈淪陷時期上海的話劇創作〉, 『上海戲劇』, 1995, 43쪽 재인용.

상황과 대표작을 예로 들며, 중국에는 정확히 멜로드라마나 보드빌이라고 지칭할만한 작품은 없으나, 중국의 훌륭한 현대연극은 멜로드라마와 보드빌의 속성을 지니고 있다고 밝힌다. 그는 이러한 속성이 문명희나 상업극의 내용 없는 형식주의와는 구별되어야 한다며 선을 분명히 긋는다. 또한 에밀 졸라의 글을 언급하며 멜로드라마의 기교를 운용하여 극을 더욱 간결하고 자연스럽게 만들어, 합리적으로 성공적인 작품을 만들어 낼 수 있음을 밝힌다.[33] 이 같은 논의는 대중성, 즉 관객과의 소통에 대한 리젠우의 고민과 맞물려 있는 듯 보인다. 또한 이러한 고민과 논의는 피점령시기 상하이라는 시공간적인 맥락과 밀접하게 맞닿아 있다. 따라서 리젠우의 번안극은 대중성의 압박과 진실한 '휴머니티'의 은폐의 필요성, 그리고 도덕적 자기 검열이라는 점령지 상하이의 상황에서도 상하이인들의 '휴머니티'를 탐구하고자 했던 리젠우가 선택한, 점령지 상하이에서의 '휴머니티 탐구'의 형식이라고 할 수 있을 것이다. 심리적인 현실의 반영과 '휴머니티의 탐구'를 중시하는 리젠우에게 구호를 외치는 형식의 연극이나 리얼리즘 연극보다 감정의 과잉[34]이 차라리 더 진실하게 다가왔을 수 있으며, 상하이의 관객은 리젠우가 반영하고자 했던 이러한 진실에 흥행이라는 표지로 공감을 드러낸 것이다.

---

33 〈上海屋檐下〉(1942), 『李健吾戲劇評論選』, 中國戲劇出版社, 1982, 24~28쪽 참조.

34 멜로드라마의 도덕적 비의는 현실의 표면에 암시되어 있으면서도 은폐되어 있는 가치의 영역이자, 탈신성화된 시대에 인간들이 부여잡아야 했던 윤리적 명령이며, 멜로드라마 양식은 그 윤리적 명령이 작동하고 있음을 입증하는 수사학이 된다. 재현의 수준과 의미의 수준 사이에는 회복될 수 없는 틈이 있기 때문에, 이 틈을 메우기 위해 필연적으로 멜로드라마는 과잉의 양식이 될 수밖에 없다. 피터 브룩스, 이승희・이혜령・최승연 역, 『멜로드라마적 상상력』, 소명출판, 2013, 338쪽.

> 그(사르두)의 단점이 오히려 그의 장점을 부각시켜준다. 비록 열정과 낭만적 기질, 그리고 염세적인 중산층 분위기 모두 그가 탄생시킨 인물에 혼재되어있다고 해도, 비록 모든 게 단지 극에 불과하다는 것을 우리는 알고 있긴 해도, 지금의 우리가 호흡하고 있는 철저히 음울한 분위기에 비해 봐줄만 하지 않은가? 차라리 환각이 진실보다 낫다. 오늘날을 살아가는 사람 중 이렇게 생각하지 않는 이가 있을까?[35]

리젠우가 사르두의 연극을 통해서 표현하고 싶었던 것은 바로 진실과 환각이 전복되는 점령지 상하이의 현실이었던 것이다. 그는 객관적 현실은 '철저히 음울한 분위기'이며, '비록 모든 게 단지 극에 불과하다는 것'을 알지만 사르두의 연극이 갖는 이야기의 힘으로 눈앞의 현실을 차라리 지워버리고 싶은 상하이 관객의 심리적 현실을 보여준다. 선과 악이 분명한 멜로드라마라는 이분법적 공간은 극단적 선택을 요구하는 피점령시기의 상하이와 닮아있다. 그러나 리젠우는 〈진샤오위〉라는 연극이 이분법적 공간 안에만 머무르며 비현실적인 세계에 머무르기를 원치 않는다. 리젠우는 원작 자체가 가지고 있는 멜로드라마적 서사구조(분명한 선악구조, 강한 파토스, 과도한 감정, 도덕적 양극화)를 살리면서, '중국화'된 번안을 통하여 리얼리티(개성적인 인물묘사, 사실적인 소시민의 생활상, 생동감 있는 구어체의 활용)를 준다. 리젠우는 환각과 같은 이분법적인 공간에서 은폐되어야 마땅한 '휴머니티'를 리얼리즘의

35 李健吾, 〈跋〉, 『風流債』(上海, 1944), 第5頁. Edward M. Gunn 著 · 張泉 譯, 『被冷落的繆斯－中國淪陷區文學史(1937～1945』, 新星出版社, 2006, 120쪽 재인용.

기법으로 교묘하게 드러내는데 이는 점령지 상하이에서 '휴머니티'를 포위하고 있는 정치적인 메커니즘에 균열을 내는 실질적인 힘이 된다. 그가 관객들을 멜로드라마와 같은 이분법적 세계에 갇혀있게 하지 않고, 계속해서 멜로드라마의 구조에 균열을 주려고 시도하고 있기 때문이다. 또한 잘 만들어진 멜로드라마의 세계는 도덕적 순결성이 지켜지는 세계로,[36] 도덕성이 훼손된 피점령 상하이라는 공간을 살아가는 관객들에게 위로를 준다. 또한 그 분노가 악한에게 향하게 하여 실재적 의미에서 항일抗日의 힘을 갖는 단초가 된다.[37]

4. 〈진샤오위〉, 피점령시기 상하이인의 자화상

사르두의 5막극 〈토스카La Tosca〉를 원작으로 하는 〈진샤오위〉는 문명희 시기에 재일 중국유학생이 결성한 신유회(申酉會, 春柳社를 잇는 연극단체)에 의해 〈뜨거운 눈물熱淚〉이라는 이름으로 공연되어 상당한 성공을 거둔 적이 있는 작품이었다.[38] 그러나 많은 관객들이 〈La

36 멜로드라마의 주인공은 도덕적 문제에 응답할 행동의 필요에 의해 위험에 빠지는 것이 아니라 악한 본성에 의해 장애물을 놓는 악해 장애물을 놓는 악당에 의해 위험에 빠진다. 켄트 갤러거(Kent G. Gallagher), 「비극의 정서와 멜로드라마의 정서」, 『멜로드라마』 1, 책펴냄열린시, 2005, 301쪽.

37 비극의 공포로부터 비극의 연민이 탄생한 것과 비슷한 방식으로, 멜로드라마의 증오는 공포로부터 발전되어 나오는 것이다. (…중략…) 비극의 공포는 비극의 연민 속에서 출구를 찾지만, 멜로드라마의 공포는 악당에 대한 증오로 변한다. 위의 책, 302~303쪽.

38 당시 신유회 성원들은 프랑스어를 몰랐고, 일본 신파극으로 공연(『熱血』)된 것을 인상 깊게 보고 다구지 키쿠데이田口菊町의 번역본을 각색·번역하여 공연하였다. 김종진, 『중국 근대연극 발생사』, 연극과인간, 2006, 81~82쪽. 『뜨거운 눈물』은 인물설정이나 시대설정을 원작 그대로 받아들이고, 극적 구조와 선악의 대립은 더욱 간명하게 각색하

Tosca〉를 알게 된 것은 역시 상하이 피점령시기 리젠우가 번안한 〈진샤오위〉가 흥행에 성공하면서였다고 할 수 있다. 1944년 번안한 〈진샤오위〉는 1944년 9월 24일~12월 17일에 이르는 동안 103회 공연을 기록할 만큼 인기 있었던 레퍼토리였다. 리젠우는 중국의 현실을 잘 접목시킨 참신하고도 자연스러운 번안으로 중국적 토스카 진샤오위를 창조해냈다. 〈진샤오위〉는 1925년 북벌시대의 베이징을 배경으로 한다. 전통극 배우인 여주인공 진샤오위와 혁명가를 도와주는 진샤오위의 애인인 지식인 청년 판용리範永立, 혁명가를 죽이려고 하는 경찰서장 왕스치王士琦. 그들을 중심으로 사랑과 혁명, 계략의 이야기가 전개되며 주인공 모두가 죽음을 맞는 비극으로 끝이 난다.

〈진샤오위〉는 멜로드라마적 문법과 리얼리즘 문법을 동시에 지닌 번안극이다. 리젠우는 원작 자체의 멜로드라마적 서사구조를 살리면서 리얼리즘 연극의 기법을 동시에 구현한다. 이렇듯 리젠우는 멜로드라마적 서사로 상하이 사람의 심리적 현실인식을 보여줌으로써 관객과 감정적인 공감대를 형성하면서, 경직된 구조 안에 갇히지 않도록 개성적인 '인간성'을 드러냄으로써 관객들이 현실을 직시하고 역사의식과 주체의식을 갖도록 한다.

먼저 멜로드라마적 서사구조를 살펴보면, 리젠우는 〈La Tosca〉에서 선악이 극명하게 충돌하고 파토스를 최대로 불러일으키는 장면을

여 원작에서 설정한 사회의 혁명적 분위기를 극적으로 반영하고 있다. 이와는 달리 리젠우의 〈진샤오위〉는 원작을 더욱 충실하게 번역하면서도 성공적으로 중국화 하는데, 〈진샤오위〉가 담지하고 있는 혼종의 양상은 피점령 시기의 상하이를 반영한다고 할 수 있다.

〈진샤오위〉에 생동감 있게 옮겨와 피점령시기 상하이 사람의 고통을 표현한다. 진샤오위의 애인인 지식인 청년 판용리는 심지가 곧은 애국 청년이다. 그는 우연히 혁명가인 모퉁莫同을 숨겨주었다는 이유로 경찰서장 왕스치의 의심을 사서 붙잡혀오게 된다. 경찰서장 왕스치는 진샤오위에게 다른 마음을 품고 있는 인물로, 교묘하고 악랄한 방법으로 혁명가의 뒤를 캐려 한다. 왕스치는 진샤우위의 연인 판용리가 고문받아 괴로워하는 소리를 진샤오위에게 들려주고, 진샤오위에게는 모퉁이 있는 곳을 알려주면 판용리를 풀어주겠다고 약속한다. 진샤오위를 꾀는 방법으로 진샤오위의 입을 통하여 모퉁을 숨겨둔 장소를 캐내려고 한 것이다. 진샤오위는 모퉁을 숨긴 곳을 절대 말하지 않겠다고 판용리와 약속을 했기에 애인의 고통스러운 외침을 들으면서도 애인을 고통에서 벗어나게 해줄 수 없다. 사랑하는 사람의 고통 받는 가운데 선의 추구와 악에의 굴복 사이에서 괴로워하던 그녀는 심적인 갈등을 겪다가 결국 어쩔 수 없이 모퉁을 숨긴 장소를 밝히고 만다.

왕스치 : (잠시, 그녀의 귓가에서 조용히) 네가 말만 하면 …… 너의 용리는 바로 자유야!

진샤오위 : 내가 말한다면 …… 용리는 영원히 저를 용서하지 않을거에요 …… 영원히 저를 상대 하지 않을거라구요!

왕스치 : 소리 낮춰 …… 어차피 그는 못 들으니까 …… 착한 진 아가씨, 다 네가 하기에 달렸다구!

(…중략…)

진샤오위 : 하지만 …… 하지만 …… 당신 목숨이 다른 사람 손에 좌우되

는 걸 더는 못 보겠어! 내가 고통스러운 것처럼 당신도 그렇잖아! (무릎을 꿇으며) 자기, 이렇게 빌게! 무릎 꿇고 빌게! …… 용리, 말 해, 말해도 된다고 허락해줘! ……

판용리 : (힘을 주어) 안 돼! 안 돼! 난 할 말 없어! 넌 아무것도 모르는 거야! …… 말 하지 마!

진샤오위 : 저들이 당신을 죽일거야!

판용리 : 말 하지 마!

왕스치 : (화내며 큰 소리로) 계속해! 멈추지 말라고! 자식! 똥오줌 못 가리는군!

진샤오위 : (왕스치에게) 안 돼! 말할게요!

판용리 : 말하기만 해! …… 평생 저주할거야! ……

진샤오위 : 하느님!

왕스치 : 멈추지 마! 계속해!

진샤오위 : (기어가서, 왕스치 옆에 꿇으며) 안 돼! …… 멈춰! ……

왕스치 : (진샤오위에게) 그 놈이 어디에 있지? ……

판용리가 째지듯 비명을 지른다.

진샤오위 : 아! …… 모르겠어! …… 말하겠어요! ……[39]

---

39 王 : (稍緩, 在她的耳邊輕輕地) 你一說 …… 你的永立就自由啦!
金 : 我要是一說 …… 他永遠不會饒我的 …… 永遠不會答應我的!
王 : 你低著聲兒 …… 他聽不見的 …… 好金姑娘, 全看你啦!
(…中略…)
金 : 可是 …… 可是 …… 我不能夠看你有人擺布! …… 你吃苦, 就像我在吃苦!(跪了下去)

여기에서 진샤오위는 내적 갈등의 첨예한 대립 속에서 선을 실현하고자 하나 애인의 고통이라는 현실에 발목이 잡혀 자신의 입으로 도덕적 순결에 상처를 입혀야하는 입장에 처한다. 진샤오위의 처지가 점령지 상하이를 살아가는 사람들에게 공감대를 형성하게 했을 것이라는 예상은 어렵지 않게 할 수 있다. 게다가 공연 당시 왕스치를 연기했던 스후이石揮는 머리를 짧게 깎고 나와서 관객들이 한 번에 일본 헌병을 형상화한 것임을 알 수 있도록 했다.[40] 점령지 상하이에서 일상을 살아가야 하는 리젠우와 상하이 관객들의 심리상태는 '이상적 자아'의 형상인 판용리보다 도덕적 시험에 빠진 진샤오위에 더 가까웠다고 말할 수 있을 것이다. 리젠우의 경우 연극이 상업적인 성공을 거둘수록 연극의 계몽적 기능과 예술적 전통에는 반하는 것으로 여겨졌고, 이러한 시선은 그 스스로를 늘 도덕적 심판대에 올려놓았다.[41] 피점령시기

我的好人, 我求你了 …… 我的好永立, 說你許我開口!
範 : 不不!你沒有話講!你什麽也不知道! …… 我不許你說! …… 我不許! ……
金 : (絶望)他們會弄死你的!
範 : 我不許你說!
王 : (大聲震怒)動手!別住手! 家夥不識好歹!
金 : (轉向王)不!我說!
範 : 你敢! …… 我咒你一輩子! ……
金 : 老天爺!
王 : 別住手!別住手!
金 : (匍匐而錢, 跪在他旁邊)不! …… 停住! ……
王 : (向金)那人在什麽地方? ……
【範尖聲呼號
金 : 啊! …… 我管不了那許多! …… 我說了! ……
李健吾, 『金小玉』, 上海萬葉書店, 1946, 99~100쪽.

40 이 일로 후에 리젠우는 일본 헌병에게 체포되어 고문을 당한 적이 있다고 알려졌다. 邵迎建, 『上海抗戰時期的話劇』, 北京大學出版社, 2011, 278쪽 참조.

41 상하이가 완전 점령되고 지난대학과 푸단대학, 중국－프랑스 연구소가 문을 닫는 바람에 졸지에 실업자가 된 리젠우는 가족의 생계와 도덕적 순결을 유지하기 위해 어쩔 수 없

를 거치면서 도덕적 순결과 지식인으로서의 이상을 버리고 연극쟁이가 되어버렸다는 그의 자조 섞인 말[42]은 어쩌면 피점령시기 상하이 사람의 내면심리에 존재했을 도덕적인 강박을 대변해준다고 할 수 있을 것이다.

이러한 측면에서 〈진샤오위〉의 마지막 장면 역시 피점령시기 상하이인들과 공감대를 형성할 수 있었다. 진샤오위가 모퉁이 숨은 장소를 발설한 후, 모퉁은 왕스치에게 잡히기 전에 자살을 하고 만다. 그 후 진샤오위는 자신의 손으로 왕스치를 죽이는 데에 성공하지만 왕스치의 계략에 속아 연인 판용리까지 죽음에 이르게 만든다. 진샤오위는 잠시 동안 악을 제거한 기쁨을 누리며 단꿈에 빠지지만 곧 바로 연인 판용리의 죽음을 맞이해야한다. 이제 항상 '선善'이 지켜지고, 도덕적 순결함을 보장하는 멜로드라마의 이분법적 세계에서 '선'을 승리로 이끌 유일한 방법은 진샤오위의 자살뿐이다. 당시의 비평가 마이예麥耶는 이 마지막 장면을 두고 "진샤오위의 자살은 사랑의 영원함, 미의 하모니이다. 또한 묘한 극의 구도는 우연들을 필연으로 일치시킨다. 그들(모퉁과 판용리)의 삶이 용인되지 않는 것은 필연적이다. 어쩌면 진샤오위라는 인물은 너무 낭만적일 수도 있다. 하지만 어느 누가 이상적인 아름다움을 추구하려하지 않겠는가?"라고 말한 바 있다.[43]

이 연극계의 일을 할 수 밖에 없었다. 연극의 상업적 성공은 이분법적인 세계관 안의 사람들에게는 연극의 계몽적 기능과 예술의 전통에 반하는 것으로 여겨졌고, 이는 늘 리젠우를 도덕적 심판대에 올려놓았다. Poshek Fu, 『灰色上海 1937～1945』, 三聯書店, 2012, 123～124쪽 참조.

42 "나는 상아탑을 뛰쳐나와 버렸다. 고상함과 유혹은 떨쳐버렸다. 이때부터 연극으로 밥벌이를 하며 선비들이 경멸하는 연극쟁이가 되었다." 李健吾, 〈與友人書〉, 『上海文化』, 第6期(1946年7月), 28～29쪽. 위의 책 127쪽 재인용.

그러나 멜로드라마적 이분법으로 삶을 인지하는 태도는 이분법의 세계 안에 갇혀버림을 의미하기도 한다. 이분법으로 봉인된 식민주의 담론에 의해 구현되는 세계는 결코 실제 그대로가 아니며 오히려 식민지 지배자의 입장에 의해 재해석되거나 그들의 눈을 통해 반영된 것이라는 점에서 한계를 지닌다.[44] '휴머니티'를 추구하며 이를 현실 속에서 포착해내고자 했던 리젠우 는 멜로드라마의 장르적 한계를 타파하고자 번역의 철저한 중국화(인물설정의 변화, 인물관계의 변화, 주체적 역사인식)를 통하여 리얼리즘의 기법을 획득하고 이로써 이분법적 세계관에 균열을 내고자하였다.

〈진샤오위〉의 흥행 요인으로는 주로 철저한 중국화가 손꼽히는데 이러한 이유로 그는 커링柯靈에 의해 "접목의 대가"[45]라고 칭해지기도 하였다. 여기서 '중국화'라고 하는 것은 '중국적 현실'의 반영으로 바꾸어 말 할 수 있으며, 이 지점이 바로 리젠우의 연극에 리얼리즘적 성격을 부여하고 관객들이 좀 더 비판적으로 현실을 인식을 하도록 이끄는 점이다. 프랑스어에 능통했던 리젠우는 원본을 충실하게 번역하면서도 이를 중국적 현실로 번안하는 데에 주의를 많이 기울였는데, 〈진샤오위〉에서는 이러한 부분들이 중국적 장소와 시간배경의 설정, 생동

---

43 這最後一個死亡是愛之永恒, 美的諧和. 而布局的巧妙, 把偶然統一於必然, 一條包袱故陵人追悔, 軍閥的爪牙之囂張下, 不僅是莫同, 就是正義之士如範永立這麽一個學者, 他的不容生存乃屬必然. 也許金小玉這個人物有點太浪漫把, 然而誰不追求理想之美呢? 麥耶, 〈觀劇雜感〉, 『雜誌』, 1944年, 10月號. 邵迎建, 『上海抗戰時期的話劇』, 北京大學出版社, 2011, 276쪽 재인용.

44 우수진, 「윤백남의 〈운명〉, 식민지적 무의식과 욕망의 멜로드라마」, 『한국극예술연구』 제17집, 한국극예술학회, 2003, 57쪽.

45 柯靈, 『李健吾劇作選·序言』, 中國戲劇出版社 1982年版, 11頁. 李濤, 「大衆文化語境下的上海職業話劇(1937~1945)」, 上海戲劇學院 博士論文, 2006, 44쪽에서 재인용.

감 넘치는 구어적 표현, 일상적이고 사소한 소재, 인물설정의 변화, 인물관계의 변화 등을 통하여 표현된다.

그 중 진샤오위의 연인인 판용리라는 인물형상의 변화는 주목할 만하다. 리젠우는 판용리를 현실에 있을 법한 생동감 있는 인물이자, '이상적인 중국인'으로 재탄생 시켰다. 원작 〈La Tosca〉에서 토스카의 약혼자 카바라도시의 직업은 화가로 설정되어 있고 우연히 자신의 친구인 공화당원 안젤로티를 만나 도움을 주게 된다. 〈진샤오위〉에서 진샤오위의 연인 판용리는 고미술품을 발굴하고 연구하는 지식인으로 설정되어있다. 리젠우는 판용리를 중국인으로서의 자부심을 갖고, 지식인의 양심을 지키는 차분하고 이지적인 청년지식인의 형상으로 그려내고 있다. 판용리의 형상에는 5・4운동시기의 개인의 해방을 부르짖던 '신청년'의 모습과, 중국 전통문화에 대한 애정을 보인다는 점에서 애국 청년의 모습이 겹쳐 보인다.

원작에서 카바라도시가 '우연히', 그리고 '우정'이라는 감정 때문에 친구 안젤로티를 돕고 사건에 연루되는 것과는 달리 판용리는 '사회정의' 혹은 '선'의 실현이라는 '이성적인 판단' 즉 지식인의 양심으로 혁명가 모퉁을 돕는다. 판용리가 모퉁을 돕는 과정에서 그는 모퉁이 몸을 숨길 수 있는 장소를 제공하는데 이 별채에 얽힌 이야기가 드러나면서 판용리 집안의 과거사도 밝혀지게 된다. 이 이야기는 극중 혁명가 모퉁이 처한 상황과 맞물려 전개되면서 혁명가의 이야기에 역사적인 무게를 더해준다. 따라서 극이 진행될수록 시대적 사명감을 더하여 무게감 있게 전개되는 양상을 보인다. 판용리라는 인물이 이상적인 개인의 모습을 형상화했다면 판용리의 별채는 중국 근대사를 담지하고 있는 곳으로 이러한 이상적 개인의 모습을 사회적 연대로 확장시키는 역할을 한다. 판용리의 별채는 유신변법파였던 판용리의 아버지가 무술정변 때 모르는 한 노인에 의해 목숨을 건진 곳으로, 바로 판용리가 스스럼없이 모퉁을 돕는 이유와 직접적인 관련이 있다. 비록 멀지 않은 역사에 관한 언급이기는 하나, 관객은 역사를 통하여 다시 현재를 돌아보게 되는 것이다. 관객은 다시 피점령적 상하이의 현실을 인식하고, 연극을 통하여 익명의 한 개인의 도움, 그리고 그 도움에서 이어져온 사회적 연대를 보게 된다. 이상적 · 애국적 개인의 고난과 수모, '선'과 '악'의 대결과 도덕적 선택 사이에서의 고뇌로 파토스를 자극했다면, 지극히 중국적이고 이상적인 인물형상의 설정, 중국 근대사에 대한 언급, 현실감 있는 상황의 설정으로 현실인식을 촉구한다. 또한 그것이 개인에만 그치지 않고 역사라는 세로축과 사회라는 가로축 안에 자신을 재설정하도록 한다. 중요한 점은 이것이 이루어지는 공간이 혼자만의 공간이 아닌 많은 사람이 모인 극장이라는 것이다. 극장에서 관객은 감정의 공유와 공감대의 형성을 눈으로 확인함으로써 〈진샤오위〉가 상하이 사람과 소통하면서 현실적인 힘을 갖는 연극이 되도록 한다.

5. 나가는 말

지금까지 논의를 통하여 피점령시기 상하이의 연극, 그 중에서도 리젠우의 번안극 〈진샤오위〉에 대하여 분석하였다. 본 글의 최초의 구상은 '피점령시기 상하이에서 번안극이 성행했던 이유는 무엇일까? 문명희의 시대가 지나간 상하이에서 다시 문명희와 비슷한 멜로드라마적 서사구조의 연극들이 성행한 이유는 무엇일까?'라는 질문에서 시작하였다. 그러던 중 점령지 상하이에서 독특한 행보를 보인 리젠우의 연극을 추적해 보며, 그의 1940년대의 행보가 점령지 상하이라는 공간적인 제약, 그가 처한 상황, 그의 이력들과 무관하지 않을 것이라는 생각에서 리젠우의 번안극을 둘러싼 컨텍스트를 분석하는 방식으로 글을 전개하였다.

글에서 살펴보았듯 연극의 수요가 많아지고 관객층이 확대되었다는 상하이의 피점령적 상황은 번안극이 성행하는데 큰 배경이 되었다. 또한 상업화된 시스템 안에서 작품성이 어느 정도 확보된 번안극을 무대에 올리는 일이 많아졌다. '복제'는 대중문화상품의 중요한 특징 중 하나로 피점령시기의 상하이가 고압적인 정치상황에서, 경제적으로는 자본화된 도시의 모습을 유지하고 있었음을 보여준다. 이는 정치·경제 메커니즘 속에서 이중고에 시달리고 있던 상하이를 설명하는 다른 말이기도 하다.

리젠우의 창작경향을 검토하면서 그가 피점령시기 번안극을 많이 창작한 데에는 피점령 상하이라는 환경적 제약을 떼어놓고 생각할 수 없지만, 5·4를 경험한 지식인으로서의 그의 경력과 그가 5·4의 빛을 받아 줄곧 추구하여 왔던 '휴머니티'라는 개념도 소홀히 할 수 없는 한 축이었음이 밝히고자 하였다. 작품 안에서 개인의 '휴머니티의 탐구'와 영혼의 탐색을 강조하던 그가 피점령시기 상하이에서 '잘 만들어진 극'을 많이 창작하게 된 이유는 점령지 상하이의 가치전복적인 환경과 무관하지 않다. 리젠우는 예술성과 대중성 사이의 고민 안에서 멜로드라마적인 서사구조가 상하이 사람들의 심리적 현실에 더욱 부합한 극의 양식일 수 있다고 생각하였다. 그러나 리얼리즘 기법과의 조화를 추구하여 그의 희곡이 멜로드라마적인 이분법적 세계에 갇히지 않도록 하였다. 이는 점령지 상하이의 경제적 기제에서 오는 대중성의 압박과 정치적 상황에서 오는 '휴머니티'의 은폐의 필요성, 도덕적 자기 검열 속에서 리젠우가 찾은 최선의 대안이었던 것이었다.

번안극 〈진샤오위〉는 리젠우를 위시한 상하이인들의 고뇌를 잘 드러내주는 번안극이라고 할 수 있다. 피점령의 정치상황과 자본주의적 경제상황이 다시 한 번 자국민들로부터 혹은 주류의 지식인들로부터 도덕적인 잣대로 재단되어 '악'으로 규정되었다. 이런 모순적 상황에서 점령지 상하이 사람은 '악'에 빠진 현실로 인해 도덕적 자기 검열 속에서, 도덕적 순결함을 지키기 위해 자기변호를 해야 했다. 번안극 〈진샤오위〉는 이러한 모순적인 상황을 담지하고 있는 텍스트이다. 리젠우는 '악'에 빠진 상하이인들의 죄의식을 멜로드라마적 서사로 공감하고 위로하면서, 이 '악'에 갇힌 상황을 타파하기 위해 리얼리즘의 기법으로 '악'의 세계에 균열을 냈다. 따라서 그의 번안극 〈진샤오위〉는 이분법의 세계에 갇힌 채로 파토스를 자극하고 관객을 분노하게 하고, 위로를 주었지만 단지 그것으로 끝나는 것이 아니라 현실과 역사를 바로 인식하게 하는 힘까지 주고자 했던 것이다.

참고문헌

논문

배연희, 「함락시기 양쟝楊絳의 웃음」, 『중국소설논총』 제40집, 한국중국소설학회, 2013.
우수진, 「윤백남의 〈운명〉, 식민지적 무의식과 욕망의 멜로드라마」, 『한국극예술연구』 제17집, 한국극예술학회, 2003.

姜洪偉, 「李健吾劇作論」, 復旦大學博士學位論文, 2004.
劉欣, 「論中國現代改譯劇」, 上海戲劇學院 博士論文, 2009.
李濤, 「大衆文化語境下的上海職業話劇(1937～1945)」, 上海戲劇學院 博士論文, 2006.
邵迎建, 「家破國碎思家國－1940年代的上海話劇與“五四”精神」, 『解放軍藝術學院學報』, 2009年 第7期.
陳青生, 「淪陷時期上海的話劇創作」, 『上海戲劇』, 1995.

단행본

Oscar G. Brockett, 김윤철 역, 『연극개론』, HS MEDIA, 2009.
리어우판, 장동천 외역, 『상하이 모던－새로운 중국 도시 문화의 만개, 1930～1945』, 고려대 출판부, 2007.
피터 브룩스, 이승희・이혜령・최승연 역, 『멜로드라마적 상상력』, 소명출판, 2013.

Poshek Fu, 『灰色上海, 1937～1945』, 三聯書店, 2012.
邵迎建, 『上海抗戰時期的話劇』, 北京大學出版社, 2011.
李健吾, 『金小玉』, 上海萬葉書店, 1946.
錢理群 主篇, 『中國淪陷區文學大係－戲劇卷』, 廣西教育出版社, 1998.
陳白塵・董健 主編, 『中國現代戲劇史稿』, 中國戲劇出版社, 2008.
許國榮, 張潔 主編, 『李健吾戲劇評論選』, 中國戲劇出版社, 1982.

결혼이라는 불온한 제도

일제 말기 국민연극에 나타난 결혼

이주영

1. '독신은 국책위반'

일제 말기 제국일본은 조선에 결혼을 독려 / 촉하였고, 결혼 이후의 가정생활에까지도 그 영향력을 행사하였다.[1] 제국이 결혼을 권장하는

1 제국일본은 일제 말기가 되면, 조선여성에게 총후부인으로서 갖춰야 할 전시체제의 최적화된 신체제 가정생활상을 유포 · 권장한다.
"**구주전란의 여파는 이미 태평양상의 우리들의 생활권내에까지 미쳐 있습니다.** (…중략…) 우리들은 이때에 처해서 냉정하게 우리 일본의 세계적 지위와 실력을 재인식하고 전시체제의 확립강화에 힘써서 동아신질서건설, 즉 세계신질서라는 일대사업의 완성에 융왕마진하지 않으면 안 될 것입니다. 현하의 핍박한 세계적 위국에 직면해서 오직 실력 그것을 가지는 것이 모든 것을 해결하는 전제조건이 될 것입니다. **이러한 정세를 가정이 깊이 인식하고 내조하는 것이 큰 힘임을 우리 일반가정은 다시 한 번 재인식 하지 않아서는 안 될 것입니다.**"(「신동아건설과 가정의 내조」, 『여성』 제5권 제9호, 1940.9, 25쪽, 강조는 인용자) 이 외에 다음에 글에서도 제국일본이 권장하는 신체제 가정생활의 모습과 총후부인으로서의 역할을 파악할 수 있다.
송금선, 「전시와생활개선의급무」, 『여성』 제5권 제6호, 1940.6; 함대훈, 「부부도의 신질서」, 『여성』 제5권 제8호, 1940.8; 고황경, 「신가정독본」, 『家庭の友』, 1940.8; 고황경,

이유는 명확하였다. 본디 한국에서의 결혼은 조선시대까지 유교적 신분제를 확립하기 위한 가부장제 이데올로기와 국가의 노동력 재생산을 위한 인구정책의 영향 아래 진행되어왔는데,[2] 식민지시기로 넘어오면서 유교적 가부장제 이데올로기가 아닌 식민담론에 의해 제국/식민자가 관리해야 하는 제도가 되었다.[3] 사랑에 기반을 둔 헌신적인 공적 표현으로서의 결혼은 미래를 가대케 하는 제도로서,[4] 여기서의 미래는 출산으로 대표된다. 일제 말기 제국일본이 당시 결혼에서 주목하고 관리하고자 한 것도 결혼 이후에 '생산'될 아이들, 즉 대동아전쟁에 활용될 수 있는 '미래의 전사'였다. 당시 결혼은 제국의 자장 아래 작동하는 "건국의 초석"이자 "인구증식의 국책"[5]으로서, 적극 권장되었던 전시체제의 '전사戰士생산업'이었고,[6] 출산이 불가능한 "독신은 국책위반"이었다.[7] 제국일본은 적정 수준의 전사생산량을 유지하기 위해서 조선인에게 결혼은 꼭 해야만 하는 국책사업으로 권장하였다. 그리고 여기서 더 나아가 제국은 "국가의 번영"인 건강한 '아이 = 소국민'을 생산하기 위해 결혼"적령기"까지 관리하였다.[8]

「신가정독본」, 『家庭の友』, 1940.9; 전홍진, 「부엌의 신체제」, 『여성』 제5권 제10호, 1940.10; 방신영, 「신영양독본」, 『家庭の友』, 1940.11; 최영수, 「생활과 신체제-메뉴-와 신체제」, 『여성』 제5권 제11호, 1940.11.

2 김영선, 「결혼·가족담론을 통해 본 한국 식민지근대성의 구성 요소와 특징」, 『여성과 역사』 제13집, 2010, 147쪽.

3 일제시기의 결혼 담론에 관해서는 김영선의 「결혼·가족담론을 통해 본 한국 식민지근대성의 구성 요소와 특징」을 참고할 것. 위의 글.

4 George Lakoff, 유나영 역, 『코끼리는 생각하지 마』, 삼인, 2006, 97쪽.

5 「결혼은 건국의 초석 인구증식의 국책으로 장려운동」, 『매일신보』, 1942.8.31.

6 「결혼을 권하는 서(상·중·하)」, 『매일신보』, 1941.10.22~24; 「결혼 장려책의 답안」, 『매일신보』, 1941.10.28~11.6.

7 이극로, 「결혼을 권하는 서(상)」, 『매일신보』, 1941.10.22.

8 위의 글.

일제 말기 결혼과 출산, 이에 따른 부모와 자녀로 구성된 조선인 가정은 오로지 국가와 사회만을 위해 존재해야만 했다. 이들 가정이 목표로 하는 것은 가족 간의 화목과 단란함이 아닌 "국가 사회만 위하여 가질 것이라는 깊은 각오"와 그에 따른 멸상봉공이란 실천뿐이었다.[9] 일제 말기 건강한 신체를 가진 혹은 지향해야만 했던 조선의 청춘남녀들은 '출산 = 전사 생산'과 이후 가족구성원을 활용한 멸사봉공의 실천을 위해 제국일본 앞에 결혼을 맹세해야만 했다.

일제의 전쟁이데올로기를 무대에 형상화해야 하는 국민연극에서 결혼과 이에 이르기까지의 연애는 내러티브 구성에 있어 대중성을 획득할 수 있는 최적화된 소재이다. 그간 국민연극은 "아직껏 그 이론이 확고히 수립되지 못"[10]한 상황이었고 이에 조선인 연극인들이 제출한 국민연극은 무작정 "무대에 나와서 국기나 내두르고 군가나 합창하면 괜찮은 줄 알고 있"는 연극들이었다.[11] "비상시, 전시체제, 신질서, 신체제 등"의 남용과 그에 따른 "사상적 인플레"로 가득한 문화는 제국이 원하는 진정한 전시戰時문화물이 아니었다.[12] 당시 '국민'을 표방한 문화물들은 사상적 인플레를 지양하고 "전 국민을 통합시키고 새로운 역사적 변화 그리고 더 나아가 문화적 발전"을 위한 "국민문화"가 되어야 했다.[13]

---

9 고황경, 「신가정독본(삼)」, 『家庭の友』, 1940.2, 15쪽.
10 함세덕, 「신극과 국민극」, 『매일신보』, 1941.2.7.
11 유치진, 「국민연극 수립에 대한 제언」, 『매일신보』, 1941.1.3.
12 「권두언」, 『인문평론』, 1940.11.
13 최재서, 「전환기 문화이론」, 『인문평론』, 1941.2.

중회 그래 내가 가지고 잇는 예술적 사상을 다시 한 번 반성햇습니다. 예술이란 한 개의 전통이 있지 않으면 안된다. 즉 역사가 없으면 안된다. 언제나 어디에서나 빛날 수 있는— 그러면 지금 우리들 예술가가 가질 역사성이란 **전통에 빗나는 우리들의 국민의 사상과 생활을 적극적으로 형상화 하는 데에 있다**. 이겄이 제가 깨닭은 결론입니다. 그래서 저는 총대 잡은 결의로써 붓대를 잡고 건전한 국민문학운동의 한 병졸이 되려고 합니다.[14] (강조는 인용자)

조선인의 '사상과 생활을 적극적으로 형상화'하고 국민연극의 '대중성과 예술성'의 조화를 이룩하는 데 있어 결혼만한 소재도 없다.[15] 당시 "진지한 국민적 의식과 문화적 양심과 기술적 수완을 가진 작가가 우수한 희곡을 발표"하기 위해서는 극 안에 "생활의 실체"를 담아내야 했고,[16] 이를 위해 국민연극은 "방공이나 방첩이나 지원병이나 위문대" 등의 "협의의 국민극"이 아닌, "윤리관계, 도덕문제, 애정문제, 가정, 공장, 농토, 학교 교실, 여점원, 애국부인회, 개로운동 등이 찬란하게 벌려 있는 광의의 국민극으로 나아"갈 것을 주장했다.[17] 국민연극

---

14 송영, 「역사」, 이재명 외 편, 『해방 전(1940~1945) 공연희곡집』 2, 평민사, 2004, 216~217쪽.

15 양승국에 따르면, '대중성과 예술성의 조화'를 국민연극의 창작 방법론으로 내세웠는데, 국민연극 창작 주체의 대부분이 종래 상업 연극 종사자였다는 점에서 그들은 예술성보다는 대중성에 훨씬 쉽게 끌릴 수밖에 없었다. 양승국, 「일제 말기 국민연극의 구조와 미학의 층위」, 『한국근대극의 존재형식과 사유구조』, 연극과인간, 2009 참조. 이런 점을 미루어 봤을 때, 대중성 획득에 용이한 결혼과 연애는 당시 국민연극 창작 주체들은 쉽게 채택할 수 있는 소재였을 것이다.

16 나웅, 「연극협회 이동극장 첫 순회를 압두고」, 『매일신보』, 1941.8.26.

17 송영, 「국민극의 창작－작가의 입장에서(2)」, 『매일신보』, 1942.1.16.

이 '협의'에서 '광의'의 국민극으로 나아감에 있어 결혼이란 소재는 조선인 대중에게 거부감 없이 다가갈 수 있으며 '생활의 실체'를 담아내기에 적합한 문화이자 제도로 기능했다. 당시의 문화가 "독립된 인간과 인간을 결합시키는 것"이라는 점에서[18] 제국일본에 의해 감시와 권장을 받는 공적 제도로서의 결혼은 조선인 대중과 제국의 시선을 동시에 만족시키는 소재이자 조선 생활 내부의 문화이며,[19] 제국의 국책사업이었다. 이렇듯 국민연극과 결혼의 관계가 친밀하고, 그로 인해 국민연극 대부분의 작품에서 결혼과 연애 서사를 그리고 있음에도 불구하고 이 둘의 관계를 전경화하여 논의한 주요 연구를 찾아보기 힘들다.[20] 국민연극에 나타난 결혼이 문제적인 이유는 국민연극이 과시적 전시물임에도 제국의 정책에 반하는 모습을 제출하고, 제국의 내선일체 정책이 허상임을 증명해보이기 때문이다.

국민연극을 통해 제국이 이루고자한 목표는 조선인들에게 징병과 증산, 총후활동을 고무시키고자 함이었고, 이를 한 데 모은 제국의 연

---

18 백철, 「총후엔 문화적 사명이 중대」, 『인문평론』, 1940.7.

19 식민지 조선의 대중들은 조선의 모든 생활 내부에서 일제의 전쟁 이데올로기를 투사 받았다. 이에 대해서는 다음의 논문을 참조할 것. 이주영, 「일제 말기 조선영화와 연설의 정치학」, 『문학과영상』 제13권 3호, 2012, 555~6쪽 참조.

20 문학에서 일제 말기 결혼에 대한 연구는 주로 소설 분야에서 내선결혼을 중심으로 진행해 왔으며, 극예술 분야인 조선영화에서도 적은 편수나마 일제 말기 결혼에 대한 연구 성과를 제출하였다.
조진기, 「일제 말기 국책소설 연구—내선결혼소설을 중심으로」, 『인문논총』 제20집, 2006.
조진기, 「내선일체의 실천과 내선결혼소설」, 『한민족어문학』 제50집, 2007.
김미영, 「일제강점기 내선연애(결혼)소설에 나타난 일본여성에 관한 표상 연구」, 『우리말글』 제41집, 2007.
조윤정, 「내선결혼 소설에 나타난 사상과 욕망의 간극」, 『한국현대문학연구』 제27집, 2009.
박명진, 「친일영화에 나타난 낭만성과 파시즘」, 『어문논집』 제32집, 2004.
이주영, 「일제 말기 조선영화에 나타난 인물 연구」, 고려대 석사논문, 2011.

극 프로그램이 1942년부터 1945년까지 3회에 걸쳐 시행된 국민연극경연대회였다. 그리고 이 기획을 실천하기 위해 당시의 연극계 전체를 망라하여 총동원된 조선의 연극인들은[21] 제국일본에게 "국민연극으로서의 충성을 입증해보일 만한 과시적 성격"의 작품을 제출하였다.[22] 본고는 제국일본의 의도와 그 실천을 조선인 대중들에게 상징적이고 과시적 전시물로 무대화했던, 그리고 연극적 기획이면서 대다수의 조선인 연극인들이 참여했던 국민연극경연대회 참가작을 중심으로 일제 말기 국민연극에 나타난 결혼 양상을 살피고자 한다.

이 글에서 다루고자 하는 분석 텍스트는 다음과 같다.[23]

〈표 1〉 분석텍스트－국민연극경연대회 참가작

회차	작품명	작가	회차	작품명	작가
1	산풍	송영	2	밤마다 돗는 별	양서
1	산돼지	박영호	2	북해안의 흑조	이광래
1	대추나무	유치진	3	신사임당	송영
1	빙화	임선규	3	달밤에 걷든 산길	송영
1	행복의 계시	김태진	3	별들의 합창	박영호
2	역사	송영	3	산하유정	김승구
2	물새	박영호	3	현해탄	조명암
2	황해	함세덕	3	개화촌 (일명 눈보라치는 밤)	조천석
2	신곡제	김건	* 회차는 국민연극경연대회 회차를 말함.		

21 김옥란, 「국민연극의 욕망과 정치학」, 『한국극예술연구』 제25집, 2007, 97~8쪽.

22 이승희, 「국민연극의 단층과 임선규의 전략」, 『상허학보』 제25집, 2009, 201쪽.

23 이재명 외 편, 『해방 전(1940~1945) 공연희곡집』 1~5권, 평민사, 2004. 유치진의 〈대추나무〉의 경우는 별쇄본으로 한다. 이하 작품 인용시에는 작가명과 작품명, 그리고 면수만을 기입한다.

이상 총 17편의 작품에서는 그 형태는 각기 다르지만 결혼과 그에 따른 연애 서사를 드러내고 있다. 그런데 그 결혼의 양상이 수상하다. 조선과 제국의 필요에 의해 적극적으로 국민연극 무대 안으로 들어온 결혼은 성공에 이르지 못하고 좌절하고 만다. 결혼의 당사자는 끊임없이 결혼을 지연시키고 외면한다. 본 연구에서는 이 아이러니함을 밝히고자 한다. 권장된 결혼의 의도적 실패, 이 아이러니함은 조선과 제국 모두를 안심시키는 결과를 낳는다. 이 결과물로 인해 극장에서의 제국의 정책은 조선인 관객들에게 흡수되지 못하고 증발될 위기에 놓이게 된다.

2. 내선內鮮에서 동족同族으로

제국일본은 그간 끊임없이 강조해온 내선일체 완수를 위해 종족 간의 피의 결합인 내선결혼을 장려하였다. 하지만 내선결혼은 양국 모두로부터 쉽게 받아들여질 수 없는 공포이자 거북한 행위였고,[24] 이에 이 혼혈의 행위는 남녀의 합일로 도달하기 어려운 허상에 다름 아니었다.[25]

---

24 특히 일본인들의 의식 밑바닥에는 내지인과 조선인은 민도의 차이로 인하여 완전히 하나가 되는 것에 대하여 부정적이었다. 조진기, 「내선일체의 실천과 내선결혼소설」, 앞의 글, 461쪽(宮田節子, 『朝鮮民衆と「皇民化」政策』, 未來社, 1985, 162쪽 참조).

25 내선결혼이란 제국의 정책과 달리 제국의 한편에서는 자신들의 피가 피식민자인 조선인들의 피와 섞이는 것에 대한 거부감을 드러내었으며, 조선의 경우 조선인 여성들은 일본인 남성에 대한 강한 저항감을 드러냈다. 小態英二, 『單一民族神話の起源〈日本人〉の自畵像の系譜』, 新曜社, 1995, 253~8쪽; 최석영, 「식민지 시기 '내선(內鮮)결혼' 장려 문제」, 『일본학년보』 제9집, 2000, 283쪽. 한편 국민연극과 같은 시기 발표된 조선영화의 경우, 내선결혼은 완성되지 못하거나 일그러진 방식으로 스크린에 투사된다. 이주영, 「일제 말

그런 이유 때문인지 국민연극은 내선결혼을 다룸에 있어 무리수를 던지지 않는다. 국민연극에서의 내선결혼은 조선인의 일본어 습득, 즉 고쿠고國語 = 일본어日本語 리터러시literacy에 그 지향점을 두고 그려진다.

> **寮監** 그래, 나는 내선일체는 결혼에서 태어난다는 주장을 가지고 있다. 나는 반도인이지만 일본 여자를 아내로 맞고 있다. 누구라도 진실된 황민화 운동은 국어(일본어, 인용자)로부터 생겨난다고 말한다. 확실히 그렇다. 그러니까 말이야, **일본여자를 아내로 맞이하면 어쩔 수 없이 국어를 쓰지 않을 수 없지**. 그러한 의미에서도 시라이 군과 스미에 씨의 결혼은 이상적이라고 생각해. 하…….[26] (강조는 인용자)

"진실된 황민화 운동"의 기초 설립과 징용과 징병의 매끄러운 실천을 위해 조선인들에게 고쿠고 = 일본어 리터러시는 절실히 요구되는 능력이었다. 하지만 언어를 습득하는 과정이 지난하기에 조선이나 제국 모두의 입장에서 국어 상용은 좀처럼 실현되기 어려운 정책 과제였다. 이에 국민연극은 언어 습득의 가장 빠른 방법으로 내선결혼이란 정책을 추천한다.

북큐슈에 위치한 단도 탄광의 조선인 료감은 자신의 경험으로부터 우러나온 일본어를 가장 빠르고 쉽게 배울 수 있는 방법을 탄광의 반도

기 조선영화에 나타난 인물 연구」, 앞의 글, 126~30쪽 참조.

26 박영호, 〈별의 합창〉, 422쪽.

인이자 분대장인 시라이에게 전수한다. 방법은 간단하다. 시라이가 자신처럼 내선결혼을 실천하면 되는 것이다. 내선결혼, 즉 일본인 아내를 맞이하면 어쩔 수 없이 고쿠고 = 일본어를 쓸 수밖에 없는 상황이 마련되고, 이로 인해 조선인 청년은 반도인이지만 고쿠고 = 일본어를 자유자재로 구사할 수 있게 된다. 그리고 그 결과 반도인인 조선인은 일본정신을 무장한 제국의 국민이 될 수 있다.[27]

료감은 시라이의 배우자로 "탄광의 식모로 있기엔 아깝지"만 "대단한 인텔리"인 일본인 여성인 스미에를 추천한다. 이제 시라이는 스미에에게 프로포즈를 하고 결혼만 하면 제국의 국민이자 황국의 신민으로 신분 상승할 수 있다.[28] 그런데 정작 시라이는 스미에에게 관심이 없다. "사랑은 어디까지나 사랑하고 사랑 받는 권리"라 생각하는 시라이에게 스미에는 사랑의 대상자가 아니다. "적어도 좋아하는 감정이라도 있었더라면, 먼저 누구보다도 본인인" 자신이 "그 애정을 모"를리 없기 때문이다. 이에 시라이는 스미에에게 그녀와 친구가 되어 "천사가 되고 싶은" 자이자, 그녀가 싫어하는 조선인 '지옥의 이'란 인물을 결혼 상대자로 추천하는 우회적인 방법으로 자신을 향한 스미에의 사랑을 거절한다. 시라이의 신분 상승 기회는 사라졌지만, 이로써 앞서 언급

---

27 "'고쿠고'는 국민을 형성하고 국민을 교화하며, 동시에 이언어 및 이변종을 배제하는 의식에 바탕을 두고 있"고, "일본은 식민지에 대해서도 '고쿠고'적 언어관을 적용하여, 식민지에서는 '고쿠고'를 말해야 '국민'이 된다는 의식과, '고쿠고' 논리 아래 식민지인의 모어를 두 가지 지향이 교차했다." 이화진, 「식민지 조선의 극장과 '소리'의 문화 정치」, 연세대 박사논문, 2010, 189쪽.

28 피식민자인 흑인 남성 / 조선 남성은 식민자인 백인 여성 / 일본인 여성과의 사랑을 통해 자신의 욕망, 즉 백인사회로의 진입 / 제국일본으로의 진입이라는 신분 상승을 온전히 실현시킬 수 있다. Franzt Fanon, 이석호 역, 『검은 피부 하얀 가면』, 인간사랑, 1998, 84쪽.

하였던 제국일본과 조선인 모두에게 부담이었던 혼혈의 문제는 해소되었다. 더불어 연극의 장르적 특정상 현장성이 전제되는데, 양자 모두에게 환영받지 못하는 이 행위를 조선인 관객 앞에 전시해야 한다는 부담감으로부터 국민연극 제작 주체들 또한 해방될 수 있었다.[29]

시라이와 스미에의 내선결혼은 비록 실패했지만, 당시 결혼은 전시에 필요한 정책이었기에 국민연극은 어찌되었던 간에 무대에 결혼을 전시展示할 필요가 있었다. "1940년대 대동아전쟁으로 인한 병역과 노무의 문제를 해결하기 위해 국가적 차원에서 혼인을 장려했"는데,[30] 이 전시戰時 상황이 만들어낸 결혼은 현재 대동아전쟁을 위해 밖으로 나가 일하고 있는 북큐슈 단도 탄광의 조선인 노무자들라면 반드시 해야 하는 행위였다. 이에 탄광의 조선인 노무자 '하꼬구리 양'은 '안정적 삶 / 지속적 착취'를 위해 잠시 노동을 멈추고 결혼 상대자를 찾기 위해 제국으로부터 고국으로의 "일시 귀향"을 허락받는다.

내선결혼은 제국일본의 내선일체 프레임 안에서 다소 실현되기 힘든 기획이었고, 당대의 전시기획물인 국민연극은 이를 무대에 증명해 보여주었다. 국민연극이 지향한 결혼 대상자의 종족성은 분명하다. 조선인 '하꼬구리 양'이 결혼을 위해 일시 귀향을 허락받은 것처럼 국민연극은 조선인 남성과 조선인 여성, 즉 동족 간의 결혼을 지향한다. 그리고 이들의 결혼을 권장하는 주체로 조선인 청년의 부모들이 설정된다.

---

29 반면, 현장성을 전제로 하지 않은 소설의 경우는 내선결혼의 완성을 보여주기도 한다. 조진기, 「내선일체의 실천과 내선결혼소설」, 앞의 글 참조.

30 이영수, 「개화기에서 일제강점기까지 혼인유형과 혼례식의 변모양상」, 『일상의례로 보는 근대 한국인의 삶』, 채륜, 2013, 233쪽.

전통사회에서 결혼은 집안과 가문의 만남이기에 배우자 선택에 있어서 부모의 역할이 컸다.[31] 국민연극에 나타난 청년들의 부모들도 마찬가지다. 자칫 조선인 관객들에게 거부감과 공포감을 유발시킬 수 있는 제국일본은 결혼에 대한 전통적 관습에 따라 조선인 부모들의 등 뒤에 숨어 조선인 청년들의 결혼을 권장한다. 대표적으로 〈산풍〉의 종성母, 〈빙화〉의 경애父 송교장, 〈행복의 계시〉의 철진母, 〈황해〉의 희녀父 구구장, 〈밤마다 돗는 별〉의 철재母와 채경父 금산지근, 〈밤마다 걷든 산길〉의 이동母 박씨, 〈산하유정〉의 천수의 이웃인 개울건너 할머니,[32] 〈개화촌〉의 재욱父와 애라祖父 남사과 영감과 애라母 남소사 등이 자식의 혼인 문제를 적극적으로 나서서 추진하거나 배우자를 선택하는 데 있어 영향력을 행사하는 부모들이다.[33] 심지어 국민연극에 나타난 어떤 부모는 죽어서도 아들의 혼사에 관여한다.

정효 **접대는 꿈에 어머니가 뵈시겠나요.** 꼭 생존시처럼 풀을 빳빳이 멕이신 누런 광당포 치마를 입으시고……. (…중략…) 형님이 건는방에서 나오는 걸 보시드니, 엇저면 그러케 천연덕하세요. "**얘야 넌 그저 장갈 안가면 엇쩐단 말이냐.** 사업두 중하고 공부두 중하지만, 일왈 장가를 안 가 노면 자리가 잽힌다드냐. 모든 게 절반이지" 그러시겟지요.[34] (강조는 인용자)

---

31 위의 글, 177쪽.

32 〈산하유정〉에 등장하는 개울건너 할머니에게 천수는 자신의 "배에서 떠러진 자식은 아니라두 시 살 때 에미 애비 떨어저서" 자기 "손으로 똥걸네 빨어 킨" 친자식이나 다름없다.

33 〈개화촌〉에서의 재욱과 애라의 약혼은 당사자들의 의지와 상관없이 그들이 어렸을 때에 부모들 간의 합의에 의해 이루어졌다.

고수모리 홍군의 어머니는 홍군의 동생인 정효의 꿈에 찾아온다. 그녀는 아들이 "강한 신념과 정확한 지성과 열열한 정복욕을 가진 기술적 인테리"로서 "확실히 시대를" 알고 있는 제국의 산업전사라는 사실보다 아들의 장가 유무가 중요하다. 국민연극에 나타난 조선인 청년들의 부모들은 살아서나 죽어서나 자식들의 결혼 걱정뿐이다. 한편, 국민연극에 흔히 나타나는 상황은 아니지만 종종 이들 부모들은 자식들의 파혼에도 깊게 관여한다.

① 양천 (나온다) 이크 사돈 영감 오셧습니까?

강원 사돈? 흥!

국본 **우리 약혼으 한거넌 파혼으 할 테니 그런 줄이나 압세.**

(…중략…)

국본 이래 뵈도 북선에선 판치는 야반이랑이. 아모리 쌍놈으 눈깔이라도 양반으 아라 보겟지비. 그래 내 딸으 쌍놈에 집에 시집 보낼 것 갈우해.[35] (강조는 인용자)

② **박씨** 시언하게 좀 들으시오. 우리 홍열이는 그전부터 윗마을 유생원 딸하고 약혼을 해왔었다우. 그래서 당자가 졸업만 하고 나오면 예식을 해보자고까지 된 노릇인데 글세 **어제 저녁에 파혼하겠다는 통지가 왔구료.** 까닭인즉 동리 과부하고 연앤지 뭔지

34 박영호, 〈산돼지〉, 97쪽.
35 이광래, 〈북해안의 흑조〉, 239쪽.

하니까 싫다고요.[36] (강조는 인용자)

③ **선달** **(타일느듯)** 애라는 일즉 아버지를 여이고 그 할아버지 손에서 자라난 애다. 그래 남사과 영감이 너를 어떻게 봣던지 돌아가실 때 나를 불너 안치고 그 앨 며누리 삼어달나고 신신당부를 했고 그 어머니 남소사도 찬성을 해서 너이들이 장성하면 성례를 할려고 한 것인데 시방 우리는 형세가 줄어가고 손장로는 재산이 유여하고 교회 세력도 잇서 아들 녀석이 또 삭삭하고 연해서 맘에 드는데다가 전문학교를 맛치면 미국유학까지 간다고 떠드는 판이라 그만 거긔 혹해서 그리로 혼인을 하겟다는 걸 우리가 부득부득 못한다고 훼방을 놀 수도 없는 일 아니냐. 그러니 너도 사내답게 그만 니저 버려라. **사내대장부 고제가 안인 담에야 어데 규수가 없을너구. 오늘부터 아주 단념해라. 단념을 해.**[37] (강조는 인용자)

제국의 청춘남녀들이 결혼으로 가는 길은 생각보다 쉽지 않다. 결혼할 집안이 양반 가문인줄 알았는데, 쌍놈의 집안이란 사실이 발각되어 파혼을 당하거나(인용문 ①), 과부와의 부적절한 스캔들로 인해 상대방 부모로부터 파혼을 통보를 받고 이로 인해 소문의 당사자(과부이자 제국의 여성 청년인 영자)의 부모가 파혼을 통보받은 부모로부터 모욕을

36 송영, 〈달밤에 걷든 산길〉, 245쪽.
37 조천석, 〈개화촌〉, 321~2쪽.

당한다(인용문 ②). 또한 가세가 기울어지고 약혼한 상대방편 여성이 다른 남자와의 결혼을 희망하여 조선인 청년은 아버지로부터 파혼을 권유받기도 한다(인용문 ③). 이 세 작품 모두 결말은 국가 정책에 동조하는 것으로 마무리되지만, 그 과정에서 결혼 서사의 더 큰 흥미를 위해 전형적으로 나타나는 혼사장애담의 요소가 중첩되어 국민연극이 전쟁 이데올로기를 전경화해야 하는 데 있어서 태생적으로 안을 수밖에 없는 진부한 서사를 비껴간다.

파혼은 서사의 흥미를 넘어 조선인 청년들을 전시의 제국 정책과 대동아전쟁의 완수에 동참할 수 있도록 이끈다. 호철은 "사랑하질 안엇든" 국본의 딸 명숙에게 그간 느껴야 했던 "죄송스러웟고 불안스러워서 초조햇"던 감정으로부터 해방되어 "연애의 경계를 넘어"선, 즉 속도위반으로 자신의 자식을 잉태한 천민 출신의 명녀와 결혼을 약속할 수 있게 되었고(〈북해안의 흑조〉), 부적절한 스캔들의 당사자였던 영자는 특지간호부가 되어 제1선에 나가게 되었고(〈달밤에 걷든 산길〉), 재욱은 약혼 상대자였던 애라라는 돈과 서양을 쫓는 비국민으로부터 벗어나 일본 도쿄 유학을 결심, 이후 교육 행정관이 되어 조선의 어린 학생들에게 제국의 이데올로기를 유포하고 주입하는 인물이 될 수 있었다(〈개화촌〉).

국민연극에 나타난 조선인 남녀의 결혼으로 가는 길과 그 과정에서의 파혼은 이처럼 서사의 흥미를 넘어 국민연극의 목표인 총후에서의 제국의 정책 및 이데올로기를 실현시켜 준다. 여기서 흥미로운 사실이 발견되는데, 총후의 전시 기획이자 정책인 결혼은 제국을 향한 과시적 전시물인 국민연극에서 결코 행복한 가정생활로 이어지지 않는다.

3. 좌절되는 결혼, 불온성의 제거

일제 말기 국민연극에 나타난 조선의 청춘남녀들은 제국의 총후 정책인 결혼으로 가는 길에 서있다. 그런데 대다수의 이들 청춘남녀 인물들은 제국이 유포하는 전시 기획인 결혼에 성공하지 못하거나, 결혼을 했더라도 그 이후의 상황이 좀처럼 희망적이지 않아 보인다.

〈표 2〉 분석텍스트에 나타난 결혼 양상

작품명	연애 관계	결혼	비고
산풍	종성-오묵이-영자	결혼×	종성-오묵이 : 가을 혼인 예정 종성의 관심 : 도회여자 영자
산돼지	고수머리 홍-길애	결혼×	홍은 혼인 의사 거절
대추나무	동욱-유희-기손	결혼×	유희-기손 : 파혼
빙화	영철-순영-경애	결혼△	영철-경애 : 파혼 영철-순영 : 결혼 → 파혼
행복의 계시	철진-현숙-향희	결혼×	철진의 관심 : 섬에서의 의학
역사	중회-산홍, 경회-입분	결혼△	중회-산홍 : 정식 결혼 관계× 입분 : 짝사랑
물새	용운-소수례 / 칠성-쌍가마	결혼×	용운과 칠성 : 해군 지원
황해	천명-희녀	결혼×	천명 : 해군 지원
신곡제	없음	결혼×	
밤마다 돗는 별	철재-정원-채경	결혼×	철재-채경 : 혼담 깨짐 철재의 결혼상대자 : 의학 연구
북해안의 흑조	호철-명녀-명숙	결혼△	호철-명숙 : 파혼 호철-명녀 : 결혼 암시만
신사임당	신사임당-원수	결혼○	신사임당-원수 : 부부 원수는 오랜 출가 후 돌아옴
달밤에 걷든 산길	영자-이동-춘옥	결혼△	이동-춘옥 : 약혼 → 파혼 → 결혼 결혼식장 방화, 영자 특지간호부
별들의 합창	시라이-스미에	결혼×	내선결혼 실패

산하유정	산월-천수-맥고모자	결혼△	산월-맥고 : 산월이 도망쳐 나옴
현해탄	석원-광숙	결혼×	석원 : 나병 걸림
개화촌	재욱-애라-현익	결혼△	재욱-애라 : 파혼

위의 표에서 보듯, 동시대를 배경으로 하고 있지 않은 〈신사임당〉 작품을 제외하곤 국민연극 작품에 등장하는 주요 인물들 간의 결혼은 완벽히 성립되고 있지 않다. 심지어 〈신사임당〉의 경우도 작품 후반부에만 잠시 잠깐 부부의 합일을 보여줄 뿐이지, 작품 전반에 드러나는 부부의 모습은 남편 이원수의 출가와 기생과의 부적절한 관계가 중심이 됨으로 이들 부부가 행복한 가정생활을 꾸려가는 모습은 좀처럼 볼 수 없다.

국민연극에 등장한 인물들은 어떻게든 결혼을 지연 혹은 좌절시킨다. 참가작 반 이상의 작품에서 애정관계에 있는 인물들이 결혼에 성공하지 못하거나 행여 결혼을 했고 그것이 결정되었다고 해도 그 이후의 상황이 불완전, 불안정하게 그려진다. 예를 들어, 〈빙화〉의 순영은 러시아 남자에게 유린당해 영철과 지속적인 부부관계를 맺을 수 없게 되고, 〈역사〉의 산홍은 기생이란 출신 성분으로 인해 정식 아내로 인정받지 못한다. 또한 〈달밤에 걷든 산길〉의 이동과 춘옥은 결혼식날 식장이 불타고, 이동은 결혼을 하였음에도 특지 간호부로 나가는 영자와 미묘한 애정 관계를 형성한다. 〈개화촌〉의 재욱은 애라가 아닌 다른 여자와 결혼했음에도 작품 내에서 결혼한 그의 아내는 전혀 등장하지 않는다. 그리고 비록 정식 부부는 안 됐지만, 〈북해안의 흑조〉의 호철처럼 결혼식과 부부생활 없이 바로 해군 지원병에 입소해야 하는 상

황이 벌어진다.[38]

이처럼 결혼을 통해 전사 생산을 권장해야 하는 국민연극은 그 임무를 제대로 수행하지 않고 있다. 국민연극은 제국으로부터 하달 받은 정책 임무를 불이행함에도 불구하고 국민연극경연대회는 1945년까지 3회에 걸쳐 거행되었고, 우수한 작품에는 상까지 수여하였다. 제국의 정책인 결혼을 전시해야 하는 국민연극에서 그것이 좌절되는 상황은 오히려 결혼이 주는 불안을 제거함으로써 조선과 제국 모두를 안심시킨다.

조선인이 결혼을 통해 출산을 하고 그 아이를 청년으로 키운다는 것은 제국의 국민으로 가는 길이긴 하지만, 한편으로 자신들이 양육한 자식들은 향후 제국의 청년으로 거듭나 전장으로 내몰릴 위험을 안게 된다. 현실에서 전장으로 가는 길은 국민연극 내용과 달리 조선인들에게 기피되는 일이었다. 특히 당시 제국의 청년으로 인정받았을 공산이 큰 중산층 이상 가정의 자식들과 중등학교 졸업자 중 지원병 지원자가 매우 적다는 비판을 받았다.[39] 이러한 정책과 현실 사이의 낙차 및 균열은 국민연극 내부에서도 발견되는데, 〈물새〉의 용운, 〈황해〉의 천명, 〈북해안의 흑조〉의 호철 등 이들이 지원병으로 나가게 되는 것에 대한 부모세대의 거부감 혹은 부정의 서사가 작품 안에서 여과 없이 드러난다. 지원병, 전장에 대한 부모 세대의 불안과 공포는 국민연극과 같은 시기에 발표된 조선영화에서도 발견된다. 영화 〈지원병〉(감독

38 명녀가 호철의 애를 임신하였으나, 작품에서 출산까지는 그리고 있지 않다.
39 윤해동, 『식민지의 회색지대 한국의 근대성과 식민주의 비판』, 역사비평사, 2003, 47~8쪽 참조.

안석영, 1941)에서 입영날 자식을 전장으로 보내는 어머니의 클로즈업된 모습에는 걱정과 슬픔이 가득하며, 이 우울과 공포는 국민연극에 나타난 부모 세대의 반응과 같은 맥락에서 해석된다.[40] 즉 결혼을 통해 전사생산업에 동참해야 하는 국민연극과, 죽음을 환기시키는 전장의 공포로 인해 전사생산업을 중단하고자 하는 조선인 관객 사이의 역학 관계 안에서 국민연극의 창작 주체는 결혼과 출산을 불완전하고 불안정하게 그림으로써 제국의 불편한 감시를 피하면서 동시에 조선인 관객을 안심시킬 수 있었다.

한편, 제국의 입장에서 국민연극을 통해 전시되는 결혼은 당시의 정책과 반하지만 식민담론과 그간의 항일스캔들 경험 등으로 인해 최종적으로 좌절되어야 하는 제도이다. 조선인 남성과 조선인 여성은 결혼을 통해 출산을 이행하고, 이 출산한 아이들은 향후 '일본인과 같은' 제국의 국민으로 성장할 수 있도록 제국이 세팅해 놓은 교육을 받게 된다. 그러나 한편으로 식민자인 제국일본은 일본인과 닮아가는 제국의 국민이면서 종족적으로는 조선인인, 심지어 청년 계층인 조선인 청년들에 대해서 부담감을 안게 된다. 이유는 이들이 가질 수 있는 제국을 향한 불온한 스캔들의 가능성 때문이다.[41] 식민자에게 있어 피식민자의 모방은 "닮은 것인 동시에 위협"이다. 그런 고로, 식민자가 지향하

---

40 이주영, 「일제 말기 조선영화에 나타난 인물 연구」, 앞의 글, 54~5쪽.

41 제국일본의 항일에 대한 조선인 종족에 대한 관리는 1919년에 발생한 3·1운동을 기점으로 이후 극장 안팎에서 일어난 종족적 스캔들로부터 확인할 수 있다. 이에 대해서는 渡邊一民, 『他者としての朝鮮 文學的考察』, 岩波書店, 2003, 4~9쪽; 이주영, 「광무대 연구―제국의 시선으로부터 비껴간 근대 극장」, 『한국연극학』 제48호, 2012; 이승희, 「조선극장의 스캔들과 극장의 정치경제학」, 『대동문화연구』 제72집, 2010 참조.

는 모방은 피식민자가 "거의 동일하지만 아주 똑같지 않"은 '사회적 리얼리티'로 파악되어야 하고, 그들이 표방하는 성공적 식민정책은 '아주 똑같지 않음'이라는 전략적인 실패를 통해 피식민자를 타자로 관리하는 것이다.[42] 즉 국민연극에서는 "국가를 위해 몸 바치는 애국청년상이 빈번이 활용"되고 있지만,[43] 이는 어디까지나 제국의 감시망에서 움직이는 조선인이라는 피식민자의 종족성이 확인되었을 때만 권장되는 사항이다. 그런 점에서 제국의 이데올로기를 장착한 조선의 우수한 청년들이 낳게 될 그들보다 더 일본인화가 될 가능성이 농후한 아이들은 제국이 입장에서 피식민자로서의 불온함을 갖고 있으면서도, 종족성과 피식민자의 정체성이 더욱 흐릿해지기에 감시 체계를 더욱 더 작동시켜야 하는 인물들이다. 조선의 청년들은 결혼에 다다르지 못함으로써 향후 종족적 불온함을 태생적으로 안고 태어날 그들의 2세들을 제거하여 제국을 안심시킨다. 이제 국민연극에서 처리해야 할 문제는 결혼하지 못한 조선인 청년들의 향방이다.

국민연극에 등장한 조선인 청년들은 결혼에 실패하였으나, 이로 인해 제국의 사업에 더욱 더 적극적으로 동참할 수 있는 제국의 청년으로 완성된다. 〈산풍〉의 종성은 제탄지도원으로서 제국의 산업에 동참하고, 〈산돼지〉의 고수머리 홍은 광산의 지도자로서 미신과도 같은 낡은 산상학에 맞서 기술과 기계화를 지향하며, 〈행복의 계시〉의 의사인 철진은 미개한 섬에 찾아가 의술활동을 한다. 또한 〈밤마다 돗는

42 Homi K. Bhabha, 나병철 역, 『문화의 위치』, 소명출판, 2002, 180쪽.
43 전지니, 「1940년대 희곡 연구—역사 · 지정학 · 청년을 중심으로」, 이화여대 박사논문, 2012, 189쪽.

별〉의 철재는 의사로서, 정원과 채옥과의 결혼을 마다하고 "한평생" 자신의 "연구와 결혼할" 것을 다짐하며 〈별의 합창〉인 시라이의 경우는 내선결혼의 기회를 반납하고 단도 탄광의 분대장 역할에 충실할 것을 다짐한다. 〈개화촌〉의 교육자 재욱, 〈현해탄〉의 과학자 석원도 앞서의 인물들과 동궤를 이룬다.

국민연극에서 결혼을 하지 않는 조선의 청년들은 근대 문명 프로젝트를 통해 제국에 봉사한다. 즉 좌절된 결혼이 근대 산업의 완수로 그려짐으로써, 제국일본은 조선인 청년들에게 출산과 양육이라는 장기 프로젝트의 업무보다는 근대 산업 및 과학, 의학 등 성전완수를 위해 당장 필요한 업무를 부과한다. 이렇듯 국민연극에 나타난 조선인 청년들은 결혼을 좌절시킴으로써 조선과 제국 모두를 안심시킨다.

4. 극장이란 전장, 불가능한 극장戰

일제 말기 국민연극은 제국일본에게 충성을 다하기 위해 조선인 연극인들이 제출한 과시적 전시였다. 이 과시적 전시展示/戰時문화물은 서사를 구축하는 데 있어 연애를 포함한 결혼이란 소재를 무대에 적극적으로 끌고 들어온다. 당시 독신은 '국책위반'이었으며 이로 인해 결혼은 '출산=전사생산'의 일환으로 총후의 조선인들에게 권장되었던 제국일본의 정책이었다. 또한 결혼은 제국의 정책을 과잉된 충성으로 담아내야 한다는 압박으로 인해 '사상적 인플레'로 가득 찰 공산이 컸던 국민연극에 흥미와 대중성을 이끌어내는 소재가 되었다.

국민연극에서 지향했던 결혼 대상자의 종족성은 분명히 하였다. 국민연극은 조선인과 일본인의 피의 결합인 내선결혼이 당시 이를 둘러싼 담론과 조선영화과 보여주었던 것과 마찬가지로 여지없는 환상이었음을 무대 위에서 증명해 보여주었다. 국민연극이 지향한 결혼의 종족성은 조선인 남성과 조선인 여성의 결합이었음을 17편의 참가작 중 한 편의 제외한 나머지 작품 등을 통해 확인할 수 있었다. 이는 국민연극이 지향했던 관객성과도 그 맥락을 같이 한다.

> 연극은 국어상용 내지 완전해득운동에 전면적인 협력을 하지 않으면 안 된다. 그렇다고 해서 조선 연극은 조선어를 완전히 없애고 국어만으로 해야 한다는 결론을 짓고자 하는 것은 아니다. **무릇 국어에 의한 국어연극은 이상이기는 하나 현상황에서는 그렇게 할 수도 없고, 그렇게 해서도 안 된다.** 연극이라는 측면에서 볼 때, 미묘한 말로써 나타내야 할 필요가 있으므로, 단순히 국어를 말할 능력이 있다고 해서 국어연극이 되는 것은 아니다. **그것은 부자연스럽고 연극으로서 성립되기 어려운 위험성이 아주 많다.**[44] (강조는 인용자)

당시 국민연극에 대한 언어정책은 매우 관대했으며, 이는 연극 극장 / 영화 극장, 즉 연극 관객 / 영화 관객 사이의 문화적 위계를 반영하는 것이기도 하다.[45] 한편 연극에 대한 관대한 언어정책은 결혼문제와

44 星出壽雄, 「조선연극의 신발족」, 『조선』, 1942.10(서연호, 『식민지시대의 친일극 연구』, 태학사, 1992, 182쪽 재인용).
45 이상우, 「월경(越境)하는 식민지 극장 : 다이글로시아와 리터러시 – 일제 말기 오영진의 시나리오를 중심으로」, 『한국문학이론과 비평』 제57집, 2012, 487쪽.

같은 조선인 '생활의 실체'와 결합하면서 국민연극이 목표로 하는 관객층의 실체 또한 정확히 드러낸다. '조선어'로 공연되는 국민연극은 지원병, 어업증산 등 조선인들에게 거북한 내용으로 점철된 '협의의 국민극'에서 결혼과 연애와 같은 조선인의 '생활의 실체'를 담아내는 '광의의 국민극'을 지향함으로써 이 연극을 통해 교육적 효과를 주고자 한 대상이 일제 말기에 조선의 일상을 살아가고 있는 조선인 대중임을 명확히 하였다. 조선인이 해득하지 못하는 고쿠고인 일본어, 조선인 생활의 실체를 벗어난 내선결혼 등은 "연극으로서 성립되기 어려운 위험성이 아주 많"은 요소들이기에 지양하거나 제거해야 하는 혹은 축소되어야 했다. 그리고 이러한 국민연극과 '생활의 실체', 그리고 관객에 주목한 본고의 연구는 그간 국민연극 연구사에서 소홀히 다루고 있는 또 다른 당시 조선인들의 '생활의 실체', 예를 들어 의복, 지역/공간 등의 향후 연구로 이어질 것이다.

국민연극에서 조선과 제국의 결합으로 인해 야기될 위험성과 불온성의 가능성을 제거하면 종국에는 무대에 '조선'이 전경화된다. 그런 고로, 무대 위에 남은 조선인 남성과 조선인 여성의 만남은 자연스럽고, 그 결합은 필연적인 것처럼 보인다. 조선인 관객에게 공포일 수 있는 제국일본은 조선인 부모 등 뒤에 숨어 이들의 결합을 재촉하고, 이에 대한 응답으로 조선의 부모들은 자식의 결혼뿐 아니라 파혼에까지도 깊게 관여한다. 그런데 국민연극에 나타난 조선인 청년들은 부모의 뜻과 달리 자신의 결혼 문제에 있어 소극적인 모습을 취한다. 이로써 결혼은 좌절되고, 오히려 이 좌절은 조선과 제국 모두를 안심시킨다.

결혼이 출산으로 이어지는 것은 자연스러우나, 당시 전시라는 특수

상황과 지원병 정책, 그리고 이에 대한 조선인들의 저항 등을 고려할 때, 조선인의 입장에서 자신들이 양육한 조선인 아이들은 이후 청년이 되어 전장에 내몰릴 위험에 처하게 된다. 이에 국민연극은 제국과 조선인 관객의 역학 관계 안에서 결혼과 출산을 불완전하고 불안정하게 그림으로써 제국의 불편한 감시를 피하면서 조선인 관객을 안심시킨다. 한편 제국의 이데올로기로 점철된 조선의 우수한 청년들이 낳게 될 2세들은 그들의 부모보다 더 일본인화가 될, 그로 인해 피식민자이지만 파악하기 힘들지만 조선인이란 종족성을 지닌 불온한 사회적 리얼리티가 될 가능성이 농후하기에 감시 체계를 끊임없이 작동해야 하는 부담스럽고 껄끄러운 존재들이다.

비록 조선인 청년은 결혼에 다다르지 못하지만 총후의 근대 문명을 건설하는 데 큰 기여를 한다. 국민연극에서 산업전사, 과학자, 의사 등의 임무를 부여받은 조선인 청년들은 출산과 양육이라는 지난하면서 장기간 수행해야 하는 제국의 프로젝트를 하달받기보다는 그들의 근대적 직업을 통해 성전완수에 동참한다. 이렇게 국민연극에 나타난 조선인 청년들의 결혼은 조선과 제국의 필요에 의해 좌절되고 만다.

일제 말기의 근대극장은 조선인들에게 비록 총후에 있지만 국민연극이란 전시展示/戰時프로그램을 통해 전쟁에 동참할 수 있는 방법을 교육시켰던 공간이었다. 그런 점에서 일제 말기의 극장은 총후판 전장이라 할 수 있다. 이 극장이란 전장에서의 전쟁무기는 총이 아니며, 조선인 '생활의 실체'로부터 공급되었다. 하지만 이 실체를 대하는 조선과 제국의 현실적 낙차로 인해, 극장 안에서의 전쟁은 패배를 예견하였다. 국민연극에 나타난 결혼은 이를 증명한다. 제국은 전사 생산을 위해 결혼과 출산을 장려하지만, 조선은 미래의 위험성과 공포로 인해 이를 차단한다. 또한 제국은 조선이란 종족적 불온함을 제거하려 하지만, 조선인의 동족 간 결혼으로 인해 오히려 더 큰 불온함을 생산할 가능성이 높아진다. 이처럼 결혼은 제국의 권장과 압박에 의해 국민연극 무대에 올랐지만 오히려 조선과 제국 모두에게 불온한 전시展示/戰時물이었고, 이로써 국민연극은 과시적 전시물로서의 성격을 갖지만 제국의 임무를 수행하지 못하는 존재론적 이중성을 띠게 된다. 일제 말기 극장에서 벌어지는 전쟁은 적군과 아군의 대립이 아닌 아군의 대립(조선과 제국)이며, 그로 인한 균열로 인해 성립이 불가능한 제국發 환상의 기획이었다.

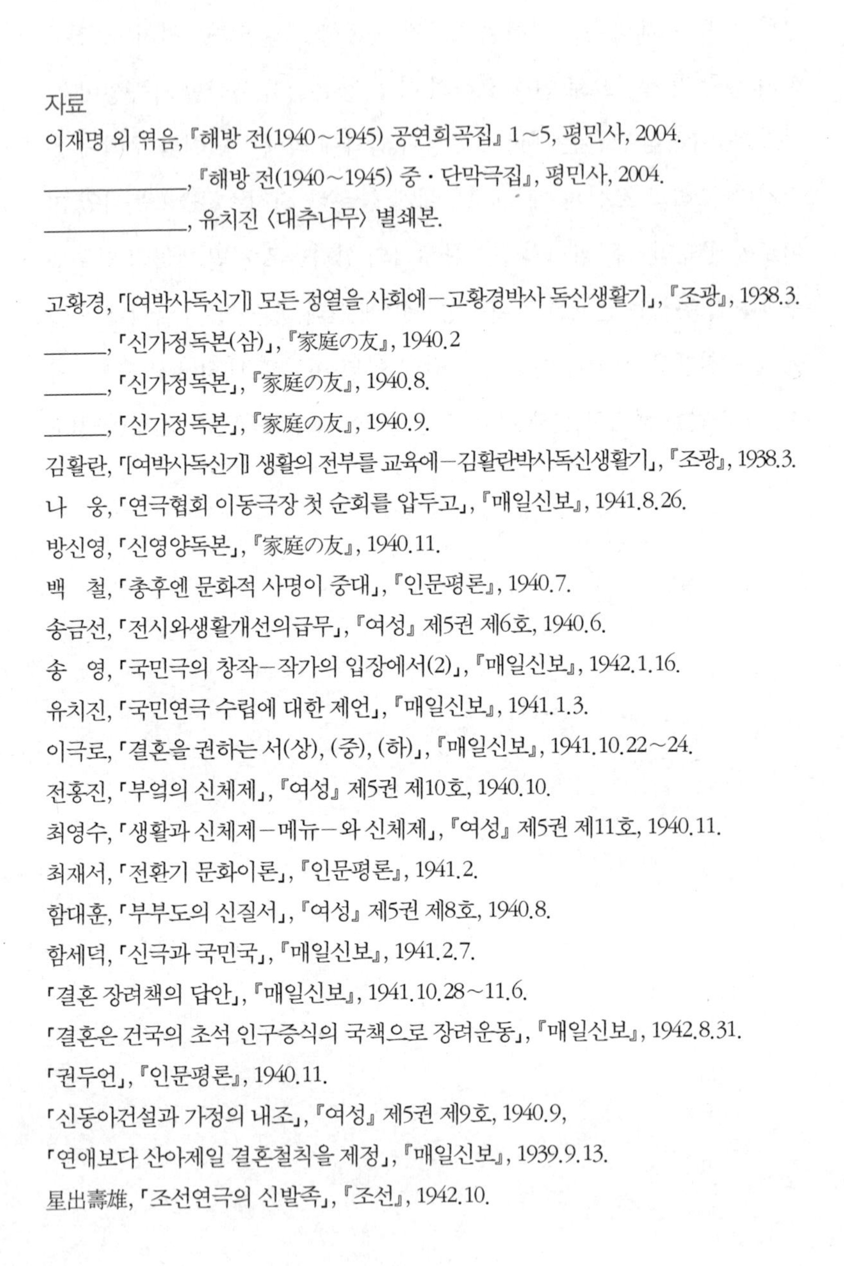

참고문헌

자료

이재명 외 엮음, 『해방 전(1940~1945) 공연희곡집』 1~5, 평민사, 2004.

____________, 『해방 전(1940~1945) 중 · 단막극집』, 평민사, 2004.

____________, 유치진 〈대추나무〉 별쇄본.

고황경, 「[여박사독신기] 모든 정열을 사회에－고황경박사 독신생활기」, 『조광』, 1938.3.

_____, 「신가정독본(삼)」, 『家庭の友』, 1940.2

_____, 「신가정독본」, 『家庭の友』, 1940.8.

_____, 「신가정독본」, 『家庭の友』, 1940.9.

김활란, 「[여박사독신기] 생활의 전부를 교육에－김활란박사독신생활기」, 『조광』, 1938.3.

나 웅, 「연극협회 이동극장 첫 순회를 압두고」, 『매일신보』, 1941.8.26.

방신영, 「신영양독본」, 『家庭の友』, 1940.11.

백 철, 「총후엔 문화적 사명이 중대」, 『인문평론』, 1940.7.

송금선, 「전시와생활개선의급무」, 『여성』 제5권 제6호, 1940.6.

송 영, 「국민극의 창작－작가의 입장에서(2)」, 『매일신보』, 1942.1.16.

유치진, 「국민연극 수립에 대한 제언」, 『매일신보』, 1941.1.3.

이극로, 「결혼을 권하는 서(상), (중), (하)」, 『매일신보』, 1941.10.22~24.

전홍진, 「부억의 신체제」, 『여성』 제5권 제10호, 1940.10.

최영수, 「생활과 신체제－메뉴－와 신체제」, 『여성』 제5권 제11호, 1940.11.

최재서, 「전환기 문화이론」, 『인문평론』, 1941.2.

함대훈, 「부부도의 신질서」, 『여성』 제5권 제8호, 1940.8.

함세덕, 「신극과 국민극」, 『매일신보』, 1941.2.7.

「결혼 장려책의 답안」, 『매일신보』, 1941.10.28~11.6.

「결혼은 건국의 초석 인구증식의 국책으로 장려운동」, 『매일신보』, 1942.8.31.

「권두언」, 『인문평론』, 1940.11.

「신동아건설과 가정의 내조」, 『여성』 제5권 제9호, 1940.9,

「연애보다 산아제일 결혼철칙을 제정」, 『매일신보』, 1939.9.13.

星出壽雄, 「조선연극의 신발족」, 『조선』, 1942.10.

논문
김미영, 「일제강점기 내선연애(결혼)소설에 나타난 일본여성에 관한 표상 연구」, 『우리말글』 제41집, 2007.
김영선, 「결혼・가족담론을 통해 본 한국 식민지근대성의 구성 요소와 특징」, 『여성과 역사』 제13집, 2010.
김옥란, 「국민연극의 욕망과 정치학」, 『한국극예술연구』 제25집, 2007.
박명진, 「친일영화에 나타난 낭만성과 파시즘」, 『어문논집』 제32집, 2004.
이상우, 「월경(越境)하는 식민지 극장 : 다이글로시아와 리터러시－일제 말기 오영진의 시나리오를 중심으로」, 『한국문학이론과 비평』 제57집, 2012.
이승희, 「국민연극의 단층과 임선규의 전략」, 『상허학보』 제25집, 2009.
______, 「조선극장의 스캔들과 극장의 정치경제학」, 『대동문화연구』 제72집, 2010.
이영수, 「개화기에서 일제강점기까지 혼인유형과 혼례식의 변모양상」, 『일상의례로 보는 근대 한국인의 삶』, 채륜, 2013.
이주영, 「일제 말기 조선영화에 나타난 인물 연구」, 고려대 석사논문, 2011.
______, 「일제 말기 조선영화와 연설의 정치학」, 『문학과영상』 제13권 3호, 2012.
______, 「광무대 연구－제국의 시선으로부터 비껴간 근대 극장」, 『한국연극학』 제48호, 2012.
이화진, 「식민지 조선의 극장과 '소리'의 문화 정치」, 연세대 박사논문, 2010.
전지니, 「1940년대 희곡 연구－역사・지정학・청년을 중심으로」, 이화여대 박사논문, 2012.
조윤정, 「내선결혼 소설에 나타난 사상과 욕망의 간극」, 『한국현대문학연구』 제27집, 2009.
조진기, 「일제 말기 국책소설 연구－내선결혼소설을 중심으로」, 『인문논총』 제20집, 2006.
______, 「내선일체의 실천과 내선결혼소설」, 『한민족어문학』 제50집, 2007.
최석영, 「식민지 시기 '내선(內鮮)결혼' 장려 문제」, 『일본학년보』 제9집, 2000.

단행본
서연호, 『식민지시대의 친일극 연구』, 태학사, 1992, 182면.
양승국, 『한국근대극의 존재형식과 사유구조』, 연극과인간, 2009.
윤해동, 『식민지의 회색지대 한국의 근대성과 식민주의 비판』, 역사비평사, 2003.
Franzt Fanon, 이석호 역, 『검은 피부 하얀 가면』, 인간사랑, 1998.

George Lakoff, 유나영 역, 『코끼리는 생각하지 마』, 삼인, 2006.

小態英二, 『單一民族神話の起源〈日本人〉の自畵像の系譜』, 新曜社, 1995.
渡邊一民, 『他者としての朝鮮 文學的考察』, 岩波書店, 2003.

항일 조선인 병사의 연극

윤진현

1. 머리말

영화 〈인도차이나〉에는 베트남의 독립운동서사가 확장되는 과정을 보여주는 흥미로운 삽화가 포함되어 있다. 이 영화에서 식민지 베트남의 왕녀는 정략결혼을 거부하고 진정한 자신의 사랑을 찾아 떠난다. 그녀가 사랑을 찾는 과정은 곧바로 자신의 민족을 발견하는 과정이었으며 결국 그녀는 아기조차 양어머니에게 맡기고 독립운동에 투신한다. 도피과정에서 잠깐 떠돌이 극단에 몸을 숨겼던 덕분에 그녀의 이야기는 연극으로 만들어져 여러 극단에서 되풀이 공연되고 그로써 수많은 왕녀와 수많은 독립운동가를 낳으며 모든 사람에게 전해지는 것이다.

한국의 경우는 어떤가? 물론 조선 왕실에서 그런 결단을 보여주지는 않았다. 그러나 수많은 조선인들은 국권을 되찾고자 영웅적인 결단과 헌신으로 항일의 대열에 동참하였다. 그리고 그 수많은 항일병사는 그 같은 자신의 이야기를 다양한 방식으로 표현하고자 노력하였다. 병사들은 항전 중에도 일기를 쓰고[1] 함께 읽을 잡지를 만들기도 했으며 노래와 연극이 있는 발표회를 개최하였던 것이다. 그러나 이들의 이야기와 작품, 연극 등은 영화 〈인도차이나〉에서처럼 낭만적으로 확산되지 않았다. 이것이 만약 제대로 기록되고 공유되었다면 아마도 당연하지만 온 국민이 공유하는 중요한 건국서사가 되었을 것이다.

생각해보면 기이한 일이다. 한국연극사에는 왜 항일병사의 연극이 남아있지 않을까? 북한은 항일혁명문학을 혁명 전통에 포함시키고 있으며[2] 남한은 3・1운동과 상해임시정부를 국가적 정체성의 일부로 헌법 상에 명시하고 있다. 그러나 놀랍게도 해방 후 이러한 작품은 역사적으로 그다지 유의미하게 재고되지 않았다.

좀 더 정밀한 검토작업을 거쳐야겠지만 1945년부터 1950년 한국전쟁 직전까지 소위 해방기에 남북한에서 발표된 작품에서 항일병사의 투쟁을 직접 다루고 있는 작품은 고작 예닐곱 편에 지나지 않는다.[3] 아

---

1 김학철, 김사량 등 당시 이미 작가 대열에 합류했던 이들의 회고록, 종군기 등은 물론이고 김준엽, 박차정, 정정화 등 아직 학생이거나 여성들도 당시 엄중한 통제에도 불구하고 계속 일기를 쓰며 간수했으나 결국 유실하고 말았다는 기록은 허다하다.

2 김재용, 「북한 문학계의 '반종파투쟁과 카프 및 항일혁명문학'」, 『북한문학의 역사적 이해』, 문학과지성사, 1994, 157쪽.
물론 여기에서 거론되는 항일혁명문학의 전통은 『불멸의 총서』로 집약되는 김일성 중심의 문학으로 귀결된다.

3 현재 확인되는 주목할 만한 작품은 김사량 〈호접〉, 조영출 〈독립군〉, 이춘택 〈만주의 독립군〉, 박영보 〈태양을 기다리는 사람들〉, 김창만 〈강제병〉 등이다. 이 목록은 남한의 공연 및 발간희곡의 경우는 이석만, 『해방기 연극 연구』(태학사, 1996)의 목록을 참고했으며 북한작품의 경우 국가전자도서관에 공개된 이 시기 발간 희곡집 10편을 대상으

직 전체목록을 확정한 것이 아니라는 점을 염두에 두어도 이상할 만큼 적은 수이다. 해방직후부터 북한의 경우는 산업건설, 노동계급의 확립과 같은 주제가 이미 우선되었으며 1948~1949년에 벌써 반미의 과제가 항일의 기억을 압도하고 있음을 알 수 있다. 남한의 경우는 애초부터 역사극 등이 중심이었을 뿐, 항일병사의 형상화는 대단히 제한적이었고 사적인 성찰은 거의 이루어지지 않았다.

물론 이 이후에도 항일혁명문학을 혁명전통에 일부로 삼고 있는 북한조차도 항일전선에 헌신했던 병사의 연극과 이들의 투쟁에 대한 기억은 『불멸의 역사』로 집중되었으며 남한의 경우는 '만주웨스턴'과 같은 탈역사화된 심상으로 잔존할 뿐, '독립운동'의 문화적 표현은 국내투쟁으로 대체되었다고 해도 좋을 정도이다. 이를 달리 해석하자면 남북 양측 공히 항일병사의 기억을 통해 정체성을 수립할 필요가 없었을 뿐만 아니라 광복의 주체로 항일병사 일반을 호출할 경우, 당대 정치세력에 오히려 타격을 입힐 가능성마저 부정할 수 없었기에 조심스레 우회되거나 노골적으로 사장되는 결과에 직면했다고도 할 것이다.

사실 이 같은 경과는 중국연극사에서 이미 조짐을 드러내는 것이기도 하다. 1938년 2차 국공합작이 와해되고 무한을 잃은 후 국민당은 주적을 일본에서 공산당으로 변경한다.[4] 이는 중국 공산당 진영도 마찬가지여서 제2차 세계대전의 종전 후에도 계속된 중국의 내전시기

로 작성한 것이다. 이재명에 의하면 이 시기 남한에서 발표된 극작품은 80여편, 북한에서 발표된 극작품은 100여 편에 달하여 희곡집은 총 13종이라고 한다. 이재명 편, 『해방기 남북한극문학선집』 Ⅰ·Ⅱ, 평민사, 2012, 4쪽.

4 김해룡, 『광복전 중조연극사 비교 연구』, 동북조선민족교육출판사, 1999, 135~136쪽.

생산된 극작품에서 국민군은 이미 일본군을 대체하고 있다.[5]

현재 항일 조선인 병사의 연극에 대해 다룬 연구는 윤금선의 「한인 단체의 연극 활동 연구」[6]를 꼽을 수 있을 뿐이다. 윤금선은 좌우를 막론하고 이 시기 해외의 신문잡지를 두루 조사하여 한인 단체의 연극활동을 상세히 소개하고 있다. 그 외에 '한국청년전지공작대'의 가극 〈아리랑〉을 '아리랑'의 확산이란 관점에서 고찰한 정우택의 논문이 있고[7] 그 외에는 기행문, 회고록 등에서 연안, 중경 등 항일 근거지의 체험을 정리한 몇몇 논문을 참고할 수 있다.[8] 그러나 항일 조선인 병사들이 어떤 환경에서 어떤 의도로 연극을 만들고 공연했는가를 직접 묻고 있는 연구는 없다.

강력한 독립의지를 갖고 전선에 투신했던 항일병사의 결단이 한반도의 독립과 건국에 중요한 기반임을 부정할 수는 없다. 일본의 항복이 조선을 향한 것이 아니었다 하더라도 조선인 병사들은 독립을 위해 쉬지 않고 싸웠기 때문이다. 그리고 이들의 행적과 이들의 문화가 역사의 일부가 되는 것 또한 당연한 일일 것이다. 특히 중경이나 임천, 태항산 등 중국군대와 연합으로 이루어진 군대 내에서 조선 병사들의

---

5 다음 장에 상술할 연변 조선족연극사상 현전하는 16편의 희곡 중 내전시기 생산된 작품은 9편이며 이중 6편이 국민군을 주적으로 삼고 있다.

6 윤금선, 「한인 단체의 연극 활동 연구」, 『한국극예술연구』 34집, 한국극예술학회, 2011.

7 정우택, 「한국청년전지공작대의 가극 〈아리랑〉 공연과 그 의의」, 『한국민요학』 21집, 한국민요학회, 2007.
위의 윤금선의 논문과 정우택의 논문은 모두 서안에서 발간된 잡지 『한국청년』(1940.7)에 실린 가극 〈아리랑〉에 대한 정보를 상세히 소개하고 있다.

8 이해영, 「1940년대 연안 체험 형상화 연구」, 한신대 석사논문, 2000; 왕원, 「한국 작가의 항일근거지 체험 연구」, 인하대 석사논문, 2010; 양화디, 「중국을 배경으로 한 항일 기행문학 고찰」, 인하대 석사논문, 2010.

연극은 중국인의 지지와 협력을 끌어내기 위한 것이었을 뿐만 아니라 그 자신을 위한 것, 항일전선에 들어서게 된 자신들의 역사를 기록하고 그 정당성을 선전하며 투쟁의지를 고취하기 위한 것이기도 했다. 대단히 열악한 상황에서도 자신들의 목표와 의지를 표현하는 데 최선을 다했던 점을 고려하면, 그러한 표현은 극단적인 환경에서 인간이 어떤 목표와 선택을 갖고 자신을 드러내는가를 보여주는 대단히 중요한 사례라고도 할 것이다. 이론의 여지없이 항일투쟁은 조선인이 자신들과 지배자 일제는 다르다는 명백한 인식 하에 자신들을 주체로 호출하면서 수행한 독립운동의 일환이었고 이 과정에서 이들이 만들어낸 공연 등은 그 형식의 완성도와는 무관하게 해방 후 국가 정체성의 일부가 되었어야 하는 것이었다.

이에 본고에서는 우선 조선인으로서 중국군과 연대, 협력하여 항일투쟁을 전개하면서 여기에서 중국지역 조선인은 물론 중국인을 대상으로 삼아 연극 등 공연을 통해 표현과 소통을 시도한 경험을 추적할 것이다. 아울러 본격적으로 그 의미를 추적한 바 없는 국민당군 휘하의 한국광복군 훈련반의 연극 김준엽의 〈광명의 길〉을 조선의용대에서 공연한 같은 소재의 김창만의 〈강제병〉과 함께 살피고자 한다. 이들 작품은 일제에 의해 학도병으로 징집된 조선인 병사들이 어떻게 항일 전쟁에 참전하게 되었는가를 전형적으로 보여주는 작품이다. 〈광명의 길〉은 대본이 남아있지는 않지만 작가였던 김준엽의 회고록『장정』[9]과 연출이었던 장준하의 회고록『돌베개』[10] 내에서 그 작품의 내

9 김준엽,『김준엽현대사 나의 광복군시절 장정』, 나남, 1987.

용과 형상이 충분히 소개되고 있으므로 항일병사가 어떤 의도와 목표로 극적 표현을 구성하고 공연했는가를 탐색하는 것은 충분히 가능하다. 그리고 이로써 1940년대 일제의 문화담론에 대한 대응이라는 관점에서 기존 연극사와 연속성을 모색할 것이다.

2. 연변 조선족사에서의 항일연극

현재 항일연극을 가장 적극적으로 호출하고 있는 것은 연변 조선족의 역사이다. 중국조선민족발자취 편찬위원회는 1990년대 들어오면서부터 중국조선민족발자취 총서를 간행하기 시작하여 총10권을 발간하였고 이중 2권 『불씨』와 4권 『결전』에 김운일의 연구와 항전시기 연극에 대한 회고 등을 수록하였다.[11] 특히 『결전』에 수록된 '성황리에 공연된 무극 〈아리랑〉과 연극 〈한국의 한 용사〉' 소절은 한유한의 무극舞劇 〈아리랑〉과 박동운, 한유한 작의 〈한국의 한 용사〉 공연을 상세한 줄거리와 함께 소개하고 있다. 〈아리랑〉은 1940년 5월 22일부터 서안 남원문실험극장에서 한국청년전지공작대에 의해 상연된 작품으로 장엄한 아리랑 산을 배경으로 순박한 청춘 남녀가 필생의 숙원으로 품은 '광명의 세월'을 기다리다가 드디어 혁명군 대오를 맞이하

---

10 장준하, 『장준하 문집 2—돌베개』, 사상, 1985.
11 철권, 「1920년대의 연극창작」, 중국조선민족발자취 편찬위원회, 『중국조선민족발자취 총서 2—불씨』, 민족출판사, 1995, 765~769쪽; 일철, 「성황리에 공연된 무극 〈아리랑〉과 연극 〈한국의 한 용사〉」, 중국조선민족발자취 편찬위원회, 『중국조선민족발자취총서 4—결전』, 민족출판사, 1991, 559~561쪽.

여 아리랑산의 일본기가 조선의 국기로 바뀌고 아리랑 산을 되찾는다는 전 4장의 가무극이다. 〈한국의 한 용사〉는 실제 있었던 일을 소재로 삼은 작품으로 일본 헌병대에서 통역일을 하던 청년 박동운이 포로가 된 유격대원을 암암리에 돕다가 역시 포로가 된 유격대장을 구해 적의 방어선을 뚫고 유격구로 탈출한다는 내용이다. 당시의 『대공보』, 『한국청년』 등의 신문잡지들에서는 해당 공연상황과 극 내용을 보도하면서 '대성황리에 비상한 성과를 거둔' 공연이라고 높이 평가하였다. 두 작품의 작가 한유한韓悠韓, 1910~1996(본명 韓亨錫)은 경남 동래 출신으로 중국에 유학하고 있던 아버지 한흥교韓興教를 찾아 1915년 중국으로 건너간 이래 상하이신화예술대학, 국립음악원 등에서 수학하였다. 1934년에 '신혁명군가'를 발표하였고 중국희극학회 항일연극대, 중국 중앙군관학교 제7분교 중교 교관 등을 거쳐 1939년 10월부터 1942년 6월까지 '한국청년전지공작대 문화부장을 역임하였으며 이때 가극 〈아리랑〉을 발표하여 크게 주목을 받았다. 〈아리랑〉은 현재 가사는 없이 음악총보만 남아있다고 한다. 작가 한유한은 1948년 귀국하여 1955년부터 부산대 교수로 재직하였고 1963년 3월 독립유공자로 대통령 표창을 받았다.[12]

이후 김해룡, 김운일 등이 조선족의 연극사를 정리하였으며 그 대체는 중국조선민족 발자취 총서의 내용이 확대된 것이다. 김해룡은 해방 전의 중국과 남북한의 연극사를 두루 고찰하여 이를 광범위하게 연

12 김덕균, 「한국의 걸출한 항일음악가 한형석(한유한)」, 『음악과민족』 제17호, 민족음악학회, 1999, 171~175쪽.

구하고 있으며[13] 김운일은 1994년 북경대학 조선문화연구소가 편찬한 『예술사』[14]의 '연극사' 파트를 책임집필한 것을 시작으로 2005년 개인평론집 『석조여광夕照余光』[15]의 한 장절을 '조선족연극사연구'로 할애하였고 이어 2006년 『중국 조선족연극사』[16]를 출간하여 일찍부터 현재의 중국영토로 건너갔던 조선인들의 연극을 두루 소개하고 있다.

연변조선족연극사에서 현전하는 작품은 『20세기 중국조선족문학사료전집』에서 볼 수 있다.[17] 2008년 연변대학 조선문학연구소에서는 『20세기 중국조선족문학사료전집』 30권을 기획, 출판하였다. 이 사료전집의 제 16권이 『희곡집』이었으며 역시 김운일이 책임편집으로 참여하였다. 여기에서는 이주 초기, 1920년대 이전, 1920년대부터 광복전까지, 광복직후로 시기를 구분하고 해당시기 작품의 제목과 작품 줄거리를 상세히 소개하고 있다. 이주 초기에서 1920년대 이전부터 다루기 시작하여 광복 이전의 작품을 두루 소개하고 있는 만큼 작품의 주제는 근대교육의 필요성, 미신타파 등 다양하지만 가장 두드러지는 것은 일본군과의 갈등, 일본의 폭압과 이에 대한 저항을 소재로 한 고발선전극이다.

이 중에서 구체적으로 일본군과 조선병사의 충돌을 다룬 작품은 앞서 언급한 한유한의 가극 〈아리랑〉과 함께 공연된 〈한국의 한 용사〉

---

13 김해룡, 『광복전 중조연극사 비교 연구』, 동북조선민족교육출판사, 1999.
14 북경대학 조선문화연구소, 『예술사』, 중국민족출판사 · 서울대 출판부, 1994.
15 김운일, 『석조여광』, 한국학술정보, 2005. 해당 저서는 2010년 연변인민출판사에서 『운성여광陨星余光』으로 개편되어 재출간되었다.
16 김운일, 『중국 조선족연극사』, 신성출판사, 2006.
17 연변대학 조선문학연구소 편, 『20세기 중국조선족 문학사료전집』 제16집, 연변인민출판사, 2008.

와 국경을 넘는 조선청년의 죽음을 다룬 〈국경의 밤〉이 있다. 또한 영화배우 김염의 여동생 김위가 주연한 〈조선의 딸〉은 마을을 침탈하는 일본군에게 맨손으로 저항하다 희생된 촌민의 딸이 복수의 뜻을 품고 일본에 대항하기 위해 항일무장투쟁의 길을 찾아 싸움터로 나간다는 내용으로 후술할 김학철의 〈서광〉과 함께 1941년 2월 한구에서 공연되었다. 1938년 무한청년회관에서 조선의용대 창건 경축행사의 일환으로 상연된 〈싸우는 강변〉으로도 알려진 〈두만강변〉은 유격대 대장인 아들이 일본군의 총을 맞고 집 앞에 당도하여 쓰러지자 그 여동생인 처녀가 오빠의 총을 물려받아 일본군에게 원수를 갚는다는 내용이며 같은 제목인 김창만의 〈두만강변〉은 일본군이 유격대를 추격하자 두만강의 사공이 배를 찍어 뒤를 차단한다는 내용이다.[18] 김창만은[19] 조선의용군의 선전대장으로 선전선동에 필요한 많은 작품을 썼고 현재 〈북경의 밤〉, 〈강제병〉 등이 남아있다. 연변의 자료집에는 제목과 줄거리만 소개되어 있고 더욱이 〈강제병〉의 경우는 〈강제징병〉이란 제목으로 1944년에 관내에서 공연한 고철의 작품이라 기록하고 있으나 소개하는 줄거리로 보아 1947년 창간된 『문화전선』에 게재된 김창

18 이 작품은 좀더 상세하게 고찰되어 하겠지만 1928년 나운규가 감독한 영화 〈사랑을 찾아서－원제 두만강을 건너서〉와 유사한 구성을 갖고 있다. 즉 이미 잘 알려져 있는 영화, 연극 등의 구조에 자신들의 목표와 선전내용을 결합하는 형식이 의미있게 활용되었음을 짐작할 수 있다. 이를 좀 더 적극적으로 평가하면 〈사랑을 찾아서〉와 같은 대중적인 서사를 수월하게 항일의 관점에 연관지을 수 있는 환경이었음을 의미한다. 즉 이 시기 멜로, 통속물이 단순한 위안과 체념의 서사만은 아니라는 가설을 세워볼 수 있을 것이다. 김종욱 편, 『실록 한국영화총서』 상, 국학자료원, 2002, 490~496쪽.

19 김창만은 함경남도 출신으로 중국 중산대학에서 수학하였고 청년전위동맹 간부출신이다. 장세윤, 「조선의용대의 조직편성과 구성원」, 『한국근현대사연구』 11집, 한국근현대사학회, 1999, 54쪽.

만의 〈강제병〉이다. 김창만은 이를 1943년 화북 태항산에서 중국인 관객을 위해 상연한 작품이라 밝히고 있다.[20] 〈북경의 밤〉은 1944년 신대원 환영모임에서 공연된 작품으로 1943년 일경에 잡혀 고문을 받은 끝에 옥사한 동지를 추모하는 작품이다. 그 외에도 일본 첩자를 색출하여 추방한다는 고철의 〈특무잡이〉, 학병으로 징집되었다가 조선의용군으로 탈출한 사연을 형상화한 〈탈출기〉 등이 있다.

희곡으로 현전하여 자료집에 수록된 작품으로는 항일희곡문학으로 〈혈해지창〉, 〈싸우는 밀림〉, 문인희곡문학으로 〈파천당破天堂〉, 〈곽첨지 사는 마을〉, 〈려명전후〉, 〈리야왕〉, 친일희곡으로 〈김동한〉이 있다. 해방 직후에 공연된 작품으로 〈혈투〉, 〈불길〉, 〈너?! 이놈〉, 〈동학冬學으로 가는 길〉, 〈대장동무의 명령은 내렸다〉, 〈우리의 맹세〉, 〈그 일흠을 지키자〉, 〈힘끝 싸우겠습니다〉, 〈우리의 기쁨〉 등 1980년대 발굴, 소개된 작품까지 총 16편의 작품이 수록되어 있다.

이중 일본군과의 직접적인 투쟁을 다루고 있는 것은 해방 전에 까마귀 작의 〈혈해지창〉, 〈싸우는 밀림〉 2작품, 해방 후 1948년 잡지 『대중』에 발표된 최채의 〈혈투〉 1작품으로 총 3편이다. 해방 후의 나머지 작품은 중국 내전을 배경으로 삼고 있거나 친일파의 전횡과 그 타도에 대한 작품 등이다. 연변지역의 작품 또한 2차 세계대전의 종전 후에는 한반도의 남북이 각기 반미와 반공의 문제에 집중해갔듯이 빠른 속도로 당면한 중국 내부 문제로 관심을 돌리고 있음을 알 수 있다.

---

20 김창만의 〈강제병〉과 〈북경의 밤〉은 다음 선집에 수록되어 있다.
이재명 편, 『해방기 남북한 극문학 선집』 1, 평민사, 2012.

이중 〈혈해지창〉은 이미 잘 알려져 있듯이 북한의 대표적 혁명문학 〈피바다〉의 원형으로 간주되는 작품이다. 1959년 흑룡강성에서 발굴되어 『연변문학』에 소개되었으며 이것이 1960년대에 북한으로 넘어가 〈피바다〉의 원형으로 평가되며 재창작되었다. 〈혈해지창〉은 유격대 연락병 빽국새가 다친 채 일본군에 체포될 위기에 처했을 때 한족 쑹마마와 왕핑 모자가 그를 보호하다가 결국은 희생당하고 빽국새는 쾌차하여 유격대를 인도하여 마을에서 일본군을 격퇴한다는 내용이다. 〈싸우는 밀림〉은 가난한 농군들이 일본군의 토벌을 앞두고 유격대에 도움을 청하고 유격대는 교묘한 계교를 써 일본군을 물리치며 어린 아들을 남기고 계순과 왕로인은 희생되지만 유격대원은 아기를 눈속에 핀 매화로 부르면서 승리를 다짐한다는 내용이다. 최채의 〈혈투〉는 1941년 조선의용대에 큰 희생이 발생했던 호가장전투를 소재로 한 작품으로 김사량의 〈호접〉, 제목만 전하는 진동명의 〈태항산에서〉, 김혁의 〈호가장 전투〉와 함께 조선의용군에게 '호가장 전투'가 지니는 의미를 짐작할 수 있게 하는 작품이다.

아울러 연변연극사에서는 연변연극의 시작을 항일연극에 두어 항일시기 연극유산의 위상을 확실히 하고 있다. 연변지역의 공연예술사의 기원은 조선의용군의 문화선전대에 있다는 것이다.

중국조선민족 연극예술에서 보다 귀중한 것은 20년대로부터 사회주의를 지향하는 문학도들과 반일투사들 그리고 항일무장대오내에서 창작, 공연된 혁명적인 연극예술이다. 이를테면 장막극〈경숙의 마지막〉(1925년), 단막극〈야학으로 가는 길〉, 〈4.6제〉(1931년), 〈아버지와 남편을 찾는 사람들〉(1934년), 〈혈해지창〉(까마귀 1937년), 〈싸우는 밀림〉(까마귀 1938년), 〈경축대회〉 등등 수두룩한 작품들을 헤아릴 수 있다. (…중략…)

1930년대 말과 40년대에 중국관내의 조선의용군전사들에 의해 창작, 공연되였다는 연극활동 역시 유명하였다. 례를 든다면 태항산지구에서 연극 〈승리〉(김학철 작), 〈서광〉(김학철 작), 〈황군의 꿈〉, 〈태항산에서〉(진동명 작), 〈북경의 밤〉, 〈강제징병〉(고철 작) 등 작품들을 공연하였다. 특히 1940년 5월 한국청년전지공작대가 〈국경의 밤〉(선전대 집체작), 〈한국의 한 용사〉(박동운, 한유한 작) 등 단막극과 장막가무극〈아리랑〉(한유한 작)을 공연하여 당시 서안시를 들썩해 놓았다. (…중략…)

해방 후 중국조선민족의 전문적인 연극예술단체가 세워질 수 있은 원 갈래는 관내에 있었던 조선의용군선전대로부터 밝혀야 한다. 따라서 이것은 또 해방전 혁명연극전통의 기본줄기이다. 1945년 10월에 심양에 모였던 조선의용군의 일부는 조선으로 나가고 제1지대가 남만(후에 통화지구에 왔다)으로, 제3지대는 북만(할빈일대)으로, 제5지대는 동만(연변)으로, 5지대에서 갈라진 제7지대는 길림지구로 옮기면서 각기 자기의 선전대를 가지고 갔다. 이런 남북만의 의용군선전대 골간들이 연변에 모이고 또 일부 지방예술단체들의 주요한 성원들이 합하여 연변문공단이 되었다. 이로부터 중국조선민족 무대예술전문단체의 중심이 형성되고 연극예술전문단체가 이루어질 수 있는 씨앗을 심게 되었다.[21] (강조는 인용자)

---

21 연변대학 조선문학연구소, 『20세기 중국조선족문학사료전집』 제16집, 연변인민출판사, 2008, 13~15쪽.

이로 보면 연변조선족의 연극은 항일연극, 즉 조선의용군선전대의 연극에 물질적으로 기초하고 있으며 그 경험과 기억은 민족적 정체성을 수립하고 존재의 정당성을 확립하는 기반이었다는 사실을 알 수 있다. 항일투쟁부터 중국혁명의 전 기간에 중국군과 함께했던 역사를 강조함으로써 그 역사적 지분을 환기하는 효과를 볼 수도 있었음을 감안하면 연변조선족이 중국 내에서 어떠한 방식으로 문화적 독자성을 지켜갔는가는 질문할 때 참고할 만한 사실이기도 하다.

3. 중국군대에서 조선인 병사의 문화환경

그러면 어떻게 조선인 병사들은 중국군대 내에서 연극을 만들고 공연을 할 수 있었던 것일까? 항일 근거지 기행문, 김태준의 「연안행」이나 김사량의 「노마만리」, 그 외에 항일투쟁에 참여했던 독립운동가의 회고록을 살펴보면 각종 연행으로 이들이 자신들의 사기를 북돋우며 방문객이나 새로이 합류하는 인사를 환영한다는 내용이 빈번히 등장한다.

김태준은 연안의 관문인 이가장李家莊에 당도하여 전방공작대의 절차에 따라 사상심사를 받고 무사히 통과하여 안전지대로 이동한 다음 여기에서 이들을 환영하는 집회에 참석한다. 소학교 뜰과 같은 광장에 남녀노소 천여 명이 모였고 땅콩을 가득 담은 광주리와 큰 배갈병이 음식으로 준비되었으며 청년 부녀들은 〈양산도〉와 비슷한 노래를 불렀고 어린 소학생들은 〈공산당찬가〉를 인상적으로 불렀으며 그 외에도 중국의 옛 춤과 유희 등을 연행하였다고[22] 회고한다. 이들의 환영회는 정황 상 이 작은 촌락의 모든 사람이 참석한 것인 듯하다. 즉 이 마을의 인구는 모두 1,000여 명 정도에 이르는 작은 촌락인 것인데 그럼에도 특별한 준비과정 없이도 민요, 〈공산당찬가〉, 중국 옛 춤, 유희 등으로 유쾌한 한 때를 보낼 수 있을 만큼 이들에게 연회와 공연은 일상적인 것이었다.

김학철의 자서전『최후의 분대장』에는 김학철 특유의 해학적 문체로 연극 〈서광〉을 만들던 과정이 묘사되어 있다.

> 대무한을 보위하는 시민들의 사기를 진작하기 위해 각 사회단체들이 한구청년회관에서 연극 공연들을 하는데 우리도 축에 빠질 수 없어서 부랴사랴 연극 하나를 준비하게 됐다. 벼락장[23] 담그듯이 해낼 작정인 것이다.
>
> 한데 총칼밖에 모르는 집단인지라 문화예술 인재가 얼마나 결핍했던지 그 각본을 쓰라고 명령이 떨어지기를 뉘게 떨어졌는가 하면 바로 나 이 김학철에게 떨어졌다. 거지가 갑자기 말을 얻은 것 같아서 처치하기가 여간만 곤란하지 않았으나 군인의 천직은 명령에 복종하는 것이었으므로 나는 군말 없이 벼락 극작가, 벼락 연출가로 변신을 해야 했다. '꿇어사격!' 하면 꿇어사격을 하고 또 '엎드려사격!' 하면 엎드려사격을 하는 거나 마찬가지였다.
>
> 이와 같이 첫 시작부터가 벌써 엉터리였으나 그래도 타이틀(표제)만은 그럴듯하게 '서광曙光'이라고 달았다,

22 김태준, 「연안행 (2)」, 『문학』, 1947.2, 193~195쪽.
23 급히 담가 익히는 장醬.

여배우감이 하나도 없었으므로(영화배우 출신의 김위씨는 제 2지대에 빼앗겼으므로) 숫제 '청일색淸一色'의 '남성극'을 만들었는데 무대에 올린 결과는 애쓴 보람이 하나도 없이 거의 '완벽'한 실패였다.

중앙군교 광동분교를 나온 진경성陣敬誠(본명 申松植)이란 친구가 있었는데 이 친구에게(그놈의 연극 때문에) 애먹은 일을 생각하면 지금도 어이없는 웃음이 나오곤 한다. 나는 각본만 쓰는 게 아니라 연출도 맡아서 했으므로(거의 도거리나 마찬가지였으므로) 배우를 선정하고 배역을 나눠 맡기는 일까지도 다 챙겨야 했다. 한데 무대 위에서 혁명군에게 사살을 당할 특무(첩자)역에 안성맞춤한 인물 하나가 있었으니 그게 다른 누구가 아니고 바로 이 진경성이었다.

"못 해 못 해. 특무역은 못해. 죽어도 못 해."

"난 용사역밖에 못 해. 특무역은 못 해. 못 한다면 못 하는 줄 알아!"

머리에 송충이 대가리를 내두르듯 하는 진경성이를 설복하느라고 숱한 사람이 입이 닳렸으나 막무가내였다. 그놈의 고집을 녹이기란 이만저만한 일이 아니었다. 정 할 수 없어 나중에는 '조직의 결정'까지 들먹이며 거의 강제적으로 내리먹이긴 내리먹였다.

한데 풍자적인 것은 극이 상연되는 동안 관중석에서 딱 한 번 박수가 터졌는데 그게 바로 이 '죽어도 하기 싫다'던 진경성이 총을 맞고 멋지게 죽어 넘어지는 장면에서 터진 것이었다.[24]

지역의 결속을 위해 각 사회단체들이 청년회관에서 연극대회를 열

24 김학철, 『최후의 분대장』, 문학과지성사, 1995, 188~191쪽.

었다는 것만으로도 주목할 만한 일이다. 결속을 위해 각 사회단체들이 직접 연극을 만들어 공연하는 사회란 구체적인 상황이야 어떻든 상상만 해도 대단한 곳이다. 문화예술 인재가 없어 자신이 대본을 맡게 되었다는 김학철의 겸양도 재미있지만 군인의 천직이 복종이라는 과장스러운 강조는 부득이한 충성심이었다기보다 홍겨운 반어로 들린다. 연극 〈서광〉의 대본은 남아있지 않지만 이상의 일화에서 볼 수 있듯이 흔히 침투해오던 특무와 항일혁명군의 대결을 주요 갈등으로 삼고 특무가 죽고 혁명군이 승리하는 것을 희망의 서곡 '서광'으로 보았던 것이다.[25] 의용대원 진경성이 단지 배역일 뿐임에도 일본인 첩자역을 절대 맡을 수 없다고 거부하는 데서 이들의 연극이 지닌 현실성을 추정할 수 있다. 특무는 이들에게 적이고 악인이기에 일상과 구분 없이 만들어지는 연극에서 단순한 배역으로 해석되지 않았던 것이었고 이 배역을 맡아야 했던 진경성은 이를 수용할 수 없다고 반발했던 것이다. 그러나 진경성은 엉뚱한 상상력이 살아있는 재주꾼이었던 것 같다. 엉뚱한 질문으로 웃음을 터뜨리게 하는가 하면 평안도 사투리로 기막힌 〈배뱅이굿〉을 보여주기도 했다는 것이다.[26] 그러니 연기와 현실이 뒤섞인 이 작품에서 홀로 박수를 받으며 열연하였던 것은 우연이 아니었던 것이다.

김사량의 『노마만리』는 더욱 상세하다. 태항산 자락에 당도한 김사량은 초소의 삐오넬(소년 개척단, 용감한 소년이란 의미로 김사량이 사용함)이

25 해방을 '빛의 회복'으로 상상하는 이 같은 시적인 상상력의 근원과 그 전개를 따져보는 것도 한 흥미로운 과제가 될 것이다.

26 김학철, 앞의 책, 213쪽.

부는 퉁소에 호궁과 노래가 어우러지는 밤을 맞이한다. 유격대원들은 인사를 나누며 자신들의 삶과 전투 무용담을 다투어 이야기한다.[27] 태항구에 도착했을 때 지붕에 올라간 어린애들은 이들의 도착을 환영하며 〈우리들은 반공의 주력군我們是反攻的主力軍〉이라는 노래를 불러준다. 이들이 일상적으로 공유했던 노래와 피리 소리는 공격으로 부대원이 모두 흩어졌을 때 이들을 불러모으는 길잡이가 되기도 하고 따뜻한 위안과 격려가 되기도 한다.[28] 당시 조선의용군은 가요, 무용, 연극 등으로 선전공작을 하였고 이는 크게 인기를 모으고 있었다. 의용군은 자신들의 처지를 중국인들에게 알리기 위하여 팔로군과 의용군은 서로 좋아하며 '너희나 우리나 형제나 한가지八路軍和義勇軍相好大大的 爾們那我們那兄弟那一樣的'라는 조선말식 중국어 노래를 지어 불렀고 서로 노래를 화창하기도 하였으며 사람들을 모아놓고 연극과 무용을 보여주고 노래를 가르쳐주기도 하고 연설을 하기도 하였다. 이때 중국의 병사들은 새로 들어오는 조선 동지를 환영하며 축하한다고 의용군에게 배운 '도라지 타령'을 불러주기도 하니 김사량은 조선과 중국 두 나라의 군인이 친선하여 즐기는 아름다운 장면이었다고 기록하였다.[29]

조선의용군은 일찍부터 군사적인 역할은 물론, 문화선전의 역할 또한 중요시하고 있었다. 본래 상대적인 규모의 문제와 독자적인 군사작전권에 대한 회의 때문에 '군軍'이 아니라 '대隊', 즉 조선의용대로 출발했던 조선의용군은 정치선전공작대의 성격이 강하였다. 국공합작이

27 김사량, 『노마만리』, 동광출판사, 1989, 291~292쪽.
28 위의 책, 304~307쪽.
29 위의 책, 323쪽.

와해되고 중국 내 진영의 구분이 명확해지면서 조선인 군대의 운명도 나뉘어 가지만 대체로 팔로군 휘하에 있던 조선의용군의 경우는 일제의 패망이 가까워오면서 정규군으로 재편된다. 당시 팔로군의 사단에는 전투를 담당하는 참모부와 대내외 정치공작을 주로 담당하는 정치부가 있었다. 정치부는 다시 조직과, 선전과, 민중운동과, 보위과, 대적공작과 등으로 구성되어 있었는데 대적공작과(적공과)는 적군의 와해를 담당하는 부서로 주로 일본유학의 경험이 있는 사람들이 속해 있었다. 의용군 대원들은 주로 적공과에 소속되었는데, 이들은 일본말을 잘하고 일본군의 속성을 잘 알고 있었으며 일본군 내의 조선인 사병의 이탈을 설득할 수 있었기 때문이었다. 아울러 팔로군 각 사단에 소속된 의용군 대원들은 일본군과 일본군 내의 조선인에 대한 선전, 일본군과 일본군적인 조선인 포로에 대한 교육도 담당하였다. 팔로군 측에서는 조선의용군이 전투에 참가하는 것을 자제케 하고 장래를 대비하여 간부교육에 힘쓸 것을 권유하였다. 그리하여 팔로군 지역에서는 태항산 혁명간부 단기훈련반, 태항산 조선혁명간부 군정학교, 신사군 지역의 항대 분교 제11대대, 산동의 조선혁명간부학교, 기로의 군구의 조선혁명간부훈련반, 연안의 조선혁명간부군정대학 등 6개소에 달하는 교육기관이 만들어졌다. 이들은 모두 1940년대에 들어와 만들어졌으며 기본적인 군사학과 군사훈련 외에도 정치과목과 철학 등의 수업이 실시되었다.[30] 이들 여러 간부학교는 의용군내의 학습, 토론, 표현의 일상을 견인하는 기반이 된다.

---

30 염인호, 「조선의용군」, 『역사비평』 28호, 역사비평사, 1994, 181~188쪽.

김사량이 연안에 도착하여 발견한 학습과 토론, 문화적 표현이 살아 있는 조선병사의 일상은 바로 이 같은 상황에서 만들어진 것이다.

> 우리가 찾아간 곳은 옛날의 묘원廟院으로 시설이라고는 별로 없으나 아주 질서 있고도 정결하였다. 1중대쯤 수용할 수 있는 모양인데 방안으로 들어가 보니 제가끔의 식기와 수건, 세면구, 학습장 등이 벽에 걸려있고 밑에는 가지런히 침구가 놓여있었다. 옆방은 구락부로 되어 여러 가지 신문과 잡지, 오락도구가 비치되어 있으며 벽에는 지도, 표어, 포고, 벽신문, 만화 등이 다채롭게 장식되어 있다. 전방으로 나가는 군대가 여기에 머물러 며칠씩 쉬고서 떠난다고 한다. 이러한 행군과 이동도상에서도 군인들은 군사・정치상의 훈련과 학습을 게을리하지 않으며 문화・오락 방면의 공작도 또한 열렬히 전개하는 것이다.
>
> 군사・정치위원회라고 할지 이런 조직이 있어서 군사・정치 과목의 학습을 지도하고 군사토론, 정치토론조를 만들어 가지고 군인의 정치적 자각과 병사지식을 제고한다. 그리고는 문화・오락위원회라고 할지 음악대, 식자반, 독보조, 극단 이런 것을 조직하여 군인들의 시국문제 토론을 지도하고 체육, 음악 등 문화교양을 높이도록 노력한다.[31]

병영에 병사들의 개인생활 공간은 물론이요 구락부가 있어 군사, 정치적인 훈련과 학습은 물론 문화방면의 훈련과 표현이 일상적으로 이루어지고 있었던 것이다. 그리고 이 같은 방향은 1942년 연안 문예좌

---

31 김사량, 앞의 책, 363쪽.

담회에서 이미 확실해진 것이었다. 이때 모택동은 이후 중국 공산당의 문화정책의 큰 방향을 결정하는 「문예강화」를 발표한다. 여기에서 모택동은 중국 인민해방을 위한 전선을 문文, 무武 두 개의 전선, 즉 문화전선과 군사전선으로 규정하였다. 이는 전쟁 중 간과되기 쉬운 문화의 역할을 군사적 중요성과 동등하게 규정한 것이었다. 모택동은 '문예'가 인민의 교육과 단합, 항전의 강력한 무기임을 일찍부터 깨닫고 이를 공식화하였고[32] 아울러 그 방법으로 강조된 것이 '문화활동에서의 통일전선'이었다. 모택동은 신식 학교가 필요할 뿐만 아니라 서당도 개조해 이용해야 하고 연극이 필요할 뿐만 아니라 진강秦腔(중국 서북지역 토속 희곡형식)과 양걸춤도 있어야 하며 새로운 진강과 양걸춤을 개발하고 생산하며 기존의 극단과 앙가대秧歌隊 또한 이용할 수 있어야 한다는 것이다.[33] 즉 기존예술, 전통예술 형식을 적극적으로 활용하면서 여기에 새로운 내용을 담아 인민대중과 그 출신의 병사를 만난다는 문화적 통일전술이었다.

1942년부터 1943년까지 태항산 조선혁명간부군정학교의 교무주임을 맡기도 했던 음악가 정율성은 중국 전통극 경극을 모택동과 함께 관람하면서 모택동에게 이에 대한 설명을 듣기도 하였다. 당시 연안에서는 일반대중의 의식 고양을 위해 경극도 자주 공연되었다. 경극의 전통을 살려 대중들의 관심을 끌되 내용을 항일과 혁명투쟁을 고양하는 방향으로 바꾸어 즐거운 놀이면서 동시에 학습장이 되도록 했던 것

32 모택동, 김승일 역, 「연안 문예좌담회에서의 강연」, 『모택동선집』 3, 범우사, 2007, 77~112쪽.

33 모택동, 김승일 역, 「문화활동에 있어서의 통일전선」, 위의 책, 256~258쪽.

이다.[34] 주로 조선인 병사에 의한 공연 환경을 추적하였지만 연안에서 상연되는 연극에는 당연하게도 중국의 전통극도 다수 있었고 모택동조차 경극을 좋아하여 조선인 정율성에게 경극에 대해 자세히 설명해 주었던 것이다. 전통극의 형식에 새로운 내용을 담은 공연이 빈번히 상연되었던 점을 생각하면 조선인 병사의 〈배뱅이굿〉 공연이 환영 받고 중국인들이 조선인을 환영하기 위해 조선민요 〈도라지타령〉을 일부러 배워 부르는 문화적 평등의 순간은 이후의 변화가 어떠했든 그 자체로 대단히 아름다운 풍경이며 재고할 만한 유산이라 하겠다.

그런데 이 같은 환경은 사실 근대교육의 확산과 병진했던 학생 소인극의 확대와 문화적 맥락이 유사하다. 조선의용군은 무려 66%가 학생 출신이었고[35] 학창시기 연극을 만들었던 경험이 직접 이어졌음을 보여주는 재미있는 일화도 있다. 잘 알려져 있지는 않지만 독립운동가 여영준의 회고록에도 야학에서 선생님과 함께 연극을 하며 항일의지를 키워 나갔던 일화가 소개되어 있다. 여영준은 1916년 연변 화룡현의 소작농 가정에서 태어난 조선인으로 14살에 항일혁명운동에 투신한 인물이다.

> 한번은 야학교 선생들이 연극을 꾸며가지고 허용수 형님네 집에서 공연하였다. 구경꾼은 학부형들과 우리 마을 소작인들이었다. 연극 제목은 무엇이라고 했던지 지금 잘 생각나지 않는다. 연극의 줄거리는 이러했다. 이 순사란 놈은 악질 지주와 단짝이 되어 농민들을 탄압한다. 그 놈은 한 시골

34 이종한, 『정율성 평전』, 지식산업사, 2006, 205~207쪽.
35 염인호, 『조선의용군의 독립운동』, 나남, 2001, 146~148쪽.

농민이 경찰서 앞을 지나가며 자기를 눈박아봤다는 구실로 그 농민을 끌고 들어가서 뭇매질하였다. 이것은 우리 마을 한 농민이 직접 겪은 사실이었다. 야학교 선생은 다른 지방에서 일어난 한 가지 사실을 덧붙였다. 하루는 이 순사란 놈이 지주집에 가서 술을 처먹고 비틀거리며 산굽이를 돌아가는데 길 양쪽에 숨었던 두 소년선봉대원이 불쑥 뛰어나오며 허리춤에 질렀던 상다리를 그놈의 잔등에 들이대고 소리친다.

"꼼짝말앗! 움직이면 쏜다!"

순사놈은 두손을 들고 벌벌 떤다. 소선대원들은 그놈의 괴춤에서 권총을 뽑아가지고 산으로 들어간다.

비록 온돌 공연이긴 하지만 윗방을 무대로 삼고 아래윗방 사이에 이불안을 막으로 쳐서 열었다 닫았다 하기에 제법 그럴 듯하였다. 나는 농민 배역을 맡았는데, 삼오리에 먹물을 먹여서 수염으로 화장해 달았다. 소선대원[36] 배역을 맡은 동무는 낡은 밥상다리를 얻어다 권총처럼 찼고 순사 배역을 맡은 동무는 순사 모자를 얻지 못하여 쇠줄로 모형을 만든 다음 도배하는 것처럼 종이에 풀을 발라 붙이고 그 위에다 색칠을 해서 썼다. 연극이 끝난 뒤에 전체 야학생들이 "일어나라, 만국의 노동자"란 혁명가요를 합창으로 불렀다.[37]

공연을 할 만한 공공장소 하나 없었지만 평범한 온돌방의 아래윗방을 이불 호청으로 막을 삼아 무대와 객석을 구분하였으며 삼실과 밥상

---

36 소년 선봉대원.
37 여영준 구술, 한태악 정리, 『준엄한 시련 속에서』, 천지, 1988, 44~46쪽.

다리, 종이모자 따위의 간단한 소품으로 훌륭하게 인물과 성격을 표현하였다니 역시 연극공연은 도구나 장소가 문제가 아니라 의지의 문제이다. 이를 만들어낸 야학의 선생과 학생들은 연극을 통해 반일의식과 노동자의 혁명의식을 고취하고 선전하였다. 연변지역의 소인극 경험이 어떻게 동북의 조선의용대로 이어지는지 알 수 있는 귀중한 회고가 아닐 수 없다. 이 같은 경험이 연변지역이나 여영준 개인의 것으로 국한될 리 없으니 근대 소인극의 경험은 항일 조선인 병사들의 연극에 기원이 되었다고 해도 좋을 것이다.

이렇듯 연극을 만들고 공연했던 것은 국민군 휘하의 한국광복군도 마찬가지였다.[38] 장준하는 잠시 국민학교 교원으로 재직하면서 아동극을 지도한 경험으로 연극 〈광명의 길〉 연출을 담당하였기 때문이다.

학병으로 징집되었다가 탈출한 장준하의 회고록 『돌베개』와 김준엽의 회고록 『장정』에는 한국광복군 훈련반에 있으면서 강의를 계획하고 잡지를 만들었으며 졸업기념으로 연극을 만들었다는 회고가 상세하다. 평양 출신의 김준엽은 학병으로 징집될 때부터 탈출 계획을 세우고 있었고 평양을 출발하여 중국 서주의 일본군 쓰카다柄田부대에 도착하여 신체검사를 받고 방역주사도 맞았으며 간단한 훈련을 거쳐 서주 동쪽 대허가大許家로 배치되었다가 탈출하였다. 장준하 또한 같은 쓰카다부대에서 탈출하여 국민당 유격대를 만나 구원을 받았고 김준엽과 합류하여 부양阜陽을 거쳐 임천臨泉에 이른다. 당시 임천에는

---

38 조선의용군과 한국광복군의 상세한 비교는 다음의 논문을 참고할 수 있다.
김광재, 「조선의용군과 한국광복군의 비교 연구」, 『사학연구』 84호, 한국사학회, 2006.

중국 중앙 육군군관학교 임천분교가 있었고 그 안에는 한국광복군 간부 훈련반이 있어 이를 한광반으로 약칭하였다. 김준엽, 장준하, 노능서 등은 여기에 입학한다.

동북으로 진출한 조선의용대의 사정과 달리 한국광복군의 상황은 대단히 열악하였다. 중국인과 별다른 차별 없이 대등하게 교류했던 조선의용대와 달리 한국광복군은 일상적인 훈련은 물론 음식과 의복 등 기초적인 보급품조차 매우 부족하였다. 초등학교 시절부터 길에 떨어진 동전조차 줍지 못하던 독실한 기독교 신자 장준하가 굶주리는 한국광복군 훈련반의 조선인 병사들을 위해서 지독한 양심의 가책을 감당하면서 고구마 도둑질을 해야 할 정도였다.[39] 이들에게는 총은 고사하고 목총 한 자루도 보급되지 않았고 군사훈련이라야 중학교 교련시간에 이미 배운 열병 행진뿐이었다.

> 이튿날부터 우리는 중국 군복으로 다시 갈아입고 그들과 같이 행동을 취하게 되었다. 자동적으로 입교가 된 셈이었다.
>
> 이렇게 며칠이 지났다. 그러나 날이 갈수록 당초의 그 감격과 기쁨과 희망이 스러져가는 것을 나는 곧 의식할 수 있었다. 애초부터 기대를 가질 수 없었지만 이 곳에서 실시하는 그 교육이란 것이 시간의 낭비라는 것으로 해석되었다.
>
> 하루의 일과라는 것이 중국 국기의 게양식과 하기식 거행에 참가하는 것 외에 하루 한두 시간 정도씩의 도수 교련 — 중국인 장교 한 사람과 우리나

---

39 장준하, 앞의 책, 107~114쪽.

라 장교인 진경성陳敬誠 교관이 지도했다—과 김학규 주임의 한국독립운동사 강의를 청강함이 고작이고 이평산씨의 세계혁명사라는 너무도 상식적 강의가 2, 3일에 한번씩이며 그밖에는 별로 할 일이 없어 온종일 편히 노는 것이 일이었다. 그나마 도수 교련은 늘 답보상태의 반복이었고 강의도 극히 상식적이고 초보적이었다.[40]

개인공간 외에 오락과 학습을 위한 공간을 따로 구비해놓고 일상적으로 토론과 문화생활을 함께하던 조선의용대의 상황과 비교하면 천지 차이이다. 겨우 구보와 대열을 만드는 도수 훈련에 교육이라고는 초보적이고 상식적인 것뿐이어서 시간낭비에 지나지 않았다는 것이다. 조국독립을 위해 목숨을 걸고 일본군을 탈출하여 겨우 도착한 곳이 그랬다는 점을 감안하면 그 절망의 깊이를 가늠하기 힘들 정도이다. 그러나 이들은 포기하지 않았다.

무엇이든 우리는 보람을 찾아야만 했다. 우리가 할 일을 발견할 수 있다는 것은 언제나, 가장 빠른 발전을 기대할 수 있다는 것과 일치되었다. 우리는 허송세월을 피하고 되도록 그것을 선용할 수 있는 방법부터 생각했다. 이런 뜻에서 강좌를 생각해 내었다. (…중략…) 우리는 구체적인 방안을 고안해 내었다. 강좌는 하루 두 가지씩 갖되, 강사는 우선 자기가 아는 지식을 일단 머리 속에 정리해 가지고 발표하기로 했다. 자연히 이렇게 되면 상호 간의 지식의 교환도 된다는 기쁨을 가질 수도 있는 것이 아니겠는

---

40 위의 책, 101쪽.

가. (…중략…) 이렇게 신학, 사학, 철학, 법학, 문학 등 그 분야를 다채롭게 배열하고 강의를 돌아가며 펴나가자, 그 강좌록은 진경을 이루게 되었다. 모두들 이 시간을 기다려 주는 눈치였다. (…중략…) 이런 내용을 그냥 한 번에 듣고 흘려 버릴 것이 아니라, 이왕이면 좀더 정리해서 기록으로 돌려 보며 연구교재로 삼자는 동지들이 나타났다. 그냥 내버리기 아까우니 두고 오래 보기로 하면 어떨까 하는 생각이 따라서게 되었다. (…중략…)

몇 날을 두고 토의한 끝에 이 책자는 책이라기보다 잡지의 형태로 만들기로 결정하고 그 제호는 우리의 길잡이가 되어야 한다는 뜻으로 앞길 밝힐 『등불』이라 정했고, 『등불』로 정해지자마자 즉시 착수했다. (…중략…)

물론 제본도 우리가 해야 했다. 특히 이 제본에 마음을 많이 쓰게 된 것은 모처럼 우리의 성심성의가 결정結晶되는 것이니만큼 외관상으로 예쁘고 아담스러워야 한다는 조건도 있었지만 그보다도 겨우 두 권 잡지로 팔십여 명이 돌려가며 읽자니 웬만큼 단단히 매지 않으면 우리의 보람이 곧 찢어지거나 해져 버릴 것 같아서였다. 우리는 생각다 못해 표지로 천을 사용하기로 했지만, 종이조차 구하기 힘든 이 때, 두터운 종이는 고사하고 천을 마련한다는 것은 정말 기발한 착상이 아니고는 해결될 수 없는 문제였다.

김준엽 동지는 하루낮, 하루밤을 곰곰이 생각한 끝에 벌떡 일어났다. 내의를 빨기로 했다고 한다. 비누도 없이 빨고 또 빨고 하여 깨끗이 헹군 다음 널어놓고 살며시 다시 잠자리에 들었다. 그 내의로 책 뚜껑을 만든다는 것이다.[41]

41 위의 책, 102~105쪽.

할 일이 주어지지 않자 스스로 할 일을 찾아내는 능동성이 빛을 발한다. 대학에서 수학한 내용을 기초로 서로 선생도 되고 학생도 되어 강의를 준비하고 지식을 공유하는 과정은 조선의용대의 학습, 토론과정과 방불하다. 보급품이 절대적으로 부족한 상황에서 여벌도 없는 속옷을 벗어 잡지 표지로 내놓는 김준엽의 결단을 가볍게 생각할 수는 없을 것이다. 중국군 당국의 지원이 없이도 이들은 자신들에게 필요한 것이 공부하고 공유하며 이를 표현하고 선전하는 것임을 알고 있었던 것이다.

요컨대 중국군의 지원의 차이는 있었을망정 조선인 병사들이 쉬지 않고 학습하고 토론하며 이를 공유하기 위한 노력을 경주했다는 사실은 동일한 것이었다. 조선의용대와 한국광복군은 중국이라는 지역에서 중국인을 상대로 자신들 존재와 그 목표를 끊임없이 환기하고 선전해야 할 필요를 갖고 있었으며 아울러 그 같은 고립된 상황이기에 더욱 자신들의 정체성을 확인하고 확대해 나가야만 했던 것이다. 그런 의미에서 이들의 연극이 이들 자신의 이야기를 소재로 삼고 있는 것은 필연적인 일이었다.

4. 항일 참전기의 연극화—김준엽의 〈광명의 길〉

한광반의 열악한 환경에도 불구하고 강좌를 꾸리고 잡지를 만들던 이들은 4개월 만에 졸업을 하게 된다. 본래 중국군관학교의 졸업식에는 모의작전 훈련, 사열, 분열식 등이 거행되었으나 한광반은 연예회를 개최하라는 지시를 받는다.

이곳 군관학교의 중국군 초급 군사반 교육 기간은 4개월이었다. 정규군 현역장교의 위관급들이 재훈련을 통해서 새로운 지휘 전술을 배우고 4개월 만에 졸업을 하게 되는 것이다.

우리 한국광복군 훈련반도 역시 이들과 함께 4개월 만에 졸업이 되긴 하지만, 사실 그동안 배운 것이라고는 거의 없었다. 더구나 우리 몇몇 동지는 입교한 지가 3개월에 불과했다. 그래도 졸업이 되었다.

중국군 졸업반은, 이 졸업을 위해서 졸업식 행사도, 대규모의 모의작전 훈련과 사열과 분열식도 거행되었으니 우리 한광반韓光班은 그 대신 기념 행사로서 연예회를 하라는 요구를, 군관학교 당국으로부터 받게 되었다.

졸업식 2주일을 앞두고 우리는 학교 당국으로부터 약간의 예산을 얻어 연습에 들어가기로 했다. 우리는 우선 연설과 독창과 연극과 승무의 몇 가지 종목으로 순서를 짜고, 중국어로 하는 연설은 김준엽 동지가 맡기로 하고, 연극은 약 30여 명이 출연하는 4막짜리 일군 탈출의 내용을 택했고, 우리나라 민속을 소개하는 의미에서 진 교관이 승무를 추기로 했으며 홍석훈洪錫勳동지의 독창과 합창 몇 개를 준비했다. (…중략…) 되도록 간단한 구조의 장치와 의상을 준비하고 매일 저녁마다 연습에 들어갔다. 나는 국민학교 교원을 할 때 아동극을 지도했던 일 외에는 연극에 아무런 경험도 없었다.[42]

중국군과 달리 변변한 졸업식 행사도 없이 연예회로 대체된 것은 명백한 홀대였다. 그러나 이들은 이 같은 상황을 조선인의 현실과 문화

42 위의 책, 124~128쪽.

를 보여주는 기회로 삼았다. 연설, 독창, 무용, 연극 등은 학생, 청년회 등이 개최하던 연예대회의 기본적인 구성이다.

이때 한국광복군 훈련반에는 학병에 끌려 올 때 홀어머니를 남기고 온 외아들 노능서魯能瑞의 애화가 전형적인 학병의 비극으로 알려져 있었다. 김준엽은 이를 각색하여 대본 〈광명의 길光明之道, 光明の道〉을 썼다.

"너는, 내가 눈을 뜨고는 보내지 않아. 알았느냐, 능서야."

"네, 어머니 어서 일어나셔야죠. 전 안 가겠습니다. 어머니를 두고 어떻게 하직을 한단 말입니까?"

아들의 학병 입영 소식을 소문으로 들은 어머니는 머리를 싸매고 누워 버렸다.

어린 나이에 청상과부가 된 어머니는 아들 하나만을 믿고 이십여 년을 살아왔다. 아들의 성공을 위해서 일본 유학까지 시켰던 홀어머니의 심정, 아들을 개죽음의 전쟁터로 보내기에 앞서 지금 칼로 저미듯 아픔에 몸부림치는 장면이었다. (…중략…) 어머니는 마침내 화병으로 인해서 돌아가시고 말았다.

능서는 어머니를 안고 사나이의 통곡을 터뜨리고 있었다.

대문을 박차고 장화를 신은 일본 헌병이 두서넛 몰려와, 구둣발로 방안에까지 올라온 왜놈들은 능서의 목덜미를 뒤로 잡아채었다.

"이봐, 죽은 자는 죽은 자이고 산 사람은 산 사람이 아닌가. 동리에서 곧 장례는 지내줄 거야."

분연히 능서는 일어나 일본 헌병을 노려봤다. 그 충혈된 눈망울은 아직 피압박 민족의 슬픔이 마르지도 않은 눈.

"당신도 인간이오? 당신은 부모가 없소?"

능서는 두 손을 부르르 떨더니 고개를 떨어뜨리고 그 머리를 두 손으로 감싸며 돌아섰다.

"야, 이 새끼! 죽은 자는 죽은 자이고 나갈 사람은 나갈 사람이라는데, 내 말에 틀린 것 있어?"

"수천 명의 입영 날짜를 너 하나 때문에 연기하란 말이야."

삿대질로 다가서는 일본 헌병과 경찰.

한숨짓는 능서의 표정이 하늘을 쳐다보며 청중 쪽으로 돌아선다. 두 팔을 벌리고 독백이 흘러나온다.

"아, 하나님, 이것이 나의 운명이었군요. 이것이 이 나라의 운명이었군요. 당신이 뜻이라면 가겠나이다. 그러나 결코 당신의 뜻이라고 믿어야만 할는지 ……"

왜놈들은 능서를 끌고 나갔다. 끌려 나가던 능서는 어머니의 시체 위에 한번 더 얼굴을 묻으려고 한다. 이번에는 두 놈이 합세하여 무자비하게 능서를 끌고 나간다. 애절한 능서의 부르짖음이 골목 밖에서 어머니의 시체 위로 새어들어 왔다. (…중략…)

대강 1막에서 김동지(김준엽)는, 일본에 패망의 기운이 돌고 전세가 완연히 불리해지자 인력 부족을 보충하는 한편 한국의 지식층의 반동을 두려워하여오던 그들이라 일석이조의 효과를 위해서 지식분자들인 대학생들을 전선으로 끌어낸 한국 사정을 재현시켰다.[43]

---

43 위의 책, 125~126쪽.

사실 노능서의 어머니는 아들의 입대 후에 사망하였다. 노능서는 어머니를 두고 온 까닭에 군대에 적응하지 못하였고 그럴수록 일본인의 학대는 더욱 심각해져 일본인들의 야만스러운 폭력에 그대로 노출되어 있었다. 그러다 노능서의 어머니가 아들을 군대에 보낸 후유증으로 기력을 잃어 사망하니 어머니의 죽음은 노능서의 탈출을 재촉하는 계기가 되었던 것이다. 그런데 김준엽은 이를 소재로 대본을 짜면서 어머니의 사망과 징집으로 사건 순서를 각색하였다. 즉 어머니의 상실과 징집이 동격이 되니 사망한 채 장례절차도 없이 무대에 남겨진 어머니의 시신은 청년들을 일본군으로 빼앗기고 버려진 조선의 산하를 의미하게 되는 것이다.

이 같은 표상은 일제 말 여성을 동원하기 위한 일제의 '군국의 어머니' 담론에 정면으로 대항하는 것이었다. 일제는 일본 내에서도 아들의 참전에 반대하는 어머니들이 전쟁 동원에 장애가 될 정도에 이르자 '군국의 어머니'라는 신화를 제조하기에 이른다. 물론 '모성'이란 절대적 가치규범이 아니라 근대사회의 요구에 의해 형성되고 재해석된 이데올로기이다. 그러나 전쟁의 확대와 맞물려 지원병제나 징병제 확립을 위한 도구로 이용되면서 모성의 왜곡은 절정에 이르니 그것이 바로 '군국의 어머니'이다. '군국의 어머니'는 군국주의 일본이 추구한 이상적 어머니상으로 자식이 자신의 아이에 그치는 것이 아니라 국가의 아이라는 자각에 이른 어머니를 의미한다.[44]

---

44 박유미, 「'군국의 어머니' 담론 연구」, 『일본문화연구』 45집, 동아시아일본학회, 2013, 155쪽.

식민지 조선에서도 이의 연장으로 이 같은 일본의 이데올로기화에 동원된 일본 부인의 사례를 모아 『군국의 어머니』(박태원 역, 조광사, 1942)라는 제목으로 소개하였고 같은 맥락에서 김상덕의 『어머니의 힘』(남창서관, 1943), 『어머니의 승리』(경성동심원, 1944), 『일본의 어머니』(康本健二 역, 내선일체사, 1944) 등도 출간되었다. 박태원은 『군국의 어머니』를 출간하면서 머리말에 조선 여성에게 요구되는 '군국의 어머니'를 쉽고 간결하게 정리한다. 자식이 자신의 것이 아니라 "천황 폐하의 귀하신 아드님"이며 "폐하로부터 황송하옵신 분부를 받자와 잠시 맡아가지고 기르는 아들"이라고 규정하고 남부끄럽지 않게 잘 길러 폐하께서 부르실 때 감격과 영광 속에 아들들을 도로 바치자는 것이다. 하여 아들의 전사를 영광으로 생각한다는 우리우 다모쓰瓜生保의 어머니, 남편이 전사한 후 바느질로 자식을 해군 대장으로 키워낸 야마모토 히데스케山本英輔의 어머니, 아들의 전사 소식도 의연하게 받아들이고 남편 노기 마레스케를 따라 순사한 노기 시즈코 같은 일본의 어머니를 본받고 배워 위대한 '군국의 어머니'가 되자고 호소한다.[45] 이는 천황의 자식을 키우는 여성 또한 천황의 자식이라는 방식으로 확대되어 식민지 조선의 여성에게 가상의 공민권을 부여하는 방식으로도 작동한다. 아들을 전쟁터에 내보냄으로써 어머니들을 비로소 군국주의 일본에서 자기 위상을 갖게 되는 것이다.

그러나 자식을 사지에 기꺼이 내놓자는 일제의 '군국의 어머니' 담

45 이상경, 「일제 말기의 여성 동원과 '군국의 어머니'」, 『페미니즘 연구』 2호, 한국여성연구소, 2002, 218~219쪽.

론은 탈출한 학병의 작품 안에서 정면으로 반박된다. 앞서 살펴보았듯 〈광명의 길〉 1막에서 사망한 어머니는 아들이 징병으로 끌려가면서 무대 위에 남겨져 버려진 조선땅을 상징적으로 가시화하였다.

노능서의 실제 사건을 형상화한 〈광명의 길〉 외에 조선의용대에서 공연한 김창만의 〈강제병〉, 고철의 〈탈출기〉 또한 비슷한 작품이다. 특히 고철의 〈탈출기〉는 1945년 5월 의용군 하중지대의 신입대원 환영모임에서 공연한 작품으로 역시 강제징병으로 끌려나갔다가 탈출하여 조선의용군 화중지대에 찾아온 신입대원들의 실제사실에 의하여 창작하고 공연한 작품이었다고 한다. 특히 직접 겪은 실제 인물들이 배역까지 맡아 출연하였고 또 실재한 사실들이 무대화되어서 더 실감나고 더 큰 환영을 받을 수 있었다고 한다.[46] 한광반의 〈광명의 길〉과 내용과 제작경로가 매우 비슷했을 것으로 사료된다.

김창만의 〈강제병〉은 앞서 언급하였듯이 1943년 공연되고 1947년 『문화전선』에 게재된 작품으로 일제가 사용한 '지원병'이란 단어가 함의하는 자발성 대신 그 강제성을 전면에 내세운 점이 흥미롭다. 이 작품은 1막은 징집과정, 2막은 탈출과정을 다루고 있다는 점에서 〈광명의 길〉과 형상화 대상이 동일하다. 특히 '어머니'가 조선의 현실을 상징한다는 점에 미적 유사성이 두드러진다. 〈강제병〉에서 '어머니'는 아들의 지원병 서류에 강제로 날인을 하고 완전히 실성하여 앞날을 예측할 수 없게 된다. 자식을 전쟁터에 보내고 전사戰死를 자랑스러워 한다면 그것을 제정신이라고 할 수는 없을 것이니 곧 광기에 다름 아닌

46 연변대학 조선문학연구소, 앞의 책, 41쪽.

것이다. 실성과 죽음이 비슷한 극적 효과를 갖고 있던 한국근대연극사의 형상화 방식을 상기할 때 유사한 결론이라고 할 수 있다. 다만 어머니의 시신이 무대 위에 남겨져 조선의 산하를 환기하는 극적 효과를 누렸던 〈광명의 길〉과는 달리 〈강제병〉에서는 그 실성 사실이 간단하게 보고될 뿐이며 "사랑하는 아들을 빼앗기고 우는 어머니가 얼마든지 있"다는 것으로 비장하지만 의연하게 극복한다.

아울러 징집된 일본군 진영의 묘사에도 차이가 있다. 〈강제병〉에서 조선인 병사들은 조용히 침투해온 조선의용군의 도움을 받아 일본군을 공격하고 무사히 의용군으로 넘어간다. 일본군 병영의 주요 극행동은 어리석고 경박한 일본군과 탈출기회를 엿보는 조선인 병사의 숨은 의도가 긴장을 이루는 데 있다. 이때 〈광명의 길〉 2막의 중심을 이루는 일본군의 폭력은 조선인보다 일본인 병사 내부에서 일어나는 것으로 희화화된다. 일본군의 폭력이 조선인 병사를 제쳐놓고 일본인 병사들 내에서 행사된다는 것이 사실적이지는 않다. 그러나 항일근거지에서 일본군이 물리적 힘을 가진 것으로 표현될 필요는 없는 것이다.

이에 비해 김준엽의 〈광명의 길〉은 실제 당사자이며 작품에서 주인공을 맡았던 노능서 본인은 물론이요 김준엽, 장준하 등이 일본군 내에서 겪었던 비인간적 차별과 폭력의 재현에 중심을 둔다. 2막은 일본군에 의한 야만적 폭행, 3막은 이에 따른 탈출의 결심이 굳어지는 장면으로 동지를 규합하고 중국인의 지원 하에 중국군 유격대로 탈출할 수 있는 경로를 확보하며 중국군과 우호적인 공동전선을 펴는 장면이 삽입되었다. 4막은 대장 니시하라 대위를 살해하고 탈출에 성공하여 중국군 진영으로 들어온다는 내용이었다.

생각해보면 어머니를 잃고 남의 전쟁에 끌려나온 아들들이 일본 제국의 적자로 대접 받을 리 만무하다. 이 또한 실제 사실로서 일본군 내에서 조선인 병사들이 상시적인 구타 등 각종 체벌에 시달린 것은 이미 잘 알려져 있다. 1막에서 아들을 빼앗기는 어머니와 어머니를 잃고 전쟁터에 끌려온 아들의 현실은 2막에서 훨씬 직접적이고 가혹한 폭력에 시달리는 것으로 전개되어 그 폭력의 현실이 더욱 적극적으로 형상화되며 이로써 일제의 총동원 논리는 전면적으로 반박, 부정되는 것이다. 〈강제병〉과 달리 탈출 과정에서 중국군과 공동전선을 펴는 장면을 삽입하고 중국군 진영으로 들어오는 장면에 공을 들인 것은 중국인에게 공개적인 감사를 표현하면서 역시 중국군의 협력과 지원을 끌어낸다는 정치적 목표에 따른 것이라 하겠다.

장준하는 이때 이들의 연기를 연기演技가 아니라 실기實技라 하였다. 일본군에게 폭행을 당하는 장면에서 노능서를 비롯하여 학도병들은 매를 맞는 척해서 그 상황을 연기로 표현한 것이 아니라 실제 폭행이 있었다는 것이다. 연기를 설계하는 방법이 미숙하여 실기로 표현한 것이겠으나 조선 학도병의 실상을 폭로하고 관객, 즉 중국인의 지원을 끌어내는 데는 더 현실적이어서 오히려 유리한 점도 있었던 것 같다. 이들의 연극은 이후 중경 임시정부로 이동하는 밑천이 될 정도로 호응이 컸기 때문이다.

이들은 한광반 졸업 후 중경의 임시정부를 찾아가기 위해 교섭하였다. 이종인 부대 정훈 참모부와 접촉하여 장개석의 '15만 학도 종군운동 선무공작'을 지원하자는 데 합의하였고 따라서 이들은 연극을 보강하여 노하구老河口의 중등학교 5개교를 순회 공연하였다. 이것이 노하구의 화제가 되어 이들은 노하구 시민회관에서도 초청을 받아 공연하게 된다. 이때 답지한 성금과 모금으로 이들은 중경행에 필요한 여비와 물품, 음식을 장만할 수 있었다.

그러나 이들이 연극에 부여하는 의미는 그러한 물질적인 것만은 아니었다.

> 나는 이것이 나의 조국을 소개하고 우리의 현재 입장을 이해시키는데 가장 좋은 기회라고 생각하여 나의 심혈을 기울였다. 이것도 나의 사명이라고 믿어 의심치 않았기 때문이다.[47]

환언하면 이들의 연극은 조선의 독립이라는 사명의 일환이었다. 이들은 연극을 통해 조선의 실상을 전달하고 조선인 병사들이 어떻게 중국 군대에 합류하게 되었는가를 이해시키고자 하였으며 그것을 자신들의 사명으로 간주하였다.

즉 공개된 연행을 미적 형식으로 삼기에 일제강점기 그 어떤 장르보다 가혹한 검열과 동원을 경험하였으며 그 때문에 일제에 대한 그 어떤 미적 저항이나 긴장도 여의치 않았던 것이 일제말 근대연극사였다. 그러나 연극사의 대상을 항일 근거지로 확장하면 더이상 일면적이고 단순하지만은 않은 것이다. 더욱이 한국근대연극의 주체가 누구인지 질문할 때 아마추어 연극으로서 여러 가지 한계가 있다고는 하나 이처럼 명백한 역사적 요구 하에 적극적인 표현을 얻어 발표된 〈광명의 길〉이 누락되어서는 안될 것이다.

---

47 장준하, 앞의 책, 170쪽.

5. 맺음말

이상으로 일제강점기 중국에서 활동했던 조선의용군의 항일연극의 역사적 위치와 조선인 병사들의 환경과 공연상황을 재구하고 한국광복군 훈련반의 졸업기념 공연이었던 〈광명의 길〉을 살펴보았다.

본고는 항일투쟁과정에서 생성된 체험을 기록한 작가 및 항일병사들의 기행문, 회고록 등을 기반으로 항일근거지의 공연 환경과 공연에 참여한 병사들의 상황과 심리를 추적하였으며 특히 남북한의 경우는 이들의 작품을 소홀히 다루고 있는 데 비해 연변조선족연극사의 경우 적극적으로 문화적 정체성의 중심으로 삼고 있는 바를 확인하였다.

아울러 기존에는 특별히 주목된 바 없는 임천 중국 중앙 육군군관학교의 한국광복군 훈련반의 연극 김준엽의 〈광명의 길〉을 중심으로 일본군 학병으로 징집되었다가 탈출한 조선인병사가 항일을 극화하는 방식을 고찰하였다. 〈광명의 길〉은 우선 열악한 군대환경 내에서 존재감을 가질 수 없었던 조선인병사들이 자신들의 존재를 확인하기 위한 필사의 기획이었다. 자신들의 실제 경험에 기초하여 리얼리티를 극대화하였고 덕분에 대중에 대한 선전은 물론 국민당 지도부에 대한 설득도 용이하였다. 이 같은 실제 사실에 근거한 접근은 자기표현성과 선전성의 극대화에 대단히 효율적이었다.

또한 이들은 학병에서 탈출한 자들로서 1940년대 일제말 조선인 징병제도가 갖는 폭력성과 강제성을 이해하고 있었으며 이에 대항하는 방식으로 미적 전략을 구사한다. 기꺼이 아들을 전쟁터에 내보내는 것으로 여성에게 가상의 공민권을 부여했던 식민지 조선 내부의 '군국의 어머니' 담론 등 총동원정책에 대항하여 국권과 '어머니'의 죽음을 동격화하고 이로써 독립운동에 투신한 자신들의 결단과 실천의 정당성을 설명하였다.

이것은 그간 국내의 연극활동에 한정되어 왔던 연극사의 대상을 확대하여 항일근거지의 연극이 일제의 문화정책에 저항하면서 전개되었다는 점을 보여주는 사실로서 한국연극사가 재고해야 할 대상임을 의미한다. 이 같은 관점을 통해 일방적인 검열과 통제의 대상으로 일제에 대한 협력만을 보여줄 뿐 문화예술적 신상을 확인할 수 없었던 이 시기 한국연극사가 단일한 것만은 아니라는 사실을 확인할 수 있을 것이다. 아울러 이는 소인극 경험을 지닌 이들에 의해 1920년대 소인극과 비슷한 바탕 위에서 생산되었으니 앞으로 그 연극사적 연속성을 탐색해 보아야 할 것이다. 그리고 무엇보다도 주체적으로 정의와 가치를 결정하고 이를 표현하는 방식을 창안하며 일상과 문화적 표현의 일치를 실현한 중요한 역사적 사례이기도 하다는 점에서 새로운 접근의 가능성을 갖고 있기도 하다. 과제로 남긴다.

참고문헌

자료

김준엽, 『김준엽현대사 1 나의 광복군시절 장정』, 나남, 1987.

연변대학 조선문학연구소 편, 『20세기 중국조선족 문학사료전집』 제16집, 연변인민출판사, 2008.

장준하, 『장준하 문집 2—돌베개』, 사상, 1985.

논문

김광재, 「조선의용군과 한국광복군의 비교 연구」, 『사학연구』 84호, 한국사학회, 2006.

김덕균, 「한국의 걸출한 항일음악가 한형석(한유한)」, 『음악과민족』 17호, 민족음악학회, 1999.

김재용, 「북한 문학계의 '반종파투쟁과 카프 및 항일혁명문학'」, 『북한문학의 역사적 이해』, 문학과지성사, 1994.

김태준, 「연안행」, 『문학』, 1946.7~1947.4.

박유미, 「'군국의 어머니' 담론 연구」, 『일본문화연구』 45집, 동아시아일본학회, 2013.

양화디, 「중국을 배경으로 한 항일 기행문학 고찰」, 인하대 석사논문, 2010.

염인호, 「조선의용군」, 『역사비평』 28호, 역사비평사, 1994.

왕 원, 「한국 작가의 항일근거지 체험 연구」, 인하대 석사논문, 2010.

윤금선, 「한인 단체의 연극 활동 연구」, 『한국극예술연구』 34집, 한국극예술학회, 2011.

이상경, 「일제 말기의 여성 동원과 '군국의 어머니'」, 『페미니즘 연구』 2호, 한국여성연구소, 2002.

이해영, 「1940년대 연안 체험 형상화 연구」, 한신대 석사논문, 2000.

장세윤, 「조선의용대의 조직편성과 구성원」, 『한국근현대사연구』 11집, 한국근현대사학회, 1999.11.

정우택, 「한국청년전지공작대의 가극 〈아리랑〉 공연과 그 의의」, 『한국민요학』 21집, 한국민요학회, 2007.12.

모택동, 김승일 역, 「연안 문예좌담회에서의 강연」, 『모택동선집』 3, 범우사, 2007.

단행본
김사량, 『노마만리』, 동광출판사, 1989.
김용직, 『김태준평전』, 일지사, 2007.
김운일, 『석조여광』, 한국학술정보, 2005.
______, 『운성여광隕星余光』, 연변인민출판사, 2010.
______, 『중국 조선족연극사』, 신성출판사, 2006.
김종욱 편, 『실록 한국영화총서』 상, 국학자료원, 2002.
김학철, 『최후의 분대장』, 문학과지성사, 1995.
김해룡, 『광복전 중조연극사 비교 연구』, 동북조선민족교육출판사, 1999.
북경대학 조선문화연구소, 『예술사』, 중국민족출판사 · 서울대 출판부, 1994.
여영준 구술, 한태악 정리, 『준엄한 시련 속에서』, 천지, 1988.
염인호, 『조선의용군의 독립운동』, 나남, 2001.
이석만, 『해방기 연극 연구』, 태학사, 1996.
이재명 편, 『해방기 남북한극문학선집』 Ⅰ · Ⅱ, 평민사, 2012.
이종한, 『정율성 평전』, 지식산업사, 2006.
중국조선민족발자취 편찬위원회, 『중국조선민족발자취총서 2－불씨』, 민족출판사, 1995.
__________________________, 『중국조선민족발자취총서 4－결전』, 민족출판사, 1991.

두 개의 조선, 혁명과 전쟁 사이

남궁만 〈홍경래〉(1947)의 전후

양근애

1. '홍경래의 난' 對 '평안도 농민전쟁'

1811년 12월 18일, 평안도 가산 다복동에서 홍경래의 무리가 출정식을 올리고 진격한 후 이듬해 4월 19일 정주성에서 패퇴할 때까지에 일어난 일련의 사건을 '홍경래의 난'이라고 부른다. 흔히 임꺽정, 전봉준, 이순신 등과 함께 '의적', '영웅', '혁명가' 등으로 묘사되는 홍경래는 난세에 필요한 영웅적 인물로 회자되곤 한다. 그러나 홍경래의 난이 평정된 이후 순조가 내린 교문에는 '벌레, 악, 협종脅從, 흉계, 무뢰배' 등의 용어를 동원하여 홍경래의 난을 '흉역의 난'으로 규정하고 있다.[1]

---

1 순조실록 15권, 12년(1812 임신) 4월 28일(경오) '적을 평정한 일에 대한 교문'
"역적 홍경래洪景來는 본디 벌레같은 미물로 오랫동안 효경梟獍의 악을 쌓아왔으며, 간활奸猾한 향리・장교와 체결締結하지 않음이 없었으니, 영 아래의 보잘것없는 아전부터 강

순조는 이 난의 원인이 흉년이 든 것에 있다고 하면서 홍경래를 비롯한 서북 지역 각층의 인물까지도 무뢰배로 매도하고 있다. 일반적으로 홍경래의 난은 조선 후기의 정치경제적 모순에 의해 일어난 것으로 알려져 있지만 순조 당시의 홍경래는 역적의 우두머리에 불과했던 것이다. 당시 조정의 관점에서는 체제를 위협하고 반역을 일삼은 홍경래 일당을 처단하는 것이 당연한 일이었을 것이다. 정조의 갑작스러운 죽음 후, 어린 나이에 왕위에 앉은 순조대의 조선은 평탄한 날이 별로 없었다. 가뭄과 홍수 등 천재지변이 자주 발생했고 전염병이 크게 번져 백성들은 고통 속에서 신음하였고 이 때문에 도처에서 크고 작은 민란들이 끊임없이 일어나게 되었다. 또한 삼정三政의 문란 등 조선 후기의 누적된 사회 모순 위에 관직을 사고팔던 안동 김씨 세도정치의 폐단으로 가난한 선비들은 과거에 합격하기도 어려웠고 또 과거에 급제하여도 벼슬을 얻기가 힘들었다. 반면 매관매직으로 벼슬을 얻은 관리들은 전세田稅나 군역軍役, 환곡還穀을 동원하여 백성을 착취하였고 백성들은 자포자기적인 난동으로 억압에 저항했다.[2]

홍경래의 난은 1862년 진주민란 및 농민항쟁, 1894년 동학농민운동으로 이어지는 조선 후기 민중 봉기의 역사를 보여주고 있다. 그러나 홍경래의 난은 진주민란과 동학농민운동처럼 농민을 주축으로 하여

도나 유민으로 협종脅從이 된 자들까지 심지어 평서 원수平西元帥라 일컬었던 것이다. 하늘의 법을 무시하고, 땅에 금을 그어 참위讖緯의 요언妖言을 선창先倡하였고, 고을 수령을 죽이고 인부印符를 빼앗았으니, 단지 빼앗아 웅거할 흉계로 횡산橫山 · 발해渤海에 무뢰배들을 불리고자 했을 뿐만이 아니라, 녹림綠林과 황건黃巾이 다시 도道가 있는 세상에 일어나게 만들었던 것이다."

2 고성훈 외, 『민란의 시대』, 가람기획, 2004, 128~129쪽.

전국적으로 확산된 농민전쟁이 아니라 몰락한 양반의 중앙권력에 대한 도전이었다는 점, 그리고 여기에는 평안도의 지역적 특성이 반영되어 있다는 점에 주목해야 한다. 평안도는 토착 양반층의 형성이 어려웠고 18세기 중엽에는 중국과의 무역이나 수공업, 광산경영 등을 통해 부를 축적한 신향층의 등장으로 수령권과 부유층 간의 대립이 일어난 지역이었다.[3] 홍경래의 난은 조선 후기에 새롭게 등장한 '저항지식인'과 '壯士層'의 역량을 드러낸 사건으로 평안도에서는 한층 중요한 사회적 유산으로 계승된다.[4] 17, 18세기 평안도 지배층에 대한 차별은 조직적이고 집단적인 대응에 대한 차별이었으며, 법 규정이 아니라 운영상의 차별이었다. 관서지역을 포함하여 서북인[5]에 대한 차별은 여러 차례 왕의 명령에도 불구하고 별로 개선되지 않았다. 평안도의 경우 17세기 후반부터 그동안 독자적으로 운영되던 재정이 중앙 재정에 통합되어 나가고 정조 때에 이르러서는 왕권 강화를 위한 여러 정책의 비용이 평안도에서 조달되었던, 경제적인 문제가 연동되어 있다.[6] 요컨대, 홍경래의 난은 평안도에 대한 차별, 즉 지역 지배층에 대한 차별의 문제와 조선 후기 성리학적 사회 질서 형성의 문제, 그리고 기층민에 대한 경제적인 억압이 복잡하게 얽혀 들어간 정치적 사건이었다.

---

3 위의 책, 151쪽.

4 오수창, 「19세기 초 평안도 사회문제에 대한 지방민과 중앙관리의 인식과 정책」, 『한국문화』 36, 서울대 규장각 한국학연구원, 2005, 126쪽.

5 황해도, 평안도, 함경도를 일컬어 서북지역으로 통칭하는데 서북인들은 역사적으로도 하삼도(충청, 전라, 경상)에 비해 적잖은 차별을 받은 것으로 알려져 있다. 특별히 관서지역(평안도)을 지시하지 않고 이 지역의 차별에 관해 언급할 때에는 서북지역 / 인으로 쓴다.

6 조선 후기 평안도의 정치, 경제, 사회적 문제에 대해서는 오수창, 『조선 후기 평안도사회발전 연구』, 일조각, 2002 참조.

남한에서 이 사건을 부르는 방식에는 주동자인 '홍경래'와 (민)란의 성격을 강조하는 관점이 들어가 있다. '홍경래의 난'에 대한 최근의 연구들은 일반적으로 알려진 사실과는 달리 농민들이 반란을 주동하지 않았고, 오히려 난이 전개되면서 평안도 기층사회가 성장하고 주민들 사이의 일체감이 강력하게 유지되었다는 점에 주목하고 있다.[7] 또한 홍경래의 난은 계급 갈등의 발현이 아니라 중앙과 지방의 사회정치적 구조, 평안도의 경제적 변화, 문화적 규범과 대중적 신앙 등을 통해 살펴보아야 한다는 논의도 제출되었다.[8] 결과적으로 '홍경래의 난'이라는 명명은 다수의 농민이 참여하였으나 '농민 반란'이 아니었던, 특수한 민란의 전개과정과 더불어 홍경래라는 인물에 주목하도록 만든다.

반면, 북한의 문학사에서는 '평안도 농민전쟁'이라는 시각으로 이 사건을 바라보고 있다.[9] 조선 후기 상품화폐관계의 발전으로 인해 봉건제도의 모순이 드러났으며 이를 반대하는 모든 계급과 계층들이 투쟁에 가담했다는 점에 주목하고 있는 것이다. 『조선통사』(상)에 따르면 '평안도 농민전쟁'은 1808년에 일어난 '곡산농민폭동'이 불씨가 되어 평안도지역을 휩쓴 대규모의 농민전쟁이다. 평안도는 다른 지방에 비하여 상품화폐경제가 장성하여 자본주의적 관계가 발전하였기 때문에 계급관계가 더 첨예화되었고 이 계급적 모순과 평안도 지역 차별에 대한 불만으로 농민들이 반봉건적인 투쟁에 결합되었다는 것이다.

---

7 오수창, 『조선 후기 평안도사회발전 연구』, 일조각, 2002.

8 Sun Joo Kim, *Marginality and Subversion in Korea : The Hong Kyongnae Rebellion of 1812*, The University of Washington press, 2007.

9 사회과학원력사연구소, 『조선통사』 상, 과학백과사전출판사, 1977, 594~605쪽.

북한의 시각에 의하면 '평안도 농민전쟁'은 농민 출신인 '홍경래'의 지휘에 의한 '계급투쟁'의 역사이며 관료들의 죄악상을 규탄하는 '인민의 투쟁'이라고 할 수 있다. 상대적으로 홍경래의 영웅성 자체보다는 지배계급에 항거하는 투쟁의 양상에 더 주목하고 있는 것이다.

역사적 사건과 인물에 대한 해석은 시대적 맥락과 담론적 구성 체계에 따라 달라질 수밖에 없다. 홍경래의 난에 대한 남북한 명명법의 차이는 곧 해방 이후 남북한 문화정치학의 전개 양상을 보여주는 것이라고 할 수 있다. 이러한 시각 차이는 무엇을 의미하는 것일까. 또 특정한 시기에 '홍경래'를 문학으로 재현한다는 것은 어떤 함의가 있을까. 남궁만의 〈홍경래〉에서 홍경래라는 영웅적 인물에 대한 조명과 평안도라는 지정학적 위치, 그리고 농민전쟁이라는 계급투쟁적 시각이 어떻게 직조되어 있는지 살펴봄으로써 이 문제의 실마리를 찾아보고자 한다. 남궁만이 해방기에 창작한 〈홍경래〉(1947)를 두고 '홍경래의 난'과, 이 사건을 해석하고 재현하는 다양한 관점을 경유해야 하는 까닭은 다음과 같다. 첫째, '홍경래'를 '역적'에서 '영웅' 혹은 '혁명가'로 재발견하고 재현의 대상물로 삼은 것이 다분히 근대적인 시각이라는 점이다. 둘째, 근대적인 시각으로 홍경래를 해석한 사학자, 언론인, 작가 등이 거의 대부분 평안도 출신이거나 평안도를 거점으로 활동한 사람이라는 점이다. 셋째, 남궁만은 평안도에서 태어나 평양에서 계급운동을 한 작가였으며, 해방기에 쓴 그의 유일한 역사극이 '홍경래'를 대상으로 하고 있다는 점이다.

남궁만은 평안도 강서군에서 출생하여 평양공립보통학교를 졸업하고 15세부터 평양고무농장에서 노동을 한 것,[10] 1934년 무렵에 평양에서 '신예술좌'[11]라는 극단을 조직하여 공연을 준비하다가 검거된 적이 있다는 사실,[12] 해방 후 '북조선문학예술총동맹' 선전부장(1946~1947)과 "북조선연극동맹' 서기장(1947~1948)을 역임하였고 6·25전쟁기 종군작가로 활동했다는 사실, 조선중앙방송위원회(1953~1958), 희곡창작사(1965) 등에서 활동한 것[13] 정도만 알려져 있다. 식민지 시기보다 해방 후의 작품 활동이나 행적이 더 많이 드러나 있기 때문에 해방 이전 연극사에서는 거의 언급되지 않은 편이라고 할 수 있다. 계급 운동에 가담했지만 카프 중앙지부인 경성이 아니라 평양을 근거지로 활동했고 문단에서의 활동은 1936년 『조선중앙일보』에 희곡 〈데릴사위〉로 신춘문예 당선[14]이 된 이후이기 때문에 특별한 기록이 발견되지 않는다. 다만 송영이 박세영과 함께 신인육성사업을 통해 발굴한 작가들 중 하나라는 기록을 참조하여 송영과의 교우관계를 유추할 수 있을 뿐이다.

그런데 바로 이 점 때문에 〈홍경래〉(1947)를 더욱 주목하게 한다. 노동 현장에서 시작된 남궁만의 극작술은 후일 유치진에게 인정받고 함세덕과 어깨를 나란히 할 정도[15]로 향상된 수준을 보여주고 있다. 문학

---

10 남궁만, 『공산주의자』, 조선작가동맹출판사, 1961, 225쪽.

11 『동아일보』 1935년 10월 28일자 신문의 '신건설사건공판' 기사에도 평양의 신예술좌에 대한 언급이 있다.

12 한효, 『조선연극사 개요』, 국립출판사, 1956, 296쪽.

13 오정애·리용서, 사회과학원 주체문학연구소 편, 『조선문학사 10-해방후편(평화적민주건설시기)』, 사회과학출판사, 1994, 204쪽; 북한지역정보넷 http://www.cybernk.net. 1946년 3월 '북조선예술총연맹'과 '북조선연극인동맹'이 결성되었고 10월에 '북조선문학예술총동맹'과 '북조선연극동맹'으로 재조직 된다. 조선문학사 및 북한지역정보넷의 '북조선연극인동맹'은 '북조선연극동맹'을 말하는 것으로 보인다.

14 이때 심사위원을 맡은 사람은 홍해성이었다. 「현상모집 희곡선후언-남궁만씨 작, 〈데릴사위〉에 대하야」, 『조선중앙일보』, 1936.1.30.

적 성취보다 관객-대중과 호흡한 공연의 감각을 통해 원숙해진 연극 활동은 원산에서 활동하던 박영호의 사례와 견줄 수 있을 것이다. 또한 해방 이후 북한연극의 초석을 놓았던 작가라는 점에서 일제강점기 계급 운동의 연장선상에서 남궁만의 작품을 바라보는 것 역시 유의미하리라 생각된다. 희곡 〈홍경래〉는 이 지점에서 음미해볼 대목이 많다. 〈홍경래〉에는 평안도 지역 출신 작가의 (무)의식과 계급 운동에 대한 자각과 전망, 그리고 19세기 초엽의 조선(과거)과 해방 이후 다시 건설되어야 할 조선(미래)에 대한 역사적 인식이 교직되어 있기 때문이다.

2. '혁명가 홍경래'의 근대적 발견

> 그누가記憶하랴茶北洞에서 / 피물든옷을닙고웨치는일을
>
> 定州城하로밤의지는달빗헤 / 애끗는그가슴이숫기된줄을[16]

김소월이 쓴 시 중에 유일하게 역사적 사건을 다루고 있는 시가 있다. 바로 「물마름」이라는 시이다. 이 시에는 남이장군과 홍경래를 기리는 마음이 투영되어 있다. 주지하다시피 김소월은 정주 오산학교 출신으로 이돈화와 김억 등에게 배운 바 있다. 백석의 「정주성」과 함께 회자되는 이 시는 평안도 지역 문인, 역사학자, 언론인들에게 남아 있

---

15 이재명, 「남궁만 희곡작품에 대한 분석적 연구」, 『한국연극학』 5권, 한국연극학회, 1993, 67쪽.

16 김소월, 「물마름」, 『조선문단』 7, 1925.4, 46~48쪽.

는 '정주'라는 장소가 '무너진 성터'이면서 복원해야할 공동체를 환기시키는 공간임을 암시해준다. 이승훈, 최남선, 이광수, 안창호, 김소월, 백석, 현상윤, 문일평 등을 배출한 서북지역의 특수성은 단지 지리적인 의미에서의 '로컬'이 아니라 '서도인 곧 평양중심의 지정학적 사상 계보'를 확인할 수 있게 하는 차원으로 작용한다.[17] "서북이라는 장소는 조선이랄 수도 그렇다고 조선이 아니랄 수도 없는 변방의 사각지대로서 경계의 영역, 혹은 내부에 존재하는 이질성의 영역으로 내적 비판과 변화의 욕구를 키운 공간이었던 것이다."[18] 서우학회(1906), 신민회(1907), 서북학회(1908) 등을 결정하고 민족주의 사상을 기반으로 한 애국운동을 펼쳐나간 것 역시 서북지역 인사들로부터였다. 홍경래와 홍경래의 난에 대해 기록하거나 홍경래 이야기를 펴낸 최남선, 현상윤, 문일평, 이윤재, 김도태 등이 서북지역 출신인 것은 우연이 아닐 것이다.

순조실록 이후 홍경래에 대한 직접적인 언급을 발견하기는 어렵지만, 『임신평난록壬申平亂錄』과 『신미록辛未錄』과 같은 군담소설류의 서사를 확인할 수 있다. 19세기 중후반에 출현했을 것으로 추정되는 『임신평난록』과 『신미록』은 홍경래를 역도로 규정한 저작이라는 공통점이 있다. 특히 『신미록』에서는 우군칙이 부각되고 관군과 홍경래 사이의 전투장면이 두드러진다.[19] 홍경래의 영웅적인 활약상이 두드러지

---

17 정주아, 「한국 근대 서북문인의 로컬리티와 보편지향성 연구」, 서울대 박사논문, 2011.
18 위의 글, 9쪽.
19 정환국, 「홍경래란을 바라보는 시선」, 『한국어문학연구』 55집, 한국어문학연구학회, 2010, 19~29쪽.

는 서사는 1917년 新文館에서 간행된 『홍경래실기』이다.[20] 최남선이 펴낸 것으로 추정되는 이 글에서 홍경래는 '영웅'이자 '평서대원군홍경래장군'이자 때를 잘못 만난 '선지자'로 묘사된다. 『홍경래실기』는 근대 초기 영웅전기소설의 출현과 맥을 같이 하고 있다. 소설 속 홍경래는 당대 현실이 필요로 하는 영웅의 모습으로 추앙되고 있다. 그러나 서장대에 있던 홍경래와 북장대에 있던 우군칙이 도망가고 난 후 붙잡은 홍총각 등을 처참處斬하는 것으로 결말을 맺고 있어서[21] 그 영웅성이 의심되는 것도 사실이다. 한편, 한문본 『홍경래전』(규장각 소장본)은 홍경래의 영웅적 형상이 부각되면서 정주성이 함락되던 날 홍경래가 죽지 않고 성을 넘어 도망갔다는 '홍경래 불사설'이 처음 나타난 기록이다.[22] '홍경래 불사설'은 1817년 전라도에서 채수영이, 1826년에는 청주에서 김치규가 퍼뜨린 것으로 기록[23]되어 있고 정주 지방의 야담으로도 나타난다.

신문관 편 『홍경래실기』와 한문본 『홍경래전』은 역적으로 묘사되던 홍경래의 영웅성을 부각시킨 근대적 기록이라는 점에서 특기할 만하다. 홍경래를 영웅으로 홍경래의 난을 '실패한 혁명'으로 해석하는 관점에는 조선 시대, 즉 봉건 체제가 막을 내리고 새로운 세상을 꿈꿀 수 있는 시대가 왔다는 낙관적 전망이 내포되어 있기 때문이다. 그리고 이러한 시각은 사실史實로서의 '홍경래의 난'이 넘어서지 못한 평안

---

20 『구활자본 고소설전집』 17에 수록된 '홍경래실기'와 단행본 『홍경래실기』의 표지에는 南岳主人(최남선) 撰라고 그려져 있고, 편수 겸 발행인은 최창선으로 되어 있다.

21 최남선 찬, 『홍경래실기』, 신문관, 62~64쪽.

22 정환국, 앞의 글, 24~25쪽.

23 사회과학원력사연구소, 『조선통사』 상, 과학백과사전출판사, 1977, 605쪽.

도라는 지역성을 넘어 조선의 현실로 확장되는 것이었다.

1920년대 『동아일보』에 연재된 '이조인물약전'에 소개[24]된 홍경래는 전봉준과 함께 정치를 대표하는 인물로 평가[25]된다. 1924년 10월 11일에는 정주 출신 독립운동가이자 오산학교 출신 역사학자인 김도태가 시내 연지동 예배당에서 홍경래에 관한 강연을 개최한다는 기사[26]가 실린다. 1926년 9월 14일자 신문에는 홍경래의 기병지인 북장대 사진이, 1928년 7월 19일에는 홍경래 유적지를 탐방하는 '신미도탑승단모집' 광고[27]가 실리기도 한다. 1930년 최남선이 쓴 '조선역사강화'[28]에도 홍경래의 난이 전개된 과정이 소개된다. 오산학교 출신인 이윤재는 '신미혁명과 신미양란'[29]을 쓰고 1931년 8월에는 조선어강습에서 정주와 홍경래에 관해 소개[30]하였다. 1933년에는 문일평이 '민중혁명의 선구'라는 제하에 홍경래를 평하고 있는 글도 실린다.[31]

특히 주목할 만한 글은 1931년 7월부터 연재한 현상윤의 「홍경래전」[32]이다. 현상윤은 "인권의 평등과 국정의 개혁을 위하여 궐기한" '풍운아' 홍경래와 전봉준을 언급하면서 전봉준이 동학당이라는 기성 단체의 힘을 빌려 일어난데 비해 홍경래는 순전히 "평지에서 독력으로

---

24 혁암 김형식 抄, 「이조인물약전 71」, 『동아일보』, 1921.11.1.
25 『동아일보』, 1921.11.4.
26 「시내통신」, 『동아일보』, 1924.10.11.
27 「신미도탑승단모집. 홍경래유적, 삼각봉 등대를 왕복 사일간. 7월 23일부터」, 『동아일보』, 1928.7.19.
28 최남선 찬, 「조선역사강화 26, 제삼십사장」, 『동아일보』, 1930.2.9.
29 이윤재, 「辛未革命과 辛未洋亂 (1)－홍경래와 최란허」, 『동광』 17, 1931.1.
30 「제3회 조선어강습소식 7. 관서방면 강사 이윤재」, 『동아일보』 1931.8.20.
31 문일평, 「民衆革命의 先驅－平北大元帥洪景來」, 『조선일보』, 1933.6.30.
32 『동아일보』, 1931.7.12~8.20. 이 중 2회분(7.15)은 검열로 삭제된 채 발행되었다.

굴기"하였다는 점에서 "정의감과 능동력"이 더 예민하고 크다고 쓰고 있다. 또한 "우리가 충무공을 배우면 外患을 면할 것이나 홍경래를 배우면 內心의 자유인이 될 것"이라고도 했다. 현상윤은 「홍경래전」을 연재하면서 사실자료는 오랜 스승 평양 羅一鳳 선생의 구술과 기타 믿을 만한 항간의 口碑[33]와 陣中日記를 참고했다고 밝히고 있다.[34] 역사에 대한 기술인만큼 홍경래 난의 결말에 대해서도 홍경래가 결국 관군의 총에 맞아 죽었다는 사실은 물론, 죽은 것은 가짜 홍경래이며 진짜 홍경래는 달아나 어딘가에 살아 있다는 설을 모두 소개하고 있다.

현상윤의 「홍경래전」은 홍경래의 난에 대한 본격적이고 상세한 기록이라는 점에서 의미 있다. 남강 이승훈에게 배우고 최남선, 최린, 김도태 등과 3·1운동을 함께 준비한 현상윤은 잡지 '학지광' 편집장을 역임[35]한 언론인이자 사학자였다. 또한 문일평은 와세다 대학 유학 시절에 이광수, 홍명희를 만난 인연으로 이광수가 『조선일보』 부사장을 하던 시절에 편집장을 맡아 『조선일보』에서 일했다.[36] 이들 서북지역 지식인들은 정치적인 교류가 아니라 정서적인 동류의식[37]에 의해 움직이면서 홍경래와 같은, 지역local의 역사적 인물에 대한 기록을 남긴 것이다. 이광수가 『무정』(1917)에서 영채의 아버지 박진사를 신미혁명

33 『동아일보』, 1931.7.18.
34 『동아일보』, 1931.8.20.
35 김기승, 「현상윤과 3·1운동」, 한국공자학회 편, 『기당 현상윤 연구』, 한울, 2009, 55~89쪽.
36 문일평, 이한수 역, 『문일평 1934년—식민지 시대 한 지식인의 일기』, 살림, 2008.
37 영남지역 역시 17세기 이후 중앙정치에서 소외되었으나 경제적 자립기반을 갖춘 인사들이 많았으며, 서북지역에 대한 차별이 종족에 대한 의심과 멸시를 포함하고 있다는 점에서 '선비의 고장'이라 불리던 영남과는 사정이 달랐다. 오수창, 「조선 후기 경상도·평안도 지역차별의 비교」, 『역사비평』 59, 역사비평사, 2002 참조.

때 몰락한 서북의 전통적인 지식인상으로 그려낸 것을 상기해 본다면, 이들이 역사적 전통을 극복하는 바탕 위에서 현실을 변혁하고자 하는 이념을 가졌음을 짐작하기 어렵지 않다.[38] 특히 현상윤의 관점에는 홍경래의 난이 서북인사에 대한 차별에서 시작되었다는 점이 은연중에 드러난다. 서북인에 대한 차별과 그 극복이라는 관점에서 보면, 홍경래가 일으킨 봉기는 당대 정치적 현실 내부의 모순을 해결하기 위한 의로운 행동이며 홍경래는 탁월한 '정치가'[39]가 된다. 평안도 출신인 현상윤이 전봉준이나 이순신보다 홍경래를 높이 평가한 데에는 홍경래를 통해 서북인의 위상을 회복하고 서북지역 지식인들의 이상을 중앙에까지 전달하고자 한 의도가 숨어 있다고 할 수 있다. 더욱이 홍경래를 혁명가로 호명하면서 당대 현실의 모순을 파악하고 역사의식을 통해 현실을 바라보려는 근대적 시각을 드러내고 있다는 점, 그리고 이를 서북지역 언론인들이 관계하던 신문 잡지 등 출판 미디어로 전달했다는 점을 통해 '홍경래'를 조선의 주류 역사에 편입시키고 이를 대중에게 알리고자 한 의도 역시 파악할 수 있다. 실제로 현상윤의 「홍경래전」이 연재될 당시는 윤백남의 「대도전」 연재가 끝나고, 이광수의 「이순신」이 연재(1931.6.26~1932.4.3)되던 시기였다. 평안도 지방의 역적이었던 홍경래는 아이러니하게도 조선(李朝)이 저문 후에야 (식민지) 조선의 의적이자 혁명가의 표상으로 다시 태어나게 된 것이다.

38 물론, 서북 지역 문인들이 동일한 이상을 가지고 활동을 해나갔던 것은 아니다. 안창호, 주요한, 전영택, 이광수, 김동인 등의 지향과 구체적인 작품에 대한 논의는 정주아, 앞의 글 참조.

39 현상윤, 「홍경래전」, 『동아일보』, 1931.7.12.

3. 남궁만의 〈홍경래〉와 해방기 북한 역사극

홍경래를 영웅으로 추앙하는 기록들은 많았지만 홍경래를 주인공으로 한 본격적인 문학작품fiction은 해방 이후에야 등장한다. 해방 이전에는 '김유신', '대원군', '장희빈' 등을 쓴 윤승한이 覆面子라는 필명으로 쓴 역사소설 『만향』[40]에서 홍경래의 난이 등장하는 것 정도를 언급할 수 있다. 해방 이후에는 이명선이 쓴 『홍경래전』(1947)[41]과 박종화의 『홍경래』(1948~1949)[42]가 있고 홍경래는 이후 남북한 매체에서 일일이 다 언급하기 힘들 정도로 자주 다루어지는 인물이 된다. 그 중에서도 남궁만의 〈홍경래〉를 주목하는 까닭은 남궁만의 희곡 〈홍경래〉가 '해방기'라는 시공간과 '북한'과 '평안도'라는 지정학적 위치, 그리고 '역사극'이라는 재현의 방식이 교직된 결과물이기 때문이다.

남궁만은 해방 후, 즉 북한에서 '평화적민주건설시기'라고 불리는 시기의 대표적인 극작가로 언급되고 있다. 특히 그가 쓴 〈복사꽃 필 때〉(1946)와 〈토성랑 풍경〉(1949), 〈하의도〉(1946 / 1949)[43]는 토지개혁과

---

40 『동아일보』, 1937년 12월 1일부터 1938년 7월 19일까지 210회 연재.

41 이명선, 『홍경래전』, 朝金聯版, 1947.

42 박종화, 『홍경래』, 『동아일보』 1948.10.1~1949.8.24 273회 연재.

43 북한에서 출간된 '조선문학사'에서 해방기 남궁만의 희곡에 대해 기술할 때 가장 많이 언급되는 작품이 〈복사꽃 필 때〉와 〈하의도〉라고 할 수 있다. 사회과학출판사(1994)에서 나온 『조선문학사-해방 후편』에 〈하의도〉는 1949년이라고 년도를 표기하고 있지만 〈하의도〉가 수록된 『남궁만희곡집』은 1946년에 출간되었다. 남궁만의 〈홍경래〉는 이 책에서 김태진의 〈리순신 장군〉과 함께 언급되면서 1946년으로 언급되어 있는데 이 역시 아마도 오기誤記가 아닐까 한다. 『조선문학사-해방 후편』은 김태진의 〈리순신 장군〉과 조령출의 〈리순신 장군〉의 내용을 혼동하여 서술하고 있는 등 독해에 주의를 요한다. 현재 파악된 남궁만의 〈홍경래〉는 1947년에 출간(이재명, 『해방기 남북한 극문학 선집』, 평민사, 2012; 이석만 『해방기 연극연구』, 태학사, 1996)된 것이지만 창작년도를 1946년 말로 거슬러 올라가는 것도 불가능하지는 않을 것이다. 다만 북한문학예술의 방

생활 투쟁, 집단주의정신, 반미구국투쟁 등을 사상예술적으로 잘 드러낸 작품으로 평가된다.[44] 〈홍경래〉는 남궁만이 쓴 유일한 역사극으로 김태진의 〈리순신 장군〉과 함께 '민족의 문화유산'을 '계승발전'시켜 '인민의 민족적 자부심과 긍지'를 높여주는 작품이라는 평가를 받는다.[45]

해방 직후 평양에는 소수의 연극인들만이 남아 있었기 때문에 상대적으로 독자적인 활동을 전개할 역량은 갖추어져 있지 못했는데 그 중 남궁만을 비롯한 주영섭, 한태천 등이 평양에서 활동한 주요 인물이라 할 수 있다. 남궁만은 '평양예술문화협회'와 '평남지구 프롤레타리아 예술동맹'을 거치며 이듬해 결성된 '북조선예술총연맹'에 가담하여 활동하였다.[46] 해방기 진보적 연극 활동에 임하며 정세변화에 따라 월북했던 많은 예술인과 달리 남궁만은 재북在北 예술인으로서 평양을 거점으로 활동하였다. 1946년 10월 평양에서 재조직된 '북조선문학예술총동맹'[47]과 '북조선연극동맹'에서 활동하면서 해방기 남궁만은 동시,[48] 소설, 희곡, 수필 등 다방면의 창작열을 희곡 창작으로 수렴하게 된다. 북문예총에서의 활동 이력은 남궁만이 1947년 이후 평화건설시기 북한문학의 창작방법으로 공식화된 '고상한 리얼리즘'에 입각하여 작품을 창작한 것이라고 볼 수 있는 근거를 마련해준다. 1947년 신년

법론이라고 할 수 있는 '고상한 리얼리즘'의 전개 과정을 염두에 두었을 때 1947년 초반에 창작 발표 되었다고 보는 것이 타당하지 않을까 생각된다.

44 오정애・리용서, 앞의 책, 189~217쪽.

45 위의 책, 222~231쪽.

46 박영정, 「연극」, 한국예술종합학교 한국예술연구소, 『한국현대예술사대계－해방기 (연극편)』, 시공사, 2005, 27쪽.

47 「북조선예술총연맹결성」, 『동아일보』, 1946.4.15.

48 남궁만의 본명인 양춘석으로 '동요시인사' 편집겸발행인으로 활동한 이력이 발견된다. 「동요시인사창립」, 『동아일보』, 1932.2.22.

사에서 '고상한' 작품 생산이 요구[49]된 이래, 북문예총에서 '고상한 사상'과 '고상한 예술성'을 천명한 뒤 3월 28일 '북조선로동당 중앙위원회 상무위원회 제29차 회의'의 결정서에서 '고상한 사실주의' 창작방법이 공식화[50] 되었다. 이 창작방법론은 해방기 북한 문학의 주인공 형상화와 혁명적 낭만주의의 기반이 된다고 할 수 있는데 여기서 '고상한'이라는 수식어는 '쏘비에트 문학'에의 영향을 받아 만들어진 것이다. 다소 추상적이고 모호하게 보이는 '고상한'이라는 수식어는 그러나 "조국과 인민의 이익에 부합하는 민족적 품성을 지닌 새로운 조선사람의 형상화"[51]로 파악될 수 있다. '긍정적 인물'의 형상화와 '집단적 정신'이 강조되는 것 역시 같은 맥락에서 이해할 수 있다. 당겨 말하자면, 〈홍경래〉에는 이와 같은 '고상한 리얼리즘' 창작방법론의 전신이 발견되며 그러한 특징은 6·25이후 강화되는 당성과 계급적 원칙에 의한 도식적이고 정치적인 창작에 비해 비교적 작가의 창작의도가 더 반영된 모습으로 볼 수 있다. 남궁만의 〈홍경래〉를 살펴보기 위해서는 해방기에 소환되는 과거의 역사 재해석이라는 담론적 구성의 양상뿐만 아니라 해방기 북한에서 요구하는 인간상과 주제 구현의 의미를 아울

---

49 「자료 32—신년을 맞이하여 전국인민에게 고함」, 김준엽 편, 『북한연구자료집』, 고려대 아세아문제연구소, 2010. "문학예술인들과 과학자들은 지난 1년동안의 성과를 공고히 하며 새해에 진보한 발전을 위하여 과학적 발명과 기술적 향상을 보장할 것이며 문학 예술인들은 민주개혁의 성과를 정확하게 반영하여 앞으로 추진시키는 사상적 정치적 예술적으로 고상한 작품을 생산할 것이다."

50 오태호, 「해방기 고상한 리얼리즘 전개과정」, 『우리어문연구』 46집, 우리어문학회, 2013, 322쪽. 이 논문에서는 북문예총의 기관지에 나타난 창작방법론의 추이를 살피고 있다. 고상한 리얼리즘에 관한 부분은 이 논문과 남원진, 『이야기의 힘과 근대 미달의 양식』, 경진, 2011을 참조하였다.

51 안막, 「민족문학과 민족예술 건설의 고상한 수준을 위하여」, 『문화전선』 5, 1947.2~, 16쪽.

러 살펴보아야 한다. 이 작품에는 '왜 홍경래인가'하는 작가적 선택과 '어떻게 홍경래의 난을 해석하고 재현하는가'하는 문화정치적 요구가 조우하고 있기 때문이다.

주지하다시피 해방기 역사극은 남과 북 공히 민족국가 건설의 문제와 관련되어 있고 멜로드라마의 과도한 감성선과 강렬한 파토스를 담아내는 동시에 역사에 대한 객관적 시각을 확보하고 있다는 점이 특징적이다.[52] 해방기 역사극은 같은 조선시대를 소재로 삼더라도 망국사보다는 항쟁사를 통해 의식을 각성시키고자 하며 특히 좌익계열의 경우 항일 혁명 운동을 형상화시키는 작품 창작이 두드러진다.[53] 실제로 해방기에는 일제 식민지 기간 동안 말할 수 없었던 과거의 전통과 역사를 복원하는 시도가 두드러지며 그렇게 창작된 역사극에 대한 우려와 기대[54]가 뒤섞여 있는 형국이었다.

해방기 북한 극문학에서 역사를 소재로 한 희곡은 남한에 비해 수적으로도 적은 편이고 문학사에서도 〈홍경래〉보다 〈리순신 장군〉이 훨씬 많이 언급되는 것이 사실이다. 〈홍경래〉[55]와 〈리순신 장군〉은 1948년 같은 해에 평양시립극장에서 공연되었으며[56] 토지 개혁이나

---

52 전지니, 「1940년대 희곡 연구－역사·지정학·청년을 중심으로」, 이화여대 박사논문, 2012, 113쪽.

53 이석만, 앞의 책, 119~122쪽.

54 이태우, 「신파와 사극의 유행」, 『경향신문』, 1946.12.12.

55 주영섭 연출로 공연되었으며 주연 배우는 1960년대에 인민배우 칭호를 받은 리재덕(1919~1991)이었다. 리재덕은 1955년에 공연된 〈리순신 장군〉의 주인공을 맡기도 하였다.

56 한국문화예술위원회, 「광복이후 50년 북한문화예술 소사」, 『문예연감』 20호, 한국문화예술진흥원, 1996.
문예연감에는 두 작품을 공연한 극장을 '시민예술극장'이라고 기록하고 있는데 이는 아마도 '인민예술극장'을 뜻하는 듯하다. '인민예술극장'은 1948년에 '평양시립극장'으로 명칭이 변경되었다고 한다(리령, 『빛나는 우리예술』, 조선예술사, 1960, 22쪽).

반봉건 애국 투쟁 이외에 '민족 고전과 역사극'이라는 새로운 레퍼토리의 개발이자 의미 있는 시도로 기록된다. 이순신은 민족 영웅으로서의 활약상이 뚜렷하며 임진왜란이라는 사건을 다각도로 초점화 하여 공연할 수 있다는 점에서 해방 후 남북한 공히 단골 소재였다. 김태진은 월북 전에 〈이순신〉과 〈임진왜란〉을 공연하고 월북 후 〈리순신 장군〉을 공연[57]하였는데 특히 〈리순신 장군〉은 인민성과 애국주의적 사상, 그리고 당대의 부패한 봉건정치를 폭로하였다는 평가를 받으며 해방기 북한의 민족연극 구상의 중요한 자리를 점한다. 그에 비해 〈홍경래〉는 〈리순신 전쟁〉 만큼의 주목을 받지는 못했는데,[58] 이는 〈리순신 장군〉과 〈홍경래〉 작품 내적인 수준 차이 때문일 수도 있겠으나 그보다는 이순신과 홍경래의 위상에 관한 차이가 더 크기 때문이라고 생각된다.

서론에서 제기한 문제의식, 즉 남궁만 자신이 평안도 출신이라는 사실[59]은 그가 많은 역사적 인물 중에서 왜 '홍경래'를 택하게 되었는가에 대한 단서가 된다. 해방기 진보적 리얼리즘-사회주의 리얼리즘의 전개 과정을 일제 강점기 카프문학의 영향력과 연계성을 놓고 볼 때, 평양이나 원산 등 북한 지역을 거점으로 활동한 사람들보다 주로 서울

57 김태진의 〈이순신〉, 〈임진왜란〉, 〈리순신 장군〉 창작과 공연에 관해서는 전지니, 「우상에 갇힌 민족연극의 구상－김태진의 〈리순신 장군〉(1948)에 대한 소고」, 『한국문학이론과 비평』 17, 한국문학이론과 비평학회, 2013; 문경연, 「월북예술인 김태진과 발굴희곡 〈임진왜란〉(1946) 고찰」, 『한국극예술연구』 40집, 한국극예술학회, 2013 참조.

58 가령 김일성종합대학용 '조선문학사'에 〈리순신 장군〉은 언급되어 있으나 〈홍경래〉는 등장하지 않는 등, 문학사를 보다 개괄적으로 정리하는 경우 〈홍경래〉보다 〈리순신 장군〉을 대표적인 역사극으로 꼽는 경향이 보인다.

59 〈데릴사위〉나 〈산막〉과 같은 작품에서도 평양 혹은 평안도는 현실의 억압을 피해 달아날 공간으로 제시되고 있다.

을 중심으로 활동했던 월북문인 / 예술가들이 더 큰 영향을 미쳤음을 부인하기 어려울 것이다. 재북 작가이자 노동자 출신 작가였던 남궁만에게 '홍경래'는 평안도 지역 '저항지식인'의 면모를 가지고 있는 혁명가이자, 구시대의 악습을 버리고 새로운 국가를 건설하기 위해 기꺼이 자신의 목숨을 내놓는 영웅으로 다가왔을 것이다. 해방 이후의 혼란상을 타개하고 새 국가를 건설할 영웅을 필요로 하는 시대에 홍경래는 이순신만큼이나 파급력이 있는 혁명가로 부각될 수 있기 때문이다. 이순신이 충직하면서도 올곧은 영웅적인 면모를 보여준다면, 홍경래에는 지배 계급에 대한 불신과 그로 인한 항거 의식이 두드러진다는 점에서 계급적이며 민중적이다. 게다가 홍경래를 통해 서북인으로서의 콤플렉스와 자부심을 동시에 드러냈던 다른 문인들의 (무)의식이 평양을 근거지로 하여 카프 중앙지부보다 더 많은 실제적 활동을 했던 남궁만에게 작용했을 가능성도 배제하기 어렵다.

> 김택연 : 정말 이럴수도 없고 저럴수도 없고 …… 대체 어떻거면 좋은가.
>
> 홍이팔 : 그 미련한 꿈에서 깨이게 사내답게 결패를 내이는 게 어때?
>
> 김택연 : 미련한 꿈이라니?
>
> 홍이팔 : 그러면 자네가 장원급제를 하여서 어엿한 벼슬아치가 될 듯 싶은가.
>
> 김택연 : 그렇지만 힘껏 적공은 해봐야지.
>
> 홍이팔 : 자네가 만일 도세를 하는 때의 심대감의 사위로 들어갔다면 벌서 대과급제를 하였을 것일세. 그러나 낙향한 딸을 얻은 상놈의 자식인걸 알어야지 않을까.

김택연 : 그렇다구 청운에 붓친 대장부의 뜻을 굽히는 것두 어리석은 일이겠지.

홍이팔 : 자네는 그 마음자리부터 곳치게. 심대감은 지금 조정에서 도세하는 무리들과 싸우다가 젓기 때문에 역적이란 누명을 쓰고 비명에 죽었고 심지어 그 달이며 사돈의 팔촌까지도 능지처참을 하라는 어명이 나리지 않었나. 만일 이 싸움에서 심대감이 이겼다면 어떻게 되었을고? 반대로 지금 도세하는 무리들이 몰살을 당하였을 게 안인가. 오매에 사뭇친 이놈의 당쟁! 노론 소론 서인이니 남인이니 해서 벼슬아치들이 세도다툼으로 일삼는 당쟁이 없어지지 않는 한 정사는 바로잽히지 못할 것! 어차피 자네가 벼슬자리를 벌자는 것도 이 나라의 정사를 피로 물들이고 그 자리 우에서 아가씨의 원수를 갚으며 영화를 기리 하자는 게 아니겠나.[60]

〈홍경래〉의 1막에는 홍경래와 홍이팔, 김택연, 우군칙 등이 만나는 계기가 설명되어 있는데 이는 곧 훗날에 이들이 봉기를 일으키게 되는 원인이 설명되는 것이기도 하다. 인용문에서와 같이 김택연은 과거 급제에 어려움을 겪고 있고 홍이팔 역시 세도가의 무리들에 대해 비판하는 등, 평안도 차별에 대한 인식이 대사를 통해 드러나고 있다. 앞서 살펴본 바와 같이 홍경래의 난이 일어나게 된 원인은 '차별'에만 있지 않았으며 여기에 정치경제적 문제가 결부되어 일어난 사건이 바로 홍

60 남궁만, 〈홍경래〉, 이재명 편, 『해방기 남북한 극문학 선집』, 평민사, 2012, 207~208쪽.

경래의 난, 곧 평안도 농민전쟁이었다. 극적 형상화 방식을 염두에 둔다면, 농민에 대한 착취를 강조하여 민중 봉기의 인과 관계를 마련하는 것이 극적 긴장을 고조시키는 방식에 있어서 더 효과적이었을 것이다. 그러나 〈홍경래〉에서는 김택연과 홍경래를 좌절시킨 서북인에 대한 차별로 인해 촉발된 것이 홍경래의 난이며 농민들이 가담하는 것은 그 이후의 일로 전개된다.

북한 문학사에서는 남궁만의 〈홍경래〉에 대해 "작가는 희곡에서 우선 반인민적인 이조 봉건 지배층의 부패한 통치 제도를 폭로하였으며 압제와 착취를 반대하여 일어난 인민들의 영웅주의를 묘사하였다"라고 쓰고 있다.[61] 또 "당파싸움으로 어지러워진 당시 봉건통치체제를 뒤집어엎을 의로운 뜻을 품고 나선 홍경래가 뜻을 같이할 사람들과 인연을 맺는 과정"을 보여주는 전반부가 "평안도농민전쟁이 일어나게 된 사회력사적요인"이라고 설명하고 있다.[62] 북한 문학사 서술에서 〈홍경래〉는 농민전쟁의 준비와 진행과정, 전쟁 참가자들의 사상적 정신적 면모와 그 성과를 드러낸 작품처럼 묘사되지만 실상은 그와 다르다.

조선 후기의 농민들이 계급의식이 투철했다고 보기 어려운 것[63]처럼 〈홍경래〉에 묘사된 농민들은 의식적으로 각성되어 있다기보다 봉기 이후에 펼쳐진 새로운 세상과 홍경래에 대한 '믿음'으로 움직이는 인물들로 나타난다. 그들은 부처님에게 빌면 잡혀간 아들이 돌아올 것이라고 '믿는', 이 지역에 금광이 개발된다는 말을 '믿고' 다복동에 모여

61 사회과학원문학연구소, 『조선문학사』, 과학백과사전출판사, 1978, 231쪽.
62 오정애 · 리용서, 앞의 책, 225~226쪽.
63 Sun Joo Kim, op.cit.

무기를 들고 싸우는, 평범한 백성들이다. 오히려 이 믿음을 강조하였기 때문에 홍경래의 죽음이라는 최후의 비장미가 두드러진다. 역사적 기록에 의하면 평안도 지역은 정감록이 유행하는 등 민간신앙에 대한 믿음이 강했고 홍경래 역시 주역과 풍수에 능한 자로 평가되고 있다. 해방 후 정감록이 유행하면서 미신이 사회적인 문제로 떠오른 것[64]을 상기해 본다면, 해방기 혁명을 꿈꾸었던 자들의 믿음 역시 당시 백성들의 믿음과 다르지 않다는 것을 예감할 수 있다.

〈홍경래〉에서 홍경래는 '최도사'로 불리는 '풍수쟁이'로 등장한다. 이 부분을 첨가한 것은 홍경래의 眞人說을 염두에 둔 것으로 보인다. 선전선동의 효과는 바로 이 '믿음'에 기반 한 것이다. 〈홍경래〉에서 최도사 홍경래를 '믿고' 농민들이 봉기하는 것은 봉건 체제에 대한 반발심이 끓어오른 결과이다. 그리고 새로운 민족국가 건설을 지향하는 연극 생산은 요원한 채, 탄압에 의해 갈수록 입지가 좁아지고 있었던[65] 좌익 연극인들에게 해방기 북한은 이러한 '믿음'이 작동하여 궐기할 수 있는 가능성의 시공간이었다. 남궁만은 그 청사진을 홍경래가 꿈꾸었던 새로운 조선의 모습에 투영시켜 나타내었다.

우군칙, 김창시, 홍이팔(홍총각), 김택연 등 홍경래를 적극적으로 돕는 인물들뿐만 아니라 홍경래를 암살하려고 한 김대린과 이인배까지 〈홍경래〉에 등장하는 인물들은 심랑과 월설과 같은 여성 인물을 제외하고는 모두 역사적 사실에 근거한 인물들이다. 아마도 현상윤의 『홍

---

64 민주주의민족전선 편, 「출판계의 1년」, 『조선해방1년사』, 문우인서관, 1946, 382~383쪽.
65 「장총감고시에 대한 각계의 파문심대」, 『경향신문』, 1947.2.4.

경래전』을 참조한 것으로 보이는 주요 사건 전개 역시 주제를 구현하려는 목적보다 역사적 사실을 따르는 방식으로 되어 있다. 4막에서 성 밖의 적진에 소란하도록 가무를 베푸는 책략을 쓰는 대목에서 '수심가'의 전래를 살피며 '현상윤'의 주석을 달고 있는 것[66]도 이와 무관하지 않을 것이다. 남궁만은 〈홍경래〉를 역사적 사실과 기록을 중시하는 방식으로 창작하고 있는데 이것은 당시 북한의 역사극이 추구하던 바였다. 리령은 북한의 민족 고전극 〈심청전〉(1947, 태장춘, 김일용, 4막 6장, 국립극장)과 역사극 〈리순진 장군〉에 대해 설명하는 글에서 "수상동지는 인민들이 〈심청전〉을 비롯한 민족 고전을 사랑하는 것은 바로 그 속에 인민들의 전통적인 생활감정과 민족적 정서가 담겨 있기 때문이라고 지적하시면서 이러한 고전의 내용을 마음대로 고친다면 그것은 결국 고전에 대한 인민들의 사랑을 약화시키는 결과 밖에 가져올 수 없다"[67]고 지적하고 있다. 즉 민족 고전과 역사를 소재로 창작을 하는 목적은 전통의 계승과 민족의 애국심을 환기시키는 것이어야 하기 때문에 작가의 상상이 가미되는 것보다 원형을 그대로 보존하라는 것이다. 당시 북한의 연극은 고상한 리얼리즘, 궁극적으로는 사회주의 리얼리즘을 완성하기 위한 단계로 연출과 연기의 방식에 있어서도 (일제 잔재인) 신파적인 수법을 철저히 배격하고 사실주의 연극을 창조하는 것을 중요한 과제로 삼았다.[68]

남궁만의 〈홍경래〉가 홍경래의 영웅적인 면모를 강조하는 정치적

66 이재명 편, 『해방기 남북한 극문학 선집』, 평민사, 2012, 274쪽.
67 리령, 앞의 책, 42쪽.
68 김정수, 「해방기 북한연극의 공연미학」, 『공연문화연구』 20, 공연문화학회, 2010.

우상화보다 역사적 사건의 사실성을 토대로 창작된 것 역시 이러한 맥락에서 조명되어야 한다. 해방기 박종화의 장편소설 『홍경래』(1946~1949)는 홍경래의 소년시절부터 다루는 등 허구적인 상상력을 가미하여 인물들을 창조하고 그 인물들 간의 관계를 중시하는 일종의 낭만적인 면모를 보이고 있다. 소설과 희곡의 차이일 수도 있겠지만, 그보다는 작가 박종화 특유의 낭만적 필체가 두드러진다. 홍경래를 비롯한 주요 인물들의 형상화에 있어서도 과도한 영웅성이 발견되는, 작가의 창작의도가 두드러진다고 볼 수 있다. 또한 이 작품에서는 평안도 다복동이 이상향에 가까운 따뜻한 고향마을로 형상화 되어 있고 홍경래 역시 이상화된 영웅의 모습을 하고 있는 등 평안도 지역의 문제와 농민들이 직면한 현실을 역사적으로 다루려는 의지는 잘 드러나지 않는다. 홍경래의 난을 다루는 부분에서는 농민군을 폭도로 인식하는 관군의 시각에서 전투 장면을 묘사하고 있어서 역사인식의 투철함보다는 인물 묘사와 장면 묘사에 치중하고 있는 듯한 인상을 주기까지 한다. 동시기 남북한에서 '홍경래'를 주인공으로 한 작품이 창작되었다는 공통된 지점 이외에 두 작품의 친연성을 발견하기는 어렵다. 박종화의 『홍경래』는 1946년에서 1949년에 이르는 긴 기간 동안 『동아일보』에 연재된 소설이었다는 점에서 해방기 역사소설에 나타난 대중성의 중요한 한 현상을 짚어내고 있다고 생각된다. 그러나 남궁만의 〈홍경래〉는 역사적 사실을 바탕에 두고 있으면서도 인민성에 대한 긍정으로 무장한 해방기 북한의 고상한 리얼리즘의 전신을 보여준다는 점에서 다르게 논의될 필요가 있다.

남궁만은 등단작부터 거의 당대의 현실과 체험적 진실을 다루는 작품들을 썼다. 현장 감각을 익힌 작가가 가장 잘 다룰 수 있는 소재였기 때문일 것이다. 특히 1947년에 쓴 글[69]을 보면 그가 실제 노동 현장에서 일어나는 일을 얼마나 소상히 잘 기억 / 기록하고 있는지를 엿볼 수 있다. 남궁만은 이 글에서 제사공장의 여직공들이 몇 명인지, 어떤 과정을 통해서 기계가 돌아가는지, 일제 말기에 착취당했던 노동력이 지금 얼마나 큰 증산의 힘으로 작용하고 있는지 실제 여공들의 입을 빌어 이야기하고 있다. 1947년은 미소 공동위원회가 결렬되면서 조선사회가 남북을 아우르는 통일된 국가건설의 이상에서 벗어나 38선을 경계로 새로운 내부를 만들어가는 시기이자 북한 문학이 '고상한 리얼리즘'을 구체화하면서 문학과 정치의 간극을 좁혀가던 시기였다. 따라서 문학적 주제의 형상화에 있어서도 남북을 모두 아우르는 조선민족이라는 지향점을 벗어나 평양을 중심으로 하는 북한의 문단적 특수성이 고려되기 시작한다.[70] 『조선문학』은 1946년 7월부터 북한문학의 이념을 대변하던 『문화전선』이 종간된 이후에 창간된 잡지이다. 남궁만의 이 기록은 평안도 지역을 벗어나지 않고 활동했던 노동자-작가가 해방 이후 새로운 나라를 건설할 힘을 건강하고 낙관적인 노동에서 찾고 있음을 보여준다.

해방기에 쓴 남궁만의 희곡들은 이러한 긍정적인 인물의 형상화와 낭만주의적인 성격을 잘 보여주는 '고상한 리얼리즘'의 계열에 놓인다고 할 수 있다. 〈홍경래〉에 나타난 주인공의 영웅적 성격 역시 인민성에 바탕을 둔 대중주의, 즉 "인민대중의 번영과 행복 속에서 자기의 즐거움과

---

69 남궁만, 「現地報告文－製糸工場記」, 『조선문학』 창간호, 1947.
70 이민영, 「1947년 남북 문단과 이념적 지형도의 형성」, 『한국현대문학연구』 39, 한국현대문학회, 2013.

행복을 찾는 긍정적 주인공의 혁명적 낙관성"[71]을 보여주고 있다. 여기서 말하는 인민은 사회발전에 진보적 역할을 하는 계급과 계층을 포괄하는, 역사적 계급적 의미가 강조된 개념이다.[72] 1949년에 쓴 「단막극은 어떻게 쓰는가」[73]에는 작가 남궁만의 극작술에 대한 구체적인 고민이 드러난다. 이 글에는 작품의 정신인 '주제의 사상성', '인물의 설정'에서 이 인물이 어떻게 이러이러한 행동을 하게 되었는지 '환경'과 '조건'을 구비해야 설득력을 가지게 된다는 것, '사건의 전개'에 있어서 무대 밖의 사건과 복선을 어떻게 활용하는지, 그리고 등장인물의 대사는 인물이 처한 감정의 진실한 표현이라는 것까지 상세하게 논의되고 있다.

〈홍경래〉에서 홍경래가 지닌 영웅적인 면모는 전략에 능하고 무에 도통한 모습만이 아니다. 홍경래는 봉기할 날을 두고 갈등하는 우군칙과 김창시를 모두 설득할 만한 강직한 소신을 지녔으며 과거를 보기 위해 서울에 머물렀을 때 만난 월설에게 따뜻하고 솔직한 말을 하는 등 자상한 성격을 가진 인물로 묘사되고 있다. 홍경래는 힘과 지력과 권력뿐만 아니라 믿을만한 인품까지 갖춘 자로 형상화되어 있다. 그로 인해 홍경래가 꿈꾼 혁명은 비록 실패했으나, 그 실패한 혁명이 남긴 힘의 지속서엥 대해 상상할 수 있도록 만든다. 혁명이란 성공과 실패의 유무를 떠나 변혁의 의지가 세상을 바꾸어 놓을 수 있다는 가능성을 눈앞에 보여주기 때문이다. 〈홍경래〉의 결말은 홍경래가 관군의 총에 맞고 죽는 역사적 기록상의 결말을 그대로 따르고 있다. '홍경래

71 유연주, 「해방기 북한연극의 대중성 연구」, 서울대 석사논문, 2014, 81~82쪽.
72 한성훈, 『전쟁과 인민』, 돌베개, 2012, 31쪽.
73 남궁만, 「단막극은 어떻게 쓰는가」, 『로동자』, 1949, 58~64쪽.

불사설'을 따르지 않고 월설이 홍경래의 죽음을 목격하는 마지막 장면 끝에 '홍경래군의 우렁찬 군가가 들려오는 듯한 환각이 일면서' 끝나는 이 장면은 일견 비극적이지만 '가치 있는 죽음' 그 자체를 보여준다는 점에서 극적 효과가 두드러진다.

남궁만의 이러한 극작술과 해방기 북한의 창작방법론 전개과정을 외면한 채, 홍경래의 영웅성을 부각시킨 점을 들어 김일성이라는 영웅에 대한 암시[74]로만 읽어내는 것은 무리가 있다. 북한 문학사에서 영웅적인 인물에 대한 묘사가 두드러지는 것은 해방 직후뿐만이 아니라 북한이 사회주의 체제를 완성하기 위한 단계에서 지속적으로 요구되던 것이었다. 평화적건설시기의 주인공은 고상하고 긍정적인 인물로 형상화되며 '인민의 힘', '집단적 정체성'을 발휘할 수 있도록 하는 인간형이어야 했다. 게다가 그와 같은 설명 방식으로는 1955년에 남궁만이 쓴 소설 『홍경래』[75]에서의 영웅 홍경래를 설명하기 어려울 것이다. 1947년의 홍경래와 1955년의 홍경래는 어떻게 같고 또 다른가. 적어도 1947년의 〈홍경래〉는 역사적 기록을 존중하는 범위 내에서 창작된 것이라고 볼 수 있다. 홍경래는 몰락한 양반이거나(현상윤) 상민 출신(문일평)이라는 설이 지배적이다. 1947년의 희곡에서 홍경래는 몰락한 양반으로 그려져 있다. 그러나 1955년의 홍경래는 '상놈의 자식'으로 설정되어 있다. 이는 홍경래를 소재로 한 다른 작품들과도 매우 상이한 내용이다. 이 작품에서 소년기의 홍경래는 거의 양반 계급에 대한

74 김향, 「해방 직후 남궁만 희곡에서 구현되는 멜로드라마적 특성 연구」, 『한국극예술연구』 42, 한국극예술학회, 2013.

75 남궁만, 『홍경래』, 평양시 국립출판사, 1955.

적개심, 복수심으로 가득 차 있다. 남궁만의 소설 『홍경래』는 '왕조전복'을 위해 민중혁명을 꾀하는 홍경래의 모습을 다루고 있다.[76] 같은 소재를 두고 전혀 다른 두 작품을 쓴 것은 아마도 해방기 — 혁명을 통해 새국가를 건설할 가능성의 시간과 전쟁 이후 — 통치 체제의 확립을 위한 정치적인 시간의 차이 때문일 것이다. 6·25전쟁 이후 북한의 그림자가 소설 『홍경래』에 깊게 배어 있다. 소설은 홍경래의 일방적인 승리만을 보여주고 있으며 홍경래의 마지막 유언은 북방(백두산)으로 가라는 것이었다.[77] 이 결말은 실패한 혁명가를 통해 '낭만적 이상'을 꾀한 1947년의 시점이 아니라 전쟁 이후 체제를 공고히 하기 위한 '정치적 이상'으로 기울어진 모습을 암시한다.

> 가무는 가무대로 소음은 소음대로 계속한다.
> 성벽에는 군사들이 분주히 움직이기 시작한다.
> 긴 사이
>
> 홍경래 : (싸움에는 아주 무관심한 듯 가무에만 홍겨워 앉었다가 이윽고 검무 끝날 무렵을 해서 댓돌을 나려서며 칼을 뽑아 기녀들과 바꾸어 한층 더 용장한 검무를 시작한다.)
>
> 긴 사이

76 민현기, 「'홍경래' 소재 남·북한 역사소설 비교 연구」, 『어문학』 78, 한국어문학회, 2002, 288~291쪽.
77 위의 글, 290쪽.

홍이팔 : (급히 등장) 녹천군 홍이팔 전갈하오. 북문진은 우장군이 선봉이 되여 순무대진을 일거에 무찔러 황황히 달어나는 적병을 모조리 베이고 있사오며 동문진 김택연군 역시 양익으로 포위하며 적군을 보기좋게 진멸중이오며

홍경래 : (검무는 그대로 구비돌다.)

홍경래 : 의병진은?

홍이팔 : 의병진은 제일 먼저 뚫어 졌소이다. 역시 오합지중이라 적수가 안되는 듯 지금 알알이 골라서 베이는 듯한 동정이옵니다.

홍경래 : 그 놈의 수괴를 잡어야 하오.

홍이팔 : 그리고 동남진 또한 양소유 윤후검 양진이 동남으로 잘어 올려서 적진을 무찌르는 중이옵니다.

홍경래 : 장하오. 그러나 우장군이 걱정이오. 아무튼 적진에 너무 깊이 들어가지 않도록하되 전세가 어지간하면 회군토록 하시오.

홍이팔 : 네! (퇴장)

춤은 더욱 고조되어 날려 들어 기둥에 박히는 살을 베여버리는 것으로 홍의 춤이 끝나면서 기녀들 홍의 의기를 받은 용장한 검무가 다시 벌어진다.

긴 사이

총소리 등은 점차로 사라져간다.

이윽고 검무는 끝나며 기녀들 열을 지어 홍을 향해 읍한다.[78]

---

78 남궁만, 〈홍경래〉, 이재명 편, 『해방기 남북한 극문학 선집』, 평민사, 2012, 274~275쪽.

해방기 희곡 〈홍경래〉에서 송림전에서 패배한 후 정주성에 갇힌 신세가 된 홍경래가 검무를 추는 장면은 전쟁에 임하는 인간의 절망적 몸부림과 패배를 앞둔 장군의 심정을 적절하게 표현하는 그야말로 연극적인 장면이다. 새로운 세계를 꿈꾸게 했던 혁명은 실패로 돌아가고 결국 홍경래는 관군의 총에 맞아 죽게 되지만 희곡 속의 홍경래는 끝까지 희망을 버리지 않는다. 이 부분은 전투 장면과 같은 스펙터클과는 달리 관객-대중에게 미래에 대한 믿음을 심어주는 정서적인 효과를 불러일으킨다.

적어도 1947년의 남궁만에게 〈홍경래〉는 그 자신의 지리적 역사적 뿌리와 전통을 발견하고 극복할 수 있게 하는 평안도의 영웅 '홍경래'를 재현함으로써 해방기의 역사적 전망을 드러낼 수 있었던 작품이라고 생각된다. 1955년에 쓴 소설이 '홍경래'에만 집중하고 있는 반면 희곡에서는 역사적 사건에 가담했던 거의 모든 인물들이 골고루 제목소리를 내고 있다. 1947년, 남궁만의 꿈은 근대 초기 서북인들이 그려내고자 했던 이상적인 공동체와 맞닿아 있었으며 홍경래가 꿈꾼 혁명을 통해 그 이상적 공동체를 구체화해보고자 했던 것이 아닐까.

4. 혁명, 전쟁 그리고 새로운 국가

해방기 역사극은 과거 역사와 기억의 복원이라는 점에서도 의미 깊지만 역사적 사건 속에 당대의 현실을 반영하여 현재의 시공간적 질서를 재편할 수 있는 힘을 보여준다는 점에서도 중요하다. 2차 대전 종식

후에도 식민지의 기억과 일제의 잔재를 완전히 말소시키지 못한 채 각기 다른 '민족'을 구상해야 했던 남과 북은 역사를 받아들이고 해석하는 방식에서도 차이를 보이고 있었다. 평안도와 서북지역은 현재 북한의 영토이지만 한민족의 공통된 기억과 경험 그리고 역사를 간직한 공간이다. 그러나 서북지역은 거의 이 지역을 기반으로 성장하고 활동한 사람들에 의해 재발견되고 기록되는 문화적 공간이기도 했다. 해방기에 창작된 남궁만의 〈홍경래〉는 말하자면 해방기에 새롭게 발견된 역사적 인물의 활약상을 다룬 극이 아니라 근대 이후 발견된 홍경래에 대한 인식과 해석을 기반으로 하여 만들어진 작품이라고 할 수 있다. 남궁만은 평안도 지역에서 태어나 일제 강점기와 해방 이후, 전쟁기를 거치면서 계속 북한에서 활동한 작가로 최근 새롭게 조명 받고 있는 작가이다. 역사극 〈홍경래〉는 그의 사상적 기반이 지역적 기반과 무관하지 않음을 드러내는 작품으로 홍경래의 난이 보여준 혁명에의 힘이 해방기 현실에 환기되어야 하는 이유를 잘 드러내고 있다. 요컨대 홍경래의 이상은 불가능에 가까운 것이라고 할지라도 차별 없는 평등한 세상을 꿈꾸는 혁명적 정치관은 중요하게 기억되어야 하기 때문이다.

해방기 사회주의 체제를 지향했던 북한은 일제 잔재를 소탕하고 새로운 조선을 건설하기 위해 진보적이며 역사적인 계급인 '인민'을 역사발전의 주체로 상정한다. 해방기 북한의 역사극은 역사적 사건을 통해 하나의 위대한 영웅을 주조했다기보다는 영웅적이고 혁명적인 인물이 어떻게 '집단 주체', '전체로서의 인민'을 견인해나가느냐에 주목하고 있다. 그런 맥락에서 남궁만의 〈홍경래〉는 역사적 사실을 객관적으로 묘사하면서 해방기의 역사인식과 계급의식을 고상한 리얼리즘을 통해 드러내고 있는 작품이다.

해방기를 정의 내리는 방식에는 여러 가지가 있겠지만 홍경래를 둘러싼 역사 해석의 추이를 살펴본 후에 떠오른 생각은 해방기는 '혁명과 전쟁 사이의 시공간'이라는 것이다. 해방기에는 같은 기표라고 하더라도 서로 다른 기의를 거느리는 개념이 많은 시기였다. 민족주의와 국가, 혁명과 영웅 등에 대한 청사진이 각기 달랐기 때문이다. 혁명과 전쟁 사이의 들끓는 시공간 속에서 해방기 역사극은 이상적인 국가를 건설하기도 하고 체제를 전복시키기도 하면서 과거 안에서 끊임없이 미래로 향하고 있었다. 역사를 '역사화'하는 대신 사건으로 발생시키는 것, 해방기 역사극의 가능성은 거기에 있었는지도 모른다.

참고문헌

자료

순조실록 15권

『경향신문』, 『동아일보』, 『문화전선』, 『조선일보』, 『조선문학』, 『조선중앙일보』

김소월, 「물마름」, 『조선문단』 7, 1925.4.

남궁만, 「단막극은 어떻게 쓰는가」, 『로동자』, 1949.3.

남궁만, 〈홍경래〉, 이재명 편, 『해방기 남북한 극문학 선집』, 평민사, 2012.

남궁만, 『공산주의자』, 조선작가동맹출판사, 1961.

현상윤, 『홍경래전』, 『동아일보』, 1931.7.12~8.20.

북한지역정보넷(http://www.cybernk.net).

논문

김기승, 「현상윤과 3·1운동」, 한국공자학회 편, 『기당 현상윤 연구』, 한울, 2009.

김정수, 「해방기 북한연극의 공연미학」, 『공연문화연구』 20, 공연문화학회, 2010.2.

김　향, 「해방 직후 남궁만 희곡에서 구현되는 멜로드라마적 특성 연구」, 『한국극예술연구』 42, 한국극예술학회, 2013.12.

문경연, 「월북예술인 김태진과 발굴희곡 〈임진왜란〉(1946) 고찰」, 『한국극예술연구』 40집, 한국극예술학회, 2013.6.

민현기, 「'홍경래' 소재 남·북한 역사소설 비교 연구」, 『어문학』 78, 한국어문학회, 2002.12.

오수창, 「19세기 초 평안도 사회문제에 대한 지방민과 중앙관리의 인식과 정책」, 『한국문화』 36, 서울대 규장각 한국학연구원, 2005.12.

______, 「조선 후기 경상도·평안도 지역차별의 비교」, 『역사비평』 59, 역사비평사, 2002.5.

오태호, 「해방기 고상한 리얼리즘 전개과정」, 『우리어문연구』 46집, 우리어문학회, 2013.

유연주, 「해방기 북한연극의 대중성 연구」, 서울대 석사논문, 2014.2.

이민영, 「1947년 남북 문단과 이념적 지형도의 형성」, 『한국현대문학연구』 39, 한국현대문학회, 2013.4.

이재명, 「남궁만 희곡작품에 대한 분석적 연구」, 『한국연극학』 5권, 한국연극학회, 1993.

전지니, 「1940년대 희곡 연구—역사·지정학·청년을 중심으로」, 이화여대 박사논문, 2012.1.

______, 「우상에 갇힌 민족연극의 구상—김태진의 〈리순신 장군〉(1948)에 대한 소고」, 『한국문학이론과 비평』 17, 한국문학이론과 비평학회, 2013.3.
정주아, 「한국 근대 서북문인의 로컬리티와 보편지향성 연구」, 서울대 박사논문, 2011.2.
정환국, 「홍경래란을 바라보는 시선」, 『한국어문학연구』 55집, 한국어문학연구학회, 2010.
한국문화예술위원회, 「광복이후 50년 북한문화예술 소사」, 『문예연감』 20호, 한국문화예술진흥원, 1996.

단행본
고성훈 외, 『민란의 시대』, 가람기획, 2004.
김준엽 편, 『북한연구자료집』, 고려대 아세아문제연구소, 2010.
남원진, 『이야기의 힘과 근대 미달의 양식』, 경진, 2011.
리 령, 『빛나는 우리예술』, 조선예술사, 1960.
문일평, 이한수 역, 『문일평 1934년—식민지 시대 한 지식인의 일기』, 살림, 2008.
사회과학원력사연구소, 『조선통사』 상, 과학백과사전출판사, 1977.
사회과학원문학연구소, 『조선문학사』, 과학백과사전출판사, 1978.
오수창, 『조선 후기 평안도사회발전 연구』, 일조각, 2002.
오정애・리용서, 사회과학원 주체문학연구소 편, 『조선문학사 10—해방후편(평화적 민주건설시기)』, 사회과학출판사, 1994.
이명선, 『홍경래전』, 朝金聯版, 1947.
이석만, 『해방기 연극연구』, 태학사, 1996.
최남선 찬, 『홍경래실기』, 신문관.
한국예술종합학교한국예술연구소, 『한국현대예술사대계—연극편』, 시공사, 2005.
한성훈, 『전쟁과 인민』, 돌베개, 2012.
한 효, 『조선연극사 개요』, 국립출판사, 1956.

Sun Joo Kim, *Marginality and Subversion in Korea : The Hong Kyongnae Rebellion of 1812*, The University of Washington press, 2007.

월경越境과 전향轉向 사이

박현숙 희곡 〈사랑을 찾아서〉(1960) 연구

백두산

1. 서론

이 글은 박현숙의 희곡 〈사랑을 찾아서〉(『조선일보』, 1960.1.13~1.28)를 중심으로 월경越境 모티프가 표현되는 양상과 이후의 개작 과정을 살펴, 1950년대 여타 희곡과 변별되는 남북 대치상황에 대한 작가의 극적 상상력을 조망하고자 하는 기획이다.[1] 구체적으로 이 글은 희곡

1 이 글에서 사용되는 '월경越境, crossing the border'은 국경 등의 '경계를 넘는' 행위를 가리키며, '전향轉向, conversion'은 기존의 믿음 체계를 버리고 새로운 믿음 체계(국가 체제에 부합하는 이데올로기)를 내화시키고 이를 공표하는 행위를 의미한다. '월경'은 체제와 사상의 경계境界를 위협하고 밖을 지향한다는 점에서 경계警戒의 대상이다. '전향'을 통해 전향자는 표면적으로 국가의 경계境界 안으로 들어와 '국민'의 범주에 속하게 되지만 이면적으로 국가 체제는 전향자를 국민으로부터 재분류하고 감시하며 잠재적 위험을 관리한다. 이는 체제에 대한 선택(자유주의 / 사회주의)과 공간에 대한 선택(남 / 북)이 일관적이지 않은 〈사랑을 찾아서〉의 서사, 인물분석을 위하여 사용된 개념이다.

〈사랑을 찾아서〉가 구현하고 있는 멜로드라마적 구조, 월경과 전향 사이의 공포와 '침묵'이라는 극적 행위의 의미를 살피고, 원작 창작과 5년 뒤 개작 과정을 작가의 월남 경험과 관련하여 분석할 것이다.

한국 현대사에서 '월남'과 '월북'은 국경선을 넘는 행위이면서 체제 선택의 의미(자유주의 / 사회주의)를 담고 있다. 물리적 경계를 넘는 '월경'이 이데올로기적 선택과 연결되어 있는 이 어휘의 용례에서 보듯, 한국의 분단 상황에서 월경은 '전향轉向'과 함께 사고되기 마련이다.[2] 한국에서 전향은 일반적으로 체제에 의해 인정받은 국민사상의 소유자로 '복귀'하는 것을 의미한다. 1920년대부터 식민지 지배체제에 의해 제도화된 전향 개념은 전쟁 체험으로 형성된 '내부의 적'에 대한 공포와 연결되어 있다. '개인의 자기비판과 반성에 의한 사상의 내적 변화과정'을 가리키던 본래의 전향 개념은 1920년대부터 일제에 의해 변용된다.[3] 일제강점기에 사회주의·공산주의자, 무정부주의자, '불령선인'에 대한 감금과 교화로 제국의 유지를 도모한 '치안유지법'과 1938년부터 설치된 사상보국연맹, 방공협회, 대화숙 등 전향자 관리

---

2 논리적으로 국경을 넘는 것, 체제가 구획한 경계 밖으로 탈주한다는 것은 체제에 대한 비판의 발로發露일 것이다. 그러나 월경이 반드시 다른 체제로의 투신, 전향으로 반드시 이어져야 하는 것은 아니다. 한국적인 분단 상황의 특징은 월경을 전향으로 강제하는 것, 제3선택지의 부재라 생각할 수 있지 않을까. '비국민'으로서의 난민 신분이 인정되지 않는 남과 북으로의 월경은 결국 전향자 아니면 간첩이라는 극단적인 선택을 강요한다.

3 원래 '전향'은 후쿠모토 가즈오福本和夫의 '방향전환론'에서 '주체적 인간이 외부를 향한 행동을 자신의 힘으로 법칙화하는' 과정을 설명하기 위한 단어였다. 전향의 과정에는 자기비판과 반성이 포함되어야 한다(후지타 쇼조, 최종길 역, 『전향의 사상사적 연구』, 논형, 2007, 13~24쪽). 1차 세계대전 이후 사회주의 사상과 무정부주의 등이 국가 내부의 위험으로 지적되었다. 이를 해소하고자 일본에서는 '치안유지법'이 1922년 발의되어 1925년 반포되었다. 이는 '국민사상의 통제'를 목적으로 국체國體 사상에 반하던 이데올로기를 강제하는 제도로, '전향'은 이 과정을 설명하는 개념으로 변용되었다(리차드 H. 미첼, 김윤식 역, 『일제의 사회통제—사상전향과 그 법체계』, 일지사, 1982, 40~76쪽).

체계는 해방 이후 남북분단과 국가보안법 제정(1948), 보도연맹 설치(1949)를 거쳐 체제 유지 논리로 계승된다.[4]

월경과 전향이라는 틀에서, 반공극을 위시한 1950년대 희곡에서 발견되는 이데올로기의 경직성은 월경을 전향으로, 월남을 '반공전향'의 일의적 행위로 규정하는 것이라 해석할 수 있다. 이 과정에서 월경이란 체제 및 사상 선택과 직결되기에, 전향의 구체적 행위가 된다.(월경 = 전향). 이러한 '전향으로서의 월경'은 월경인들이 양 체제에 지닌 비판적 의식을 감추고, '반공전향자'로서 남한에 정착하였을 때 마주할 국민의 재분류 체계(전향자 / 국민)를 은폐하고 있기에 문제적이다.

이러한 관점에서 〈사랑을 찾아서〉는 세 가지 의미에서 주목을 요한다. 첫 번째는 한국 희곡사상 남과 북을 가로지르는 '경계'와 '월경'의 모티프가 무대 위에서 구현된 비교적 이른 시기의 작품이라는 것이다. 이러한 경계는 언어의 층위에서뿐 아니라 무대공간의 배치를 통해 구현된다. 두 번째는 작품이 드러내고 있는 '전향'에 대한 비판적 관점이다. 〈사랑을 찾아서〉는 '월경인' 정애리의 전향 과정을 보여주지 않고 정애리를 질의와 변론 앞에서 '침묵'하게 한다. 이 과정에서 월경이 곧 전향이라는 명제는 비판적으로 다루어진다. 세 번째로 1965년 〈여수女囚〉로 개작되는 과정이다. 개작을 통해 작품의 '반공전향'적 구도는 강화되는데, 원작의 창작에는 작가의 월경의 체험과 반공주의 이데올

---

4 일제강점기부터 정부 수립기까지 사상통제기제의 역사적 계승과정에 대해서는 강성현, 「한국의 사상통제기제의 역사적 형성과 보도연맹사건, 1925~50」, 서울대 사회학과 박사논문, 2012, 전향자 관리체계의 역사적 변천과정에 대해서는 조국, 「좌파 사상범에 대한 보안관찰처분」, 『양심과 사상의 자유를 위하여』, 책세상, 2001, 국가보안법의 역사적 변천에 대해서는 박원순, 『국가보안법연구』, 역사비평사, 1989 참조.

로기의 갈등이, 개작 과정에는 이후의 반공주의로의 경사傾斜 과정을 살펴볼 수 있다.

기존 연구에서는 〈사랑을 찾아서〉의 멜로드라마적 구조를 중심으로 반공극적 성격과 사회비판적 요소가 공존하고 있다는 사실을 지적하고 있다. 유민영의 연구[5] 이후, 연구들은 멜로드라마적 구조의 의미를 규명하고, 여성주의 분석이론을 통해 '여성작가' 박현숙의 작품세계에서 〈사랑을 찾아서〉의 위치를 살피는 경향을 보였다.[6] 작품의 이데올로기적 함의 역시 문제시되었는데, 오영미는 반공극의 범주에서 작품을 바라보는 반면[7] 김재석은 작품을 반공극의 범주에서 제외하며, "작가의 의도 자체가 반공에 대한 자기확신을 관객에게 심어주려는 것에 있지 않고" 여인의 맹목적 사랑을 강조하기 위한 배경이 되기 때문이라 밝힌다.[8] 이미원은 '분단희곡'의 범주에서 작품을 해석하며 페미니즘 희곡과 분단희곡으로서 작품의 가치를 서술한다.[9]

이 중 김옥란과 박명진의 연구는 주목을 요한다. 김옥란은 박현숙

---

5 유민영, 『한국현대희곡사』, 홍성사, 1982, 498~499쪽. 유민영은 작품이 "여자의 순정을 민족 분단과 관련시켜 형상화"하였으며, 여주인공의 비극은 "남성의 배신과 이데올로기, 조국 분단"이 원인이었다 언급한다.

6 주요 연구로는 변신원, 「박현숙 희곡의 여성비평적 연구」, 연세대 국문과 석사논문, 1989; 윤석진, 「1960년대 한국 희곡에 나타난 멜로드라마적 경향 연구—박현숙의 희곡을 중심으로」, 『한국연극학』 제10권, 한국연극학회, 1998; 채새미, 「박현숙 희곡 연구」, 서울여대 국문과 석사논문, 1998; 전회영, 「박현숙 희곡의 멜로드라마적 특성 연구」, 울산대 국문과 석사논문, 2010.

7 오영미, 『한국전후연극의 형성과 전개』, 태학사, 1996. 이 책에서는 1960년 『조선일보』본이 아닌 1965년에 발표된 개작본 〈여수女囚〉를 분석 텍스트로 사용하고 있다.

8 김재석, 「반공극의 구조와 존재 의미」, 민족문학사연구소 희곡분과, 『1950년대 희곡 연구』, 새미, 1998, 272~273쪽.

9 이미원, 『한국근대극연구』, 현대미학사, 1994, 441쪽; 이미원, 「박현숙 희곡 연구」, 『한국연극학』 제11권, 한국연극학회, 1998.

의 희곡 세계를 "여성이자 월남민으로 가질 수 있는 비판적 사회의식"으로 언급하면서, 작품에서 "좌우대립 · 남북분단의 경직된 이데올로기에 긴박되어 있는 남성적 가치와는 다른 사랑이라는 여성적 가치를 내세우고"[10] 있다 보았다. 박명진은 작품 안의 반공주의 비판에 주목한다. 작품에 드러난 작가의 이데올로기 자체에 대한 냉소적 비판의식에 대한 연구는 시사점을 제공한다.[11]

이상 선행연구들은 멜로드라마적 '사랑'의 구조와 이에 엮인 분단 상황의 묘사에 대하여 관심을 표하고 있다. 그러나 양자 간의 관계에 대한 분석에 있어 '여류작가'로서의 정체성에서 그 해답을 얻고자 하는 경향 역시 발견할 수 있다. 그 과정에서 멜로드라마적 구조가 과연 이데올로기의 폭력성을 어떠한 방식으로 드러내고 있는가의 분석은 도외시되었고, 작품 안의 비판적 의식은 적극적으로 해석되기보다 결국 '멜로드라마로 낙착'되었다 평가하는 경향이 지배적이었다. 작가의 창작행위에 영향을 미친 제요소 중 '여성작가'로서의 정체성에 기대어 작품을 해석하는 사실 역시 문제적이다.

본 글에서는 선행연구에 대한 문제의식을 바탕으로, 작품의 월경 모티프에 드러나는 '경계'의 사유를 극의 서사 분석과 무대구조의 해석을 통해 규명하고자 한다. 이와 함께 작가 박현숙의 자전적 기록을 바탕으로 텍스트를 분석하며 〈여수〉로 개작한 의미를 살펴볼 것이다.

10 김옥란, 「2. 박현숙 : 국가의 여성으로서의 동일시와 내면화」, 『한국 여성 극작가론』, 연극과인간, 2004, 122~126쪽.

11 박명진, 「Ⅲ.2.1 반공 테제와 그 균열」, 『한국 전후희곡의 담론과 주체 구성』, 월인, 1999.

2. 생존의 욕망과 월경의 공포

1960년 『조선일보』 신춘문예 가작 당선된 〈사랑을 찾아서〉는 남파간첩 혐의를 받는 여인 정애리의 재판을 중심으로(1, 5장), 변호사의 변론에 따라 애리의 과거가 세 장면으로 재현되는(2, 3, 4장) 전 5장의 희곡이다. 극적 서사의 골격을 이루는 정애리의 과거행적은 3가지 에피소드(戰前, 戰時, 戰後)로 표현된다. 1장과 5장은 휴전 후 수 년이 지난 1950년대 후반 남한의 법정이며, 2장은 해방 직후 '38선이 가로놓인 지 1년 후'(1946년)의 민규의 응접실, 3장은 '적치赤治 서울'기(1950년) 민규의 응접실, 4장은 휴전 후 '몇 년 뒤'(1950년 중반) 황해도 남천 내무서를 배경으로 전개된다.[12]

〈사랑을 찾아서〉의 극적 서사는 주인공 정애리의 월경 행적을 따라 전개된다. 주인공 정애리는 세 번의 월경을 감행한다. 첫 번째는 약혼자 김민규를 만나기 위한 38선 월남, 두 번째는 '적치 서울' 기간 내무서원 오영식의 도움으로 고향 남천으로 건너간 월북, 세 번째는 오영

---

12 〈사랑을 찾아서〉의 줄거리는 다음과 같다. 정애리의 재판, 정애리는 이북에서 지령을 받고 1946년 3월부터 간첩활동을 벌인 혐의로 재판을 받는다. 애리의 침묵이 이어지는 가운데, 변호사의 변론을 통해 정애리의 과거가 밝혀진다. 간호원이었던 애리는 8·15 해방 석 달 전에 황해도 남천 탄광에 끌려온 김민규와 약혼하게 되었다. 해방 후 애리는 민규를 만나기 위해 38선을 월남하여 그의 집을 찾아간다. 민규의 아내 미영으로부터 그가 결혼하였다는 말을 듣고 애리는 조용히 물러나 남한에서 고학으로 아세아의과대학을 마친다. 6·25전쟁이 발발하고, 서울에 남아있던 애리는 민규의 응접실에서 그녀를 전부터 흠모하던 남천 내무서원 오영식과 해후한다. 월남경력 때문에 처벌받을까 두려워 고향의 어머니에게 돌아가지 못하던 애리는 영식의 도움으로 고향으로 돌아간다. 몇 해 뒤, 애리는 영식과 결혼을 결심하지만 당은 애리를 남면에 간첩으로 내려보내기로 결의하고 영식에게 이를 지시할 것을 요구한다. 이 소식을 듣고 영식은 애리에게 남면으로 가서 돌아오지 말 것을 귀띔하며 둘은 이별을 한다. 애리는 남으로 내려와 공작금으로 무료진료소 '혜민병원'을 세운다. 재판의 마지막에 증인으로 참석한 민규는 애리가 결코 '공산주의 사회의 인간이 될 수 없는' 사람임을 역설한다. 재판장은 판결을 유예하고 폐정하면서 막이 내린다.

식의 도움을 받아 남파간첩 명목으로 이루어진 월남이다. 서론에서 언급하였듯, 반공극을 위시한 1950년대 극 텍스트에서 월경은 전향을 염두에 둔 행위로, 그 중에서도 월남은 사회주의에 대한 비판과 반성이 수반되는 행위로 그려지는 데 반하여, 1960년 작 〈사랑을 찾아서〉에서 앞의 두 번의 월경(월남 / 월북)에는 반공주의, 사회주의 이데올로기가 표면화되어 있지 않다. 첫 번째 월경(월남)은 약혼자를 만나기 위해, 두 번째 월경(월북)은 표면적으로 어머니를 만나기 위해서였으며, 전향 · 이데올로기 선택과 무관한 행동으로 그려진다.

2장에서 애리는 38선을 넘어 민규의 응접실로 찾아온다. 작품에서 월경의 고단한 행로는 묘사되어 있지 않으며, 무대지시문의 '남루하다시피 된 옷차림'에서 간접적으로 전달될 뿐이다. 애리가 등장하기 직전 응접실에서는 민규와 아내 미영의 갈등이 전개된다. 미영은 민규의 과거를 추궁하고, 민규의 고백 이후 그가 보관하던 사진을 찢는다.

> 민규 : 그런 게 아니요. 八 · 一五 이전의 내 인생에 있었던 깨끗한 기념품일 뿐이요.
>
> 미영 : 글쎄 그런 기념품을 간직하구 있는 것은 당신의 자유일진 몰라요. 당신에겐 아름다운 추억이기두 하겠죠. 허지만 그건 내겐 모독이에요. 마치 당신은 현재에 사는 사람이라기보다 과거의 사랑을 연장해서 살아가려는 것 같지 않아요? 내 얼굴이나 몸에 그 여자의 환상을 그려 넣구서—.
>
> 민규 : 미영이 그럼 내 과거를 없애버려요. (책 속에서 사진을 꺼내서 미영에게 준다.)

미영 : …… (받아서 보지도 않고 갈기갈기 찢어버린다. 그리고 엎드려 흐느낀다. 잠깐 사이. 고개를 조용히 들며) 미안해요. 용서해 주세요. 저는 괴로웠어요. 어떤 의혹의 그림자가 자꾸 내 감정을 흐리게 했어요. 전 정말 당신만을 사랑해요. 과거구 현재구 미래구 당신만을 사랑해요.

—3~4화[13]

사진은 민규에게 "내 인생에 있었던 깨끗한 기념품", 애리와의 순수했던 사랑을 의미하는 오브제이다. 사진을 훼손당한 민규는 분노 대신 미영을 위해 애리에 대한 미련을 깨끗이 버리기로 다짐한다. 결국 애리가 월남을 결심한 원인이었던 민규와의 사랑은 애리의 도착을 기다리지도 않은 채 파국을 맞는다. 2장에서 결국 둘은 해후하지 못하며 극의 5장 법정에서 성사되니, 민규와 애리는 해방 석 달 전에 헤어져 약 10년 만에야 다시 만날 수 있었던 셈이다.

이러한 정애리의 사랑은 둘이 아닌 '일방'의 사랑이다. 선행 연구에서 반복적으로 지적하는 '여인의 맹목적 사랑'(김재석)이나 '남성적 가치와는 다른 사랑'(김옥란), '획일적 지배구조에 대한 저항 담론으로서 '순수한 사랑"(박명진)은 바로 이 지점, 작품이 보여주는 독특한 사랑의 구조를 의식하고 있다. 결혼이라는 사회적 결합이 불가능한 상황에서 애리는 남천으로 돌아가지 않고 서울에서 고학한다. 정애리의 '사랑'은 민규의 근거리에 있으려는 '맹목'이 되고 마는 것일까. 애리의 사랑

13 이후 인용문의 횟수표시는 『조선일보』본의 연재 횟수이다.

의 논리를 더 살펴보자.

영식 : 애리 씨 이제 고향으로 돌아가시지요.

애리 : 그러나 나는 옛날의 애리 그대로는 아닙니다.

영식 : 그냐 나두 옛날의 그대루일 수는 없겠지만…….

애리 : (의자에 털썩 주저앉으며) 나는 참 많은 것을 경험했어요. 끼니를 네 끼나 굶으니까 무어든 할 수 있을 것 같았어요. 세상에 홀로 내버려진 고아, 그것이 바루 나였어요. 그래두 나는 쓰러지진 않았어요. 빵장수 떡장수 별별 일을 다 하면서두 이를 악물구 공부를 계속했어요. 그러다가 이번 난리가 났지요. 이젠 나는 갈 곳이 없어졌어요. 이북에서 월남했으니까 붙들리면 총살당할 것이 뻔해요. 그래서 마지막으루 민규 씨나 한 번 만나보려구 이렇게…….

—7화

'적치 서울'이 배경인 3장에서 정애리는 전쟁이라는 '생존'의 분기점에서 "마지막으로 민규 씨나 한 번 더 보려고", 사랑의 논리에 따라 민규의 응접실을 방문한다. 3장에서 '트렁크와 보따리를 들고' 등장한 애리의 행색은 그녀가 도망(또는 피난)중이라는 사실을 드러낸다. 그런데 피난의 행선지는 민규의 응접실이다. 정애리는 민규의 응접실에서 해후한 영식에게 46년부터 50년까지의 삶, 월남 이후 끼니를 굶는 고통과 고학의 과정을 토로한다. 애리의 삶은 "끼니를 네 끼 굶으니까 무어든 할 수 있을 것 같은" 공복 상태와의 투쟁이었다. 이를 '생존'의 논리라 정의해 보자. '생존'은 전쟁 이전에는 끼니를 잇고 공부를 하는 것,

생활과 자아실현의 욕망이었고, 6 · 25전쟁이 발발하자 말 그대로 '생존', 목숨을 보존하기 위한 논리로 전환된다.

이어 영식과의 대화에서 애리는 전쟁의 '공포'를 토로한다. 이북은 월경인을 총살하는 사회이며, 적치 서울에는 더 이상 "갈 곳이 없어졌다." 민규는 생명을 보존할 수 있는 피난처이자 사랑의 대상이었기에 민규의 부재는 사랑의 부재이자 피난의 가능성이 사라진 이중의 난관이다. 전쟁은 '생존'과 사랑의 위기가 된다. 인민군에게 잡히면 '총살당할' 것이라는 공포는 애리의 남천행을 가로막는다. 이 상황에서 오영식은 애리를 뒤따라 월남하다 붙잡힌 어머니를 "내가 여러가지로 힘을 써서" 교화소에서 풀어준 것을 언급하며 어머니에게 돌아갈 것을 권한다. 애리가 북으로 '전향'할 것을 결심하거나 오영식이 '전향'을 권유하는 상황이 아니라 고향으로 '돌아갈' 것을 권하는 것이다.

텍스트는 표면적으로 어머니에 대한 그리움을 애리의 월북 계기로 제시하고 있으나, 첫 번째 월경의 논리와 월남 이후 남천이 아닌 서울에서 고학한 정애리의 행적에서 보듯, 어머니에 대한 그리움은 근원적인 월경의 동인이 아니다. 그렇기에 월경인에 대한 처분을 무화시킨 전력이 있는 남천 내무서원 오영식의 존재는 보다 근본적인 월북의 동인으로 작용한다. 오영식이 정애리를 전부터 사모하였으며, 4장에서 정애리가 이 마음을 받아들인다는 사실에서 정애리의 월북은 민규의 부재 후 새로운 사랑의 대상을 발견하는 상황으로 해석할 수 있다.

결과적으로 텍스트의 3장에 드러난 정애리의 '사랑'에는 '생존'의 위기에 대처하는 논리이면서 '순수함'이나 '맹목성'보다 공적 체제(남 / 북)에서 '생존'을 위한 논리, '자기 보존'의 구조가 두드러진다.[14] 정애리의 두 번째 월경(월북)은 자기보존으로서의 사랑의 대상과 논리가 전쟁으로 거꾸러진 위기에서, 남천 내무서원 오영식의 권유를 계기로 발견하게 된 새로운 사랑, 생존 논리로 해석할 수 있다.

보다 세밀한 분석을 위해 그녀의 새로운 '자기 보존의 욕망'의 대상으로 설정된 오영식이 어떠한 인물인지 살펴보자. 오영식은 사상과 출신에서 '악인형' 전형적 인민군이 아닌 '인간적인 감정'을 지닌 인물로 묘사된다.[15] 이북 출신 오영식은 해방 이후 월남한 목사 아버지를 두었고, 전부터 정애리를 사모하였으며, 공산주의 사상에 대하여 회의적인 인물임이 암시된다. 이를 통해 오영식이 자유주의적, 종교적 분위기에서 성장하였고 젊은 시절 사상을 선택하여 북에 잔류하였으며 공산주의 사상을 회의하면서도 남한 사회에 비판적 거리를 두는 인물임을 파악할 수 있다. 그러나 텍스트에서 사상에 대한 회의는 은유적으로 표현된다.[16] 하나의 체제에 속하면서도 완전히 동화되지 못하는

---

14 이 글에서 언급하는 '자기 보존'이란 스피노자의 '코나투스'의 개념을 의식한 용어이다. 코나투스conatus란 "각 사물이 자신의 존재 안에서 지속하고자 하는 성향"이며 스피노자는 이것이 그 사물의 현실적 본질이라 지적한다(스피노자, 강영계 역, 『에티카』, 서광사, 2007, 163쪽). 자기 보존의 욕망은 가능한 모든 대상을 생명체의 보존을 위한 도구이자 논리로 사용한다. 사랑도 예외일 수 없다. '자기 보존의 욕망' 개념을 원용하여 김복순은 1950년대 '코나투스-사회체계로서 낭만적 사랑'이라는 용어로 50년대의 '사랑' 개념을 논의한다. 이 개념에서 '사랑'은 사적 감정에 그치지 않고 전후의 계층적, 계급적, 민족적(국가적), 젠더적 자기욕망과 이어져 있으며, 위에서 열거한 공적 단계에서의 욕망을 '사랑'의 이름으로 추구한다(김복순, 「낭만적 사랑의 계보와 사회원리로서의 젠더-1950년대 『사상계』와 『여원』을 중심으로」, 『어문연구』 제151호, 한국어문교육연구회, 2011, 286~288쪽). 요컨대 '사랑'이 사회적 구조 안에서 '자기 보존의 욕망'을 충족하는 구조로 기능한다는 것이다. 그러한 시각에서 극에서 '순결한 사랑'으로 지시되는 정애리의 사랑 역시 '체제에서의 생존'이라는 공적 단계에서의 욕망 추구와 불가분한 것임을 염두에 두어야 한다.

15 이미원 역시 공산주의자 오영식의 인물형상화에 주목한다. "공산당도 인간적인 감정을 지닌 사람으로서는 희곡사상 처음으로 그려졌다고 해도 과언이 아니다"(이미원, 앞의 글, 117쪽).

16 "애리 : 그랬어요? 그런데 영식씨는 왜 아버님 따라.
영식 : 그땐 그때였지요. 그땐 나는 내 생각이 옳은 줄 알았지요. 젊었었으니까요.

개인을 가리키는 경계인marginal man의 개념에 비추어, 오영식은 〈사랑을 찾아서〉에서 공산주의와 자유주의, 신념과 비판 사이에 서 있는 경계인의 형상으로 이해할 수 있다.

이러한 경계인으로서의 젊은 인민군의 형상화는 1950년대 반공극에서 간혹 등장하는 인물군이다. 주동운의 희곡 〈피의 조류〉(1954)에 등장하는 인민군 '윤황제'는 바로 이러한 경계인에 속한다. 반공극에서 이들은 체제에 대한 신념이 부정되는 '임계점'을 만나 전향을 결심하게 된다. 그 임계점은 중공군의 만행을 보고 느끼는 '민족적 울분'이나 전장에서 만난 혈연을 통해 느끼는 민족적 '동질감', 휴머니즘 등을 체험하는 것으로 무대에서 가시화된다. 임계점의 체험 후 반공극에 등장하는 경계인은 '반공전향'을 선택하며, 선택의 순간 그들의 비판적 사유는 사라져버리게 된다.

〈사랑을 찾아서〉의 오영식 역시 50년대 반공극에 드러난 경계인의 전형적 운명을 따르고 있는가. 월남하였다가 다시 월북을 감행한 정애리와 공산주의 사상에 대한 비판과 수용의 경계선에 서 있는 오영식, 두 인물의 만남은 월경과 전향의 공포, 체제의 억압에 대한 작품의 문제의식을 보다 심화시킨다. 이것이 심화된 사건이 바로 희곡의 4장에서 전개되는 세 번째 월경, 애리의 월남 에피소드이다.

4장은 월북 후 몇 해가 지난 어느 날, 애리와 모종의 대화를 나누고 번민에 싸여 내무서에 홀로 있는 오영식의 모습에서 시작한다.

애리 : 그럼 지금은요?
영식 : 아무 말도 말아주십시오. 어떻든 나는 명령을 받고 내일 곧 돌아가지 않으면 안 됩니다. 애리씨 고향으루 가시지요." (7화)

A.

(또 몇 해가 지난 어느 날. 무대 왼면에 마련된 북한 괴뢰정부의 남천내무서. 불이 들어가면 무언가 시름겨워 하며 멍하니 허공을 쳐다보는 영식의 얼굴이 나타난다. 밖에서 갑자기 '녹크' 소리가 들린다. 영식이 흠칫 놀란다. **자기 마음의 문을 두드려 그 속의 비밀을 알려고 하는 것 같이 느낀 모양이다.** 다시 '녹크'하는 소리.)

영식 : 누구요?

애리 : (밖에서) 저예요.

(…중략…)

애리 : **아까는 역시 제가 잘못했어요.**

영식 : (사방을 둘러보며 불안해한다.) (강조는 인용자)

—8화

B.

서장 : 그런데 …… (아주 약간 주저하다가 아주 침착하고 냉정한 태도로) 지금 모종의 회의에서 어떤 동무가 애리의 의식이 아무래두 의심스럽다구 했어!

영식 : (당황하며) 그럴리가, 그럴리가 있겠습니까.

서장 : (말을 듣지도 않고) 그러니까 어느 정치훈련소에 넣어서!

영식 : 네?

서장 : (영식의 눈치를 슬쩍 보며) 재훈련을 해야겠다는 의견들이었단 말야!

—9화

C.

애리 : (조용히) 알겠어요. 하지만 영식 씨, (영식의 손을 붙들며) 영식 씨
두 같이 가세요. 이왕 여기서 결합될 수 없을 바에야…….

영식 : (애리의 손을 조용히 뿌리치며) 아니오. **나는 십여 년이나 이곳에서 당에 봉사한 사람이니 남면에 가면 용서가 되지 않을 거요**. 그러나 애리 씨는 얼마든지 용서받을 수 있고 또 그곳에서만 그 사랑의 마음이 날개를 펼 겝니다. **그리고 내 사랑두 애리의 사랑을 따라 자유 속에 영원히 보존될 게 아니겠소?** (강조는 인용자)

—10화

무대에 들어서기 전 애리와의 대화가 어떠한 내용이었는지 희곡은 명시적으로 드러내지 않는다. ("아까는 역시 제가 잘못했어요.") 다만 주변을 경계하며 고뇌하는 영식의 행동에서 애리와의 이전 대화가 타인이 들어서는 안 되는 비밀스러운 내용이었고 이후 전개되는 월경 사건과 이어져 있음을 짐작할 뿐이다. 극텍스트에서 오영식의 불안은 '자기 마음을 두드려 그 속의 비밀을 알려고 하는' 듯한 공포와 내적 갈등으로 표현된다(A). 이러한 불안은 노크소리와 서장의 구둣발소리와 같은 청각적 오브제로 무대에서 표현된다. 북에서의 생활은 온전한 국민으로 인정받지 못하고 늘 '의식이 의심받는' 삶이다. 월경인, 경계인의 사상성은 감시와 시험의 대상에 오르게 된다(B). 감시 체계에 대한 공포는 국경선이라는 물리적 경계를 넘나든 월경인인 애리에게 직접적인 것이었지만, 경계인인 영식에게도 해당되는 것이었다.

4장에서 다루어지는 북한의 이데올로기적 폭력성은 서장과 영식 사

이, 북한체제의 담지자(서장)와 경계인(영식) 사이의 상황에서 극명하게 드러난다. 남천내무서장이 발화하는 '당의 결정'의 절대성, 전향과 체제협력의 문제, 이데올로기적 폭력은 직접적으로 정애리에게 노출되지 않는다. '당의 결정'은 오영식을 거쳐 애리의 사상성에 대한 협박이 걸러진 채 전달된다.[17] 4장에 드러난 북한의 감시체계에 대한 공포와 이데올로기적 폭력은 경계인 오영식과 북한 체제의 담지자(서장) 사이의 대화를 통해 첨예하게 묘사되는 것이다. 결국 남파간첩으로 회유하라는 당의 결정을 거부하고 영식은 애리에게 남으로 내려가 돌아오지 말 것을 당부한다. 영식이 애리의 월경을 돕는 이유는 그녀의 삶을 따라 "내 사랑도 애리의 사랑을 따라 자유 속에 영원히 보존될 것"이기 때문이다(C).

'사랑은 자유 속에 보존된다'는 영식의 대사를 음미해 보자. 정애리에게 사랑이란 무엇인가. 〈사랑을 찾아서〉의 3장에서 사랑의 논리는 월경의 동인이자 자기 보존, 생존의 욕망을 충족하고 있었다. 4장에 등장하는 사랑의 논리 역시 북한 체제가 지시하는 체제 협력의 '명령'을 거부하고도 애리가 '생존'할 수 있는 방책, 오영식이 제안한 월남과 연결된다. 첫 번째 월경이 민규를 만나기 위해, 두 번째 월경이 영식과

---

17 "영식 : 자아, 정말 나를 믿는다면 정말 나를 사랑한다면 하라는 대로 해 주시오.
애리 : 선생님은 그럼 나를 …….
영식 : 기한은 육개월 동안입니다.
애리 : (차차 냉정해지면서) 그럼 역시 선생님도 ……." (10화)
이 부분은 두 가지 이유로 흥미롭다. 첫 번째는 북한의 이데올로기적 폭력을 가장 효과적으로 보여줄 수 있는 장면임에도 극이 서장과 애리의 대화가 아닌 영식을 매개로 삼고 있다는 점이다. 두 번째는 개작과정에서 이 장면이 가장 극명하게 바뀌며 '반공정신'을 표면화시키고 있기 때문이다. 본문 3, 4장에서 논의할 것이다.

해후하면서 이루어지는 데 반하여, 세 번째 월경(월남)의 동인을 텍스트는 앞서 구체적인 사랑의 대상(민규 · 영식)을 제시한 두 번의 월경과는 달리 '영식의 사랑을 자유 속에서 보존하는 것'이라 지시한다.

남으로 떠나는 애리가 사랑의 대상으로 상정하는 '영식의 사랑'이란 무엇일까. 영식은 북에 남아 있기로, 애리는 북에 다시는 돌아오지 않기로 결심하였기에 '영식의 사랑'이란 실체가 될 수 없다. 그렇기에 텍스트가 지시하는 '영식의 사랑'은 월남 후 보존해야 할 내면적인 가치를 의미하게 된다. 영식과 애리가 공유하는 내면의 가치란 텍스트에서 '비밀'을 보호하는 것, 곧 '전향'을 강요하는 사상의 폭력과 감시체계 속에서 경계인 오영식이 지키고자 하였던 '그 속의 비밀'과 연결되는 것이다.

그렇기에 세 번째 월경에서 사랑을 보존하는 조건이 되는 '자유'는 애리와 영식에게 중요한 문제로 떠오른다. 4장의 맥락에서 그들이 상상하는 '자유'는 체제에 복무하라는 '결정'을 거부할 수 있는 자유, 사상의 감시에서 벗어날 수 있는 자유, '그 속의 비밀'을 타인의 폭력이나 체제의 감시로부터 보호할 수 있는 자유이다. 텍스트에서 그 자유의 종착지는 명확하게 '남한'으로 확정되지 않는다. 공산주의 사상에 회의하던 사상적 경계인 오영식이 끝내 애리와 함께 월남을 결심하지 못하는 것이 그 근거이다. 〈사랑을 찾아서〉의 영식은 반공극의 인물과 달리 공산주의 사상에 대한 회의를 지니고 있음에도 임계점의 사건을 접하지 않으며 반공전향을 결심하지도 않는다. 내무서원으로 저간 십여 년 당에 행한 봉사의 전력 때문에, 전향을 선택하여 월경 후 남면의 '용서'를 얻어 살아간다는 것은 상상하기 힘들기 때문이다(C). 대신 작품은 이 장면에서 임계점에 이를 수 없도록 '월경'을 억압하는 남한 사회의 구조를 은연중 환기한다. 이같은 맥락에서 영식이 언급한 '자유'란 남한 체제를 지시하는 '자유민주주의'의 자유와 거리를 둔 독특한 위상임을 감지할 수 있다.

애리의 세 번째 월경(월남)은 남한 사회가 내면의 '비밀'을 유지하는 '자유'를 보장하는 사회인가 검증하는 과정이 된다. 2장부터 4장까지의 과거회상을 거쳐, 극의 드라마적 시간은 비약하여 1950년 후반 '정애리 간첩사건'을 심리審理하는 남한 사회의 법정에 도달한다. 남한의 법정은 애리와 영식이 추구한 '자유'가 남한에서 이루어질 수 있을 것인지에 대하여 다투는 문제적 공간이다.

3. 월경과 전향 사이–'국민'과 '월경인'의 구도

〈사랑을 찾아서〉의 1장과 5장은 정애리가 세 번째 월경 이후 투서로 인해 간첩 혐의를 받고 재판을 받는 과정을 그린다. 정애리는 극의 현재 시점(1950년대 중반)으로부터 '지난 봄, 4월 20일'에 월남하여 청량리에 혜민병원을 세우고 빈민 구호를 시작한다. 월남 후 1년이 채 되지 않는 기간동안 정애리는 체제의 관리 대상에 속하는 공식적 '전향'을 하지 않았다. 구속된 그녀는 법정에서 간첩사건의 피고로, 수갑을 차고 법정을 드나든다. 정애리의 신분은 남한 국민과 북한 인민 사이의 모호한 지점, '교화'되지 않는 월경인 또는 북의 명령을 위반한 간첩이라는 위상 사이에 있다.

재판정에서 정애리는 재판장의 단답형 질문에 모호한 답변으로 응하다가(1장) 침묵한다(5장). 1장 무대는 '서류를 넘기는 재판장의 손으로부터 밝아진다.' '서류'는 정애리의 기소장으로 보인다. 앞 장에서 언급한 바와 같이 남천내무서를 배경으로 전향과 체제협력의 문제, 이데올로기적 폭력을 드러내는 장면이 오영식을 매개한 것임을 감안한다면, 1장 초반의 재판장과 정애리의 대화는 극에서 정애리에게 직접적으로 노출된 체제의 폭력적 담화로 해석할 수 있다.[18] 이러한 법정의 구도는 남천 내무서에서 서장과 오영수가 취했던 구도와 유사하게 체제가 가하는 월경인, 경계인에 대한 폭력을 그려낸다.

재판장의 권위가 '서류', 국가가 그녀의 행적을 조사한 객관적인 텍스트이자 공론적 담론을 발화하는 데서 오는 반면 그녀의 증언은 주관적 기억에 의존하고 있기에 위태롭다. 애리의 변호인 '민 변호사'는 재판장의 공격적인 담화를 제지하면서 대화상황에 개입하고, 애리의 과거 기억을 대신 진술하는 역할을 맡는다. 민 변호사의 변론은 애리의 기억을 전하는 것으로 시작하여 객관적 텍스트('서류')에 대응할 만한 증거를 제시하며 객관적 텍스트에서 기술된 내용과 다투는 방식으로 전개된다. 민 변호사는 애리의 월경의 내력을 진술하고(1장), 그녀의

18 이에 대하여 박명진은 "국가권력의 가장 공적인 기구라 할 수 있는 법정의 담론은 '대화주의'를 인정하지 않은 단의성을 나타내고" 있으며, 이러한 이항대립의 틀에서 정애리의 담화가 명확하지 않음을 지적하며 이를 "객관적 사실과 주관적 심정은 애초부터 질문과 답변의 구조를 충족시킬 수가 없기" 때문으로 분석한다. 나아가 정애리의 '주관적 심정'은 사랑의 순수성과 이어져 있으며, 이것이 소극적이나마 반공 이데올로기의 단의성에 저항하며 "지배담론에 대한 혐오의 흔적을 희미하게나마 남긴다"는 것이 논의의 핵심이다(박명진, 앞의 책, 205~211쪽). 이같은 담화 분석은 본 글에 많은 시사점을 제공한다. 이 작품에서는 지배담론의 혐오나 이데올로기의 단의성 비판 이상의 것, 월경과 전향체제에 대한 비판을 읽어낼 수 있다.

'침묵'의 의미를 설명하며, 과거 기억의 진실성을 보증할 인물로 전 약혼자 김민규를 증인으로 내세운다. 마지막 변론에서 그는 북한 체제에서 배척당한 인물로서 정애리의 위치를 상기시킨다(5장). 특히 애리의 '침묵'을 민 변호사가 변론하는 과정과, 애리의 증인으로 남한에 거주하는 전 약혼자 김민규를 내세우는 것은 주목을 요한다.

D.

재판장 : 잠깐만 그것이 사실이라면 피고는 지금까지 왜 검사에게 자세한 내용을 진술하지 않았던가요?

변호사 : 네, **그것은 피고의 감정과 인격 속에서 자라나고 경과한 보이지 않는 정신의 역정歷程이었기때문입니다. 그것은 피고의 존귀한 비밀이었읍니다. 누구에게도 알리고 싶지 않았던 것입니다. 그래서 그 사실을 감추어 두었던 것입니다.**

재판장 : 그러나 그 보이지 않는 것은 무엇으로 증명할 수 있소?

변호사 : 우선 그만한 사람의 증인으로 김민규 씨를 데려오겠습니다. (강조는 인용자)

— 11화

E.

(민규 나와서 재판장에게 목례하고 애리를 잠깐 쳐다본다.)

민규 : (애리를 보고) 애리씨!

애리 : (죽은 듯이 가만히 서 있다)

(…중략…)

민규 : 네. 애리 씨는 왜정 때 상천애자라고 불렀습니다. 그래서 정애리가 누군지 몰랐던 것입니다. 그러다가 저번 변호사님의 연락으로 알게 되었습니다. 그리고 애리 씨는 성장으로 보나 인간성으로 보나 결코 공산주의 사회의 인간이 될 수 없는 사람입니다.

재판장 : 알겠소. 묻는 말에만 대답해 주시오.

변호사 : 재판장 끝으로 한 말씀 더 드려 두어야겠습니다. 이 모든 사실은 누가 투서를 했음에 틀림없는데 그것은 이북에서 남파된 간첩이 피고를 곤경으로 빠트리기 위해 한 것에 틀림없다고 생각합니다.

—12화

우선 애리의 '침묵'의 의미에 대하여 살펴보자. 5장에서 민 변호사는 애리의 침묵에 대하여 '누구에게도 알리고 싶지 않은 존귀한 비밀'임을 강조하며 침묵의 의미를 대변한다(D). '비밀'이 오영식에게 체제의 위협에서도 지켜야 했던 내적 가치였음을 상기한다면, 애리의 '비밀' 역시 외부적 압력에 훼손되도록 내어둘 수 없는 내밀하고 소중한 가치이며, '자유', 곧 정애리와 오영식이 공유하던 사상의 자유에 걸친 문제임을 알 수 있다.

정애리는 불리한 판결이 예상됨에도 법정에서 침묵을 지킨다. 1장과 5장에서 '비밀'은 정애리의 행동('침묵')을 결정하는 동인이 된다. 정애리는 과거에 대한 반성, 전향의 의지, '자유민주주의' 신념 따위를 명확하게 진술하지 않는다. 그녀의 기억에 의존한 변론(과거회상)에서도 그녀의 사상성을 확증할 만한 사건들은 확실하게 증언되지 않는다. 재판에서 침묵과 모호한 답변으로 일관하였던 정애리의 행동은 이러한

'비밀'을 지켜내고자 한 극적 행위로 해석할 수 있다.

증인 김민규의 문제를 다루어보자. 김민규는 해방 되던 해의 석 달간, 애리가 '상천애자'였을 때 애리의 곁에 있었으며 이후 10여년 간 그녀의 이름도 모른 채 살았다(E). 민규가 증언할 수 있는 부분은 심리審理 초반에 재판장이 묻고 애리가 답한 그녀의 고향과 가정환경부터 최초의 38선 월경 사건까지, 곧 1945년까지의 기억에 국한될 수밖에 없다. 이러한 민규의 기억은 현재 심리에서 다투고 있는 '정애리 간첩사건'의 가장 첨예한 부분인 애리의 두 번째 월경(1950년)부터 세 번째 월경 사건(1950년 중반) 사이의 행적과 거리가 있다. 그럼에도 불구하고 민 변호사와 재판장은 김민규를 증인으로 채택한다.

김민규는 무엇을 증언하는가? 민규는 그녀의 '성장', '인간성'을 보증하며 그녀가 '공산주의의 인간이 될 수 없음'을 주장한다. 이는 증언의 방식에서 보고나 서사적 묘사narrative가 아닌 '특정한 입장을 주장'하는 것으로 해석할 수 있다.[19] 그러한 의미에서 김민규는 객관적 증언자가 아닌 '사상 보증인'의 역할을 수행한다. 이 심리의 핵심적 사안을 증언할 수 있는 증인은 오직 북한 내무서원 오영식 뿐이다. 오영식이 증인이 될 수 없고 김민규가 증인이 될 수 있는 것은 당연히도 오영식은 북한 '인민'이고, 김민규는 남한 '국민'이라는 사실에서이다. 건전한 '국민'의 입장에서 민 변호사와 김민규는 정애리가 공산주의자가 아님을

---

19 G. 로젠탈G. Rosental의 구술생애사 방법론에서 담화상황에 나타나는 증언은 이야기·묘사·주장의 세 층위로 분석된다. 이중 증언은 ① 지나간 사실에 대한 보고 ② 특정한 입장에 대한 주장argue ③ 시간과 장소의 이동을 동반하는 서사적 묘사narrative 세 층위로 분석된다(이희영, 「사회학 방법론으로서의 생애사 재구성－행위이론의 관점에서 본 의의와 방법론적 원칙」, 『한국사회학』 제39집 3호, 한국사회학회, 2005, 135쪽).

주장한다(E). 〈사랑을 찾아서〉의 1장과 5장에서 그려지는 1950년대 후반의 법정 장면은 재판관과 피고인, 변호사와 증인의 위상을 통해 국가체제(재판관)와 '교화' 가능성 또는 '공산주의 사회의 인간이 될 수 없음'을 주장하는 국민이자 사상 보증인(민 변호사, 김민규), 피고-월경인(정애리)의 구도를 드러낸다.

다음으로 무대공간에 대하여 살펴보자. 희곡 텍스트에는 중앙에 민규의 응접실 겸 서재, 좌측에 '북한 괴뢰의 내무서', 우측에 법정이 구성되어 있다.

남천 내무서	민규의 응접실	법정

〈그림 1〉 중앙의 응접실(2장)

〈그림 2〉 우측의 법정(5장)

* 1960년 3월 제작극회의 〈사랑을 찾아서〉(오사랑 연출, 원각사) 공연사진[20]

박명진[21]과 윤일수[22]의 연구는 작품의 무대공간을 극의 멜로드라마

20 사진은 박현숙, 『박현숙 희곡전집』 1, 늘봄출판사, 2001.

21 박명진은 민규의 응접실을 '순수한 영혼의 보호구역'으로(중앙)이며 드라마의 의미생성에 중요한 역할을 수행하는 공간으로 보았다. 이와 함께 남한 사회는 법정(우측), 북면의 획일성은 내무서(좌측)로 해석하여 사랑의 완성을 방해하는 남한과 북한 모두를 비판하는 것으로 상정하고 있다(박명진, 앞의 책, 204~211쪽).

22 윤일수의 연구에서 중앙의 공간은 대학교수인 민규의 위상과 연결된다. 그렇기에 애리

적 구조와의 연관성을 중심으로 해석하였다. 두 연구의 접근방식에 차이가 있으나 공히 중앙의 '응접실'을 작품 해석을 위한 핵심적 공간이자 긍정적 담론공간(+)으로, 남천 내무서와 법정을 부정적 담론공간(−)으로 규정한다. 그러나 몇 가지 점에서 이같은 접근은 재고再考가 필요하다. 첫 번째, 과연 '응접실'을 '부르주아적 사랑의 공간'('순수한 사랑'의 공간)으로 해석할 수 있을까. 민규의 응접실에서 일어난 사건(2, 3장)에서 정애리의 '사랑'은 이루어지지 못하며, '사랑의 순수성'보다 '전쟁'과 생존의 논리가 드러난다는 점은 적절한 해명이 필요하다. 두 번째, 담론상황의 폭력성이라는 측면에서 법정과 남천내무서의 질적 차이를 고려해야 한다. 법정과 남천내무서는 남북의 상징인가? 두 공간을 부정적 담론공간으로 해석하는 것은 타당하지만, 앞서 논의하였듯 내무서의 폭력성은 오영식과 서장 사이, 법정의 폭력성은 재판장과 정애리에게 초점화되어 있다는 점에 유념하여 두 공간의 질적 차이에 주목할 필요가 있다.

〈사랑을 찾아서〉는 1960년 발표된 이후 동년 3월 16일부터 20일까지 제작극회 주최, 오사량 연출로 소극장 원각사에서 공연된 바 있다. 앞의 공연사진에서 보듯, 오브제의 차원에서 왼쪽의 높게 쌓아올린 재판정과 그 위에 연극이 시작하여 끝날 때까지 위치하였을 법관의 육체 오브제는, 사건의 중심에 서 있지는 않으나 관객들의 시선에 노출되어 의미를 형성한다. 동시에 법관들은 장면을 관찰하는 것으로 설정되어

를 위한 민규의 변론은 "자유민주주의의 남한 사회의 포용력을 보여주기에 부족함이 없"으며 북한 내무서는 이념의 메마름을 나타내는 공간으로 해석한다(윤일수, 「무대 공간 활용의 특성」, 『박현숙 희곡연구』, 국학자료원, 2004).

있었을 것이다. 또한 공간의 배치도 특이하다. 남과 북을 대조하기 위해서는 좌우로 남과 북을, 중앙 또는 후면에 법정을 형상화하는 것이 가장 일반적일 듯한데, 작품에서는 독특하게 공간을 배치한 셈이다.[23]

구체적으로 무대공간의 의미를 분석해 보자. 작품의 무대지시문은 '현실양상의 일종의 부조리를 설명하는 것'으로 서술되어 있다. 이러한 서술에서 공간이 지닌 질적인 차이를 상정하고 있음을 알 수 있다. 맞붙어있는 내무서와 응접실은 중앙을 기준으로 무대 왼편에, 응접실과 법정은 무대 오른편에 경계면을 형성한다. 법정 장면은 처음과 끝에 배치되고(1, 5장) 텍스트 분량에서 3/4를 차지하는 무대시간 동안(2, 3, 4장) 남과 북에서 일어난 애리의 과거사건이 전개된다. 2장에서 4장까지 애리는 월남하고(중앙, 민규의 응접실) 월북하는(좌측, 남천내무서) 과정을 보여준다. 결국 무대의 왼편과 중앙에서 경계 너머로 넘어가려는 사건이 전개되는 것이다(왼쪽⇆중앙). 이러한 애리의 월남 / 북을 통해 무대 왼편의 경계선은 남북의 국경으로 인식되며, 경계면은 '월경' 행위를 환기한다.

여기에 시선의 문제를 고려할 수 있다. 민 변호사의 '법정변론'이라는 형식으로 과거 사건이 전개되기에, 법관을 비롯한 재판정의 인물들

---

23 1960년 〈사랑을 찾아서〉가 발표된 지 5년 후 희곡집에 개작, 수록한 〈여수女囚〉(1965)에는 무대디자인 삽화가 제시되어 있다. 이 무대 디자인은 재미있게도 작가의 무대지시문과 다르게 좌우를 응접실과 내무서로, 중앙에 법정을 배치하고 있다. 삽화가의 실수였겠으나, 이 삽화를 통해 작품이 의도하였던 '경계'의 형성의 의미를 살펴볼 수 있다. 중앙에 법정이 자리할 경우 남한과 북한을 상징하는 공간의 경계면이 만들어지지 않으며, 법정을 경계로 두 공간 사이의 단절감이 부각된다.

〈여수〉의 무대 삽화
(박현숙, 『女人』, 창미사, 1965, 43쪽)

은 정애리의 과거 사건을 주시하고 관찰하는 입장이 된다. 사건을 관찰하는 중심은 법정이다. 변호사의 발화가 극적 사건으로 재구성된다는 극의 내적 규칙 아래서 법정 공간을 점유한 인물들(재판관, 변호사)은 법정을 기준으로 왼편(응접실과 내무서)을 주시, 관찰하는 것으로 상상된다. 법정의 시선이 가장 관찰하기 힘든 무대 왼편의 끝에 북한의 남천 내무서가 위치한다. 이 관찰의 시선을 따라 정애리는 중앙을 거쳐 왼편으로, 남한에서 북한으로 재판정의 시야에서 점점 멀어지다가, 다시 본래의 재판정으로 돌아오는 구조를 취하는 것이다. 이러한 거리의 구도는 재판정을 중심으로 한 사상적 친연성의 거리와 관계가 있다. 북한 공산주의 체제를 상징하는 남천 세무서는 남한의 재판정에서 가장 먼 거리에, 남한 국민 김민규의 응접실은 재판정의 가까운 자리에 위치하는 것이다.

또한 각 공간은 공간을 점유하는 인물들의 위상과 연결되어 있다. 애리가 남북을 월경하는 이유는 김민규와 오영식에 대한 사랑이 계기이며, 내무서와 응접실은 사랑의 대상이 존재하는 공간이다. 앞 장에서 논의하였듯 김민규가 남한의 국민, 오영식이 북한의 인민이었다는 사실은 월경인 정애리가 자기보존을 위해 선택한 사랑의 편력과 연결된다. '자기 보존으로서의 사랑'의 구도에서 애리에게 '사랑의 대상'이 있다는 사실은 월경인이 그 체제에서 자신의 '보존'을 보증할 수 있는 존재를 발견한다는 것을 의미하며, 응접실과 남천 내무서는 이러한 '사랑의 대상'이 존재하는 공간으로 해석할 수 있다. 그러나 법정은 사랑의 대상이 있을 수 없는 곳이다. 법정에서 그녀는 '교화'되지 않는 월경인, 북의 명령을 위반한 간첩이라는 위상 사이에 서 있는 여수女囚일

뿐이다. 그렇기에 내무서와 응접실은 법정이 지닌 공간적 의미와 예리한 경계를 짓게 된다.

이를 정리하자면 다음과 같다.

〈표 1〉 〈사랑을 찾아서〉의 공간 분석

공간	남천 내무서	민규의 응접실	법정
사랑의 대상	오영식	김민규	×
자기보존의 욕망	생존	사랑(2장) / 생존(3장)	'비밀'
정애리의 위상	(사상을 의심받는)인민	(북에서 내려온)국민	월경인 / 간첩
사상적 친연성	원거리	근거리	중심
경계의 의미	↑ 국경	↑ 주시, 관찰	

남한과 북한을 상징하는 내무서와 응접실은 '월남 / 북'을 결심하는 계기가 되었던 사랑의 대상과 연결된 공간이다. 이 공간은 결국 주동인물 정애리가 사랑을 성취하지 못하고 다른 곳으로 월경을 감행한다는 의미에서 부정적인 담론공간이다.(내무서(－), 응접실(－)) 그러나 애리의 입장에서, 법정과 비교하였을 때에 내무서와 응접실이 상징하는 과거는 형식적으로나마 국가체제에 편입되어 있었던 것이었다. 정애리의 위치는 남 / 북에서 월경이라는 전력前歷 덕분에 불안한 것이지만 사랑의 대상과 함께 국민 / 인민으로 편입되어 생활할 수 있었기 때문이다. 반면 법정은 그녀를 국민으로 취급하지 않는다. 정애리와 오영식이 월경을 망설였던 이유는 '처형'의 공포, 월경 후에 온전한 국민 / 인민으로 편입되기 어려울 것이라는 두려움 때문이었다. 법정은 바로 이러한 전향체제의 공포가 실체화된 공간으로 기능한다.(법정(－－))

그러한 의미에서 작품에 드러난 법정은 일반적 재판극에서 설정되는 객관성과 공정성의 공간과는 의미가 다르다. 내무서와 응접실이 형성하는 '국경'과 다른 차원에서, 법정은 주시, 관찰의 주체로서 남한과 북한을 상징하는 공간을 대상으로 설정하며 경계선을 형성한다. 남한과 북한의 경계를 감시하는 공간인 법정(국가체제)에서 증인 김민규, 민 변호사(국민)와 애리(월경인)의 위상은 서로 다르다.

이는 남한 사회 내부에 존재하는 또 하나의 경계 법칙, 국가체제가 주도하는 국민과 월경인의 구분, 50년대 남한의 전향체제를 환기시킨다. 월경과 자기비판, 과거반성을 거친 전향자들은 새로운 국민의 분류 체계(전향자 / 국민) 안에 속하게 된다. 남한에서 '교화'라는 이름으로 행해졌던 전향 장치는 개인의 차원에서 교양교육과 인성교육의 차원을 강조한 '자발적 교화'와 국가 권력의 강제성이 개입된 '공작 교화'로 나뉘어 일상적으로 행해졌던 사상 통제 수단이었다. 그들의 전향은 사상의 보증인이 필요한 것이었는데, 완전한 전향 확인 후에도 전향자는 국민으로 인정받은 것이 아니라 차별, 배제, 분류의 체계 안에 재분류되어 갔다.[24]

이러한 의미에서 〈사랑을 찾아서〉의 법정 장면은 국가체계의 억압을 '전향'을 둘러싼 폭력으로 형상화하며 비판적으로 다루기에 주목할 만한 가치가 있다. 50년대 희곡에서 분단과 사상의 월경, 전향의 문제는 다수가 '반공전향'의 화두로 추락하며, 그마저 전향자의 전향 이후

---

24 김학재, 「정부수립후 국가감시체계의 형성과정－1948～1953, 정보기관과 국민반, 국민보도연맹의 운영사례」, 서울대 언론정보학과 석사논문, 2004, 95～106쪽.

현실을 은폐한다는 점을 염두에 둔다면 이 텍스트가 문제 삼는 월경과 전향 사이 '자유'의 조건, 국민과 월경인의 구도를 드러내는 비판적 관점은 작품이 거둔 성취로 재평가할 수 있다.

〈사랑을 찾아서〉는 5년 뒤 〈여수〉(1965)로 개작되어 희곡집에 수록된다. 개작과정은 결과적으로 작품의 반공 이데올로기가 강하게 부각된 것으로 요약할 수 있다. 이 작품의 심급에 있었던 '월경', '전향', '경계'에 대한 비판적 의식은 애초부터 드러내기 꺼려졌던(또는 드러내면 안 되었던) 내밀한 것이었을까. 경계에 대한 독특한 사유에서 '반공전향'으로 전회轉回하는 이 변화는 작가 박현숙에게 되물어야 하는 지점이다. 이 되묻기 과정은 텍스트의 심층에 '국가체제-국민-월경인'의 경계를 사유했던 작가 의식의 형성 과정을 살펴보는 과정이기도 하다. 본고는 이를 작가의 '월남' 경험에서 찾아보고자 한다.

4. '반공전향'으로의 전회轉回
-〈여수〉(1965) 개작과 월남 작가의 내면

박현숙의 〈사랑을 찾아서〉는 1965년 희곡집 『여인女人』에 〈여수女囚〉로 개작되어 수록되었다. 언급하였듯 반공 이데올로기적 색채가 두드러지게 된 것은 1965년의 개작본 이후부터이다. 개작 과정에서 가장 두드러진 변화는 종전의 장 구분을 없애고 사건에 대한 변호사의 설명을 삽입하였다는 것과 4장과 5장에 사건들이 추가되었다는 것, 인물의 이름이 '박민규'와 '김영식'으로 바뀌었다는 것이다. 극사건이 수정, 추가된 부분은 다음과 같이 정리할 수 있다.

〈표 2〉 원작과 개작의 비교

	〈사랑을 찾아서〉(1960)	〈여수[illegible]〉(1965)	
2장	민규 : 미영이 그럼 내 과거를 없에버려요. (책 속에서 사진을 꺼내서 미영에게 준다.) 미영 : (받아서 보지도 않고 갈기갈기 찢어 버린다.)	민규 : 미영이 그럼 내 과거를 없에버립시다. (책 속에서 사진을 꺼내 갈기갈기 찢어버린다.)	①
		[변호사가 애리가 미영과의 만남 후 월북을 하지 않았다는 사실로 공산당이 될 수 없는 애리의 '인간성'을 주장한 후 남한에서의 미영의 행적을 설명함]	②
3장		[2차 월북사건이 전개된 이후, 변호사가 '피고의 앞길은 깜깜했고 그 속에서 어머니에 대한 그리움이 피어올랐다' 변론함]	③
4장	애리 : 아까 그 말은 취소하겠어요. 영식 : (애리의 손을 붙들며) 애리. 애리 : 그러나 저를 오해하지는 말아주세요. 영식 : 오해라뇨? 애리 : 저는 여기선 누구나 믿을 수 없었어요. 아무두 믿으면 안 되는 세상에서 누구를 믿을 수 있었겠어요? 영식 : (묵묵히 서 있다.)	애리 : 저 아까 남한으로 가겠다던 그 말은 취소하겠어요. (…중략…) 애리 : 물론 반동분자라고 할 거예요. 하지만 제가 이 몇 해 동안 겪은 바로는 그렇게 단정하지 않을 수 없어요. 그리고 이런 말을 영식씨에겐 할 수 있을 거 같아요.	④
	영식 : 자아, 정말 나를 믿는다면 정말 나를 사랑한다면 하라는 대로 해 주시오. 애리 : 선생님은 그럼 나를 ……. 영식 : 기한은 육개월 동안입니다. 애리 : (차차 냉정해지면서) 그럼 역시 선생님도 ……. 영식 : 기한은 육개월이지만, 얼마든지 연기해두 좋습니다. (거의 절망적인 발악으로) 아니요! 무기한으로 가 계십시오. 그리고 다시는 이런 곳에 돌아오지 마십시오. 정말 돌아오지 마십시오! 애리 : (그제야 영식의 본심을 깨닫고 영식의 품에 안겨 흐느낀다.)	[1. 영식은 애리에게 당의 결정을 따를 것을 강요함] [2. 애리는 '정치니 사상 따위는 모르며, 아버지의 독립운동 때문에 부녀가 고충을 겪었음'을 토로하며, '투쟁해야 한다'는 영식의 주장을 일축함] [3. 애리는 6·25때 인민군의 만행을 들추고, 영식은 '피스톨'을 꺼내들고 애리를 협박함] [4. 서장에게 걸려온 전화를 영식이 받아 일이 무사히 진행되고 있음을 알리고, 영식은 애리에게 남쪽에 내려가 돌아오지 말 것을 당부함. 이후 원작의 플롯대로 전개됨]	⑤

	〈사랑을 찾아서〉(1960)	〈여수女囚〉(1965)	
5장	변호사 : 네, 그것은 피고의 감정과 인격 속에서 자라나고 경과한 보이지 않는 정신의 역정歷程이었기 때문입니다. 그것은 피고의 존귀한 비밀이었읍니다. 누구에게도 알리고 싶지 않았던 것입니다. 그래서 그 사실을 감추어 두었던 것입니다.	변호사 : [원작의 대사에 뒤이어] 그리고 또 하나는 이 사실을 실토함으로서 이북에 있는 영식의 운명이 어찌되겠느냐는 점에서였으리라고 생각합니다. 또한 김민규 씨를 이런 곳에서 만나기 싫은데서 온 것이라고 봅니다.	⑥
		재판장 : 그럼 지감까지 변호인의 변론에 언급된 증인에 관한 사항은 조금도 상이가 없다고 생각하오? 민규 : 추호도 틀림이 없습니다. 재판장 : 좋소. 증인은 들어가시오. 민규 : 재판장님, 애리씨의 신분은 **제 모든 것을 걸고 보증하겠습니다.**	⑦

* [ ] 안은 인용자 설명, 고딕체 표기는 인용자 강조.

〈여수〉의 '김영식'은 원작의 '오영식'이 지녔던 경계인의 의미가 탈색되고 공산주의 이데올로기의 담지자로 변화한다. 남천 내무서에서 벌어지는 사건(원작 4장)은 개작본에서 가장 두드러지게 수정된 부분이다. 원작에서 '아까 그 말'로 모호하게 표현되었던 영식과 애리와의 대화는 개작을 거쳐 '남한으로 가겠다는' 말로, 북한 체계에 대한 비판적 입장은 애리 스스로가 '반동분자'임을 밝히며 자신의 이데올로기적 입장을 발화하는 것으로 다시 쓰인다(④). 김영식은 애리에게 '나를 사랑한다면' 당의 결정에 따를 것을 주장한다. 애리는 김영식에 대한 저항의 과정에서 "나를 정치적 도구로 이용하려는 사람은 누구도 싫"으며, "해방을 시켜준다구 하면서 착한 사람들을 무수히 학살"[25] 한 인민군의 만행을 질타한다(⑤,2, ⑤,3). 갈등의 정점에서 김영식은 '피스톨'을 꺼내

25 박현숙, 〈여수女囚〉, 『여인』, 창미사, 1965, 74~75쪽.

들고 애리를 협박한다(⑤.3). 원작에서 서장과 김영식 사이에서 극화되었던 이데올로기의 폭력은 개작을 거쳐 김영식과 정애리 사이의 갈등으로 극화된다. 이 과정에서 애리는 '반공'의 의미가 담긴 대사와 행동을 통해 스스로 사상의 정체성을 명확하게 드러내고 있다.

원작에서 건전한 '국민'이자 '사상 보증인'으로 그려지는 민 변호사와 '박민규'는 개작을 거쳐 그 역할이 강화된다. 민 변호사는 각 에피소드의 말미에서 과거의 사건들이 모두 '공산주의 인간이 될 수 없는' 정애리의 '인간성'을 보증하고 있다는 논리를 펼치면서, 사상적 측면에서 가장 문제가 될 수 있는 2차 월경(월북) 과정의 동기를 '어머니에 대한 그리움'에서 비롯되었다고 변론한다(③). 또한 '침묵'으로 '존귀한 비밀'을 지켜내겠다는 애리의 행위를 '이북의 영식의 운명을 걱정하였고, 법정에서 민규를 만나기 싫었던 애리의 상황'에서 비롯되었다 해석한다(⑥). 개작본에서 박민규는 아내에 의한 사진 오브제의 훼손을 수용하는 원작과는 달리 사진을 직접 '찢는' 행동을 보인다(①). 이 과정에서 원작이 지녔던 애리와 민규 사이의 사랑의 여운은 개작본에서 사라진다. 5장에서 재판관은 애리의 1950년대의 행적을 알 수 없는 민규에게 애리의 기억이 확실한지 묻는다. 기억이 확실하다 증언하는 민규는 애리의 처지를 동정하며 나아가 '모든 것을 걸고 신분을 보증'하는 '사상 보증인'으로서의 성격이 강화된다(⑦).

결론적으로 개작 과정을 통해 정애리의 행동은 '반공전향'에 보다 가까운 모습으로 전회하며, '침묵'과 '비밀'이 지녔던 전향체제에 대한 비판적 관점은 퇴색된다. 개작본에서 엿보이는 비판적 관점의 퇴조와 '반공정신'의 강화는 민 변호사의 적극적인 과거 행위의 변론과 김민규의 '사상 보증인'으로서의 위상 강화와 맞물려 이루어진다. 이러한 사실에서 월경인의 비판적 사유가 '국민'과 '전향'체제에 순응하는 방향으로 미끄러지고 있음을 감지할 수 있다.

4장에서 애리는 간첩활동을 종용하는 영식을 비판하면서 특이하게도 독립운동을 하신 아버지와 이 때문에 불행했던 모녀의 삶을 언급한다(⑤.2). 극 텍스트에서 아버지에 대한 언급은 전혀 등장한 바 없었으며, 이 진술은 어떠한 사건과도 이어지지 않는다. 이 이질적인 장면의 삽입은 작가 박현숙의 자전적 기억의 흔적이다.

> 애리 : (그 말을 무시하고) 나는 정치니 사상이니 하는 따위는 몰라요. 또 알구 싶지두 않구요. 저의 어머님은 젊어서부터 그 정치 때문에 고생하신 것을 보았어요. 아버지는 일제 때 독립운동을 하다가 옥사했으니까요. 그것이 나라를 위해 좋은 일이었는진 몰라두 어머니와 나는 그 때문에 갖은 고충을 겪었어요.
>
> — 박현숙, 〈여수〉, 앞의 책, 74~75쪽

박현숙朴賢淑, 1926~은 황해도 재령 출생으로 아버지 박순일과 어머니 송정옥의 무남독녀로 태어났다. 아버지 박순일은 구국만세 시위 도중 1929년 세상을 떠났고, 어머니의 재가와 계부 이시화의 방종으로 인한 집안의 몰락을 겪으며 유년시절 황해도 해주와 서울에서 성장한다. 작가는 해주 의정여학교를 졸업하고 집안 형편으로 상급학교 진학이 좌절되자 학비를 면제해 주었던 해주 도립병원 부설 간호학교에 진학하여 해방 직전까지 간호학교에서 수학하였다. 박현숙은 해주에 개교한 음악전문학교에 입학하였다가 1946년 봄, 고향에 편모를 남겨두고 38선을 넘어 서울에 정착하여 간호원으로 일하며 고학한다.[26] 많은 월남작가들과 달리 작가는 국경선을 넘었던 경험, 월남의 체험에 대하여 문자 기록으로 남겨놓지 않고 있다. 그러나 구술 기록을 통해 작가 박현숙의 첫 번째 월남의 경험을 살펴볼 수 있다.

박 : 그래가지구 그것두 또 돈을 그 길 안내하는 사람한테 돈을 줘야 되거든요. 돈을 주구 그르구서 골목골목을 해가지구 산 가탕으루 해서, 그거 이제 강을 건너서 그래서 남면에 딱! 오니깐요, 그 넘어오기 전에 북면에서는 소련 병들이 막~ 총을 어디서 쏘는지 막 총소리가 나구, 남면에서는 또 무슨 스파이가 넘어 온다구 막 총 쏘구 그러니까, 맞아 죽어두 할 수 없구 그럴 때거든요. {아 네} 그래서 그냥 간신히 그냥 넘어 와가지구 딱 청단인데를 넘어오니까 잽혀 갔어요.

문 : 어머, 어느 면으루?

박 : 응, 이면인데, 인제는~ 안심했다 싶으니까 잡아가더라구 또. 게, 너희들 여기 왜 왔냐 그래서, "사실은 공부하러 왔다" 그래, "짐을 다 클러라" 그래, 다 클러보니까 뭐 졸업장하구 사진 밖에 없으니까, 아 그러면은 또 한, 그 우리 선배 언니는 이모가 있어서 이모 집에 간다 그러구, 을지로에 이모가 있었거든. 그래서 우리는 인제 그 사람만 따

---

26 이상은 박현숙의 자전적 기록이 담겨있는 작가의 수필집 『예술가의 삶 14－나의 독백은 끝나지 않았다』, 혜화당, 1994 참조. 이후 작가의 생애는 위의 수필집과 박현숙 구술, 문경연 채록연구, 『한국 근현대 예술사 구술채록 연구시리즈 190－박현숙』, 국립예술자료원, 2009 참조.

라 온 거지. {음} 그래가지구 인제 그랬더니, 아, 그러냐구 그럼 가라구, 그 다음날 풀어줘요. {네} 그래서 그날 뭘 타구 갔는지 그건 생각이 안나요. 서울에 와 가지구 오니까 해가 노웃노웃 져 가는데 어떻게 할 수가 없더라구.[27]

38선을 넘는 경험은 소련 병사들의 함성 소리를 뒤로 한 채 북에서 탈주하여, 남한에 도착하자 불순분자 또는 간첩으로 의심받는 '월경인'의 체험이었다. 남한에 도착한 작가는 감시자들 앞에서 짐꾸러미를 열어 '공부하러 온' 월남동기의 순수성을 스스로 증명해야만 했다. 고학을 거쳐 작가 박현숙은 중앙대학에 입학한다. 중앙대 재학 중이던 1947년 여름, 작가는 어머니를 뵙기 위하여 청단을 거쳐 다시 38선을 넘어 이북으로 월경한다. 작가의 월북과 관련하여 북에 거주하던 임학봉 목사가 내무서로 불려가자 박현숙은 해주 내무서를 찾아가 월경 사실을 고한다. 내무서에서 밝힌 그의 월북 동기는 "공부하러 갔다 어머니가 그리워서 왔을 뿐"이었다. 그녀는 간첩 혐의를 벗고 다시는 서울에 가지 않겠다는 서약서에 지장을 찍은 후 목사와 함께 풀려나와 어머니를 찾아뵌 후, 일주일 후 38선을 넘어 다시 서울로 돌아온다.[28]

6·25가 발발하여 '적치 서울'의 시기가 되자, 서울에 남게 된 작가는 '생존'의 공포에 시달린다. "이북에서 월남한 사람은 무조건 반동분자

---

27 박현숙 구술, 문경연 채록연구, 『한국 근현대 예술사 구술채록 연구시리즈 190－박현숙』, 국립예술자료원, 2009, 27쪽('박'은 박현숙, '문'은 문경연. 중괄호 안은 구술 상황 중 대담자의 첨언).

28 박현숙, 『예술가의 삶 14－나의 독백은 끝나지 않았다』, 혜화당, 1994, 54~55쪽.

로 죽일 것이요, 또한 그들이 인민재판을 열면 2차 월북시 다시는 남면으로 안 간다고 서약서를 쓰고 거기다 내 지장을 찍었으니 그대로 묵과하지 않을 것만 같아 걱정이 되었다."[29] 이후 중대 연극반 후배 김동준 일행과 함께 작가는 '적치 서울'을 탈출한다. 이러한 작가의 전기적 사실에 비추어 〈사랑을 찾아서〉의 서사 구조에는 작가의 월경 경험이 깊이 반영되어 있음을 간취할 수 있다. 특히 이북 출신의 간호사이자 월남 고학생이었던 주인공 정애리의 사건에는 작가 박현숙의 자전적 경험과 월경의 공포, '생존'의 감각, 경계의 인식이 자리하고 있다.

1960년의 〈사랑을 찾아서〉는 바로 이러한 경계에 대한 예민한 월남 작가 박현숙의 자의식, '반공'의 이데올로기 속에 아직 포섭되지 않은 경계에 대한 비판적 의식 속에서 상상될 수 있었던 것이다. 그러나 〈여수女囚〉로 개작되면서 이러한 경계와 '월경인'으로서의 비판적 의식은 '국민'의 범주로 경사되고 개작 과정을 통해 반공주의 이데올로기를 드러낸다. 이 과정에서 작가는 자전적 기억을 삽입한다.

두 판본의 차이는 왜 발생하는가? 1965년의 〈여수〉는 원작에서 감추어 놓은 사건들을 구체적으로 제시하고, 민 변호사와 민규를 통해 애리의 무죄를 강하게 항변하는 과정을 풀어쓰기와 영식을 공산주의 이데올로기의 담지자로 고쳐쓰기, 두 방향으로 개작되었다. 이와 함께 개작본에 삽입된 작가의 자전적 기억에도 주목할 필요가 있다. 부친의 독립운동과 어머니와 애리 자신의 희생에 대한 이야기는 남북한 체제와 거리를 두었던 정애리의 내력으로 읽히면서, 동시에 정애리의

29 위의 책, 63쪽.

가족이 일제강점기부터 국가의 정통성 회복(해방)을 위해 희생하였다는 사실을 강조하려는 의도로 읽히기도 한다.

1965년의 작가에게 이는 어떠한 의미가 있을까. '김영식'이 경계인이 아닌 인민군이 되고, 정애리의 무죄가 '국민'들의 입을 빌어 강하게 변론되며, 애리의 가정이 국가를 위해 희생하였다는 진술은 왜 등장하여야 했던 것인가. 박현숙의 경험이 애리의 사건에 반영되었다면, 개작의 작업이란 월남작가가 '국민'이 되기 위한 알리바이 만들기의 작업과 유사한 것이 아니었을까. 이러한 가설은 1960년대 시대적 분위기, 박정희 정권 이후의 반공주의의 변화와 함께 다루어져야 할 주제이다. 이 글에서 이야기할 수 있는 사실은, 1960년 작 〈사랑을 찾아서〉에는 월경의 공포와 전향 체제의 억압에 대한 작가의 '경험'이 작가의 반공주의 이데올로기보다 텍스트에서 더욱 강하게 드러났으며, 이를 통해 체제에 대한 비판적 상상력을 담아내었다는 사실이다. 〈사랑을 찾아서〉에서 〈여수〉로 변화하는 과정은 자전적 경험 안에 약동하던 '전향'과 경계에 대한 '월경인'으로서의 비판적 의식이 이데올로기와 갈등하는 과정이었다. 이 과정에서 작가는 텍스트의 심층에 이질적인 자전적 흔적을 남기기도 한다.

그러나 개작본 〈여수〉에서도 정애리의 '침묵'과 '비밀'에 대한 언술은 유지된다. 또한 개작본에서도 원작과 같이 판결을 제시하지 못한 채 끝을 맺는다. 작가 박현숙은 이에 대하여 다음과 같이 고백한다.

> 나의 희곡작품으로 첫 선을 보인 작품에 〈여수〉라는 것이 있다. 20년 전 『조선일보』 신춘문예 가작 입선작이다. 이상과 현실의 '갭' 때문에 절망의

구렁텅이 앞에 서게 된 여인을 그려본 것으로 결론을 **훌륭한 변호사에게 맡기는 식으로 여운을 남겨놓은 작품이다. 그러나 사실은 내가 무어라고 결론지을 수 없어 그렇게 처리해 버렸다고 하면 더 솔직한 고백일 것이다.**[30] (강조는 인용자)

위의 회고에 따르면, 작가 박현숙은 개작본에서 민 변호사의 성격과 역할을 강화하며 건전한 '국민'이자 '사상 보증인'으로서 정애리의 과거를 옹호하는 장면에 개작을 둘러싼 자신의 이데올로기적 의도를 투영하고 있었다 이야기할 수 있을 것이다. 그러나 판결의 결론, 애리의 '자유'란 남한에서 가능한가의 문제에 대하여 텍스트와 작가는 침묵하는데, 이에 대해서 작가는 '무어라고 결론지을 수 없음'을 언급한다. 〈여수〉의 단계에 이르러서도, 남한 체제가 정애리를 수용할 수 있을 것인가의 문제에 대하여 작가는 답하지 못하는 것이다. 이데올로기로서 '반공주의'를 긍정하면서도 끝내 심급에서 거리를 두는 이 지점을 우리는 작가 박현숙의 '월남작가'적 특이성으로 조심스레 음미해야 하는 것은 아닐까.

이 장면은 다시 1950년대 후반부터 등장한 일군의 '신진극작가'들이 지닌 '월북작가'의 정체성과 만나며 희곡사적 문제로 제기된다. 박현숙을 비롯하여 함남 고원 출생으로 해방 이후 월남한 작가 주동운,[31]

---

30 박현숙, 「변호사 제위에게」, 『쫓기며 사는 행복』, 유림사, 1982, 185쪽.

31 주동운朱東雲, 1929~1999. 본명은 조창준趙昌俊. 함남 고원 출생. 원산상업학교 졸업. 45년 8월 월남하여 서울고등학교 입학(1946), 중앙대학교 영문과 입학(1948) 입학 해 중대 연극반에서 처녀희곡 〈암굴〉 발표. 이후 박현숙, 최무룡 등과 함께 중대연극반 활동. 그의 작품 〈피의 조류〉(1954)는 반공극임에도 경계인의 성격을 지닌 인민군 '윤황제'를 통해

함남 함주 출생으로 6·25전쟁기에 월남하여 국군 입대한 박조열[32] 등 한국 현대 희곡사에 나타나는 월남 작가들의 심급에 위치한 경계의 사유와 반공주의 사이의 겹침과 거리두기는 한국 희곡 연구에서 보다 구체적으로 탐구되어야 할 대상이기 때문이다.

5. 결론

〈사랑을 찾아서〉는 1945년부터 50년까지의 남북한 사회와 1950년대 중반의 남한 법정을 배경으로, 월경 모티프와 월경인, 경계인의 형상화를 통해 1950년대 한국 사회가 월경과 전향 사이 '자유'의 조건을 갖추었는지를 비판적으로 다루는 작품이다. 특히 월경인 정애리의 재판을 다룬 법정 장면(1, 5장)의 서사와 극의 무대공간 배치는 체제와 국민, 월경인의 구도를 보여주며 1950년대 남한의 전향체제를 환기한다.

원작에는 월남과 월북, 전쟁, 남한에서의 고학 경험 등 월남작가 박현숙의 체험과 경계 인식이 반영되어 있다. 5년 뒤 〈여수〉(1965)로 개작되는 과정에서 텍스트에는 반공주의 이데올로기의 요소가 추가된다. 〈사랑을 찾아서〉에서 〈여수〉로의 개작 과정은 텍스트 안에서 월경 체험과 반공주의 이데올로기가 긴장 관계에 놓여 있음을 증명한다.

남한과 미국에 대한 신랄한 비판을 가하기에 이채롭다.

32 박조열의 희곡 〈관광지대〉(1964)에서는 남과 북의 '경계'의 모티프가 제시되고, 〈목이 긴 두 사람의 대화〉(1966)에서 이 '경계'는 체제 비판과 통일 의지로 보다 심화되어 희곡사의 전면에 드러난다. 그럼에도 공산주의 비판, 자유주의 체계에 대한 옹호 역시 작품의 심급에 흔적을 남기고 있다.

이러한 사실은 향후 1960년대 한국 사회의 반공주의 이데올로기의 내면화 과정, 반공주의와 월경 체험 사이에서 유동하는 월남 작가의 내면과 텍스트의 연관성을 분석해야 할 문제를 환기한다.

참고문헌

자료

『경향일보』, 『동아일보』, 『조선일보』

박현숙 구술, 문경연 채록연구, 『한국 근현대 예술사 구술채록 연구시리즈 190－박현숙』, 국립예술자료원, 2009.

_____, 『그 찬란한 유산』, 범우사, 1986.

_____, 『박현숙 희곡전집』 1, 늘봄출판사, 2001.

_____, 『女人』, 창미사, 1965.

_____, 『예술가의 삶 14－나의 독백은 끝나지 않았다』, 혜화당, 1994.

_____, 『쫓기며 사는 행복』, 유림사, 1982.

논문

강성현, 「한국의 사상통제기제의 역사적 형성과 보도연맹사건, 1925～50」, 서울대 사회학과 박사논문, 2012.

김복순, 「낭만적 사랑의 계보와 사회원리로서의 젠더－1950년대 『사상계』와 『여원』을 중심으로」, 『어문연구』 제151호, 한국어문교육연구회, 2011.

김학재, 「정부수립후 국가감시체계의 형성과정－1948～1953, 정보기관과 국민반, 국민보도 연맹의 운영사례」, 서울대 언론정보학과 석사논문, 2004.

변신원, 「박현숙 희곡의 여성비평적 연구」, 연세대 국문과 석사논문, 1989.

오영미, 「1950년대 개인담론의 대두와 반공극의 위상」, 『한국극예술연구』 제42집, 한국극예술학회, 2013.

윤석진, 「1960년대 한국 희곡에 나타난 멜로드라마적 경향 연구－박현숙의 희곡을 중심으로」, 『한국연극학』 제10권, 한국연극학회, 1998.

이미원, 「박현숙 희곡 연구」, 『한국연극학』 제11권, 한국연극학회, 1998.

이은경, 「희곡 속에 나타난 여성과 전쟁－김자림·박현숙·강성희 작품을 중심으로」, 『어문학』 제90집, 한국어문학회, 2005.

이하나, 「1950～60년대 반공주의 담론과 감성 정치」, 『사회와 역사』 제95집, 한국사회사학회, 2012.

이희영, 「사회학 방법론으로서의 생애사 재구성 : 행위이론의 관점에서 본 의의와 방법론적 원칙」, 『한국사회학』 제39집 3호, 한국사회학회, 2005.
전희영, 「박현숙 희곡의 멜로드라마적 특성 연구」, 울산대 국문과 석사논문, 2010.
채새미, 「박현숙 희곡 연구」, 서울여대 국문과 석사논문, 1998.

단행본
김옥란, 『한국 여성 극작가론』, 연극과인간, 2004.
무천극예술학회, 『박현숙 희곡연구』, 국학자료원, 2004.
민족문학사연구소 희곡분과, 『1950년대 희곡 연구』, 새미, 1998.
박명진, 『한국 전후희곡의 담론과 주체 구성』, 월인, 1999.
박원순, 『국가보안법연구』, 역사비평사, 1989.
오영미, 『한국전후연극의 형성과 전개』, 태학사, 1996.
유민영, 『한국현대희곡사』, 홍성사, 1982.
이미원, 『한국근대극연구』, 현대미학사, 1994.
조 국, 『양심과 사상의 자유를 위하여』, 책세상, 2001.
주동운, 『바늘방석』, 원방각, 1992.
리차드 H. 미첼, 김윤식 역, 『일제의 사회통제—사상전향과 그 법체계』, 일지사, 1982.
스피노자, 강영계 역, 『에티카』, 서광사, 2007.
윤택림 편역, 『구술사, 기억으로 쓰는 역사』, 아르케, 2010.
후지타 쇼조, 최종길 역, 『전향의 사상사적 연구』, 논형, 2007.

—2부—

非 / 常時의 문화정치학

전시체제기 연극통제시스템의 동원정치와 효과

이승희

1. 전시통제의 퇴적물

"채권을 사십시오. 한 장만 더 사십시오. 비행기를 군함을 일선으로 보냅시다."

여름의 태양이 내리쪼이는 거리를 무대로 삼고 남녀배우들이 비지땀을 흘리며 대사를 외치고 있다. '채권 사는 날'의 하루를 장식하여 정열을 기울여 채권매출 가두선전극에 봉사 출연을 한 조선영화회사와 조선연극문화협회 소속 남녀배우들의 열연이 25일 경성의 번화한 거리 열한 군데에서 막을 제낀 것이다. 비좁은 무대와 영사막을 튀어 나와 밀려가고 밀려오는 사람의 물결 속 감연히 서서 체험하는 연극 아닌 미영격멸전의 현실 앞에 느낌도 큼인지 종시 긴장과 열성으로 가두채권극을 진행하여갔다.[1]

조선흥행계가 채권팔기에 나선 것은 이미 시작된 일이었지만,[2] 1943년의 이 장면은 자못 묘한 거리감을 자아내고 있다. 『매일신보』 기자는 배우들이 거리를 "무대" 삼아 "열연"하는 한 편의 연극, 즉 "채권매출 가두선전극에 봉사 출연"하고 있다고 묘사하고 있다. 채권을 팔기 위해 '동원'된 배우들의 모습을 '연극'으로 묘사한 것은, '현실'과 '연극'의 경계가 묘연해진 어떤 상태를 무의식적으로 드러낸 것처럼 보인다. 즉 실제는 아니지만 가짜라고도 할 수 없는 그럴법함의 상태. 이를 단순히 한 기자의 비유적인 표현이라고 일축하지 않고, 전시체제기 문화통제가 지니는 공통성과 연극통제의 미디어적 특이성이 야기한 어떤 상태로 가정한다면, 이 불분명한 정체를 분별해내는 것은 결코 간단치 않다.

전시체제기 정보통제에 관해 최근 주목할 만한 연구를 내놓은 정근식에 의하면, 이 시기는 체제순응적인 매체만이 존속하고 모든 문화적 영역이 국가권력에 의해 조직되었다는 점에서 이전의 '문화통치'와는 다른 유형의, 즉 '동원통치'의 시대였다. 이 전환은 물론 한반도 역내로 축소될 수 없는 총동원체제의 형성과정과 연동되어 있었고, 통제의 향방은 미디어에 대한 물적 통제와 텍스트를 생산하는 이들에 대한 인적 통제로, 그리고 검열에서 선전으로 혹은 부정적 개입에서 능동적 개입으로 그 무게중심이 이동해갔다고 요약될 수 있다.[3] 연극통제 또한 그와 동궤에 놓이는 뚜렷한 정책적 변화를 보였다.[4]

---

1 「가두에 봉공의 열연—大人氣인 남녀배우 채권보국戰」, 『매일신보』, 1943.6.26.

2 「영화관도 채권 봉공!—입장권과 껴서 판다」, 『매일신보』, 1941.9.3; 「연극영화의 인기예술가 ㅿ마채권 전사로 가두에 총동원」, 『매일신보』, 1941.9.14.

3 정근식, 「식민지 전시체제하에서의 검열과 선전, 그리고 동원」, 『상허학보』 38, 상허학회, 2013.

기본적으로 조선총독부의 연극통제정책은 일본제국의 식민지경영이라는 전체적인 기획 속에서 식민지조선의 지정학적 위치에 따른 효용성 그리고 그 가운데 놓인 흥행문화의 한 부문인 연극의 가치에 따라 결정되어왔고, 그런 차원에서 보자면 조선연극은 엄밀히 말해서 그 자체로 주된 표적이 아니었다. 당국이 촉각을 세웠던 적은 있었으나, 그것은 '위장된' 혹은 '잠재적' 집회로 간주된 행사공간의 불온성이었거나 식민지군중이 형성되는 조선인극장의 종족적 정체성에서 비롯된 것이었다. 검열을 통해 걸러진 것이었다고 해도, 식민지군중 '앞'에 놓여 있던 인간미디어의 구술성과 수행성의 유연함은 그 자체로 경계의 대상이 되었다. 현장취체가 더욱 중요했던 이유도 여기에 있다. 그러나 1930년대 중반경이 되면 극장공간의 불온한 수행성조차 거의 사라진 상황이었던 데다가 대체로 행랑살이 처지였던 연극의 오락성은 더욱 완연한 형색이었기 때문에, 당국은 연극통제에 집중력을 보일 필요가 없었다. 중일전쟁 개시 이전에 이미 전시체제로 돌입하고 있었던 징후들이 복제미디어 영역에서는 나타나고 있었지만,[5] 연극에 관해서는 촉각을 곤두세울 만한 무언가가 없었다.

그렇지만 조선사회 전체가 전시체제로 재편되는 과정에서 연극의

---

4 전시하 연극통제정책에 대해서는 다음의 연구들을 참조. 박영정, 「일제하 연극통제정책과 친일연극인」, 『역사비평』, 역사문제연구소, 1993 겨울; 박영정, 「1938년의 입장세법」, 『문화예술』, 한국문화예술진흥원, 1997; 박영정, 「일제말 '국민연극'의 형성과정 연구」, 『건국어문학』 23 · 24합집, 1999; 김재석, 「국민연극 시기 '조선연극문화협회' 연구」, 『어문논총』 40, 한국문학언어학회, 2004.

5 정근식, 앞의 글, 229~236쪽 참조. 정근식은 그 전환의 계기적 사건을 1936년 8월 손기정의 일장기 말소사건과 이에 따른 『동아일보』의 정간과 『조선중앙일보』의 자진 휴간을 통한 폐간이었다고 지적하고, 그보다 2개월 앞서서도 이미 신문 검열이 능동적 개입으로의 전환을 준비하고 있었다고 밝혔다.

활용법이 새롭게 부각되었다. 이는 총후에서 전쟁을 수행하도록 하는 연극의 직역봉공을 목표로 한 것으로, 한편으로는 '건전한 전시오락'의 제공으로, 다른 한편으로는 복제미디어가 선전기능을 충분히 수행할 수 없었던 영역에의 배치로 나타났다. 이를 효과적으로 수행하기 위해 연극계의 전면적인 재조직이 필요했는데, 전시통제의 핵심대상이 '미디어에 대한 물적 통제'와 '인적 통제'였다면, 연극연예와 같이 인간 그 자체가 미디어인 영역에서 그것은 인적 통제가 핵심으로 떠올랐다. 따라서 인적 통제를 수반하는 통제시스템의 구축은 어떤 영역에서보다도 중요한 비중을 지니고 있었다.

연극인들에게, 전시체제로의 전환은 사실 하나의 기회이기도 했다. 별다른 울림을 주지 못한 채 위축되어 있던 '신극'에 있어서나 예술 이하로 멸시되었던 '흥행극'에 있어서나, 당국의 전시통제는 조선연극이 B급에서 A급으로 신분상승할 수 있었던 절호의 기회였기 때문이다. 전시통제 초기 연극인들의 '자발성'은 그러한 이해관계에서 비롯된 결과이기도 했다.[6] 그러나 그 자발성의 유효기간은 매우 짧았다. 근본적으로 그 자발성이란 동원정치의 방향에서 유인된 결과였고, 이내 자발성을 초과하는 동원의 현실이 강제되었기 때문이다. '가두선전극' 역시 배우들을 취체대상에서 선전주체로 역전시킨 통제기술의 변화, 즉 동원통치의 결과였다.

6 김재석, 「국민연극론의 성격에 대한 소고」, 『문학과 언어』 22, 경북대 문학과 언어연구회, 1990; 양승국, 「1940년대 국민연극론 연구」, 『한국극예술연구』 6, 한국극예술학회, 1996; 박영정, 「일제말 '국민연극'의 형성과정 연구」, 『건국어문학』 23·24합집, 건국대학교국어국문학연구회, 1999.

그럼에도 여전히 남는 문제는 전시체제기 연극통제가 그 수신자에게 실제로 여하한 효과를 낳았는가에 있다. 이제는 연극통제의 재현, 즉 그 자체가 어떠했는가를 묘사하는 것보다, 그것이 작용했을 지점들에 대한 탐색이 필요해 보인다. 이는 한편으로는 통제대상의 자율성이 현저히 축소된 정치적 조건 즉 공동화空洞化된 개인들의 집합적 행위에 대한 분별과 판단을 의미하며, 다른 한편으로는 복제미디어의 경우와는 다른 조선연극의 존재조건을 효과의 변수로 읽어낸다는 것을 의미한다. 앞서 '가두선전극'의 배우들로부터 '현실'과 '연극'의 경계가 묘연해진 심연을 읽어낼 수 있다면, 그것은 전시통제가 조선연극의 미디어적 특이성과 조우하면서 초래된 결과일 것이다.

국민연극의 '실패'[7]는 그런 점에서 전시통제의 효과를 의문시하는 강력한 증거이다. 국민연극을 성패의 대상으로 놓는 것은 전시체제기 연극통제의 본질과 효과 문제를 다시금 검토하도록 요구한다. 양승국이 '국민연극은 실패한 연극'이라고 단언할 수 있었던 것은, 조선총독부의 강력한 '지도'와 신극인들의 적극적인 '자발성'에도 불구하고 국민연극의 이념과 실제가 통일을 이룰 수 없었던 요인, 즉 텍스트의 '외부'(언어상황, 극작가의 전략적 활동, 관객)를 주시했기 때문이다. 국민연극의 구조적 한계로 지적된 '예술성과 대중성의 간극' 혹은 '신극과 신파극의 불온한 동거'도 사실상 그로부터 발원했다고도 볼 수 있다. 요컨대 국민연극이 "대중극 창작의 자격유지를 위한 방편적 행위"였다면,

7 양승국, 「일제 말기 국민연극의 존재 형식과 공연 구조」, 『한국현대문학연구』 23, 한국현대문학회, 2007.

그것은 전시 하에 놓인 연극의 조건 즉 장소의 후방성이 전시통제 효과에 있어 중요한 변수였음을 시사한다.

그럼에도 불구하고 전시체제기 연극통제의 효과가 비단 성패의 문제로 요약될 수 없음은 분명하다. 기본적으로 이 시기가 전쟁 와중의 비상시였다는 점, 그래서 이때의 통제가 비상시 감각에서 유효한 것이었다는 점을 고려해야 한다. 담론상에서, 이를테면 '국민연극의 수립'이 전쟁과 무관하게 앞으로도 지속되어야 할 가치로 운위되었어도, 당국의 지침이 매우 구체적으로 전쟁과의 지시관계를 드러냈던 것처럼, 전시통제는—통제의 주체와 대상 모두에게 있어—비상시의 감각 속에서 시한부의 성격을 띤다고 전제할 필요가 있다. 이러한 비상시의 한시성은 통제의 추이를 염두에 두면서 그 효과의 추이 또한 고려해야 한다는 것을 의미한다.

이런 맥락에서 이화진의 이동연극 연구[8]를 읽을 필요가 있다. 이동연극은 국민연극의 '전위'로서, 때로는 '진수眞髓'로서 그 가치를 부여받았지만, 그 실질적인 성과를 불투명하게 만드는 모순을 태생적으로 안고 있었다. 이화진은 이를 세 갈래에서 접근한 것으로 보이는데, 첫째 이동연극을 캠페인으로 기획한 당국이 '비속卑俗'을 묵인해야 했던 것, 둘째 계몽기획의 발현이라는 명분이었으되 연극인들이 심층적으로는 그 수행을 직역봉공의 전시展示수단으로 삼았던 것, 셋째 이동연극의 기획 / 수행 주체들의 여하한 기도에도 불구하고 정작 관객들(식

8 이화진, 「전시기 오락 담론과 이동연극」, 『상허학보』 23, 상허학회, 2008; 이화진, 「일제 말기 이동극단 활동의 전개 양상과 그 한계」, 『한국학연구』 30, 인하대 한국학연구소, 2013.

민지 주민)은 그에 통제되지 않는 '단단한 외부'를 만들어가고 있었던 것 등이다. 이 세 가지는 마찬가지로 전시하 연극통제의 효과를 의문시하는 증거들이지만, 논의과정에서 잠정적으로 상상된 또 다른 지점 즉 공모와 일탈 사이에 있던 관객들이 가졌을 법한 '환상'은 이 글의 문제의식에서 볼 때 매우 시사적이다.

> 삼천리 방방곡곡까지 국가가 개인의 일상을 주시하고, 그들을 '총력전의 전사'로 호명하고 있다는 환상, 억압하고 통제하고 고통스러운 충성을 강요만 하는 국가가 아니라 그 고통을 보살피고 위안하는 국가가 있다는 환상, 비록 그 고통이 제국이 벌이고 있는 전쟁에서 비롯되었다고 하더라도 기꺼이 인내하고 스스로를 단련함으로써 국가에 보은해야 한다는 환상[9]

이 모든 환상이 "이동극단 캠페인을 지속시키는 동력"이었겠지만, "개개인이 자신과 국가 사이의 연관을 발견하고, 그 동시대의 삶과 지식을 공유하는 듯한 '참여의 환상'을 품을 수도 있었을 것"[10]이라는 것―이 상상력의 가치는 이동연극의 성패를 가늠하는 데 있는 것이 아니라, 이동연극, 나아가 전시통제로부터 비롯된 제경험이 야기할 효과에 있다. 그것은 곧 전시통제의 경험이 연극사에 새롭게 기입하는 항목일 것이기 때문이다. 그런 점에서 국민연극의 기획은 정책적으로는 실패했을지라도, 그 경험이 후일 조건이 갖춰지면 언제든 다른 무엇과

---

9 이화진, 「일제 말기 이동극단 활동의 전개 양상과 그 한계」, 위의 글, 167쪽.
10 위의 글, 167・187쪽.

절합되거나 교착될 수 있는 부유浮游 상태로 보존될 가능성을 배제할 수 없을 것이다.

이렇게 보자면 전시체제기 연극통제의 효과 문제는, 매끈해 보이는 전시통제선戰時統制線과 그에 균열을 가했던 누수지점의 병존이 결국 조선연극 / 인에 어떠한 작용을 했는가를 드러내는 일이 된다. 그것은 곧 '현실'이면서도 '연극'이었던, 식민지의 비상시 통제 경험이 탈식민의 평시에도 보존되는 퇴적물로 전화轉化하는 과정이기도 하다. 그런 의미에서 전시통제의 진정한 효과는 전시체제기에는 좀처럼 알 수 없거나 징후적인, 그러나 종전과 함께 탈식민의 상황이 돼서야 그 모습을 드러내는 것일 터이다.[11]

2. 연극통제시스템의 구축과 수행성의 통제

중일전쟁의 발발 직후, 흥행 장의 지각변동을 야기할 만한 즉각적인 조치는 없었다. 1938년 4월 1일부터 입장세 징수가 시작되었으나, 애초의 우려와는 달리 흥행시장의 외양은 크게 달라지지 않았으며 오히려 활황을 띠는 것처럼 보였다. 이 아이러니한 상황은 조선총독부 관계당국과 흥행업자가 흥행시장의 규모를 조율해가면서 합리적인 수

11 이런 생각에 이를 수 있었던 것은 1945년 해방부터 1961년 4・19까지 흥행 장의 정치경제학을 연구하면서 알게 되었던 상당수가 바로 전시체제기에 가까운 기원을 두고 있었음을 새삼 발견했기 때문이다. 이승희, 「흥행 장의 정치경제학과 폭력의 구조, 1945~1961」, 『대동문화연구』 74, 성균관대 대동문화연구, 2011 참조.

익구조를 찾아낸 결과였다.[12] 위생과 안전 문제만이 취체의 주요사안인 듯이 보였다. 그럼에도 때는 전시였다. 이 비상시국에 상응하는 통제가 필요했고, 「조선영화령」의 공포도 그 결과였다. 마찬가지로 경무국은 연극단체의 공인제도, 배우등록제, 우수연극의 포상, 일정한 상연내용의 조건화, 관민연극위원회 설치 등을 골자로 하는 '연극통제안'을 구상했다.[13] 사실 연극의 전시 특수特需는 현저했다. 양화상영의 제한과 금지, 필름배급문제, 흥행시간의 조율 등으로 영화상설관에서도 공연단체를 필요로 했고, 더욱이 선전교화를 위한 연극의 미디어적 가치가 그 어느 때보다 치솟고 있었다. 그럼에도 주지하는 바와 같이 연극에 관한 별도의 법령은 제정되지 않았으며, 전선全鮮을 일원화하여 마련한 「조선흥행등취체규칙」이 공포된 것도 1944년에 가서였다. 식민지조선에서 연극이란 도별로 실시되는 「흥행취체규칙」만으로도 충분히 통제가능하다는 당국의 판단이었다.[14]

그런 가운데 당국의 취체·지도의 경로가 종래의 '지역별'에서 '업종별'로 전환되기 시작했다. 도별로 시행되고 있던 「흥행취체규칙」을 일원화하려는 의도 또한 그와 같은 맥락이었겠으나, 우선 그것은 경성흥행협회에 무게를 실어주는 것으로 나타났다. 경기도는 1937년 11월 1일 경성흥행협회를 비롯한 각 업종을 대표하는 100개 조합의 대표자들을 불러 간담회를 개최했다.[15] 전시체제 이후로 중요성이 증대된

12 이승희, 「세금으로 본 흥행시장의 동태론」, 『한국문학연구』 4, 동국대 한국문학연구소, 2011, 169~178쪽.
13 「예술부문의 통제를 강화, 극단을 공인코 배우는 등록」, 『동아일보』, 1940.1.22.
14 이승희, 「식민지시대 연극의 검열과 통속의 정치」, 『대동문화연구』 59, 성균관대 대동문화연구원, 2007, 447쪽.

'간담懇談'[16]의 형식을 취하여, 미나미 총독의 '황국국민의 서사'의 취급 방법 설명, 조합원의 총후 후원 미담 등을 진행했다. 그 취지는 "교화의 철저를 기할 방침"으로 "지역적으로 시행하여 오던 것을 業能別 단체"로 전환하겠다는 것이었는데, 이는 각 대표단체에 일정한 권한을 부여해 통제의 효율성을 도모하기 위함이었다.

경성흥행협회의 배타적인 영업권 주장은 1930년대 후반부터 확실히 강화되고 있었다. 경성 본정 권번의 극장설립을 무산시켰고(1937.9), 부민관의 영리흥행을 저지했으며(1939.9),[17] 경성 극장가를 뜨겁게 달구었던 '주야연속흥행 폐지' 논란에서도 결국 당국의 철회를 이끌어냈다(1940.5). 경성 본정서는 위생문제를 들어 주야연속흥행 폐지를 통달했으나 주야교대제의 시행으로 흥행수입이 격감하자 명치좌・약초극장・경성보총극장 등 경성의 주요극장들이 협회의 무능을 공박하고 나섰고, 결국 본정서는 그 방침을 철회했다.[18] 이 해프닝은 마치 국가에 대한 시장의 우위로도 비춰지지만, 사실 양자는 내내 우호적인 파트너십을 유지했다. 국가는 협회의 이익을 보전해주되, 협회는 국가의 전시통제를 매개하는 기관으로서 '직역봉공'을 수행했다. 극장의

---

15 「조합대표의 시국좌담」, 『동아일보』, 1937.10.30.

16 금지, 경고, 주의와 함께 검열의 주요 수단으로 규정되어 있던 '간담'은 전시체제기에 그 기능이 최대화되었다. 정근식, 앞의 글, 234~235쪽 참조.

17 이승희, 「세금으로 본 흥행시장의 동태론」, 『한국문학연구』 4, 동국대 한국문학연구소, 2011, 177~178쪽.

18 「초만원극장에 경고, 주야의 연속흥행은 단호 폐지」, 『동아일보』, 1940.5.7; 「시내 각관 주야별흥행 실시, 본정서 통고에 흥행업자측은 반대」, 『조선일보』, 1940.5.8; 「문제 만흔 주야별 흥행」, 『조선일보』, 1940.5.18; 「흔들리는 흥행협회, 명치좌・약초 중심으로 신단체 결성?」, 『조선일보』, 1940.5.22; 「영화상설관 주야계속영사, 25일부터 복구」, 『동아일보』, 1940.5.26.

'애국일' 준수가 그런 사례이다. 경기도 보안과는 1939년 11월부터 '애국일'[19] 휴관 폐지를 경성흥행협회에 통보했고,[20] 국민정신총동원 경기도연맹은 다음과 같은 통첩을 내렸다. 전쟁의 기운이 아직까지는 별로 없었던 극장에서, 전시통제는 애국일의 이러한 의례에서 시작되고 있었다.

一. 흥행시간은 오전 10시부터 오후 10시까지.

一. **영화상영 직전과 프로그램을 바꿀 때에는 관주가 사회하여 일동이 기립하여 궁성요배, 전몰장병에게 묵도, 황국신민서사 제창의 순서를 맞춘 다음 상영을 할 것.**

一. 영화내용은 외국영화의 상영은 금지, 국내영화로서 뉴스문화영화를 관주가 선정하여 상영하는데 관청 보관의 영화 2종 이내를 빌려서 상영할 것.

一. 요금은 보통요금에서 10전을 인하할 것.[21]

한편, 경성흥행협회는 '최초의 공인단체'가 되어(1941.1.10), 경기도 경

---

19 총독부 학무국은 각 학교에 1937년 9월 6일을 '애국일'로 정하여 각종 행사를 진행토록 했는데, 이를 계속해서 존치하기로 결정, 매월 6일을 '애국일'로 지정했으며, 더 나아가 각 관공서 등에도 매월 하루를 애국일로 정하여 시행할 것을 지시했다. 그러다가 1939년 7월 국민정신총동원중앙연맹의 '국민생활개선안'에 따라 '국민생활일'을 결정, 조선연맹에서는 '애국일'을 '국민생활일'로 간주하고 매월 1일에 시행하기로 했다. 그러나 곧 8월 15일 정무총감의 통첩에 따라 9월부터 興亞奉公日과 애국일을 합치기로 결정했다. 「매월 6일은 애국일」, 『동아일보』, 1937.9.17; 「국민생활개선안 완성」, 『동아일보』, 1939.7.28; 「매월 1일의 애국일, 정무총감명의로 실천사항 통첩」, 『동아일보』, 1939.8.23.

20 「1일 '애국일'의 휴관, 내월부터는 중지?」, 『동아일보』, 1939.11.6.

21 「매월 애국일에 흥행관을 개관」, 『동아일보』, 1939.11.23.

찰부장을 명예회장으로, 보안과 및 경무과 과장, 각 서장 등을 고문으로 추대했고, 흥행업에 관한 권한은 더욱 강화되었다.[22] 이를 시작으로 각지에서 흥행협회가 결성되었고, 이윽고 전국의 흥행업주 90여 명이 모인 자리에서 조선흥행연합회가 조직되었으며(1942.1.8),[23] 다시 하위조직으로 도별 협회가 결성되었다.[24] 이로써 극장의 전국적인 네트워크, 즉 당국의 전시통제선이 형성되었다. 이 단체들은 극장에서 가능한 '익찬운동'에 적극 복무했는데, '저축을 장려하고 유흥과 구매력을 억제한다'는 명분으로 1원짜리 '꼬마채권'을 입장권에 끼워 팔기도 했다.[25]

조선연극협회(1940.12.22, 이하 '연협')와 조선연예협회(1941.1.26, 이하 '연예협')의 조직도 조선사회를 재조직화려는 당국의 이러한 정책방향 속에 놓여 있었다. 이 단체들은 '조선연극령'이 구상했던 상당부분을 해결해주는 조직으로서의 위상을 갖게 되었다. 1930년대 개정 혹은 입법 시도에서 '감찰제도'나 '배우면허제도'의 구상으로 드러났듯이 배우통제의 중요성이 증대되어갔고, 이들에 대한 국가의 조직적 관리는 극단 취체가 가장 효율적인 방법으로 간주되었다.[26] 그리하여 연극연예의 전시통제는 총독부를 정점으로 하여 통제사항을 확정하고, '연협'과 '연예협'을 매개로 하여, 각 단원들을 통제하는 위계구조를 갖추게 되었던 것이다.

---

22 「경성흥행협회에서 공인기념총회, 래월 10일, 부민관에서」, 『매일신보』, 1940.12.25; 「흥행협회 공인, 흥행계도 신체제」, 『매일신보』, 1941.1.17.

23 「조선흥행연합 결성, 役員도 결정」, 『매일신보』, 1942.1.9.

24 「경기도 흥행협회 24관 결성」, 『매일신보』, 1942.1.14.

25 「영화관도 채권 봉공!－입장권과 껴서 판다」, 『매일신보』, 1941.9.3.

26 이승희, 「식민지시대 연극의 검열과 통속의 정치」, 『대동문화연구』 59, 성균관대 대동문화연구원, 2007, 467~471쪽 참조.

따라서 협회 조직 이후, 극단관리가 주요사안으로 떠올랐다. 1941년 3월부터 협회 가맹단체만이 공연할 수 있도록 함에 따라,[27] 인정받지 못한 극단들이 앞 다투어 가맹을 서둘렀다. 그리하여 시행 직전인 2월 말에는 16개,[28] 수개월 후인 7월에는 23개로 가맹단체 수가 늘어났다.[29] 그런 반면 소속 연극인들의 경우에는 별도의 심사절차 없이 1941년 4월 1일자부터 교부된 '회원증'을 지니고 있으면 무대에 설 수 있도록 했다.[30] 극단 대표의 책임은 그만큼 무거웠으나, 소속 단원들은 극단을 정치적 울타리로 삼을 수 있었던 셈이다.

흥행협회와의 공조, '연협'과 '연예협'의 가동은 사실상 법령의 정비를 대신하는 것이었다. 전시에 맞는 흥행물로 제한한다는 것을 골자로 한 「흥행취체규칙」의 공포가 또 다시 예고되었지만,[31] 이번에도 현실화되지는 않았다. 그러나 전시통제의 유효한 수단으로 '간담'과 함께 '통첩通牒'이 법령과 방불한 수준에서 그 권력을 행사했다. 태평양전쟁 개시 직후 '연협'은 회원들에게 제597호 통첩 「對미영개전에 伴한 통첩

---

27 「연극협회 이동극단 파견—조선연극협회 가맹은 현재 9개 단체」, 『매일신보』, 1941.1.17.

28 「7극단 또 가맹—조선연극협회 16극단을 망라」, 『매일신보』, 1941.2.28.

29 「演協가맹단체, 경향 23단체」, 『매일신보』, 1941.7.10.

30 「연기증 대신에 회원증을, 연극협회에서 5백명에 교부」, 『매일신보』, 1941.4.2. '연예협'도 마찬가지였다. 「연예협회 공인과 기예증 교부실시 할터」, 『매일신보』, 1941.3.7.
한편, 이화진은 고설봉의 기억을 참조해 이때를 처음 실시한 자격심사로 보았지만(이화진, 「일제 말기 이동극단 활동의 전개 양상과 그 한계」, 『한국학연구』 30, 인하대 한국학연구소, 2013, 172쪽), 이는 사실이 아니다. "지금의 극협에서는 대표자만을 심사하고 단원의 자격에는 아직 착목을 접어놓고 있다"고 한 이서구의 발언을 참조해도(「국민예술의 건설, 금후의 국민극」 5, 『매일신보』, 1941.10.25), 아직까지는 연기자 개인에 대해서는 심사절차를 밟지 않고 있었음을 알 수 있다. 연기자심사는 1944년에 가서야 비로소 시행되었다. 이에 대해서는 이 글의 제4장에서 언급될 것이다.

31 「영화령의 발동에 기해 흥행취체도 일원화에로」, 『매일신보』, 1941.7.3; 「전시하에 통제를 강화, 흥행계 신체제 봉화—府令으로 취체규칙 불원 공포」, 『매일신보』, 1941.7.4.

及 지시에 隨한 건」(1941.12.9)을 발했는데, 연극인들에 대한 '특별지시 사항'은 다음과 같았다.

1. 종래 상연하여 오던 각본 중 필승태세에 알맞지 않은 것은 곧 자발적 철수를 단행할 것.
2. 개연 전에는 10분 내외를 기해 전원이 무대에서 애국가요의 제창을 행하여서 사기를 고무할 것.
3. 회원들은 금후 더욱 더 자숙 自戒하여 금주금연을 결행하고 종연 후는 불필요한 외출을 굳게 戒하여 전시하 국민으로서의 도를 그르치지 말 것.
4. 각 애국반에서는 금주금연 又는 불급불요한 물자의 구입을 금하고 견적액의 저축을 勸行할 것.
5. 각 극단에서는 협회와의 연락을 종래보다 더 일층 긴밀히 하고 비상사태에 선처할 것 이상.[32]

물론 '연협'은 '간담회'와 '통첩'의 주관단체가 아니었다. 태평양전쟁을 전후로 본격화한 연극통제의 주요기관은 대략 세 개 단체로 압축된다. 첫째는 1940년 10월에 발족된 국민총력조선연맹으로, '연협'이 바로 이 기관의 주선으로 탄생되었다. 국민총력조선연맹이 간여한 것은 대체로 두 가지였는데, 하나는 이동연극 및 이동연예 등 순회기관을 주선하거나 조직하여 각지에 파견한 것으로, 1941년 이후로 해방 때까지 꾸준히 계속되었다. 다른 하나는 연맹 산하 문화부가 관계당국이 되어

32 「연극협회 통첩, 연극보국에 매진하라」, 『매일신보』, 1941.12.11.

'간담' '통첩' 등의 형식으로 연극통제를 수행한 것이다. 태평양전쟁 개시 직후 '연협'의 통첩에 이어, 12월 19일 국민총력조선연맹도 간담회를 개최하여, 이 자리에서 결정된 사항을 '연협' 회원에게 통첩으로 전달했다.[33] 그 내용은 '연협'의 9일자 통첩을 구체화한 것이면서, 연극이 다뤄야 할 세부주제까지를 지시한 것이었다. 이를 정리하면 다음과 같다.

1. 상연작품의 전시화에 관한 건

(가) 미영배격 강조 작품의 상연, (나) 전시생활 강화 작품의 상연, (다) 건전한 일본적 작품의 상연, (라) 대동아전쟁 수행목적 천명 작품의 상연, (마) 미영작품, 미영사상적 작품의 불상연

2. 예능인(회원)의 생활 자숙에 관한 것

지난 12월 8일부 연협 제597호로써 통첩 지시한 「대미영개전에 伴한 통첩 급 지시에 隨한 건」에 의해 자숙자계하여 총후전사로서 직역봉공의 實을 올리고 연극문화인의 襟度를 견지할 것.

3. 각본지정에 관한 건

금후 극단에서 상연각본할 때 협회의 役직원에게 수시 임관을 얻어 전시하에 상응치 않은 것은 상연을 정지하고 又는 협회에서 선출한 각본을 상연지정할 수도 있다.

4. 봉사공연에 관한 건

각 극단에서 순연일자의 경우 또는 기타의 사유에 인해 휴연할 경우 등을 이용하여 여하한 장소를 불문하고 其지방의 주민에게 건전오락을 제공

33 「排米, 英을 강조한 동아적인 작품상연 - '연협'회원에게 통첩」, 『매일신보』, 1941.12.26.

하여 총후국민의 사기를 고무하는 의미에서 될 수 있는 한 무료 又는 저렴 한 입장료로서 奉仕演을 할 것.

그러나 이런 식의 간여는 이것이 거의 마지막이었는데, 1941년 11월 조선총독부에 정보과가 신설되면서 연극통제에 관한 전반적인 업무를 여기서 담당했기 때문이다. 정보과는 '여론의 지도개발', '정보수집 보도 및 선전', '보도 및 계발선전기관의 지도', '내외사정의 조사 및 소개' 등을 전담하는 부서였고 점차 그 비중이 높아졌던 만큼,[34] 흥행장에 대한 전시통제의 기본방침이 대체로 바로 이곳에서 나왔다.

태평양전쟁 개시와 관련된, 1942년 1월 전시하 국민오락의 지도방침이 아마도 그 첫 번째일 듯한데, 총13개 항으로 제시된 이 통첩에는 이동극단 · 이동연예 · 순회영화 등 지방순회기관의 장려와 확충, 시사영화의 상영, 악질 브로커의 배제, 어트랙션에 대한 지도 등이 포함되었다.[35] 특히 악극단은 경조부박한 미영 문화를 모방하는 불건전한 것으로 지목되었다.[36] 악극단은 그 이전부터 논란의 대상이었는데, 『매일신보』 지상에 우려 섞인 지도비평이 단속적으로 게재된 것은 물론, 경기도청과 총독부 경무과는 계속해서 악극단을 주시해 왔고 통폐합의 필요성도 느끼고 있었다.[37] '연예협'에 같이 소속되어 있는 창극단이나 만담반, 서커스단에 대해서는 별 언급이 없었으나, 악극단에

34 정근식, 앞의 글, 242~247쪽 참조.
35 「非國策的 흥행일소-영화, 연극 등을 적극통제」, 『매일신보』, 1942.1.10.
36 「건전오락을 목표로 악극단에 자숙 강조, 총후에 적합지 안흔 것은 단호히 鐵槌」, 『매일신보』, 1942.1.10.
37 「현존 악극단의 정리-전부 3개 단체 인정, 질적 향상과 건전성을 강조」, 『매일신보』, 1941.8.31.

대한 특별한 취급요구는 '연협'과 '연예협'이 통합하여 조선연극문화협회(이하 '연문협')가 발족(1942.7.26)된 것과도 무관하지 않은 듯하다. 통합의 명분은 통제의 일원화였으며, 통합을 계기로 '불건전'하거나 '구태舊態의 연합체'로 간주된 단체를 정리할 수 있었고, 통합의 효과로서 통제의 효율성은 물론 건전오락의 전시화戰時化를 기대했다. 통합 단체의 명칭이 '연극연예'가 아닌 '연극문화'로 선택된 것도 우연은 아니었을 것이다. '연협'은 최소 5개, '연예협'은 10여 개 단체가 해체·통합될 것이라 예고되었던바,[38] 통합 당시 총 44개 단체(연협 19, 연예협 25)였으나 '연문협' 출범 이후인 1942년 말 현재 총 36개 단체(이동극단 2, 극단 13, 악극단 8, 창극단 3, 곡마단 9, 만담반 1)로 축소되었다.[39] 또한 이 글의 제4장에 언급될 일련의 통제시책들, 즉 1944년에 있었던 연기자 자격심사나 단체통폐합도 바로 정보과에서 주도한 것이었다.

마지막 세 번째는 조선군 보도부이다. 신문반에서 보도반으로, 다시 1939년 10월에 보도부로 확대되었던바, 이는 조선인 동원의 필요성에 따라 선전·보도·사상통제 활동의 필요성이 증대되었기 때문이다.[40] 〈그대와 나〉의 제작을 비롯해 영화통제에 깊숙이 간여한 것은 주지의 사실이거니와,[41] 연극의 제작에도 일정하게 개입했다. 고협의 〈가두〉(박영호 작, 1941)와 〈동백꽃 피는 마을〉(임선규 작, 1941), 극단 태양의 〈그 전날 밤〉(김태진 작, 1943) 등이 그런 사례였고, 국민연극의 이

38 「연극, 연예협회 해소—예능의 일원화 도모」, 『매일신보』, 1942.7.22; 「극문화의 새 출발—연극, 연예의 양단체 합동」, 『매일신보』, 1942.7.27.

39 서항석, 「금년의 극계」, 『춘추』, 1942.12, 99~100쪽.

40 정근식, 앞의 글, 247~249쪽 참조.

41 한상언, 「조선군 보도부의 영화활동 연구」, 『영화연구』 41, 한국영화학회, 2009 참조.

론 지도를 개진하기도 했다.[42]

요컨대 전시체제기 연극통제시스템의 구축은 조선흥행연합회와 '연문협'의 조직으로써 일단락되었다고 볼 수 있다. 그 이전의 단체들이 국가와 개인을 매개하는 통제수행기관으로서 얼마간의 권한을 지닌 것으로도 보였지만, 이때에 이르러서는 국가의 대리자들이 명예회장의 자격으로 실권을 갖는 직할체제의 성격을 띠게 되었다.[43] 그러나 이 단체들은 어디까지나 연극통제의 매개적 위치에서 국민총력조선연맹 문화부, 조선총독부 정보과, 조선군 보도부 등과 같은 상급 통제기관의 지휘 아래 있었다. 연극에 관한 별도의 법령이 없어도 '간담'과 '통첩' 혹은 '지도'와 '후원'의 형식으로 통제시스템을 가동시키는 유연성은, '연극의 전시화戰時化'에 적절한 선택처럼 보였다. 인간미디어의 통제는 곧 수행성의 통제였기 때문이다. 그에 관련해 이 세 기관의 통제업무가 서로 보완적으로 이뤄지고 있는 점은 시사적이라 할 수 있는데, 그럼에도 공통적인 것이 있었으니 그것은 『경성일보』 및 『매일신보』와 함께 연극경연대회의 후원기관이었다는 사실이다. 연극경연대회라 함은 '국민연극'의 바로미터였다고 할 수 있을 텐데, 그렇다면 전시체제기 연극통제의 궁극적인 목적이 국민연극의 수립이라고 이해해도 좋은 것일까. 다음은 그에 관한 논의이다.

---

42 조선군 보도부 촉탁 高井邦言는 1. 연극과 신체제, 2. 건전문화, 3. 건강과 오락, 4. 연극의 힘, 5. 국민연극, 6. 신극의 문제, 7. 진정신파, 8. 각본의 문제 등 총 8개의 항목으로 매우 상세하게 조선연극을 진단하는 동시에 그 방향성을 지도하는 이론을 전개했다. 高井邦言, 「국민극의 방향－조선의 연극과 그 지도」(전5회), 『매일신보』, 1942.10.2~5·7.

43 김재석은 '연문협'의 실질적인 운영이 일제의 직할체제와 다름이 없었다고 제시한 바 있다. 김재석, 「국민연극 시기 '조선연극문화협회' 연구」, 『어문논총』 40, 한국문학언어학회, 2004, 114쪽 참조.

3. 국민연극의 표류, 擬似전위의 이원성

'국민연극'이란 용어가 제출된[44] 지 얼마 지나지 않아 고협은 〈쾌걸 웡〉(1940.12.23~25, 이서향 연출)을 무대에 올렸다. 연극계의 신체제운동과 국민연극의 제창 그리고 '연협'이 결성된 직후의 〈쾌걸 웡〉은 사실 시의적으로 비평상의 곤란함이 있을 수밖에 없었다. 영화로 개봉된 지 오래되었고 극단 중앙무대가 공연한 적이 있었으며 동경에서도 한때 꽤나 인기가 있었던 대중극을 올렸기 때문이다. 그러나 이에 대해 비평을 개진한 김정혁은 차가운 비난보다 "조선말 연극을 올린다는 일의 고통"에 함께 공감하자고 하면서, 국민연극의 건설로써 "조선말 연극에 대한 비관론"이 장래에 해소되리라 기대했다. 물론 그는 단서를 달았다. 국민연극의 건설은 "굉장한 과도적 연극형태를 경유할 것"이며 "공식주의라든가 소재편중 또는 기술적 퇴보도 있을 것"이라고 전망했다. 그런 점에서 그가 보기에 〈쾌걸 웡〉은 엄밀한 의미에서의 국민연극이라 할 수도 없지만, "동양인의 권선증악勸善憎惡을 말했고 미주의 뒷골에 퇴영적 생활을 유지하고 있는 화교의 꼴들을 보이는 것만"으로도 의의가 있다고 평가했다.[45] 한편에서는 국민연극이 제창되고 있었으나 그 정체는 모호했고, 다른 한편에서는 '조선말 연극'의 비관

---

44 나웅, 「국민연극으로 출발—신극운동의 동향」(전2회), 『매일신보』, 1940.11.16・18. 국민연극(론)이 개진되는 과정에는 이 용어 외에 신극과 신파극을 결합한 중간연극 개념으로서의 '신연극(론)' 그리고 '신체제연극(론)'이 사용되었으나 점차 '국민연극(론)'으로 수렴되어 하나의 규율로 자리잡는다. 양승국, 「1940년대 국민연극론 연구」, 『한국극예술연구』 6, 한국극예술학회, 1996 참조.

45 김정혁, 「〈쾌걸 웡〉의 인상」(전2회), 『매일신보』, 1940.12.27~28.

적 현실이 버티고 있는 상황이 바로 1940년 말 현재의 모습이었다.

그러나 이듬해인 1941년은 얼마간의 활발함을 보여주었는데, 이 시기는 함대훈에 의하면 '전환기'였다. 그동안 "종래 갖고 있던 자유주의적 색채, 민족주의 사회주의적 색채를 보호색으로 변질시켜 가지고 회색주의의 미로에서 방황하고 있었"지만, 이 1년을 통해 새로운 혁신이 시작되었다고 보았다.[46] 실제로 고협과 아랑의 탈脫신파화, 호화선의 해산과 성군의 창립, 이동극단의 조직과 파견 등이 주목할 만한 변화로 보였다. 그럼에도 국민연극 제창 이후의 5편에 대한 송영의 촌평은 국민연극이 여전히 불만족스런 수준이었음을 보여준다. 유치진의 〈흑룡강〉은 전반적으로 예술성을 잃어버린 개념적 작품이고, 임선규의 〈동백꽃 핀 마을〉은 저속한 신파형식으로 인조적 작품이며, 박영호의 〈가두〉도 주제의 제시를 위해서 예술적으로는 실패한 것이었다. 반면, 김태진의 〈백마강〉과 박영호의 〈이차돈〉은 "진충보국, 종교보국, 不眠不休, 不撓不屈의 건전한 국민정신을 가장 예술적으로 형상화"했으며, 특히 〈이차돈〉이 완전에 이르렀다고 고평했다. 그리고 "먼저 기술적으로 높은 작품이 되어야" 함을 재차 강조했다.[47]

많은 연극인들은 조선연극의 고질적인 병폐를 국민연극으로 지양해야 하고 그리 될 것이라고 기대했지만, 이들이 공통적으로 전제한 것은 그것이 일조일석에 이뤄질 수는 없을 것이라는 점이었다. 실제로 국민연극의 수립은 요원해 보였다. 나웅은 "진지한 국민적 의식과 문

46 함대훈, 「국민연극에의 전향-연극 1년의 동태」(전6회), 『매일신보』, 1941.12.8~13.
47 송영, 「국민극의 창작-작가의 입장에서 (5)」, 『매일신보』, 1942.1.20.

화적 양심과 기술적 수완을 가진 작가가 우수한 희곡을 발표치 못하는 원인", "그 본질적인 이유는 생활의 실체가 없는 까닭"이라고 진단했다.[48] '국민의 실생활'이 있는 농산어촌에서 그 실체의 발견을 촉구하는 맥락에서 언급되었지만, 이 진술은 박영호가 "조선의 현대극은 자기의 육체를 만들기 전에 국민극이란 명제에 도달하였다"[49]고 말한 것과도 상통한다. 어느 날 갑자기 무조건적인 수행을 요구하는 정언명령과 마주해 처했을 곤경, 그것은 국민연극이 방황했던 연유이자 그 자체의 딜레마였다.

> 국민극이 제창된 이후 극계는 잠시 동안 종래의 걷던 걸음을 그치고서 새로 내어딛을 새 길을 바라봤다. 담박에 왈칵 내어딛지 못했던 까닭에 '길'이 새 길이매 서투르고 어정쩡하고 또는 걸음가지 새로 걸으려 하매 어떻게 어떤 모양으로 걸어야 할는지를 몰랐던 까닭이다. 그러나 이 같은 **주저**(보다도 **방황**)는 오랜 시간을 잡지 안 했다. 물결이 그치지 않고 흐르매 작은 배가 저 혼자만 떠서 있을 수가 없는 것과 마찬가지의 까닭이다.[50]

물론 '작은 배'의 방황은 흐르는 '물결'에 의해 끝이 났다. 그 방황의 종식이 전적으로 타율적이었음을 암시한다. 흥미로운 것은 "방공이나 방첩이나 지원병이나 위문대만으로 주제를 삼아왔던 협의의 국민극으로부터 윤리관계, 도덕문제, 애정문제, 가정, 공장, 농토, 학교 교실,

---

48 나웅, 「연극협회 이동극장 첫 순회를 앞두고」, 『매일신보』, 1941.8.26.
49 「좌담회 : 필승체제하 연극인 결의－국민극의 제2년 (1)」, 『매일신보』, 1942.1.4.
50 송영, 「국민극의 창작－작가의 입장에서 (1)」, 『매일신보』, 1942.1.15.

여점원, 애국부인회, 개로皆勞운동 등등이 찬란하게 벌려 있는 광의의 국민극으로 나아가야 할 것"[51]이라고 한 송영의 시야이다. 이는 국민연극을 적극 주창하면서도, 창작의 자율성을 보전할 수 있는 여지를 담론 차원에서 마련하는 것처럼 보인다.[52] 송영이 형상화방법에 주의를 돌린 것은 필연적이었다. 광의의 국민연극이라는 탄력성을 바탕으로, 그가 제시한 것은 기술문제였다. "필연성 없는 우연, 성격 없는 人形, 관련성 없는 사실들로써 억지로 눈물을 짜아내고 박수를 받고 하는 사이비 희곡"은 국민연극이 될 수 없다는 것, 그리하여 "국민극이란 이념이 새로워지고 높아진 것은 말할 것도 없이 보담 더－ 예술적으로 질이 높아진 운동을 가리킴이 된다."[53] 이는 사상과 예술의 상위相違를 언급한 박영호에게 있어서도 마찬가지이며, 심지어 사상의 여반장如反掌을 함축한 것으로도 독해된다.

> 한 개의 새로운 사상은 과거의 요소 속에서 새로운 논리만 만들면 자유주의도 되고 삼민주의도 되고 전체주의도 될는지 모른다. 그러나 연극은 개념만으론 되는 것이 아니어서 상당한 시간과 경제와 극장과 노무와 교육이 요구되는 동시에 그 밖에 관객층이란 완고 숙연한 대상이 있지 않은가.[54]

---

51 송영, 「국민극의 창작－작가의 입장에서 (2)」, 『매일신보』, 1942.1.16.

52 "즉, 한편으로는 더욱 철저하게 국민연극의 이념에 충실하려고 노력하는 방법론적 모색이거나, 아니면 이러한 방법론을 뒤에 업고 창작의 자유를 고수하려는 작가적 몸부림이라고도 할 수 있는 것이다." 양승국, 「1940년대 국민연극론 연구」, 『한국극예술연구』 6, 한국극예술학회, 1996, 124쪽.

53 송영, 「국민극의 창작－작가의 입장에서 (3)」, 『매일신보』, 1942.1.17.

54 박영호, 「극단 '스타일' 문제－중앙극단을 중심하야」, 『매일신보』, 1941.7.5.

국민연극의 수립이 일조일석에 이뤄질 수 없다는 것, 그 관건이 예술성의 제고에 있다는 식의 논법은 당시 많은 연극인들에게서 어렵지 않게 발견할 수 있다. 이는 당국의 입장에서는 불건전하기 짝이 없는 "국민연극의 백년의 대계"[55]를 사유하는 시간감각이다. 태평양전쟁의 개시와 함께 이러저러한 통첩이 내려졌어도, 1942년 신년 좌담회[56]에 모인 연극인들은 정작 예술성 문제와 같은 텍스트에 대한 집중력을 보였으며, 국민연극이란 "국가이념에 반동되지 않은 내용의 것이라면 예술성을 맘껏 가미하여 제작"(김관수)할 수 있을 것이라고 말할 정도였다. 그리하여 논의의 상당부분을 바로 무대기술의 증진이나[57] 신파극과 신극의 극복문제, 즉 "예술성과 대중성의 조화를 강조"하는 창작방법론[58]에 할애했다. 그 결과여서일지 1942년에는 어느 정도 궤도에 올라선 듯이 연극인들은 실천면에서 만족감을 드러내기 시작했으며, '연문협' 발족 후 첫 사업인 제1회 연극경연대회로 크게 고무된 분위기였다.[59] 성군・아랑・현대극장・고협・청춘좌 등 중앙의 5개 극단 그리고 연극계의 내로라하는 극작가와 연출가가 총출동한 제1회 대회는, 태평양전쟁 개시 이후 더욱 공고해진 전시체제의 긴장이 고스란히

---

55 안영일, 「극문화의 신방향 : 국민연극의 장래 (1)」, 『매일신보』, 1942.8.23.

56 「좌담회 : 필승체제하 연극인 결의-국민극의 제2년」(전2회), 『매일신보』, 1942.1.4・11. 이 좌담회에 참석한 연극인들은 목산서구(이서구), 岸本寬(김관수), 송영, 나웅, 박영호, 안영일 등이다.

57 이를테면 총독부 방호과 및 조선군 보도부 후원으로 공연된 고협의 〈가두〉에 대해, 김태진의 비평은 거의 기술적인 앙상블에 대한 것으로 시종 일관했다. 김태진, 「소위 앙삼블 무대의 효시-고협의 〈街頭〉를 보고」, 『매일신보』, 1941.10.30.

58 양승국, 「1940년대 국민연극론 연구」, 『한국극예술연구』 6, 한국극예술학회, 1996, 120~127쪽 참조.

59 함대훈, 「연극경연의 성과」(전3회), 『매일신보』, 1942.12.6~13; 송영, 「문화전의 1년간-극계의 총관」(전5회), 『매일신보』, 1942.12.16~20.

반영된 행사였다.

그러나 국민연극에 대한 연극계의 집중력은 이때가 정점이었고 이후로 하강곡선을 그리는 듯했다. 연극계는 백년대계를 생각하며 예술성 제고에 골몰했지만, 당국이 그리고 있는 그림은 그와는 달라보였다. 제1회 대회가 끝난 직후, '연문협'은 전면적으로 징병제도와 증산운동을 주제로 채택하기로 결정, 그 구체적인 방책을 위해 직능위원회를 개최했다.[60] 그리고 12월 25일에는 평의원회의를 개최하여 한 해의 결산 및 신년사업에 대한 회의를 진행했는데, 결의사항은 다음과 같았다.

> 一. 회원(극단인) 간 국어사용에 관한 것
> 一. 극의 질적 향상을 위하여 재래의 흥행중심으로 상연하던 일체의 기업주의적 작품을 청산배격하고 참다운 국민극을 상연하도록 노력할 것
> 一. 명년도 무대행동(상연물)은 중점을 징병제도, 증산(생산확충)운동에 상응하게 행동하여 따라서 사생활(단체생활)도 軍律적으로까지 향상시키어 전시하 예술인으로서 면목을 갖출 것
> 一. 명춘 4월경에 연극문화전람회를 개최하여 또는 연극에 관한 강연회, 혹은 강좌를 개최할 일
> 一. 명년 盛夏(8월 초순)경에 전회원(30여 단체의 전원)을 집합하여 錬成會를 개최할 일
> 一. 연성도장(연극회관)과 협회 직속 극장을 설립할 일[61]

60 「연협의 직능위원회 개최」, 『매일신보』, 1942.12.6.
61 「연협평의원회」, 『매일신보』, 1942.12.30.

연극인들은 백년대계를 염두에 둔 '고심'과는 무관하게 당국이 강제하는 '국민연극의 길'로 들어서고 있었다. 전람회의 개최나 연극회관·극장의 설립과 같은 사업은 연극인들이 반겼을 테지만—'당근'으로 주어졌을 이 사업계획은 물론 성사되지 않았고—일본어의 상용화나 연성회의 개최는 회원 개개인에 대한 통제가 그 수위를 높여가고 있다는 신호였으며, 국민연극의 방향성에 관해서도 전쟁과의 지시관계를 분명히 드러냈다. 식민권력과 조선연극계의 동상이몽은 점점 분명해지고 있었다. 이런 추세라면, 송영이 말한 광의의 국민연극은 점차 축소되어갈 것이며, 조선어의 특권영역이기도 했던 무대에 일본어가 강제되기 시작할 것이었다.[62]

조선악극단이 징병제 취지보급을 위한 공연을 즉각적으로 올린 데에서 확인되듯이,[63] 연극계는 당국의 시책에 즉각 응하지 않을 수 없었다. 그러나 징병제도와 증산운동의 주제를 본격적으로 연극화하는 데에는 다소 시간을 요했다. 특히 징병제도는 민감한 주제였다. 아랑이 〈조선〉(박영호 작, 안영일 연출)을 공연한 것은 3월 25일이었고, 이 연극이 "아직 아무도 손을 대지 못한 징병제를 취재"[64]한 첫 번째였다. '결의'와 '실천' 사이에 그다지 많은 시간이 소요된 것은 아니었지만, 그 미묘한 간격은 1943년 이후로 국민연극의 '생산'을 위한 집중력이 전

---

62 황남은 자신이 현대극장의 신입단원으로서 처음 무대에 섰던 때(〈청춘〉, 1944.3.30~)를 회고하면서 당시 연극의 처음 혹은 마지막 막(장)을 일본어로 공연해야 했다고 기억했다. 「황남」, 한국영상자료원 편, 『한국영화를 말한다—1950년대 한국영화』, 이채, 2004, 401쪽 참조.

63 「조선악극단 대공연」, 『매일신보』, 1943.1.8; 「조선악극단 공연, 첫날부터 대인기」, 『매일신보』, 1943.1.9.

64 이해랑, 「〈조선〉을 보고」, 『매일신보』, 1943.4.2.

반적으로 약화되고 있음을 암시했다. 연극경연대회의 효과로 순회공연에서도 좋은 성과를 거두는 등 연극계가 성황을 이루고 있다고 보았으나,[65] 오정민은 상황이 여의치 않음을 깨닫고 있었다.

> 요즘 극계가 **각본난**에서 오는 재상연물이 많고 따라서 극단으로서는 예술적인 것보다도 흥행적인 것을 주안으로 하려는 경향이 농후하여, **일껀 경연대회에서 쌓아 올렸던 이념의 탑이 동요되고 끊어져 가고 있음**을 본다. 현재에 있어서 가장 긴요한 문제의 하나는 빈번한 공연과 왕성한 극본소화력에 응해주어야 할 **극작가측에서 창작방향에 대한 심각한 회의를 느끼고 있는 것**이다. 즉 국민연극으로서의 개념은 오랜 모색을 거쳐 작년도 연극경연대회에서 겨우 파악되었다 하나, **이제 새로운 단계를 맞이함에 당하여 종래와는 다른 — 현실의 내면적 심도와 시국이 요망하는 작품의 적극성을 어떻게 결부시켜야 할 것인가 — 하는 混迷에 빠지고 있다.** 이 문제에 대하여는 다른 기회에 상론하려 하지만 좌우간에 작금의 극계가 표면상으로는 평온한 듯이 보이나 그 실은 지향을 잃은 퇴폐상태에 있음이 窺知된다.[66]

제1회 연극경연대회를 통해 어느 정도 궤도에 올라섰다고 만족했으나 다시 "새로운 단계" 앞에서 각본을 생산치 못하는 극작가들의 "심각한 회의" — 이것이 바로 1943년의 현주소였다.[67] 그해 가을 제2회 연

65 오정민, 「전문기술의 종합화」, 『조광』 90, 1943.4.
66 오정민, 「〈에밀레종〉을 보고」, 『조광』 92, 1943.6.
67 오정민은 그로부터 2개월 후에도 흥행적으로는 대단한 호황이면서도 질적으로는 기대 이하에 놓인 연극계에 대한 안타까움을 토로했다. 「신연극의 狀貌」, 『조광』 94, 1943.8.

극경연대회가 역시 개최되었지만, 국민연극은 이제 더 이상 연극계의 핵심쟁점이 아닌 듯이 보였다. "시국이 요망하는 작품의 적극성"만이 요구되었던 터이기에, '토론'은 불필요했다.

그러나 대부분의 연극인들에게 국민연극은 하나의 '방편'이었다. 국민연극은 담론상 무성해보였어도, 실제로 극장을 장악했던 것은 신문 하단의 공연광고나 단신이 전하는 지극히 대중적인 흥행물이었다. 장기간 연극경연대회가 진행되는 동안에도 각 극단들은 자신들의 순서를 전후한 얼마간을 제외하고는 자신들의 레퍼토리를 무대에 올렸다. '연문협' 조직 직후의 긴장감 속에서 혹은 얼마간의 기대감으로 제1회 대회에는 어느 정도의 집중력을 보였지만, 관객들에게 인기가 없었던 국민연극을 위해, 더욱이 점차로 국책선을 반영하는 즉자적인 주제 선택이 강제되는 상황에서 계속해서 응집력을 보이기란 힘들었을 것이다. 더욱이 공연준비에 드는 시간과 비용에 대한 손익계산을 해야 하는 처지에서, 경제적인 문제도 그리 간단치 않았다. 연극연예 공연활동에 매우 불리한 극장제도에 대해 취체를 요청해도 시정되지 않았으며, 얼마간의 지원이 있었다고는 하지만 활동의 지속성을 보장해줄 정도는 아니었다.[68] 그런 점에서 1944년 9월에 열렸어야 할 제3회 경연대회가 해를 넘기고 대회의 위상 또한 예전 같지 않았음은, 첫째 연극경연대회가 연극통제전략상 전시적展示的인 것이었고 이에 대해 연극인들이 전략적으로 대응해왔다는 것, 둘째 비관적인 전세의 가중으로

68 극단원의 기차운임을 40% 할인해주고 공연물품을 탁송해주거나 편의를 보아주는 정도였다. 고설봉, 『증언연극사』, 진양, 1990, 92~93쪽 참조.

그런 전시의 필요성조차 감소되고 있었음을 시사한다.

그렇기는 해도 국민연극이 '방편'일 수 없었던 연극인들, 백년대계의 감각보다는 예술과 정치의 관계를 즉자적으로 밀고나간 연극인들에게, 국민연극의 고립은 당혹감 그 자체였을 것이다.

> 비로소 정치와 예술의 굳은 악수가 교환되고, 정치는 예술로 하여금 정치의 영역으로 끌어들이고, 예술은 정치를 위하여 예술의 사명을 다할 것을 약속하게 되었다. 앞으로는 예술은 '취체'의 대상에서 벗어나서 정치의 손발이 되어 정치를 위해서 없어서는 안 될 물건이 되지 않으면 안 될 것이다. 즉 예술과 정치는 二身同體가 되어야 할 것이다.[69]

예술은 "정치의 손발"이라고 명제화하고, "정치가 예술을 위하여 기껏 힘을 빌려주는 것이란 예술의 '취체'에 불과하였다"는 유치진의 언급에서는 어떤 섬뜩함마저 느끼게 된다. '노예로서의 자기정위自己定位'라고 해도 지나치지 않을 이러한 존재론, 즉 국민연극의 깃발을 든 전위로서의 현대극장 — 혹은 국민연극연구소 — 의 비극이 여기에 있을진대,[70] 그들에게 있어 "국민연극은 사활이 걸린 이념적 지반"[71]이었기 때문이다. 국민연극연구소의 부설에 따른 이론적 긴장에 붙들려 있

---

69 유치진, 「국민연극수립에 대한 제언」, 『매일신보』, 1941.1.3.

70 현대극장의 국민연극 실천의 실패에 대해서는 이덕기, 「일제하 전시체제기 이동연극 연구-이동연극 제1대와 극단 현대극장을 중심으로」, 『한국극예술연구』 30, 한국극예술학회, 2009; 이덕기, 「일제 말 극단 현대극장의 국민연극 실천과 신극의 딜레마」, 『어문학』 107, 한국어문학회, 2010 참조.

71 양승국, 「일제 말기 국민연극의 존재 형식과 공연 구조」, 『한국현대문학연구』 23, 한국현대문학회, 2007, 386쪽.

어야 했고, 현대극장 창립공연(〈흑룡강〉)이 '국민연극 수립의 봉화'[72]가 되어야 했으며, 더욱이 '연문협'에 소속된 어떤 극단도 하지 않았던 일, 즉 독자적으로 이동연극대를 파견해야 했다. 여기서 문제의 핵심은 식민권력의 '필요'이다. 합리적이지도 도덕적이지도 않은 부자연한 비약을 강제하는 총후의 전시체제에서, 시간적으로 '지체'된 다수를 효과적으로 동원하기 위해서는 전위의 역할이 요구되었다. '연협'이나 '연문협'이 조선총독부의 전시통제를 매개하는 기관이었다면, 현대극장과 국민연극연구소는 여타 극단들의 전범이 되어야했던 것이다.

그런 맥락에서 보자면 연극인들이 만족감을 드러낸 제1회 대회도 의아한 점이 없지 않다. 5개 극단이 불과 3일씩 공연하면서도 대회기간이 2개월이었던 점은 다소 지나친 감이 있는데,[73] 당국 입장에서 그것은 '국민연극경연대회'[74]라는 타이틀로 가급적 오랫동안 선전효과를 누릴 수 있다는 계산에서 나왔을지 모를 일이다. 참가단체가 늘어난 제2회에는 무려 3개월이나 걸렸으며, 조선어극 외에 1막 내외의 일본어극 공연을 공식화했고, 이 무렵부터 일본어 각본현상모집이 본격화되었다.[75] 이는 연극경연대회의 전시展示효과뿐만 아니라, 조선어가

---

72 「국민연극수립의 봉화, 극단 '현대극장' 창립공연」, 『매일신보』, 1941.5.28.

73 전년도에 '연극보국주간'이 개최되었을 때 9개 극단이 단 3일 동안 부민관에서 빡빡하게 행사를 치렀던 경험이 반영된 것일 수도 있지만, 그때 하루에 세 극단이 공연을 치를 수 있었던 것은 모두 단막극이었기 때문이다. 「연극보국주간－조선연극협회가맹 9개 극단 출연」, 『매일신보』, 1941.10.1. 참가단체는 국민좌, 황금좌, 아랑, 평화좌, 연극호, 고협, 예원좌, 호화선, 현대극장 등이며, 김욱의 「연극보국주간출연 9개 극단 관극평」(『매일신보』, 1941.10.11・13~14)을 통해 공연의 구체적인 개황을 짐작할 수 있다.

74 제1회 대회의 공식명칭은 '국민연극경연대회'였으며, 간혹 축약하여 '연극경연대회'로 사용하기도 하다가 제2회 대회부터는 '국민'이 삭제되었다.

75 1943년부터 국민총력조선연맹, 조선문인보국회, 국민총력황해도연맹, '연문협' 등에서 일어 각본 현상모집을 실시했다. 「決戰 소설과 희곡, 문인보국회서 현상모집」, 『매일신

허용되는 공적 공간으로서의 극장, 아마도 마지막 보루처럼 여겨졌을 무대에도 일본어가 잠식되고 있었음을 과시하는 것이었다.

생각해보면 '연협'과 '연예협'이 조직되었을 당시 각각의 직역은 마치 다른 것처럼 보였다. 국방헌금이나 꼬마채권 가두판매 등 각종 행사에 인적·물적으로 동원되었다는 점에서는 공통적이었으나, '연협'에는 국민연극의 수립이라는 특이사항이 있었던 반면, '연예협'에서는 이동연예가 주된 사업이었다. '연문협' 발족 직후 첫 사업도, 연극부문은 국민연극경연대회 개최였고 연예부문은 만주국개척촌 위문연예단 파견이었다.[76] 연극인들이 예술성의 제고를 알리바이로 삼았던 것도 그럴 만했다. 그러나 1943년을 경과하면서, 연극 / 인의 직역봉공은 이들의 '얼굴'이나 재능을 동원하는 각종 행사에 동원되는 것으로 집중되었으며, 무엇보다도 이동연극(혹은 이동연예, 이동영사) 수행의 중요성이 증대되었다.[77] 말하자면 조선총독부는 생산의 효율성 제고를 위한 '전시오락'에의 동원, 이를 수행할 전위가 필요했을 뿐이었다. 여타

보』, 1943.10.28; 「국어 이동극 각본 당선」, 『매일신보』, 1945.2.8; 「이동연극 각본 현상모집-국민총력황해도연맹에서」, 『매일신보』, 1945.2.8; 「국어극 각본 懸募, 3월 말일까지 연극협회로」, 『매일신보』, 1945.2.13; 「국어극 각본 전형」, 『매일신보』, 1945.6.6.

76 이 위문연예단은 조선이주협회와 만주문화간담회 주최, 조선연극문화협회의 제공으로 1942년 8월 20일부터 9월 11일까지 20여 일의 여정으로 제1대와 제2대 총 30여 명으로 구성되었다.

77 「낮 흥행을 철저제한-3원 이상의 입장료는 전부 정지」, 『매일신보』, 1944.3.3; 「위문연예를 강화-근로전사 위해 이동극단 초빙」, 『매일신보』, 1944.5.3; 「오락도 전력이다-이동연예대를 편성」, 『매일신보』, 1944.5.13. 그리하여 1944년 5월 극단 통폐합시 김소랑이 이끌었던 건설무대가 이동극단으로 전환되었고, 1945년 3월에도 '연문협'은 조선예능동원본부와 조선근로동원본부의 후원으로 협회 소속 이동극단인 '문화좌'를 조직하여 송영 작 〈고향에 보내는 편지〉(나웅 연출, 강호 장치)를 창립공연으로 올리기도 했으나, '연문협'의 이동극단 사업은 극히 일부에 지나지 않았다. 「이동극단 '문화좌' 공연」, 『매일신보』, 1945.3.4.

의 연극인들을 견인하기 위한 현대극장과 국민연극연구소의 존립도, 연극경연대회라는 전시도 필요했지만, 이동연극이야말로 예술분야에서 가장 중요한 임무를 할당받은 전위기관이 되어야 했던 것이다. 그러는 동안 이동연극/연예 업무의 중심은 '연문협'이 아닌 조선예능동원본부로 옮겨갔고, 1945년 5월 현재 이 본부는 이동연극대 25개 단체를 파견하고 있었다.[78]

연극인들에게도 이동연극 활동의 명분은 분명했다. 1941년 8월 처음으로 순회를 마치고 돌아온 전창근은 "적어도 예술이 만민의 공유물이면서 공유물이 못 되어오던 불순한 계제를 떨치고 나온 자, 오직 지금은 이동극 하나뿐"이며, "국민 중의 국민"을 찾아가는 "전위기관요, 실천기관"이라고 역설했다.[79] 이동연극은 문화에서 소외된 문맹 조선인들에 대한 "조선인 엘리트들의 계몽 기획과 생산의 효율성을 높이려는 당국의 이해가 교차하는 지점"에 놓여 있었고, 수행주체들에게는 "직역봉공을 다하고 있다는 것을 증명하고 전시"할 수 있는 매우 효과적인 '의무'가 되었다.[80] 이제 공연자들은 이동극단 활동을 통해서 종래의 '취체대상'에서 적극적인 '선전주체'로 전환되어갔다.[81]

그러나 계몽기획의 명분에도 불구하고 직역봉공의 '전시展示'라는 실리가 함께 작용됨으로써 선전주체 혹은 전위로서의 전일성은 애초

---

78 「이동연극대의 활약」, 『매일신보』, 1945.5.14.

79 전창근, 「이동극장에의 멧세-지-그 제1대의 연출을 마치고」, 『매일신보』, 1941.9.2.

80 이화진, 「전시기 오락 담론과 이동연극」, 『상허학보』 23, 상허학회, 2008, 91·98~103쪽 참조.

81 이화진, 「일제 말기 이동극단 활동의 전개 양상과 그 한계」, 『한국학연구』 30, 인하대 한국학연구소, 2013, 168~174쪽 참조.

부터 불가능한 것이었다. 더욱이 이동연극의 성과는 매우 불투명한 상태였다. '건전오락의 권장'과 '비속성의 묵인' 사이의 충돌 혹은 긴장은 전시체제기 이동연극의 태생적 한계였으며, 당국은 '비속한 웃음'의 묵인이 불가피하다고 보았다. "생산력 동원이 긴요한 상황일수록 노동의 재생산을 위한 여흥에 주력할 수밖에 없었던"[82] 것이 바로 전쟁 막바지에 이른 당국의 딜레마였기 때문이다.

전위로서의 전일성 훼손 혹은 의사擬似전위의 필연성은 비단 이동연극에만 한한 것은 아닐 것이다. 동원된 현실이란 일정한 합리화를 필요로 하는 자기기만의 과정을 거치도록 강제하는 것이었던 만큼, 연극인들은 동원의 명분과 실리가 유착된 채로 의사擬似국가의 호명에 의사전위로서의 위치를 지속해갈 수 있었다. 확실히, 그간 연극인들이 애써 논의해온 '국민연극-됨'을 증명하기 위한 텍스트성 문제는 시야에서 점점 멀어지고 있었다. 국민연극이란 '일조일석에 이뤄질 수 없는 것'이라는 일종의 단서는 현재의 알리바이가 되고, 국민연극 이념에 일치하는 깃발은 이동극단의 활동, 혹은 연극경연대회와 같은 전시적인 의례로써 충족되고 있었다. 그리하여 연극계는 한편으로는 전시展示행정에 적절하게 동원되면서도, 다른 한편으로는 비-국민연극 행위를 지속해나갈 수 있었다. 이 이원성은 곧 전시통제의 불투명한 효과를 지시한다. 이제 그 임계를 결정지었던 또 다른 변수를 고려해야만 할 것이다.

---

82 이동연극의 '건전'과 '비속', 공모와 일탈에 관한 자세한 논의는 이화진, 「전시기 오락 담론과 이동연극」, 『상허학보』 23, 상허학회, 2008, 103~110쪽을 참조.

4. 조선연극의 '遲滯'라는 변수

연극에 대한 전시통제시스템은 1942년 7월 '연문협'의 조직으로써 그 구축이 일단락되었다고 보지만, 1944년에 취해진 일련의 시책을 언급해둘 필요가 있을 것이다. 1944년은 확실히 좀 더 긴장된 빛이 감돌았다. '결전비상조치'에 의해 흥행 / 장에도 그 여파가 있었는데, 검열 강화는 물론 "한가한 시간과 꼴 보기 흉한 향락적 풍경"의 일소를 위해 주간흥행을 제한하는 등의 조치가 취해졌다.[83] 이 맥락에서 조선총독부 정보과는 「연극, 연예 흥행에 관한 비상조치 요강」을 발표하고, 일련의 사업을 추진했다. 우선, 연기자들을 대상으로 한 자격심사를 처음으로 시행했다.

〈표 1〉 전시체제기 연기자 자격심사 시행일지

회차	일자	비고
제1차[84]	1944.4.6~16	자격 : '연문협' 회원 / 필기, 구두 / 804명 응시, 합격자 322명, 假합격자 63명
제2차[85]	1944.5.25	자격 : 회원으로서 정당한 사유로 인해 수험하지 못한다는 계출을 한 사람과 회원이 아닌 사람으로서 예능에 경험이 있고 새로 입회를 희망하는 사람
제3차[86]	1944.8.26~28	자격 : 전번 시험에서 실격된 자와 신인 / 필기, 실기, 구두 / 499명 응시, 합격자 283명(남 144, 여 139)

83 「낮 흥행을 철저제한－3원 이상의 입장료는 전부 정지」, 『매일신보』, 1944.3.3.

84 「예능인 교양향상－극단 정비를 종합적으로 실시」, 『매일신보』, 1944.4.20; 「실격자는 무대행동정지－조선연극문화협회서 例規를 결정」, 『매일신보』, 1944.5.10.

85 「연기자 추가시험, 5월 25일 시행」, 『매일신보』, 1944.5.18.

86 「기예자 자격심사를 발표」, 『매일신보』, 1944.9.4.

심사기준은 대체로 기예능력보다도 '황국신민서사'의 암기, 전쟁과 관련된 정보, 시국인식을 중요시하였다. 제1차 합격률은 불과 40% 정도로, 필기시험은 문자해득률의 문제, 구두시험은 시국인식의 문제가 관건이었던 것으로 보인다. 연극부문 연기자들보다 연예부문 연기자들의 탈락률이 높았던 것으로 짐작되나, 전경희 · 이종철과 같이 중진급 배우들 혹은 일본유학생출신 김동원 · 이해랑과 같은 이들도 1차에서는 탈락되었다.[87] 제1회 심사위원이었던 총독부 정보과 조사관 모루도메諸留의 말을 참고하면, 연극부문 연기자들은 대체로 '총후연예인'으로서 좋은 편이었다고 하며, 구두시험에서 적국이 어디인지도 모르고 '미영'을 한 나라로 알고 있는 자도 있었을 만큼[88] 시국에 대해 '무지'한 이들도 많았다고 한다. 물론 탈락자들은 추가시험에서 혹은 특별회원이라는 명목으로 상당수 구제되었다.

이 연기자시험은 '결전비상조치'에 따른 것이지만, 정보과는 이 자격심사 결과에 근거해 단체의 정비를 단행했다.[89] 각 극단은 합격자 수가 일정한 정도에 이르러야 극단을 유지할 수 있었다.[90] 그리하여 정보과는 7개 단체(금희좌, 연극호, 국민좌, 보국연예대, 동아여자악극단, 반도창극단, 조선이동체육단)를 해산시키고, 4개 단체(제일악극단, 라미라가극단, 반도가극단, 화랑극단)는 2개로 통폐합하며, 건설무대와 조선창극단은 이동극단으로서만 존속을 인정한다고 발표했다. 그리고 이 통폐합 과정에서 탈락

87 고설봉, 『증언연극사』, 진양, 1990, 89쪽; 「황남」, 한국영상자료원 편, 『한국영화를 말한다-1950년대 한국영화』, 이채, 2004, 402~403쪽.
88 「예능인 교양향상-극단 정비를 종합적으로 실시」, 『매일신보』, 1944.4.20.
89 「통합을 단행-연극, 연예단체 등 정비」, 『매일신보』, 1944.5.11.
90 고설봉은 14명, 황남은 20명이라고 기억했다.

된 '우수한 연기자'들을 '흡수', 이동연예대로 편성하겠다는 방침을 세워,[91] 이동연예의 수요가 높아지는 시점에서 그 실리도 챙겼다.

나머지 하나는 「조선흥행등취체규칙」(1944.5.8)이 조선총독부령 제197호로 공포되었다는 점이다. 이 법령은 전선全鮮을 일원화한 법적 제도화였지만, 좀 더 핵심적인 것은 인적 통제의 중요성이 확실히 부조되어 있었던 점이다.[92] 이는 이전부터 강조되어온 바였지만, 이번에는 이를 종적・횡적으로 긴밀하게 조직된 관리체계로 명문화했다. 게다가 검열규정에서 일본어 번역문을 첨부할 것을 요구했는데, 이는 이미 분장실에서조차 일본어를 상용해야 했던 당시 언어상황에서 보자면 필연적이었다.

1944년에 취해진 일련의 제도적 조치는 이것들만 놓고 본다면 조선연극의 존속을 위협하는 어떤 경계에 다다른 것처럼 보인다. 극단이라는 울타리가 없어진 채 개인에 대한 국가의 직접적 관리체제로의 돌입, 극단 존폐에 관해 더 적극적이 된 국가의 권한 행사, 더욱 정교해진 법제화를 통한 연극통제 등 통제수준은 만만치 않아 보인다. 그럼에도 불구하고 그러한 제도적 강제가 1944년 시점에서 얼마만큼의 효과를 낼 수 있었는지는 의문이다. 앞서 국민연극의 표류과정을 살폈듯이, 조선의 연극계가 의식적이든 무의식적이든 전시展示의 전경前景과 실리實利의 후경後景이 짝을 이루면서 총후의 일상성을 보유하고 있었다는 감각을 유지한다면, 1944년의 제도적 정비가 사실상 중요한 위력을 갖고 있

91 「오락도 전력이다–이동연예대를 편성」, 『매일신보』, 1944.5.13.

92 이승희, 「식민지시대 흥행(장) 「취체규칙」의 문화전략과 역사적 추이」, 『상허학보』 29, 상허학회, 2010, 181~182쪽 참조.

었다고 판단하기는 어렵다. 더욱이 흥행 장에 대한 전시통제가 그 기도에 상응하는 만큼 효과적일 수 없었던 것은, 어떤 의미에서는 조선총독부가 취해왔던 정책적 방침이 부메랑이 되어 돌아온 결과이면서 단기간의 전시통제가 미칠 수 없었던 영역 때문이었다. 조선총독부의 전시통제와 그에 반응했던 의사전위 활동만으로는 포착될 수 없었던 것, 그것은 역설적이게도 조선연극의 '지체遲滯' 혹은 주변성이었다.

사실, 식민지조선에서 연극은 '사글세쟁이'[93] 혹은 '의붓자식'[94]의 처지에서 한 번도 벗어나지 못했다. 연극장의 부재는 재정적 선순환을 불가능하게 했고, 이런 상황에서 조선연극의 미래를 낙관하기는 힘들었다. 극단의 영세성은 '다른' 관객을 찾아 순회공연을 떠나야 했던 이유기도 했지만, 조건이 가혹하긴 마찬가지였다. 영화와 마찬가지로 연극의 기업화 논의가 없었던 것은 아니지만,[95] 그것은 거의 불가능했다. 최승일의 표현대로 '자본주의적 지사'가 있으면 모르려니와, 연극의 직업화를 다소 구체화했다고 하는 고협조차 자신들의 극장은 가지고 있지 못했다. 또한 조선영화주식회사 최남주의 후원으로 조선무대가 야심차게 출범하여[96] 제2의 고협, 혹은 연극의 기업화 가능성이 점쳐지고 있었으나, "혹종의 곤경에 陷入"[97]되어 창립공연과 북선순회 이후 그 자취를 감추고 말았다.[98]

---

93 최승일, 「연극의 기업화」, 『조선일보』, 1935.7.10.

94 유치진, 「금년의 연극 (1)」, 『매일신보』, 1940.12.25.

95 최승일, 「연극의 기업화」, 『조선일보』, 1935.6.5; 주영섭, 「續 연극과 영화」(전4회), 『동아일보』, 1937.10.19~22; 서광제, 「勇躍의 朝鮮演藝軍, 企業門에 당당입성」, 『동아일보』, 1938.1.3; 「문화현세의 총검토 (3)」, 『동아일보』, 1940.1.3.

96 「'朝映' 최 사장 후원 하에 '조선무대' 결성, 창립공연은 6월 중순」, 『동아일보』, 1940.5.30.

97 이서향, 「연극시감—〈웽〉 연출을 계기로」, 『매일신보』, 1940.12.25.

함대훈이 연극연예 단체들의 열악한 처지를 호소했던 것은 당연했다.[99] 여관비와 교통비의 상승, 고율의 입장세는 말할 것도 없고, 극장이 대관료 외에 각종 명목 — 선전비, 간판대, 하족대 등 — 으로 돈을 받아내는 상황에서는 지방흥행 수익도 여의치 않았다. 특히 이들 단체는 영화추정료映畵推定料까지 지불했는데, 극장이 사단법인 영화배급주식회사에 지불해야 할 것을 대신 떠맡는 것이었다. 함대훈은 이런 상황에 강력한 문제제기를 하면서 다음과 같이 당국과 '연문협'에 호소했다.

> 영화나 연극이나 연예가 모―든 국책수행상에 있으나 그가 건 바 자기의 역량을 총발휘해서 직역봉공을 하는 것인데 연극, 연예는 어찌하여 이런 가혹한 조건 하에 공연할 이유가 어디 있는가를 의심하지 않을 수 없다. 연극문화협회는 자기협회 산하에 있는 단체들이 이런 극단으로는 부당 지불이라고 볼 수 있는 악조건을 아―무런 항의도 없이 그대로 수긍하고 있는지 알 수 없는 일이다.[100]

물론 이와 같은 요구가 당국의 시책에 적극적으로 반영되었는지는

98 당국이 그 같은 조선민간흥행사업의 확장을 달가워하지 않았으리라는 것은 짐작되지만, 좀 더 직접적인 이유는 영화사에 대한 당국의 움직임과 연관되었으리라 추정된다. 영화사들을 하나로 통합한 사단법인 조선영화주식회사의 출범은 1942년이지만, 그러한 사전정지작업은 이미 1940년부터 시작되었고, '조영'과 최남주의 거취가 바로 조선무대의 운명을 결정했을 것이기 때문이다.

99 함대훈, 「문화시평 ― 연극과 극장문제」, 『매일신보』, 1942.5.7; 「연극과 흥행」, 『매일신보』, 1942.12.29.

100 함대훈, 「연극과 흥행」, 『매일신보』, 1942.12.29.

확인되지 않는다.[101] 물론 전시 기간 동안 극장취체 논의가 없었던 것은 아니었다. 이를테면 「고시 제794호」(1943.7.2)[102]는 「가격등통제령價格等統制令」에 의거해 '상설영화흥행장'의 등급을 총11급으로 나누고 그에 따른 최고입장요금의 기준을 정했다. 해당 요금에는 "관람료, 입장세, 좌석료, 중전仲錢,[103] 하족료, 깔개료" 등이 모두 포함된 것으로, 그동안 여러 명의로 관객들에게 거둬들인 부당한 관행을 시정하기 위한 조치였다. 그럼에도 이 혜택은 연극연예 종사자들과는 아무런 관계가 없었다.

또한 '연협'의 조직과 함께 지방극단들이 거의 고사된 것도 조선연극을 지체시킨 하나의 요인이었다.[104] 극단의 생존력이 지극히 미약한 가운데, 중앙집중적 시스템은 경성의 중심화, 지방의 주변화를 가속화했다. 신불출은 1936년 11월 현재 수백의 극단과 2천여 명의 소속 연극인이 있다고 했거니와,[105] 유치진은 1940년 12월 현재 가설무대 활동 단체를 제외하더라도 30~40여 개의 극단이 있다고 추정했다.[106] 정확한 수치라고 할 수는 없지만, 각지에 꽤 많은 극단들이 존

---

101 고설봉은 영화추정료를 '프로대프로그램貸'라고 기억했는데, 당국은 협회 산하 극단이 지방흥행시에 대관이 쉽도록 행정명령을 내려주었고 별도의 대관료 대신 그 시간에 상연할 영화에 대한 세금으로 지불했던 것이라고 한다(고설봉, 앞의 책, 92쪽). 영화추정료를 '부당 지불'이라고 한 함대훈의 주장과, 대관료를 대체하는 당국의 혜택이라고 여긴 고설봉의 주장, 어떤 것이 맞는 것인지 아니면 함대훈의 의견이 받아들여져 이후 시정된 결과를 고설봉이 기억하는 것인지는 불분명하다.

102 『조선총독부관보』 제4924호, 소화 18년 7월 2일.

103 흥행장에서 심부름하는 이에게 주던 삯. 일종의 팁.

104 '연협' 출범시 9개 극단 중, 평양의 노동좌와 원산의 연극호만이 지방극단이며 이 두 단체는 추후 모두 경성으로 자리를 옮겼다. 이 밖에 1941년 2월 말에 새로 가맹한 7개 극단 중, 演協(평양)과 예우극단(통천)이, 그해 7월에는 청년극장(평양), 신생좌(신의주), 만월무대(강계), 대륙좌(신천) 등이 합류했으나 대체로 단명했다.

105 申孫吉, 「신극과 흥행극, 주로 극연에 향한 주문 (1)」, 『조선일보』, 1936.11.6.

속하고 있었다는 감각은 사실일 것이다. 이동극단의 중요성을 감안하면, 각 지역별로 최소한의 극단을 안배하고 상황에 따라 이동극단으로의 전환을 꾀하는 방식이 합리적이었을 법하나, 당국은 중앙통제시스템을 통한 문화공작을 선택했다. 이것이 훨씬 더 경제적이고 효율적이라 판단했기 때문일 것이다.

연극계가 전반적으로 영세했기 때문에 연극인들은 더욱 더 당국의 정책적 지원과 보호를 기대했건만, 재정상태는 호전되지 않았다. 조선연극이 이 지경에 이른 데에는 극장예술로서의 산업적 경쟁력이 영화보다 우위에 있지 못했던 사실과 함께, 제도적 불리함과 당국의 취체로 인한 기형적 지체를 겪어야 했기 때문이다. 신극의 좌 / 우가 운명을 달리하면서도 관객대중과 유리될 수밖에 없었던 추이 그리고 대중극이 온갖 부정적인 수사를 한 몸에 받으면서도 관객대중의 곁에서 성장해간 이력 — 공교롭게도 전시체제기에 접어들어 양자의 접속이 불가피했으나 그들이 공통적으로 맞닥뜨려야 했던 경제적 악조건은, 국민연극의 '수행'을 하나의 '방편'으로 삼는 알리바이가 되었던 것이다.

그리고 그것이 가능했던 것은 '신체제' 연극과는 상당한 거리에 있는 '구체제' 관객 덕분(!)이었다. 연극인들의 국민연극에 대한 인식은 대체로 세 가지 수준에 모아져 있었다. 첫째는 국가이념, 더 정확히 말하면 국책선에 합치되는 주제, 둘째는 예술성, 셋째는 관객획득이었다. 주제와 내용에 관해서는 광범위한 수준에서 혹은 당국의 지침에 따라 다소 모호하게 당위적으로 강조되었던 반면, 연극인들이 국민연

106 유치진, 「금년의 연극 (3)」, 『매일신보』, 1940.12.27.

극 담론에서 역점을 둔 것은 단연 예술성과 관객획득 문제였다. 물론 양자의 문제는 무관하지 않았다. 국민연극이 "총후민중이요 전장을 앞에 둔 민중"[107]으로서 "광범한 관객층을 대상으로 하는 바에는 과거의 신극과도 달라 오락성도 많이 담아야"[108] 하기 때문에, 예술적이면서도 대중적이어야 하는 국민연극의 수립이란 사실상 '신극'과 '신파극'으로 대별해온 이원적 간격의 해소를 의미했다.

당연히 난항을 거듭할 수밖에 없었다. 이 간격은 하루아침에 기계적으로 해소될 수 없는 총체적인 것으로서, 여기에는 연극사에 새겨질 수 있는 온갖 요인들이 계기적으로 결합된 결과였기 때문이다. 얼마간이라도 간격을 좁힐 수 있었다면 이는 연극을 총괄적으로 책임지는 연출자의 비중이 높아졌을 때일 것이며, 실제로 일제 말에 두각을 나타낸 안영일・이서향과 같은 연출가들의 작업은 그러한 성과를 내기도 하였다. 그럼에도 불구하고 이것이 난제인 것은 설사 그 간격을 좁혔다고 해도 관객대중이 외면하면 그뿐이었다는 점이다. 1941년, 국민연극의 모색이 본격적으로 시작되었을 때 국민연극은 "구체제 관객들에게 무참히 냉대"[109]를 받고 말았다.

> 국민연극을 제창한 이래 유치진 작 〈흑룡강〉, 임선규 작 〈인생설계〉, 위등 조선군 보도부원 작, 박영호 각색(〈가두〉), 함세덕 〈남풍〉, 박영호 작 〈가족〉, 김태진 작 〈백마강〉 등이 모두 금년 상연된 국민연극의 **좋은 극본**

---

107 함대훈, 「국민연극의 첫 봉화—극단 현대극장 창립에 際하야(중)」, 『매일신보』, 1941.4.1.
108 오정민, 「현대극장所演 〈북진대〉 관극평 (2)」, 『매일신보』, 1942.4.10.
109 목산서구, 「국민예술의 건설, 금후의 국민극 (2)」, 『매일신보』, 1941.10.22.

> **이지만 이 연극들이 관중에 얼마나 감격을 주었느냐에 대하여는 다시 한 번 재고할 여지가 있는 것이다.** 종래 소시민 계급, 유산자의 생활을 그리던 연극이 근로자, 농민, 경방단원들의 생활을 그리게 되고 따라 그들의 생활면에 있어서 건강한 생활감정을 그린 것과 또 일본정신의 發揚은 특기할 만한 일이다. 그렇지만 **우리는 국민연극에서 관중을 얻었느냐 하면 얻었다는 것보다 잃었다는 편이 더 타당하다 할 것이다.**[110]

그도 그럴 것이 실질적으로 극장을 장악하고 있었던 것은 '흥행극'이었고, 관객대중이 하루아침에 그 낯선 연극의 팬이 될 리는 만무했다. 당시 연극관객에 대한 구체적인 정보는 별로 없지만,[111] 극장문화가 조성될 수 있었던 도시에서 여가활동이 가능했던 유한계급과 상인계층이 주류를 이루었다는 것,[112] 여기에 극장이라는 공적 공간에 출입이 상대적으로 자유로웠던 이른바 '화류계' 관객을 추가할 수 있을 것이다. 그런데 이 기본적인 사실 외에 당대인들에게 인식된 몇 가지 중요한 지점이 있었다. 첫째, 연극관객과 영화관객의 구별이다. 연극관객이 "『추월색』 독자와 같은 풍"이라면, 영화관객은 좀 더 세련되었다고 인식했다. 둘째, 극장(혹은 장소)에 따른 관객 취향의 구별이다. 같은 경성지역이라 하더라도 좀 더 '고급한' 연극관객은 주로 부민관을

---

110 함대훈, 「국민연극에의 전향-연극 1년의 동태 (6)」, 『매일신보』, 1941.12.13.

111 영화관객에 관해서는 1941년 高商영화연구회가 성별, 연령별, 관람시간별로 조사한 자료가 『매일신보』에 부분적으로 실려 있다. 눈에 띄는 것은 남성이 83.25%, 여성이 16.75%로서, 남성관객의 비중이 압도적이었음을 보여준다. 「영화관객, 高商映硏의 조사」, 『매일신보』, 1941.7.13.

112 이원경에 의하면, 1930년대 경성의 경우 남성관객은 종로와 무교동의 상인들이었고 여성관객은 기생들이었다. 이원경, 『공수래공수거』, 늘봄, 2005, 77쪽 참조.

가지만 동양극장에는 좀처럼 가지 않았다는 것이다. 셋째, 경성관객과 지방관객의 구별로 후자가 더 저급하고 통속적이라고 간주했다.[113]

연극관객을 여러 수준에서 분별하고 위계화하는 인식에서, 적어도 두 가지는 분명해진다. 첫째 연극관객이 영화관객보다 '구식'이라는 인식은 이미 연극을 하급문화로 간주하게 만든다는 점이며, 둘째 위계화된 구별에도 불구하고 이들을 현재 공통적으로 매개하는 '흥행극'의 수준이 곧 연극관객의 수준이 된다는 점이다. 이 두 가지는 모두 조선연극의 영세성에서 비롯된 결과라 할 수 있으니, 특히 제작비라도 회수하기 위해 지방순회를 해야 했던 극단의 생존방식은 중앙과 지방의 취향을 동일화하는 계기가 되었다. 각 지역의 문화적 거점이 되었던 극장들의 공공성이 현저히 감퇴되는 것과 맞물려, 순회의 형식은 점차 영세한 대중성을 운반하는 네트워크가 되어갔다. 임화의 고협에 대한 판단은 바로 그러한 국면을 잘 드러내준다.

> **오랫동안 지방관객을 상대로 하던 관계로** 거기에는 필연적으로 저속한 취미에 영합이란 신극의 정신과는 양립할 수 없는 극히 위험한 요소가 들어 있다. **미처 씻지 못하고 혹은 씻으려 해도 부지불식간에 남긴 채 경성무대에 오르는 것이다.** 이것이 사실이라 할 것 같으면 이러한 방침은 극단운용의 경제적 위험성을 막는 대신 다른 한쪽 문으로 예술성을 낮추는 위험을 맞게 되는 것이다.[114]

113 이상은 1940년 『조선일보』 신년좌담을 참고하여 정리한 것이다. 「종합좌담회 : 신극은 어디로 갓나? 영화조선의 새출발」, 『조선일보』, 1940.1.4.
114 임화, 「고협 중앙공연을 보고(상)」, 『조선일보』, 1939.12.28.

따라서 당국과 연극계 지도부에서는 국민연극의 수립을 긴요한 과제로 설정했다고 해도 "지성없는 '수일과 순애'적인 비극"[115]을 해야 했던 조선연극의 '지체' 앞에서는 사실상 무력했던 것이 현주소였다. 아마도 이를 가장 단적으로 보여주는 것이 어트랙션attraction의 유행일 것이다.

> **방화의 제작제한과 상영시간의 제한 등에 의해 흥행장의 상영물 순서 편성은 상당히 苦勞**가 요하게 되었을 뿐만 아니라 적정한 양화의 품부족으로 조선에서도 **어트랙션 연예물 상연이 유행**되어 있는 것이 사실이다. **1개월에 2회 평균의 상연**은 각관에서 보편으로 하는 상태로 되어 있는 터인데 이로 인해 비속저조한 어트랙션물도 무난히 상연되어 **이 방면의 기업자와 악질 브로커가 상당히 개재**하여 건전 오락에는 위반되는 감이 없지 않다. 이리하여 영화령과 병행하여 상설관에서 실연하는 그와 같은 어트랙션의 일정한 제한은 절대필요할 뿐만 아니라 업자간에서도 이 저급한 **어트랙션 통제단체의 필요**가 絶叫되어 있다.[116]

이처럼 어트랙션의 유행은 전시통제과정에서 빚어진 것이었다. 오정민의 입을 빌면, 이때 어트랙션이라 함은 "이미 연극영역에서는 청산된 지 오랜 막간 여흥—쇼, 버라이어티, 난센스 또는 기타 浪曲劇[117], 奇術 등등—을 긁어모아 그야말로 연예적이고 통속적인 것을

115 박향민, 「신파비극을 배격–우수한 작품을 요망」, 『매일신보』, 1941.5.3.
116 「건전오락은 고상화로–저급 '애트랙숀' 순화」, 『매일신보』, 1941.5.29.
117 일본의 浪曲과 조선의 고전극을 배합한 것으로, 안영일에 의해 강도높게 비판된 적이 있

아무런 독창(성)도 없이 연출되어 관객의 저급한 기호에 영합함을 주안으로 한" "상품가치 만점의 성황"[118]을 이룬 공연물이었다. 즉 레뷰와 근사한, 그야말로 잡탕적인 공연형식들이 어우러진 연예물이었다. 문제가 된 것은 보드빌과 같은 미국적인 '광조狂躁와 외설'이 난무하거나 재즈에 맞춰 어지럽게 춤추는 '경조부박輕佻浮薄'함이었다.

그런데 이 어트랙션은 중일전쟁 이후 활성화된 악극과 연동되어 있었다. 전쟁과 악극의 관계를 주목한 이면상에 의하면, 전시에 있어 "종래의 개인주의적 獨自 誇張의 유행가, 연주회 형식이 소멸되고 미미하나마 집단적이요 이데올로기를 가진 악극형식의 출현"은 결코 우연이 아니었다.[119] '불건전한 것'을 일소하고 일정한 수준의 예술로 고도화된다면,[120] 악극이야말로 전시체제의 건전한 국민오락이 될 수 있음을 역설했다. 총독부 당국의 시각도 그러한 명분과 논리 속에 있었다.[121] '경조부박한 영미풍英美風'을 경계하면서 악극의 향방을 '건전한 국민오락'으로 견인하는 정책을 시행하면 될 일이었다. 한편으로는 각종 위문공연에 동원되는 것으로 그 정치적 효용성을 증명하는 듯했지

다. "낭곡과 조선고전극과의 비과학적인 결합— 그것이 곧 내선문화의 교류는 될 수 없다. 그것이야말로 극히 악질적인 편승적 사고이다. 和服을 입은 낭곡예술가가 핏대를 올리며 외치는 낭곡조에 맞추어 조선의 고전적인 의상을 입힌 — 우리가 십수 년 전에 볼 수 있었던 신파적인 내용과 연기 — 바로 그것이 낭곡극이다." 안영일, 「극문화의 신방향—국민연극의 장래 (3)」, 『매일신보』, 1942.8.25.

118 오정민, 「가극의 장래 (1)」, 『매일신보』, 1942.11.7.

119 이면상, 「극문화의 신방향—악극의 지위 (1)」, 『매일신보』, 1942.8.29.

120 이면상, 「극문화의 신방향—악극의 지위」(전5회), 『매일신보』, 1942.8.29~9.2.

121 「현존 악극단의 정리—전부 3개 단체 인정, 질적 향상과 건전성을 강조」, 『매일신보』, 1941.8.31; 「오락의 임전체제, 矢鍋문화부장 주의 환기」, 『매일신보』, 1941.9.3; 「非國策的 흥행일소—영화, 연극 등을 적극통제」, 『매일신보』, 1942.1.10; 「건전오락을 목표로 악극단에 자숙 강조, 총후에 적합지 안흔 것은 단호히 鐵槌」, 『매일신보』, 1942.1.10.

만, 다른 한편으로 흥행시장에서는 "가장 卑猥한 재즈춤의 한 토막, 안이한 눈물, 망측한 희롱"[122]으로 해방 직전까지도 일반관객의 애호를 얻어냈다.

연극은 흥행 장 전시통제의 임계가 가장 분명히 드러난 곳이었다. 공연예술의 전쟁 특수는 분명했다. 영화상설관은 어트랙션의 비중을 높여갔고, 경성보총극장이 아랑과 제휴를 하여 극장을 제공한 것을 시작으로(1941.7), 점차로 영화상설관의 문턱이 낮아졌다.[123] 약초극장은 아예 연극전문극장으로 전환한 경우였다.[124] 1945년 벽두 "최근과 같이 조선극계가 활발한 때가 없는 것 같이 생각"[125]되었듯이, 전쟁 막바지로 갈수록 흥행시장은 활황을 띠었다. 그러나 이 활황의 정체는—직역봉공의 수행을 정치적인 방패막이로 삼아—조선연극의 경제적 저열함과 제도적 불리함을 얼마간이라도 해소하고자 지극히 대중적인 흥행물에서 자구책을 찾은 결과였다. 그것이 가능했던 것은 극장 관객들 덕분이었다. 함대훈과 마찬가지로 연극의 유례없는 호황을 언급한 김자도는 다소 분열적인 문의文意를 노출시키면서 전시 연극통제의 귀착점을 다음과 같이 묘사한다—"생경한 주입극에서 사상성을 발견하기에는 국가이상은 너무나 준엄하고 국민의 감정은 너무도 지쳤다. 이곳에서 어찌 결전연극의 사명수행을 기대할 수 있을 것이랴."[126] '국민연극'은 그만큼 멀어져 있었다.

---

122 龍天生, 「악극단과 대중」, 『매일신보』, 1945.6.10.
123 1945년 5월, 현대극장은 약초극장과, 극단 태양은 중앙극장과 계약을 맺었다. 「현대극장과 약초의 제휴」, 『매일신보』, 1945.5.16; 「중앙극장 태양 전속」, 『매일신보』, 1945.5.26.
124 「若劇 연극전문관으로」, 『매일신보』, 1944.11.21.
125 함대훈, 「〈백야〉 관극 소감 (2)」, 『매일신보』, 1945.1.29.

5. '국가'에 대한 감각

전시체제기 연극통제는 시스템에 의한 동원정치였다는 점에서 그 이전과는 확연히 구별되었다. 조선총독부는 중일전쟁을 개시한 이후 조선사회의 재조직에 착수함으로써 전시체제로의 전환을 꾀했고, 이 과정에서 연극통제시스템도 구축되었다. 국민총력조선연맹 문화부, 조선총독부 정보과, 조선군 보도부 등과 같은 상급 통제기관이 통제 방침을 확정하고, '연협'과 '연예협' 혹은 '연문협' 등을 매개로 하여, 산하 단체와 인력을 통제하는 위계구조를 갖추게 되었던 것이다. 이 시스템의 목표는 '건전한 전시오락'을 제공하는 것을 비롯하여 복제미디어가 선전기능을 충분히 수행할 수 없었던 영역에 연극 / 인을 동원하는 것이었고, 이는 '간담'과 '통첩' 혹은 '지도'와 '후원'의 형식으로 가동되었다. 이 시스템 안에 위치되지 않고서는 활동할 수 없었다는 점에서, 연극인들이 당국의 전시통제선을 벗어나는 것은 거의 불가능해 보였다.

그러나 위계적인 통제시스템의 안 / 밖에서 발원하는 요인들로 인해 매끈해 보이는 전시통제선에 누수지점이 발생하고 있었음은 분명했다. 연극인들 사이에서는 일찍부터 연극의 전시화戰時化를 위한 움직임이 시작되었으나 1941~1942년을 정점으로 하여 '자발성'의 집중력은 점점 감소되기 시작했다. 동원된 현실이란 일정한 합리화를 필요로 하는 자기기만의 과정을 거치도록 강제하는 것이었던 만큼, 연극인들은 동원의 명분과 실리가 유착된 채로 의사擬似국가의 호명에 의사擬似전

126 金子道, 「연극시감 (2)」, 『매일신보』, 1945.2.25.

위로서 스스로를 위치시켰다. 또한 통제시스템이 미칠 수 없었던 조선 연극의 '지체' 혹은 주변성은 조선연극이 '국민의 연극'으로 재탄생되기 어려운 근본적인 덜미였거니와, '후방의 피로감'을 극장에서 배설하고자 했던 관객들 덕분에 이 상태는 해방 때까지 지속되었다. 전시展示행정에 적절하게 동원되면서도 비-국민연극 행위를 지속해나간, '경계가 불투명한' 주체의 이원성, 바로 이것이 1944년에 취해진 일련의 제도적 조치가 조선연극의 존속을 위협하는 것처럼 보였어도 그것이 그 기도에 상응하는 만큼 효과적일 수는 없었던 이유이기도 했다.

그럼에도 불구하고 이 결과를 전시체제기 연극통제의 성패 문제로 정리할 수는 없을 것이다. 연극통제의 기획이 정책적으로는 실패했을망정, 전시체제기는 그 이전과는 다른 단층을 만들어내면서 연극사에 새로운 것들을 기입하고 있었기 때문이다. 연극통제시스템과 관련하여 그것은 무엇보다도 — 식민지조선인에게 있어 일본은 의사국가였지만 — 국가를 정점으로 하는 시스템의 직접적인 경험 그 자체였으며, 이로부터 '국가'에 대한 감각이 생성되었다는 점이다. 전시 이전의 검열체제가 '합법성에의 감각'[127]을 규율하는 주체로서 국가를 지각토록 했다면, 이는 어디까지나 검열 및 취체의 가혹함과 부당함에 대한 인식을 수반하고 있었다는 점에서 '연극'과 '국가'는 우연적이고 부정적인 수준에서 관계를 맺고 있었다고 할 수 있다. 그러나 합법성에의 감각이 계속해서 누적되고 있었다는 점 그리고 전시통제라는 획시기

127 박헌호에 따르면 "검열은 '금지와 허용'으로 현상하는 바, 식민지 사회에서 '합법성'에 대한 감각을 가장 직접적으로 가르치는 시스템"이었다. 박헌호, 「'문화정치'기 신문의 위상과 反-검열의 내적 논리」, 『대동문화연구』 50, 성균관대 대동문화연구원, 2005, 225쪽.

적인 경험은, 예술에 대한 국가의 인가권認可權을 자연화했을 뿐만 아니라 국가의 '통제'가 '지도'와 '지원'으로 인식된 / 되어야 했던 역사적 계기였다는 점에서 '연극'과 '국가'의 관계를 필연적인 것으로 만들었던 것이다.

그 필연성은 권력 집행의 효율성에 대한 긍정을 의미했고, 이러한 가치판단은 전적으로 국가권력의 대리자라는 매개적 위치에서 유효한 것이었다. 항상적으로 국가의 허가대상으로서 존재감을 갖는다는 것은, 국가의 대리자가 되었을 때 누리게 될 특권의 소유를 의미했기 때문이다. 가령 검열 문제가 그러하다. 유치진은 일찍이 '연협'에 '극본감독부'를 설치하여 당국의 검열 이전에 자체적으로 사전검열을 시행하자고 주장했는데, 물론 이는 당국이 '치안검열'을, 극본감독부가 '문화적 혹은 기술적인 검열'로 업무분장을 하자는 것이었다.[128] 그러나 이는 예술적 실천을 심의대상으로 삼는 권위주의적인 관제검열을 자연화하는 것일 뿐만 아니라 모방하는 것이며, 연극의 질적 제고를 위한 '자율적 규제'라는 명분으로 미학적 위계화를 기도하는 것이다.[129] 유치진의 그와 같은 바람은 이뤄지지 않았지만, 그러한 인식구조는 이후로도 오랫동안 지속되었다. 이는 흥행계 혹은 연극계의 민간기구의 조직과 행보를 따라가면 어렵지 않게 발견할 수 있다. 예를 들어 흥행계 민주화에의 요구가 드높았던 4·19 직후, 예의 검열제도 또한 쟁점

128 유치진, 「신체제하의 연극 – 조선연극협회에 관련하여」, 『춘추』, 1941.2.

129 문경연은 유치진의 그러한 태도를 "통제라는 제도와 창작 사이에 어떤 식의 틈을 만들려는 작가의 저항적 의지"로도 읽을 수 있다고 했지만, 그로부터 피식민자의 전유 양상을 읽어내는 것은 과잉해석으로 보인다. 문경연, 「1940년대 국민연극과 친일협력의 논리 – 유치진을 중심으로」, 『드라마연구』 29, 한국드라마학회, 2008, 58~59쪽.

이 되었으나 결국 '관제검열의 반대, 민간규제의 지지'로 모아져 '영화윤리전국위원회'(1960)와 '전국무대윤리위원회'(1961)로 그 성사를 보았던 것이다.[130]

그처럼 식민지시대 전시통제의 실질적 효과는 해방 이후 가시화되었다고 할 수 있으며 그 이후로도 오랫동안 지속되었는데, 여기에는 두 단계의 변수가 개재되어 있었다. 첫째는 앞서 논의했듯이 동원된 현실, 그리고 전시통제시스템의 위계구조 '바깥'에 있었던 조선연극의 '지체' 혹은 주변성에서 비롯하는 주체(연극인)의 이원성이다. 흥행시장에서의 일상적 활동은 주체로 하여금 전시통제 수행주체로의 전일성에 균열을 내도록 했던 것인데, 더욱이 일제의 징병과 징용을 피하기 위해 시국 선전활동에 참여했던 연극인들의 자기보전을 감안하면,[131] 전시체제기 연극인들은 선전주체로서의 직역봉공에도 불구하고 이에 전적으로 귀속되지 않았다는 알리바이를 마련하고 있었던 셈이다. 사정이 이러하다면, "同種의 개인'들'이 함께 연루되어 있다는 사실에 안도감을 느끼지만, 동시에 (일본)국가와도 연루되어 있다는 불안의식"[132]의 착종, 바로 이것이 전시체제기 상당수 연극인들의 내면이자, '국가'라는 시스템을 실용적으로 받아들일 수 있었던 근거였을 것이다.

둘째는 '해방'으로써 '국가'라는 시스템과 '민족'이라는 이데올로기

---

130 이승희, 「흥행 장의 정치경제학과 폭력의 구조, 1945~1961」, 『대동문화연구』 74, 성균관대 대동문화연구, 2011, 450~451쪽.

131 이화진, 「일제 말기 이동극단 활동의 전개양상과 그 한계」, 『한국학연구』 30, 인하대 한국학연구소, 2013, 165~166쪽.

132 이승희, 「식민지시대 흥행(장) 「취체규칙」의 문화전략과 역사적 추이」, 『상허학보』 29, 상허학회, 2010, 182쪽.

가 결합됨으로써 비로소 '민족국가'에 대한 환상이 형성되기 시작했다는 점이다. 사실 전시하 '국가'에 대한 감각은 '민족국가'의 결핍 속에 있던 절반의 경험이었다는 점에서 지극히 실용적인 수준에 있었다고 할 수 있겠지만, 해방 이후 금지된 아카이브에 보관되었던 '민족' 담론이 급부상함으로써 양자는 어렵지 않게 '민족국가'로 조합될 수 있었다. 국가의 내셔널리티가 이민족에서 자민족으로 이동했다는 안도감, 바로 그것은 전체체제기 '국가'에 대한 감각이 '민족'이라는 이데올로기로 육화되는 장면이었다. 그리하여 '민족국가'를 매개로 하지 않은 상상력과 실천이 거의 없을 정도로 그것은 사회활력의 원천이 되었으며 모든 문화기획에서 핵심이념으로 부상했다. 그와 같은 맥락에서 정치담론을 세속화한 흥행들은 성공을 거두었다. 물론 미군정의 정책이 미국영화의 지배력을 높이는 데 경주했지만, 그 경험은 오히려 단정수립 이후 국가주의 담론을 증폭시키는 하나의 요인이 되었다.

이런 점에서 오히려 전시통제 효과의 진짜 장면은 전시戰時라는 비상시가 종결되는 지점, 즉 해방이 되고나서야 감지될 수 있는 것이기도 하다. '국민연극'에서 '국민'이 탈락되었어도 남아 있는 전시통제의 흔적, 즉 전시戰時의 소산으로서 전시적展示的인 연극적 실천의 나머지이다. 이는 후일의 과제로 남겨둔다.

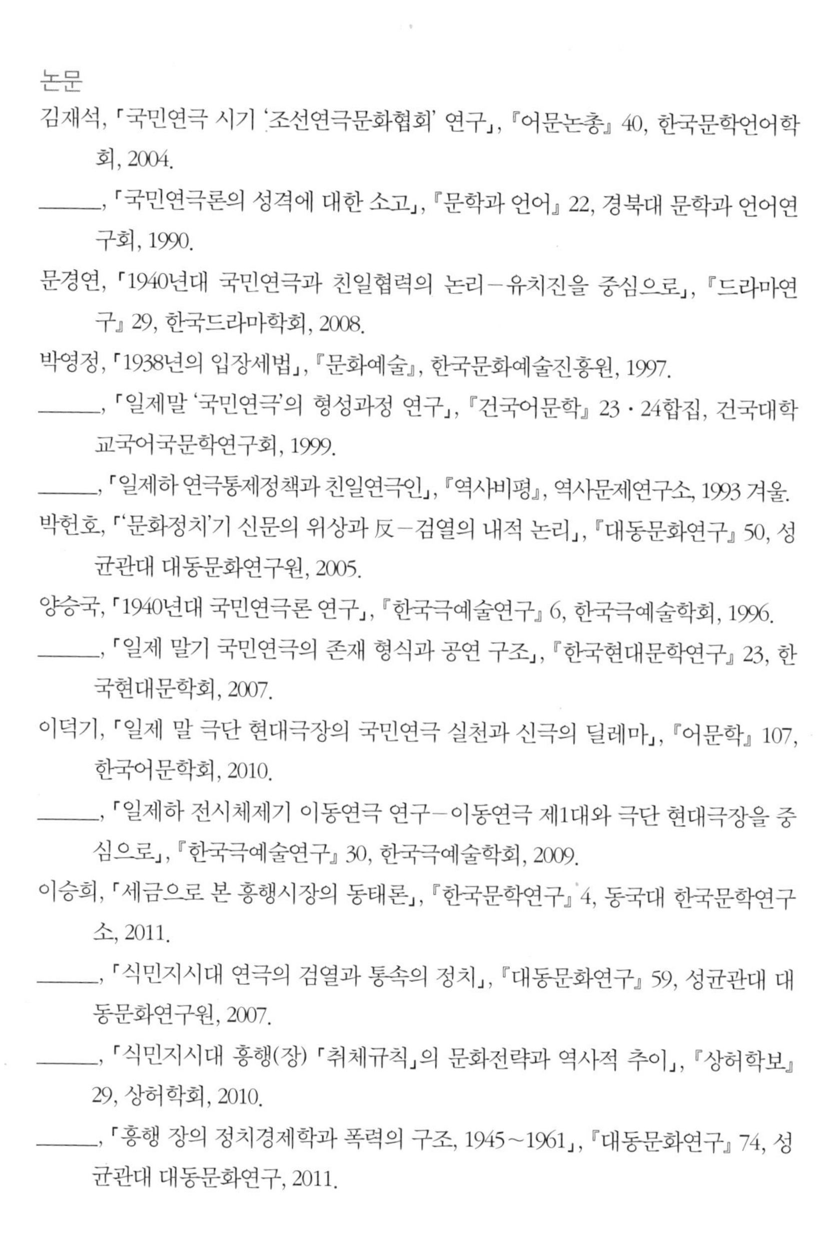

참고문헌

논문

김재석, 「국민연극 시기 '조선연극문화협회' 연구」, 『어문논총』 40, 한국문학언어어학회, 2004.

———, 「국민연극론의 성격에 대한 소고」, 『문학과 언어』 22, 경북대 문학과 언어연구회, 1990.

문경연, 「1940년대 국민연극과 친일협력의 논리-유치진을 중심으로」, 『드라마연구』 29, 한국드라마학회, 2008.

박영정, 「1938년의 입장세법」, 『문화예술』, 한국문화예술진흥원, 1997.

———, 「일제말 '국민연극'의 형성과정 연구」, 『건국어문학』 23·24합집, 건국대학교국어국문학연구회, 1999.

———, 「일제하 연극통제정책과 친일연극인」, 『역사비평』, 역사문제연구소, 1993 겨울.

박헌호, 「'문화정치'기 신문의 위상과 反-검열의 내적 논리」, 『대동문화연구』 50, 성균관대 대동문화연구원, 2005.

양승국, 「1940년대 국민연극론 연구」, 『한국극예술연구』 6, 한국극예술학회, 1996.

———, 「일제 말기 국민연극의 존재 형식과 공연 구조」, 『한국현대문학연구』 23, 한국현대문학회, 2007.

이덕기, 「일제 말 극단 현대극장의 국민연극 실천과 신극의 딜레마」, 『어문학』 107, 한국어문학회, 2010.

———, 「일제하 전시체제기 이동연극 연구-이동연극 제1대와 극단 현대극장을 중심으로」, 『한국극예술연구』 30, 한국극예술학회, 2009.

이승희, 「세금으로 본 흥행시장의 동태론」, 『한국문학연구』 4, 동국대 한국문학연구소, 2011.

———, 「식민지시대 연극의 검열과 통속의 정치」, 『대동문화연구』 59, 성균관대 대동문화연구원, 2007.

———, 「식민지시대 흥행(장) 「취체규칙」의 문화전략과 역사적 추이」, 『상허학보』 29, 상허학회, 2010.

———, 「흥행 장의 정치경제학과 폭력의 구조, 1945~1961」, 『대동문화연구』 74, 성균관대 대동문화연구, 2011.

이화진, 「일제 말기 이동극단 활동의 전개 양상과 그 한계」, 『한국학연구』 30, 인하대 한국학연구소, 2013.
_____, 「전시기 오락 담론과 이동연극」, 『상허학보』 23, 상허학회, 2008.
정근식, 「식민지 전시체제하에서의 검열과 선전, 그리고 동원」, 『상허학보』 38, 상허학회, 2013.
한상언, 「조선군 보도부의 영화활동 연구」, 『영화연구』 41, 한국영화학회, 2009.

단행본
고설봉, 『증언연극사』, 진양, 1990.
이원경, 『공수래공수거』, 늘봄, 2005.
한국영상자료원 편, 『한국영화를 말한다—1950년대 한국영화』, 이채, 2004.

『文化朝鮮』(1939~1944)의 미디어 전략과 제국의 디스플레이

조선의 연극영화 기사를 중심으로

문경연

1. 『文化朝鮮』, 미디어의 전력화戰力化

『文化朝鮮(改題 前 觀光朝鮮)』은 일제 말기인 1939년부터 1944년까지 5년에 걸쳐 발간되었다. 이 기간은 일제의 파시즘과 황민화 정책 하에서 대동아공영권역의 모든 (인적자원을 포함한) 자원과 물자가 전쟁의 포화 속에 총동원되었던 시기였다. 때문에 관보를 제외하고 비용과 노력을 투자하여 문화잡지를 만드는 것이 현실적으로 불가능했다. 1940년에 신문·잡지를 비롯한 조선어 매체들은 강제 폐간 당했고, 태평양전쟁이 가속화되면서 일본은 물론이고 조선 내에서도 극심한 용지난으로 인해 출판·인쇄 시장은 최악의 상황에 처했다. 그런데 이런 전시 총동원 체제 하에서 타 매체와의 비교를 불허할 정도로 호화롭고 시각적인 외장을 과시하며 발간된 매체가 있었으니, 바로 『문화조선』이다.

1939년 '경성京城'에서 발간된 '일본어日本語' 잡지 『문화조선』은 '일본여행협회 조선지부'에서 발간한 격월간지다. 창간한 1939년 6월호부터 1940년 11월호(제2권 제6호)까지는 『觀光朝鮮』이라는 제호로 발간되었다.[1] 1940년 12월호(제3권 제1호)부터는 표제를 『文化朝鮮』으로 변경하여 1944년 12월까지 발간했다.[2] 『문화조선』은 최근에 일본문학 연구자와 관광연구 전공자를 중심으로 연구가 축적되었는데, 한국문학계와 한국 근대 문화연구자들에게 비교적 잘 알려지지 않은 텍스트이다. 일본문학연구자인 서기재에 의해 『관광조선(이후 『문화조선』)』에 대한 전문적이고 다각적인 연구가 진행되었는데, 서기재는 『관광조선』의 잡지 편제와 특징을 살피고 근대 '관광잡지'의 출현과 제국주의 산물로서의 조선의 근대 관광에 초점을 맞추었다. 때문에 이 연구들은 일관성 있게 "근대 관광잡지 『관광조선』"으로 명명하였다. 서기재는 또 『관광조선』에 수록된 수필, 기행문, 소설을 대상으로 재조선일본인들의 표상 방식을 분석하고, 잡지에 게재된 조선인 작가 김사량의 소설을 연구하는 등 『관광조선』에 대한 다각적인 접근을 시도했다.[3] 한편 조성운

1 『문화조선』에 대한 실증적인 매체 정보와 발행처 등에 관한 이후의 서술 내용은 앞서 발표한 「『문화조선』(前身 『觀光朝鮮』) (1939~1944), 식민지 경영과 잡지 미디어의 문화정치」, 근대서지학회, 『근대서지』 제8호, 소명출판, 496~504쪽을 요약, 정리한 것으로, 구체적인 내용은 전거를 참조할 것.

2 일본의 사회주의운동가이자 영화평론가인 이와사키 아키라는 1930년대 후반 이후 일본이 사용한 '문화'라는 개념의 자의적 용법은 '국가정책'을 위해 자본주의를 미학화하는 것이었다고 강력하게 비판한 바 있다. Nornes, Abe Mark, *Japanese Documentary Film : The Meiji Era Through Hiroshima*, University of Minnesota Press, 2003, p.57.

3 서기재, 「관광의 역사와 문헌을 통한 한국 근대 관광 고찰」, 『Asia Diaspora』 2집, 건국대 아시아 디아스포라 연구소, 2008; 서기재, 「근대 관광잡지 『관광조선』의 탄생」, 『동아시아문화연구』 제46집, 한양대 동아시아문화연구소, 2009; 서기재, 「근대 관광잡지 『관광조선』의 대중을 향한 메시지」, 『일어일문학』 제52집, 대한일어일문학회, 2011; 서기재, 「『관광조선』에 나타난 在朝일본인 표상」, 『일본문화연구』 44호, 동아시아일본학회,

은 식민지 시기 조선의 관광 정책에 대한 지속적인 연구를 진행하며 『관광조선(이후 문화조선)』의 발행처인 '일본여행협회'에 주목한 연구결과를 발표했다.[4] 가장 최근에 국문학연구자인 서승희는 『문화조선』에 실린 조선인 작가들의 소설을 대상으로 조선(인)표상을 연구함으로써 연구대상을 다각화했다.[5] 한편 조형근, 박명규는 1920년 7월~1944년 11월까지 발간된 조선총독부 기관지 『朝鮮』 중에서 1920년~1936년까지의 기간을 한정하여 매체에 실린 사진 이미지를 분석하는 연구성과를 냈는데, 식민권력의 식민지 재현 전략을 분석하고자 한 이들의 연구시각은 기본적으로 본고의 문제의식과 유사하다고 할 수 있다.[6] 이 글에서는 제국의 이미지 재현 전략을 계열화serialization, 충돌collision, 포함inclusion이라는 세 가지 방식으로 추출한 바 있다. 『朝鮮』은 식민시기 제국권력이 직접적으로 간여하여 만든 잡지라는 점에서 『문화조선』의 이미지 디스플레이 전략과 공통점을 찾을 수 있다. 하지만 본고는 1944년이라는 일제 말기까지의 텍스트로 연구 시기와 대상을 넓힘으로써 『문화조선』 의 특이점을 발견할 수 있으리라고 본다. 일단 식민지 초

2012; 서기재, 「『관광조선』의 '문학'의 전략성－'완결소설'란의 김사량 소설을 통해」, 『일본어문학』 53호, 한국일본어문학회, 2012.

본고에서는 총 발행년도 6년 중에 4년을 『문화조선』이라는 제호를 사용한 점과 이 매체에서 '관광'이라는 언표가 궁극적으로 지향한 것이 '조선 문화'였음을 감안하여, 이하 『문화조선』으로 통일하여 명명하고자 한다. 다만 출처에서는 당시의 제호를 따랐다.

4 조성운, 「일본여행협회의 활동을 통해 본 1910년대 조선관광」, 『한국민족운동사연구』 65호, 한국민족운동사학회, 2010; 조성운, 「1930년대 식민지 조선의 근대 관광」, 『한국독립운동사연구』 36호, 독립기념관 한국독립운동연구소, 2010.

5 서승희, 「『문화조선(1939~1944)』의 조선(인) 표상」, 『현대소설연구』 56호, 현대소설학회, 2014.

6 조형근・박명규, 「식민권력의 식민지 재현전략－조선총독부 기관지 『조선』의 사진이미지를 중심으로」, 『사회와 역사』 90집, 한국사회사학회, 2011.

기의 제국적 시선이 원시성, 후진성, 폭력성에 집중되었다면, 『문화조선』에서는 제국 통치의 문명적 성과, 과학적 지식의 현대성 등을 강조하며 과시적 전략을 펼쳤다는 차이점이 두드러진다.

그동안 『문화조선』에 대한 국문학계의 연구가 활발하지 못했던 이유로 일본어 잡지에 대한 언어접근의 불편함을 들 수 있겠고, 또 발행 주체가 '일본여행협회(후에 동아여행사, 동아여행공사로 명칭 변경)라는 관官친화적 단체였기 때문에 관보로 오인할 여지도 있었다고 본다. 발간 주체인 '일본여행협회'는 1941년에 단체명을 '동아여행사'로 개칭하였으며, 1943년에 다시 '동아교통공사'로 바꾸었다. 1940년대에 동아여행사(동아교통공사)는 일본, 조선, 중국 대륙을 포함한 구미권과 대동아공영권 내로의 여행, 단체관광, 시찰 업무 등에 관련한 각종 서비스와 대행 업무는 물론이고 전시체제戰時體制 하에서는 입영과 근로봉사, 국책 수송 등의 일을 맡으며 '이동'과 관련한 전시업무를 관장했다. 여행과 관광이라는 근대적 사업과 식민지 시찰 및 국책업무 수행이라는 공적인 임무를 담당했던 '일본여행협회'가 발간한 『문화조선』에는 그렇기 때문에 관광과 여행의 외피를 두른 국책 관련 기사들이 상당한 비중을 차지하고 있다. 그리고 '대동아공영권'이라는 제국의 환상을 가시화하는 방식으로 식민지 조선의 문화를 재현하는 다양한 형식의 기사들이 포진되었다.[7]

7 『문화조선』의 발간주체와 발간 의도, 잡지 표제 변경의 의도, 신체제 하의 '관광'과 '문화'의 의미, 매체의 특징 전반에 대한 연구는 문경연, 「선택된 피사체로서의 조선 / 문화 －『觀光朝鮮(文化朝鮮)』(1939～1944)을 중심으로」, 한림대 일본학연구소 국내학술심포지엄 자료집, 2013을 참조할 것.

『문화조선』은 자본력과 기획력[8]을 바탕으로 당대 다른 매체와는 비교할 수 없이 화려한 화보와 사진, 삽화 등을 배치한 도안과 편집방식으로 조선의 일상과 문화를 시각적으로 포착했고, 사진이 주는 객관성과 사실성을 전경에 내세워 조선 문화를 전시했다.[9] 『문화조선』은 '실체보도'와 '진실성"이라는 보도 사명 하에 사진과 화보를 비롯한 시각자료를 대거 활용하여 조선 / 문화를 기사화했다.[10] '카메라의 리얼real'이 '실체'를 전달한다는 보도시각은 발행 기간 내내 흔들리지 않는 잡지의 편집 기조였다.[11] 창간 당시부터 조선 내의 용지用紙 사정은 좋지 않았지만 『문화조선』만은 정치・경제적 후원 하에 고급용지인 아트지까지 활용한 화보를 싣고 100페이지 이상의 분량으로 격월 발간할 수 있었다. 태평양전쟁이 가속화되는 43년 이후에는 잡지에 여행 관련 기사가 줄었고, 제5권 제4호(43.8)에서는 유감스러워하며 "용지제

8 정치사회적으로 일본여행협회와 조선총독부 철도국의 후원을 받았고, '관광'와 '여행'을 독려하는 잡지의 특징상 요식업, 숙박업, 교통업, 여행상품업 등과 관련한 엄청난 광고들이 게재되었기 때문에 자본력이 풍부한 점이 이 잡지의 저력이었을 것으로 보인다. 잡지의 구성을 보면 판권지 이후에도 평균 20쪽 이상의 광고가 첨부되었고, 기사 수록면의 사이사이에도 다양한 도안의 광고들이 삽입되어있다.

9 문경연, 앞의 글 참조.

10 『문화조선』의 보급처로 확인되는 '일본여행협회 안내소'는 조선총독부 철도국 내, 경성 내 5개 지부, 부산, 대구, 대전, 평양, 신의주, 원산, 함흥, 나진 등에 개설되어 있었고, 후에 광주, 목포, 인천, 청진 등이 추가로 개설되었다. 대부분은 여행상담 업무를 하던 화신, 미츠코시, 조지야 백화점 내에 위치한 '뷰로bureau'에 배치되어 팔렸고, 우편구독도 가능했다. 이 잡지가 일본에서도 유통되었는지는 아직까지 확인불가하다. 하지만 매 호 빠지지 않고 도쿄, 오사카, 시모노세키, 후쿠오카에 설치된 '조선총독부철도국' 산하 '조선철도안내소' 광고가 실렸음을 감안할 때 일본 내 철도안내소를 거점으로 한 유통가능성을 추측할 수 있다. 비슷한 시기에 조선 내에서 발간된 『신여성』이 50전, 『춘추』가 60전, 『국민문학』이 70전이었던 것과 비교할 때 정가 30전의 『문화조선』은 비교적 저렴한 축에 들었다. 아트 그래프アートグラフ 화보와 특집기사를 기획했던 특집호의 경우 40전이었지만 이 역시 잡지의 볼륨과 지질紙質을 고려할 때 저가에 책정되었다고 할 수 있다.

11 「編輯後記」, 『觀光朝鮮』, 1940年 9月(第二卷第五號), 106面.

한에 따른 기사압축의 방향"을 집필자들에게 알려야만 했다. 제5권 제6호(43.12)부터 '페이지 감축'과 '사진의 감축'을 표명하며 50페이지에서 70페이지 내외의 분량으로 축소 발행하였다. 1944년도의 전쟁 판세와 일본의 상황이 불리해지고 있음을 단적으로 보여주는 것은 그토록 화려하게 조선문화를 지면화했던 편집진들이 "한문자閑文字[12]의 극력배제"를 외치며 광고면을 배제하고 기사용량에 충실하겠다는 "돌격하의 보도잡지"[13]적 사명을 내세웠다는 사실이다. 그럼에도 『문화조선』은 마지막 호까지 화보를 실었으며 "사진의 戰力化"[14]라는 『문화조선』 고유의 보도방식을 버리지 않았다.

본 연구의 일차 목표는 태평양전쟁 수행 시기인 일제 말기에 지속적으로 발간된 대중종합잡지 『문화조선』(1939~1944)의 미디어 전략을 파악하고, 여기에 수록된 조선의 연극・영화 관련 자료와 기사를 수합하는데 있다. 식민지 시기의 한국 연극과 영화에 대한 연구가 1세대 연구자들이 분투하며 그려놓은 초기 연구 지형에서 큰 도약을 하지 못하는 근본적인 이유는 자료 접근의 불가능성에 있다. 더욱이 종합예술인 연극과 영화 연구의 경우, 문헌 기록 이상의 실체적 접근이 요구되지만 식민시기 작품의 경우 그 부분이 차단되었다고 해도 과언이 아니다. 다행히 지난 몇 년간 일제 말기 조선영화의 발굴과 연구가 상당한 성과를 축적하며 한국근대영화사의 공백을 채워가고 있는 것은 환영할 만하다. 그에 비하면 식민시기 연극 연구는 문자 자료와 구술에 의

---

12 かんもじ. 쓸데없는 글이나 불필요한 문장.

13 「編輯後記」, 『文化朝鮮』, 1944年 4月(第六巻第二號), 50面.

14 清水重雄, 「寫眞の 戰力化について」, 『文化朝鮮』, 1944年 11月號 第六巻第5號, 40面.

존하는 것 이상의 실증적 자료 확보가 여전히 요원한 편이다. 이런 연구 상황을 감안할 때, 여타의 조선어 매체에서 전혀 시도하지 못한 연극 관련 '화보'와 극장, 공연, 연극인의 '사진'은 그 존재만으로도 중요한 1차 연구 자료가 된다. 일제 말기에 생산된 문화상품의 원자료나 기록물 자체가 드물고, 희박하게나마 존재했던 자료들이 폐기·유실된 경우가 많음을 고려할 때 『문화조선』의 특장점이 더욱 부가된다고 하겠다. 그리고 여기서 한 걸음 더 나아가 본고는 연극, 영화 관련 기사들을 분석함으로써 제국이 영토확장을 과시하고 안정적인 식민지로 조선을 재현하는 맥락을 재구再構하고자 한다. 일본이라는 제국의 시선이 식민지 조선을 피사체로 선택한 순간, 조선의 문화는 탐미적 시선으로 포착되어 전시되는 동시에 은닉되는 운명을 겪을 수밖에 없었을 것이다.[15] 연극·영화 등 시각예술을 중심으로 한 기사들을 분석하는 과정에서, 제국 주체의 시각적 재현과 언어적 재현의 충돌을 고찰함으로써 '일본'의 조선 문화 인식과 표상 방식의 정치성이 드러나기를 기대한다.

15 월터 D. 미뇰로, 김은중 역, 『라틴아메리카, 만들어진 대륙』, 그린비, 2011.
미뇰로는 1492년 신대륙 발견 이후 라틴아메리카는 그 이름과 대상이 분리되었으며, 아메리카에 의해 발견된 것이 아니라 오히려 은닉되는 역사를 거쳐 왔다고 주장한다. 조선의 문화 역시 일제의 시선에 포착되어 발화·재현되는 순간 조선적인 것이 소거되거나 은폐될 수밖에 없었다고 본다.

2. 『文化朝鮮』의 시각성

『문화조선』은 여행(이동)을 통해 조선의 가치를 직접 인식하게 될 때 조선이 가진 잠재력을 개발할 수 있으므로, "인포메이션적인 기사를 많이 제공"[16]함으로써 장기적으로는 대일본제국의 동아시아 신질서 건설에 초석이 되려는 목적을 가진 미디어였다. "내선일체의 총노력에 의해 조선이 가진 잠재력을 개발"하기 위해서는 "우선 무엇보다도 일반 국민이 조선을 알아야 한다"고 역설했다.[17] 창간사의 논조는 잡지 발간 기간 내내 "전시기戰時期 일본국민으로서의 세계관에 충실해야 하며, 그러기 위해서 역사적, 정치적, 경제적 관점에서 조선(문화) 인식이 중요"[18]하다는 문장 등으로 변주되며 반복되었다. 『문화조선』이 강조한 것은 "문화운동으로서의 여행"이었고, 독자들이 새로운 조선 문화와 접촉하며 제국의 국민이 되는 것을 지향했다. '문화'에는 조선의 전통과 역사는 물론이고 당대 조선 문학과 대중예술이 포함되었고, 덧붙여 조선의 산업별 '생산문화'(산업부문)와 진충보국盡忠報國의 '정신문화'까지 보도대상에 포함되었다.[19]

1939년 6월부터 1944년 11월까지 발간된 잡지 『문화조선』은 현재 영인되어 있지 않은 일제 말기 자료로, 필자는 국립중앙도서관, 서강

---

16 「創刊辭」, 『觀光朝鮮』 1939年 6月(第一卷第一號), 2~3面.
17 위의 글.
18 倉島至(朝鮮總督府 官房情報課長), 「朝鮮認識の重點－半島 旅行者のために」, 『文化朝鮮』 1942年 3月號(第四卷第二號).
19 武內愼一(日本旅行協會 朝鮮支部 幹事), 「改題 〈文化朝鮮〉の言葉」, 『文化朝鮮』 1940年 12月號(第三卷第一號), 9面.

대학교 도서관, 아단문고 소장본까지 산재散在한 자료들을 발굴・수합했다. 통권 제30호까지 발행된 잡지 전체가 본 연구의 텍스트[20]가 될 것이며, 구체적으로는 『문화조선』에 실린 조선의 연극・영화 관련기사들을 중점적으로 살펴볼 것이다. 필자가 정리한 연극영화 관련 기사는 70여 편에 달한다. 이 매체에 동원된 필진들은 조선과 내지에 거주하는 조선인과 일본인이며, 작가와 영화감독, 연출가 등 문화계 인사, 총독부 관료, 각종 문화단체 회원, 언론인, 대학 교수, 언론인 등 직업적 층위도 다양하다. 기사의 성격을 불문하고 이 매체에 필진으로 등장한 조선인 문인 및 문화계 인사들은 김소운, 송석하, 이헌구, 장혁주, 김기림, 김팔봉, 이광수, 임화, 이효석, 최정희, 이석훈, 김사량, 정지용, 주요한, 손진태, 조윤제, 김종한 등 거의 스무 명에 달하며, 이들이 개인별 다수 기고한 기사 수는 훨씬 더 많다. 그 중에서 연극 관련으로

---

20 1939년 : 제1권 제1호 (39.6), 제1권 제2호 (39.8), 제1권 제3호 (39.10).
1940년 : 제2권 제1호(39.12), 제2권 제2호(1940.2), 제2권 제3호(40.4), 제2권 제4호(40.6), 제2권 제5호(40.9), 제2권 제6호(40.11).
1941년 : 제3권 제1호부터 『문화조선』으로 개명.
제3권 제1호(40.12), 제3권 제2호(41.3), 제3권 제3호(41.5), 제3권 제4호(41.7), 제3권 제5호(41.9), 제3권 제6호(41.11).
1942년 : 제4권 제1호(42.1), 제4권 제2호(42.3), 제4권 제3호(42.5), 제4권 제4호(43.7), 제4권 제5호(42.12).
1943년 : 제5권 제1호(43.1), 제5권 제2호(43.4), 제5권 제3호(43.6), 제5권 제4호(43.8), 제5권 제5호(43.10), 제5권 제6호(43.12).
1944년 : 제6권 제1호(44.2), 제6권 제2호(44.4), 제6권 제3호(44.8), 제6권 제4호(44.11).
제5권 제1호는 국내에서 끝까지 입수할 수 없었던 권호인데, 도쿄학예대학 연구원으로 계시는 근대서지학회 김광식 선생님께서 일본에서 자료를 구해 보내주셨다. 일본근대문학관에 소장되어 있는 『문화조선』 제5권 제1호를 기꺼이 제공해주신 김광식 선생님께 지면을 빌어 진심으로 감사드린다.
1944년 11월 이후 이미 태평양의 여러 섬을 탈환하는데 성공한 미군의 일본 본토 공습이 시작되었고, 전쟁 상황은 악화일로로 치달았다. 1945년 이후 시기의 『문화조선』 발간 여부를 확인할 수 없는 상태에서, 현재로서는 1944년 11월호가 마지막 발간호이다.

특기할 점은 김건의 일본어 희곡 「瓢バカチ」가 발표되었고, 『문화조선』 1943년 8월호(제5권 제4호)가 "연극특집 : 싸우는 조선연극戰ふ朝鮮演劇"으로 기획되면서 연극관련 기사가 집중적으로 게재되었다는 사실이다. 앞서 말했듯이 『문화조선』이라는 미디어의 특장이자, 오늘날 일제 말기 문화연구를 함에 있어 중요한 사료적 가치가 되는 부분은 이 매체에 실린 기사의 풍부한 화보와 사진들이다. 이들 사진은 당대에도 "기록과 사실"이라는 보도 사명 하에 수록되었고, 현재 오래된 과거를 연구하는 연구자들에게 문자기록이 전달하지 못하는 당대 문화에 대한 실감과 사실적 정보를 전달한다는 점에서 그 의미가 크다. 『문화조선』의 편집디자인이 기본적으로 모든 기사에 사진과 삽화 등을 수록하는 방식이었고, 연극·영화 기사에는 작품의 스틸 컷부터 제작 현장, 무대 사진, 영화 사진, 배우 사진, 공연 사진, 극장의 외관 및 내부 사진 등 당대 다른 매체와는 비교가 되지 않을 정도의 양질의 사진이 풍부하게 삽입되었다. 『문화조선』은 창간호부터 화려한 컬러표지[21]는 물론이고 일본과 조선의 유명 화가가 그린 그림으로 속표지를 내장했고, 디자인의 개념을 들여와 목차란을 디자인하고 목차 디자이너의 이름을 명기했다. 기사의 거의 모든 페이지에 회화, 삽화, 사진, 만화 등이 배치되어 있으며, 촬영기자가 전담하는 화려한 화보란이 반복적으로 기획·게재되었다. 조선 문화를 사진과 만화, 삽화, 그림 등

---

21 『문화조선』의 초기 표지화는 화가 이인승이 그린 조선여인상이었고, 발행 후기에는 조선의 산업현장, 근로자와 병사의 모습, 조선의 군사시설 등 실사사진으로 표지를 만들었다. 이인승의 표지화에 대한 분석은 서기재, 「근대 관광잡지 『관광조선』의 탄생」, 『동아시아문화연구』 第46집, 한양대 동아시아문화연구소, 2009 논문을 참고할 것.

시각적 장르를 활용하여 전달하고자 한 『문화조선』의 편집방식에 상당한 수혜를 입은 기사가 바로, 조선 연극・영화 관련 기사들이다.

3. 조선연극, '싸우는 연극'

초기부터 연극과 영화 관련 기사를 지속적으로 실었던 『문화조선』은 태평양전쟁이 가속화되는 1942년을 넘어서도 "문학, 미술, 음악, 연극, 영화" 등의 "조선의 문화기사를 늘리겠"다고 표명했다.[22] 이 중에서 연극영화 관련 지면에는 편집부 기자와 일본인 연출가 무라야마 도모요시를 비롯하여 조선과 일본의 평론가, 국민총력조선연맹 회원, 조선문인협회 작가 등이 필자로 동원되었다. 특히 영화기사는 『경성일보』 학예부 기자인 스다 시즈오須田靜夫가 다수를 기고했고, 연극 관련 기사는 사카키바라榊原渥와 오정민이 필자로 이름을 자주 올렸다.

『문화조선』에 실린 연극기사를 살펴보면 만주에서 활동하는 조선극단 보고報告, 제1회와 제2회 연극경연대회 경과 및 후기, '싸우는 연극'과 국민연극 운동 특집기사, 이동연극대의 활동, 당시 극단의 활동과 배우들의 프로필, 조선연극협회의 활동, 종이연극 등 그 범위와 주제가 다양하다. 이 자료들은 일제 말기 조선연극계의 활황과 침체를 재구再構하는데 기여하는 실증적인 자료들이다. 또 연극 〈김옥균〉, 〈대추나무〉, 〈산돼지〉, 〈에밀레종〉, 〈김옥균〉, 〈蒼穹〉, 〈조선〉, 〈향

22 「編輯後記」, 『文化朝鮮』, 1942年 12月(第四卷第五號), 96面.

린원의 천사〉 등의 기사와 무대사진 역시 중요한 자료이며, 김일영과 원우전의 무대장치 삽화나 평양키네마, 대구키네마 등 지방 극장의 사진 등도 중요한 당대 기록사진이라고 하겠다.[23]

〈그림 1〉「現地報告 : 僻陬に戰ふ演劇」, 『文化朝鮮』 1943年 8月號에 수록된 이동연극 공연

〈그림 2〉 金一永, 「舞臺裝置への私考」, 『文化朝鮮』 1943年 8月號에 수록된 함세덕의 〈에밀레종〉 무대 그림

〈그림 3〉 村山知義, 「滿洲で見た朝鮮劇團」, 『觀光朝鮮』 1940年9月號에 수록된 박영호 작 〈김옥균〉의 무대사진

23 『문화조선』에 실린 사진과 화보를 논문 사이에 적절히 배치하면 좋겠지만, 전면화보의 경우 사진사이즈를 줄여 편집하면 이미지가 손상되고 또 사진의 크기와 디자인이 다양한 관계로 글 뒤에 별첨함.

『문화조선』 연극기사의 경우, 조선어 매체에서 제목과 공연 사실 정도만 확인할 수 있었던 다수 공연들에 대한 비평기사가 포함되어 있다. 이는 "본지는 전진하고 있는 국민문화행동의 일익을 담당하고, 병참기지 약진반도의 실체보도에 청신활발함을 다하"[24]려는 『문화조선』의 발행목적에 조선의 '연극'이 중요한 비중을 차지하고 있었음을 확인케 한다. 게다가 『문화조선』 1943년 8월호는 '싸우는 연극'특집, 즉 조선의 연극을 특집으로 기획하여 대대적인 조선 연극 관련 기사들을 실었다. 그간 잡지의 특집 주제를 살펴보면 다음과 같다. 금강산 특집, 경성특집, 평양 특집, 지하자원 특집, 경남지대 특집, 낙랑지대 특집, 수풍댐 특집, 황해지역과 광산 특집, 소록도 재생원 특집, 삼보생산권 특집, 쌀의 조선 특집, 싸우는 산림 특집, 징병제를 앞둔 연성하는 반도청년 특집, 싸우는 조선연극 특집, 감투敢鬪하는 조선철도종사원 특집, 항공결전과 반도 특집, 경금속 증산에 맥진하는 조선 특집, 반도여성 총궐기 특집, 징집에 응하는 반도 특집 등이 그것이다. 다수가 조선의 주요 도시, 생산권과 생산시설, 자원, 노동력과 노동자 등을 특집주제로 삼아 식민지 조선을 표상하고 제국의 통치 위용과 성과를 과시하려는 주제였다. 1943년 말부터는 전쟁동원과 징병을 선전하기 위해 전선과 총후의 식민지인(신체)들을 전사戰士로 호출하는 특집들이 기획되었다. 이런 일련의 경향들 속에 '조선 연극' 특집이 기획된 것은 아주 예외적 사례로 보인다. 하지만 이는 역으로 총력전 하에서 조선 연극과 연극인들에게 거는 식민경영자의 기대치가 높았음을 보여주

---

24 「編輯後記」, 『文化朝鮮』, 1940年 11月(第二卷第六號), 90面.

는 것으로 해석할 수 있다.[25] 그렇다면 『문화조선』에 수록된 연극기사의 경우 동시기에 발행된 여타의 매체기사와 대별할 경우 정보량과 논조에 있어 어떤 특징을 띄고 있는지 살펴보아야 할 것이다. 또 『문화조선』에 실린 다른 섹션의 기사들과는 어떤 식의 동일성과 차이를 보이는지도 살펴볼 필요가 있다.

일단 1943년 8월 연극 특집호를 비롯한 대부분의 연극 기사들이 제국-식민지 간의 이동자들에게 연극작품을 선전하고 작품의 이해를 도우며 추천하는 글일 것으로 예측했으나, 실제로는 조선 연극계의 과거와 현재를 가늠할 수 있게 하는 비평적인 기사가 많았다.

> 기존의 계획에 따라 특집은 "싸우는 조선 연극"이라는 제목 아래 대동아전쟁 하 **반도문화총력전의 한 분야로 신발족한 조선연극**의 현상現狀을 총관하는 것이었는데, 여러가지 생각지 못한 어긋남으로 당초의 계획을 충분히 실현하지 못한 것은 유감이다. 그러나 카라시마, 세이주 양씨의 극단의 상황에 대한 다분한 **질타격려**를 포함한 지도적인 글을 비롯해, 오정민 · 김일영 · 주영섭 · 三重野洋司씨가 다양한 부문에 **고찰의 매스**를 들이댔다. 거기에는 연극문화정신대로서의 이동연극 현지보고, 반도 극단 구성의 제 요소에 대한 여러 노트를 부가함으로써 반도연극의 금일과 명일에의 전망을 제공해주었다고 본다.[26]

25 이에 반해 조선 영화가 특집으로 기획되지 않은 것은, 간헐적으로 게재된 연극 기사에 비해 영화 기사는 창간호부터 매호 지속적으로 많은 지면을 할애하며 비중 있게 실어왔기 때문일 것으로 보인다.

26 「編輯後記」, 『文化朝鮮』 1943年 8月號(第五卷第四號), 92面.

이 시기의 조선연극계 정황을 간략히 살펴보면 다음과 같다. 전시하에서 연극신체제를 슬로건으로 한 '조선연극협회'가 1940년 12월에 결성되었고, 1942년 7월에는 예능의 일원화를 통한 통제강화를 위해 '조선연극협회'와 '조선연예협회'를 통합한 '조선연극문화협회'가 발족되면서 '국민문화'와 '국민연극' 수립이 시급한 과제가 되었다. 『문화조선』의 연극 기사는 이 시기에 다수 기사가 게재되었는데, 1942년과 43년에 걸쳐 실시된 '국민연극경연대회'의 성과와 전쟁 프로파간다 연극 소개에 집중되었다. 그런데 조선 연극계를 전방위적으로 포착하고 사진과 삽화의 전시展示적 나열을 통해 시각예술인 조선연극의 실체를 실감하게 한 편집 방식과는 달리, 기사의 논조는 대부분 조선 연극을 질타하고 비판하는 쪽이었다.

조선연극계의 유망한 신진으로 소개된 주영섭은 현대극장의 국민극 〈흑룡강〉을 연출한 이력과 함께 국민연극의 사명을 실천할 자로 평가받지만, 그의 '전향' 이력은 짚고 넘어가야할 문제로 지적되었다.[27] 조선 연극인의 정신은 철저하게 국민연극을 지향하지 못한 채 연극상품화와 타산에만 빠져있고, 심지어 국민연극경연대회에 참가한 작품들조차 기획의 취지가 철저하지 못하다는 평가를 받았다.[28] "〈심청전〉, 〈춘향전〉 등 구체제 시대에 호평받은 고전물과 현대의 고전이 된 〈사람에 속도 돈에 울고〉과 같은 신파물이 매 계절 공연"되는 '재공연 관행'[29]은 자주 도마에 올랐다. "현대극장 유치진 각색의 〈춘

27 D생, 「新人風土」, 『文化朝鮮』 1941年 7月號(第三卷第四號), 20~23面.
28 吳禎民, 「最近の劇團」, 『文化朝鮮』 1943年8月號(第五卷第四號), 50~51面.
29 吳禎民, 「演劇－內省する 演劇」, 『文化朝鮮』 1943年4月號(第五卷第二號), 54~55面.

향전〉, 고협의 김태진 작 〈삼남매〉, 성군의 김건 각색 〈순애보〉, 아랑의 김태진 작 〈사막의 왕자〉"[30] 등은 비교적 협력적인 극단의 작품이라는 점에서 비평적 언급의 대상이 되었지만 고평받지는 못했다. 경성제대 교수이자 조선연극문화협회 명예회장인 카라시마는 조선연극운동의 근본문제를 국민연극에 합당한 '사상적 열정'[31]이 없는 것에서 찾았다. 조선연극인들이 일본국민으로서의 국민적 자각과 전쟁에 대한 명확한 인식 없이 '연극상매'를 우선시한다는 것이었다. 카라시마는 근본적으로 "국민으로 살아가는 방법"에 대한 연극 열정만 있다면 현 연극계의 연기술와 장치 등 기술적인 문제는 해결될 것이라며 '피의 결의'[32]를 요구했다. 반면 총독부 경무국사무관 세이주는 극작가와 연출가, 극단경영자에게 상당히 구체적인 주문을 했다.[33] 당대 다수의 평자들은 조선연극계의 가장 큰 문제로 작품의 부재를 꼽았고 덧붙여 국어창작희곡이 희박한 것을 지적했다. 세이주 역시 연극에서 극작가의 역할이 가장 크다고 봤고 국가적 시책인 징병제의 실시와 생산증강의 촉진 등을 내용으로 황국신민으로서의 신념을 구비한 각본을 써야 한다고 강조했다. 연출가, 장치가, 연기자들에게는 국어생활을 철저히 하고, 내지인의 생활감정과 양식 등 좋은 부분을 친숙하게 표현하는 것이 '싸우는 연극'이 되는 조건이라고 주장했다. 그와 동시에 제국의 문화정책 입안자들과 일본예술인들도 총력문화라는 것이 그것의

---

30 吳禎民,「劇界散策記」,『文化朝鮮』1943年4月號(第五卷第二號), 30面.
31 辛島驍,「朝鮮演劇運動の根本問題」,『文化朝鮮』1943年8月號(第五卷第四號), 40~41面.
32 위의 글.
33 星出壽雄,「戰ふ朝鮮演劇」,『文化朝鮮』1943年 8月號(第五卷第四號), 42~44面.

과도한 선전성과 기계적인 구호 남발로 대중의 호응을 얻지 못하고 있음을 알고 있었다. 때문에 "현재의 과도적인 상태에서는 싸우는 연극이 반드시 흥행성적이 좋다고 말할 수는 없는 상황이다. 경영자는 이해타산보다는 작가의 훌륭한 의도, 연기자의 건실한 기능의 생장을 원조협력해야 한다"는 당위적인 입론을 내세우며 조선 연극을 병력화하고자 했다. 『문화조선』의 필자들은 공통적으로 조선연극계의 쇄신 방책으로 시국에 철저한 새로운 작품 생산과 신진 양성을 꼽았다.[34] 제2회 국민연극경연대회 출품자와 수상작의 경우 전년도 작품에 비해 향상하기는 했지만 역시 찬탄할만한 수준은 아니었고 조명과 장치 등 기술적인 부분도 저열하다는 평가를 받았다.[35] 그렇기 때문에 조선의 국민연극이 "전쟁의 무기가 될 각오 하에 연극 그 자체로 싸우고 있다"는 표현은, 조선의 국책연극에 대한 제국의 승인recognition이라기보다는 기대치의 다른 표현으로 읽어야 할 것이다.

제국의 시선으로 일본 연극과 조선 연극을 비교할 때, 또 황민화 사상을 척도로 조선 연극을 평가할 때 조선연극은 늘 의심스러웠고 수준은 저열했다. 그런데 유일하게 낙관적 전망 하에 연극적 실천에 찬사를 받은 것은 '이동연극'이었다. 당대의 도시중심 연극공연이 가진 문제를 원천적으로 차단하면서 전혀 새로운 국민연극을 개척할 수 있는 연극이 이동연극이었기 때문이다. 또 도시 뿐만 아니라 농어촌의 대중

---

34 吳禎民, 「演劇－內省する 演劇」, 『文化朝鮮』 1943年 4月號(第五巻第二號), 54～55面; 榊原遲, 「第2回演劇競演大會 前奏記」, 『文化朝鮮』 1943年10月號(第五巻第五號), 22～23面; 榊原遲, 「演劇競演大會 中間報告」, 『文化朝鮮』 1943年12月號(第五巻第六號), 31面; 榊原遲, 「半島文化消息－劇團の簡素化」, 『文化朝鮮』 1944年2月號(第六巻第一號), 45面.

35 榊原遲, 「第2回 國民演劇競演大會 後記」, 『文化朝鮮』 1944年2月號(第六巻第一號), 60面.

들도 전쟁에 참여해야함을 고려할 때 "농산어촌과 공장 등에도 건전오락을 제공하고, 이동연극을 통해 싸우는 연극을 시도함으로써 연극은 전조선 민중의 것이 되어야한다"[36]는 점에서 이동연극은 가능성의 연극이었다. 『문화조선』의 기자는 이동연극대의 이동에 참여한 이후, 6면에 걸친 현지보고 기사를 싣고 화보면을 할애하여 사진을 실었다.[37] '이동연극'과 이동연극의 하위 장르라고 할 수 있는 '종이연극'은 민중의 최하위 말단까지 침투하여 적성赤誠을 고양하고 국민의 신체를 만들수 있다는 점에서, 전쟁 말기 일제가 가장 강조했던 선전예술[38]이었다. 그렇기 때문에 『문화조선』의 이러한 취재와 보고기사가 가능했다고 본다(앞의 그림 1). 필자인 야마베는 "이기는 것은 전쟁하는 나라에서는 지상명령이다. 예술도 이기기 위해 동원되어야만 한다. 전시 하에서 예술을 느긋하게 사업시事業視하고 유휴遊休시설로 끝나게 해서는 안된다. 오히려 반대로 가능한 최대까지 예술의 전력을 발휘해야만 한다"는 총력전하 예술론을 펼쳤다. 그는 다른 분야보다 월등한 영향력을 발휘하는 예술로 연극을 꼽았다. 야마베는 북경北境 압록강 근처 중강진의 자성군慈城郡을 향해 출발한 조선이동연극 제일대第一隊와 함께하며, 이동연극대원들의 일정과 활동을 기록하고 보고했다. 관의 적극적인 협조로 경방단과 도경찰부의 도움을 받아 현지에 도착하는 과정, 단원들의 아침조회, 공연 전 국민개창國民皆昌지도 시간 등을 보

36 星出壽雄, 「戰ふ朝鮮演劇」, 『文化朝鮮』 1943年 8月號(第五卷第四號), 42~44面.
37 山部珉太郎, 「現地報告 : 僻陬に戰ふ演劇」, 『文化朝鮮』 1943年8月號(第五卷第四號), 52~57面.
38 金子道, 「文化消息 - 演劇」, 『文化朝鮮』 1943年8月號(第五卷第四號), 9面; 神山榮三, 「列車內 紙之居」, 『文化朝鮮』 1944年11月號(第六卷第四號), 48面.

도하고, 작품 〈대추나무〉가 공연되는 무대와 배우들의 연기, 관중들의 반응을 소상히 서술했다. 이 기사는 미디어가 포착하기 어려운 일제 말기 오지의 이동연극 공연을 상세하게 스케치하고 있다는 점에서 『문화조선』만의 중요한 자료라 하겠다.

이상 살펴본 『문화조선』의 연극기사가 보여주는 흥미로운 지점은, 일제 말기 지원병과 징병제도, 연극흥행취체와 조선영화령 등의 강력한 전시 제도와 법적 조치가 시행되는 과정에서 제국이 앓고 있던 식민자의 불안과 의심을 노출하고 있다는 점이다. 대부분의 연극 기사는 수준미달을 지적하고 비판하는 논조로 일관하면서 반복적으로 대안과 해결방안을 제시했다. 그런데 그 기저에는 피식민자들에 대한 식민자의 초조함과 불안이 내재되어 있다. 조선연극의 존재 자체는 인정하지만 '국민연극'의 질적 순도는 함량 미달이라고 느꼈기 때문에 그 가치는 인정할 수 없는 현실에서 비롯된 주체의 불안인 셈이다.[39] 이미 연극계 전반을 검열과 통제로 장악하고 있었던 상황에서 조선연극문화협회에서는 1944년에 '연극인 예능 심사회'를 열어 "전시 하 예능전사藝能戰士의 이념을 확신할 수 있는 검정제도를 제안하고 검정고시를 실시하기"[40]로 한다. 실제로 1944년 4월 '연극·연예·흥행에 대한 비상조치요강'이 발표되면서 연극연예 단체의 재정비가 시도되었다. 같은 달에 연기자 자격심사를 실시하였고 불합격자는 무대활동이 원칙적으로 금지되었다.[41] '조선흥행등취체규칙(1944.5.8. 조선총독부령 제197호)'이 공

---

39 호미 바바, 나병철 역, 『문화의 위치』, 소명출판, 2012.
40 編輯部, 「半島の 新演劇 〈蒼穹〉」, 『文化朝鮮』 1944年 2月號(第六卷第一號), 60面.
41 「연극, 악극, 창극 정비―6일부터 전 연기자의 자격심사」, 『매일신보』, 1944.4.2.

포되어 관이 허가한 공연예술인과 단체에만 '흥행자 증명서', '기예장 증명서', '연출자 증명서'가 교부되고 공연활동이 허가된 것이다. 이렇게 직접적이고 폭압적인 법령규제는 지도와 통제를 통해 연극인을 재교육하고 국책에 협력하도록 하는 소극적인 취체를 넘어선 탄압정책이었다. 명목상이기는 했지만 간신히 유지하고 있었던 '식민지조선의 문화 진흥'이라는 허울조차 벗어버리고, 일제 말기가 되면 국가 개입과 국책 선전에 동원되는 '무기가 되는 연극'을 요구하는 단계에 이르렀던 것이다. 이미 전쟁의 판세는 일제에 불리하게 돌아가고 있었고 긴급한 시국과 국가적 파국사태에 대한 식민자의 불길한 예상은 선명하고 믿을 수 있는 프로파간더 배우의 신체와 연극에 집착하게 만들었다. 하지만 조선연극의 수준은 늘 목적달성에 미흡했고 그와 연동하여 제국의 불안과 동요는 증폭 될 수밖에 없었다. 제국은 조선 신민들을 일본 국민으로 인정하면서도 동시에 그들의 사상에 대한 의심을 멈출 수 없는 모순과 혼동을 겪고 있었던 것이다. 『문화조선』의 연극 관련 기사들은 제국의 시선이 포착한 조선 문화의 선택적 재현과 함께 제국자의 불안한 자기 현현을 동시에 노출하는 공통된 균열을 보여준다.

4. 조선영화 테크놀로지와 협력성, 이중의 미달태

『문화조선』의 영화 기사들은 1939년 이후 제작된 조선영화 〈국경〉을 비롯하여, 〈애련송〉, 〈지원병〉, 〈복지만리〉, 〈수업료〉, 〈집없는 천사〉, 〈풍년가〉, 〈젊은 모습〉, 〈거경전〉, 〈병정님〉 등의 국책적 상업

영화와 총독부 선전용 문화영화 등의 제작일지, 영화촬영 현장 기사, 영화 평론, 배우 사진, 영화 스틸 컷 등으로 구성되었다. 「영화이야기映畵物語」와 「영화 스토리映畵ストーリ」라는 고정기사는 영화를 소설처럼 소개하며 "읽는 영화"의 재미를 제공했다. 또 계절별로 반도영화계의 소식을 전했고, 조선영화와 문학의 관련성을 논한 글이라든지, 이동영화, 문화영화, 조선영화촬영소, 조선영화협회 소식 등 다양한 조선 영화계 소식 및 희귀한 당대의 사진자료들을 수록했다.

창간호부터 영화기사는 거의 매호 빠지지 않고 실렸다. 영화평론 기사인 「최근의 조선영화」[42]는 최인규의 〈국경〉에서부터 이규환의 〈새로운 출발〉, 방한준의 〈성황당〉, 김유영의 〈애련송〉, 안석영의 〈여학생〉, 박기채의 〈山狹雪〉까지 조선영화계 전반의 상황을 세밀하게 소개하고, 각 연출가의 전작前作과 연출 방식까지 논평했다. 거기에 조선문화영화협회에서 제1회 작품으로 〈국기아래서 나는 죽으리〉를 완성했고, 조선총독부 수산과가 후원한 〈바다의 빛〉이 촬영을 개시하여 현재 동해안을 로케 중이라는 순발력있는 정보까지 제공하고 있다. 이 글의 필자인 菊池盛英는 '조선최초의 씨나리오 작가협회'[43] 관련 기사에 이익, 주영섭 등과 함께 협회 회원으로 이름이 등재되어 있는 시나리오 작가로, 서광제의 〈군용열차〉의 원작자로 추정되는 인물이다. 이 기사에는 거론된 모든 영화의 스틸컷과 관련 사진이 함께 편집되어 있어 독자의 가독성에 일조한다. 『문화조선』 영화기사는 연극기사와

---

42 菊池盛英, 「最近の朝鮮映畵」, 『觀光朝鮮』 1939年 6月號(第一卷第一號), 62~64面.
43 「조선최초의 씨나리오 작가협회」, 『동아일보』, 1939.7.28.

동일한 포맷으로 다량의 사진을 배치하고 조선영화계의 현재진행형 정보를 총망라하며 작품 자체와 관련 영화인을 논평하는 형식의 기사가 주조를 이룬다. 「초추의 조선영화계初秋の朝鮮映畵界」[44]나 「조선영화계소묘」[45] 등도 조선 영화계를 속속들이 소개하는 비교적 전문적이고 상세한 리뷰이다. 그런데 다시 말하자면 제국에서 조선으로 국책업무상 이동한 여행객 독 자들에게 이국異國 극장에서의 영화 관람을 추천하는 글은 아니다. 이 대목에서 '여행'을 독려하는 대중종합잡지의 영화기사가 마치 오늘날의 여행잡지들이 그러하듯이 시의적절한 영화 개봉정보를 제공하고 있지 않음에 의구심이 들 수밖에 없다. 아마도 그 답은 다음의 두 가지 측면에서 구해볼 수 있을 것 같다. 일단 1940년대 시대상황을 고려할 때 『문화조선』은 격월간 발행 잡지이므로 적어도 원고를 쓰는 시점에서 한두 달 이후의 개봉 영화와 공연 개막 정보를 정확하게 전달할 수 없는 물리적인 제한이 있다. 때문에 연극기사와 마찬가지로 영화 기사는 제작 실황을 메인 정보로 하되 얼마 전의 과거와 멀지 않은 미래완료 시점의 정보를 담을 수밖에 없는 것이다. 대부분의 기사는 영화 '크랭크' 소식과 촬영 중인 작품의 개봉예정을 계절을 기점으로 알려주고 있다. 또 하나 조선 영화계를 투시하는 필자 집단의 전체적인 시각에는, 늘 미진하고 성에 차지 않는 식민지 문화상품을 비판하려는 의도가 공통적으로 깔려있음을 확인할 수 있다. 때문에 영화 기사의 필자들은 영화관람을 추천하는데 주저할 수

44 北旗男, 「初秋の朝鮮映畵界」, 『觀光朝鮮』 1939年 8月號(第一卷第二號), 72~75面.
45 冬木房, 「朝鮮映畵界村描」, 『觀光朝鮮』 1939年 10月號(第1卷第3號), 60~61面.

밖에 없었을 것이다. 최인규의 〈국경〉은 "시나리오의 부족함이 있었기 때문인지 연출의 조잡함이 눈에 거슬렸다."[46] 1939년 "전반기 조선영화는 기대에 못미쳤다. 대부분 불평을 받았"[47]다. 필자인 冬木房는 "조선영화계를 보면서 간절히 바라는 것은 하루라도 빨리 '映畵職人'을 만들어 '이제부터 안심하십시오"라고 보증서를 붙일 수 있는 연출가를 갖게 되기"를 바랬다.[48] 테크놀로지의 예술인 영화의 경우 조선 영화계의 기술적 수준미달은 영화의 존립 자체를 위협하는 결정적인 한계일 수 밖에 없었다. 그래서인지 『문화조선』의 조선영화를 소개하는 기사들에서 적극적인 찬사와 추천의 논조로 서술된 작품을 찾기가 어렵다. "반도영화계로서는 쇼와 17년(1941)은 과도기의 변동이 격심했던 1년이었다. 그러나 기대했던 만큼 반도영화가 내지 영화계로 진출할 정도의 작품을 발표하지는 못했다."[49] 조영촬영소 총무인 高島金次는 "반도유일의 영화회사"이자 "일본의 송죽, 동보, 대영에 버금가는 조선영화제작주식회사"에서 최초로 동시녹음이 시도된 것을 고평했다. 하지만 그는 다나카田中정무총감 각하가 출연하는 〈총후의 책무〉(1942)라는 짧은 동시녹음의 영화가 소리와 입이 전혀 맞지 않는[50] 작품이 되고 말았다고 비판했다. 대부분의 기사논조는 내지 영화계에

46 菊池盛英,「最近の朝鮮映畵」,『觀光朝鮮』1939年 6月號(第一卷第一號), 62面.

47 北旗男,「初秋の朝鮮映畵界」,『觀光朝鮮』1939年 8月號(第一卷第二號), 72面.

48 冬木房,「朝鮮映畵界村描」,『觀光朝鮮』1939年 10月號(第1巻第3號), 61面.
그런데 이러한 바램이 조만간 현실이 되는 사태가 발생했다, 1940년 1월 조선영화령이 공포되었고 '기능증명서 발행규정'등을 만들어 '영화인 등록제도'가 실시되었다. 감독, 작가, 배우, 기타 모든 분야의 영화인들은 기능증명서를 받지 않으면 영화인으로 활동할 수 없게된다. 이영일,『한국영화전사 개정증보판』, 소도, 2004, 192~196쪽.

49 秦盟,「朝鮮映畵物語」,『文化朝鮮』1942年 1月號(第四巻第一號), 80面.

50 高島金次「朝映の發足」,『文化朝鮮』1942年 12月號(第四巻第五號), 33面.

서 인정한 조선 영화인, 혹은 조선영화가 과연 존재했을까 싶을 만큼 그 평가가 냉혹했다. 전체적으로 영화관련 기사는 조선영화가 제국의 영화계로 환원되기 어려운 수준임을 반복적으로 드러내고 있다.

「영화이야기(映畵物語)」란은 1939년12월호부터 1943년 1월호까지 지속적으로 꾸려진 영화기사였다. 지면을 장식한 첫 작품은 〈지원병〉이었는데, 이후 〈수선화〉, 〈수업료〉, 〈친구〉, 〈집없는 천사〉, 〈춘향야화〉, 〈남쪽 나라로〉, 〈풍년가〉, 〈망루의 결사대〉 등이 소개되었다. 기본적으로 영화감독과 배우, 스텝 등을 소개한 후, 영화줄거리를 게재하는 공통된 포맷이 있는 기사였다. 고정적인 조선영화 소개란으로 1~3쪽에 걸쳐 요약된 영화의 간략한 줄거리가 전부였는데, 때로는 장편掌篇소설처럼 대화체를 활용하여 서술되기도 했다. 필자로는 시나리오 작가나 소설가 등 작가들이 주로 동원되었고 영화의 스틸 사진이 함께 실리는 취미기사의 형식을 띠었다. 그런데 글의 성격이 변하기 시작한 것은 1943년 〈망루의 결사대〉 기사부터이다. 필자인 요시이 노부오吉井信夫는 영화 〈망루의 결사대〉를 소개하면서 "이 영화에 일관되게 흐르는 내선일체의 엄숙한 모습은 무수한 이론을 떨쳐내는 현실의 모습을 단적으로 보여준다. 영화적으로 말하자면 이 영화는 새로운 활극정신이라는 의도 하에서 만들어진 것으로, 활극이 부족한 일본영화에서 신분야를 건설해보려는 획기적인 시도라고 말할 수 있다. 즉 미국영화에서 생겨난 서부극같은 활극과는 달리, 확고한 국가정신과 숭고한 인간정신으로 점철되었다"[51]고 긍정적으로 평가했다. 이전까

51 吉井信夫, 「映畵物語, 「望樓の決死隊」, 『文化朝鮮』 1943年 1月號(第五卷第一號), 78~81面.

지의 영화 줄거리 소개의 틀을 벗어나 필자의 논평과 작품의 의의를 첨가하면서 해석적인 글로 바뀐 것이다. 「영화이야기(映畵物語)」란은 1943년 6월호부터 「반도의 신영화半島の新映畵」코너로 대체되었다. 반도의 신영화로 소개된 〈조선해협〉은 "全국어사용이라는 조선영화의 역사적 전환작품"[52]으로 소개되었고, 포경선을 배경으로 한 "최고의 선전영화"라는 평을 받은 〈거경전〉 기사에는 촬영 정보와 감독의 의도가 친절하게 서술되기도 했다.[53] 〈병정님〉[54] 기사에는 제작의도가 병기되었다. 이런 기사포맷의 변화는 1943년 이후 『문화조선』이 영화통제령과 국책에 부응해서 만들어진 조선영화들을 기사화하면서 관객이자 독자를 상대로 전쟁선전활동에 주력했음을 보여준다고 하겠다. 1943년 이후 잡지의 페이지 감축과 함께 영화기사는 철저하게 협력적인 작품만을 채택하여 제시했다.

이상의 편집태도와 연동하는 기사로 '문화영화文化映畵' 기사를 들 수

---

52 「半島の新映畵－朝鮮海峽」, 『文化朝鮮』 1943年 6月號(第五卷第三號), 28～29面.

53 「半島の新映畵－〈巨鯨傳〉」, 『文化朝鮮』 1943年 12月號(第五卷第六號), 31面.
"장생포, 방어진, 구룡포의 해안선을 거점으로 해서 일본 해상, 일본 해양어업의 캄차카 보트 위에서 40일에 걸쳐 해상촬영을 전개했다." "이 영화의 연출을 맡은 방한준은
1. 가정생활의 소개
2. 견습 선원의 심리
3. 실제의 포경성 견습소의 구체화
4. 라스트신의 중요성 강조
5. 포경실황(문화영화와는 확연하게 구별) 등에 대해 기술적으로 고심했고,
그 결과
1. 전쟁완수를 위한 어업보국의 강조
2. 선원생활의 진격성을 통해 해양사상을 보급하는 효과를 드러냈다고 할 수 있다."

54 閔斗植, 「半島の新映畵－〈兵丁さん〉」, 『文化朝鮮』 1944年 8月號(第六卷第三號), 62面.
"제작의도 : 현재 반도가 직면한 주요한 문제 중 하나이면서 관심사인 군대생활의 진상을 알리는 것이 가장 급한 임무일 것이다. 조선군 보도부에서는 이점을 착안하여, 병역적임자는 물론 부모형제 등 군대생활에 대한 이해를 돕고자 (…중략…) 미경험의 민중에게 군대생활의 진실한 모습을 보여주고 거기서 숭고지순한 제국 군인의 혼을 표현"했다.

있다. '문화영화'는 일제 말기에 국책선전을 위해 만든 정책적인 기록영화 일반을 포함하는 장르였는데, 1919년 이후 만들어진 경성이나 금강산을 촬영한 기록영화나 전염병 예방 등을 계몽하는 영화와는 선을 그었다. 北旗男은 조선문화영화협회[55]가 만든 〈국기 아래 나는 죽으리〉를 "조선으로서는 최초의 본격적인 문화영화"[56]라고 선전했다. 극영화와는 대별되는 장르의 영화로 뉴스릴과도 구별되었고 상업적 목적의 선전영화와도 다른 장르였다. '문화영화'의 정확한 개념과 범주를 기록해놓은 자료를 찾기는 어려우나, 1939년 조선문화영화협회가 만들어지는 맥락과 이후 문화영화로 명명된 작품들의 특징을 통해 소급해서 이해할 수 있다. 문화영화는 태평양전쟁 말기에 산업현장과 전장 및 총후를 배경으로 찍은 기록적 실사영화 중에 협력성이 농후한 국책선전영화를 명명하는 기표였다. 1939년 10월 1일부터는 영화법 제15조에 의거하여 영화관에서는 일주일에 한편 이상 문화영화를 의무상영하도록 했는데, 여기서 공시하고 있는 문화영화는 "국민교육상 유익한 특정 영화"를 의미했다.[57]

『문화조선』에는 조선에서 제작한 '문화영화' 작품에 대한 기사와 영화 내용에 대한 비교적 소상한 정보들이 실려 있고, 영화의 장면사진도 함께 수록되어 있어 문화영화 관련 중요 자료들을 수집할 수 있다. 잡지는 동해안에서 로케 중인 조선총독부 수산과 후원의 〈바다의 빛〉,[58] 체신국 산금

---

55 조선문화영화협회와 문화영화에 대해 주목한 연구는 현재로서는 찾아볼 수 없다. 조선문화영화협회는 1939년 이익李翼을 회장으로 결성된 것으로 확인된다. 『동아일보』, 1939.5.12.

56 北旗男, 「初秋の朝鮮映畵界」, 『觀光朝鮮』 1939年 8月號(第一卷第二號), 72~75面.

57 『문화영화지정상영』, 『동아일보』, 1939.9.12.

映畫

新らしき朝鮮映畫

〈그림 4〉『文化朝鮮』 1943年 6月號,에 수록된 문화영화 〈쇼와19년〉과 문화영화 〈조선에온 포로들〉 스틸 컷

송전선 기록영화 〈건설의 사람들〉,[59] 조영이 제작한 문화영화 〈쇼와 19년〉, 〈반도의 을녀〉, 〈우리는 지금 싸운다〉, 〈조선에 온 포로〉,[60] 남방에서의 조선인 활약상을 그린 〈전진하는 조선〉[61] 등을 소개하고 있다.

한편 조선영화 관련 기사에는 유독 '최초'라는 레테르를 통해 의미를 부여하는 글이 많다. 최초의 문예영화 〈건설의 사람들〉, 반도 최초의 항공영화 〈우러르라 창공〉, 조영 최초의 동시녹음 영화 〈총후의 책무〉, 최초의 내선 합작영화 〈그대와 나〉 등이 그것이다. 필자들은 '최초'라는 수사를 통해 조선영화에 찬사를 보내고 의의를 추가했다. 하지만 정작 작품성을 평가하는 대목에서는 주저했다. "열정적인 영화청년과 한 대의 카메라"만 있다면 소小프로덕션설립이 가능한데, "이러한

58 菊池盛英, 「最近の朝鮮映畵」, 『觀光朝鮮』 1939年 6月號(第一卷第一號), 62~64面.
59 石堂新吉, 「映畵解說－建設 の人」, 『文化朝鮮』 1941年 3月號(第三卷第二號), 62面.
60 須田靜夫, 「新らし朝鮮映畵」, 『文化朝鮮』 1943年 6月號(第五卷第三號), 70面.
61 「南方に見る〈前進する朝鮮〉」, 『文化朝鮮』 1943年 10月號(第五卷第五號), 80面.

소프로덕션의 흥망사가 반도 영화의 역사였다"[62]라고 보았던 제국의 시선 하에서 조선연극이 풀어야할 과제는 한두 가지가 아니었다. 『경성일보』 학예부 기자인 스다 시즈오가 보기에 조선의 촬영 기계와 녹음기, 촬영 스테이지 등의 설비는 절망적이었고, 영화를 기획하는 능력 역시 개선해야했으며, 감독이나 배우 등 영화인들의 수준과 교양은 전문적이지 않았다.[63] 조선영화계의 진보를 요구하는 자들은 신인의 양성과 내선內鮮교류를 강조했다. 조선영화를 보는 제국의 시선은 절대적으로 우위에 있었고, 내지인들이 조선의 영화를 높이 평가하는 것은 "문화 수준이 낮은 지방(조선)에서 나온 작품을 사랑하고 옹호하며 따뜻한 동정의 시선"[64]으로 보는 것이라는 주영섭의 주장에서 크게 벗어나지 않았다. 이러한 문화적 관용의 입장은 제국을 경유한 식민지의 영화가 갖는 협력적인 성격을 과시하고 본국민으로서의 자부심, 우월감 등을 과시하는 것과 크게 다르지 않을 것이다. 연극과 영화로 대표되는 식민지 문화는 제국의 문화지도와 문화통제의 메커니즘 속에서 제국으로의 동화同化라는 환원가능성을 지향하는 재현의 장이었다. 매체는 제국통치에 협력하는 조선의 연극과 영화를 독보적인 시각성을 활용하여 편집하고 과시했다. 하지만, 필자로 섭외된 문화계 인사들은 현실적이고 물리적인 제약과 내선 불일치의 사상적 균열 사이에서 조선문화가 환원불가능한 영역임을 불가피하게 확인시켜주고 있다.

---

62 熊谷克己(同盟通信기자), 「半島映畵界斷想」, 『觀光朝鮮』 1939年12月號(第二卷第一號), 68~69面.

63 須田靜夫, 「朝鮮映畵界 今後の課題」, 『文化朝鮮』 1943年 4月號(第五卷第二號), 72面.

64 朱永燮, 「朝鮮映畵展望」, 『키네마旬報』, 1938年 10月號, 131面.

5. 무대와 스크린, 식민지 문화의 환원 불/가능성

『문화조선』은 '이동의 대리체험'을 가능케 하는 미디어였다. 매체는 조선 문화를 선택적으로 제시하고 담론화하는 과정을 거쳐 전쟁수행의 교두보라는 조선의 표상을 만들어냈다. 이들이 제시한 신체제 하에서 관광은 전쟁동원을 향한 국책과 선전으로서의 관광이었고, 병사의 신체를 포함한 자원의 이동을 의미하는 교통이었으며, 제국의 식민지경영을 감각적으로 향유하게 하는 프로파간다적 문화운동이었다. 『문화조선』의 생산 주체와 독자의 다층성(본국 일본인, 재조선 일본인, 조선인, 재일본 조선인 등)을 고려한다면, 매체에 표상된 '식민지 조선'은 ① 여행이라는 "비일상적 공간"이면서 동시에 ② 제국의 판도 하에서 전시 하 총동원체제에 협력하는 "생활적 로컬 문화"였다. 비일상적 공간이면서 제2의 내지로 포섭되는 일상적 공간이라는 양가성은 조선문화가 재현되는 표상 방식과 식민지 조선이라는 공간의 심상지리를 해명하는데 중요한 기축이 되어 준다.

연극과 영화 기사를 중심으로 살펴본 『문화조선』은 내지와 반도의 국민들에게 내선일체 이념을 내장한 총후의 적성을 내면화시키는 프로파간다이며 시각성을 전력화한 매체였다. 그러나 발행 주체가 전경화한 내선일체 이념의 과시적 성과와 달리 식민자 내면의 균열과 피식민자 사회의 (무)의식적 협력불가능의 정황을 노출하고 있음을 확인할 수 있었다. 즉 『문화조선』의 연극, 영화 관련 기사를 통해 확인한 것은 제국의 식민지 재현전략의 자기모순이다. 『문화조선』은 식민지의 연극영화계를 이해하고 식민경영에 연극, 영화를 적극 동원하기 위해 끊임없이 현실을 시각적으로 탈취하고 과시했다. 하지만 동시에 조선 연극인의 일본 국민 되기, 혹은 국민연극으로 수렴되는 식민통치의 실행과 업적 등이 미완과 실패로 거듭되고 있음을 비판과 질타의 목소리 안에서 폭로하고 있다. 『문화조선』의 미디어 리터러시는 제국으로 통합되지 않는 조선문화(조선연극 · 영화)와 그 재현물(담론, 이미지)에서 뿐만 아니라 재현적 실천의 과정에서 재현주체(식민자)의 불안을 노출하고 있는 것이다. 이는 선전 정책의 취지에 역행하면서 오히려 프로파간더 정책 자체를 불신할 위험까지 드러낸다고 하겠다. 일본인은 전쟁 말기의 시점에서도 여전히 식민지 조선에 대한 관심이 희박했고, 제국의 국민이면 참정권이 없는 식민지 조선인들은 제국 권력의 일상적 미학화 시도에 매끄럽게 안착할 수 없었다. 이러한 국책물의 환원할 수 없는 혼란스러움과 잡종성이야말로 이 시기 매체와 담론들에 대한 지속적이고 면밀한 독해가 요청되는 대목일 것이다.[65]

---

65 『문화조선』에서 수동적으로 보여지는 대상에 불과한 피식민지 조선/문화는 완결된 스테레오타입으로 재현되고 있음을 선행연구(문경연, 「선택된 피사체로서의 조선 / 문화 –『觀光朝鮮(文化朝鮮)』(1939~1944)을 중심으로」, 한림대 일본학연구소 국내학술심포지엄 자료집, 2013)에서 밝힌 바 있다. 『문화조선』은 기사와 사진, 화보 등을 통해 완벽한 전체주의 국가의 축소판으로 조선을 표상했고, 그런 점에서 『문화조선』은 마치 무균처리되어 밀봉된 식품처럼 지나치게 안전하고 무취無臭하게 느껴지는 것이 사실이다. 하지만 본고에서 살펴본 대로, 이러한 전체적인 기획과 편집의도에 문화란의 기사들은 완벽하게 포섭되지 않고 식민자의 불안을 노출시키고 있음을 확인할 수 있었다. 본고는 소논문의 분량상 일단 연극, 영화 관련 기사들을 수집하고 1차적인 분석을 하는데서 마무리한다. 하지만 문화면 기사의 균열은 면밀한 분석을 요청한다고 하겠다. 『문화조선』은 근대적으로 발전한 조선의 시각적 외장을 과시하고 총독부의 시정을 선전하는 전략을 통해 내선일체의 식민지경영을 본국에 알리는 것과 동시에, 한편에서는 정신적이고 문화적인 영역에서는 내선의 완전한 결합이 불가능함을 강조함으로써 조선을 끊임없이 타자화하려고 했을 것이기 때문이다. 이에 대한 연구는 상론에 부치기로 한다.

〈별첨〉『觀光朝鮮(文化朝鮮)』 수록 연극・영화 관련 기사목록

필자	기사제목	수록 지면
菊池盛英	最近の朝鮮映畵	『觀光朝鮮』 1939年 6月號, 62~64面
北旗男	初秋の朝鮮映畵界	『觀光朝鮮』 1939年 8月號, 72~75面
秋田雨雀	〈春香傳〉の旅と京城	『觀光朝鮮』 1939年 10月號, 18~21面
冬木房	朝鮮映畵界 村描－授業料, 福地萬里	『觀光朝鮮』 1939年 10月號, 60~61面
熊谷克己(同盟通信記者)	半島映畵界斷想」	『觀光朝鮮』 1939年 12月號, 68~69面
	映畵物語－志願兵	『觀光朝鮮』 1939年 12月號, 72~74面
	特輯畵報－春に送る半島映畵	『觀光朝鮮』 1940年 3月號
北旗男	春の半島映畵界	『觀光朝鮮』 1940年 3月號, 70~71面
	映畵物語－水仙花	『觀光朝鮮』 1940年 3月號, 74~76面
	特輯畵報－南原の夢	『觀光朝鮮』 1940年 5月號
	映畵物語－授業料	『觀光朝鮮』 1940年 5月號, 72~73面
福國清人(作家)	朝鮮の映畵と文學	『觀光朝鮮』 1940年 7月號, 6~8面
明石三夫	映畵物語－ともだち	『觀光朝鮮』 1940年 7月號, 70~71面
	京城映畵館 風土記	『觀光朝鮮』 1940年 7月號, 78~80面
村山知義	滿洲で見た朝鮮劇團	『觀光朝鮮』 1940年 9月號, 14~16面
川邊武郎	愉しき哉京城－藝術	『觀光朝鮮』 1940年 9月號, 50~51面
甲斐太郎	王平の死	『觀光朝鮮』 1940年 9月號, 80面
冬木房	映畵物語－家なき天使	『觀光朝鮮』 1940年 11月號, 78面
柚木靖男	映畵物語－春香夜話	『文化朝鮮』 1940年 12月號, 78~80面
楢崎勤(作家)	京城の人へ	『文化朝鮮』 1940年 12月號(第三卷第一號), 4~6面
石堂新吉	映畵解説－建設の人々	『文化朝鮮』 1941年 3月號, 62面
德川夢聲(映畵人)	大邱の印象	『文化朝鮮』 1941年 5月號, 16~19面
是和藤太	京城花のあけくれ － 李香蘭	『文化朝鮮』 1941年 5月號, 78~79面
穎田島一二郎	映畵ストーリー南の國へ	『文化朝鮮』 1941年 7月號, 20~23面
D생	新人風土	『文化朝鮮』 1941年 7月號(第三卷第四號), 20~23面
田中三春	映畵〈豊年歌〉	『文化朝鮮』 1941年 11月號, 80面
秦盟	朝鮮映畵物語	『文化朝鮮』 1942年 1月號, 80面

高島金次(朝映撮影所 總務)	朝映の發足	『文化朝鮮』 1942年 12月號, 33面
	文化朝鮮手帖	『文化朝鮮』 1942年 12月號, 90~93面
吉井信夫	映畵物語, 「望樓の決死隊	『文化朝鮮』 1943年 1月號, 78~81面
吳禎民	演劇－內省する演劇	『文化朝鮮』 1943年 4月號, 54~55面.
須田靜夫(京城日報學藝部記者)	朝鮮映畵界 今後の課題	『文化朝鮮』 1943年 4月號, 72面
	文化朝鮮手帖	『文化朝鮮』 1943年 4月號, 84~87面
吳禎民	劇界散策記	『文化朝鮮』 1943年 6月號, 30面
須田靜夫	新らし朝鮮映畵	『文化朝鮮』 1943年 6月號, 70面
	半島の新映畵－朝鮮海峽	『文化朝鮮』 1943年 6月號, 28~29面
辛島驍	朝鮮演劇運動の根本問題	『文化朝鮮』 1943年 8月號, 40~41面
星出壽雄	戰ふ朝鮮演劇	『文化朝鮮』 1943年 8月號, 42~44面
吳禎民	最近の劇團	『文化朝鮮』 1943年 8月號, 50~51面
金一影	舞臺裝置への私考	『文化朝鮮』 1943年 8月號, 46~49面
山部珉太郞	現地報告 : 僻陬に戰ふ演劇	『文化朝鮮』 1943年 8月號, 52~57面
	半島劇團覺え帖 1. 朝鮮演劇文化協會	『文化朝鮮』 1943年 8月號, 45面
	半島劇團覺え帖 2. 朝鮮演劇を培ふ溫床－東洋劇場	『文化朝鮮』 1943年 8月號, 48~49面
	半島劇團 覺え帖 3. 朝鮮の花形劇團	『文化朝鮮』 1943年 8月號, 62~63面
編輯部	半島演劇人素描	『文化朝鮮』 1943年 8月號, 58~61面
	朝鮮に來た〈こるがね隊(黑金隊)〉	『文化朝鮮』 1943年 8月號, 62~63面
朱永涉	新しい 詩劇のために	『文化朝鮮』 1943年 8月號, 66面
三重野洋司	半島の紙芝居)	『文化朝鮮』 1943年 8月號, 64~65面
金健	戱曲－瓢(バかち)	『文化朝鮮』 1943年 8月號, 68~73面
須田靜夫	移動映畵の問題	『文化朝鮮』 1943年 8月號, 74~75面
榊原渥	第2回演劇競演大會 前奏記	『文化朝鮮』 1943年 10月號, 22~23面
須田靜夫	(映畵)指導性と娛樂性	『文化朝鮮』 1943年 10月號, 80~81面
	南方に見る〈前進する朝鮮〉	『文化朝鮮』 1943年 10月號, 80面

佐藤作郎 (東亞交通公社 朝鮮支社 次長)	訓練について－映畵 〈決戰の大空へ〉を見て	『文化朝鮮』 1943年 12月號, 2～3面
	半島の新映畵－〈巨鯨傳〉	『文化朝鮮』 1943年 12月號, 31面
榊原渥	演劇競演大會 中間報告	『文化朝鮮』 1943年 12月號, 31面
木戶耕三	半島文化の方向	『文化朝鮮』 1944年 2月號, 8面
榊原渥	半島文化消息－劇團の簡素化	『文化朝鮮』 1944年 2月號, 45面
白川保	映畵－自律ある企劃	『文化朝鮮』 1944年 2月號, 45面
榊原渥	第2回 國民演劇競演大會 後記	『文化朝鮮』 1944年 2月號, 60面
編輯部	半島の新演劇〈蒼穹〉	『文化朝鮮』 1944年 2月號(第六卷第一號), 60面
榊原渥	戰ふ半島文化	『文化朝鮮』 1944年 5月號, 45面
金子道	文化消息－演劇	『文化朝鮮』 1944年 8月號, 9面
閔斗植	文化消息－映畵	『文化朝鮮』 1944年 8月號, 9面
閔斗植	半島の新映畵－兵隊さん	『文化朝鮮』 1944年 8月號, 62面
食滿南北	朝劇印象	『文化朝鮮』 1944年 11月號, 4面
伊藤英作	再出發する移動映畵	『文化朝鮮』 1944年 11月號, 42面
編輯部	文化消息－演劇	『文化朝鮮』 1944年 11月號, 36面
編輯部	文化消息－映畵	『文化朝鮮』 1944年 11月號, 42面
神山榮三	列車紙之居	『文化朝鮮』 1944年 11月號, 48面

참고문헌

자료

『觀光朝鮮』, 『東亞日報』, 『文化朝鮮』, 『キネマ旬報』

논문

문경연, 「『文化朝鮮』(前身『觀光朝鮮』) (1939~1944), 식민지 경영과 잡지 미디어의 문화정치」, 근대서지학회, 『근대서지』 제8호, 소명출판, 2013.

_____, 「선택된 피사체로서의 조선 / 문화–『觀光朝鮮(文化朝鮮)』(1939~1944)을 중심으로」, 한림대 일본학연구소 국내학술심포지엄 자료집, 2013.

서기재, 「『관광조선』에 나타난 在朝일본인 표상」, 『일본문화연구』 44호, 동아시아일본학회, 2012.

_____, 「『관광조선』의 '문학'의 전략성–'완결소설'란의 김사량 소설을 통해」, 『일본어문학』 53호, 한국일본어문학회, 2012.

_____, 「관광의 역사와 문헌을 통한 한국 근대 관광 고찰」, 『Asia Diaspora』 2집, 건국대 아시아 디아스포라 연구소, 2008.

_____, 「근대 관광잡지 『관광조선』의 대중을 향한 메시지」, 『일어일문학』 제52집, 대한 일어일문학회, 2011.

_____, 「근대 관광잡지 『관광조선』의 탄생」, 『동아시아문화연구』 제46집, 한양대 동아시아문화연구소, 2009.

서승희, 「『문화조선(1939~1944)』의 조선(인) 표상」, 『현대소설연구』 56호, 현대소설학회, 2014.

이경훈, 「식민지와 관광지–만주라는 근대극장」, 『제국의 지리학, 만주라는 경계』, 동국대 문화학술원 한국문화연구소 편, 동국대 출판부, 2010.

조성운, 「1930년대 식민지 조선의 근대 관광」, 『한국독립운동사연구』 36호, 독립기념관 한국독립운동연구소, 2010.

_____, 「일본여행협회의 활동을 통해 본 1910년대 조선관광」, 『한국민족운동사연구』 65호, 한국민족운동사학회, 2010.

조형근·박명규, 「식민권력의 식민지 재현전략–조선총독부 기관지 『조선』의 사진 이미지를 중심으로」, 『사회와 역사』 90집, 한국사회사학회, 2011.

단행본
권혁희, 『조선에서 온 사진엽서－19세기 말 20세기 초 제국주의 시대의 사진엽서를 통해 본 시선의 권력과 조선의 이미지』, 민음사, 2005.
이영일, 『한국영화전사 개정증보판』, 소도, 2004.
월터 D. 미뇰로, 김은중 역, 『라틴아메리카, 만들어진 대륙』, 그린비, 2011.
호미 바바, 나병철 역, 『문화의 위치』, 소명출판, 2012.

Nornes, Abe Mark, *Japanese Documentary Film : The Meiji Era Through Hiroshima*, University of Minnesota Press, 2003.

극단 낭만좌, 좌파 연극인들의 존재 방식

이민영

1. 좌파 연극인들의 자취

1935년 4월 카프가 해산되고 같은 해 6월 극단 신건설이 해체된 이후 프로연극운동은 사실상 거의 소멸된 것으로 이해되어 왔다. 카프의 해산과 극단 신건설의 해체, 이것은 좌익연극의 몰락을 기정사실로 만든 결정적 사건이었다. 더 이상 프로연극 혹은 좌파적 성향의 연극은 기획되거나 공연되지 못했다.

그런데 이러한 정황에 대해 박영정은 매우 흥미로운 논의를 전개한 바 있다. 그것은 '몰락한 좌파 계열의 연극운동이 조선연극협회(1936)를 통해 그 명맥을 유지하고 있었다'[1]라는 것이다. 박영정은 극단 조선

---

1 박영정, 「조선예술좌의 국내 진출과 극단 조선연극협회」, 『한국 근대연극과 재일본 조선인 연극운동』, 연극과인간, 2007, 145~146쪽; 박영정, 「극단 '조선연극협회'연구」,

연극협회의 활동을 재구하면서, 극단 신건설이 해산한 이후에도 좌익 계열의 진보적 연극운동이 지속되고 있었다고 주장한다. 특히 3·1극장을 중심으로 전개되었던 재동경 조선인 연극운동은 1935년 전문극단을 표방했던 조선예술좌의 창립을 계기로 재도약을 시도했으며, 이 과정에서 동경에서 활동하던 조선예술좌 멤버의 일부가 신극운동을 목표로 귀국했다는 것이다. 김일영, 이화삼, 오정민, 전일검, 윤북양, 박학 등 조선예술좌 일부 멤버의 갑작스러운 귀국은 조선예술좌 차원의 조직적 결의 혹은 방향 선택의 가능성을 보여주며, 이들의 귀국 이후 발생한 극예술연구회의 분규, 조선예술좌 귀국파와 극예술연구회 탈퇴파가 결집해 창립했던 조선연극협회는 프로연극운동의 부활을 도모한 결과물[2]이라는 것이다.

박영정의 이러한 논의는 중요한 가능성을 시사한다. 조선연극협회의 활동은 프로연극계 전반에 몰아닥친 일제의 대대적 압박과 검거 이후에도 좌파 연극인들이 우회적이나마 지속적인 활동을 모색하고 있었다는 가능성을 보여주기 때문이다. 물론 표면적으로 조선연극협회는 1930년대 초반 카프를 비롯해 지역의 각 프로극단들이 기획했던 프로연극운동을 직접적으로 계승한 것처럼 보이지는 않는다. 활동만 놓고 본다면, 이 단체는 몰리에르의 〈수전노〉, 고야마 유시小山祐士의 〈섬 있는 바다의 풍경〉, 강문필의 〈소야〉 등 프로극과 전혀 상관없는 작품을 공연했을 뿐이다. 그러나 조선연극협회가 해산된 1937년 6월 이후

『한국극예술연구』 제5집, 한국극예술학회, 1995.

2 위의 책, 146~150쪽.

의 정황에서 박영정의 주장을 뒷받침하는 중요한 증거들을 발견할 수 있다. 이화삼의 평양행, 박춘명의 동경행으로 인한 진용의 부족이 조선연극협회가 해산할 수밖에 없었던 이유로 짐작되었으나,[3] 실제로는 일제 당국의 압력이 주된 이유였다는 것이 김일영에 의해 우회적으로 시사되었다.[4] 오정민, 김일영, 강호, 추적양이 구속되었던 공산주의자 협의회 사건(1938.2)[5] 역시 좌파 계열 연극인들에 대한 일제의 탄압을 확인할 수 있는 사건이다. 동경 조선예술좌의 해산, 조선연극협회의 결성 그리고 조선예술좌 출신들의 극예술연구회 분규 활동을 신건설 사건 이후 좌익연극운동의 중요한 흐름으로 설명하는 임화의 서술[6] 역시 기억해 둘 필요가 있다. 즉 조선연극협회의 해산은 신건설 사건 이후 재결집하고 있었던 좌파 계열 연극인들의 우회적 활동마저 원천적으로 봉쇄했던 일제의 탄압이 낳은 결과였던 것이다.

조선연극협회의 해산과 더불어 좌파 연극인들은 그 구심점을 다시 잃게 되었다. 그렇다면 조선연극협회를 끝으로 좌파 계열의 연극운동은 그 자취를 완전히 감추었는가? 이 글은 이러한 의문에서 출발한다. 조선연극협회가 와해된 후인 1938년 1월 30일 극단 낭만좌의 탄생이 가시화된다.[7] 낭만좌의 설립 의도나 그 활동에서 좌익연극의 흔적은 전혀 드러나지 않는다. 낭만좌의 인적 구성, 공연 작품, 극단의 운영

3 「演劇協會의 解散說」, 『동아일보』, 1937.6.22.
4 「再起는 어렵습니다—金一影 氏 談」, 『동아일보』, 1937.6.22.
5 박영정, 앞의 책, 171~176쪽.
6 임화, 「新劇論」, 『청색지』 3, 1938.12.
7 「文人과 劇人이 提携하야 劇團 『浪漫座』를 組織」, 『동아일보』, 1938.1.30; 「『浪漫座』 誕生」, 『매일신보』, 1938.2.2.

방식 등을 포괄적으로 검토했던 김남석은 극단 낭만좌의 성격을 '대중 지향성'으로 밝힌 바 있는데,[8] 이를 통해서도 알 수 있듯이 낭만좌의 활동에서 좌익연극의 계보를 가시적으로 확인하기란 힘들다. 그러나 좌파연극인들의 명맥을 잇고 있던 조선연극협회 역시 공연 활동만으로는 좌익적 경향을 드러내지 않았던 점을 상기한다면, 극단 낭만좌의 이러한 경향 역시 전시체제 하 조선 연극계의 현실 속에서 다시 읽어 볼 필요가 있을 것이다.

극단 낭만좌와 관련한 서술에서 무엇보다 흥미로운 것은 북한연극사에서 낭만좌를 기술하는 태도이다. 북한연극사에서 낭만좌는 프로연극운동의 계보 속에서 신건설을 잇는 중요한 단체로 다루어진다. 한효는 '신건설 이후의 프로연극 단체'[9]로 낭만좌의 연극사적 의의를 부각시켰다. 북한 예술사를 참고한 이강렬 역시 '신건설 사건으로 투옥되었던 일부 단원들이 주동이 된 극단'으로 '진보적 의식으로 점철된 사실주의 연극을 통해 프롤레타리아 연극운동의 새로운 환경을 보여준 극단'[10]이라고 평가했다. 비록 한효와 이강렬의 논의가 구체적 설명을 결여하고 있지만, 이들이 낭만좌를 프로연극운동사 속에서 신건설의 후계로 다루고 있다는 점만은 분명하다. 여기에 조선연극협회에 대한 박영정의 논의를 참고로 했을 때, 낭만좌의 위치는 굉장히 흥미로워진다.

---

8 김남석, 「극단 낭만좌 공연의 대중 지향성 연구」, 『한국극예술연구』 제44집, 한국극예술학회, 2014, 13~46쪽.

9 한효, 『조선연극사개요』, 국립출판사, 1956, 335쪽.

10 이강렬, 『한국사회주의 연극운동사』, 동문선, 1992, 93쪽.

따라서 이 글에서는 선행 논의를 바탕으로 신건설 사건 이후 좌파 연극인들이 어떻게 그 명맥을 이어나가고 있었는가를 극단 낭만좌를 중심으로 설명해보고자 한다. 낭만좌가 활동했던 동시대 연극계의 상황 및 낭만좌의 후신인 "청년극장"과 "극단 태양"까지 논의의 대상으로 다룸으로써 낭만좌의 실체를 보다 정확히 드러낼 수 있으리라 생각한다. 그리고 이러한 작업을 통해 그간 극예술연구회를 중심으로 권력화되어왔던 일제강점기 신극운동의 지평을 넓히고, 연구사에서마저 배제되어왔던 이 시기 좌파 연극인들의 자취를 발견할 수 있게 되기를 기대한다.

2. 범좌파적 연극통합체의 구상

극단 낭만좌는 1938년 1월경 창립했다.[11] 창립 당시 낭만좌는 '문인, 극평론가 연극인들이 제휴해 신설된 극단'[12]으로 무대 초년병들의 모임[13]으로, 문학청년들의 동인적 성격[14]을 가진 극단으로 이해되었다. 저간의 평가가 이렇듯 그간 낭만좌는 연극사의 한 귀퉁이에서 존재했

11 극단 낭만좌의 결성 시기에 관해서는 이민영, 「동아일보사 주최 연극경연대회와 신극의 향방」, 『한국극예술연구』 제42집, 한국극예술학회, 2013, 132쪽 참고.

12 창립 당시 멤버로 민태규, 안동수, 오장환, 김욱, 김영보, 진우촌, 박향민, 이병현, 서영복, 유일준, 최운봉, 양훈, 박홍민, 변일로, 박연, 조용범, 박학, 김소영, 양숙규, 하영주, 강정애 등이 있다. 「文人과 劇人이 提携하야 劇團『浪漫座』를 組織」, 『동아일보』, 1938.1.30; 「『浪漫座』 誕生」, 『매일신보』, 1938.2.2; 「新劇團體인 『浪漫座』 出現」, 『조선일보』, 1938.2.2.

13 이운곡, 「第一回 演劇콩쿨 所感」, 『비판』 44, 1938.4.

14 유민영, 『한국근대연극사』, 단국대 출판부, 2000, 799~804쪽.

을 뿐이다. 물론 이러한 평가는 『낭만』(1936)과 『자오선』(1937)의 동인이었던 오장환, 민태규, 안동수 등 문인들의 합류에서 기인했던 것으로 보인다. 그러나 이들이 낭만좌를 이끌었던 핵심 인물이었다고 보기는 힘들며, 구성원 대부분을 무대 초년병으로 볼 근거 역시 미약하다. 진우촌은 1923년부터 활동했던 극작가였으며, 그 외 많은 단원들이 이미 기성 극단의 경험을 가지고 낭만좌에 참가하고 있었다. 특히 김남석의 지적처럼 김소영은 중외극장, 태양극장, 동양극장, 중앙무대와 인생극장까지 거친 당대 손꼽히는 여배우였으며, 남궁선, 지계순, 권서추 등 중간극 내지 대중극단 출신의 배우들이 지속적으로 영입되고 있었다.[15]

이러한 단원 구성은 한편으로 낭만좌의 이념적 성향이나 연극운동의 성격을 명확히 규정짓기 어렵게 만든다. 심지어 낭만좌라는 이름[16]을 걸고 활동했던 3년 5개월 정도의 시간동안 낭만좌의 멤버들은 대단히 유동적으로 움직였다. 그럼에도 불구하고 극단 낭만좌를 조선연극협회 이후 좌파 연극인들의 명맥을 잇고 있었던 극단으로 보고자 하는 이유 중 하나는 김욱의 존재 때문이다. 극단 낭만좌의 대표였으며, 낭만좌 시기 유일한 연출가로 활동했던 김욱은 낭만좌로부터 청년극장, 극단 태양으로 이어지는 낭만좌의 계보 속에서 이 극단이 좌파 계열 연극인들의 결집체였을 가능성에 힘을 실어주는 인물이다. 그는 1935년

---

15 김남석, 앞의 글, 17~22쪽.

16 낭만좌를 좌파계열의 계보 속에서 논의할 때, 극단의 명칭 문제 역시 고려해봄직하다. 낭만좌라는 이름이 카프 창립의 한 축이었던 『백조』 동인의 문학적 경향을 드러낸 것일 수도 있고, 낭만좌의 창립멤버 오장환, 민태규의 동인지 『낭만』에서 이름을 따온 것일 수도 있다.

12월 신건설 사건 최종 공판에서 징역 1년, 집행유예 3년을 받은[17] 후 활동을 중지했다가, 낭만좌를 통해 활동을 재기한 좌파연극인이었다.

또한 김욱과 함께 낭만좌의 초기 멤버로 활동했던 박학이 동경 3·1 극장 출신으로 조선연극협회 결성에 참가했던 점, 동경 조선예술좌 출신들의 극예술연구회 프랙션 활동 후 송재로, 강정애, 맹만식, 이광래가 극예술연구회를 탈퇴하고 조선연극협회에 가담했다가 모두 낭만좌로 규합되었다는 점은 낭만좌의 정치적 성향을 짐작할 수 있게 하는 중요한 단서이다. 여기에 박학과 더불어 낭만좌의 대표 배우로 활동했던 이화삼도 합류하고 있는데, 그 역시 동경 조선예술좌 출신이자 조선연극협회 결성 멤버였다. 즉 과거 좌익연극계에 몸담았던 이력이 있거나 그러한 경향을 지녔던 인물들이 대거 낭만좌로 결집된 것이다.

1938년 즈음부터 조선 연극계의 주된 화두로 떠올랐던 것 중 하나가 흥행극의 난립 문제였다. 중일전쟁의 발발은 정치·경제 방면 뿐 아니라 생활·문화 전방위에 걸쳐 지대한 영향을 미치기 시작했는데, 영화계가 이러한 상황에서 호황을 누렸던 것과 달리 신극계는 '연구극의 행동 중지'[18]라는 사태를 맞이했다. 극예술연구회의 침묵으로 대표되었던 연구극단의 활동 중지 사태에는 조선연극협회의 해산 문제도 포함되어 있었다. 흥행극단의 상연물은 허용했으나 신극단체의 활동은 봉쇄해버린 상황에서도 극예술연구회는 연구극단의 대표이자 상징적 존재로 인식되고 있었으며, 극예술연구회 멤버들을 중심으로 자신들이

---

17 「朴完植·鄭青山만 體刑, 朴英熙 等 全部 執猶」, 『동아일보』, 1935.12.10.
18 「一時는 停頓狀態이나 沈默 中 實力 蓄積」, 『동아일보』, 1938.1.3.

토월회 이후 조선 신극운동의 후계임을 자처하는 담론들이 형성되어 있었다. 극단 낭만좌는 바로 이 시기에 등장한다. 낭만좌의 출현은 극예술연구회와는 대비되는 신극단체의 출현으로 받아들여졌으며, 낭만좌를 중심으로 한 또 하나의 흐름이 담론적으로 형성되기 시작했다. 극연좌의 양식성이나 현실 인식의 문제가 곳곳에서 제기되고 있었고, 낭만좌는 극예술연구회 그리고 극연좌와 대비되어 논의되기 시작했다.

임화 역시 이러한 담론을 형성하는 데 일조했다. 신건설 중심의 경향극운동과 극예술연구회 중심의 실험무대운동을 대비해 극예술연구회의 보수성을 비판했던[19] 그에게 낭만좌는 극예술연구회 중심의 신극담론에 제동을 걸 수 있는 유일한 극단으로 비춰졌다.[20] 그리고 그 가시적 성과는 1939년 3월 개최된 동아일보사 주최 제2회 연극경연대회를 통해 나타난다. 〈상하의 집〉(박향민 작, 1939.3)을 공연한 낭만좌는 새로운 경향의 신극 단체로 주목받기 시작했으며,[21] 극연좌의 대타항으로, 조선연극의 전환기를 시사하는, 조선연극계의 신경향을 기대할 수 있는 극단[22]으로 평가받았다. 박향민의 〈상하의 집〉이 희곡상을 거머쥠으로써 그러한 가능성은 설득력을 얻었던 것으로 보인다.

이 대회에서 극적 구성이 가장 정밀했다고 평가받았던 낭만좌의 〈상하의 집〉은 자연주의 연극 계열의 작품이었으며,[23] 이러한 작품이

19 임화, 「新劇論」, 『청색지』 3, 1938.12.
20 「演劇競演 審査를 마치고 (2)」, 『동아일보』, 1939.3.10.
21 제2회 연극경연대회 이후 이루어진 좌담회의 첫 논의는 임화의 견해에 대한 기자의 질문으로부터 시작된다. 「演劇競演 審査를 마치고 (1)」, 『동아일보』, 1939.3.9.
22 「演劇競演 審査를 마치고 (1)」, 『동아일보』, 1939.3.9.
23 「演劇競演 審査를 마치고 (3)」, 『동아일보』, 1939.3.11.

조선 신극이 지향해야 할 모범으로 제시되었다.[24] 물론 이러한 평가가 전적으로 옳았다고 판단하기는 힘들다. 일찍이 박영호는 프로트(日本プロレタリア演劇同盟) 해산 이후 일본의 진보 연극계에서 생산된 희곡이 자연주의적 수법을 벗어나지 못했음을 두고, '현실 파편의 수집, 의심 없는 리얼리즘 희곡의 주관 분실, 반-리얼리즘의 음모'[25]라고 비판한 바 있다. 이러한 박영호의 비판에도 불구하고 1939년의 낭만좌, 그리고 낭만좌를 통해 극예술연구회와는 다른 진보적 연극운동의 한 축으로 낭만좌를 부각시키려했던 좌파 연극인들의 의식적 한계는 여전했다. 유치진이 이끌었던 극예술연구회를 두고 임화가 했던 비판은 낭만좌에도 그대로 적용될 수 있는 것이었다.

조선 연극계를 피폐일로로 접어들게 만든 근본적 원인이 시국의 변화에 있었지만, 이러한 점이 담론 안에서 직설적으로 드러나지는 않는다. 오히려 이 시기 담론의 중심으로 떠올랐던 것은 '신극의 직업화' 문제였다. 직업극단화는 극단이 살아남을 수 있는 최선의 방안으로 인식되었으며, 이를 위한 재력財力의 획득 방법이 논의되었다. '국가의 원조', '개인 독지가의 후원', '극단 자체의 연극 활동'이라는 세 가지 사안이 검토되었다. 윤묵의 경우 일본의 신협이나 신축지의 활동 방식을 모델로 극단 자체의 활동을 통해 재원을 구해야 한다고 보았는데,[26] 이것은 국가나 개인의 원조가 힘든 조선의 현실을 고려해서 내린 결론이었다. 낭만좌의 기반을 상당부분 흔들어 놓았던 1939년 6월 협동에

---

24 이민영, 앞의 글, 144쪽.
25 박영호, 「戱曲의 리얼리즘－劇文學 建設의 길 (續)」, 『동아일보』, 1936.4.17.
26 윤묵, 「劇界의 一年 (二)」, 『동아일보』, 1938.12.24.

술좌의 창립은 이러한 문제와 매우 관련이 깊다. 시국의 영향 하에 경제적·사상적으로 항쟁하고 있는 신극의 대동단결을 위해 조직되었다고 선전했던 협동예술좌가 국민문화연구소의 재력, 동양지광사(박희도)의 재력에 끌렸다는 사실[27]은 공공연하게 비판받았다.

낭만좌의 일부 구성원이 협동예술좌로 옮겨간 이유가 순수하게 생존을 위해서였다고 할지라도, 이념적 · 사상적 문제와 결코 무관하다고 볼 수는 없다. 신극의 대동단결을 주창했던 협동예술좌는 낭만좌와 극연좌에 극단 결합의 의사를 타진했는데, 낭만좌의 대표였던 김욱은 이를 수락했다가 일부 단원들의 반발에 의해 포기했으며,[28] 극연좌 역시 이 제안을 거절했다. 김영수는 '낭만좌나 극연좌에 포장되었던 의의가 어떤 형체의 것인지 명확히 기록(기억이 아니라 기록!)할 수는 없지만 세 단체 사이에 이렇다 할 사상적 대립이 있었다기보다 다만 그들 사이의 의견 불일치 문제가 아니었을까'[29]라고 머뭇거렸으나, 이 행간에서 사상적 차이가 문제시되었다는 사실을 읽어내기란 그리 어렵지 않다.

이 사이 낭만좌 구성원들의 움직임은 심상치 않았다. 강정애의 경우 낭만좌와 극연좌 공연에 거의 동시에 참가하고 있었다면,[30] 박학, 이화삼 등은 극연좌로 이동했다가[31] 다시 협동예술좌로 이동한다.[32] 극연

---

27 김승구, 「己卯年劇壇回顧」, 『문장』 11, 1939.12; 서항석, 「朝鮮演劇界의 己卯 一年 間(中)」, 『동아일보』, 1939.12.9.

28 김영수, 「劇界의 一年間」, 『조광』 50, 1939.12.

29 위의 글, 1939.12.

30 강정애는 1938년 5월 극연좌의 18회 공연에 참가한다.

31 박학과 이화삼은 극연좌의 〈풍년기〉 공연에 참가했다. 이서향, 「演出者의 말(上), 劇研座 公演을 앞두고 『商船 테나시티』」, 『동아일보』, 1938.12.3.

32 「散在한 劇壇人 中心으로 『綜合藝術座』 結成」, 『동아일보』, 1939.6.30.

좌에서는 지속적으로 내분이 발생했다. 1938년 12월 극연좌 소장파들에 의해 유치진, 김유영, 이찬, 윤묵, 김동혁을 비롯한 간부 6, 7인의 해임설이 거론되었으며,[33] 이서향, 이화삼, 이백산, 박학 등 10여 명의 단원들이 사직안을 제출했다(1939.6).[34] 뒤 이어 '극연구 단체 통일운동의 실패가 사상적 대립 때문'[35]이라는 혐의로 동경 학생예술좌의 주영섭, 이서향, 박동근, 마완영 등이 구속되는 '학생예술좌 사건'(1939.8)이 발생했다.[36] 동경 학생예술좌 멤버들이 극연좌를 통해 좌익운동을 일으키려 했으며, 이를 위해 이서향이 극연좌에 가입해 내분을 주도했다는 것이 밝혀졌다.[37]

이 일련의 과정을 통해 두 가지 가능성을 추출할 수 있다. 하나는 협동예술좌의 통합 제안이 당국의 묵시 하에 이루어졌을 가능성, 또 다른 하나는 협동예술좌와 당국의 동상이몽이 학생예술좌 사건을 통해 드러났을 가능성이다. 이화삼, 박학이 이서향과 함께 극연좌의 내분을 주도했다는 것은 협동예술좌의 통합 제안이 당국의 묵시와는 근본적으로 다른 방향, 좌파 계열 연극인들의 결집을 염두에 두고 있었을 가능성을 보여준다. 낭만좌, 협동예술좌, 극연좌로 넘나들고 있었던 단원들, 협동예술좌를 중심으로 제안되고 논의되었던 통합체 구성의

---

33 「劇團『劇硏座』의 內糾－24日 一部 解決」, 『매일신보』, 1938.12.26.

34 「岐路에 선 劇硏座, 大劇場 進出을 압두고 '除名' '辭職'의 內紛」, 『조선일보』, 1939.6.8.

35 「劇運動, 手術臺에－統一運動에 思想的 對立 嫌疑?」, 『매일신보』, 1939.8.9.

36 학생예술좌 사건과 극연좌의 관련성에 대해서는 이덕기가 밝힌 바 있다. 이덕기, 「일제말 극단 현대극장의 국민연극 실천과 신극新劇의 딜레마」, 『어문학』 제17집, 한국어문학회, 2010, 300~301쪽.

37 「鐘路署서 嚴調中인 學生藝術座 事件 擴大－演劇을 通」하야 左翼思想을 鼓吹한 嫌疑 濃厚, 『매일신보』, 1939.8.11. 이 사건으로 주영섭, 이서향, 박동근, 마완영은 송국되고, 윤묵 외 3인은 불구속된다. 「學生藝術座事件」, 『동아일보』, 1939.10.27.

문제, 극연좌의 내분과 동경 학생예술좌의 프랙션 작업 등은 좌파적, 혹은 범좌파적 성향의 연극통합체가 구상되고 있었다는 정황 증거라 할 수 있다.

1936년 동경 조선예술좌의 멤버였던 김두용은 일본 예술계의 동향을 설명하면서 프로문학자와 반-파시즘을 추구하는 진보주의 문학자와의 협동전선 문제를 거론한 바 있다.[38] 김두용의 이론적 기반은 프로트 해산 이후 무라야마 토모요시村山之義의 주장에 근거하고 있다. 신협극단新協劇團, 신축지극단新築地劇團, 금요회金曜會, 창작좌創作座, 축지좌築地座 5개 극단이 모여 구성된 신극구락부新劇俱樂部는 좌익연극계와 반-파시즘적 관점을 가진 극단들이 결집한 단체로, 변화한 현실 정세에 맞게 변화된 연극운동이 필요하다는 일본 좌익 연극인들의 판단에 의해 만들어진 단체였다. 사회주의 운동에 대한 탄압이 극에 달했던 시기였고, 조선예술좌 역시 이러한 현실 판단 하에 신극구락부에 가입하기를 원했다.[39] 일본 좌익 연극계의 판도 변화를 목격하면서 논의를 진행했던 김두용의 주장이 조선연극계에 이입되기 시작한 것은 조선예술좌와 극예술연구회 탈퇴부가 결성한 조선연극협회, 조선연극협회와 신건설 일부가 결성한 낭만좌, 중앙무대·낭만좌·극연좌 탈퇴 부원 일부가 합류했던 협동예술좌에서였다. 그러나 최종적으로 낭만좌와 협동예술좌의 결합 혹은 당대 진보적이라 자임했던 3개의 신극단체 낭만좌, 협동예술좌, 극연좌의 통합은 결국 이루어지지 못했다.

---

38 김두용, 「日本 文壇 劇壇의 動向 (九)」, 『동아일보』, 1936.3.8.

39 당시 동경 조선예술좌는 신극구락부의 월 회비 5원을 낼 수 있는 여력이 없어 가입을 하지 못하고 있었다. 김두용, 「日本 文壇 劇壇의 動向 (九)」, 『동아일보』, 1936.3.8.

프로트의 해산을 즈음해 일본 좌익극 관계자들은 광의의 자유주의적 입장으로 방향을 선회하기 시작했다. 무라야마 토모요시를 비롯해 일본 좌익극장에서 가장 열성적으로 활동했던 미요시 쥬로우三好十郎[40] 역시, 그렇듯 창작의 방향을 선회했다.[41] 신극구락부를 중심으로 좌익연극인이 아니었더라도 반제국주의적, 반파시즘적 관점을 가진 진보적 성향의 연극인들이 결집되었으며, 이러한 성격은 사회주의 사상을 전면에 내세운 직접적 계급투쟁이 아니라 활동의 방향을 좀 더 유연(?)하게 변화시켰다. 조선연극협회, 낭만좌, 협동예술좌에서 시도되었던 것 역시 이러한 범좌파적인 연극인들의 통합체였다. 물론 이러한 구상은 시도로 그쳤을 뿐이다. 1939년 8월 조선총독부 경무국의 주도로 결성된 조선영화인협회[42]가 영화사를 통폐합하고 영화인의 인적 통제를 위한 기관으로 등장했으며, 전시체제가 본격적으로 구축되기 시작했다. 극단의 통폐합과 연극인의 인적 통제 역시 예정된 수순을 밟기 시작했다. 이러한 상황에서 좌익 연극인들이 추진했던 일종의 방향전환, 범좌파적 연극통합체가 그들의 구상대로 만들어지기엔 시기적으로 너무 늦었던 것이다.

40 유치진, 「日本新劇瞥見記－푸로劇의 沒落과 그 後報 (三)」, 『동아일보』, 1934.10.4.
41 낭만좌가 일본의 좌익작가 미요시 쥬로우三好十郎의 〈지열〉을 공연 작품으로 선택했던 이유 역시 이러한 사실과 관련이 있었던 것으로 보인다.
42 「映畫令 實施 압두고 外廓團體를 組織－朝鮮映畫人協會 誕生」, 『매일신보』, 1939.8.19.

3. 통제된 수행성과 反-帝의 브리콜라주

극단 낭만좌는 1938년 2월 동아일보사 주최 제1회 연극경연대회를 시작으로 1938년 내내 외국작품을 번안·각색해 공연했다. 낭만좌는 〈햄릿〉의 '묘지 장면'(셰익스피어 원작, 진우촌 번안, 1938.2)을 시작으로 〈죄와 벌〉(도스토예프스키 원작, 박향민 각색, 1938.9), 〈지열〉(三好十郎 원작, 박향민 번안, 1938.12), 〈태양의 아들〉(眞船豊 원작, 이광래 번안, 1938.12)[43]을 공연한다. 그러나 〈햄릿〉의 '묘지 장면'과 〈죄와 벌〉은 모두 대중과 거리가 먼, 실패한 작품으로 평가되었다. 〈햄릿〉의 실패에 대해 현철은 '원래도 어려운 작품을 이해도가 떨어지는 대중 앞에서 그것도 한 장면만 보여준 것이 문제'였다고 지적했으며, 안석주는 극단이 가진 연구적 태도가 대중의 외면을 받게 된 원인이었다고 지적했다.[44] 〈햄릿〉에서 도출되었던 이러한 문제는 〈죄와 벌〉 공연에도 그대로 이어진다. 이서향[45]을 비롯해, 각색이 소설을 그대로 낭독해 들려주는 듯 따분하고 산만했다는 최생의 지적[46]까지 공연의 실패가 공통적으로 거론되었다.

흥미로운 것은 낭만좌의 실패가 대중과의 접점을 찾지 못한 데서 비롯되었다는 평가와, 이와는 모순적으로 그야말로 '재미없는' 흥행극에 불과했다는 비판[47]이 동시에 제기되었다는 점이다. 대중과의 접점을

---

43 「今年 掉尾의 新劇 浪漫座의 第二回 公演」, 『동아일보』, 1938.12.24.
44 「演劇競演大會 總評 (其二)」, 『동아일보』, 1938.2.23.
45 이서향, 「演劇界의 一年 總決算」, 『조광』 38, 1938.12.
46 최생, 「劇團 『浪漫座』의 公演 "罪와 罰"을 보고」, 『매일신보』, 1938.9.12.
47 박향민, 「劇壇 一年間의 回顧」, 『비판』 52, 1938.12

잃은 신파성 짙은 연극, 이 정도가 〈상하의 집〉을 제외한 낭만좌 공연 전반에 내려진 평가였다. 신극으로도, 대중극으로도 실패라는 세간의 평가를 낭만좌 역시도 의식했던 것으로 보인다. 낭만좌의 대표적인 극작가로 활동했던 박향민은 '원작의 조선화',[48] '전통의 존중', '흥행극의 활용'[49] 등을 대중의 공감을 얻을 수 있는 방법론으로 제시했다. 이러한 방법은 신고송,[50] 나웅[51] 등에 의해 지속적으로 제기되었던 조선적 재창조, 흥행극적 소인극의 관객 동원 방식[52]과 이론적으로 별반 다르지 않다. 그러나 낭만좌의 공연에서 이러한 방법론은 제대로 적용되지 못했던 것으로 보인다. 〈승무도〉(한상직 작, 1939.4)나 〈낙랑공주〉(박향민 작, 1939.9) 등 전통적, 역사적 소재를 활용한 작품조차 신파에 가까운 작품으로 폄하되었을 뿐이다.[53] 그럼에도 낭만좌가 대중과의 접점을 찾는 데 고심했던 흔적은 지속적으로 보인다. 문제는 그러한 접점을 신파성 짙은 신극 작품에서 찾고자 한 데 있을 것이다. 〈태양의 아들〉, 〈족제비〉(이동규 번안, 1939.7), 〈안해의 방향〉(1939.9) 등 신파성 짙은 마후네 유타카眞船豊의 작품들을 지속적으로 공연했다는 것[54]은 낭만좌가 가졌던 큰 한계였다.

---

48 박향민, 「飜案者로서의 感想 "섬 잇는 바다 風景"의 公演을 압두고 (上)」, 『매일신보』, 1937.6.5.

49 박향민, 「新劇運動과 朝鮮的 特殊性」, 『비판』 64, 1938.8.

50 신고송, 「實驗舞臺의 檢察官 (1)」, 『조선일보』, 1932.5.10.

51 나웅, 「劇藝術研究會 第五回 公演을 보고 (中)」, 『조선일보』, 1933.12.8.

52 신고송, 「演劇運動의 出發 (五)－現段階의 푸로레타리아演劇」, 『조선일보』, 1931.8.4.

53 박서민, 「新劇運動의 沈滯期」, 『동아일보』, 1939.9.9.

54 물론 마후네 유타카의 작품이 일본 신극구락부에서 여러 번 공연된 선례가 있었으며, 마후네 유타가를 연극성과 문학성의 일원화를 꾀한 모범으로 박향민이 생각하고 있었다는 점도 레퍼토리 선정의 기준이 되었을 것이다. 박향민, 「演劇과 文學精神－新劇 危機의 側面觀 (下)」, 『동아일보』, 1940.2.29.

그러나 낭만좌의 공연에서 드러나는 이러한 한계를 전적으로 낭만좌만의 한계로 한정하기는 힘들다. 검열의 문제가 남아있기 때문이다. 1938년 3월 낭만좌가 추진하려 했던 〈대지〉(펄 벅 원작, 金子洋文 각본)의 검열 문제는 일제가 연극 장르가 가진 잠재적인 수행성까지도 통제하려 했음을 보여준다. 군벌에 짓밟힌 중국 농민의 비참상을 그린 〈대지〉는 중일전쟁 발발 이후 일본 뿐 아니라 조선에서도 베스트셀러가 되었으며, 영화로도 인기리에 상연된 작품이었다. 책과 영화의 보급이 허용된 상황에서 낭만좌가 공연하려 했던 연극 〈대지〉는 "조선에서는 너무도 벅찬 농민의 생활은 일반 교화에 좋지 않은 영향을 미친다"[55]란 이유로 금지 당한다. 낭만좌는 일본 송죽松竹에서 공연된 전례가 있었던 카네코 요우분金子洋文 각색의 〈대지〉를 경기도 보안과에 제출했으나 결국 검열의 벽을 넘지 못한다.[56] 카네코 요우분이 일본 프롤레타리아 운동 잡지 『種蒔く人』의 창간 멤버였다는 점을 상기한다면, 이 각본이 가진 정치적 지향성을 의심할 여지는 충분히 있다. 더구나 영화나 책과 달리 연극 장르가 가진 현장성을 고려했을 때 이 작품에 잠재된 불온성은 충분히 위협적일 수 있다.

검열의 수위가 낭만좌에만 특별했다고 한정지을 수는 없다. 청춘좌 역시 비슷한 시기에 동양극장에서 〈대지〉를 공연하려 했으나,[57] 이후 공연 광고에서 그 작품을 찾을 수 없다. 이러한 사실은 흥행극단 역시 검열의 문제에서 자유롭지 못했음을 말해준다. 물론 청춘좌의 각본은

---

55 「〈大地〉 朝鮮에선 演劇 上演 禁止」, 『동아일보』 조간B, 1938.4.7.

56 위의 글.

57 광고, 『매일신보』, 1938.3.25~31.

카프연극부 소속극단 평양 신예술좌에서 활동했던 남궁만이 각색한 것이었다.[58] 그나마 검열의 잣대가 상대적으로 유연했던 흥행극계의 대본조차 검열을 통과하지 못했다는 것은 남궁만의 이력 때문이었을 수도 있고, 작품의 서사 자체가 가진 정치적 성향 때문이었을 수도 있다. 그러나 무엇보다도 공연 현장에서 식민지 관객에게 반-파시즘, 반-제국주의의 문제를 환기시킬 수 있는 가능성, 이 작품이 불온한 정치성의 영역과 맞닿아 있다는 점이 검열의 벽을 넘지 못한 이유였을 것이다.

국민문화연구소(이후 동양지광사)와 전속계약을 맺은 협동예술좌의 창립은 낭만좌가 선택의 기로에 서 있었음을 보여주는 하나의 사건이다. 재정난에 부딪힌 극연좌를 두고 유치진은, 극단 자력의 경제적 활동이 불가능한 상황에서는 타력으로부터라도 힘을 빌려야 한다고 생각했고,[59] 협동예술좌는 발 빠르게 움직였다. 이 시기 낭만좌가 조선배영동지회와 손을 잡은 것은 타력을 통해서라도 재정적 문제를 해결하는 것이 신극의 존립을 위한 길이라는 연극계의 상황 판단과 무관하지 않았다.

일영회담 시기, 조선배영동지회연맹 경성지부가 자신들의 첫 활동으로 낭만좌에 주문했던 『배영신문』과 『아편전쟁』(江馬修 원작, 村山之義 개역, 한상직 역안, 1939.8.31~9.4)은 낭만좌의 선택과 그 결과의 추이를 보여주는 중요한 공연이다. 영국의 동양 침략을 방지하고 동양인의 동양건설을 부르짖는 취지를 담아달라고 주문받았던[60] 이 공연은 '연극

58 「新建設 事件 工判」, 『동아일보』, 1935.10.28.
59 유치진, 「劇界는 依然 多難」, 『매일신보』, 1939.1.3.
60 「浪漫座에서 "阿片戰爭"을 上演」, 『동아일보』, 1939.8.25.

을 이용해 동아 신질서 건설이라는 시국 인식을 보급시킨다'라는 의도를 전면에 내세웠으며,[61] 70명의 인원이 출연하는 거대한 규모로 제작되었다.[62] 당시 이 공연은 여러 매체를 통해 홍보되었고, 부민관 앞에는 200명 이상의 관중이 늘어서서 공연을 기다렸다. 그러나 실제 관객은 초대권을 가진 연극 관계자들과, 역시 초대권을 가진 것처럼 보였던 홍행극의 관객(배영동지연맹이 뿌린 초대권의 관객으로 추측된다)이 대부분이었다.[63] 낭만좌가 〈아편전쟁〉 공연을 통해 확인할 수 있었던 사실은 결국 신극을 통한 관객 획득의 어려움이었다. 더구나 〈아편전쟁〉에 앞서 공연된 슈프레히콜 『배영신문』은 슈프레히콜의 장르적 특징을 성공적으로 연출하지 못했다고 평가받았으며, 낭만좌 특유의 신파극 세리후는 〈아편전쟁〉 전반의 문제로 지적되었다.[64]

특히 공연 실패의 이유 중 공통적으로 지적된 것은 1막 아편굴의 묘사였다. 이동하는 '첫 막에서 어둡고 비참한 아편굴의 분위기를 그려내지 못했는데 조선 관중이 무엇으로 중국 민중의 비참한 아편 중독 상황을 알 수 있겠는가'[65] 라고 했으며, 박서민은 '아편굴의 분위기가 처참하지 않았기 때문에 전체적인 분위기 조성에 실패했으며, 이런 점은 원작을 그대로 번역하지 않은 각본에서 온 실패[66]라고 지적했다. 즉 원작에서 묘사했던 아편굴의 비참함이 소거된 낭만좌의 〈아편전

61 「演劇을 通해－排英熱高潮－浪漫座에서 "阿片戰爭"上演－排英同志會後援으로」, 『매일신보』, 1939.8.6.
62 「暴英 罪惡史 「阿片戰爭」 公演－明日부터 五日間 府民舘에서」, 『매일신보』, 1939.8.31.
63 이동하, 「行福의 밤」, 『영화연극』 1, 1939.11.
64 위의 글.
65 위의 글.
66 박서민, 「新劇運動의 沈滯期－浪漫座 新秋公演의 失敗 原因」, 『동아일보』, 1939.9.9.

쟁〉은 배영극으로서 그 기능을 못했다는 것이다. 그러나 과연 중국 농민의 비참상이 무대 위에 재현될 것을 두려워했던 총독부가 아편굴의 처참한 비참상을 그대로 재현하도록 허용해주었을까? 사소한 집회조차 불가능했던 1939년의 식민지 조선에서 1929년 무라야마 토모요시의 좌익연극 〈아편전쟁〉에서 묘사된 비참한 아편굴의 모습이 조선의 무대에서 재현된다는 것은 애시 당초 불가능한 일이었다.

한편 낭만좌가 에마 슈의 원작이 아닌 무라야마 토모요시가 개역한 〈아편전쟁〉을 공연 대상으로 삼았다는 점은 낭만좌의 숨겨둔 의도를 짐작할 수 있게 하는 단서이다. 식민지에 대한 약탈, 피압박 민족의 반항과 투쟁을 소재로 했던 에마 슈의 희곡 〈아편전쟁〉(5막 12장)은 원래부터도 반제국주의 사상을 기반으로 하고 있는 작품이었지만, 무라야마 토모요시는 이 작품을 원작에서 고작 2장만을 남기고 완전히 개역해버린다.[67] 무라야마 토모요시가 밝힌 개역의 이유는 경제상·시간상의 제약 뿐 아니라 희곡화에 있어 취해야 하는 모멘토, 구성상의 양식에 관한 의견의 차이였다.[68] 그러나 무엇보다도 이 작품은 무라야마 토모요시가 좌익극장을 떠나 축지소극장과 함께한 첫 작품이었고, 배우들의 신파적 성향을 수정하고 프롤레타리아 직업극단의 길로 나아가기 위한 첫 단추로 선택한 작품[69]이었다는 점을 주지할 필요가 있다. 신파적 성향을 지속적으로 지적받았던 낭만좌가 좌파의 후계라는 자신들의 정체성을 감추었던 작품, 그것이 〈아편전쟁〉 공연에 숨겨진

67 大笹吉雄, 『日本現代演劇史』 昭和戰中篇1, 白水社, 1993, 26~27쪽.
68 村山知義, 「「阿片戰爭」の上演に際して」, 『築地小劇場』, 제6권 8호, 1929.9, 3쪽.
69 위의 글.

의도였을 수 있다.

낭만좌의 〈아편전쟁〉이 공연되고 한 달 후, 협동예술좌의 창립 작품 〈동풍〉이 공연된다. 이 작품 역시 배영극이었다. 그러나 낭만좌의 실패와 대조적으로 협동예술좌의 〈동풍〉은 '영국의 비도덕적 행위와 대륙 침략을 폭로하고 동서양인의 융합을 불가능하게 하는 감정을 표현한 박력이 있는, 극적 전개에 따라 관중의 호흡과 연극적 분위기가 합할 수 있는 작품'[70]이라는 고평을 받았다. 당시 배영동지회의 활동을 기록한 모리타 요시오森田芳夫는 협동예술좌의 〈동풍〉에 대해 경성에서 함남(?), 간도, 상해, 난징, 제남까지 순회공연을 할 정도로 작품의 반응이 좋았으며, 일본에서 공연해도 손색이 없을 만큼 좋은 공연이었다고 전한다. 그의 기록에서 알 수 있듯이 이 공연은 극 중 배경을 조선으로 완전히 개역한 작품이었다.[71] 그러나 실상 녹기연맹의 전종專從 연구원이었던 모리타 요시오는 이 공연을 직접 보지 못했고, 그의 기록은 배영동지회의 활동을 선전하기 위해 조작되었을 가능성이 높다. 실제로 안영일[72]과 유치진[73]은 낭만좌와 협동예술좌의 이 두 공연이 모두 관객 획득에 실패한 공연이었다고 평가했으며, 결과적으로 이 각각의 공연은 낭만좌와 협동예술좌를 더욱 깊은 침체의 늪으로 끌고 갔다고 보았다.

그러나 한 가지 기억할 것이 있다. 낭만좌와 협동예술좌의 〈아편전쟁〉과 〈동풍〉은 무라야마 토모요시의 합류와 함께 좌익 직업극단으로

70 박송, 「協同藝術座 創立公演 觀劇記 (上)」, 『동아일보』, 1939.9.29.
71 森田芳夫, 「朝鮮思想諸陣營의 展望」, 『東洋之光』, 1941.1, 51~59쪽.
72 안영일, 「劇界展望」, 『조광』 52, 1940.1.
73 유치진, 「國民藝術의 길」, 『매일신보』, 1940.1.3.

의 전환을 꾀하고 있었던 1929년 늦여름, 축지소극장이 공연한 작품(〈阿片戰爭〉, 〈吼えろ支那〉)이었으며,[74] 1931년 4월 청복극장(〈지나!〉)과 해주 연극공장(〈아편전쟁〉)의 창립공연작으로 선택된 레퍼토리였다는 것이다. 어떠한 작품을, 언제, 어디서, 누구를 대상으로 공연하는가? 연극이 가진 정치적 수행성은 여기서 발생한다. 청복극장과 해주 연극공장이 의도했던 것처럼 낭만좌와 협동예술좌 공연에서 드러나는 배영의 논리가 조선에서 배일排日, 반제反帝의 논리로 재-전유Bricolage, Re-appropriation 될 수 있는 가능성은 여전히 잠재하기 때문이다.

4. 선전과 흥행 사이, 감춰둔 불온의 영역

낭만좌의 일부 연기자와 협동예술좌의 대다수가 동양극장으로 이동하는 것을 본 안영일은 신극의 대동단결이 실패하였더라도 또다시 흩어진 연극적 동지를 규합해 새로운 연극의 재건을 꾀해야 한다[75]고 말했다. 이를 위해 안영일은 '연극인협회'라는 단체의 결성을 제안했으며,[76] 김영수 역시 '이 상황을 타개하기 위해 차라리 진용을 규합할 것'[77]을 제안한다. 물론 이 시기, 이들의 제안은 어디까지나 자발성을 전제로 한 것이었다.

---

74 『築地小劇場』 제6권 8호, 1929.9.
75 안영일, 「轉換期의 朝鮮新劇」, 『문장』 14, 1940.3.
76 안영일, 「劇界展望」, 『조광』 52, 1940.1.
77 김영수, 「演劇時評」, 『문장』 17, 1940.5.

그럼에도 불구하고 1940년 후반까지 신극계의 분열은 지속되고 있었다. 낭만좌와는 별개로 이화삼, 박학, 김태진, 박춘명을 필두로 한 또 다른 좌파 연극인들의 단체 '조선무대'가 결성되었다. 조선영화주식회사 최남주의 후원을 받았던 조선무대는 협동예술좌와 중앙무대의 인맥들로 결성된 단체였고, 동경 무산자사 출신의 고경흠, 김남천, 카프 출신인 송영, 김승구 등이 포진되어 있었다.[78] 〈아편전쟁〉의 실패 이후 북선 순회를 떠났던 낭만좌는 활동을 중지하고 있었는데, 〈아편전쟁〉의 실패는 조선배영동지회연맹이라는 관변 단체의 재정적 후원이 신극의 존립에 큰 도움이 되지 않았음을 인식시키는 계기가 되었던 것으로 보인다. 이 시기 조선무대가 보여준 성과, 국민극 시대를 앞둔 송영의 갈등하는 양심이 담긴 〈김립〉이나 펄벅의 〈대지〉가 공연될 수 있었던 것[79]은 최남주 개인 독지가의 후원을 받았기에 가능했던 측면이 크다. 그러나 조선무대 역시 활동을 지속하지 못했다. 진보적 연극 세력의 규합은 여전히 답보상태였다.

침체의 늪에 빠진 극단 낭만좌는 극단의 방침을 일신하고 진용을 확대, 강화하기 위해 표면적으로나마 연극보국이라는 명제를 받아들이기로 한 듯 보인다.[80] 그러나 그것은 어디까지나 표면적일 뿐이었다. 시국에 부응하겠다는 낭만좌의 발화에도 불구하고 1940년 11월 연극신체제협의회에서 극단 신체제 운동에 나설 단체로 지목된 것은 아랑, 고협, 청춘좌, 호화선, 조선무대, 황금좌, 예원좌, 연극호 8개 극단뿐이

78 『朝映』崔社長 後援下에『朝鮮舞臺』結成」,『동아일보』, 1940.5.30.
79 「朝鮮舞臺 第一回 公演『金笠』과『大地』」,『동아일보』, 1940.6.19.
80 「劇團 浪漫座 新體制下 陣容 일신」,『매일신보』, 1940.10.19.

었으며,[81] 1940년 12월 22일 출범한 조선연극협회에서 총독부 경무국의 지정을 받은 9개 단체[82] 중에서도 낭만좌는 호명되지 않는다. 조선무대 역시 제외된다. 조선연극협회가 흥행극단에 힘을 실어주는 모양새였다는 점도 묵과할 수 없지만, 낭만좌 스스로가 당국의 지원이 아닌 자립적인 생존의 길을 모색하고 있었을 가능성은 크다. 1940년 12월 조선연극협회의 지원과 후원을 받지 않았던 낭만좌가 선택하고자 했던 마지막 방법, '신체제 이동무대'는 재정적 후원 없는 "최소한의 자본"으로 "자주성을 잃지 않고"[83] 활동하고자 했던 낭만좌의 마지막 명운이 담긴 계획이었다.

그러나 조선연극협회의 가맹과 재정이라는 두 가지 문제는 많은 단원들의 이탈을 가져왔다. 박향민마저 청춘좌로 적을 옮겼다. 낭만좌의 이름을 지면에서 다시 확인할 수 있는 것은 1941년 5월 조선연극협회의 산하기관으로 '청년극장'이 등장할 때이다.[84] 일찍이 김영수가 '이럴 거면 차라리 합쳐라' 했던 말대로 낭만좌와 협동예술좌는 그 '종합체'로 극단 청년극장을 결성한다.[85]

---

81 「形式과 內容을 一變 舞臺에서 民衆指導—十二日, 演劇新體制協議會」, 『매일신보』, 1940.11.8.

82 이 명단에서 조선무대는 빠지고, 노동좌(국민좌), 조선성악연구회가 추가되었다. 「朝鮮演劇協會 結成—九劇團을 網羅」, 『매일신보』, 1940.12.23.

83 김욱, 「우리 劇壇 打開策—가장 消極的인 私案」, 『조광』 62, 1940.12.

84 1941년 7월 발표된 가입단체 현황을 보면, 아랑, 고협, 청춘좌, 호화선, 황금좌, 예원좌, 연극호, 조선성악연구소, 평화좌, 화랑, 금희좌, 금성좌, 신극단, 광성좌, 홍아, 현대극장(이하 경성소재), 국민좌, 연협, 청년극장(이하 평양), 신생좌(신의주), 만월부대(강계), 대륙좌(황해도신천) 22개 극단이다(기사에는 23개 극단으로 명시됨). 「演協 加盟團體 京鄕—二十三團體」, 『매일신보』, 1941.7.10.

85 창립 당시 멤버로 한재덕, 남궁만, 박춘명, 김욱, 이화삼, 박동화, 류정방, 이석률, 이해랑, 예준희, 오필리, 이영영, 함정숙, 전이아, 문예봉 등이 참가했다. 「劇團 『靑年劇場』 誕生 平壤半月島에 道場設立」, 『매일신보』, 1941.5.29.

청년극장에 이르러 김욱, 박춘명, 이화삼, 박동화, 류정방 등 좌익계 연극인들은 다시 한자리에 모인다. 물론 좌익 연극인들 전체가 규합된 것은 아니었으나, 김욱을 비롯해 동경 무산자극장 출신이자 평양 마치극장의 대표였던 한재덕, 카프연극부 소속 평양 신예술좌에서 활동했던 남궁만, 평양예술좌의 이화삼,[86] 조선극예술연구회 평양지부의 박춘명[87] 등 좌파계 인사뿐 아니라 박동화, 이해랑 등 범좌파적 성향의 인물들까지 망라되었다. 청년극장의 이러한 구성은 토월회, 학생예술좌, 극예술연구회 일부, 상업극단 및 영화인들로 망라되어 마치 '예원 전반의 대동단결'처럼 보였던 현대극장(1941.3)과는 상당히 대조적이다. 박영호가 '기이에 가까운 단결'[88]이라 평가했던 현대극장과 달리 청년극장은 (범)좌파계 연극인들로 구성된 종합체였다.

국가나 관변단체의 힘을 빌지 않고 자생적으로 존립할 수 있는 길을 모색하고 있었던 낭만좌도 더 이상 버틸 재간은 없었던 것으로 보인다. 조선연극협회의 결성으로 연극 통제가 본격화되기 시작했으며, 협회의 가입은 극단의 존립을 좌지우지하는 중요한 사안이 되었다. 협회에 가입하지 못한 극단의 활동은 금지되었고, 해당 극단의 경성 공연은 철저히 제한되었다.[89] 더구나 1941년 3월 1일부터는 협회 미가입 극단의 공연 자체가 완전히 봉쇄되기에 이른다. 활동을 계속하기 위해서는 강제적으로든 자발적으로든 협회에 가입할 수밖에 없게 되었다.

---

86 「演劇協會의 解散說」, 『동아일보』, 1937.6.22; 「平壤藝術座 事件」, 『동아일보』, 1937.6.19.
87 「新劇團體 平壤에 新設」, 『조선중앙일보』, 1935.6.2.
88 박영호, 「藝術性과 國民劇」, 『문장』 25, 1941.4.
89 「幽靈劇團에 "斷"—中央 公演 不許 京畿道의 方針」, 『매일신보』, 1941.1.15.

조선연극협회가 결성된 1940년 12월부터 1941년 4월까지 여러 차례에 걸쳐 경무국의 가맹 승인이 있었으나,[90] 5개월 남짓한 기간 동안 낭만좌와 그리고 많은 좌파 계열 연극인들은 망설였던 것으로 보인다. 청년극장이 평양을 중심으로 결성될 수밖에 없었던 것은 한재덕, 남궁만, 박춘명, 이화삼 등의 지역적 기반에 기인한 것이겠지만, 한편으로 경성에서의 활동이 봉쇄된 상황에서 취할 수 있었던 우회로였을 것이다.

1941년 7월 26일 조선연극협회와 조선연예협회를 통합한 조선연극문화협회가 등장했다.[91] 협회의 결성과 해산 문제에서 연극인들의 의지는 더 이상 고려의 대상이 아니었으며, 오직 일원적 지도・통제기관을 통해 연극계를 직접 관리하고 통제하겠다는 당국의 의도만이 선명해졌다.[92] 그러나 협회를 통한 통제라는 위계적인 구조가 개인이나 극단의 자율성을 축소시킬지언정 완전히 소거시킬 수는 없었을 터이다. 1942년 연극인들의 신년 좌담회에서 도출된 추상성, 국민연극을 위한 구체적 방법론이 아닌 기술의 증진, 예술성의 문제 등을 다룬 추상적 논제들은[93] 통제되지 않는 자율성의 영역이 여전히 남아있음을 보여준다. 특히 연극계가 몰두했던 예술성의 문제는 전시체제하 당국의 지향과 명백히 다른, '식민권력과 조선연극계가 동상이몽'[94]하고 있는 현

---

90 2차 가입극단은 평화좌(평양), 연협(평양), 방공극단, 금희좌, 금성좌, 화랑, 예우극장(통천)이며, 총독부 경무국은 이들 외 극단 및 배우들의 경우 연극협회 직속 이동무대 공연을 위해서만 가입을 허가할 예정임을 밝힌다. 「七劇團 또 加盟」, 『매일신보』, 1941.2.28; 이후 이동극단의 가능성을 두고 광성좌, 신생좌, 극단 홍아, 대륙좌, 만월무대가 4월 21일부로 경무국의 가맹을 승인받았다. 「朝鮮演劇協會 五團體 또 加盟」, 『매일신보』, 1941.5.1.

91 「劇文化의 새出發－演劇, 演藝의 兩團體 合同」, 『매일신보』, 1942.7.27.

92 김재석, 「국민연극 시기 「조선연극문화협회」 연구」, 『어문론총』 제40권, 한국문학언어학회, 2004, 110~111쪽.

93 「必勝體制下 演劇人 決意 "座談會"－國民劇의 第二年」, 『매일신보』, 1942.1.4; 1942.1.11.

실을 여실히 드러내는 지점이라 할 수 있다.

청년극장 역시 한재덕淸水良一을 대표로 조선연극문화협회에 등재되었다.[95] 이들이 1942년 3월 중앙 진출 첫 공연작으로 택한 〈귀향〉(管原卓 원작, 1942.3)[96]은 좌익연극에 반대해 연극의 예술성을 옹호했던 스가하라 타카시의 〈「北へ歸る」を發表〉(1934)를 번안한 작품이었다. 좌익계의 방향전환 의지를 보여주면서 국민연극이라는 강제된 명제를 우회할 수 있는 방법, 그것이 예술성에 대한 논의로 집약된 것이라면, 〈귀향〉은 그러한 면에서 매우 적절한 선택이었다.

일제 말기 대부분의 극작가들이 상업극단에 종사하면서 자격 획득을 위한 방편으로 국민연극에 참여했던 것처럼[97] 극단의 생존 전략 역시 이와 다르지 않았다. 구체적인 작품 발굴이 선행되어야 할 문제이긴 하지만 청년극장의 레퍼토리들은 제목만으로는 전시이념과 관계된 작품을 찾기 힘들다.[98] 극단 태양 역시 다양한 성향의 작품을 공연했다. 〈맹진사댁 경사〉의 공연은 시국과 무관한 작품도 수시로 공연되었음을 보여주는 단적인 예이다.[99]

---

94 이승희, 「전시체제기 연극통제시스템의 동원정치와 효과」, 『상허학보』 제41집, 상허학회, 2014, 214쪽.

95 朝鮮演劇文化協會, 「事業經過報告書－規約」, 1942.7.26～1943.3.31.

96 「『青年劇場』七, 八, 中央公演」, 『매일신보』, 1942.3.6.

97 양승국, 「일제 말기 국민연극의 존재 형식과 공연구조」, 『한국현대문학연구』 제23집, 한국현대문학회, 2007, 394쪽.

98 〈귀향〉 외 청년극장의 레퍼토리로는 〈풍속원〉(박향민 작, 1942.5), 〈앵화원〉(이상백 작, 1942.5), 〈スパイと배우〉(문예부 작, 1942.5), 〈일허진 수평선〉(박향민 작, 1942.6), 〈결혼론〉(박향민 작, 1943.2), 〈아버지〉(송영 작, 1943.2), 〈일인이역〉(송향설 작, 1943.2), 〈난류〉(박향민 작, 1943.3) 등이 있다. 서선, 북선 순회공연 작품이었던 〈결혼론〉, 〈난류〉, 〈아버지〉의 대본이 발굴된다면 좀 더 명확해질 수 있을 것이다.

99 극단 태양의 레퍼토리 중 시국 선전을 담고 있거나 그랬을 것으로 짐작되는 작품으로는 〈그 전날 밤〉, 〈밤마다 돗는 별〉(양서 작, 1943.12), 〈용사애〉(岡田禎子 작, 1943.12), 〈백

1943년 4월의 북선 순연을 끝으로 청년극장은 김태진, 전창근을 기획진에 추가한다. 그리고 박기섭松岡琪燮을 대표로 전선 순회공연을 위한 단체 극단 태양(1943.7)으로 재결성된다.[100] 극단 태양의 대표인 박기섭 역시 극단 신건설 출신의 배우였으나,[101] 이 시기 극단을 이끈 실질적 인물은 김태진과 전창근이었다. 세간의 주목을 받았던 〈그 전날 밤〉 역시 김태진의 작품이었다.

〈그 전날 밤〉(김태진 작, 안영일 연출, 1943.8.31~9.3)은 조선군 보도부가 추천한 최초의 작품이었으며,[102] 총독부 기관지 매일신보사의 후원과 대대적인 홍보[103] 속에서 공연되었다. 그러나 조선군 보도부가 이 작품의 열성적인 후원자였다는 것만으로 극단 태양의 성격을 규정지을 수는 없다. 시국에 봉공하는 전시선전극을 공연했던 만큼 상업극 공연에도 열성이었던 극단 태양의 이중적 면모는 양승국이 말했던 자격 획득을 위한 방편적 행위의 이면이며, 이승희가 말한 의사擬似 전위의 이원성[104]이 드러나는 지점일 뿐이다.

오히려 극단 태양이 중앙 첫 공연으로 〈그 전날 밤〉을 부민관 무대

야〉(일명 〈大陸の情熱〉, 전창근 작, 1945.5) 등이 있다. 그 외, 극단 태양의 레퍼토리로 〈인간수업〉(이기영 작, 1943.7) 〈모란꽃 필 때〉(김소론(김태진) 작, 1943.7), 〈북난곡〉(미상, 1943.9), 〈정〉(전창근 작, 1944.3), 〈맹진사댁 경사〉(오영진 작, 김태진 각색, 1944.4), 〈십오 년〉(김태진 작, 1944.7), 〈화랑도〉(김태진 작, 1944.7), 〈영원의 모상〉(이광래 작, 1945.4), 〈야화〉(전창근 작, 1945.5) 등이 있다. 이 역시 공연 대본이 발굴된 이후에야 구체적인 논의가 가능할 것이다.

100 「劇團『太陽』誕生」, 『매일신보』, 1943.7.25.

101 「새로운 劇團『新建設』出現」, 『조선일보』, 1933.1.7.

102 이 작품은 조선군 보도부에 의해 "반도 정통연극계에 있어서 최초이자 가장 효과적인 작품으로서 시국선전에 이바지할 수 있다"라는 이유로 추천되었다. 「朝鮮軍서 推薦 決定, 金兌鎭 氏 作『그 전날 밤』」, 『매일신보』, 1943.8.25.

103 「「그 전날 밤」을 舞臺에-劇團「太陽」에서 初公演」, 『매일신보』, 1943.8.29.

104 이승희, 앞의 글, 220쪽.

에 올리기 전 진행했던, 창립 순회공연을 주목할 필요가 있다. 극단 태양은 〈그 전날 밤〉, 〈모란꽃 필 때〉, 〈인간수업〉(이기영 원작, 전창근 각색, 1943.7) 세 작품을 가지고 창립 순회공연을 계획한다.[105] 그러나 실제로 이 세 작품이 모두 공연되었는지는 미지수인데, 첫 공연 안내 8일 후인 1943년 8월 7일에 이미 〈그 전날 밤〉만 단독으로 광고[106]된 것으로 보아 다른 작품들의 공연이 무산되었을 가능성은 배제할 수 없다. 더구나 〈그 전날 밤〉과 〈모란꽃 필 때〉가 극단 태양의 레퍼토리로 지속적으로 공연되었던 것과 다르게 〈인간수업〉은 창립 당시 단 1번만 거론된 후 사라진다.

〈인간수업〉과 관련해 떠오르는 의문. 이것이 극단 태양의 숨겨진 본질을 드러내는, 그리고 낭만좌로부터 청년극장, 극단 태양에 이르기까지 일제강점기 좌파 연극인들의 존재 방식을 규명해 줄 수 있는 어떤 키워드가 될 것이다. 반미 및 대동아공영 정책을 선전한 〈그 전날 밤〉을 비롯해, 구체적 면모를 확인할 수 없지만 전시체제하 여성을 관객대상으로 하고 있었던 〈모란꽃 필 때〉,[107] 권태에 빠진 부르주아 지식인이 노동자로 각성하는 과정을 그린 〈인간수업〉 이 각각의 작품들은 전혀 다른 의도를 담고 있는 작품들이다. 전시정책의 선전, 흥행 그리고 프롤레타리아의 계급적 각성이라는 기묘한 조합, 선전과 흥행을 위한 공연 사이에 위치한 〈인간수업〉의 영역, 여기가 바로 극단 태양이 감춰둔 불온의 영역일 것이다. 선전과 흥행 사이 슬며시 끼워진 이

---

105 광고, 『매일신보』, 1943.7.31.
106 광고, 『매일신보』, 1943.8.7.
107 광고, 『매일신보』, 1944.12.12.

러한 불온의 영역을 비단 극단 태양의 공연에서만 발견할 수 있는 것은 아니다. 전진좌가 중앙 진출 공연작으로 예정했던 박영호의 〈김옥균의 사〉 역시 마찬가지이다.[108] 그리고 이러한 점은 이 시기 좌파 연극인들이 여전히 진보적 연극운동을 지속하고 있었다는 미약하나마 결정적인 증거일 것이다.

5. 좌파 연극운동의 복권을 위한 서설

이제 1930년대 조선공산당 재건운동에 대한 이야기로 돌아가 보자. 공산당 재건 그룹 중 하나였던 ML파 그리고 그 중에서도 한위건과 양명을 중심으로 한 계급투쟁 그룹은 동경 무산자사의 임화와 접촉한다. 그리고 임화를 통해 고경흠과 김효식이 합류하는 방향으로 이들의 조직운동이 진행되었다. 임화, 고경흠, 김효식을 중심으로 한 무산자사는 카프의 조직을 기반으로 공산주의자협의회 비밀결사를 조직하면서 당 재건을 위해 카프의 조직 개편을 시도했다. 그리고 『군기』 사건을 통해 또 다른 조선공산당 재건운동 그룹이었던 양창준, 이적효, 민병휘 등 볼셰비키 그룹을 카프 내에서 밀어냄으로써 이들 무산자사 중심의 동경 소장파가 카프를 장악하기 시작했다.[109] 그러나 신건설 사

108 전진좌의 창립 공연작으로 선정되었던 〈김옥균의 사〉 역시 돌연 공연 명단에서 사라진다. 「광고」, 『매일신보』, 1944.1.25; 「광고」, 『매일신보』, 1944.2.22.
109 이민영, 「프로연극운동의 또 다른 지층—민병휘와 개성 대중극장」, 『상허학보』 제42집, 상허학회, 2014, 312~320쪽.

건과 카프 해체 이후, 연루된 많은 이들이 전향했을 때, 조선의 좌익 연극운동은 그 막을 내린 것처럼 보였다. 그러나, 만약, 그랬다면, 해방기 갑자기 타올랐던 그 뜨거웠던 좌익연극의 열기는 어떻게 설명할 수 있을까?

1930년대 중반, 동경에 있었던 조선예술좌의 김두용(그 역시도 무산자사 출신)은 좌익 뿐 아니라 우익의 진보인사까지 포함한 범좌파적 공동전선을 새로운 비전으로 제시한다. 프로트의 해산을 목격했던 무라야마 토모요시의 신극구락부에서 찾은 이 비전은 일본에서는 실현 가능했으나, 조선에서는 불가능한 것이었다. 일본에서 공연될 수 있었던 카네코 요우분의 〈대지〉가 조선에서는 절대 공연될 수 없는 상황, 이것이 조선의 좌파 연극인들이 마주했던 식민지 연극계의 고단한 현실이었다.

조선연극협회를 통해 그 명맥을 간신히 이어나갔던 좌파 계열의 연극운동이 공산주의자협의회 사건을 끝으로 다시 한 번 그 기반을 잃게 된 후, 극단 낭만좌가 등장했다. 낭만좌는 프로연극운동이 불가능해진 시기, 극예술연구회의 대타항으로, 좌파를 중심으로 진보적 연극인들을 규합하고자 했던, 범좌파적 연극공동체를 염두에 두고 추진된 극단이었다. 물론 이러한 구상을 실질적으로 추진한 것은 낭만좌에서 분파된 협동예술좌였지만, 협동예술좌의 짧은 활동을 전후로 좌파의 구심점 역할을 했던 것은 극단 낭만좌였다.

관변단체의 지원을 받았던 낭만좌의 〈아편전쟁〉에 담긴 배영의 논리가 배일, 반제의 논리로 재-전유될 수 있다는 것은 한 가지 가능성이지만, 극심한 검열이 자행되었던 당시의 상황에서 이 재-전유의 가능성을 감지할 수 있다는 점만으로도 낭만좌에 대한 평가는 달리할 필요가 있다. 더구나 낭만좌가 조선연극협회에 가입하기까지 걸린 5개월의 공백은 일제의 연극통제정책과 어긋나는 좌파 연극인들의 고뇌가 담긴 시간대라는 점에서 중요하다. 청년극장의 창립공연 〈귀향〉은 그러한 고뇌의 결과가 드러나는 작품이다. 극단 태양의 창립공연 역시 마찬가지이다. 전시정책의 선전을 표면에 내세우면서 흥행을 통해 연극 활동을 지속해간 당대 대부분의 극단과 마찬가지로 극단 태양이 보여준 선전과 흥행의 이중주는, 〈인간수업〉을 통해 숨겨진 불온의 영역이 감지되는 순간 완전히 달라진다. 낭만좌에서 청년극장, 극단 태양까지 이어지는 재-전유의 지점, 불온의 영역들은 좌파 연극인들이 간직했던 작은 불씨였을 것이다.

따라서 극단 낭만좌는 일제강점기 좌파 계열 연극인들의 계보를 확인할 수 있는 중요한 극단으로 재정리되어야 한다. 동경 무산자사-카프-신건설-조선연극협회로 이어지는 계보가 낭만좌로 이어진다고 보았을 때, 낭만좌/협동예술좌-청년극장-극단 태양으로 이어지는 하나의 가지가 형성된다. 이러한 계보는 신건설 사건 이후 숨죽이고 있었던 좌파 연극인들이 중일전쟁 이후부터 해방까지 일제의 통치와 탄압 속에서 어떻게 적응하고, 살아내고 있었는가라는, 존재의 방식을 규명해줄 수 있다는 점에서 매우 중요하다.

또한 동경 무산자사의 계보는 신건설 사건 이후 잊혀졌던 좌파 연극운동의 전체적 맥락과 흐름을 복권할 수 있는 단서를 제공한다는 점에서도 매우 중요하다. 중앙무대, 협동예술좌, 조선무대의 관계는 낭만좌와는 또 다른 하나의 흐름으로 좌파 연극운동의 계보학 속에서 새롭게 자리매김할 필요가 있다. 마지막으로 극단 낭만좌를 통해 1940년대 좌파 연극인들의 활동에 대한 새로운 논의 역시 가능할 것이다. 극단 태양을 비롯해, 예원좌, 황금좌, 심지어 고협에 이르기까지 신극단체와 상업극단의 구별이 무의미할 정도로 넘나들었던 좌파 연극인들의 흔적, 그리고 전진좌와 같이 동경 무산자사의 계보 바깥에 위치하는 좌파 계열 극단의 활동을 조명하는 데도 중요한 단서를 제공하기 때문이다. 이 모든 과제는 후일로 넘긴다.

참고문헌

자료

『동아일보』, 『매일신보』, 『조선일보』, 『조선중앙일보』

『동양지광』, 『문장』, 『비판』, 『영화연극』, 『조광』, 『청색지』

『築地小劇場』 제6권 8호, 1929.9.

朝鮮演劇文化協會, 「事業經過報告書－規約」, 1942.7.26~1943.3.31.

논문

김남석, 「극단 낭만좌 공연의 대중 지향성 연구」, 『한국극예술연구』 제44집, 한국극예술학회, 2014.

김재석, 「국민연극 시기 '조선연극문화협회' 연구」, 『어문론총』 제40권, 한국문학언어학회, 2004.

박영정, 「극단 '조선연극협회' 연구」, 『한국극예술연구』 제5집, 한국극예술학회, 1995.

양승국, 「일제 말기 국민연극의 존재 형식과 공연구조」, 『한국현대문학연구』 제23집, 한국현대문학회, 2007.

이덕기, 「일제 말 극단 현대극장의 국민연극 실천과 신극新劇의 딜레마」, 『어문학』 제17집, 한국어문학회, 2010.

이민영, 「동아일보사 주최 연극경연대회와 신극의 향방」, 『한국극예술연구』 제42집, 한국극예술학회, 2013.

______, 「프로연극운동의 또 다른 지층－민병휘와 개성 대중극장」, 『상허학보』 제42집, 상허학회, 2014.

이승희, 「전시체제기 연극통제시스템의 동원정치와 효과」, 『상허학보』 제41집, 상허학회, 2014.

단행본

박영정, 『한국 근대연극과 재일본 조선인 연극운동』, 연극과인간, 2007.

유민영, 『한국근대연극사』, 단국대 출판부, 2000.

이강렬, 『한국사회주의 연극운동사』, 동문선, 1992.

한　효, 『조선연극사개요』, 평양: 국립출판사, 1956.

大笹吉雄, 『日本現代演劇史』 昭和戰中篇 1, 白水社, 1993.

전쟁과 연예

전시체제기 경성에서 악극과 어트랙션의 유행

이화진

1. '비상시'의 아이러니

1941년 소위 '신체제 선언' 이후의 거리 풍경을 취재하던 『신시대』의 만문만화가 임건이는 버스정류장에서 남녀노소 할 것 없이, 직위 고하에 상관없이, 힘이 세든 약하든, 선착순으로 줄을 선 '일렬여행一列勵行'을 발견하고, 그것이 바로 '신체제의 공중도덕'이라 칭송했다. 그는 이러한 '일렬여행'이 매사에 적용되면, "매류買溜도 암취인闇取引도 없어져 명랑해질 것"이라며, "규율과 질서가 생기고, 훈련이 있고, 혼잡의 완화"가 생겨나기를 희망한다.[1] 일본의 제2차 고노에 내각이 내건 '신체제'라는 캐치프레이즈는 식민지 조선에서도 개인의 거의 모든 일상을

1 임건이, 「거리의 신체제」, 『신시대』, 1941.4, 157쪽.

통어하고 그 안에서 '국민國民'으로서의 선명한 수행성을 강조했다. 심지어 먹고, 마시고, 입고, 잠자는 것까지 개인의 일상은 매순간 국가와 연결되어, 버스정류장에서 줄서는 일상적인 행위조차 '신체제'를 수행하는 정치적 캠페인으로 전유되고 있었다. 그러한 때, 그는 마찬가지로 극장 앞에서도 많은 사람들이 일렬로 줄지어 입장을 기다리는 것을 보게 되는데, 이 '일렬여행'에 대해서는 "그다지 향기롭지 못"한, "우두커니 한두 시간을 낭비하는 풍경"[2]이라며 눈살을 찌푸렸다.

두 일렬여행에 대한 그의 상반된 시각은 순서를 기다리는 대열의 '생산성' 여부와 결부된 것이다. '비상시非常時'라는 말이 상시적으로 통용될 정도로 사회 전 분야가 전시체제로 재편되는 중에, 버스정류장에서 줄을 선 사람들은 일터로 향하든 가정으로 향하든 각자 자신의 자리에서 맡은 바를 수행하는 '직역봉공職域奉公'의 시간을 시각화하지만, 극장 앞 군중은 아무리 질서정연하더라도 선 채로 시간만 '낭비'하는 무리로 비춰졌던 것이다. 전쟁 중이 아니라면 도시적 일상의 한 장면에 불과했을지도 모를 이들 군중의 존재는 '비상시'라는 특수한 상황과 더불어 별도의 해석을 요했다. 극장 앞이 전쟁 전보다 많은 사람들로 붐비고,[3] 심지어 고도의 생산과 효율성을 강제하는 '신체제'라는 데도 그렇다는 것은 범상한 일이 아니었다. 더구나 그렇게 줄서 기다리는 것이 뉴스영화도 문화영화도 아니고, "연극도 아니고 레뷰도 아니

---

2 위의 글, 같은 쪽.

3 『경성일보』가 펴낸 『朝鮮年鑑昭和十七年度』(1941) 통계에 따르면, 중일전쟁 발발 후에도 흥행일수, 입장인원, 입장료는 해마다 증가해서, 중일전쟁 발발 전인 1936년을 기준으로 1940년의 입장인원은 2.1배, 입장료 수익은 3.2배 증가했다. 관련 통계는 『朝鮮年鑑昭和十七年度』, 京城日報社, 1941, 599頁.

고, 그 무엇인지 알 수 없"는 악극단의 쇼라면 더 말할 것도 없으리라.[4] 도시 곳곳에서 '신체제'의 캐치프레이즈가 적힌 배너들이 나부끼는 와중에 한두 시간 넘게 아무 일도 하지 않고 그저 입장만을 기다리는 존재들이란 그 질서정연함을 뚫고 전시체제가 강조해온 생산의 이념을 흩트리는 다른 시간의 지속을 노출했다(그림 1).

〈그림 1〉 전시체제기 경성의 극장가 풍경
출처 : (左上) 임건이, 「거리의 신체제」, 『신시대』, 1941.4.
(右) 임건이, 「만화만문 : 수첩」, 『신시대』, 1941.5.
(左下) 牧野健一, 「만화배급표」, 『신시대』, 1941.5.

이즈음, 경성 극장가에 온갖 악극단이 쏟아져 나오고 "연극, 레뷰, 댄스, 유행가, 재즈, 종합했다는", "그야말로 듣기 거북한 육성으로 관

4 다음 달 만화만문에서 임건이는 온갖 '악극단'이 쏟아져 나오는 상황을 우려한다. "연극, 레뷰, 댄스, 유행가, 재즈, 종합했다는 데 그 매력이 있겠지만 사실은 연극도 아니고 레뷰도 아니고, 그 무엇인지 알 수 없다. (…중략…) 무대에서 그야말로 듣기 거북한 육성으로 관중을 유혹하려는 이런 건전치 못한 오락은 하루바삐 배격해야 한다"고 하면서, "樂劇團이 잘 못하면 惡劇團"이 될 것이라고 덧붙였다. 임건이, 「만화만문－수첩」, 『신시대』, 1941.5, 180쪽.

중을 유혹하려는 이런 건전치 못한 오락"[5]에 사람들이 몰려드는 현상을 문제적으로 포착한 이가 임건이만은 아니었다. 오락은 고도국방국가 건설을 위한 재생산re-creation의 기제로 재배치되어야 하고, 생산에 기여하지 않는 오락은 불건전한 것으로 배제되어야 한다는 것이 이 시기 문화 담론의 주류였다.[6] '건전 오락 = 생산', '불건전 오락 = 비생산'이라는 이분법적인 도식을 통해, 마치 전시체제 자체가 모든 비속하고 불건전한 것들을 건전한 것으로 개량하고 개선하는 동력인 듯 보이게 만드는 것이 이 담론의 효과라고 할 수 있었다. 그러나 실제로 극장가에는 여전히 "이런 건전치 못한 오락"을 즐기려는 사람들이 적지 않았고, 국책에 동조하는 건전성의 의장擬裝을 띤 채 그러한 건전성으로부터 이탈하려는 대중의 욕망과 접속하는 흥행물도 많았다. 건전 오락 담론은 불건전한 오락과 유흥 문화가 또 다른 의미에서 전성을 누리고 있음을 역설적으로 드러내고 있었다고 해도 좋을 것이다. 특히 임건이가 눈살을 찌푸렸던 "연극도 아니고 레뷰도 아니고, 그 무엇인지 알 수 없"는 악극단의 공연은 포괄적으로 '어트랙션attraction'이라는 범주 안에서 비상시 극장의 흥행 프로그램으로 정착하고 점차 흥행계의 중심으로 부상했으니, 어떤 의미에서는 전시체제와 공생했다.

일찍이 공연사 연구자들은 식민지 말기 극장가에서 목격된 이러한 현상에 대하여 언급해왔는데, 그 가운데서도 김호연과 백현미는 음악, 무용, 연극이 결합된 '악극'이 융성해진 상황에 대하여 역사적 의미를

---

5 임건이, 앞의 글, 같은 쪽.

6 이러한 오락 담론에 대해서는 이화진, 「전시기 오락담론과 이동연극」, 『상허학보』 23, 상허학회, 2008 참조.

부여하고자 시도했다.[7] 이들의 작업은 "연극도 아니고 레뷰도 아니고 그 무엇인지 알 수 없"는 쇼로 폄하되어 온 악극이 '민족음악극'의 어떤 기원으로 위치될 수 있는지를 검토한 것이라고 요약될 수 있다. 이들은 각각 다른 맥락에서 악극을 조명하고, 그 결과 상반된 주장을 펼쳤다. 그러나 두 연구 모두 악극의 유행이 일본의 식민 통치와 피식민자의 민족정체성과의 관계 속에서 해명될 수 있다는 전제에 기반을 두고, 당시 극장 프로그램에서 설화나 고전을 소재로 한 레파토리를 중심으로 악극의 윤곽을 그렸으며, 조선인 공연단체인 라미라가극단과 반도가극단의 활동을 집중적으로 분석했다.[8] 악극을 일제에 대한 '소

---

7 악극의 장르 형성 과정에 대한 연구에서 김호연은 이 시기 '고전설화'에서 소재를 취한 악극이 많았다는 점을 지적하고, 악극이 "일제강점기 민족정체성을 일깨우는 하나의 방법", 일종의 '소극적 저항'의 의미를 갖는다는 견해를 피력했다(김호연, 『한국 근대 악극 연구』, 연극과인간, 2009, 135쪽). 김호연은 악극을 무대에 올리고 그것을 관람하는 행위를 일제에 대한 일종의 '소극적 저항'이라고까지 평가한다. 반면, 백현미는 당시 문화 담론의 지형에서 고전설화를 소재로 한 악극은 '민족적 · 동양적 특수성'을 구현하는 '국민적 오락'으로서 일본 제국의 문화 정책 기조에 효과적으로 부응하는 공연 양식이었으며, 관객 대중은 이러한 일제의 의도와 무관하게 현재의 곤궁한 삶을 위안하는 오락으로서 혹은 "민족적 자긍심과 공동체의식을 매개하는 것"으로서 악극을 향유했다고 주장했다(백현미, 『한국연극사와 전통 담론』, 연극과인간, 2009, 209~211쪽).

8 이러한 문제설정과 연구 대상의 한정은 '민족음악극'의 역사를 서술하려는 동기에서 출발한 선행연구들이 당연시해온 것이기도 하다. 뮤지컬운동에 대한 김성희의 선구적인 연구가 대표적인데, 이는 악극계에서 활동하고 후에 악극사를 집필했던 박노홍이나 라미라가극단의 악극을 '향토가극'이라 명명했던 박용구 등의 회고에서 영향 받은 것이기도 하다. 박용구 등은 설화와 고전에서 소재를 구하고, 민요풍의 창작곡이나 오페레타 형식의 음악을 취했던 대중적 음악극을 '향토가극'이라 칭했다. 유인경은 식민지 말기의 향토가극을 '식민 통치에 대한 내면화된 저항'으로 의미화하는 이상의 견해에 대해 유보적인 입장을 표명하면서, 향토가극을 분단시대 남북한 음악극 형성의 기원으로서 위치지어야 한다고 제언했다. 최근 정명문의 작업은 이러한 제언 위에서 출발한 것이라고 할 수 있다. 이상의 선행연구로는 김성희, 「한국 초창기 뮤지컬운동 연구」, 『한국극예술연구』 14, 한국극예술학회, 2001; 유인경, 「근대 "향토가극"의 형성과 특질 연구—안기영 작곡 가극 작품을 중심으로」, 『공연문화연구』 19, 한국공연문화학회, 2009; 정명문, 「남북한 음악극의 비교연구—남한의 악극과 북한의 가극을 중심으로」, 고려대 박사논문, 2013 참조.

극적 저항'(김호연)으로 보든 일제의 식민 통치 전략을 내면화한 것(백현미)으로 보든, 악극의 제작 주체와 관람 주체를 피식민자로서의 조선인이라고 한정한 것에서도 공통적이다. 악극이라는 장르의 역사성이 식민지의 민족정체성과 어떠한 관계를 구성했는지는 여전히 중요한 쟁점이지만, 일부 설화 소재 악극을 중심으로 민족음악극으로서의 잠재성을 타진하는 것만으로는 이 시기 악극의 의미를 재구하기에 불충분하다. 악극이 놓인 자리는 이 시기 흥행계 전반의 상황과 맥락에서 재조명될 필요가 있다. 특히 악극을 포함해 각종 버라이어티 쇼를 아우른 어트랙션으로 시야를 넓히고, 이 시기 어트랙션의 위상 변화를 전시체제의 문화 상황과 연관하여 고찰하는 것이 중요하다.

'애트랙숀', '아트락숀', '아도로크 쇼' 등으로 불린 어트랙션은 본래 극장의 메인 프로그램에 관객을 끌어 모으기 위한 구경거리나 유흥을 의미했다. 일반적으로는 영화 상영을 주로 하는 상설관에서 본격적인 프로그램의 전후前後나 그 막간幕間에 마련된 다양한 실연實演, stage show을 가리킨다. 식민지 시기 영화상설관에서는 영화와 실연이 함께 편성되는 일이 많았으므로, 이 시기에야 비로소 어트랙션이 등장한 것은 아니다. 그러나 전시체제기 어트랙션의 흥행 시간은 영화 상영에 버금가거나 그 이상으로 확대되어, 어트랙션이라는 이름이 무색할 정도였다. 그간의 공연사 서술에서는 악극의 부상과 장르 형성에 주목했는데, 사실 이 과정에서 놓칠 수 없는 것이 동시대 어트랙션과의 상관성이다. 처음으로 한국 악극의 역사를 정리한 박노홍은 그 서언에서 악극의 개념을 노래와 춤, 연기 등의 구성 요소를 언급하는 정도로 느슨하게 정의하고[9] 이후의 연구자들 역시 그러한 정도의 정의에 의존해왔는데, 이는 그만큼 악극이 정형화된 장르로 규정되기 어려운 사정을 짐작케 하는 대목이다. 바꿔 말하면, 악극은 대단히 개방적이고 경계가 불분명한 장르였다고 할 수 있다. 음악, 무용, 가벼운 촌극, 기예, 만담 등이 뒤섞인 혼종적 장르로서 악극의 개방성과 다양성은 동시대 어트랙션을 구성해온 다양한 쇼들과 그 참여 주체들의 개별성을 고려하지 않고는 설명되기 어렵다. 단체에 따라 각각의 레파토리는 어트랙션의 확산성과 총체극으로서의 집약성 사이에서 다양한 편차를 보였다. 어떤 면에서, 이 시기의 악극은 어트랙션을 구성하는 다양한 형식들을 끌어안으면서 연극적 측면을 강화해가는 과정을 보였다거나, 역으로 연극이 음악과 무용, 기예 등 다양한 공연 요소들을 결합해가는 과정을 보였다고 일반화할 수 있을 것이다. 그러나 이러한 장르 형성 과정을 뒤집어 생각해 보면, 악극은 당시 극장 무대에 오를 수 있는 모든 것—연극, 무용, 음악 등—의 공연적 자질들을 혼효하여 규범적인 의미에서 장르가 해체되고 재조합되는 과정을 보여 주었다고도 할 수 있다. 말하자면, 이 시기의 악극은 그 자체의 독자성과 포괄적인 의미에서의 어트랙션에 대한 종속성이 중첩된 영역을 갖는 것으로 볼 수 있다.[10]

---

9 박노홍, 「한국악극사」, 김의경・유인경 편, 『박노홍의 대중연예사』 1, 연극과인간, 2008, 6~7쪽.

10 이 시기 악극은 그 자체로 독자적 영역을 구축한 측면이 있지만, 이 글에서는 악극을 포괄적인 의미에서 어트랙션과 함께 논의하고자 한다. 이 글은 어떠한 양식의 공연이 악극인가 아닌가를 변별하거나, 악극단의 공연이 악극이라는 식으로 동어반복적인 확인을 되풀이하는 것을 피할 것이다. 이 시기 악극에서 장르적 통일성을 발견하는 것은 쉽지 않은데, 역설적이지만 이 점이야말로 이 시기 '악극'을 관통하는 핵심이라는 것이 나의 입장이다. 장르란 역사적인 것이고, 끊임없이 변화하는 것이며, 상대적인 관계성 속에서 구성되는 것인 바, 이러한 관점에서 악극의 역사성에 대하여 새로운 접근이 요청된다.

이 글은 전시체제기 경성의 흥행계를 둘러싼 제도적 · 산업적 · 사회문화적인 맥락에서 악극 및 어트랙션과 같은 개방적이고 혼종적인 양식의 공연들이 대중문화의 주도적인 흐름으로 부상하게 된 조건들을 검토한다. 반서구 · 반자본주의를 내세우며 사치와 향락을 근절하라는 문화 통제가 강화되는 비상시의 상황에서 "연극, 레뷰, 댄스, 유행가, 재즈, 종합했다는", "연극도 아니고 레뷰도 아니고, 그 무엇인지 알 수 없"는 쇼는 어떻게 호황을 누릴 수 있었는가. 또 오랫동안 주도적인 헤게모니를 쥐고 있었던 미국영화와 근대 도시의 풍경을 풍요롭게 채워갔던 '재즈Jazz'와 '양풍洋風'에 대한 정책적인 규제에도 불구하고, 그것을 모방하거나 변형한 쇼는 어떻게 번성할 수 있었는가. 어트랙션이 그 스스로의 이름을 배반하듯 부수적인 흥행 프로그램 이상으로 부상했던 전도 현상은 어떻게 설명될 수 있는가.

이 글은 이러한 현상과 그 조건들을 식민도시 경성의 유흥 및 여가문화와의 연관성 아래서 살피고자 한다. 연구 대상 지역을 경성으로 한정하는 것은 이러한 쇼 비즈니스가 기본적으로 도시 문화에서 배태되었고 다른 도시로의 이동과 문화적 확산을 통해 전개되었다고 보기 때문이다. 이때, 경성은 식민지 조선의 문화가 집중되는 도시일 뿐 아니라, 일본의 도쿄東京와 게이한신京阪神(교토, 오사카, 고베)', 만주의 '신징新京' 등 동아시아의 다른 '문명도시'[11]로의 경유지이다. 또한 경성은

11 여기서 '문명도시'라는 표현은 다음에서 차용한 것이다. "우리들은 대개 東京도 다녀왔고 上海, 哈爾賓도 다녀왔고, 개중에는 서양까지 돌아온 사람들이 있습니다. 日本 內地의 東京, 神戶, 橫濱 등지를 돌아보거나, 上海, 南京, 北京으로 돌아보거나 가까이 大連, 奉天, 新京을 돌아보거나 거기에는 모다 '딴스홀'이 있어 건전한 오락이 성하고 있는 것을 보고 우리들은 부럽기를 마지 아니하여 합니다. 일본 제국의 온갖 版圖內와 **아세아의**

'식민도시'로서 조선인과 일본인이 '경성인'으로서 문화를 향유하는 도시 공간이기도 하다. 경성을 한정하는 '동아시아 문명도시로의 경유지' 그리고 '식민도시'라는 수식어는 이 글의 문제의식을 함축한다. 우선, '식민도시 경성'은 경성의 극장가를 피식민자 조선인의 (탈)정치적인 문화 공간으로 동일화하고, 관람 집단을 피식민자 조선인으로 균질화하는 오류를 피하기 위한 것이다. 식민지의 도시 문화에서 피식민자의 민족정체성이 중요하지 않다는 게 아니라, 식민지의 문화가 곧 피식민자의 문화와 동일화되지 않는다는 점을 강조하려는 것이다. 경성의 식민성을 '동아시아 문명도시로의 경유지'라는 지정학과 결부지음으로써 전시체제기 경성의 도시 문화가 제국이라는 경계 안에서 어떻게 동아시아의 다른 지역과 연계되는지, 또 어떻게 세계와의 접촉이 제한되고 굴절되는지, 그 문화의 순환과 교통이라는 문제를 염두에 두고자 한다. 전시체제라는 '비상시'가 야기한 다양한 문화적 변화들, 그리고 그 효과를 식민도시 경성의 다층적인 문화 지형과 더불어 살펴봄으로써, 이 글은 전쟁과 연예 사이의 상관성을 규명하기 위한 첫 걸음을 내딛어 본다.

문명도시에는 어느 곳이든 다 있는 딴스홀이 유독 우리 조선에만, 우리 서울에만 허락되지 않는다 함은 심히 통한할 일로 이제 각하에게 이 글을 드리는 본의도 오직 여기 있나이다."(「서울에 딴스홀을 허하라—경무국장에게 보내는 我等의 書」, 『삼천리』, 1937.1, 강조는 인용자)

2. 경성 흥행가의 재편과 어트랙션의 부상

1930년대 중반 경성은 "내지內地 6대 도시에 버금가는 인구를 가진 반도 수도로서 장차 국제도시로서 중요한 지위를 점"[12]하는, 소위 '대경성大京城'으로 도약한다.[13] 이 시기를 지나며 경성의 극장가는 일대 변화를 맞았다. 사설극장은 아니지만 영화 상영과 공연이 가능한 복합 문화관으로 1,800명 이상을 수용할 수 있는 경성부민관이 1935년 12월에 개관한 데 이어,[14] 1935년부터 1936년에 걸쳐 남촌에 약초영화극장(이하 '약초극장'), 명치좌, 황금좌 등이 차례로 개관했다. '대경성'으로 도약하는 그 시점의 경성은 '대극장'의 시대로 이행하고 있었다.

특히 남촌 지역에 신설된 이 세 극장은 모두 1천명 이상을 수용할 수 있는 대형 영화상설관으로 일본 내지에 있는 극장들과 비교해도 손색이 없을 만큼 세련되고 화려한 외관을 자랑했다.[15] 신설 극장들은 도

---

12 『京城彙報』, 1936.1.5頁.

13 대경성 사업과 도시 경관의 변화에 대해서는 김백영, 『지배와 공간—식민지도시 경성과 제국 일본』, 문학과지성사, 2009의 제9장 참조.

14 1935년 12월에 낙성한 경성부민관(태평통 1정목 60번지—1)의 수용인원은 1,800명이었다. 이는 고정석의 개수로 산정한 것으로, 여기에 보조의자 200개와 입석을 합해 3천명까지 입장시킬 수 있었으며, 강연시에는 3,500명도 수용할 수 있도록 설계되었다고 한다. '대극장'으로 설계된 경성부민관에 대한 상세한 내용은 김순주, 「식민지시대 도시생활의 한 양식으로서 '대극장'—1930년대 경성부민관을 중심으로」, 『서울학연구』 56, 서울시립대 서울학연구소, 2014, 11~16쪽을 참조.

15 1935년 12월 31일, 대정관大正館을 허문 자리에 철근 콘크리트 3층 건물로 신축된 약초극장은 로얄 재생기와 온냉방 설비, 그리고 전차와 버스의 이용이 편리한 교통 편의를 갖추고 있었다. 일본 도호東寶와 할리우드 파라마운트의 개봉관이었던 약초극장은 상영 중 과자 판매를 금지하는 등 세련된 관람 문화를 선도하는 극장으로 주목을 끌었다. 그 이듬해 10월에는 카페 '마루비루丸ビル'를 운영하던 이시바시 료스케石橋良介가 명치좌를 개관했다. "대경성에서도 심장이라고 할 만한 명치정의 십자로점"에 위치했던 이 극장은 그 위치상의 이점과 관객 수용력(총 1,178명)으로 약초극장을 누르고 조선 내 최고의 흥행 수익을 자랑했다. 명치좌가 개관한 지 얼마 지나지 않아 황금정 4정목에는 황금좌

시 경관뿐 아니라 문화의 풍경도 바꾸었다. 관객 구성 면에서 북촌과 남촌 사이에 비교적 뚜렷했던 경성 극장가의 종족적 구획은 이 무렵 서서히 희미해져서, '북촌의 조선인 상설관'과 '남촌의 일본인 상설관' 혹은 '조선인의 양화관洋畵館'과 '일본인의 병영관竝映館'이라는 통념이 흔들리기 시작했다. 사운드 도입 이후 변사의 해설에 의존하는 영화 상영 방식이 점차 주변화 되면서 이제까지 극장이 지니고 있었던 '동족(어) 공간'으로서의 의미가 퇴색되어 가는 것과 더불어, 때마침 조선총독부가 활동사진영화취체규칙(1934)을 통해 외국영화의 상영 비율을 통제하는 쿼터제를 실시하자 제도적인 차원에서 '양화관'은 사실상 사라지게 되었다.[16] 신설 극장의 관객 흡인력은 이러한 종족적 월경의 문턱을 더욱 낮춘 작인 중 하나였다. 남촌 극장들의 세련된 외관과 그 내부의 안락함, 각종 편의시설과 최신 설비가 관객을 끌어들이는 동안, 북촌의 극장가는 계속 빛을 잃어갔다.[17] 경영권 분쟁의 소요 속에 1934년 12월 미나토다니 히사키치港谷久吉가 경영권을 넘겨받은 조선

가 신축 개관되었는데, 명치좌를 설계한 다마다玉田건축사무소가 이 극장의 설계도 맡아 진행했다. 다른 두 극장에 비해 종로에 가까운 편이었던 황금좌는 한때 도와상사東和商社 조선출장소의 고인문이 맡아 운영했고, 조선영화주식회사의 개봉관으로 이용되기도 했다. 이 극장은 1940년 5월 일본 흥행 체인이 직영하면서부터 경성보총극장(이하 '성보극장')으로 이름을 바꾸었다. 矢野干城・森川清人, 『新版京城案內』, 京城都市文化研究所出版部, 1936, 184쪽; 「大京城 六十萬府民을 부르는 映畵藝術殿堂 『明治座』」, 『삼천리』, 1936.6, 102~103쪽.

16 '동족(어) 공간'으로서의 극장이 1930년대 중반 민족으로부터 탈코드화되고 종족적 구획이 모호해지는 과정과 그 맥락에 대해서는 이화진, 「식민지 조선의 극장과 '소리'의 문화 정치」, 연세대 박사논문, 2011, Ⅱ장 참조.

17 남촌의 신축 영화관들의 등장과 더불어 북촌 극장에 대한 관객의 불만도 폭등했는데, 대부분은 안내자의 불친절, 방석팔기와 보조의자에 대한 추가요금, 과자팔이와 호출인의 관람 방해 등에 대한 내용이다. "불가능하다면 약초극장에 가서 어떻게 하나 구경이나 할 일"(「北村映畵經營者에게 一言」, 『동아일보』, 1937.7.11)이라는 식으로 남촌의 약초극장을 기준으로 북촌 극장의 개선할 점들이 지적되었다.

극장은 십여 년의 역사를 뒤로 한 채 1936년 6월 화재로 소실되었고, 그 자리에 동양 최대 규모의 극장을 재건축한다는 설만 무성했을 뿐 별다른 성과는 없었다.[18] 단성사는 1934년 12월에 개축공사를 거쳐 재개관했지만, 신설 극장들과의 경쟁에서 밀려 결국 명치좌의 이시바시 료스케石橋良介에게 인수되었고, '대륙극장'이라는 이름의 재개봉관으로 바뀌었다.[19]

〈표 1〉 1938년도 경성 주요 극장의 관객 구성

극장명	조선인 관객	일본인 관객	비고
동양극장	거의 대부분		연극전용관
단성사	8	2	
우미관	9	1	
황금좌	6	4	
명치좌	5	5	1936.10 개관
약초극장	5	5	1935.12 개관
희락관	5	5	

출처 : 「기밀실-조선사회내막일람실」, 『삼천리』, 1938.5, 28쪽.

명치좌가 그 준공 전부터 "재경일본내지인만을 상대로 함이 아니고 한 걸음 나아가서 대경성 60만 부민 전부를 상대로 한"[20]다고 내세운 것은 결코 빈 말이 아니었다. 신설 극장의 좌석은 절반 이상 조선인 관

18 「朝鮮劇場 불탄지一年餘인데 再築은 언제하는가」, 『동아일보』, 1937.6.20.

19 신설 극장들이 저마다 일본의 배급 체인들과 제휴를 통해 안정적으로 필름을 수급할 수 있었던 반면, 단성사는 그렇지 못했다는 것도 단성사가 경쟁에서 낙오된 원인 가운데 하나다. 단성사의 몰락 과정에 대해서는 이순진, 『단성사』, 한국영상자료원, 2011, 111~136쪽 참조.

20 「大京城 六十萬府民을 부르는 映畵藝術殿堂『明治座』」, 『삼천리』, 1936.6, 102~103쪽.

객에 의해 채워졌다(〈표 1〉). 남촌의 대극장에서 조선인 관객의 비율은 해가 갈수록 늘어났다. 1943년 시점에는 명치좌의 전체 관객 중 조선인이 70%를 점유할 정도로 조선인 관객이 많아졌다. 대극장 경쟁의 후발주자였던 성보극장(구 황금좌)도 이때에는 조선인 관객이 전체 관객 중 80%의 비율을 차지했다.[21]

일본어 문식력을 갖춘 젊은 세대의 조선인들에게 언어는 넘을 수 없는 벽이 아니었다. 오히려 이들은 북촌 극장들보다 훨씬 더 설비가 좋고 안락하며 세련된 남촌 극장에서 일본어 발성영화(일본영화)나 일본어 자막 영화(서양영화)를 즐겼다. 복합문화시설인 부민관과 신설된 대극장들의 존재는 "도회지 생활자에게는 아주 고마운 일이고 지금까지 영화를 싫어했던 사람이라도 영화팬이 되는 상황"[22]으로 이끌 정도였다. "명치좌, 약초극장, 황금좌가 신축된 이후로 경성의 영화열은 삼복의 수은주 오르듯이 하여 봉절일날 극장 앞에는 2중, 3중으로 장사진을 친 팬들이 입관을 다투는 것은 예사로 되었고, 10시 반 조조흥행에도 그뜩그뜩 만원이 되는 것이 다반사"였으며, 보도연맹의 단속에도 거리낌 없이 극장을 출입하는 학생 관객들과 중년 남성 관객들도 전에 없이 늘었다고 전해진다.[23] 이들 극장은 조선인과 일본인 모두를 아우르는, 경성인의 여가 공간으로 자리잡아갔다. 이제 극장에서 관객의 종족성ethnicity보다 결정적인 것은 중산층의 문화자본이었다.

---

21 「조선의 영화관」, 『영화순보』 제87호, 1943.7.11, 51~53쪽; 한국영상자료원 한국영화사연구소 편, 『일본어 잡지로 본 조선영화』 4, 한국영상자료원, 2013, 195~202쪽.

22 『朝鮮と建築』, 1936.12, 9頁.

23 「京城을 휩쓰는 映畵熱-秘策을 다하는 常設館과 配給側-館前의 長蛇陣을 치는 『팬』」, 『매일신보』, 1937.5.21.

남촌의 신설 극장들은 민족에 관계없이 더 많은 관객을 끌어들이기 위해 높은 흥행 수익을 올릴 만한 화제작을 선점하는 일뿐 아니라, 관객의 관심을 사로잡을 만한 어트랙션을 편성하는 데서도 치열하게 경쟁했다. 신문지면에는 새로운 영화 프로그램과 더불어 편성되는 실연實演, 즉 어트랙션이 함께 광고되었고, 때로는 영화보다 어트랙션이 더 전면에 내세워지기도 했다. 신작 흥행을 안내하는 신문의 코너명이 아예 '영화와 연예' 혹은 '영화와 실연', '영화와 어트랙션'일 정도로, 흥행계에서 어트랙션의 비중은 점차 높아져갔다. 필름의 수급이 어렵거나 폭서暴暑 등으로 관객이 줄어드는 계절에는 시시한 영화나 오래된 영화의 재개봉보다 어트랙션이 관객을 끄는 데 도움이 되었다.[24] 이전에도 일본 소녀가극단의 영향을 받은 레뷰 댄스 등이 화제가 되곤 했지만,[25] 1930년대 중반 이후 경성의 어트랙션은 극장들 간의 치열한 관객 유치 경쟁에서 프로그램의 다양화를 꾀하고자 상설화되었다. 영화 홍보를 위한 어트랙션이 자리 잡았고, 일본 흥행 체인과의 긴밀한 교류를 통해 일본 내지로부터 어트랙션을 공급받기도 했으며, 무엇보다 극장의 어트랙션 무대를 담당하는 전속 단체(성보악극단, 약초악극단 등)를 두어 지속적인 시스템을 구축하려는 시도가 있었다.

신설 극장들은 일본 내지에 뒤지지 않는 시설과 규모를 내세워 해외 단체들의 공연을 유치하는 데에도 적극적이었다. 과거에는 "초빙하는

---

24 「炎神은 마침내 흥행계를 울렸다」, 『조선일보』, 1937.6.17.

25 백현미는 1927~30년 무렵을 식민지 조선에서 레뷰의 탄생 시기로 보고, 이때의 레뷰를 경성의 모더니티 및 아방가르드 예술의 영향이라는 측면에서 검토한 바 있다. 이에 대한 자세한 논의는 백현미, 「어트랙션의 몽타주와 모더니티」, 『한국극예술연구』 32, 한국극예술학회, 2010 참조.

〈그림 2〉 바인트라우브의 명치좌 공연 광고

출처 : 『京城日報』, 1937.3.10.

"눈으로 보는 음악 …… 진기진예 재즈만세!"라는 수식어가 붙어 있는 독일의 재즈밴드 바인트라우브 싱코패터스의 공연은 어트랙션 프로그램이지만, 함께 상영된 두 편의 음악영화들 — 〈桑港(San Francisco)〉(MGM)와 〈荒城の月〉(松竹, 1937) — 보다 강조되고 있다.

데 경비가 많이 들고 더구나 그 비싼 연극도 내지인만 볼 뿐으로 회계가 맞지 않을 것"이라 "경성에는 훌륭한 극장이 없어서 좋은 연극은 오지 않는다"[26]고들 했으나, 부민관과 남촌의 세 극장이 연이어 설립된 후에는 일본 내지에서도 유명한 연예인이나 일본과 중국 대륙의 순회를 위해 조선을 거쳐 가는 단체들이 어트랙션 무대에 자주 섭외될 수 있었다. 좋은 극장이 없어서 좋은 공연을 할 수 없다는 말은 이제 핑계

26 『朝鮮及滿洲』, 1935.8, 55頁.

에 지나지 않았다. 세계적으로 유명세를 떨쳤던 독일의 재즈밴드 바인트라우브 싱코패터스Weintraubs Syncopators[27]도 거쳐 갈 정도로, 경성의 문화적 위상은 날이 갈수록 높아지고 있었다. 1937년 벽두 「서울에 댄스홀을 허하라」와 같은 글이 도발했듯이, 경성은 이제 도쿄東京, 오사카大阪, 상하이上海, 신징新京, 하얼빈哈爾濱 등의 '아시아의 문명도시'들에 버금가는 위안과 오락 문화가 기대되는 도시였다.[28]

3. '전시대용품'으로서의 어트랙션

1937년 봄 바인트라우브 싱코패터스의 공연(그림 2)은 어트랙션으로 편성되었지만, 함께 상영되는 영화가 특별히 음악영화들 — 〈桑港(San Francisco)〉(MGM, 1936)과 〈荒城の月〉(松竹, 1937) — 로 선별되었다는 점을 고려하면 영화에 맞추어 어트랙션이 편성된 것이 아니라 어트랙션에 맞추어 영화가 편성된 것이라고 할 수 있다. 유명한 해외 재즈밴드의 공연이기에 이러한 프로그램 편성이 당연해 보이기도 하지만, 불과 몇 달 후 흥행계에 발생하는 변화들을 떠올리면 이 공연 자체가 상당히 의미심장한 이벤트로 여겨진다.

---

27 바인트라우브 싱코패터스Weintraubs Syncopators는 1924년에 독일에서 결성되어 가장 대중적으로 성공한 재즈 밴드 가운데 하나로, 악단원 중 7명이 30개 이상의 악기를 연주했던 것으로 알려져 있다. 마를렌 디트리히가 주연한 영화 〈푸른 천사〉에 출연한 악단으로도 유명하다. 베를린 카바레에서 단련된 이 밴드는 핫 재즈와 고급한 코미디 송을 레파토리로 해서, 러시아 투어(1934)를 시작으로, 이태리, 스칸디나비아, 동유럽, 러시아, 만주, 상하이, 일본, 호주에서 연주했다. 조선에는 만주와 일본 연주 여행 사이에 방문한 것으로 짐작된다.

28 「서울에 딴스홀을 허하라–경무국장에게 보내는 我等의 書」, 『삼천리』, 1937.1.

대경성의 대극장 문화는 1937년 7월 중일전쟁 발발 이후 전시체제의 문화 상황과 맞물리면서 어떤 굴절과 심화를 겪는다. 그 시작은 내지발 미국영화 품귀 현상이었다. 전쟁 발발 직후 일본 대장성大藏省은 엔화의 유출을 막기 위하여 외국위체관리법을 강화하고, '비상시非常時에 영화는 불급품不急品'이라는 입장으로 할리우드 영화의 수입을 규제하고 나섰다. 이 규제에 따라 파라마운트, 메트로, 워너브라더스, 유나이티드 아티스트, RKO, 20세기 폭스, 유니버셜, 콜롬비아 등 할리우드의 일본 지사들은 미국 본국으로의 송금이 제한되었다. 이때부터 태평양전쟁(1941)으로 미국영화의 수입과 상영이 전면 금지되는 때까지 일본 대장성과 할리우드 일본 지사들 간의 협상으로 미국영화의 제한적인 수입 허가와 중단이 반복되었고, 이로 인하여 일본과 조선의 흥행계 전반에는 미국영화 품귀 현상이 나타났다.[29] '조선지나사변특별세'로 일본 내 수입 필름에 대한 세액이 20% 인상된 데다가 배급업계의 과열 경쟁으로 필름 값이 상승했는데, 그 필름이 조선에 이입될 때에는 거기에 또 20%의 세금이 부과되어 경성 흥행계에서 서양영화 필름의 배급료는 급상승했다.[30] 일본은 1939년 국가총동원법에 근거해

---

29 이와 관련한 자세한 설명은 Kitamura Hiroshi, *Screening Enlightment : Hollywood and the Cultural Reconstruction of Defeated Japan*, Ithaca and London : Cornell University Press, 2011. Ch 1 및 이화진, 「두 제국 사이 필름 전쟁의 전야-일본의 '영화 제국' 기획과 식민지 조선의 스크린쿼터제」, 『사이間SAI』 15, 국제한국문학문화학회, 2013 참조.

30 1937년 9월 현재, 경성에서 외국영화 임대료는 전년도 같은 기간에 비해서는 약 60%, 같은 해 봄에 비해서는 15%가 인상된 것으로 보고된다(「흥행전선에 이상 잇다」, 『조선일보』, 1937.9.9). 1938년에는 전조선영화배급업자들이 외국영화업자에게 120여 편의 영화에 대해 35만원을 지불했으나, 1939년 1월에는 약 90편에 대해 백만원의 지불계약을 맺었다(「양화수입은 감했으나 대금은 격증」, 『매일신보』, 1939.1.15). 상업적 성공을 예견할 수 있는 대작영화를 차지하려는 조선 내 광열 경쟁이 외국영화의 가격을 더욱 폭등하게 만들었던 것이다. 이러한 상황은 갈수록 심화되어서, 1938년 한 해 동안 서양영화

'9 · 18 가격정지령'을 공포했지만, 여기에 영화배급료에 관한 언급은 없었고 요금 폭등을 저지할 만한 별도의 조치도 취해지지 않았다. 조선의 영화배급료는 날이 갈수록 인상되어 1941년 9월 현재 일본 제국 전역을 통틀어 가장 높았다.[31]

이러한 기형적인 배급료 부담은 고스란히 조선 내 흥행업계의 몫이었다. 군소극장은 심각한 경영난에 허덕였고, 오래된 영화를 재개봉하거나 공연을 확대 편성하는 식으로 버텨나가야 했다.[32] 대극장이라 하더라도 이전만큼 신작을 원활하게 공급받을 수 없는 만큼 이를 타개하기 위한 방편을 고안하지 않을 수 없었다. 경성의 영화 인구는 증가했지만,[33] 필름 배급에는 한계가 있어서 필름의 교체 주기가 점점 길어졌다. 극장들이 과거에는 3일 간격으로 필름을 경쟁적으로 교체했지만, 이제는 '2주간 연속상영'이 드물지 않았고, 관객 동원을 위해 어트랙션에 의존하는 경향이 굳어져갔다.

어트랙션은 흥행계의 '전시대용품戰時代用品'이라고 할 수 있었다.[34]

상영대금이 전쟁 전과 비교해 3배에 달하는 30만원이었는데, 1939년에는 또 그것의 세 배가 넘는 135만원이 될 것이라는 예측이 나왔다. 결국 1939년 3월 경성흥행협회는 조선총독부 경무국 도서과에 '서양영화의 조선 내 상영에 반대한다'는 진정서를 제출하게 된다(「양화상영반대－경성흥행협회에서 진정」, 『동아일보』, 1939.3.9).

31 다카시마 긴지, 김태현 역, 『조선영화통제사』, 인문사, 2012, 211~212쪽(원전은 高島金次, 『朝鮮映畵統制史』, 朝鮮映畵文化硏究所, 1943).

32 「배급체인에서 제외된 군소 상설관의 위기. 단성사와 황금좌의 심각한 경영난 년말흥행가의 비오」, 『조선일보』, 1937.12.7.

33 1941년 9월의 『영화순보』 기사에 따르면, 이 시점에 조선의 영화관람자는 1년 간 140여 개 관에서 2천 1백만 명을 넘어섰다(「시보－조선의 영화관람자 2100만 명 돌파」, 『영화순보』 제25호, 1941.9.11; 한국영상자료원 한국영화사연구소 편, 앞의 책, 61쪽). 일본 내지의 영화관람자가 1년에 4억 명에 달한다는 점을 고려하면 조선의 문화적 기반은 여전히 미미했다고 할 수 있지만, 조선의 관람자 중 40%가 경성 주민(『조선영화통제사』, 211쪽)이고 그 규모가 후쿠오카福岡에 상당한다는 것은 경성이 결코 무시할 수 없는 시장임을 의미했다.

필름의 수입을 규제하고 외국영화의 상영을 제한했지만, 그 자리를 온전히 국산영화 상영으로만 채워갈 수 없을 때, 어트랙션은 프로그램의 공백을 유연하게 메우는 '틈새 장르'였다. 그런데 필름 임대료를 둘러싸고 흥행업계와 배급업계 사이에 벌어진 힘겨루기, 업계의 과열 경쟁 등이 여전히 지속되면서, '비상시'의 흥행장에 대한 식민 당국의 각종 규제들이 오히려 어트랙션의 무대를 활성화시키게 된다. 식민 당국은 '활동사진영화취체규칙'(1934)과 '조선영화령'(1940)을 통해 외국영화 상영 시간을 절반 이하로 제한하고 흥행 시간을 3시간 이내로 단축했으며, '조선지나사변특별세령'(1938)과 이를 다듬은 '조선입장세령'(1940)으로 입장세를 부과했다.[35] 이 과정에서 경성흥행협회는 스스로 '양화상영반대' 운동을 통해 국가 시책에 적극적으로 협조하는 제스처를 취하고, 그 대신 부민관의 영리 흥행을 저지하고 1달에 1회의 특별흥행을 보장받는 등의 조건을 걸고 식민 당국과 교섭했다.[36] 서양영화 상영이 제한되고 필름 부족으로 배급업계와 흥행업계 사이의 갈등이 고

---

34 '수입품'에 대한 욕망을 억제하고 조절함으로써 '국산품'의 소비를 조장하는 전시통제경제의 이중성은 '전시대용품'이라는 상품의 카테고리를 만들어냈다. 전시 통제경제 하에서 수입이 제한되자, 제국 내 수입품 소비도 규제되었다. 물자物資는 부족하고, 일상에서의 물가物價는 폭등했으며, 물품物品의 품질은 저하되었다. 이렇게 생활의 질이 저하되더라도 그것을 견디는 것이 곧 '국민 됨'이라는 절약과 내핍을 강조하는 담론 한편으로, 기존의 수입품을 대용할 수 있는 국산품의 개발과 소비를 권장하는 담론도 형성되었다. 이러한 대용품 담론 및 그것이 '소비대중의 국민화'로 연결되는 맥락에 대해서는 권창규, 「소비자 교육으로서의 국민생활 만들기－전시기(1937~1945)의 국산 소비를 중심으로」, 『현대문학의 연구』 54, 한국문학연구학회, 2014 참조.

35 식민지 시기 흥행업에 대한 당국의 규제는 흥행세(지방세)에서 입장세로 점차 무게 중심이 옮겨가게 되었다. 전비를 충당하는 재원을 확보하기 위한 것이 입장세였다. 이와 관련한 자세한 논의는 이승희, 「세금으로 본 흥행시장의 동태론」, 『한국문학연구』 41, 동국대 한국문학연구소, 2011 참조.

36 「洋畵上映絶對禁止 十一月一日부터 實施하기로 昨日, 京城興行協會서 決定」, 『每日申報』, 1940.8.30.

조되는 상황에서, 당국은 어트랙션이 융성해지는 현상을 묵인했을 뿐 아니라 보장하기까지 했던 것이다.[37]

전쟁 중에 실시한 흥행장에 대한 각종 규제들이 어트랙션과 같은 유흥 문화를 활성화시킨 아이러니는 식민지 조선에서만 나타난 특이한 현상은 아니다. 같은 시기 일본 흥행계에서도 '일본영화법'(1939) 이후 흥행 시간 단축, 생필름 배급 제한, 작품의 제작 편수나 필름의 척수 제한 등 영화에 대한 여러 규제로 인하여, "레뷰에 속하는 것부터 스타들의 인사를 겸한 연예물, 레코드가수의 가요, 경음악단의 연주, 또는 만자이漫才, 마술奇術, 철봉체조"[38] 같은 온갖 종류의 어트랙션이 이전보다 한층 부상했다.

그런데 경성 흥행계에서 일종의 전시대용품으로서의 어트랙션이란 일본의 경우와 조금 다르게 접근될 수 있을 것이다. 식민지 조선은 일본 내지에 비하여 서양영화에 대한 선호가 유독 두드러졌던 데다가 대극장 시대 이전 오랫동안 '조선인 상설관 = 서양영화 상설관'이라는 관념이 굳어져왔던 만큼, 서양영화에 대한 관객성은 종족성ethnicity과 결부되어 왔기 때문이다. 유선영에 따르면, 식민지 대중에게 서양영화 관람은 제국 일본의 "문명과 문화를 평가절하 하는 '문화적 부인cultural nonrecognition'의 쾌락"[39]과 연관되었다. 그렇다면, 전시체제기에 서양

37 1941년 상반기에는 극장마다 평균적으로 1개월에 2회 어트랙션 상연을 했다. 비속한 어트랙션을 단속해야 한다는 여론도 있었으나(「健全娛樂은 高尙化로 低級『애트랙슌』純化 統制團體要望은 一般의 소리」, 『매일신보』, 1941.5.29), 이 시점에서 당국의 조치는 오히려 어트랙션의 설치를 보장하는 쪽으로 기울어 있었던 것으로 보인다. 「영화관의 페이지－경성」, 『영화순보』 제21호, 1941.8.1, 70쪽; 『일본어 잡지로 본 조선영화』 3, 한국영상자료원, 2012, 44쪽.

38 双葉十三郎, 「アトラクション概觀」, 『映畵旬報』 제37호, 1942.2.1, 58쪽.

영화 대체재로서의 어트랙션이란, 식민지 대중의 그러한 쾌락에 대한 욕망이 과연 얼마나 충족될 수 있었는지 혹은 어트랙션의 쾌락이 그러한 욕망을 어떻게 굴절시켰는지의 문제와 닿아있는 것이었다. 전시체제기 식민지 대중의 유흥 문화를 거시적인 안목에서 조망하면서, 유선영은 미국영화 통제 이후 식민지 대중은 "전시체제에 대한 외면과 거부의 한 형태로서 유흥을 소비"[40]했다고 보았다. 식민지 대중은 일제의 문화 정책에 일방적으로 순응했거나 유흥 문화를 자발적으로 선택했거나 혹은 그러한 문화 실천을 통해 저항했다기보다는 "외화에서 유흥 문화로" 자연스럽게 취향을 이동시킴으로써 극장에서 강제 상영되는 뉴스영화와 문화영화를 기피하는 정도의 '허용된 일탈'을 꾀했다는 것이다.[41]

여기서 유선영은 식민지 대중의 취향과 선택을 피식민자의 민족정체성에 대한 자각과 직접적으로 연관짓고 있다. 그러나 전시체제기 흥행계에서 발생한 여러 변화들을 고려할 때 이러한 일탈이 언제나 종족성ethnicity의 문제로만 환원되지는 않는다. 이 '허용된 일탈'이란, 데틀레프 포이케르트가 말한 "경찰이 간섭하는 문턱 아래에 놓인 영역"[42]에서의 선택일 것이다. 체제에 순응적이지는 않지만 통상적으로 볼 때 개인적이고 비정치적인 행위이기에 용인될 수 있는, 그러나 개개인의

---

39 유선영, 「황색식민지의 서양영화 관람과 소비의 정치, 1934~1942」, 공제욱 · 정근식 편, 『식민지의 일상－지배와 균열』, 문화과학사, 2006, 482쪽.

40 위의 글, 같은 쪽.

41 위의 글, 474쪽.

42 데틀레프 포이케르트, 김학이 역, 『나치 시대의 일상사－순응, 저항, 인종주의』, 개마고원, 2003, 119쪽.

일상과 여가, 라이프스타일에까지 깊숙이 개입하려 드는 전시체제의 특수성이 그러한 개인들의 행위에 정치적인 의미를 부여하기도 하는, 그러한 영역에서의 일탈 말이다. 그렇다면, "경찰이 간섭하는 문턱 아래에 놓인 영역"은 오로지 피식민자의 민족정체성에 대한 자각을 통해서만이 아니라 개개인을 구성하는 다양한 정체성 자질들에 의하여 포착된다. 가령, 돌연 금지된 재즈에 대한 갈망, 개인의 취향까지 개조하려드는 전시체제의 억압적인 문화 통제에 대한 불만은 피식민자 일반의 것이라기보다 그러한 취향의 소유자, 예컨대 '모던보이' 같은 이들의 것이라고 할 수 있다.

식민도시 경성에서 어트랙션은 종족적 배타성과 연관되기보다는 경성의 도시 문화를 향유하는 '경성인' 모두에게 열려 있었다. 대부분의 극장이 일본인 소유였고, 일본인 흥행주들은 더 높은 수익을 올리고자 조선인이든 일본인이든 더 많은 관객이 들게 하기 위해 골몰했다. 미국영화 대신 어트랙션을 관람할지 안할지는 관객 저마다가 자신의 일상에서 그때그때의 상황에 따라 결정한다. 할리우드에 대한 갈증을 그다지 느끼지 않았던 관객들도 있고, 할리우드보다 더 고상하다고 간주되는 유럽영화(독일, 프랑스, 이태리영화)를 상영할 때나 간간이 극장에 가는 관객들도 있었으며, 아예 평소보다 덜 극장에 가는 방편을 취하는 이들도 있었다. '위문 연예'라는 명분을 내건 숱한 쇼들은 그 흥행 행위나 관람 자체가 곧 '보국報國'이라 치환되기도 했다. 체제에 동조적이거나 협력적인 이들도 때로 이러한 유흥 문화를 즐길 수 있었다. 중요한 것은, 전쟁 전과 대비했을 때 이러한 어트랙션이 어떠한 경험으로서 의미화될 수 있었는가 하는 점이다.

다시 '전시대용품'으로서의 어트랙션이라는 논점으로 돌아가, 이 시기 어트랙션의 상당 부분이 일본에서 건너왔거나 일본의 버라이어티 쇼를 모방하거나 차용한 것들이었으며, 그 기원에 미국 대중문화가 놓여있다는 점을 주목하고 싶다. 20세기 초 도쿄의 아사쿠사淺草를 중심으로 형성된 일본의 근대 예능이 전성기 미국 보드빌의 음악과 무용, 마임 등의 영향을 받았다는 것은 잘 알려진 바다. 특히 '아사쿠사 오페라'라고 이름 붙여졌던 음악극은 비록 '오페라'라는 이름은 붙여졌어도 유럽의 그랜드 오페라가 아니라 유행가를 중간 중간에 삽입한 희극으로, 풍자에 음악적 색채를 가미한 미국 보드빌에 가까운 것이었다.[43] 아사쿠사 오페라뿐 아니라 레뷰식 희극과 각종 버라이어티 쇼들도 동시대 미국의 대중문화와 긴밀한 관계에 있었다. 식민지 조선의 어트랙션은 이러한 일본 예능, 그리고 상영 금지 이전의 할리우드 레뷰 영화나 코미디, 또 당시 붐을 이루었던 여러 음악영화 등으로부터 상당한 영향을 받았으리라 짐작된다.[44]

오정민은 「가극의 장래」라는 제목으로 연재한 글에서 조선에서 악극단들이 초기에 취한 흥행 형태가 "막간 여흥—『쇼—』, 『바라에틔』, 『넌센스』 또는 기타 낭곡극, 기예 등등을 긁어모"은 "그야말로 연예적이고 통속적인 것"이었다고 하면서, 이렇게 "저급한 유행가조와 야비

---

43 일본 다이쇼기 소위 아사쿠사 예능이 미국 대중문화의 영향을 받은 것에 대해서는 오자사 요시오, 명진숙 · 이혜정 역, 『일본현대연극사—대정 · 소화초기편』, 연극과인간, 2013, 1~84쪽; 요시미 슌야, 오석철 역, 『왜 다시 친미냐 반미냐—전후 일본의 정치적 무의식』, 산처럼, 2008, 66~69쪽 참조.

44 당시 악극과 어트랙션에 미친 동시대 일본 예능과 코미디, 음악영화 등의 영향에 대해서는 후속 연구를 기약한다.

한 『에로티시즘』을 상품으로 관객의 이목을 현혹시킨다는 연예 형태는 미국 『보드빌』이 그 원조"라고 보았다.[45] 이 연재글에서 그는 콜롬비아악극단(라미라가극단의 전신)의 〈콩쥐팥쥐〉와 〈견우직녀〉가 이룬 성취를 높이 평가하되, 많은 악극단들이 불건전하고 저속한 '아메리카적 광조와 외설'에서 벗어나지 못했다고 개탄한다. 뒤집어보면, 〈콩쥐팥쥐〉와 〈견우직녀〉와 같은 공연이 예외적이고, 대개의 악극단들은 미국식 보드빌의 영향을 감추지 않았으며, 반서구 정책으로 부정되었던 '재즈Jazz'나 '양풍洋風'을 무대 위에서 비교적 풍부하게 구현해냈다고 할 수 있을 것이다. 그렇다면, 어트랙션은 미국영화의 상영 금지로 인한 흥행 시간의 공백을 양적으로 메우는 차원만이 아니라, 미국문화에 대한 대중의 갈망을 다소 굴절된 방식으로나마 해소하는 의미에서의 대체재라고 할 수 있었다. 그리고 이 점에서 경성의 어트랙션은 경성의 주민들이 동시대 일본의 예능 및 미국 대중문화를 간접적으로 경험하는 '접촉 지대contact zone'였다고 하겠다.

4. 흥행 네트워크와 문화의 횡단

전시체제기 경성 극장가에 나타난 중요한 변화 중 하나는 일본의 배급-흥행 자본이 적극적으로 조선에 진출하기 시작했다는 것이다. 대극장의 출현과 필름 품귀로 인해 심화된 업계의 경쟁은 경성의 극장가

45 오정민, 「歌劇의 將來, 1회」, 『每日申報』, 1942.11.7.

가 일본의 유력 배급 체인과 제휴할 수밖에 없는 구조로 몰아갔다. 경영난에 시달리던 황금좌는 일본의 도호東寶와 요시모토흥업吉本興業이 공동으로 직영하게 되면서 경성보총극장京城宝塚劇場(이하 '성보극장')으로 이름이 바뀌었고, 약초극장과 중앙관도 각각 도호東寶와 공동 경영 체제가 되었으며, 경성극장은 신코新興의 직영관이 되었다.[46] 1941년에는 명치좌도 잠시나마 쇼치쿠松竹와 공동 경영 체제로 전환하여 '쇼치쿠메이지자松竹明治座'로 개명하게 된다.[47] 같은 해 8월 현재, 조선 전역에서 도호東寶는 직영 2관, 공동 경영 3관, 보합步合 2관, 계약 68관을, 쇼치쿠松竹는 직영 1관, 보합 4관, 계약 65관을, 신코新興는 직영 1관, 보합 3관, 계약 50관을, 닛카츠日活는 보합 3관, 계약 40관을 보유했다.[48]

경성의 상설관들이 일본의 배급 체인과 특약이나 제휴 형태로 결합하는 일은 이전에도 있었지만, 이 시기에는 느슨한 형태의 제휴만이 아니라 직영直營이나 공동 경영共同經營 등 비교적 적극적인 형태로 일본 자본이 조선에 진출했다. 이는 일본 내지와 중국 대륙을 잇는 제국적 흥행 네트워크에서 경성이 하나의 교두보 역할을 하리라 기대되었던 것이라고도 해석할 수 있다. 1930년대 후반 무렵부터 영화배우가

---

46 「"황금좌"개명 경성보총극장으로」, 『조선일보』, 1940.5.1; 「十五年度의 一個年間 業界報告」, 『매일신보』, 1940.12.30. 특히 도호는 조선에 배급기구를 확충하는 데 적극적이었다. 이에 자극을 받아 쇼치쿠, 닛카츠, 신코, 도와상사 등도 조선지사(혹은 출장소)의 기구 정비에 나섰다. 「東寶鮮內進出은 各社의 機構에 刺戟」, 『매일신보』, 1941.4.20.

47 명치좌는 1942년 2월에 쇼치쿠와 계약을 해지하고, 이시바시 료스케의 개인 경영으로 전환한다. '쇼치쿠메이지자'라는 명칭 역시 원래대로 '메이지자明治座', 명치좌로 바뀐다.

48 「시보 : 조선영화계에 각사 진출 두드러지다」, 『영화순보』 제23호, 1941.8.21; 한국영상자료원 한국영화사연구소 엮음, 『일본어 잡지로 본 조선영화』 3, 한국영상자료원, 2012, 48쪽. 이 시기 일본 흥행 체인의 조선 진출에 대한 보다 상세한 내용은 정종화, 「1940년대 초반 경성의 영화흥행계」, 한국영상자료원 한국영화사연구소 엮음, 『일본어 잡지로 본 조선영화』 4, 한국영상자료원, 2013, 345~348쪽을 참조.

영화 개봉에 맞추어 경성에 온다든가, 아예 조선과 만주 순회를 위한 레파토리가 기획되는 등 일본 내지에서 조선을 거쳐 만주로, 혹은 만주에서 조선을 거쳐 일본 내지로 향하는 소위 '만선滿鮮 흥행'의 루트를 통해 일본과 만주에서 경성을 방문하는 단체들이 많아졌다. 경성의 상설관들은 일본 내지의 배급-흥행 체인과 결속하면 필름만이 아니라 어트랙션 프로그램도 함께 공급받을 수 있었고, 이는 더 나아가 일본-만주-조선 간 흥행물의 순환으로 이어졌다.

이러한 흥행 네트워크를 통해 조선의 연예 단체도 해외 진출을 꾀할 수 있었다. 물론 이러한 기회는 일본 단체에 비해 불균등하고 비대칭적이었지만, '일본-조선-만주-(중국)'이라는 만선 흥행의 루트를 조선 단체가 반도를 넘어 현해탄을 건너거나 만주 대륙으로 건너가는 새로운 기회로 삼을 수 있었던 것이다. 이들 가운데 가장 독보적인 단체는 조선악극단이었고, 조선악극단의 해외 순연에 자극을 받아 라미라가극단과 반도가극단 등도 일본이나 만주에서 순회공연을 가졌다. 조선악극단만큼 눈에 띄는 성공을 거둔 단체는 없지만, 일본이나 만주에서 다양한 실연實演 무대들을 직접 볼 수 있었고, 또 그러한 해외 무대에서 활동할 수 있는 기회가 가까이 있었다는 것은 그 당대와 이후에 어떤 식으로든 흔적을 남기고 있다고 생각된다.[49]

한편, 경성 극장가의 어트랙션 붐과 해외 진출 등의 호재는 연극, 음

---

49 신카나리아는 해외 순연에서 일본 연예인들의 공연을 직접 볼 수 있었던 것을 중요한 경험으로 회고하면서, 특히 다카라즈카의 공연에 대해 깊은 인상을 받았다고 말한다. 신카나리아가 손목인 등과 함께 한국전쟁 중 일본으로 밀항했던 것은 해방 전 해외 흥행계를 직간접적으로 경험한 것과 무관하지 않다. 신카나리아, 「나의 交遊錄 : 元老女流가 엮는 回顧 〈135〉 첫 레코드 취입 申카나리아 ⑤」, 『동아일보』, 1981.7.18.

악, 무용 등을 결합한 연예 단체들이 새로 조직되고 다양한 분야의 인력들이 한 데 모이는 현상으로 이어졌다. 일단, 어트랙션 붐은 누구보다도 연주자들에게 반가운 일이었다. 어트랙션은 정통적인 연극보다 가벼운 촌극과 레뷰, 그리고 다양한 무용과 경음악 연주 등으로 구성되기 때문에, 언제나 악단을 필요로 했다. 이전에 무성영화 상영 반주를 위해 극장에 고용되었던 오케스트라 박스 연주자들 중 많은 이가 토키 전환 이후 극장을 나와 이 새로운 흐름에 편승했다.[50] 원래 레코드회사를 중심으로 활동했던 음악인들에게도 어트랙션은 놓칠 수 없는 기회였다. 오케레코드에서 출발한 오케그랜드쇼단의 CMC악단이 그중 유명한데, 이들을 모델로 그 아성에 도전하는 악단들이 이후 여럿 생겼다. 1939년 봄, 오랫동안 대중극계에서 활동해온 임서방은 아예 '선만鮮滿 아도락숀 뷰로'라는 사무실을 내고, 베이징, 하얼빈, 펑톈奉天 등지의 댄스홀에서 활동하는 연주자들을 모아 전문적으로 무대공연 연주를 위한 단체를 조직했다.[51] 오케에서 나온 손목인은 경음악과 위문 연주를 전문으로 내세운 신향악극단을 만들었고,[52] 어트랙션 무대를 겨냥해 경음악과 춤을 전면에 내세운 동서악극단이라는 단체도 등장했다.[53] 조선에서 어트랙션이 유행이라는 소문을 듣고 만주 등지에서 활동하던 연주자들이 주무대를 조선으로 옮긴다거나,[54] 기존

50 박노홍, 앞의 책, 26쪽.

51 위의 책, 같은 쪽.

52 「新響樂劇團 孫牧人 中心으로 結成」, 『매일신보』, 1941.3.23.

53 「東西樂劇團 城寶實演中」, 『매일신보』, 1941.9.23.

54 하얼빈 댄스홀의 한 밴드 지휘자가 경성에 가서 어트랙션에 출연하면 큰돈을 벌 수 있다는 감언이설로 밴드 연주자들을 빼내어 경성의 극장 및 레코드회사들과 계약을 추진하다가 덜미를 잡히는 사건(「詐欺의 樂團 "컨덕터"」, 『동아일보』, 1938.6.9)은 당시의 들뜬

악단들이 사분오열로 흩어졌다가 다시 재조직되는 등 연주자들의 이동이 꽤 많았다. 1939년에 '만선 흥행' 차 조선을 방문했던 이나바 미노루稻葉實는 조선 관객들의 '귀'가 매우 발달해 있다는 데 놀라며 어지간한 프로그램으로는 그들을 만족시킬 수 없었다고 기록한다.[55] 많은 연주 인력이 경성 극장가로 모여들었던 만큼 악단의 연주도, 관객의 감상도 상당한 수준에 달해 있었던 것이라고 짐작할 수 있다.

조심스레 전쟁의 장기화가 예측되던 1940년대 초, 경성 극장가를 휩싸고 돌았던 이상한 열기는 전시 경기의 호황에 대한 은근한 기대와 무관하지 않았다. 어트랙션의 전시 특수를 놓치지 않고자 그 어느 때 못지않게 연예 단체들이 활발하게 조직되었고, 그동안 흥행계와 거리를 두었던 인물들이나 새로운 인력들도 흥행계로 모여들었다. 예컨대, 1940년에 설립된 조선예흥사는 『동아일보』 동료였던 서항석과 설의식의 의기투합으로 탄생했다. "예술문화의 보존보급향상과 아울러 그 기업화에 힘쓰려는 뜻"을 내세웠던 조선예흥사는 "영화, 연극, 음악, 무용, 미술 등 각 부문에 있어서 제작, 공연, 전시 등 다각적으로 활동"[56]할 것을 목표로 했다. 초기에는 이러한 목표에 걸맞게 조선음악을 체계적으로 소개하는 조선음악전(1940)을 주최하고,[57] 영화 〈아내

분위기를 잘 보여준다. 어트랙션 공연을 위해 조선에 온 '세르비안 쇼단'이 등장하는 이효석의 소설 「여수」(1939)는 이러한 시대적 분위기를 반영하고 있다.

55 「대륙의 화제 *만선에서는 쇼를 바라고 있다*」, 『국제영화신문』 247호, 1939년 6월 상순, 4~5쪽; 한국영상자료원 한국영화사연구소 편, 『일본어 잡지로 본 조선영화』 1, 한국영상자료원, 2010, 160~162쪽.

56 「조선음악곡의 밤 : 조선음악의 종합적 대향연」, 『매일신보』, 1940.6.19. 서항석의 회고에 따르면, 단체의 설립시키는 1940년 봄이라고 한다. 서항석, 「나의 이력서」, 『서항석 전집』 5, 하산출판사, 1987, 1801쪽.

57 「조선음악곡의 밤 : 조선음악의 종합적 대향연」, 『매일신보』, 1940.6.19.

의 윤리〉(1940 / 1941)를 제작했으며,[58] 그러한 여러 활동 가운데 하나로 콜롬비아악극단을 설립했다. 서항석의 회고에 따르면, 민족어와 문화를 말살하는 일제에 대한 '대항'으로서의 '민화民話의 극화劇化'라는 설의식의 구상과 일종의 '호도책'으로서의 '가극운동歌劇運動'이라는 그 자신의 절충안을 통해 악극을 기획하게 되었고, 제1회작 〈콩쥐팥쥐〉의 상연을 준비하면서 설의식이 콜롬비아레코드의 양해를 얻어 그 명의를 차용한 콜롬비아악극단을 소속 단체로 두게 되었다고 한다.[59] 극예술연구회에서 조선총독부의 강압적인 연극 통제를 경험했던 서항석은 연극보다는 경연극으로, 혹은 말과 노래와 춤이 어우러지는 '가극'으로 당국의 강압을 피해갈 수 있으리라 판단했다는 것이다. 그리하여 서항석과 설의식의 인맥으로 언론계에 종사했던 최무성(기획)과 채정근이 합류했고, 설의식의 평양고보 후배 박용구(음악), 동생 설도식이 주선한 박노홍(극작)이 참여했다. 서항석은 "시류의 재즈풍에 흐르지 않고 전래민요곡을 주조로 하도록" 안기영에게 작곡을 의뢰했고, 안기영이 재직하던 경성음악학원의 졸업생들인 윤부길, 황문평 등이 오디션을 거쳐 단원이 되었다.[60]

---

58 김영화가 감독 데뷔작으로 영화를 준비하면서 일전에 극연에서 〈애련송〉을 제작한 경험이 있었던 서항석에게 〈아내의 윤리〉의 제작을 의뢰했는데, 이것을 조선예흥사 차원의 사업으로 받아들이면서 〈아내의 윤리〉의 제작으로 조선예흥사의 이름을 올리게 된 것이다. 제작 과정에서 예흥사의 사무실을 제작본부로 삼고, 서항석이 섭외 등의 일을 거들었지만 사실상 조선예흥사와 〈아내의 윤리〉는 무관했다고 서항석은 회고했다. 서항석, 앞의 책, 1804~1805쪽.

59 위의 책, 1801쪽. 이와 관련해서는 서항석의 회고를 바탕으로 콜롬비아악극단의 설립 과정을 재구한 김태희, 「서항석 연구―생애와 연극활동을 중심으로」, 고려대 석사논문, 2012, 38~43쪽 참조.

60 서항석, 앞의 책, 1803쪽. 경성음악전문학원 출신 악극배우 고향미는 졸업공연에 서항석이 참석했었고, 이 공연에 출연했던 윤부길과 권진원이 '콜롬비아(후의 라미라)'와 계

한때 콜롬비아레코드의 문예부장으로 있었고 그 인연 때문인지 콜롬비아악극단의 설립에도 관여했던 안익조(창씨명 安田光男)는 1941년 "일반 연예에 대하여 기업적으로 도와가는" 회사로서 조선연예기업사를 설립한다.[61] 조선연예기업사는 가요와 무용, 연극을 공연하는 신흥악극단을 창단했다. 신흥악극단은 곧 약초극장 전속으로 계약되어 약초가극단으로 이름을 바꾸고 평양, 함흥, 청진, 진주, 대전 등에 있는 도호東寶 계열 극장에서 공연했다.[62] 안익태의 둘째 형이기도 한 안익조가 아무리 다재다능한 인물이었다 하더라도 기업적인 감각까지 뛰어났다고 단정할 수는 없을 것이다. 원래 폐결핵 전문의였던 그는 1943년에 경성부내에 후생의원을 개업하고 흥행계를 떠난다.[63] 조선연예기업사의 관련 기사는 1941년 여름 이후 눈에 띄지 않는데, 이 무렵부터 기업부장이었던 박구(창씨명 新井九十九)가 약초극장 전속 약초가극단(전신 신흥악극단)의 기획자로 이름을 올리는 것으로 보아[64] 신흥악극단이 약초극장의 전속이 된 후 조선연예기업사는 해산의 수순을 밟은 듯하다.

약하게 되었다고 기억했다. 고향미 구술, 이화진 채록연구, 『2007년도 한국 근현대예술사 구술채록연구 시리즈 96－고향미』, 한국문화예술위원회, 2007, 47～48쪽.

61 안익조安益祚, 1903～1950는 작곡가 안익태의 둘째 형으로 1933년 말부터 1935년 가을까지 콜롬비아 문예부장으로 일했다. 도쿄제대와 경성제대를 졸업한 엘리트였던 그는 폐결핵 전문의로 후에 만주군 군의관으로 복무하기도 했다. 안익조는 1941년 1월 중순 조선연예기업사를 조직한다. 사장은 안익조 자신으로, 박구(창씨명 新井九十九, 기업부장), 최연(극작가, 문예부장), 金村善基(사업부장), 豊田一穗(선전부장), 安田益雄(미술부장)이 임원진으로 있었다. 「朝鮮演藝企業社創立」, 『매일신보』, 1941.1.29; 「演藝企業社에서 樂劇團 新結成」, 『매일신보』, 1941.3.7.

62 「新興樂劇團 若劇 契約 '약초악극단' 개칭」, 『매일신보』, 1941.5.31.

63 「人事」, 『매일신보』, 1943.6.8.

64 「若草樂劇團 喝采人氣! 初公演」, 『매일신보』, 1941.6.8; 「若劇 "애트랙슌"－薔花紅蓮譜」, 『매일신보』, 1941.7.22; 「若草樂劇團 續演－"바다의 카니발"」, 『매일신보』, 1941.7.30.

한편, 1942년 벽두에는 흥행사업 및 그 부대 업무를 맡는 반도흥업이 자본금 10만원에 설립된다. 이 회사의 운영자는 미국 콜롬비아대학을 졸업하고 귀국 후 남선무역회사를 경영하던 서민호였다.[65] 그는 김용환이 설립했던 빅타가극단을 인수하고 악극단 신세기와 반도가극단(빅타가극단의 후신)을 직영으로 조선 전역과 만주 등지에 흥행물을 공급했다.[66] 여러 회고들을 종합해 보면, 1942년 가을 서민호가 조선어학회 사건에 연루되어 경영에서 물러난 이후 반도가극단의 실질적인 운영은 박구가 맡았다고 하는데,[67] 당시 공연 광고에는 반도가극단의 대표로 '야마노 미노루天野實'라는 인물이 내세워졌고, 박구는 총무로서 '아라이 큐주큐新井九十九'라는 창씨명으로 기재되어 있다.[68]

그간의 선행연구에서는 조선인 엘리트들이 주축이 되어 설립한 라미라가극단(콜롬비아악극단)과 반도가극단(빅타가극단)이 동시대에 활동했던 다른 연예 단체에 비해 토착적인 소재를 서사화하고, 드라마와 음악이 유기적으로 결합된 형태의 '가극'을 지향했다는 점을 높이 평가해 왔다. 라미라가극단의 경우 엘리트들의 참여 동기는 계몽적인 민족문화 운동을 통해 소극적이나마 일제에 저항하려 했던 것이라고 의미화되었다.[69] 해방 이후 남한 정계에서 활약하는 이들이 여럿 관여하고 있

---

65 당시 회사자료에는 대표자가 朴受景, 중역으로 金道泰, 金致甲, 楊木在河 등이 이름을 올리고 있다(『朝鮮銀行會社組合要錄』, 東亞經濟時報社, 1942). 그러나 신문기사나 회고는 모두 서민호를 대표로 적고 있다. 「흥업회사 설립, 실연물 배급」, 『매일신보』, 1942.1.30.

66 「흥업회사 설립, 실연물 배급」, 『매일신보』, 1942.1.30. 만주 순회는, 조선악극단의 경우와 마찬가지로 만주연예협회와 제휴한 것이었다. 「豪華한 歌劇春香傳」, 『매일신보』, 1942.9.23.

67 서항석, 앞의 책, 1808~1809쪽; 박노홍, 앞의 책, 34~35쪽.

68 「空襲への備へはよいか」, 『매일신보』, 1944.1.1.

69 박노홍, 박용구 등의 회고와 김호연, 김성희 등의 연구가 그러한 관점에 입각해 있다.

었던 반도가극단의 경우는 더 큰 대의('독립운동')를 위한 도피와 위장으로 회고되기도 했다.[70] 저항이든 도피든 위장이든, 조선인 문화 엘리트들은 이 시기에 그 어떤 장르보다도 통속성이 두드러졌던 악극계에 발을 들였고, 전시체제라는 특수한 상황에서 문화 통제의 문턱 아래에 있던 선택지 중 하나를 고른 셈이었다. 어쩌면 이들은 일본 아사쿠사淺草의 카지노 폴리나 바이마르 독일의 베를린 카바레와 같은 실험을 꿈꾸었던 것일지도 모른다. 그러나 '대중의 국민화'라는 전시체제의 프로세스와 맞물릴 때 그러한 실험의 향방은 애초부터 그들의 의지대로 전개될 수 없는 것이었으리라. 더구나 흥행계의 생리에 대한 실감 없이, 그들 스스로도 '가벼운 연극'은 돈벌이가 될 것이라거나 해외 순연으로 큰 빚을 갚을 수 있다거나 하는 식의 한탕주의에 휘말려 버렸다. 부채를 감당할 수 없었던 설의식은 일본 공연에 과도한 기대를 걸었고, 결국 더 큰 빚을 진 채 재일사업가 김윤주에게 라미라가극단의 운영권을 넘기게 된다.[71] 반도흥업 전속단체들의 경우, 악극단 신세기는 '연예보국'을 위해 "일본 정신에 입각한 국민가극"을 상연한다는 설립 취지와 함께 출범했고, 반도가극단도 서민호가 나서서 히노마루 부채를 헌납하는 등 애초부터 체제 협력적인 포즈를 취하고 있었다.[72] 설사 그 포

---

70 반도흥업에는 서민호의 인맥으로 미국 유학파 출신들 — 최순주, 이철원, 조정환, 김도연, 신윤국, 김양수 등 — 이 대거 참여했는데, 이들 중 많은 사람이 해방 후 남한 정계에서 활약하게 되지만 당시에는 조선총독부가 서구에서 유학하고 귀국한 이들의 이동을 제한했기 때문에 일종의 도피처이자 위장책으로 가극단에 합류했었다고 전해진다. 「演藝手帖, 半世紀 歌謠界 (34) 獨立운동과 樂劇」, 『동아일보』, 1973.3.22.

71 서항석, 앞의 책, 1805~1807쪽.

72 「반도가극단, 신세기 합동공연」, 『매일신보』, 1942.3.18; 「赤誠의 "히노마루"부채 – 천본을 獻納 빅타 樂劇團員과 徐珉濠氏의 赤誠」, 『매일신보』, 1942.5.11.

즈가 위장이었다고 할지라도 반도가극단의 활동을 민족문화에 대한 계몽적 실험으로 의미화하는 것은 확실히 지나친 일이다. 어트랙션의 해라고 하여도 무리가 없을 1941년과 1942년 사이에는 많은 단체들이 새로 생겨나고 활발하게 움직였지만, 또 그만큼 그 안에서 많은 인력들이 모여들고 흩어지고 이동하기도 했다. 제일흥업상사 동인들의 출자로 만들어진 직속 연예단체 제일악극단은 조선과 만주 무대를 겨냥해 활동했는데, 여기에는 서민호를 도와 반도가극단에서 일했던 이철원, 오케 출신이었던 손목인 등이 한때 이름을 올렸다.[73]

이러한 가운데 경성 어트랙션에 출연하는 연예인과 단체의 인적 구성과 프로그램은 민족 간 / 문화 간 횡단 경향이 두드러졌다. "일본인들이 공연을 보고 즐겨야 하는데, 조선 연극은 말을 알아들을 수가 없으니까 (…중략…) 연극도 악극도 아닌 유행가를 부르는 가수들이 모여 공연하던 '아트락숀쇼'를 했다"[74]는 회고처럼, 흥행계는 (더 많은 이윤을 위하여) 민족에 구애되지 않는 프로그램을 원하고 있었다. 안정적인 어트랙션을 공급하기 위해 약초극장과 성보극장이 두었던 전속 단체들은 조선인과 일본인이 고루 참여하고, 가요나 무용, 경음악 연주와 같이 언어적(민족적) 제약으로부터 비교적 자유로운 프로그램을 편성했다.

조선인들이 주도했던 단체들의 레파토리 역시 '조선적인 것'을 통속화하는 경향 못지않게 특정한 민족정체성에서 탈피하려는 경향도 강했던 것으로 보인다. 사후에 '향토가극'으로 분류된 라미라가극단의

73 「斯界의 名星을 網羅 第一樂劇隊 陣容을 갖추어 等場 中央公演은 十一月下旬」, 『매일신보』, 1942.10.9.
74 이원경, 『공수래공수거』, 늘봄, 2005, 138쪽.

독창적인 레퍼토리들 — 〈견우직녀〉(1941), 〈콩쥐팥쥐〉(1941), 〈은하수〉(1942) 등 — 조차 대개 이야기 구조가 단순하고 동양 보편의 모티프로서 이해되는 설화를 취했으며, 음악적으로도 보편적인 차원에서 조선 문화의 향유를 꾀하는 음악극을 지향했다. 그렇기에 이러한 레파토리들은 '조선적인 것'을 매개로 조선만이 아니라 제국 전체를 향하는 것일 수도, "지방의 향토무용이나 민요계 음악을 기초로 하여 새로운 일본적 레뷰를 창작하려고 하는" 니치게키日劇 스테이지쇼 같은 경향[75]의 '천이遷移'일 수도 있었다. 어트랙션에서 나타나는 혼종적이고 문화 횡단적인 경향의 한편에는 식민도시 경성에 거주하는 문화 향유자들의 취향이, 다른 한편에는 지역과 지역을 연결하는 제국적 흥행 네트워크의 문화 순환이 연결되어 있었던 것이다.

5. 조선악극단이라는 사례 혹은 예외

전시체제기 제국의 흥행 네트워크 안에서 식민지 조선의 연예 단체로서 가장 규모가 크고 유명했던 것은 조선악극단이었다.[76] 아예 '조선'을 앞에 내건 이 단체의 원래 이름은 '오케그랜드쇼'로, 그 연원은

75 「[어트랙션] 〈조선의 봄〉 니치게키 무용가 김안나」, 『영화순보』 제13호, 1941.5.11, 86쪽; 한국영상자료원 한국영화사연구소 편, 『일본어 잡지로 본 조선영화』 3, 한국영상자료원, 2010, 31쪽.

76 조선악극단의 무대미술을 담당했던 김정항(김정환)의 회고에 따르면, 한때 조선악극단의 단원은 120명 남짓에 달하고 조선인 외에도 일본인과 중국인 단원도 상당 수 있었다고 한다. 이두현 대담, 국립문화재연구소 편, 『대담 한국연극이면사』, 피아, 2006, 240쪽.

1932년에 설립해 1933년부터 조선에서 음반을 발매한 오케레코드사로 거슬러 올라간다. 조선악극단의 출범은 대중음악계의 부흥과 공명했던 것으로, 이 단체의 성공이 모델이 되어 후속 단체들인 반도가극단(빅타가극단의 후신)은 빅타레코드와, 라미라가극단(콜롬비아가극단의 후신)은 콜롬비아레코드와 관계 맺으며 출발했다. 조선악극단은 이 시기 가장 선구적인 흥행 단체로 평가될 수 있는 동시에, 흥행계의 한 흐름을 집약적으로 보여주는 사례라고도 할 수 있을 것이다.

빅타, 콜롬비아, 폴리돌, 시에론 등 조선에 지점을 두었던 레코드회사들은 대개 조선인으로 구성된 문예부를 두어 일본(인)의 녹음과 기술, 자본을 조선인 실연자들과 매개하는 역할을 부여했다. 일본 데이치쿠帝畜의 경성지점이었던 오케레코드는 지점장(이철)과 문예부장(김능인)을 모두 조선인에게 맡김으로써 다른 레코드회사보다도 조선인의 자율성이 확보되는 영역이 상대적으로 넓었다.[77] 흔히 '오케 사장'으로 불렸던 이철은 탁월한 안목으로 이난영, 고복수, 장세정, 남인수 등의 인재를 발굴하고 〈목포의 눈물〉, 〈타향(일명 '타향살이')〉, 〈연락선은 떠난다〉 등의 히트곡을 제작했다. 한때 생계를 위해 극장 악사로 일한 적이 있었던 그는 음악 유통에서 실연實演 활동의 중요성을 잘 알고 있었다. 오케는 1933년 음반 발매 때부터 오케연주단을 조직해 순회공연을 펼쳤고, 1936년에는

---

77 이에 대해서는 山內文登, 「일제시기 한국 녹음문화와 역사민족지－제국질서와 미시정치」, 한국학중앙연구원 박사논문, 2009, 150~151쪽, 그간 '오케'라는 레이블명도 오케레코드의 자율성을 상징하는 것이라 주장되어 왔으나, 야마우치山內는 타이완에서도 오케라는 레이블명이 사용된 것으로 보아 '오케'는 데이치쿠의 '외지' 전용 레이블 명으로서 식민지 판매 전략의 일환이었으리라 짐작한다. 데이치쿠는 타이완에도 오케 레이블을 설치했지만 조선 오케만큼 성장시키지는 못했다. 조선 오케의 성장에는 이철의 공이 컸다고 전해진다. 위의 글, 190쪽.

오사카, 교토, 고베, 나고야, 도쿄, 요코하마에서 '재류조선인동포위안 일본 순회대연주회'를 열었으며, 이 공연 실황과 오케 전속 가수들이 출연한 〈춘향전〉을 편집해 음악영화 〈노래 조선〉(1936)을 제작했다.[78]

같은 해 오케레코드는 서울에 녹음스튜디오도 설립하는 등 여러 성과를 냈지만, 어떤 경위에서인지 데이치쿠는 이철을 지점장에서 문예부장으로 강등해 버린다. 이후 독자적인 길을 모색한 그는 1938년에 오케연주단을 오케그랜드쇼로 재정비하고 공연 사업에 역량을 집중했다.[79] 오케의 전속 가수와 악단이 총동원된 오케그랜드쇼는 1930년대 후반 극장의 대형화와 더불어 어트랙션 무대가 한층 부상한 것과 궤를 같이 했다. 오케그랜드쇼는 일본의 요시모토흥업과 제휴해 1939년 일본 순연에 나서는데, 이때 단체명을 조선악극단으로 바꾸게 된다. 요시모토 측은 오케그랜드쇼라는 이름보다는 '조선'이라는 '지방색'을 내세운 '조선악극단'이 더 흥행성이 있다고 제안했고, 이철이 이를 받아들인 것이다.[80] 일본 각지를 돌며 204회를 공연한 2개월 간, 조선악극단은 일본 내에서도 상당한 화제를 모아서 일본영화 〈思ひつき夫人〉(東宝, 1939)에 출연하기도 했다.[81] 조선악극단의 일본 순회공연은 하루

---

78 이철 및 오케레코드, 조선악극단 등에 대한 구체적인 설명 및 시청각 자료는 문화콘텐츠닷컴 문화원형 라이브러리의 '오케레코드와 조선악극단' 항목을 참조할 수 있다. (http://www.culturecontent.com/content/contentView.do?search_div=CP_THE&search_div_id=CP_THE008&cp_code=cp0903&index_id=cp09030073&content_id=cp090300730001&search_left_menu= 최종접속 2015.1.1).

79 1938년 1월 이철은 조선녹음주식회사를 설립하는데, 이 회사가 후에 조선연예주식회사로 명칭을 변경하게 된다. 조선연예주식회사의 주된 사업은 연예공연이었다. 이준희, 「김해송 무대음악 활동 초탐」, 『대중음악』 통권 9호, 한국대중음악학회, 2012, 94쪽.

80 박노홍, 앞의 책, 59쪽. 이후 조선 공연에서는 오케그랜드쇼와 오케가극대, 조선악극단 등을 단체명으로 사용했는데, 외국어 사용에 대한 제한이 엄격해진 1941년 후반을 지나며 조선악극단으로 단체명이 정착되었다.

가 멀다 하고 조선의 일간지에 소개되는 등 흥행계 안팎의 관심을 집중시켰다. 1940년과 1941년 사이 새로운 연예 단체들이 우후죽순으로 조직되고, 그 가운데는 일본과 만주에서의 순회를 목표로 한 악극단도 많았는데, 이는 조선악극단의 성공이 낳은 효과라고 할 수 있을 것이다.

1939년 일본 공연의 성공 이후, 조선악극단은 동북아 일대를 순회했다. 조선악극단은 제2회 일본 순연에서는 쇼치쿠松竹와 제휴해 270회 공연했고, 1940년에는 만주연예협회와 3년간 제휴 협약을 맺어 만주에 진출했다.[82] 중국 대륙을 순회할 때에는 일본군 위문을 명분으로 군부대와 협의했다. 일본에서 거둔 성공을 동아시아 전역을 무대로 삼는 지속적인 동력으로 끌어갔다고 할 수 있는데, 이러한 성공 이면에는 일본의 제국주의적 침략 전쟁과 전선戰線의 확대, 후방에서의 전쟁 특수 등 전쟁이라는 '비상시'의 상황이 놓여있었다. 이철의 조선악극단은 이 '비상시'라는 조건을 도약의 기회로 삼아 조선 연예의 판로를 일본과 만주, 중국 대륙 등지로 확장했다. 이철이라는 탁월한 연예기업가에게 전쟁이란 가려는 길을 막아선 장벽이라기보다는 다른 길을 열어주는 새로운 문으로 포착되었던 것이다. 특히 '황군 위문'이라는 명분을 내세워 조선악극단은 평범한 조선인이라면 갈 수 없을 중국 전선에서도 노래하고, 춤추고, 연주할 수 있었다.

---

81 「동경서 인기 독점의 조선 악극단 공연」, 『조선일보』, 1939.3.14; 「朝鮮옷에 恍惚 白衣勇士 大滿悅 O·K團 東京 着」, 『매일신보』, 1939.3.15; 「조선악극단 大阪 新世界에 내연」, 『조선일보』, 1939.4.2; 「演藝消息 : 조선악극단 영화출연」, 『매일신보』, 1939.4.20; 「朝鮮樂劇團 寶塚 少女와 交驩」, 『조선일보』, 1939.4.23; 「"조선악극단" 귀경. 2개월간 204회 연주」, 『조선일보』, 1939.05.18.

82 「演藝－朝鮮樂劇團－滿洲演藝와 提携」, 『매일신보』, 1940.7.13.

1941년 7월 『신시대』에는 『매일신보』 베이징지국의 초빙으로 '북지北支'에 다녀온 조선악극단원들의 좌담회가 게재되었다.[83] 매신 지국이 아무런 계획과 준비 없이 조선악극단을 베이징에 불러들인 탓에 일본군과의 교섭은 쉽지 않았지만, 이철은 먼저 베이징에서 일반인을 상대로 공연을 올리고 이때 얻은 지명도로 군부대와 교섭해 나가는 수완을 발휘했다. 조선악극단은 베이징北京, 톈진天津, 지난濟南, 쓰저우徐州 등지에서 공연했는데, 중국 주둔 일본군 외에도 중국인, 일본인, 그리고 조선인을 포함하는 중국 현지의 주민들이 그들의 관객이었다. 연예단체의 방문이 드문 지역일수록 악극단의 방문은 환영받았고, 특히 각지의 조선인회朝鮮人會는 자발적으로 경찰서 및 군부대와 교섭해서 미리 공연 기회를 마련해 이들을 반겼다.

조선악극단의 중국 공연이 '황군 위문'을 내걸었더라도 특별히 다른 프로그램으로 기획된 것은 아니었다. 일전에 도쿄에서 흥행했던 프로그램대로 "대개는 경음악에서 시작하여 유쾌한 것을 많이 했고 (…중략…) 때로는 향토적인 것도"[84] 했다. 매회 다른 프로그램을 편성하지 않아도 되었던 것은 기량이 뛰어난 가수와 연주자, 무용수가 포진되어 있는 조선악극단이 이들의 재능talent과 스타성을 부각시키는 방식으로 프로그램을 편성했기 때문으로 보인다. 초기에 조선악극단의 공연 광고는 "오케-전속예술가, CMC 째즈밴드 총동원"이라고 하여 화려한 출

---

83 「조선악극단 황군위문회고 좌담회」, 『신시대』, 1941.7, 192~203쪽(이하 '좌담회'). 1941년 6월 16일 반도호텔에서 있었던 좌담회에는, 조선악극단 측에서 이철(창씨명 靑山哲), 김상진, 김해송, 김정구, 이인권, 이난영, 장세정, 이준희, 서봉희가 참석했고, 蒲勳(육군소좌), 이광수 그리고 신시대 측의 인사가 함께 자리했다.

84 좌담회, 김해송의 발언.

연진(김해송, 박시춘, 송희선, 이복본, 이난영, 이화자, 장세정, 박향림, 김능자, 이준희 등)을 강조했고, 음악과 무용, 경음악 연주가 프로그램을 설명하는 전부였다. 그러다 몇 개의 유닛을 두어서 유연하게 운영될 수 있게 했고, 이 유닛들은 따로 또 함께 활동하면서 공연의 프로그램들을 구성했다.

바로 그러한 기획에서 나온 것이 아리랑보이즈와 저고리시스터즈였다. "여지껏 조선에서는 시험해보지 못한 '리듬 뽀-이'"이자 "소리를 사랑하고 춤을 즐기고 기쁨을 풍기고 웃음에 사는 아리랑 고개 형제단"이라고 불렸던 아리랑보이즈[85]는 김해송, 박시춘, 송희선, 이복본 등 남성 4인조로 구성된 유닛으로 조선에서는 1939년 9월 부민관 무대에 처음 등장했다. 코미디에 장기를 보여온 이복본의 참여에서 짐작되듯, 아리랑보이즈는 노래와 악기 연주뿐 아니라 마임이나 촌극 등을 포함해 다양한 무대 공연을 선보일 수 있었다. 일본 순회 후 귀국 공연에서 '아리랑보이즈'가 출연했다는 점은 꽤 의미심장하다. 지방색을 노골화하는 '아리랑'과 남성 유닛을 지시하는 '보이즈'의 결합인 '아리랑보이즈'라는 작명은 미국식 버라이어티 쇼 및 재즈에 대한 모방충동과 동시대 일본 어트랙션의 영향을 직간접적으로 반영하기 때문이다.[86] 아리랑보이즈가 꽤 호응을 얻자, 조선악극단은 1940년 4월 부

---

85 「오케 樂劇團 廿七日부터 府民館公演」, 『매일신보』, 1939.9.27; 「조선 악극단. 약극 아트랙순에」, 『조선일보』, 1939.9.30; 「本報創刊廿週年記念 讀者慰安의밤開催」, 『동아일보』, 1940.3.23.

86 조선악극단의 아리랑보이즈 외에도 빅타 전속의 '반도스윙보이'(「연극과 영화」, 『동아일보』, 1939.8.12), 약초악극단의 '도라지보이즈'(「광고-약초악극단」, 『매일신보』, 1941.7.17) 등이 '보이(즈)'라는 그룹명을 썼다. 같은 시기 일본에서 '보이즈'가 들어간 그룹명이 유행했다. 대표적으로, 미국의 재즈 밴드 밀스 브라더스Mills Brothers를 흉내낸 4인조 그룹 아키레타 보이즈는 미국식 보드빌에 기반해 넌센스와 패러디를 즐겨 사용하는 남성 그룹이었다. 밀스 브라더스의 이름을 차용한 요시모토흥업 전속의 '밀크 브라더스ミルク・ブ

민관 공연에서 그 자매단체인 저고리시스터즈[87]를 내놓는다. 이때 저고리시스터즈의 멤버로는 오케레코드의 대표적인 여가수 이난영과 장세정을 비롯해, 남장 무용으로 "조선의 타키瀧"[88]라고 불렸던 이준희, 배구자악극단 시절부터 빼어난 외모와 춤으로 눈길을 끌었고 일본 다카라즈카 쇼에 섰던 홍청자, 그리고 역시 노래와 춤 양쪽에서 재능을 인정받았던 서봉희가 소개되었다. 홍청자가 아닌 김능자가 저고리시스터즈로 소개된 적도 있고 후기에는 박향림이 저고리시스터즈로 편성되는 등 멤버 구성은 상황에 따라 유동적이었다. 이외에도 조선악극단에는 "새로운 스타일의 가요단"이라고 칭해진 오케싱잉팀[89](혹은 '오케가요단')이 있었고, 무엇보다 당대 최고의 라인업을 자랑하는 밴드 CMC악단[90]이 있었다. 지속적인 인재 양성을 위해 설립한 오케음악무용연구소[91]는 음악과 무용 분야의 인재를 교육하고 그 가운데 재능있

ラザーズ'는 1941년 6월 경성의 요시모토 체인인 성보극장에서 공연한 바도 있다(「『애트랙숀』의 隆盛－6월 以降 각관 메모」, 『매일신보』, 1941.6.5).

87 本報創刊廿週年記念 讀者慰安의밤開催」, 『동아일보』, 1940.3.23.

88 "조선의 타키(瀧)"라는 애칭은 1930~40년대 일본 소녀가극에서 남장연기로 국민적인 인기를 구가했던 '미즈노에 타키코水の江瀧子'의 애칭 '타키瀧, ターキー'에서 따온 것이다.

89 오케싱잉팀에는 이난영, 남인수, 이화자, 조영숙 등이 몸담고 있었다. 「名物 O・K・씽깅팀 "나왔습니다" 공연. 본사 사업부 후원 17・8일・府民館 △ 조선악극단 자매팀 誕生」, 『조선일보』, 1940.6.14.

90 C.M.C는 '조선음악구락부'의 영문 표기 Chosen(또는 Corea) Musical Club의 약자이다. 멤버의 구성은 계속 변화했다. 1938년 4월 현재의 멤버는 다음과 같은데, 관현악보다는 재즈 중심의 편성으로 보인다. 송희선, 윤학구, 엄재근(이상 색소폰), 현경섭, 지방렬(이상 트럼펫), 이유성, 김용호(이상 트럼본), 강삼준(바이올린), 박시춘, 김홍산(이상 기타), 유연(더블베이스), 이봉용(드럼), 손목인(피아노).

91 오케음악무용연구소(소장 이철)는 1940년 9월에 설립되었다. 김형래(음악), 김민자, 조영숙, 이준희(이상 무용) 등 각 분야 13명의 교수가 생도를 선발해 교육한 것으로 알려져 있다. 해마다 1기를 선발해 3년 간 교육하는 시스템으로, 중도에서 탈락하지 않고 3년차가 되면 상당한 급여를 받을 수 있었다고 한다. 숙련된 생도는 조선악극단 무대에서 백댄서나 코러스로 출연할 수 있었고, 기량이 뛰어난 생도는 솔로 무대에 설 기회도 얻을

는 연구생과 수료생을 선발해 무대 위에 세웠다.

중국 공연에서는 아리랑보이즈가 조선민요를 흥겹게 부르고, 뒤이어 색동저고리에 족두리를 쓴 저고리시스터즈가 "향토적 춤"을 추면 병사들은 "빙글빙글 기쁘게 대해" 주었다고 하는데, 그렇다고 해서 아리랑보이즈와 저고리시스터즈가 조선의 토착적인 춤이나 노래를 그대로 실연해보여주는 것은 아니었다. 만주 순회 당시 총무였던 사토 쿠니오佐藤邦夫는 이들의 쇼가 '고조된 장구의 리듬을 드럼이 이어 받아 스윙으로 전개해 나가면, 그때 저고리시스터즈가 등장해 재즈를 부르는 식'[92]이었다고 술회한다. '아리랑'과 '저고리'는 어떤 종족적 기원을 환기시키는 기표일 뿐, 음악적 스타일은 재즈, 그 가운데서도 스윙 재즈를 주조로 했음이 짐작되는 대목이다.

조선악극단의 쇼는 전시체제에서 '금지된 미국문화', 그것도 가장 미국적인 것으로 지적되어 왔던 '적성음악' 재즈와 깊이 연루되어 있었고, 그 외에도 다양한 장르의 음악을 편성해 미국식 보드빌과 레뷰를 변형한 방식이었다. 그렇기에 조선악극단의 공연을 시국 인식을 결여한 '경조부박한 것'으로 몰아세우는 평단의 비판[93]도 적지 않았는데, "'보드빌'적인 낡은 둘레에서 하루바삐 벗어나 참으로 건실한 연예형태를 확립하도록"[94]

수 있었다. 이 연구소 출신으로는 해방 후 악극계의 프리마돈나 김백희와 가수 백설희를 비롯해, 강윤복, 심연옥, 주리 등이 있다.

92 다테노 아키라 편저, 오정환 · 이정환 역, 『그때 그 일본인들』, 한길사, 2006, 448~449쪽.

93 작곡가 이면상은 당시 재즈에 기반한 악극들을 비판하면서 "향락적이며 찰나적이며 광분적인, 즉 말하자면 아메리카니즘의 농후한 것은 당연 배척할 것이며, 또 종래 유행가와 같은 빈약하고 퇴폐적인 소위 망국적 악곡은 초初 당연 일소할 것"을 강력하게 주장한다. 이면상, 「劇文化의 新方向 ④-樂劇의 地位 (四)」, 『매일신보』, 1942.9.1.

94 오정민, 「歌劇의 將來, 4회」, 『매일신보』, 1942.11.11.

〈그림 3〉〈홍장미의 꿈〉 공연 사진
출처 : (좌)『京城日報』, 1941.6.25.(3) (우)『매일신보』, 1941.6.25.(4)

해야 한다는 요청들을 의식한 때문인지, 점차 노골적으로 시국색을 입힌 통일성 있는 총체극에 대한 강박이 공연 레파토리에도 작용하게 되는 듯하다. 그러나 근본적으로 조선악극단의 쇼가 제공하는 쾌감은 '버라이어티variety', 즉 갖가지의 다른 것들을 한 데 모아놓은 쇼, 그리하여 전시체제의 시대감각과 불일치하고 그 시대감각을 은근하게 뒤트는 데 있었다.

가령, 1941년 6월 명치좌에서 개연해서 "악극의 수준을 높였다"[95]고 평가되었던 〈홍장미의 꿈〉(松見博 구성 연출, 전7경)은 '카르멘'에 바탕을 두되 '라 트라비아타', '로미오와 줄리엣' 등 서구의 잘 알려진 극의 일부를 삽화적으로 엮어낸 '버라이어티'였다(그림 3). 김정항이 스페인 도시에 대

95 「音樂과演藝－朝鮮音樂劇團明治座公演『紅薔薇의꿈』(全七景)－樂劇의水準을노펏다」, 『매일신보』, 1941.6.25.

〈그림 4〉〈홍장미의 꿈〉 명치좌 공연 광고
출처 : (上)『京城日報』, 1941.6.23.(4) (下)『京城日報』, 1941.7.1.(3)
(하)의 광고에서 "호평 속연"의 문구를 확인할 수 있다.

한 건축학적 고증을 거쳐 디자인한 무대와 김해송이 '스페인풍'으로 편곡한 경음악과 노래들, 김민자가 안무한 '스페인풍' 무용이 분위기를 조성하고, 스페인 복장을 한 아리랑보이즈와 저고리시스터즈의 노래와 코미디, 마임 등이 다채롭게 편성되었다. 회전무대와 조명, 무대 위에서 연주되는 탱고의 선율, 화려하고 열정적인 플라멩코, 빠른 장면 전환의 속도감 등으로 막연히 지시된 '스페인적인 것'이란 미국문화에 대한 굴절된 욕망의 표출에 다름 아니었다. 〈홍장미의 꿈〉은 탱고나 플라멩코, 세레나데 등으로 적성음악 재즈와 아메리카니즘을 우회하는 전략을 취함으로써 서구적인 스펙타클과 리듬, 템포에 대한 갈망을 다른 길로 이끌었고, 관객들의 환호는 이례적인 장기간의 연장 공연으로 이어졌다(그림 4). 서항석 등의 소위 '향토가극'이 반서구적인 동양주의의 구현과 중첩되는 지점이 있었다면, 조선악극단의 〈홍장미의 꿈〉과 같은 공연은 '미국 없는 서양'이라는 모순을 전면화하는 한편, 제국 그 너머를 향한 코스모폴리탄적인 욕망을 드러내는 것이었다고 할 수 있다. 현재로서는 이 공연에 대한 정보가 제한적이라 당시의 기사와 관계자들의 회고[96]에 의존할 수밖에 없으나, 동시대 전세계에서 유행한 스윙 재즈의 리듬을 토착적으로 변용해온 김해송이 이 공연에서 완전히 재즈로부터 탈피된 음악을 추구했을 것이라고 보기는 어렵다.[97] '미국 없는 서양'이란 피상적인 것일뿐더러, '미국적인 것'을 상기함으로써만이 재구축되는 역설 위에 있었다.

---

96 〈홍장미의 꿈〉에 대한 김정항의 회고는 다음과 같다. "지금도 인제 생각이 나는 것은 〈홍장미의 꿈〉이라 그래가지고 뭐 오페라도 아니고 오페레타도 아니고, 지금 생각하면 우습기 짝이 없는 연극입니다만 그때 회전무대를 처음 쓰고, 조명을 제대로 하고 스페인의 흉내를 내봤던 일이 있어요. 지금 내 기억에 새롭고. 무대의 시각효과론 아마 어느 정도까지, 물론 일본이나 저기를 따라가진 못했다고 하지만 어느 정도의 저것은 아마 됐을 거예요. (…중략…) 완전한 회전무대를 해서 앞뒤 걸어가지고 돌리면은 〈카르멘〉의 술집이 돼가지고 거기서 막이 없는 마임도 들어가고, 춤도 들어가고, 노래도 들어가고 그런 식으로 한 40분 가량, 아니 약 1시간 가량 되는 무대였었어요. 외국의 그 레뷰 같은 걸 흉내내본 거죠"(이두현 대담, 앞의 책, 240쪽). 한편, 김정구는 〈홍장미의 꿈〉을 '동양의 장미'라는 제목으로 기억하면서, "동양의 장미라는 가극은 「라트라비아타」, 「로미오와 줄리엣」 등 4, 5개의 레퍼토리를 엮은 접속극"으로, 자신은 〈로미오와 줄리엣〉의 로미오 역을 맡았고, 그 중간에 아리랑보이즈와 저고리시스터즈가 노래와 코미디를 했다고 회고했다. 「연예수첩-반세기 가요계(33) 초기의 그룹싱거들」, 『동아일보』, 1973.3.21.

97 김해송의 음악적 스타일에 대해서는 이소영, 「김해송의 대중가요에 나타나는 재즈 양식」, 『대중음악』 통권 9호, 한국대중음악학회, 2012; 이준희, 앞의 글; 성기완, 「김해송과 조선 스윙 장단」, 『대중음악』 통권 9호, 한국대중음악학회, 2012 등을 참조. 조선악극단의 다른 작곡가들, 즉 손목인과 박시춘 역시 재즈 스타일에 능했던 것은 잘 알려져 있다. 〈홍장미의 꿈〉의 음악이 설사 재즈를 탈피한 것이었다 하더라도 적성음악으로서 금기시된 재즈를 대신하는 탱고나 플라멩코란 재즈에 대한 욕망을 간접적으로 드러내는 것이 될 수 있었을 것이다. 한편, 당시 탱고를 전문으로 하는 사쿠라이 밴드櫻井潔と其樂團가 경성을 방문해 공연하고 탱고를 소재로 한 독일영화 〈밤의 탱고Tango Notturno〉(1937)가 개봉되는 등 탱고에 대한 관심이 높았는데, 이러한 분위기가 〈홍장미의 꿈〉의 스타일에 영향을 미쳤을 수도 있다. 「『櫻井쌘드』 7일부터 성보서」, 『매일신보』, 1941.8.3; 「笠置시즈꼬와 그 악단 성보 실연」, 『매일신보』, 1941.10.3.

'황군 위문 연예'를 포함해, 1945년에 일본이 패전하기 전까지 전국 주요 도시와 해외 순연에서 조선악극단의 쇼는 어떤 파편들fragments을 조합assemblage하고 재구성montage하는 성격이었다고 할 수 있다. 쇼가 '부部'나 '경景'이라는 단위들의 구성combination이라면, 이 하위의 구성 단위들 또한 여러 파편들의 조합이자 혼종hybrid으로 이루어져있다. 이러한 구성 방식은 몽타주와 코드 전환code-switching에 대한 미리엄 실버버그Miriam Silverberg의 재정의를 떠올리게 한다. 실버버그는 몽타주의 사전적 정의에서 "'혼합된 전체'와 여전히 서로 '구별'되는 중첩된 이미지들 사이에 빚어지는 긴장"을 강조하고, 이 몽타주가 코드 전환을 수반한다는 점에 주목했다.[98] 이 코드 전환이라는 언어학적 메타포를 통해 실버버그는 주체가 맥락에 따라 의미의 모호성ambiguity을 전략적으로 사용할 가능성에 대하여 논하는데, 조선악극단의 쇼는 전시체제라는 상황적 맥락에서 코드 전환과 모호성을 활용한 사례라고 할 수 있다. 쇼를 구성하는 여러 파편들은 전시체제가 강제하는 시대감각과 일치하거나 불일치하거나, 그 조합과 재구성 과정에서 코드 전환을 수반할 수 있었다. 또한 그 조합을 통해 불일치가 돌출적으로 드러나기도 했을 터이지만, 어떤 파편이 시국과 불일치하거나 어긋나 있다고 해도 당국의 뜻에 부합하는 듯한 표제title — 예컨대, 〈マニラの街角で〉, 〈神風〉, 〈阿片の港〉, 〈太平洋は君を呼ぶ〉, 〈出陣の春〉, 〈やじきた出征記〉 등 — 를 통해 그러한 틈새를 봉합한 듯 보인다. 봉합은 이

98 미리엄 실버버그의 몽타주 및 코드 전환에 대한 재정의는 미리엄 실버버그, 강진석·강현정·서미석 역, 『에로틱 그로테스크 넌센스–근대 일본의 대중문화』, 현실문화, 2014, 61~66쪽 참조.

음새를 완전히 지워버리기보다 오히려 가시화함으로써 다양성과 혼종성, 문화 횡단적인 감각을 현저히 할 수도 있었다.

조선악극단은 출연진의 스타성과 다채로운 프로그램 구성에 무게를 두었기 때문에 그 명성에 비하여 대표적인 레파토리는 손에 꼽을 정도이지만, 오히려 그 때문에 공연 현장의 상황에 유연하게 대응해가며 다양한 변형이 가능했으리라 짐작된다. 이 점에서 조선악극단은 초기의 라미라가극단이나 반도가극단과는 구별되면서도, 당시에 활동했던 거의 모든 악극단의 모델이 된다.

이러한 다양성은 조선악극단의 인적 구성에서도 확인된다. 이철은 연예 사업에 도움이 되는 인력이라면 그가 어떤 성향의 인물이든 크게 관계치 않고 적극적으로 끌어들여 다양한 이력과 배경을 가진 인력들이 조선악극단에 모여들었다. 오케레코드 시절부터 기획을 맡아보았던 김상진 외에도 명치좌 지배인 다나카 히로시田中博, 조선영화주식회사의 김정혁 등이 조선악극단의 기획부를 거쳐 갔다. 일본 다카라즈카가극단의 작가였던 사토 쿠니오는 남방 전선으로 입영하기 전까지 조선악극단의 총무로 만주 순연을 이끌었다. 아마도 이철은 일본군과의 교섭을 순조롭게 진행하기 위해 사토를 기용했으리라 추정되는데,[99] 오랫동안 다카라즈카의 팬이자 작가로서 일본 예능계에서 다진

99 1940년까지 다카라즈카가극단의 작가로 일하던 사토 쿠니오는 1941년 도와상사東和商社의 프로듀서로 자리를 옮겨 베를린올림픽 기념영화 〈민족의 제전〉의 홍보물을 제작하다가 우연히 시사실에서 조선영화 〈한강〉(1938)을 보고 깊은 인상을 받았고, 곧이어 고려영화협회의 〈집 없는 천사〉(1941)의 일본 홍보 일을 맡으면서 조선과 인연을 맺게 되었다. 히나쓰 에이타로日夏英太郎 감독의 내선일체 선전영화 〈그대와 나君と僕〉(조선군 보도부, 1941)의 캐스팅디렉터로 일본의 스타급 배우들을 섭외하는 데 기여했던 그는 다시 일본으로 돌아가기 전 경성에 머물며 체재비를 벌고자 쇼치쿠松竹와 교섭해 쇼

사토의 흥행 감각은 조선 연예 단체 내부에서 그 단체의 흥행성을 검토할 수 있는 '비非-조선인'의 감상안으로 기대되기도 했을 것이다. 해방 전후 연극과 영화 미술 분야의 개척자로 평가되는 김정항은 일본 도호東寶에서 무대장치를 익히다가 조선악극단의 일본 공연(1939)에서 장치를 맡았던 인연으로 조선악극단의 무대를 담당했다. 중간막과 회전무대를 사용한 역동적인 무대는 그 자체로 조선악극단의 실연實演을 돋보이게 만들었다. 레코드와 라디오, 대중극계에서 활약해 왔던 조명암, 이서구, 송영, 진우촌 등이 조선악극단에 대본을 제공했고, 한때 프롤레타리아 극단 신건설을 조직하고 '우리동무 사건'으로 옥고를 치렀던 신고송이 '만다이 신萬代伸'이라는 창씨명으로 극작과 연출 양쪽에서 일했다. 그런가 하면 조선군 보도부 촉탁으로 있었던 에토 요시노스케衛藤吉之助 역시 조선악극단에 대본을 제공하고 공연을 연출하는 등 깊이 관여했다. 소위 '위험한 사상'을 가졌다고 낙인찍힌 이도, 대중극계에서 잔뼈가 굵은 이도, 조선군 보도부의 촉탁도, 조선인도 일본인도, 또 순회 중 합류한 중국인도 함께 일할 수 있었던 조선악극단은 그야말로 전시체제기 흥행계 전체의 '혼류混流'가 집약된 단체였다고 말해도 좋을 것이다.[100]

치쿠메이지자, 즉 명치좌의 실연 종목 조사 일을 맡았다. 바로 거기서 조선악극단을 보게 되고, 대표 이철과도 교유하게 된 그는 귀국 후 오사카 쇼치쿠가극단에서 레뷰를 기획하던 중 함께 일해 보자는 이철의 제안을 받아들이며 다시 조선에 오게 된다. 다테노 아키라, 앞의 책, 448~449쪽.

100 여기서 '혼류混流'란 전시체제 흥행계의 인적 이동에 대한 이승희의 개념에서 빌어온 것이다. 이승희는 전시체제기 좌파이력 연극인들이 이전까지는 함께 할 수 없었던 대중극단과 접속함으로써 일종의 "좌파 본색을 은폐할 수 있는 신분증"을 획득했던 상황을 서술하면서, 이러한 인적 '혼류混流'의 경험과 흔적이 해방 후 연극인 월북에 잠재적인 동기 중 하나였다고 본다. 이승희, 「연극 / 인의 월북 : 전시체제의 잉여, 냉전의 체제화」, 『대

조선악극단과 인연을 맺었던 인물들이 해방 후 남한과 북한, 일본 등지로 흩어지고 한국전쟁 중 납북되거나 실종되었던 상황들을 상기해보면 이러한 '혼류'의 의미는 더욱 각별하다. 조선악극단의 대표작 중 하나인 〈금나라 은나라〉를 쓰고 연출했던 신고송, 영화 〈그대와 나〉에 삽입되어 내선일체 이데올로기를 구현하는 가요곡이 된 〈낙화삼천〉의 작사가이자 동명의 악극을 집필한 조명암은 북한을 선택했다. 조명암과 동갑내기로 그의 작사에 여러 편의 곡을 작곡했던 박시춘은 남한에 남았으며, 조선악극단 초기를 주도했던 작곡가이자 '아리랑보이즈'의 멤버 김해송은 해방 후 K.P.K를 이끌다가 전쟁 중 납북되었다. 오케그랜드쇼에서 탈퇴했다가 다시 조선악극단에 돌아왔던 손목인은 다른 연예인들과 함께 한국전쟁 중 일본으로 밀항했다가 강제 송환되었다. 단지 생계를 위한 선택이었든 후일을 기약한 위장이었든 연예활동의 동기는 다양했겠으나, 분명한 것은 조선악극단은 단원들 저마다에게 조선악극단이 아니라면 불가능했을 어떤 것을 가능한 것으로 열어 보여주었다는 점이다. 이 몇 년 간의 연예 경험이 이후 그들 각자의 선택에 여러 층위에서 어떤 식으로든 작용했으리라 짐작해 본다.

홍행계의 역량이 집중되었던 조선악극단은 조선 안팎을 순회하며 명실상부 조선을 대표하는 악극단으로 우뚝 섰다. 전시체제가 홍행 산업에 미친 정치경제적 억압과 그와 관련해 형성된 여러 사회문화적 맥락들을 조선악극단을 통해 살펴볼 수 있는데, 이렇게 독보적인 성공을 거둔 연예 단체가 전무했던 까닭에 조선악극단은 전시체제기 어트랙

동문화연구』 88, 성균관대 대동문화연구원, 2014.

션 문화의 한 흐름을 보여주는 사례인 동시에 예외이다. 이 독보적인 자리에서 1940년대 전반기 최고의 전성기를 누렸던 조선악극단은 1944년 이철의 사망 이후 서서히 기울다가 해방을 맞는다.

6. 결론을 대신하여

이 글은 전시체제기 식민도시 경성의 극장가에서 성행했던 악극과 어트랙션을 통해 '비상시'의 문화 상황을 검토했다. 재즈와 탱고, 무국적의 화려한 의상과 댄스가 도쿄와 오사카, 중국 대륙의 무대에서 관객들을 만났고, 경성은 그 중요한 흥행 도시 가운데 하나였다. 반서구 · 반자본주의를 내세우며 사치와 향락을 근절하라는 문화 통제의 기조를 따르는 듯하면서도 실제적으로는 그 자신의 이윤을 추구하며 기민하게 대응했던 흥행업계의 움직임, 일본제국 안에서 도시와 도시를 연결하며 확산되었던 흥행의 네트워크, 그리고 아메리카니즘을 우회하며 제국 그 너머의 세계와 끊임없이 접속을 시도했던 코스모폴리탄의 문화 소비 욕망이 뒤얽히면서, 어트랙션은 전례 없이 호황을 누렸다. 이 시기 어트랙션은 단순히 서양영화의 빈틈을 메우는 틈새 장르에 그치지 않고 전시체제가 굴절시킨 대중의 욕망과 조응하면서 점차 흥행 프로그램의 중심으로 부상했고, 때로는 연극이나 영화의 아성을 위협하기에 이르렀다. 이처럼 흥행계의 기존 질서가 흐트러지는 가운데 전시체제기 극장가에는 민족과 장르, 문화를 횡단하는 여러 시도들도 나타났다. 이는 '비상시'가 낳은 또 다른 효과라고 할 수 있을 것이다.

여기서 다시 중국 대륙에서 있었던 조선악극단의 '황군 위문' 공연으로 화제를 돌리고자 한다. '위문 공연'의 관객들은 조선악극단이 일본어가 능란하고, "내지에서 오는 어느 가수의 노래에도 떨어지지 않는" 데 흡족해 했으며, 특히 고가 마사오古賀政男가 작곡한 〈군국의 어머니〉를 장세정이 부를 때는 "만장이 조용해지"며 감상적인 분위기가 되었다고 전한다.[101] 장세정은 이미 일본 순회에서도 도쿄, 나고야, 오구라小倉 등지에서 이 노래를 불렀다. 좌담회에서 장세정의 노래를 듣고 눈물을 흘리던 관객들 이야기는 곧 전장에서 군인의 심리와 감상적 노래 사이의 상관성이라는 화제로 옮겨갔다. 좌담회에 참석했던 정훈장교 가마蒲 소좌는 그러한 눈물이 어떤 "신경과민"이거나 "훌륭히 봉공하지 않으면 부모에게 미안하다는 긴장한 마음"에서 흘러나오는 것이라고 넘겨버리지만, 멀리 고향을 떠난 자의 애수나 향수와 같은 감상성은 민족성과 상관없이 위문 연예의 보편적이고 핵심적인 정서였다. 이철은 위문 연예가 병사들의 사기를 돋울 수 있도록 "애조를 띄인 것보다도 명랑한 것을 더 많이" 편성한다고 했다. 그러나 "울리는 것이 없으면 또 웃길 수도 없"[102]다는 것이 위문 연예의 공식이라고 해도 과언이 아니다. 웃음과 눈물이 음각과 양각처럼 부조되는 프로그램으로 연예 단체들은 공연의 장소성(전선, 후방)과 관객성(군인, 상이군인, 출정군인 가족, 유가족, 이주민 등)에 따라 다양한 반응을 이끌어내며 전시체제기 '위안'의 공동체를 형성해갔다.

---

101 좌담회, 김상진의 발언.
102 좌담회, 김해송의 발언.

'위문 연예'는 전시체제기 어트랙션의 변용과 확장을 잘 보여주는 표현이다. '위문慰問'이 방문하여 위안한다는 의미라면, '위안慰安'만큼 전시체제 하에서 연예가 위치하는 자리를 명시하는 단어는 드물다. 전선에서나 후방에서나 모두가 총력전의 전사戰士이기를 강요받는 시기였기에 연예는 그 전사들을 위안하는 것으로서 존재 의미를 확인했다. "유행가가 팔리고 거리의 소음으로까지 만연되는 이유는 천기예보 말마따나 내일 비가 올지언정 오늘밤까지는 그쳐지지 않을 대중의 담배연기, 즉 그들의 한숨의 대용품"[103]이라고 할 정도로 전선에서나 후방에서나 위안이 갈구되었다. 그래서 이 시기의 연예 담론은 도시보다는 농산어촌과 광산, 공장 등의 생산지대로, 경성보다는 지방으로, 엘리트보다는 비엘리트의 생산계층으로 확산하는 것에 무게 중심이 기울어져 있었다. 1930년대를 거치며 공고해졌던 '도시 = 소비 / 농촌 = 생산'의 이분법적 구획은 전시체제기에 들어와 더욱 강화되었고, 1940년대에는 이러한 담론을 기반으로 도시에 집중되어 있는 극장을 농산어촌, 공장, 광산 등의 생산지대로 확산시키는 '이동연극' 캠페인도 전개되었다.[104] "이동극단이 간다면 그 근방 3, 40리 밖 먼 부락에서들 남녀노유男女老幼들이 광이를 민 대로 호미를 든 대로 혹은 1년에 한번이나 입어볼까 말까 한다는 나들이옷을 입"[105]고 모여드는 광경

---

103 김관, 「유행가 일제-쌍수Q씨에게 일언」, 『매일신보』, 1940.5.10.

104 전시체제기 건전 오락 담론과 이동연극 캠페인에 관해서는 이화진, 「전시기 오락담론과 이동연극」, 『상허학보』 23, 상허학회, 2008; 이덕기, 「일제하 전시체제기 이동연극 연구-이동연극 제1대와 극단 현대극장을 중심으로」, 『한국극예술연구』 30, 한국극예술학회, 2009; 김호연, 「일제 강점 후기 연극 제도의 변화 양상과 그 의미-이동극단 위문대를 중심으로」, 『인문과학연구』 30, 강원대 인문과학연구소, 2011; 이화진, 「일제 말기 이동극단 활동의 전개 양상과 그 한계」, 『한국학연구』 30, 인하대 한국학연구소, 2013 참조.

은 감격스러운 반면, 경성의 극장 앞에 길게 늘어서서 아무 일도 하지 않고 입장만을 기다리는 군중의 존재는 당혹스러운 것이었다. 서두에서 언급했지만, 전시체제에서 노동의 재생산을 위하지 않는 시간, 즉 아무 일도 하지 않고 그저 흘려보내는 시간이란 국가의 시간을 거스르는 것일 수 있었기 때문이다.

농산어촌과 생산지대의 주민에게 '건전 오락'을 보급해야 한다는 담론이 팽배할수록 극장 앞 군중은 그저 시간을 낭비하는 족속이거나 국가 시책에 비협조적인 비속한 취향의 소유자들로 비난받았을지도 모른다. 어떤 때는 돌발 방공 훈련으로 공습경보가 울리는데도 영사를 멈추지 않는 극장이 있었고, 훈련 때문에 극장이 퇴장을 요구하면 요금 환불 소동을 벌이는 관객도 있었다.[106] 극장도 관객도 '즐거움'을 사고파는 일을 철저하게 포기하지는 않았다. 이러한 측면에서 보면, 자숙과 내핍이 강조되는 사회 분위기 속에서도 자신의 쾌락을 포기하지 않는 경성 주민들의 유흥에 대한 갈망이야말로 폭력적인 동원의 시간을 내파하는 것으로서 다시 읽을 수 있을 것이다.

그러나 그렇다고 해서 이들 군중의 욕망이 체제를 전복할 만한 잠재성을 가지고 있었다고 말하기는 어렵다. 왜냐하면, 이들이야말로 전시체제를 지탱하는 구조의 일부였기 때문이다. 식민 당국이 비영리적인 건전 오락을 권장했음에도 그와 모순되는 어트랙션이 융성하게 된 것은 전시 통제가 아무리 효율적으로 이루어진다고 해도 "매끈해 보이

---

105 송영, 「문화전의 1년간 (2) — 극계의 총관」, 『매일신보』, 1942.12.17.

106 「[영화관의 페이지] 조선」, 『영화순보』 제25호, 1941.9.11, 61쪽; 한국영상자료원 한국영화사연구소 편, 『일본어 잡지로 본 조선영화』 3, 한국영상자료원, 2012.

는 전시통제선과 그에 균열을 가했던 누수지점"이 근본적으로 병존할 수밖에 없기 때문일 것이다.[107] 문화 통제는 여러 주체들의 이해관심과 뒤얽히면 그 설계자가 미처 예상하지 못한 방향으로 흘러가기 마련이었다. 극장은 극장대로, 관객은 관객대로, 당국은 당국대로 각자의 이해관심에 따라 어트랙션의 융성에 기여했다. 이 글의 3장에서 살펴보았듯이 전시체제 하에서 당국의 흥행 정책은 어트랙션의 시대를 조장한 측면이 있었다. 식민 당국이 전쟁 수행을 위한 세수稅收를 확보하기 위해 입장세 징수라는 증세 정책을 펼쳤던 조치를 상기해보면, 당국의 입장에서 더 많은 관객이 더 자주 극장을 찾는 것은 결코 국가를 위해危害하는 일이 아니다. 당국은 식민지 군중의 취미와 기호嗜好를 인정하되 거기에 세금을 부과함으로써, 겉으로는 전시체제의 건전성을 강조하고 실제로는 전시체제의 비정상성을 지속시켜 갔던 것이다.

어트랙션에 출연한 댄서의 의상이 지나치게 빨갛다고 주의를 준다거나[108] "건전한 내용으로 흥행하여 국민사기를 앙양시킬 만큼 힘쓰도록 지도"[109]하겠다고 엄포를 놓는 것만으로도 국가의 통치성은 가시화될 수 있었다. 또한 입장세 면제 규정을 설치하여 문화를 지도하고 조장하는 포즈를 취하는 것도 당국으로서는 괜찮은 선택이었을 것이다. 처음에는 "제1종의 공연물이나 설비의 주최자, 경영자가 입장료나 수

---

107 이승희, 「전시체제기 연극통제시스템의 동원정치와 효과」, 『상허학보』 41, 상허학회, 2014, 231쪽.

108 경찰이 대륙극장(전 단성사) 무대에 선 댄서의 옷이 지나치게 빨갛다고 주의를 준 일이 있다. 「[영화관의 페이지] 조선」, 『영화순보』 제25호, 1941.9.11, 61쪽; 한국영상자료원 한국영화사연구소, 『일본어 잡지로 본 조선영화』 3, 한국영상자료원, 2012.

109 「健全娛樂을 目標로 樂劇團에 自肅强調－銃後에 適合하지 않은 것은 斷乎히 鐵槌」, 『매일신보』, 1942.1.10.

익총액을 자선사업 및 기타 조선총독이 정하는 목적에 충당할 때"(조선지나특별세령) 입장세가 면제된다고 다소 광범한 조건을 내걸었던 당국은 "군인의 위휼 및 지나사변으로 종군한 군인 및 군속의 가족 또는 유족의 위문 기타 군사원호" 혹은 "병기 · 함선 기타 국방금품의 헌납"을 목적으로 한 흥행(조선입장세령)으로 조건을 더욱 구체화했다. 입장세는 전쟁 수행에 필요한 세금 수입을 늘려줄 것이고, 입장세 면제는 연예를 통해 전쟁 위문과 원호를 권장하는 효과를 가져다줄 것이다. 그리하여 당국은 경조부박하고, 비속하고, 퇴폐적이라고 비난받던 어트랙션에 '위문 연예'라는 명분을 제공해 주었다. '위문 연예'를 표방한 많은 공연들이 실질적으로 시국적인 내용만으로 채워지지 않아도 되었던 것은 '관객은 재미가 없으면 보지 않는다.'는 아주 단순한 진리에서 비롯된 식민 정부와 흥행계 사이의 암묵적인 공조에서 이유를 찾을 수 있을 것이다. 이렇게 보면, 전시체제가 강조하는 문화 통제의 기조를 거스르며 경조부박하고 비속한 취향의 보드빌 쇼라고 비난받았던 어트랙션은 전시체제가 이상화한 건전 오락의 대리보충supplément[110]이라 할 수 있다. 전시체제기 내내 강조되었던 건전한 오락이란 일종의 추상적인 원본일 뿐, '건전'에 대비되는 열등한 것으로서의 '비속'은 오히려 전시체제의 필요에 의해 요청된 것이다.

110 자크 데리다, 김성도 역, 『그라마톨로지』, 민음사, 2010.

참고문헌

자료

『매일신보』, 『경성일보』, 『신시대』, 『조광』, 『삼천리』, 『京城彙報』, 『朝鮮と建築』, 『朝鮮及滿洲』

矢野干城・森川清人, 『新版京城案內』, 京城都市文化研究所出版部, 1936.

『朝鮮年鑑昭和十七年度』, 京城日報社, 1941.

『朝鮮銀行會社組合要錄』, 東亞經濟時報社, 1942.

한국영상자료원 한국영화사연구소 편, 『일본어 잡지로 본 조선영화』 1, 한국영상자료원, 2010.

______________________, 『일본어 잡지로 본 조선영화』 3, 한국영상자료원, 2012.

______________________, 『일본어 잡지로 본 조선영화』 4, 한국영상자료원, 2013.

네이버뉴스라이브러리

문화콘텐츠닷컴 문화원형 라이브러리

미디어 가온

논문

권창규, 「소비자 교육으로서의 국민생활 만들기－전시기(1937～1945)의 국산 소비를 중심으로」, 『현대문학의 연구』 54, 한국문학연구학회, 2014.

김려실, 「일제 시기 영화 제도에 관한 연구」, 『영화연구』 41, 한국영화학회, 2009.

김성희, 「한국 초창기 뮤지컬운동 연구」, 『한국극예술연구』 14, 한국극예술학회, 2001.

김순주, 「식민지시대 도시생활의 한 양식으로서 '대극장'－1930년대 경성부민관을 중심으로」, 『서울학연구』 56, 서울시립대 서울학연구소, 2014.

김태희, 「서항석 연구－생애와 연극활동을 중심으로」, 고려대 석사논문, 2012.

김호연, 「일제 강점 후기 연극 제도의 변화 양상과 그 의미－이동극단 위문대를 중심으로」, 『인문과학연구』 30, 강원대 인문과학연구소, 2011.

백현미, 「어트랙션의 몽타주와 모더니티」, 『한국극예술연구』 32, 한국극예술학회, 2010.

山內文登, 「일제시기 한국 녹음문화와 역사민족지－제국질서와 미시정치」, 한국학중앙연구원 박사논문, 2009.
성기완, 「김해송과 조선 스윙 장단」, 『대중음악』 9, 한국대중음악학회, 2012.
양인실, 「영화신체제와 『영화순보』」, 한국영상자료원 한국영화사연구소 편, 『일본어 잡지로 본 조선영화』 3, 한국영상자료원, 2012.
유선영, 「황색식민지의 서양영화 관람과 소비의 정치, 1934~1942」, 공제욱·정근식 편, 『식민지의 일상－지배와 균열』, 문화과학사, 2006.
유인경, 「근대 "향토가극"의 형성과 특질 연구－안기영 작곡 가극 작품을 중심으로」, 『공연문화연구』 19, 한국공연문화학회, 2009.
이덕기, 「일제하 전시체제기 이동연극 연구－이동연극 제1대와 극단 현대극장을 중심으로」, 『한국극예술연구』 30, 한국극예술학회, 2009.
이소영, 「김해송의 대중가요에 나타나는 재즈 양식」, 『대중음악』 9, 한국대중음악학회, 2012.
이승희, 「세금으로 본 흥행시장의 동태론」, 『한국문학연구』 41, 동국대 한국문학연구소, 2011.
______, 「연극/인의 월북－전시체제의 잉여, 냉전의 체제화」, 『대동문화연구』 88, 성균관대 대동문화연구원, 2014.
______, 「전시체제기 연극통제시스템의 동원정치와 효과」, 『상허학보』 41, 상허학회, 2014.
이준희, 「김해송 무대음악 활동 초탐」, 『대중음악』 9, 한국대중음악학회, 2012.
이화진, 「두 제국 사이 필름 전쟁의 전야－일본의 '영화 제국' 기획과 식민지 조선의 스크린쿼터제」, 『사이間SAI』 15, 국제한국문학문화학회, 2013.
______, 「식민지 조선의 극장과 '소리'의 문화 정치」, 연세대 박사논문, 2011.
______, 「일제 말기 이동극단 활동의 전개 양상과 그 한계」, 『한국학연구』 30, 인하대 한국학연구소, 2013.
______, 「전시기 오락담론과 이동연극」, 『상허학보』 23, 상허학회, 2008.
정명문, 「남북한 음악극의 비교연구－남한의 악극과 북한의 가극을 중심으로」, 고려대 박사논문, 2013.
정종화, 「1940년대 초반 경성의 영화흥행계」, 『일본어 잡지로 본 조선영화』 4, 한국영상자료원, 2013.
최승연, 「악극樂劇 성립에 관한 연구」, 『어문논집』 49, 민족어문학회, 2004.

단행본
고향미 구술, 이화진 채록연구, 『2007년도 한국 근현대예술사 구술채록연구 시리즈 96－고향미』, 한국문화예술위원회, 2007.
권명아, 『역사적 파시즘－제국의 판타지와 젠더 정치』, 책세상, 2005.
김백영, 『지배와 공간－식민지도시 경성과 제국 일본』, 문학과지성사, 2009.
김호연, 『한국 근대 악극 연구』, 민속원, 2009.
박노홍, 김의경·유인경 편, 『박노홍의 대중연예사 1－한국악극사·한국극장사』, 연극과인간, 2008.
박용구 구술, 민경찬·김채현·백현미 채록연구, 『박용구－한반도 르네상스의 기획자』, 수류산방, 2011.
백현미, 『한국연극사와 전통 담론』, 연극과인간, 2009.
서항석, 『서항석 전집』 5, 하산출판사, 1987.
이두현 대담, 국립문화재연구소 편, 『대담 한국연극이면사』, 피아, 2006.
이순진, 『단성사』, 한국영상자료원, 2011.
이원경, 『공수래공수거』, 늘봄, 2005.
다테노 아키라 편, 오정환·이정환 역, 『그때 그 일본인들』, 한길사, 2006.
데틀레프 포이케르트, 김학이 역, 『나치 시대의 일상사－순응, 저항, 인종주의』, 개마고원, 2003.
미리엄 실버버그, 서미석·강진석·강현정 역, 『에로틱 그로테스크 넌센스－근대 일본의 대중문화』, 현실문화, 2014.
오자사 요시오, 명진숙·이혜정 역, 『일본현대연극사－대정·소화초기편』, 연극과인간, 2013.
요시미 슌야, 오석철 역, 『왜 다시 친미냐 반미냐－전후 일본의 정치적 무의식』, 산처럼, 2008.
자크 데리다, 김성도 역, 『그라마톨로지』, 민음사, 2010.

Kitamura Hiroshi, *Screening Enlightment : Hollywood and the Cultural Reconstruction of Gefeated Japan*, Ithaca and London : Cornell University Press, 2011.

3부

극장의 이동, 문화의 접변

철로와 부속지가 형성한 중국 동북지역의 초기 영화문화*

장동천

1. 영화문화의 시원을 찾아

세계 제국주의의 역사가 끝나갈 무렵 마지막으로 열강에 유린된 땅 만주는 우리의 기억 속에 식민적 억압과 민족적 저항이 치열하게 충돌하는 역사의 공간으로 각인되어 왔다. 우리가 고정관념을 넘어서 객관적인 시선으로 만주를 보려고 한 것은 그리 오래되지 않았다. 그 결과 중의 하나가 바로 최근 들어 다양하게 나오고 있는 만주국 영화에 대한 연구 성과들일 것이다. 동아시아에서도 오지인 만주의 영화가 잠시나마 한반도에까지 들어온 것은, 일본이 만들어낸 식민지 네트워크 안에서 인터내셔널한 성격을 띠게 된 만주국과 분명 직접적인 관련이 있

* 이 글은 『중국학논총』 46집(고려대 중국학연구소, 2014.11)에 게재된 논문을 수정한 것임.

다. 또한 만주국을 표상하던 관제 영화기구 '만주영화협회'(이하 만영)가 만주에 존재한 어떤 영화단체보다 패권적인 영향력을 발휘한 것도 사실이다. 그러나 만주국이 생기기 훨씬 이전에 이미 상당한 수준의 도시문화가 지역에 형성되어 있었으며 그에 상응하는 영화시장도 존재했다는 사실은 잘 알려져 있지 않다. 만주라는 객관적인 시공간은 압제와 저항의 공간인 동시에 거대한 생활공간이기도 했다. 특히 다국적 이민자로 붐비던 지역의 근대도시들은 또 다른 만주의 얼굴을 드러낸다. 지역에서의 영화 수용과 전파 과정은 도시문화의 존재 양상과 깊은 관련을 갖는다.

영화사적 측면에서 만주국보다 더 시원적인 의미를 갖는 이 도시 공간들은 열강이 설치한 '중동철로中東鐵路'[1]와, 철로를 따라 개발된 '철로부속지'에서 연유한다. 지역에 기이한 근대도시가 탄생하고 있을 때 프랑스의 뤼미에르 형제가 발명한 시네마토그래프도 때마침 세계 각처로 보급되고 있었다. 영화는 러시아를 거쳐 순식간에 만주까지 들어왔고 기존의 전통도시보다 수월하게 신흥도시의 오락거리로 자리 잡는다. 뿐만 아니라 철도가 연결하는 새로운 육상 루트를 타고 인근 도시들로 폭넓게 전파된다. 지역에 처음 들어온 영화는 중동철로의 러시아 주재원들을 위한 것이었다. 그러나 1920년대를 고비로 영화관 관객의 다수를 점한 것은 중국인들이었다. 그것은 남방에서 이루어진 중국 국산영화의 성장세에 기인하지만, 또한 지역의 문화공간에 대한 중국인

1 운영 당시에는 '東淸鐵道'라 하기도 했지만 이 글에서는 현재 중국 측 호칭을 따라 '中東鐵路'로 쓰기로 한다. 이 철로는 1898년 기공되어 1903년 남만주지선까지 완공되었다.

들의 향유방식이 달라졌기에 가능했다. 1920년대 중반에 중국인 관객은 이미 지역의 영화 시장을 좌우하는 가장 강력한 소비 주체였으며, 향후 만영의 영화전략에까지 절대적인 영향을 끼치는 존재가 된다.

이 글은 20세기 초반의 만주, 즉 현재 중국 동북지역[2]의 철로부속지에 형성된 근대도시를 중심으로, 신도시 개발과 영화수용의 관계, 그리고 영화시장의 양상 등을 통시적으로 살펴보고자 한다. 그럼으로써 동북지역 초기 영화문화에서의 중국관객의 성격과 역할, 그리고 영향관계 등에 관해 궁구할 것이다. 그 대상 시기는 만영이 출범한 1937년 이전으로 하되, 하얼빈哈爾濱・창춘長春・선양瀋陽・다롄大連 등 동북지역의 4대 도시를 주요 대상지역으로 삼고자 한다.

2. 철로와 도시공간의 변화

중국 남방으로 들어온 열강세력이 항구를 선점하고자 했던 것에 반해, 후발 제국주의 국가로서 동북지역으로 들어온 러시아와 일본은 철로를 장악하고자 했다. 따라서 제2차 아편전쟁(1860)의 결과로 동북지역 최초의 개항장이 된 뉴좡牛莊과 잉커우營口의 성장이 지체되는 대신,

2 현재 중국에서 랴오닝遼寧・지린吉林・헤이룽장黑龍江 등 한반도 북쪽에 위치한 세 개의 성省을 아우르는 지역개념으로 쓰는 말이다. '만주'라는 말은 주로 지역에 진출한 타자들에 의해 사용된 말이고, '동북'이란 말은 또한 지역을 중국적인 시각으로 한정시키는 단점이 있지만, 이 글에서는 다른 대안이 없기에 현재의 소속국에서 사용 중인 지명을 따르기로 한다. '동북'과 '만주'의 개념적 차이에 관해서는, 성근제, 「'東北'인가, '滿洲'인가 근대 동북 지역연구과제 설정의 가능성」, 『중국현대문학』 제56호, 중국현대문학학회, 2011, 129쪽 이하 참조.

철로를 따라 형성된 하얼빈·창춘·선양, 그리고 철로와 항구가 만나는 다롄이 지역의 중심도시로 빠르게 개발된다.[3] 중국 동북의 거의 모든 지역에 있어서, 1898년 이후 철도의 건설은 북아메리카의 서부지역에 필적할 만큼 충격적인 것으로 비유된다.[4] 그러나 중국에서의 철도는 근대적 산업문명 뿐 아니라, 낯선 외래문명의 도래를 의미하는 것이기도 했기 때문에 그 충격은 더 강렬했다고 할 수 있다.

러시아는 중동철로회사의 명의로 철로부설권과 함께 광산개발권, 그리고 각처에 철로부속지를 차지했다. 이 부속지는 문자 그대로 철로 궤도 양편의 '부속된 땅'만이 아니라, 철로 경로상의 광대한 산업도시용 부지까지 포함된 것이었다. 남방의 조계도 불평등조약의 산물이긴 하지만, 그것은 원칙적으로 병력 주둔이 배제된 상업용 임대부지였으며, 관리 면에서 상대적으로 토착민에게 관대한 편이었다. 하지만 19세기 말엽부터 열강의 관심을 끈 부속지 형태의 지배 구조는 이전의 조계 방식보다 강압적이고 더 식민지에 가까웠다.[5] 러시아가 20세기 초

3 청일전쟁(1895) 이후 러시아는 손쉽게 중동철로의 부설권을 얻어냈고, 삼국간섭으로 일본을 몰아내고 랴오둥반도까지 조차한다. 그러나 러일전쟁(1904)의 패배로 철로의 남만주지선과 관동주關東州를 다시 일본에 이양한다. 중동철로와 철로부속지는 러시아 측에서는 중동철로회사가, 일본 측에서는 남만주철도주식회사가 관리했다. 러일전쟁 이후에도 창춘 이북의 중동철로 본선은 여전히 러시아가 관장했으나, 1917년의 혁명 이후 백계 러시아에 존속된다. 이후 철로부속지에 대한 영향력은 현격하게 줄어들어 1921년 중국 북양정부(군벌정부)에 완전히 환수된다. 북양정부는 창춘 이북의 철로부속지와 인근의 관할지역을 묶어 '동성東省특별행정구'를 설치한다. 이는 1928년에 국민당정부에 인계되었다가 1932년 다시 만주국으로 편입된다. 소련에 경영권이 남아 있던 중동철로 본선은 1935년 일본에 완전히 매각되고, 철로부속지는 1937년 일본정부와 만주국의 합의로 공식적으로 철폐된다.

4 David D. Buck, Ioseph W. Esherick 편, "Railway City and National capital : Two face of the Modern in Changchun", *Remaking the Chinese City : modernity and National Identity, 1900～1950,* University of Hawaii, 2002, p.68.

5 부속지를 취한 당사국에는 행정권·병력 주둔권·경찰권 등 많은 권한이 보장되었으며,

반에 기초를 닦은 이 부속지 관리 방식은 1905년 이후 창춘 이남의 남만주철도를 접수한 일본의 남만주철도주식회사(이하 만철)에도 그대로 승계되었다.

〈그림 1〉 1897년 8월 28일 수이펀허(綏芬河)에서의 중동철로 기공식

철로는 지역의 모든 것을 바꿔놓았다. 새로이 건설되는 도시의 모든 기능은 철저하게 철로사업과 연계되었다. 광대한 부속지에는 전통적인 성곽도시에서는 볼 수 없던 전혀 다른 차원의 시설들이 생겨났다. 열차운행에 필수적인 역사, 철로회사사옥, 차량정비소 같은 공간 외에도, 부속지 관리를 위한 행정청사, 철도회사가 경영한 호텔 · 병원 · 우체국, 사원복지시설로서의 학교 · 도서관 · 상점, 그리고 철도회사 사원을 위한 대규모의 주택단지가 조성되었다.[6] 그러나 러시아는 개발 초기에 부속지 내의 중국인 출입을 엄격하게 금지시켰다. 동북지역에 처음으로 영화가 소개된 곳도 바로 중국인들의 출입이 제한된 하얼빈 부속지의 철로사원 클럽이었던 것으로 전해진다.[7]

경계 내 중국의 주권은 크게 제한되었다. 철로부속지의 면적은 조계보다 훨씬 넓어서, 1931년까지 동북지역의 만철 철로부속지는 482.8㎢에 달했으며, 1936년까지 1㎢ 이상의 시가지만 30곳이 존재했다.

6 예를 들면 만철이 철로부속지에 설립한 만철도서관만 20개소가 넘는다. 이에 관해서는 曲曉范, 「滿鐵附屬地與近代東北城市空間」, 『社會科學戰線』 2003 第1期, 159쪽 참조.

7 劉小磊, 「從傳入途徑與方式看中國電影早期發展格局」, 『電影藝術』 2007 第2期, 74쪽.

〈그림 2〉 일본 통치 시기의 다롄 대광장.
러시아가 설계할 당시 파리 개선문 광장을 모방했다.

완벽한 하나의 도시 구조를 갖춘 부속지에는 또한 러시아와 일본의 제국 상상에서 비롯된 청사진들이 충실하게 반영되었다. 우선 러시아와 일본은 각각 자신들의 지배에 대한 상징으로서 전통양식을 반영한 기념비적 시설들을 부속지에 시공했다. 동북지역의 각처에 들어선 정교회당과 신사・위령시설・전승기념물 등이 그 전형적인 예라고 할 수 있다.[8] 그러나 도시 구성 전체로 볼 때, 그들은 자국의 도시 형식을 그대로 가져온 복제판보다는 새로운 실험장으로서의 신도시를 구상했다고 할 수 있다. 예를 들어 랴오둥遼東 반도를 조차한 러시아가 구상한 다롄은 나폴레옹 3세 치하의 파리를 그대로 모방한 것으로, 제국적 질서가 투영된 동시에 현대적 의미가 추가된 신도시였다.[9] 건축양식에서도 이와 유사한 양상이 나타난다. 하얼빈의 도시건설에는 당시 러시아에서 최첨단 스타일로 간주되던 아르누보Art Nouveau 양식이 대대적으로 활용되었다. 그들은

---

8 패권 세력에 따라 다양한 종교건축이 들어선 대표적인 곳은 하얼빈이다. 이뿐 아니라 북양정부 시절에는 불교사찰이, 국민당 집권 시기에는 공자사원孔廟이 건축되기도 했다.

9 몇 개의 원형 광장을 중심으로 방사선 형태로 도로망을 연결하려는 원대한 계획은 러일전쟁에 패배하면서 완성되지 못했다. 그러나 이 계획은 조차지역을 접수한 일본에 승계되어, 오히려 더 확대된 형태로 추진되었고, 창춘과 펑톈(奉天, 즉 선양)의 개발에까지 적용되었다.

신도시 하얼빈이 본토의 전통적인 도시들과 구별되기를 원했다. 당시 중국의 동북지역은 중동철로회사나 만철 당국에게 있어 식민적 경영의 대상일 뿐 아니라, 본국에 대한 경쟁적 욕망이 투영된 실험적인 공간이기도 했다. 따라서 근대도시에 필요한 물질적 인프라가 오히려 본국보다 빠르게 구성되는 측면도 있었다.

지역의 토착문화를 소외시키는 또 다른 요소는 거주민의 구성에서 비롯되었다. 철로부속지의 신도시는 대규모의 국외 이민자를 불러들였다. 예컨대 하얼빈의 경우 1912년 전체 인구 중 러시아인이 4만여 명으로 60% 이상을 차지했다.[10] 다롄의 경우 러일전쟁 이전인 1903년의 4만 여 인구 중 러시아인은 1만 5천여 명에 달했다. 러시아인들에게는 부차적인 교역 도시로 취급된 창춘과, 봉계奉界 군벌의 중심지였던 선양은 상대적으로 개발 초기에 하얼빈과 다롄처럼 외국인 비율이 높지는 않았다. 하지만 외국인들의 세상인 철로부속지는 전체 도시 권역 안에서 무시할 수 없는 존재였다. 한편 다롄과 창춘에서는 러일전쟁과 만주사변을 고비로 각각 두 차례에 걸쳐 일본인 인구가 급증하기도 한다.

철로부속지의 개발과 외국인 인구의 급작스런 유입은 초기에 지역 도시 공간을 몇 개의 범주로 분리시킨다. 이 글이 다루는 4개의 도시는 크게 두 가지 유형으로 나누어 볼 수 있다. 한 유형은 하얼빈과 다롄처럼 도시 자체가 새로 생긴 곳들이다. 하얼빈은 몇 군데의 철로부

10 汪朝光, 「20世紀初葉電影在東北邊陲之興－哈爾濱早期電影市場研究」, 『南京大學學報』 2004 3期, 98쪽. 이 중에는 백러시아 계통의 유대인도 적지 않았는데, 유대인 수는 러시아 혁명 이후 최고 2만여 명까지 증가한다.

〈그림 3〉 하얼빈의 중국인 타운. 1930년대 다오와이의 북도두가(北頭道街).

속지가 점조직처럼 확장되며 크게 하나의 도시를 이루게 되며, 다롄은 처음부터 도시 전체가 구역별로 기능이 안배된 하나의 통합 도시로 개발되었다. 이 도시들은 개발 초기에 이중도시dual city의 양상이 분명하게 드러나 있었다.[11] 두 도시에는 항구와 행정구역에서 떨어진 곳에 마치 일종의 게토ghetto처럼 폐쇄적으로 중국인 타운이 조성되었는데, 중국인 타운은 행정과 경제 뿐 아니라 문화적으로도 소외되었다. 하얼빈의 다오와이道外와 다롄 역 서쪽의 샤오강쯔小崗子가 대표적인 예이다.

---

11 중국에서의 듀얼시티 현상에 대해서는 상하이를 소재로 연구한 Linda Cooke Johnson, *Shanghai : From Market Town to Treaty Ports, 1074~1858,* Stanford Univ, 1995, pp.322~346 참조. 그러나 일본 지배시기에는 러시아와 같은 엄격한 분리 정책은 대폭 완화된다. David D. Buck, 앞의 책, p.68.

다른 한 유형은 기존의 성곽도시가 있었던 선양과 창춘에서 볼 수 있다. 중동철로의 완공 이후, 청나라 정부는 선양과 창춘의 성곽도시 옆에 개항장의 성격을 띤 상부商阜를 자발적으로 조성했다. 상부는 애초에는 외세의 경제적 침입에 대응하는 동시에 정치적 간섭을 차단할 목적으로 추진된 것으로, 탈경계적이고 다국적 공간화 되어가는 동북지역에 청나라 정부가 정착시키려 했던 내셔널리즘의 결과라고 할 수 있었다.[12] 결과적으로 이 도시들은 전통도시와 새로운 철로부속지 사이에 완충적인 신도심이 따로 존재하는 3분형의 구조를 나타낸다.

하지만 이러한 분리양상은 남부로부터 중국인 인구 유입이 증가함에 따라 크게 완화된다. 중국 이주민의 증가는 청말부터 시작되어, 1920년대부터 만주국 성립 직전까지 정점을 이룬다.[13] 이에 따라 러시아나 일본 국적자가 차지하는 비율이 점차 감소되어, 하얼빈의 러시아계 인구는 1929년 말에 이미 10%대까지 점유율이 하락한다. 초기 외국인 이민자의 증가만큼이나 중국인 이주민의 급증도 지역의 외래문화 수용 양상에 적지 않은 영향을 끼쳤으며, 영화의 소비시장에도 커다란 변수로 작용한다. 중국인 이주민의 문제는 만주국 시기에도 식민 통치자들을 곤혹스럽게 하는 난제 중 하나였다.

---

12 애초에 청 정부는 기존의 성곽도시를 보호하고자 상부를 먼저 개발하여 열강에 매각할 계획이었지만 일본이 따로 철로부속지를 매입함으로써 결과적으로 성곽도시와 상부와 철로부속지가 별도로 존재하는 3분형의 구조가 된 것이다. 동북지역 이외의 상부로는 칭다오青島로부터의 독일 영향력을 완화하기 위해 조성한 지난濟南 상부가 있다.

13 말기의 청나라 조정과 봉계군벌, 그리고 국민당 정부뿐 아니라 러시아의 중동철로회사조차 1931년 이전까지 모두 동북지역에 대한 본토 중국인의 이민 장려 정책을 취했다. 高樂才・李靜, 「奉系時期東北國內移民考略」, 『東北史地』 2013 6期, 長春, 吉林省社會科學院, 76쪽.

지역의 다수 인구를 점하게 된 중국인들에게 개발 초기 지역의 도시 메커니즘, 특히 철로부속지에서 파생된 문화는 두 가지 작용을 거쳐 일상생활의 차원까지 스며들었다고 할 수 있다. 하나는 부속지에 도입된 근대 문물의 월경越境하는 속성이며 또 다른 하나는 그에 따라 나타난 문화의 혼종하는 특성이다.

사실상 철로부속지와 중국인 타운 사이의 단절이 오래 지속된 사례는 거의 없다. 그러한 현상은 중국인 사회의 변화에 기인하는데, 중국인 타운의 성장에 따라 부속지의 외래문화는 오히려 유동성을 갖게 된다. 하얼빈과 다롄의 중국인 타운은 이미 1910년대에 중국인 상권의 중심으로 부상한다. 애초부터 코스모폴리틱한 상업공간으로서의 성격이 더 강했던[14] 창춘과 선양의 상부도 짧은 시간 내에 부속지를 압도해버리며,[15] 인접한 성곽도시로 상권을 확장해간다. 러시아가 최초 설정한 경계는 매우 폐쇄적이었지만, 철로부속지와 중국인 공간의 관계는 이처럼 시간이 지나면서 상하이에서의 조계와, 그 경계 너머에 인접한 월계越界의 관계처럼 점차 유동적인 것이 된다. 양 지역의 관계는 비록 식민 대 피식민 관계에서 완전히 벗어난 것은 아니지만, 어느 정도 경쟁관계를 통해 각각 도시의 일부로서 공존했다고 할 수 있다.

---

14 영사관 · 은행 · 양행洋行(즉 외국계 상점) · 종교시설 등이 상부에 전파한 외래문화는 물론 토착민들에게 분명한 식민성을 지닌 것이었다. 반면에 상부는 철로부속지와 연계되어 지역의 근대식 미디어와 교육 등에도 적지 않은 영향을 끼친다.

15 1920년대에 이르면 상부는 이미 거주인구와 상점 수에서 모두 철로부속지를 초월한다. 고시자와 아키라越澤明, 『滿洲國の首都計劃 : 東京の現在と未來を問う』, 東京 : 日本經濟評論社, 1988, 85쪽. 또 다른 통계를 보면, 청나라 말년인 1911의 선양의 잡화점 수가 1,786호에서 1924에는 6,000여 호로 증가하게 되는데, 이는 국내 이민 붐과 직접적인 관련이 있다. 高樂才 · 李靜, 「奉系時期東北國內移民考略」, 앞의 책, 79쪽.

따라서 지역의 영화관 문화 역시 아주 초기를 제외하면, 반드시 철로부속지 → 상부 → 전통도시의 순으로 발달하지는 않았다.

〈그림 4〉 하얼빈 다오와이 정우가(靖宇街)의 순화병원. 혼종양식인 차이나바로크식.

월경 현상의 결과로 지역에는 다양한 혼종적 문화가 나타난다. 그중 가장 가시적인 것은 지역 내에 다량으로 조성된 혼종적 건축물들이다. 이것은 대부분 철로부속지에 인접한 상부나 중국인 타운에서 집중적으로 나타났다. 가장 대표적인 곳은 하얼빈의 다오와이道外 지역이다. 하얼빈 건설에 참여한 노동자들의 집단 거주지에서 대표적인 중국인 상가로 성장한 다오와이 일대에는 서양식과 중국식이 뒤섞인 상점 건물이 1930년대까지 지속적으로 건축되었다.[16] 창춘과 선양의 중국인 상가에도 동일한 혼종 건축이 같은 시기에 유행했다. 사실상 1945년까지 동북지역의 이국정서에 대해 비판적으로 묘사한 많은 중국인들의 기록은, 중국인들에 의해 혼종화된 상업 공간과 더 깊은 관련이 있다고 할 수 있다.[17] 이러한 혼종현상은 철

---

16 일본학자 니시자와 야스히코西澤泰彦는 이러한 양식을 '차이나 바로크'라 명명했다. 이것은 베이징이나 상하이에서도 발견되나 가장 집중된 지역은 하얼빈의 다오와이 일대이다. 西澤泰彦, 「哈爾濱近代建築的特色」, 『中國近代建築總攬·哈爾濱篇』, 中國建築工業出版社, 1992 참조.

17 예를 들면 1928년 펑즈馮至는 「하얼빈哈爾濱」이란 시에서 하얼빈을 폼페이보다 더 타락한 곳으로 묘사하며, 진이靳以는 1932년 수필 「하얼빈」에서 "다오와이 지역을 상기하면 지저분한 풍경이 떠올라 혐오의 감정을 지울 수가 없다"고까지 말한다. 하지만 이러한

로부속지에서 비롯된 외래문화가 중국화되고 있음을 반증하는 것이었다. 혼종화를 주도한 것은 지역에 들어온 중국인 상인계층이었다. 가치중립적인 경향이 강했던 그들의 외국문물에 대한 애호와 열망은 새로운 문화에 대한 지역 나름의 적응력을 이끌어냈다. 이러한 적응과정은 외국인들에게 전유되던 영화가 중국인 사회로 확산되는 것과도 밀접한 관계가 있었다.

3. 영화문화의 수용 양상

최초로 동북지역에 소개된 영화는 상술한 것처럼 1899년 하얼빈 샹팡香坊의 러시아 철로클럽에서 사원들에게 공개된 단편영화였다.[18] 아직 도시의 기본 설비가 갖춰지지 않은 당시로서는 사원들의 공공 오락시설인 철로클럽이 영화를 상영하기에 가장 적합한 실내 공간이었다. 중동철로의 개장은 영화 외에도 러시아식 공연문화가 대거 중국으로 유입되는 길을 열어주었다. 철도클럽과 호텔 내의 극장, 그리고 신설된 공원의 노천극장 등지에서는 주로 중동철로 직원을 위한 음악회나 서커스 공연 등이 빈번하게 개최되었다.[19] 신흥도시 하얼빈은 난민에 준하는 러시아계 이민자들에게도 열망이 실현되는 땅이었다. 그들 중 특히 유대인들

문장들은 하얼빈의 중국인에 대해 분노와 동시에 연민을 드러낸다.

18 劉小磊, 「從傳入途徑與方式看中國電影早期發展格局」, 앞의 책, 74쪽. 샹팡은 하얼빈 최초의 철로부속지로 도시 남쪽에 소재한다.

19 宋雪雅, 「哈爾濱近代影劇院建築述略」, 張腹合 主篇, 『中國近代建筑研究与保護』(四), 清華大學出版社, 2008, 307쪽.

이 극장 건축, 악단의 조직, 음악교육, 이와 관련한 출판 등 구미식 공연 예술분야를 정착시키는 데에 주도적으로 활약했다.[20] 이것은 영화 쪽에도 마찬가지여서 초기 영화관의 건물 설계자나

〈그림 5〉 1908년 개장한 하얼빈의 오리엔트 영화관.

운영자들은 대부분 유대인이었다. 초기 영화문화 정착에 결정적 작용을 한 러시아인들은 관방과 무관한 사람들이었다고 할 수 있는데, 이는 후일 일본인들이 관방을 통해 강력한 영화개입을 시도한 것과 뚜렷한 대조를 이룬다.

영화가 도입된 지 얼마 지나지 않아 상영시설을 갖춘 상업적인 공간이 하얼빈의 철로부속지 안에서도 가장 번화한 다오리道裏와 난강南崗에 생겨난다. 첫 상설극장은 다오리의 중심 가로인 키타이스카야(현재의 '中央大街')에 1902년 개장한 코브체프Kobcev 극장이었다.[21] 이 연대는 상하이 최초의 상설영화관이라는 훙커우 활동영희원虹口活動影戲院(1908년)보다도 훨씬 앞선 것이다. 그러나 최초의 상설극장에 대해서는 중국 안에서도 지역별로 이설이 많기 때문에,[22] 코브체프 극장이 오늘날 상상하는 영화 전용극장을 의미하는지는 확증하기 어렵다. 아무튼

20 胡雪麗, 「猶太音樂家對哈爾濱音樂藝術發展的影響」, 2009. http://blog.sina.com.cn.
21 宋雪雅, 「哈爾濱近代影劇院建築述略」, 앞의 책, 309쪽.
22 劉小磊, 「從傳入途徑與方式看中國電影早期發展格局」, 앞의 책, 74쪽 이하 참조.

1911년이 되면 하얼빈에 이미 4곳의 상설영화관이 개업하고, 두 곳의 일반극장과 네 곳의 영화상영이 가능한 클럽이 존재했다고 한다.[23] 이 극장들의 경영주는 그때까지 모두 러시아인들이었다.

1916년 하얼빈에서 발행되는 『원동보遠東報』에는 '영화관을 개설한 사람이 또 있다又有開設電影園者'라는 제하에 아래와 같은 기사가 실린다.

> 작년 본 도시의 왕페이쉬안王佩萱이라는 사람이 영화관을 만들었다는데, 영화는 각국에서 환영받고 있다. 무릇 그 공능이 사람의 지식을 넓혀주고, 사람의 안목을 밝혀주는 데 있는 까닭이다. 근자에 어떤 상인이 영화관 한 곳을 또 열려고 하는 것 같으니, 벌써 북삼도가北三道街에 건물을 짓고 있어, 좀 있으면 낙성하여 상영을 시작할 것이다.[24]

기사 속에 등장하는 바, '사람의 지식을 넓혀주고, 사람의 안목을 밝혀주는開人之知識, 醒人之眼目' 영화의 기능은 당시 영화에 대한 계몽적 인식의 단면을 보여준다. 그것은 영화라는 매체 자체를 신기하게 여기는 단계를 지나 그 효과에 대해서도 보편적인 인지가 생겼음을 뜻한다. 이 기사에 실린 왕페이쉬안은 현재까지 남아있는 기록으로 보아 하얼빈 최초의 중국인계 극장주로 추측된다. 그런데 인용문에서 언급된 '북삼도가'는 다오와이에 소재한 거리이므로, 이미 이 시기에 중국인 타운에까지 영화문화가 들어갔음을 알 수 있다. 1920년대에 하얼빈의 극장 수는 12

---

23 汪朝光, 「20世紀初葉電影在東北邊陲之興－哈爾濱早期電影市場研究」, 앞의 책, 99쪽.
24 郭淑梅, 「晚淸以來東北電影消息及廣告考」, 『龍江春秋－－黑水文化論集之四』, 2006, 303쪽. '遠東報'는 중동철로회사가 1906~1922년 사이에 발간한 중국어 신문.

개소로 증가하게 되는데, 인구대비 극장 수만으로 보면 하얼빈은 이미 중국의 최다 영화관 보유 도시였던 셈이다.

〈그림 6〉 만주국 시절 창춘의 장춘좌.

동북의 각 지역마다 영화가 전래되는 양상이 약간씩 차이는 있지만, 가장 큰 특징은 상술한 것처럼 러시아의 영향이 지배적이었다는 점이다. 하얼빈 최초의 극장뿐 아니라, 1908년 동북 지역 최초로 생긴 영화사인 원동영화사遠東影業公司 역시 러시아인이 직영한 회사로 알려져 있다. 창춘의 영화 역시도 1907년 4월 24일 서삼도가西三道街에 있는 한 찻집에서 러시아사람이 들여온 〈전등영희電燈影戲〉를 상영한 것으로 시작된다. 선양에서 발간되는 『성경시보盛京時報』 1913년 11월 15일의 증간增刊에는 "창춘 상부의 신작로에 영화사가 문을 열었는데, 이는 하얼빈의 지사라 한다"[25] 는 기사가 실리는데, 창춘 최초인 이 영화사의 본사는 하얼빈의 원동영화사였다. 그러나 만철의 영향력이 강해지면서 창춘에서의 영화산업도 일본인의 주도로 넘어간다. 창춘 최초의 상설극장은 1920년 만철부속지 내의 동東공원 안에 일본인들이 만든 장춘좌長春座였으며, 200여 명의 관객을 수용할 수 있는 규모였다.[26]

---

25 李寧, 「我國東北早期的電影業」, 『文史春秋』 2010, 9期, 50쪽에서 재인용.

선양에서의 첫 영화 상영은 1907년 1월 23일의 『성경시보』에 실린 '볼 만한 활동영희活動影戲'라는 헤드라인의 기사에서 확인된다. 선양에 처음 상설영화관이 생긴 것은 1912년이었지만, 중국인 소유의 영화관은 비교적 늦게 1927~30년 사이에나 등장한다.[27] 영화가 어느 정도 정착된 1924년에는 영화 포스터에 담배광고를 넣거나 담뱃갑과 영화표를 바꿔주기도 함으로써 광고대행업을 겸한 영화사가 선양에 나타나기도 했다.[28] 부속지나 상부보다 성 안의 인구가 많았던 선양에서는 러시아인 영화업자들이 아예 성내를 전전하며 장사를 했다. 이것은 초기 동북 영화의 보급과정에 나타나는 또 다른 특징이었다. 즉, 당시 지역의 도시 공간은 이중도시, 혹은 3분형의 구조였지만 사실상 영화업자들에게 이러한 경계는 무의미했다. 장사가 될 만한 곳이라면 자가 발전기를 갖춘 영화가 못 들어갈 곳은 없었다. 구역을 막론하고 영화시장은 처음에 노천에서 상영하다 다원茶園과 희원戲院으로 들어가고, 마침내 상설영화관이 생기는 순으로 형성되어 갔다.[29]

동북의 대규모 도시 중 예외적으로 다롄의 영화역사는 일본인들에 의해 시작된다. 1906년 일본인이 경영하던 오카야마岡山 고아원의 모금단이 당시 연극극장인 '동경좌東京座'에서 '자선사업 음악 영화회'를 개최한 것이 그 시발이었다. 첫 상설극장은 1910년 만철이 조성한 전기원電氣園 공원에 들어선 '전기관電氣館'이었다. 이어 1913년에 낭속관浪速館을 시작

---

26 李新, 「長春記憶 : 看電影的故事」. http://blog.sina.com.cn.
27 孫招, 「重整瀋陽電影塵封的記憶」, 『遼沈晚報』 2004년 10월 15일자.
28 李寧, 「我國東北早期的電影業」, 앞의 책, 52쪽.
29 劉小磊, 「從傳入途徑與方式看中國電影早期發展格局」, 앞의 책, 74쪽.

으로 몇 개의 상설 극장이 더 들어선다.[30] 다롄은 러일전쟁 이래 일본의 영향이 가장 지배적이고 일본인 인구도 가장 많은 도시였기에 영화 시장도 초기부터 일본인들에 장악되었다. 그럼에도 불구하고 다롄에는 1925년에

〈그림 7〉 영화관으로도 활용된 다롄 YMCA.

일본을 위시하여 미국과 유럽 등 해외 영화사의 발행 관련 기구가 18곳이나 존재했다.[31]

동북의 기타 도시 중 비교적 초기에 영화가 들어간 곳으로는 그밖에도 단둥丹東, 지린吉林, 랴오양遼陽, 안산鞍山 등이 있으나 단지 시간차만 있을 뿐 수용과 경영방식은 상술한 4대 도시와 대동소이하다. 남부의 도시들이 영화가 들어가기까지 많은 우여곡절을 겪었던 것과 달리, 앞의 네 도시들처럼 이 도시들에서도 철로로 인해 형성된 지역의 새로운 문화시스템이 비교적 순탄하게 영화를 정착시켰다.

---

30 Liu Wenghua, "Brief History of the development of Motion Pictures in Manchuria", *Manchuria*, 1939(PDF : E-ASIA, University Oregon Libraries).

31 李寧, 「我國東北早期的電影業」, 앞의 책, 52쪽.

4. 중국인 관객의 성격

아직 서사가 없는 영화 초기의 필름들은 '활동하는 사진' 자체로 주목을 받았는데, 초기 동북지역에서 상영된 필름도 서양의 풍속을 담은 자투리 영화들이 대부분이었다. 이러한 단편 영화 가운데는 지역에서 일어난 역사적 사건을 담은 필름도 있었다. 하얼빈의 기록을 보면, 〈러일 뤼순전쟁日俄旅順之戰〉(1905), 〈안중근의 이토오 히로부미 저격安重根刺伊藤博文〉(1909), 〈동3성 총독 자오얼쉰의 하얼빈 시찰東三省總督趙爾巽過哈〉(1911), 〈흑룡강성 독군 우싱취안의 도강 순행黑龍江督軍吳興權巡遊下江〉(1923), 〈하얼빈 전경哈爾濱全景片〉(1923), 〈시민 퍼레이드市民大遊行〉(1924) 등등의 기록필름은 하얼빈 이외에도 다른 여러 도시를 순회하며 상영되었다.[32] 이야기가 없음에도 움직이는 화면이 보여주는 사실성은 초기 관객들에게 크나큰 매력이었다. 1911년『원동보』의 기사를 다시 인용하면, 〈동3성 총독 자오얼쉰의 하얼빈 시찰〉이라는 영화에 관한 아래와 같은 내용이 있다.

> 공원이 문을 닫은 뒤, 중국대가(키타이스카야—역주)의 영화관이 떠들썩해진다. 매일 석양이 질 무렵, 입장하여 관람하는 보통 신사 숙녀들의 행렬이 끊이지를 않는다. 극장 안에서 상영되는 것은 모두 자오趙 총독이 하얼빈에 왔을 때 찍은 활동사진들이다. 진상이 여실히 드러나는 것이 보통 관람객이 아주 충분히 감상할 만하다. 그리하여 이 극장은 이윤이 세배나

32 李寧, 「我國東北早期的電影業」, 앞의 책, 49쪽.

남는다고 한다.[33]

실사 이미지가 구현하는, '진상이 여실히 드러나는眞情畢露' 경지는 영화 수용 초기에 관객을 극장으로 유인하는 강렬한 시각적 자극이었음에 틀림없다. 특히 러일전쟁 등 지역 안에서 일어난 역사적 사건을 취재한 생생한 활동사진들은 로컬 관객들의 문화적 기억을 환기시키는 매우 흥미진진한 볼거리였다. 그러나 이러한 소박한 풍경은 곧이어 극장가에 일어나게 되는 다방면에 걸친 지각 변동과 함께 사라져간다.

상술한 소수의 로컬 필름을 제외하고, 영화 도입 초기에 동북지역에 들어온 영화는 유럽에서 제작된 것이 태반이었다. 그러나 단편영화에 만족하던 시대는 그리 오래가지 않았다. 장편영화가 들어온 연대는 1914년으로 기록되는데, 이탈리아에서 제작된 역사물 〈쿼 바디스Quo Vadis〉(1912)가 처음으로 다롄에서 상영된 데 이어, 1915년에 〈레 미제라블Les Miserables〉(1912, 프랑스), 입센의 〈유령Ghost〉(1911, 미국) 등이 YMCA를 통해 상영되었다고 한다.[34] 장편영화는 영화가 미성숙한 기계장난에 불과한 것이라는 종전의 인식을 바꾸어놓았다. 극장용 영화가 단편에서 장편으로 넘어가는 시기는 또한 유럽에서의 1차 대전이 종료된 이후, 영화의 주요 수입국이 교체되는 시기와도 맞물린다. 유럽 각국이 전후 후유증으로 해외시장 관리에 공백을 보일 무렵 미국영화가 들어온다. 그것이 프랑스 영화의 감소와 함께 나타난 극장가의 불경기에 소

---

33 1911년 10월 24일자. 郭淑梅, 「晩淸以來東北電影消息及廣告考」, 앞의 책, 304쪽에서 재인용.
34 Liu Wenghua, 앞의 글, PDF판 1쪽 참조.

〈그림 8〉 1906년에 개장한 잭턴스 영화관 앞의 1930년대 모습.

생의 전기를 마련해 준 점도 없지는 않다.[35] 그러나 머지않아 미국영화는 중국의 다른 지역에서와 마찬가지로 압도적으로 극장을 선점해버린다. 더욱이 1928년에 지역의 패권이 국민당 정부로 넘어가자 배급 면에서도 더욱 유리한 지위를 확보하게 된다. 하지만 지역의 중국인 관객에게 미국영화의 한계는 분명히 존재했다. 그들은 상하이의 관객과 달리 영어나 미국식 감성에 익숙하지 않았다.[36]

중국인 관객의 입장에서 사실상 더 큰 변화는 마침내 지역의 극장에서 국산 극영화를 만날 수 있게 됐다는 점이었다. 하얼빈의 유명 영화관인 잭턴스節克坦斯와 모델莫代爾 두 극장의 통계를 보면, 1916년에서 1919년 사이 상영된 영화 134편 중 중국영화는 단 한 편도 없었다. 1924년에 들어서면 연간 총 46편 가운데 비로소 5, 6편의 중국영화가

35 梁啓明, 「哈爾濱電影起源與發展」, 『黑龍江史誌』, 2009 23期, 23쪽.

36 당시 중국에서의 미국영화는 중국 관객과 언어와 정서상의 괴리가 많았기 때문에, 대사가 많은 드라마영화보다는 스펙터클 중심의 야수영화나 채플린 식의 코미디 영화가 더 인기를 끌었다. 하지만 총체적으로 중국 국산영화만큼 관객의 정서에 깊이 영향을 끼치지는 못했다. 뿐만 아니라 상하이처럼 외국문화의 영향이 강한 곳과 그렇지 않은 곳 사이에 차이도 적지 않았다. 일반적으로 할리우드 영화는 몇 개 안되는 카피로 동아시아 일원을 다 돌아야 했기 때문에, 개봉 횟수가 많더라도 상영일수는 3~5일이 고작이었다. 彭侃, 「談好萊塢電影在中國百年浮沉」, http://www.1905.com 1905電影網.

나타나기 시작한다. 1911년에서 1931년까지의 누계를 보면 총 상영 영화 456편 중 중국영화가 196편으로 43%의 비율을 점하는데 이중 대부분은 1926년 이후 제작된 것이었다.[37] 이런 현상은 1차적으로는 당시 중국영화 제작의 중심지였던 상하이의 상황에서 비롯된 것이다. 상하이 영화계는 1923년 〈할아버지를 구한 고아孤兒救祖記〉라는 극영화가 성공한 이후 한동안 원앙호접파鴛鴦蝴蝶派의 통속소설을 각색한 멜로드라마로 각광을 받는다. 이어 1926년경부터 고전서사극古裝片과 무협서사, 그리고 신괴神怪 판타지 등 활극영화로 장르가 다양해지며 상업영화의 전성기를 맞는다. 이 영화들은 중국 본토뿐 아니라 남양南洋 각처의 화교문화권에까지 광범위하게 전해졌다. 상하이의 극영화 제작 붐은 동북지역의 극장가에도 곧바로 영향을 끼쳤다. 마침 이 시기는 지역 내의 다국적이던 인구양상이 점차 단순해지는 전환점이기도 했다. 그리하여 하얼빈의 경우만 보면 1920년대 후반 이후 국산영화 점유율이 오히려 상하이보다 높아진다. 동북 지역의 중국인 관객에게 중국영화의 증가는 영화에 대한 소비욕망을 증가시켰다. 이와 더불어서 영화가 표현할 수 있는 내셔널리즘 담론에 대한 그들의 소비욕구도 더 늘어갔다. 외래문화가 지배적인 이 지역에서 중국영화의 존재는 다른 지역보다 각별한 의미가 있었다.

창춘 이남의 만철 부속지만 봤을 때, 중국인 이민자는 산시山西・산둥山東・허베이河北 출신자가 40~50% 이상을 차지했는데,[38] 한족인

---

37 汪朝光, 「20世紀初葉電影在東北邊陲之興－哈爾濱早期電影市場研究」, 앞의 책, 100쪽.
38 曲曉范, 「滿鐵附屬地與近代東北城市空間」, 『社會科學戰線』, 2003 第1期, 160쪽.

〈그림 9〉 선양역에서 바라본 만철 철로부속지.

이들은 대부분 중국어 자막을 읽을 수 있는 사람들이었다. 농촌으로 향한 가족형 이민자와 달리 이들은 홀로 이주한 청장년층이 많았고, 주로 상업과 잡역에 종사했다. 하얼빈에서도 주요 중국인 이민자는 독신 남성들이었으며, 극장은 이들에게 문화소비와 사교의 욕구를 만족시킬 수 있는 장소였다.[39] 이러한 국내 이주민들은 도시의 일상생활, 특히 여가의 양상에 많은 영향을 끼쳤다. 중국인으로서의 정체성을 가지면서도 중국과 분리되어 있는 것 같은 그들의 애매한 처지는 그들이 국산영화에 대해 상하이 관객과는 또 다른 감정을 갖게 했다. 하얼빈 신문에 실린 광고를 보면, 사랑・결혼・가정문제 등은 당시 영화 중 압도적으로 다수를 차지하는 소재였다고 한다.[40] 극장은 그들이 현실에서 채울 수 없는 망향과 민족정서를 충족시키는 꿈의 장소가 될 수 있었다.

중국인 관객의 증가는 자연스레 중국인 사회 안에서 영화관 관리의 필요성을 야기했다. 하얼빈에서는 이미 1908년에 극장 일반에 관한 관리규정으로 하얼빈 자치공회에 의해 「극장 및 기타 각 오락장소의

---

39 汪朝光, 「20世紀初葉電影在哈爾濱」, 『東北網』 http://special.dbw.cn.
40 汪朝光, 「20世紀初葉電影在東北邊陲之興－哈爾濱早期電影市場研究」, 앞의 책, 99쪽.

입장권세 규칙劇場及其他各娛樂場所票稅規則」이 공표된다. 1918년에 역시 같은 기구에서 제정한「학생 및 재학연령 아동의 관람 부적합 영화 금지 규약取締學生及已達學齡兒童看閱不合幼兒電影章程」은 전적으로 영화에 국한된 규정으로서, 단지 영상물로부터의 아동보호 뿐 아니라 영화관 자체에 대한 공적인 관리가 시작되었음을 알리는 징표였다. 이러한 규정은 러시아 혁명 후 북양정부가 하얼빈 시정을 직접 관리하게 되면서 더 강화되어 1926년에「희원 · 곡마단 · 영화관 및 공공 오락장소의 금지 규정取締戲園 · 馬戲團 · 電影園給公共娛樂場所規則」이 공표되었다. 그러다 국민당 정부가 관할을 인수한 뒤로는 1930년 난징南京에서 공표된「영화심의법電影檢查法」[41]의 일률적인 관제를 받게 되었다. 국산영화가 붐을 이루기 시작했을 때, 검열 대상은 주로 사랑을 소재로 한 멜로드라마였는데, 당시 심의 당국은 이런 영화의 영향력이 "음서淫書보다 심각하다"고 생각했다.[42] 러시아혁명 직후에는 '적화赤化' 사상에 대한 금지가 영화 심의의 새로운 이슈로 대두되기도 한다.

그러나 지역 극장에 지속된 중국영화의 호황은 1931년 만주사변으로 전환점을 맞이한다. 당시 영화의 주요 생산지였던 상하이의 업계로서는, 동북지역 전체가 일본의 수중에 떨어졌다는 것은 방대한 시장의 소실을 예고하는 것이었다. 이와 상대적으로 중국인 관객의 입장에서 그것은 또한 극장 안에서의 민족 상상에 크게 제한을 받게 됨을 의미하는 것이었다. 지역 내에서 일어난 정치적 변화로 인해 이 무렵 한족

---

41 汪朝光, 앞의 책, 100～101쪽 참조.

42 遼左山人,『濱江塵器錄』, 哈爾濱 新華印書館, 1929, 210～212쪽.

거주민들의 민족의식은 최고조에 이르러 있었다. 1928년 일본에 의한 봉계 군벌 수장 장쭤린張作霖 폭살 사건과 그해 말 후계자 장쉐량張學良이 국민당 지지로 선회한 '역치'[43]사건 등은 1931년까지 지역 한족 중국인들의 내셔널리즘을 증폭시켜 반일감정과 친 국민당 정서에 크게 영향을 끼쳤다. 단지 순수한 영화 인식의 차원에서 볼 때도 1930년대의 중국인 관객은 관제 홍보영화에 만족할 수준은 이미 아니었다.

5. 영화 환경의 왜곡

폭넓게 형성된 소비시장의 풍경과는 매우 대조적으로 동북지역의 영화제작은 그다지 활성화되지 못했다.[44] 그렇게 되기에는 사실상 시장의 절대적인 규모부터 차이가 있었다. 동북 도시 중 영화시장이 가장 번성했던 하얼빈조차 인구 대비 극장 수나 관람객의 비율에서는 상하이를 넘어섰을지 몰라도, 절대규모에서는 크게 미치지 못했다. 하얼빈은 북방에서는 철로교통의 요지였지만 중국 전체의 판도에서는 북쪽의 치우친 오지였기에, 유통 면에서 매우 불리한 위치에 있었다. 뿐만 아니라 북만주에서는 문화거점이라 할 수 있었지만, 상하이처럼 전국 각처로부터 문화예술인들을 불러들일만한 유인요소가 많지 않았

43 易幟. 국기를 북양군벌의 오색기에서 국민당의 청천백일기로 바꿔 게양한다는 뜻.

44 만철에서 작성된 보고서는 심지어, 우연히 제작된 러일전쟁의 기록 필름 이후 1924년 '만철 영화반'의 활동이 있기 전까지 20년 동안 전혀 촬영이 이루어지지 않았다고 적기까지 한다. Liu Wenghua, 앞의 글, PDF판 3쪽 참조.

다. 지역에서 상하이 영화계로 진출한 사람은 있지만, 상하이에서 하얼빈까지 오직 영화를 만들기 위해 들어온 사람은 거의 존재하지 않았다. 이런 사정은 당시 창춘이나 선양, 그리고 다롄도 마찬가지였다. 한편 초기에 영화시장을 개척한 러시아인들도 개인적으로 기록필름을 찍는 것 외의 대규모 제작에 관심이 없었다. 일본인에 의한 극영화 제작 역시 주지하다시피 1937년 만영의 출범 이후에나 본격적으로 시작된다. 동북지역 영화문화에 내포된 이 같은 태생적인 한계는 생산과 소비 사이의 심한 불균형을 초래한다. 지금까지 알려진 소수의 지역 내 제작 필름도 사실상 소수의 종군기자나 사진사들에 의한 거의 우연스런 촬영의 결과물이 대부분이다.

〈그림 10〉 P. V. 코브체프.

동북지역에서 최초로 영화가 촬영된 것은 1904년 뤼순旅順에서 벌어진 러·일 간의 전투를 미국과 일본 등지의 종군 기자들이 필름에 담은 것이라 전해진다.[45] 하지만 이런 필름들은 해외에서 공개됨으로써 지역의 극장가에는 전혀 영향을 끼치지 못했다. 지역 내에서는 이례적으로 하얼빈의 극장주였던 유태계 러시아인 코브체프P. V. Kobcev'가 〈뤼순전쟁〉(1905) 외에, 〈안중근의 이토오 히로부미 저격〉(1909)[46]

45 대표적인 것으로는 미국의 찰스 어반 상사Charles Urban Trading Company에서 제작된 것과, 일본인 후지와라 코오자부로藤原幸三郎가 찍은 러일전쟁 기록필름이 있다.

46 러시아군대의 촬영기사였던 그는 러시아 측 마중 인파 속에 섞여 있다가 뜻밖에 역사적 사건을 촬영하게 되었다. 그가 공개한 저격 장면은 하얼빈의 극장에서 폭발적인 반향을 얻었으나 며칠 못가서 모든 카피가 일본인에 매각되었다고 한다. 「震驚世界的槍聲－解

〈그림 11〉 1929년 개장한 하얼빈 중앙극장.
지역 최초로 토키영화가 상영된 곳으로 현재는 신문(新聞)극장.

와 〈동3성 총독 자오얼쉰의 하얼빈 시찰〉(1911) 〈하얼빈에 유행하는 페스트哈爾濱流行鼠疫〉(1911)등 지역의 사건과 일상을 담은 단편 기록필름을 1935년까지 제작하여 자신의 극장에서 상영했다. 1908년 러시아인 알렉세이예프가 설립한 원동영화사는 창춘의 지사가 중국 각지의 고적을 필름에 담은 적이 있지만, 회사 자체는 배급 위주의 극장체인에 가까웠다.[47] 이런 성긴 기록들로 미루어 볼 때, 만주사변 이전에 지역에서 영화제작을 위해 정식적으로 활동한 영화사는 존재하지 않았다고 볼 수 있다.

密安重根刺殺伊藤博文」,『北京日報』, 2004.1.20 참조.

47 劉小磊,「從傳入途徑與方式看中國電影早期發展格局」,『電影藝術』2007 第2期, 75쪽.

중국인들의 제작사가 지역 내에 생긴 것은 훨씬 뒤의 일이다. 하얼빈이 만주국에 편입된 이후인 1932년 류환추劉煥秋가 동료들과 한광영화사寒光電影股份有限公司를 창업한다. 이 영화사가 출시한 〈사랑을 앗아간 홍수山洪情劫〉는 1932년의 홍수로 발생한 쑹화강松花江 범람을 소재로 한 것이었다. 상하이에서 유입된 영화와 달리 지역의 사건을 다루었다는 점에서 이 영화는 지역 관객들에게 적지 않은 의미가 있는 것이었다.[48] 지역 출신으로 훗날 본토에서까지 유명해지는 작가 부부 샤오훙蕭紅과 샤오쥔蕭軍이 이 회사에 시나리오 「기아棄兒」를 써준 적이 있지만, 영화와 문학작품의 만남은 성사되지 못했다. 1936년을 전후로 한광영화사는 영업부진과 만주국 당국의 간섭을 못 배기고 결국 폐업을 선언한다.[49]

〈그림 12〉 만주국 시기의 극장.
1935년에 개장한 신징(新京, 창춘)의 풍락관(豊樂館).

반면 영화유통업계의 상황은 열악한 제작 분야와 사뭇 대조된다. 1920년대에 하얼빈에는 이미 미국과 중국, 그리고 러시아 업체의 4파전이 치열하게 벌어진다. 미국은 1924년 하얼빈에 유니버설과 파라마운트의 지사를 설치하고 수입영화 발행을 주도한다. 여기에다 중국인

48 한광영화사가 촬영한 영화 중에 〈가련한 그녀可憐的她〉와 〈세상의 지옥人間地獄〉은 하얼빈에서 개봉된 이후, 랴오닝성遼寧省과 지린성吉林省을 거쳐, 남양 각지를 순회하기도 했다.
49 李寧, 「我國東北早期的電映業」, 앞의 책, 50쪽.

들이 러시아인들과 합작해 만든 송강영화사松江電影公司와, 러시아 계열의 원동영화사가 함께 경쟁했다. 하얼빈에는 만주사변 이전에 최대 64개의 극장이 존재했으며, 그중 35곳이 중국인 소유였다고 한다.[50] 이러한 상황은 중국 본토의 유통업체까지 끌어들여, 1920년대 이후 지역의 영화시장은 화북華北의 시장과 긴밀하게 연계된다. 대표적인 사람은 1930년대에 상하이 영화계의 개혁을 이끌게 되는 영화업자 뤄밍여우羅明佑이다. 1920년대까지 영화제작보다는 극장영업에 치중한 그가 1927년 개업한 화북영화사華北電影公司는 하얼빈과 선양에까지 체인망을 확장하여 소속 극장을 통해 영화유통을 관리했다.[51] 초기에 지역의 영화시장을 독식했던 러시아의 영향력은 이처럼 1920년대 중반을 기점으로 축소되고, 미국과 중국을 비롯한 복수 업체가 경쟁하는 상황이 한동안 지속된다. 그러나 1931년의 만주사변은 이러한 시장구도에 대한 일본의 대대적인 개입을 가능하게 했다.

설립 초기부터 미디어와 이미지를 통한 동화同化 전략에 관심이 많았던 만철은 1924년 '만철 영화반'을 조직하고 기록필름을 통해 영화의 선전적 역량을 실험한다. 만주국 성립 후 만주국 정부는 1933년 '영화국책연구회'를 발족하고, 1936년에 '만주국 영화 대책 수립안'을 공표한 뒤, 이듬해 '만주영화협회'를 창립한다.[52] 이와 동시에 '영화법'을

50 梁啓明, 「哈爾濱電影起源與發展」, 앞의 책, 23쪽. 극장 수에 대해서는 이설이 존재하며, 중국인 소유 영화관은 폐업비율이 훨씬 높았다고 한다.

51 상하이에서 영화 제작업에 투신하기 전까지 뤄밍여우의 영화 유통망은 베이징의 유수한 극장을 포함하여 거의 화북 전 지역을 망라했다고 할 만큼 광대했으며, 지역 내 외국 영화업자들에게 위협이 되기까지 했다. 하지만 그의 사업은 1931년 만주사변과 1차 상하이폭격으로 소유 극장의 상당수가 파괴됨으로써 큰 타격을 받는다.

52 만주국의 영화심의는 각처의 보안과로부터 시작되었는데, 1934년 민정부 경무사 특무

반포하여 영화시장을 강력하게 관제한다. 비록 동북지역의 영화 자체가 부속지라는 기형적 환경에서 시작되었다 하더라도, 만주국의 영화법과 만영의 등장은 사실상 이제까지 지역에서 볼 수 없던 영화에 대한 가장 식민적인 개입이었다. 하지만 군소 영화업자들의 각축장이던 동북지역에서 이에 대적할 만한 다른 영화운동의 주체는 존재하지 않았다. 주목할 만한 사실은 그럼에도 불구하고 만영이 지역의 영화시장을 장악하는 것이 쉽지 않았다는 점이다. 특히 가장 영화문화가 발달한 하얼빈에서 그들의 영향력은 상대적으로 가장 미약했다. 만영이 설립되기 직전의 통계를 보면 미국영화와 중국영화는 여전히 지역시장에서 일본영화를 압도하고 있음을 알 수 있다.[53] 만영이 멜로드라마까지 손을 댄 것은, 초반 기록필름의 흥행부진을 겪으면서 지역 관중의 영화에 대한 인식과 기대를 의식한 끝에 나온 결과라고 할 수 있다. 작가 샤오훙은 1935년 하얼빈에서 쓴 수필에서 다음과 같이 묘사한다.

> 왕린의 둘째 누나가 냉골인 방에 들어가 주전부리를 들고 나왔다. 나는 바깥에 구정물을 버리러 나갔다가 그녀와 마주쳤다. 평소에는 서로 말이 없어서 서먹한 관계인데, 오늘은 그녀가 먼저 말을 걸었다.
>
> "영화 본적 있어요? 이번 영화 아주 좋아, 후뎨가 주연이래요." 그녀의 크

과로 이전하면서 제도화되기까지 강력한 영향력을 갖지는 못했다. 만주국의 영화 관제 역사에 대해서는 汪朝光, 「抗戰時期淪陷區的電影檢查」, 『抗日戰爭研究』 2002 1期, 43~44쪽 참조.

53 1934~35년 사이, 만주국 홍보처가 심의한 영화 가운데 일본영화는 123편이지만, 미국영화는 무려 825편, 중국영화도 308편에 이른다. 胡昶·古泉, 『滿洲國策電影面面觀』, 北京 : 中華書局, 1990, 13쪽.

고 푸른 귀걸이가 멈추지 않고 계속 춤을 추고 있었다.

"본 적 없어요." 차가운 날씨가 치파오를 뚫고 뼈까지 닿을 기세였다.

"이번 영화 정말 좋대요, 끝에 가서 결혼까지 한다는군. 영화 본 사람들은 다 그런대요. 만약 그냥 영화가 이어진다면 얼마나 행복했을까 하고 말야……"

그녀는 문 쪽으로 다정하게 걸어왔다. 문 쪽에서 나도 그녀의 크고 긴 귀걸이가 춤추는 것을 바라보았다.[54]

일기처럼 쓰인 샤오훙의 기록에 언급된 후데胡蝶는 1920~30년대 상하이 영화계의 톱스타였다. 이것은 만주국 시기에도 동북의 중국인들에게 상하이 영화의 인기가 줄지 않았을 뿐 아니라 여전히 상영되고 있었음을 의미한다. 기록을 보면 심지어 〈지식인의 운명桃李劫〉(1934)이나 〈풍운아녀風雲兒女〉(1935) 같은 항일 알레고리가 명백한 상하이 영화까지 상영되었다고 한다.[55] 사실상 1937년 영화법 시행 이후에도 중국인들이 지역의 영화업에서 완전히 손을 뗀 적은 없다. 이미 상당한 수준의 시장 인프라를 구축한 중국인 영화업계가 만주국 시스템이라고 적응 못할 이유는 없었다. 하지만 점령하의 상하이에서 그랬듯이 왜곡된 형태의 민족기업만이 살아남는다. 정치권력에 편승한 전설적인 사례로서 대표적인 사람은, 원동영화사 알렉세이예프의 조수로 시작해 굴지의 영화사 사장이 된 주안둥朱安東 같은 이다. 그의 식민권력과의 결탁은 영화법 실시 이후 절정에 달하여, 중국인임에도 불구하고

---

54 蕭紅, 「他的上唇挂霜了」, 『商市街』(上海生活出版社, 1936).

55 「哈爾濱電影溯源」, 『黑龍江日報』, 2001년 1월 15일자. http://www.hljnews.cn.

오히려 영화관 수를 늘려갈 수 있었다.[56] 이와는 조금 성격이 다르지만, 다롄의 경우에도 중국인 셰스황謝世煌이 1927년 설립한 상해대희원上海大戲院은 중국영화 전문관이었는데, 이 회사는 1945년 다롄이 광복을 맞기까지 영업을 이어갔다.[57] 그밖에 동북지역의 중국인 재력가였던 장팅거張廷閣 같은 이가 자선조직인 자광총회慈光總會의 사업자금을 모금하기 위해 1937년 하얼빈 다오와이에 자광영화관을 개장한 것과 같은 특이한 사례도 존재한다.[58]

6. 초기 영화문화의 의의

러시아가 중동철로를 개통하면서 중국의 동북지역에도 열차와 함께 영화가 도입되었다. 지역의 영화문화는 초기부터 철로의 개발과 철로 부속지를 중심으로 시작된 새로운 도시문화와 밀접한 관계가 있었다. 여기에 조차 당사국 러시아와 일본의 문화적 영향력, 그리고 상인 네트워크에 의한 중국 본토와의 연계성 등 동북지역이 지닌 특유의 지리적·문화적 여건은 20세기 초반에 의외의 대규모 영화 소비시장을 형

56 李寧, 「我國東北早期的電映業」, 앞의 책, 49쪽. 일찍이 길강영화관吉江電影茶社의 극장주로서 1917년 신세계 영화사를 창업했던 그는 만주국 시기에 국태國泰영화사를 창업, 오히려 영화관 수를 늘려 필름 유통을 장악했다. 식민권력에 대한 전형적인 협력 행위로써 만주 최대의 영화재벌이 된 그는 1950년 한국전쟁 시, 미군 첩보조직에 협조한 죄로 피체, 이듬해 처형되었다.

57 셰스황은 특히 국산영화를 선호했는데, 그가 설립한 다롄 중국 신생활 영화사大連中國新生活影片公司는 다롄의 상해대희원 뿐 아니라, 창춘의 상해대희원, 선양의 동북대희원東北大戲院과 하얼빈의 동북대희원까지 소유하고 있었다.

58 孫建偉, 「黑龍江電影史話」, 『黑龍江史誌』, 2006 2期, 36쪽.

성시켰다. 그러나 지역 영화업의 번영은 러시아와 일본을 비롯한 해외로부터의 인구 유입 뿐 아니라, 중국 본토로부터 들어온 많은 중국인 이민자들이 있었기에 더 빠르게 진행될 수 있었다. 극장을 채운 중국인 관객들에게 신생한 국산영화는 망향을 달래는 동시에 민족적 정서를 자극하는 문화적 기제가 되었으며, 열강국 관제 하의 이민사회에서 충족되지 못하는 내셔널리티를 상상하도록 했다. 지역의 극장은 중국인들이 억압받아온 내셔널리즘이 허여되는 꿈의 장소가 될 수 있었다.

그러나 이 시기 동북지역의 기이한 영화 붐은 끝내 창작의 에너지로 이어지지는 못했다. 지역이 역사의 부침 속에서 맞닥뜨린 정치적 상황은 연안지대의 조계들보다 훨씬 암울한 것이었다. 잦은 전쟁과 강압적인 관제는 지역 내 번화한 상업도시들이 남방의 조계도시들처럼 유능한 문화예술인들을 흡인하는 것을 가로막았다. 중국 영화창작의 중심지는 1949년 이전까지 시종 상하이와 홍콩 등 남방지역을 근거로 했다. 따라서 동북지역의 초기 영화계는 시종 외국영화와 남방에서 제작된 중국영화에 의존하는 종속적인 상황을 벗어나지 못했다. 지역의 영화시장에 관심을 보인 것은 항상 영화업자들이었다. 반면에 남방의 영화 창작자들에게 동북은 멀리 떨어진 타자화된 공간이었다. 그 시절 중국 창작자들의 동북지역에 대한 인식의 단초는 1930년대의 상하이 영화 속에서 동북지역이 대부분 잃어버린 고토를 상징하는 지워진 공간으로 묘사된다는 점에서 짐작해 볼 수 있다. 그 땅은 경계 너머의 시선 속에서 늘 고정적인 이미지로 상상되었다. 잠재된 내셔널리즘을 이끌어낼 문화 주체가 부재함으로써 동북지역에서의 영화 문화는 결국 소비 공간을 형성하고 확장하는 데 그치고 말았다.

이러하던 동북지역이 매우 극적이게도 전혀 상반된 주체에 의해 1937년과 1949년 두 번에 걸쳐 일약 영화 제작의 대본영으로 부상한다. 1937년 만주국에 설립된 관변 영화단체 만영과 그 잔상을 발판으로 1949년 사회주의 중국의 탄생과 함께 출범한 장영(원명은 '長春電影制片廠')은 창춘을 영화도시로 탈바꿈시킨다. 두 번의 탈태를 통해 동북지역은 중국의 영화사에서 빼놓고 생각할 수 없는 영화의 메카로 인식되기에 이른다. 이것은 소비 위주로 영화문화가 형성된 초기 시기와 대비되는 풍경이 아니라고 할 수 없다. 하지만 영화가 이처럼 지역에서 중요해진 배경을 비단 만영과 장영의 작용 때문으로만 생각할 수는 없다. 영화문화 주체의 성격은 다르지만, 그것은 더 광범위한 지역 영화사의 맥락을 통해 초기 영화문화의 연장선에서 함께 다루어져야 할 문제이다. 사실상 만영의 탄생부터가 광대한 소비계층을 거느린 지역의 영화문화가 없었더라면 상상하기 어려운 것이었다. 그러한 지역의 영화 역사를 짚어보는 데 있어서, 또한 철로의 존재는 지역 근대문화의 출발점에서부터 다양한 측면으로 영향관계를 드러내는 중요한 지표가 된다.

참고문헌

논문

만주학회, 「만주학회 제18차 국제학술회의－근대 만주의 도시공간과 문화정치 학회 자료집」, 2009.

성근제, 「'東北'인가, '滿洲'인가－근대 동북 지역연구과제 설정의 가능성」, 『중국현대문학』 제56호, 중국현대문학학회, 2011.

최정옥, 「爵青 소설에 나타난 하얼빈의 도시 이미지」, 『만주연구』 제9집, 만주학회, 2009.

高樂才・李靜, 「奉系時期東北國內移民考略」, 『東北史地』, 長春：吉林省社會科學院, 2013. 6期

曲曉范, 「滿鐵附屬地與近代東北城市空間」, 『社會科學戰線』, 長春：吉林省社會科學院, 2003. 1期.

郭淑梅, 「晩淸以來東北電影消息及廣告考」, 『龍江春秋－黑水文化論集之四』, 哈爾濱：黑龍江省社會科學界聯合會, 2006.

劉小磊, 「從傳入途徑與方式看中國電影早期發展格局」, 『電影藝術』, 北京：中國電影家協會, 2007. 2期

______, 「電影在中國北方地區的初興與散點分布」, 『北京電影學院學報』, 北京電影學院學報編輯部, 2011.

梁啓明, 「哈爾濱電影起源與發展」, 『黑龍江史誌』, 哈爾濱：黑龍江省地方誌辦公室, 2009. 23期.

汪朝光, 「好萊塢的沉浮－民國年間美國電影在華境遇研究」, 『美國研究』, 北京：中國社會科學院美國研究所, 1998.

______, 「抗戰時期淪陷區的電影檢查」, 『抗日戰爭硏究』, 北京：中國社會科學院近代史研究所, 2002. 1期

______, 「20世紀初葉電影在東北邊陲之興－哈爾濱早期電影市場研究」, 『南京大學學報』, 南京大學學報編輯部, 2004. 3期.

李寧, 「我國東北早期的電影業」, 『文史春秋』, 南寧：廣西壯族自治區政協辦公廳, 2010. 9期

孫建偉, 「黑龍江電影史話」, 『黑龍江史誌』, 哈爾濱：黑龍江史誌雜誌社, 2006. 2期

Liu Wenghua, "Brief History of the development of Motion Pictures in Manchuria", *Manchuria*, 1939(PDF : E-ASIA, University Oregon Libraries).
Tomas Lahusen, "Dr. Fu Manchu in Harbin : Cinema and Moviegogers of 1930s", *The South Atlantic Quartely*, Winter 2000, Duke University Press.

단행본
김려실, 『만주영화협회와 조선영화』, 한국영상자료원, 2011.

曲曉范, 『近代東北城市的歷史變遷』, 長春 : 東北師範大學出版社, 2001.
汪坦・藤森照信 主編, 『中國近代建築總覽・哈爾濱篇』, 北京 : 中國建築工業出版社, 1992.
遼左山人, 『濱江塵器錄』, 哈爾濱 : 新華印書館, 1929.
越澤明, 『滿洲國の首都計劃 : 東京の現在と未來を問う』, 東京 : 日本經濟評論社, 1988.
張腹合 主篇, 『中國近代建筑研究与保護』(四), 北京 : 清華大學出版社, 2008.
程維榮, 『近代東北鐵路附屬地』, 上海 : 上海社會科學院出版社, 2008.
胡昶・古泉, 『滿洲國策電影面面觀』, 北京 : 中華書局, 1990.
蕭紅, 『商市街』, 上海生活出版社, 1936.
Ioseph W. Esherick(Edited), *Remaking the Chinese City : modernity and National Identity, 1900 ~1950*, University of Hawaii, 2002.
Laura Victoir and Victor Zatsepine(Edited), *Harbin to Hanoi--Colonial Built Environment in Asia, 1840 to 1940*, Hong Kong University Press, 2013.
Linda Cooke Johnson, *Shanghai : From Market Town to Treatry Ports, 1074 ~1858,* Stanford Univ., 1995.

기타
李新, 「長春記憶 : 看電影的故事」, http://blog.sina.com.cn.
孫招, 「重整瀋陽電影塵封的記憶」, 『遼瀋晩報』, 2004.10.15.
汪朝光, 「20世紀初叶電影在哈爾濱」, 『東北網』, http://special.dbw.cn.
彭 侃, 「談好萊塢電影在中國百年浮沉」, http://www.1905.com 1905 電影網.
胡雪麗, 「猶太音樂家對哈爾濱音樂藝術發展的影響」, 2009, http://blog.sina.com.cn.
http://sports.sina.com.cn

일제 말기 조선 극단의 만주 순회공연 연구

이복실

1. 들어가며

19세기 60년대 말, 조선인들은 살길을 찾아 두만강과 압록강을 건너 만주로 이주하기 시작했다. 그 후, 1875년 '봉금정책'의 폐지, 1910년 '한일합방'의 체결, 1931년 '만주사변' 후의 일제의 계획적인 이민정책 등과 더불어 만주로 이주하는 조선인들이 대거 늘어났다. 그리하여 만주는 식민지시기 조선의 극단들이 조선인 관객을 대상으로 공연할 수 있는 특별한 지역이 되었다. 1922년 7월과 8월 사이에 동경유학생들로 조직된 '갈돕회' 순회극단이 북선北鮮 에 이어 간도까지 순회공연(이하 '순연'으로 줄임) 했다[1]는 내용은 현재까지 확인되는 조선 극단 최초의 만

---

1 이두현, 『한국연극사』, 보성문화사, 1981.

주 순연에 대한 기록이다. 그 후의 공연 기록은 1930년대에 들어와서야 찾아볼 수 있는데, 이때는 보다 전문적인 극단들이 만주 전 지역을 순회하며 공연한 것으로 확인된다. 지금까지 확인된 자료에 따르면 1940년대 즉 일제 말기는 조선 극단의 만주 순연이 가장 활발했던 시기였다.

그렇다면 식민지시기 조선의 극단들은 과연 어떤 목적으로 만주를 순연했으며 그 기획과정은 어떠했을까. 또한 만주에서의 공연이 어떤 방식과 내용으로 전개되었으며 재만 조선인 관객들은 그 공연을 어떻게 수용했을까. 나아가 조선 극단의 만주 순연은 어떤 의의를 지니며 재만 조선인 연극의 형성과 발전에 과연 어떠한 영향을 미쳤을까 등등 많은 문제들이 제기된다. 이러한 문제들은 식민지시기 조선 극단의 만주 순연이 한국 연극사 또는 중국 조선족 연극사의 일부분으로서 종합적인 구명究明이 필요하다.

그렇지만 지금까지 조선 극단의 만주 순연에 대한 논의는 구체적으로 전개되지 못했다. 한국의 연극사[2]나 연극운동사,[3] 1930년대의 대중극단[4] 및 1940년대의 이동극단[5] 등에 대한 연구에서 일부 극단의 지방 순연의 한 대목으로서 한, 두 줄 정도 언급되고 있을 뿐이다. 그중 고설봉의 『증언 연극사』는 1930~40년대 조선 극단의 지방 순연(만주 순

2 위의 책; 고설봉, 『증언 연극사』, 진양, 1990.
3 유민영, 『한국연극운동사』, 태학사, 2001.
4 김남석, 『조선의 대중극단들』, 푸른사상, 2010.
5 이화진, 「전시기 오락 담론과 이동연극 연구」, 『상허학보』 제23집, 상허학회, 2008; 이덕기, 「일제하 전시체제기 이동연극 연구」, 『한국극예술연구』 제30집, 한국극예술학회. 2009; 김호연, 「일제 강점 후기 연극 제도의 변화 양상과 그 의미–이동극단, 위문대를 중심으로」, 『인문과학연구』 제30집, 강원대 인문과학연구소, 2011; 이화진, 「일제 말기 이동극단 활동의 전개 양상과 그 한계」, 『한국학연구』 제30집, 인하대 한국학연구소, 2013.

연 포함)을 비교적 소상히 다루고 있어 만주 순연의 연구에 큰 도움을 준다. 이 외에 중국 조선족 현대 연극에 대한 조선 연극의 영향으로서 만주 순연이 부분적으로 거론되고 있는 것이 확인된 자료의 전부이다.[6]

현존 자료의 한계로 1930년대 만주 순연의 상황은 그 전사前史로서 부분적으로 언급할 예정이다. 기존의 연구가 미약한 상황에서 본고는 일제 말기 조선 극단의 만주 순연의 제반 상황을 상세하게 기록했던 '만주국' 기관지 『만선일보』를 비롯하여 조선에서 발행되었던 『동아일보』, 『매일신보』 등 기본자료와 당시의 만주 순연을 경험했던 구술자료 등 주변자료를 바탕으로 만주 순연의 제반 양상을 살펴보고자 한다. 즉 일제 말기, 조선 극단의 만주 순연의 목적과 기획과정, 순연의 양상, 공연 작품과 관객의 반응 등을 전반적으로 살펴보기로 한다. 이는 일제 말기 조선의 극단이 만주를 순연함에 있어서 감당해야 했던 이중적 책임과 현지 언론 및 흥행 관련 기관의 통제방식, 나아가 만주 순연의 의의를 도출하는 과정이 될 것이다.

2. 만주 순연의 목적

1930년대는 해방 전까지 조선의 연극계가 가장 번성했던 시기였다. 이 시기에는 30여개의 군소 극단이 조선 전 지역에서 활발한 활동[7]을

6 김운일, 『중국 조선족 연극사』, 신성출판사, 2006; 허휘훈, 『20세기 중국조선족 문학사료전집』 제16집, 연변인민출판사, 2010.

7 김미도, 『한국 근대극의 재조명』, 현대미학사, 1995, 327쪽.

펼치고 있었던 만큼 극단들 간의 경쟁도 매우 치열했다. 실제로 1930년대는 '배우 쟁탈전', '극작가의 유동', '레퍼토리의 고갈', '극장 대관의 어려움' 등과 같은 현상이 매우 심각했던 시기였다. 당시의 이러한 현상들은 극단의 경영 및 생존을 위협하는 문제들이었다. 따라서 1930년대 조선의 극단들은 생존위기의 타개책으로 경쟁이 극심한 중앙공연보다는 지방 순연을 택하게 되었다. 유치진은 당시 중앙의 극장 대관료가 비쌌기 때문에 지방 순연을 택할 수밖에 없었으며, 극장환경은 열악했지만 그래도 극단의 생계는 유지할 수 있었다고 술회했다.[8] 또한 최독견의 말에 의하면 "1930년대 조선의 극단들은 경영난을 해결하기 위해 서선, 북선北鮮은 물론 멀리 만주까지 순연했다."[9] 고설봉 역시 지방 순연은 "흥행이 잘되는 이벤트"였으며 일 년에 한번쯤은 꼭 만주 공연을 했다고 한다.[10] 이는 1930년대 조선 극단의 지방 및 만주 순연이 극단의 생존을 위한 영리 획득을 목적으로 이루어졌음을 말해준다.

그렇다면 왜 굳이 만주까지 가야 했을까. 사실 중앙공연의 경쟁이 치열하고 지방 순연이 성행하던 시기에 조선의 극단은 생존을 위해 보다 더 넓은 활동 지역을 필요로 했다. 그런 점에서 만주는 아주 특별한 지역이었다. 비록 만주는 국경 너머의 타국이지만 북선과의 경계에 위치해있으며, 일찍부터 조선의 이주민들이 거주하고 있는 지역으로서 당시의 순회 극단들에게는 북선 지역에 위치한 하나의 '지방'으로 간주되었을 것이다.[11] 또한 당시에는 북선을 경유하여 만주까지 운행하

8 유치진, 『동랑 유치진 전집』 9, 서울예대 출판부, 1993, 164쪽.
9 최독견, 「낭만시대 (77)」, 『조선일보』, 1965.5.18.
10 고설봉, 앞의 책, 60~61쪽.

는 열차가 있어 이동에도 큰 무리가 없었다. 고설봉의 증언에 따르면 식민지시기 지방을 순회하는 극단들은 교통기관으로부터 일정한 혜택을 받았는데, 특히 '조선연극협회'가 결성된 후 그 혜택이 더 강화되었다. 협회 결성 후, 순회 극단들은 40% 할인된 '특별단체 할인권'을 통해 교통비를 훨씬 절약할 수 있었다.[12] 그 외의 극장 대여, 숙박 등 경비는 현지 단체의 후원을 통해 일정한 부담을 줄였을 것으로 짐작된다. 이처럼 이동과 공연 경비의 절감, 관객의 보장 등 객관적 여건들은 만주 순연을 기획하는 조선 극단들에게 분명 큰 동력으로 작용했을 것이다. 다시 말하면 조선의 극단들은 만주를 순연하는데 필요한 최적의 조건을 보장받은 상황 하에 극단의 영리를 도모할 목적으로 국경을 넘었던 것이다. 그러나 그것은 일제 말기 전시총동원체제로 돌입하면서 변화의 조짐을 보이기 시작한다.

1940년대 조선의 연극계는 전시총동원체제로의 진입과 더불어 큰 지각변동이 일어나게 된다. 그것은 다름 아닌 일제 말기 문화적 선전에 앞장섰던 '조선연극협회'의 결성이다. 극단들 간의 극심한 경쟁을 해소하고자 일제 당국에 협회 조직을 요청한 연극인들의 적극적인 움직임 및 그것을 대동아성전의 선전도구로 이용하고자 했던 조선 총독부의

11 고설봉은 일년에 6개월 정도 지방순업을 다녔는데 일년에 한번은 꼭 만주까지 다녔다고 한다(고설봉, 앞의 책, 61쪽). 또한 최독견의 회고에 따르면 "관북으로 청진 · 회령, 관서로는 평남북 · 강계 · 초산 · 호남 · 영남 등지는 물론 좀더 멀리로는 남북만주서북간도 하얼빈까지도 순업의 코스로 되어 있었다"(최독견, 앞의 글). 이처럼 일제시기 만주 순회공연을 경험했던 연극인들의 기억을 되살려보면 그들은 만주를 타국이 아닌 북선 가까이에 위치한 한 지방으로 여기고 있었음을 알 수 있다. 그러한 생각은 당시 비교적 용이하게 만주를 드나들 수 있었던 기차가 있었고 또한 공연을 관람할 수 있는 조선인 관객이 보장되어 있었기에 가능했을 것이다.

12 고설봉, 앞의 책, 92쪽.

적극적인 협조 하에 결성된 '조선연극협회'는 기존의 극단과 연극인들을 재정비함으로써 조직적인 통제에 나섰다. 그 결과 협회에 소속되지 못한 극단과 연극인들은 자연적으로 해산・퇴출되었다. 한편, 관변단체의 성격을 띤 협회에 소속된 단체들은 기존의 자유로운 움직임으로부터 보다 조직적인 통제를 받아야 했다. 만주 순연도 예외는 아니었다. 『만선일보』의 순연기록을 살펴보면 1940년 한 해 동안 9개의 극단이 총 14차례 만주를 순연(〈표 1〉 참고)했는데, 그중엔 협회에 소속되지 못한 극단들도 포함된다. 반면 1941년부터 1943년까지는 겨우 9개의 극단이 총 9차례 만주를 순연한 것으로 확인된다. 한 극단이 1년에 1～2회 만주를 순연하던 상황이 1년에 1회 정도 순연하는 것으로 바뀐 셈이다. 또한 1941년부터 만주를 방문한 극단은 거의 모두 '조선연극협회' 또는 '조선연예협회'에 소속된 극단들이었다. 이와 같은 기록은 조선의 극단들이 협회 결성 후, 그의 조직적인 통제에 따라 움직였다는 사실을 방증한다. 뿐만 아니라 그들은 '만주연예협회'의 통제도 받아야 했다. 이에 관련해서는 제3장, 제3절 '순연의 양상'에서 살펴보기로 한다.

중요한 것은 '조선연극협회'('조선연예협회' 또는 '조선연극문화협회')가 일제 당국의 관변단체인만큼 신체제 선전의 도구로 이용되었다는 점이다. 1940년 12월과 1941년 1월에 각각 '조선연극협회'와 '조선연예협회'가 결성되고 1942년 7월에 이 두 협회가 '조선연극문화협회'로 통합되면서 조선의 연극계는 국민연극의 시대로 들어서게 된다. 소위 국민연극의 목적이란 한마디로 '연극보국'이었다. 당시 협회에 소속된 극단들은 국민연극을 창작하고 '국민연극경연대회'에 참여함으로써 '연극보국'의 목적을 실현하고자 했다. 즉 어업 증산, 만주 개척, 대동아성전 등을 내용으로 한 연극을 통해 전시체제 하의 국책을 선전하려는 것이었다. 당시 극단의 활동이 협회의 조직적인 통제를 받은 만큼 공연 목적에도 변화가 따를 수밖에 없었다. 협회 소속의 극단은 자의든 타의든 '연극보국'이라는 목적을 전제해야 했던 것이다. 전시체제 하의 모든 미디어가 문화선전의 도구로 이용되던 상황에서 일제 당국은 분명 조선의 극단을 이용하여 재만 조선인들에게 시국의 메시지를 전달하려 했을 것이다. —여기엔 같은 입장에 있었던 '만주국' 정부의 개입도 있었다. 이 부분 역시 3.3에서 논의하기로 한다. —일제 말기 만주 순연의 레퍼토리를 통해 그 일면을 엿볼 수 있다.

1940년 말까지의 공연 레퍼토리를 보면 거의 대부분이 조선 내에서 이미 인기를 입증 받은 관객 성향이 농후한 대중극이다. 그러나 1941년에 들어서면 제목에서부터 신체제 선전의 뉘앙스를 풍기는 레퍼토리들이 한 두 작품 눈에 띄기 시작한다. 예컨대, 악극단에 의해 공연되었던 〈가수출정기〉, 〈전우〉, 〈단오절〉(일명 〈목란종군〉), 〈지원병과 해전의 도〉 등이다. 그 밖에 1942년 극단 '아랑'이 공연했던 〈삼대〉와 〈동학당〉이 있는데, 제목만으로는 전혀 작품의 공연 목적을 파악할 수 없다. 그러나 송영의 〈삼대〉는 조선에 있는 영국과 미국의 선교사를 비방하고 그들을 몰아냄으로써 결국엔 일본군의 승리를 고취하려는 목적극이었다. 현존하는 임선규의 〈동학당〉은 1941년 대본에다 1947년 재공연 때 부분적으로 개작된 것으로 원본에 언급되었던 대동아공영에 대한 내용이 전혀 없다. 그러나 1942년 '아랑'의 만주 순연에서 〈동학당〉은 문수영이 일본인과 손잡고 영국과 미국을 배척하며 대동아공영을 선전하는 내용으로 공연한 것으로 확인된다.[13] 이상의 '지원병의 출정', '영미귀축' 등과 같은 내용의 작품은 일제 말기 '만주국'에서도 '징병', '대동아평화' 등 사상 선전의 차원에서 중국어 연극으로도 많이 공연되었다. 중국어를 해독하지 못했던 재만 조선인들에게 일제의 당면과제였던 이러한 사상 선전이 조선의 극단을 통해 이루어진 것은 당연한 일이었다.

전시체제 하에서 '연극보국'은 각 극단에게 부여된 반강제적인 목적이긴 했으나, 유일한 목적은 아니었다. 사실, 일제 말기 조선의 극단들은 국민연극만으로는 목적을 달성할 수 없었을 뿐더러 오히려 극단의 생계를 위협받았다. 1941년 현대극장이 〈흑룡강〉 공연의 수익적자와 이듬해 〈북진대〉의 전선全鮮 공연 후 여러 차례 〈춘향전〉을 재공연했다는 사실이 이를 증명해준다.[14] 뿐만 아니라 당시 국민연극 활동에 종사하던 대다수의 극작가들이 대중극 창작에 열중하고, 대부분의 극단이 전통 설화와 소설을 각색한 작품 또는 널리 알려진 작품을 재공연했다[15]는 사실 역시 국민연극만으로는 극단의 생계를 유지할 수 없었음을 말해준다. 이러한 현실 앞에서 대부분의 극단들은 여전히 대중극을 통해 극단의 위기를 극복해나갈 수밖에 없었다. 만주 순연에서도 마찬가지였다. 문화 선전이 전반적으로 개시된 후, 비록 만주에서도 국책 선전의 연극이 공연되었지만 관객들의 취향에 부합하는 대중극

13 「극단 아랑 국도 공연, 20, 21일 공회당에서」, 『만선일보』, 1942.7.20, 4면. 이날의 기사에는 '아랑'이 목단강 군인회관에서 공연하다 화재를 만나 손실을 본 사건과 〈동학당〉의 줄거리가 비교적 상세하게 소개되고 있다.

14 양승국, 「일제 말기 국민연극의 존재형식과 공연 구조」, 『한국근대극의 존재형식과 사유구조』, 연극과인간, 2009, 399~400쪽 참고.

15 위의 책, 395~396쪽 참고.

도 여전히 공연되고 있었다. 일제 말기 만주 순연의 레퍼토리를 보면 목적극과 대중극이 양적인 면에서 거의 대등했다. 공연 연보에 제시된 1941년~1943년까지의 총 26개 레퍼토리 중에서 확실한 내용을 알 수 있는 작품은 12작품이다. 그 중, 목적극과 대중극은 각각 6개 작품이었다(〈표 1〉 참고). 이는 일제 말기 조선 극단의 만주 순연에 극단의 생존을 위한 영리 목적도 여전히 수반되었음을 말해준다.

요약하자면, 일제 말기 조선 극단의 만주 순연은 일제로부터 부여받은 '연극보국'의 반강제적인 목적과 극단의 생존을 위한 영리추구의 자발적인 목적 하에 이루어졌다. 그 중 어느 쪽이 더 근본적이었을까 하는 문제는 한마디로 단정하기 어렵다. 일제 말기 조선의 극단들은 외적으로든, 내적으로든 살아남기 위해 그 이중의 목적을 복합적으로 지닐 수밖에 없었을 것으로 판단되기 때문이다. 어느 하나의 목적을 완수完守할 수 없었던 상황이야말로 일제 말기 문화 활동 종사자들의 진정한 현실이 아니었을까.

3. 만주 순연의 기획 과정과 순연 양상

1) 『만선일보』의 후원과 검열에의 협력

만주 순연의 기획단계에서 가장 먼저 해야 할 일은 바로 만주 현지의 사전답사였다. 사전답사는 주로 각 극단 소속사(또는 소속극장)나 극단 내의 연구생들이 책임지고 진행했다.[16] 당시 만주 순연의 사전답사는 주로 현지 후원단체의 섭외, 순연 경로와 일정의 안배, 숙박 예약 등으로 이루어졌다. 그 중 가장 중요한 것이 후원단체를 섭외하는 것이었다. 후원단체를 통해 여러 면에서 공연의 편의를 볼 수 있었기 때문이었다. 그런 점에서 『만선일보』는 가장 중요한 섭외대상이었다.

『만선일보』는 1936년 '만주홍보협회'의 결성과 더불어 등장한 조선어신문이다. 협회 결성 후, 신문 및 통신에 대해 통제를 가하기 시작하자 '만주국' 기관지였던 '만몽일보사'는 일본어 신문이었던 『간도일보』를 매수하여 1937년 10월부터 『만선일보』로 제호를 변경・발행했다. 여기엔 중일전쟁 후 병전기지로서의 조선의 위치가 그만큼 중요해졌던 까닭도 있었다. 그리하여 중일전쟁 및 태평양전쟁과 더불어 만주의 전반적인 언론기관이 압축적으로 통폐합되던 시기에도 『만선일보』는 끝까지 그 명맥을 이어나갔다. 이러한 사실은 만주의 조선인 및 조선인 언론을 감독・통제하는 '만주국'기관지로서의 『만선일보』의 성격을 잘 대변해준다. 또한 『만선일보』는 조선어 언론매체로서는 파급력이 가장 강하고 광범위했으며 일제 말기에는 만주의 유일한 조선어신문으로 존재했다.[17] 따라서 만주를 순회하려는 조선의 극단에게

---

16 동양극장을 예로 들면, 일반적으로 중앙 공연을 마치고 지방순업에 나서는데, 그 전에 우선 동양극장의 사업부에서 우선적으로 사전답사를 진행한다(고설봉, 앞의 책, 60~61쪽 참고). 당시 조선 극단들의 만주 순회공연 광고 기사를 보면 대부분 공연 날짜와 장소를 명확히 기재하고 있다. 이는 만주 순회공연 역시 사전답사가 선행되었음을 말해준다.

17 1939년 말까지 신경에서 발간되던 조선어 정기간행물로는 『만선일보』 외에 『만선일보사보滿鮮日報社報』(월간), 『조선문벽신문朝鮮文壁新聞』(주간), 『재만조선인통신在滿朝鮮人通信』(월간, 1936년 10월 봉천 발간) 등이 있었다(김경일 외, 『동아시아의 민족이산과 도시—20세기 전반 만주의 조선인』, 역사비평사, 2004, 231쪽). 이 책에서는 『재만조선인통신』이 1936년 10월에 창간된 것으로 기록하고 있는데, 정확한 발간 날짜는 1936년 4월 1일이다. '재만조선통신'에 관한 연구는 황민호, 「만주지역 친일언론 "재만조선인통신"의 발행과 사상통제의 경향」, 『한일민족문제연구』 제10집, 한국민족문제학회, 2006 참고.

있어서 『만선일보』는 최상의 홍보수단으로서 매우 중요한 섭외대상이었다. 『만선일보』를 섭외하는 과정에 대해서는 알려지지 않았으나 『만선일보』가 경성에 지국을 두었던 사실과 조선인 인력들이 『만선일보』에 적을 두었던 사실을 감안하면 그 섭외 과정이 어렵지는 않았을 것으로 짐작된다.[18]

중요한 것은 조선의 극단들이 『만선일보』의 후원을 통해 여러 면에서 혜택과 편의를 보았다는 점이다. 그들은 우선, 『만선일보』를 통해 공연소식을 전국적으로 홍보함으로써 만주 각 지역의 조선인 관객을 동원할 수 있었다. 일종의 홍보 전략으로서 '『만선일보』 애독자 할인권' 의 발매도 관객 동원에 큰 힘을 실어주었다. 조선의 극단들은 『만선일보』의 지면을 빌어 공연 일정과 장소는 물론 공연 레퍼토리 소개와 배우들의 배역 소개, 그리고 공연평에 이르기까지 순연의 전반적인 내용을 상세하게 홍보하고 기록했다.[19]

공연장소의 대관도 『만선일보』를 통해 이루어진 것으로 보인다. 일제 말기 조선의 극단들이 만주에서 공연했던 장소는 공회당이나 협화회관, 군인회관 등 주로 '만주국'의 특정한 정치・문화 활동이 진행되

---

18 『만선일보』로 제호를 변경한 후, 이용석이 사장을, 염상섭이 편집국장을, 박팔양이 학예부장을 맡았다. 그 뒤로 홍양명이 염상섭의 뒤를 이었고, 1940년, 조선내의 『동아일보』와 『조선일보』가 강제 폐간된 후, 조선의 많은 언론인들이 만주를 찾아 『만선일보』에서 일직을 맡았던 적이 있다. 또한 『만선일보』는 경성과 도쿄 및 만주의 주요 도시에 지국을 두고 있었다.

19 1941년 2월 25일, 28일 양일간 『만선일보』는 '김연실 악극단'의 공연 일정과 장소 및 레퍼토리를 매우 상세하게 기재하고 있다. 특히 28일자 기사에는 김연실에 대한 소개와 공연 레퍼토리에 대한 소개에 거의 지면의 반을 할애했다. 또한 1940년 6월과 11월에 '고협'과 '아랑'의 공연에 관한 김리유의 관극평을 각각 4회, 2회에 걸쳐 구체적으로 기록하고 있다(『만선일보』, 1940.5.31, 4면, 1940.6.1, 3면, 1940.6.2, 3면, 1940.6.4, 3면, 1940.11.7, 3면, 1940.11.8, 4면).

던 장소들이었다. 이를테면 공회당이나 협화회관 등은 주로 정부 또는 모 기관의 집회나 국책 강연회 등이 거행되던 장소로서 민간단체의 문화 활동이 쉽게 이루어질 수 있는 공간은 아니었다. 군인회관 역시 관동군이나 '만주국'군인들의 휴식과 오락장소로서 대중적인 문화 공간이 아니었다. 따라서 조선 극단의 개인적인 노력보다는 기관지였던 『만선일보』의 역량으로 공회당과 같은 장소를 대관할 수 있었다고 보아야 한다.

한편, 자료를 정리하는 과정에서 『만선일보』가 조선의 순회 극단을 적극적으로 후원함과 동시에 '만주국' 기관지로서 당국의 검열에 적극적으로 협력했음을 알 수 있었다. '오족협화'라는 '만주국' 이데올로기를 선전하기 위해 만들어진 『만선일보』는 재만 조선인들의 전반적인 생활을 압축적으로 감독·통제하는 도구이기도 했다. 특히 중일전쟁 이후 야마구치 겐지山口源二라는 일본인이 취체역 주간을 맡고, 1941년 '만주국' 언론통제기관인 홍보협회가 국무원 총무청 직속 관할로 변경되면서 『만선일보』의 주필과 편집국장도 모두 일본인으로 교체되었다. 이에 따라 조선인에 대한 『만선일보』의 감독기능은 한층 더 강화되었다.

최근 각종의 여흥단이 우리 만주국의 건설경기의 조류에 타서 수차 대중래만하는 틈에 끼여 **조선내 극단도 접종하야 조선인이 상당수로 밀집되어 있는 주요 도시에 순업하는 일이 많게 된바 본사로서도 특히 지적하야 해독을 끼칠 염려없는 흥행에 대하야는 어느 정도까지의 편익공여와 후원의 노를 아끼지 않고 있는 것은 주지하는바이다.** 언어, 전통, 풍습 등이 ◯합되고 있는 이 곳에 있어서 귀에 익숙하고 풍습에 저즌 조선어에 의한 연극 기타를 보고싶어하는 자연스러운 감정에는 무리가 없는 것임으로 잘 이해치 못하는 다른 여흥물 양화 기타로써 충족되지 못하는 향토극에 대한 애(사랑)정서를 존중하는 노파심에서나 온 것이다. 그러나 상세히 이곳에 와서 흥행되는 조선어에 의한 극을 보면 대체로 연금◯한 향토에 대한 회고적 애착심에서 발로된 일야의 위안의 가치는 있다. 할지라도 **예술 본연의 자태 및 만주국의 국사적 견지로서는 적극적으로 추천할만한 것은 비교적 드문 것이 사실이다.**[20] (강조는 인용자)

위의 인용문은 조선 극단의 만주 순연에 대한 당국의 검열에 있어서 『만선일보』가 적극적으로 협력하고 있음을 잘 보여주는 대목이다. "해독을 끼칠 염려 없는 흥행"에 대해 적극적으로 지원한다는 말은 곧 『만선일보』가 후원을 결정하기 전에 우선적으로 공연 가능성 여부를 심사한다는 것이다. 이는 '만주국' 기관지로서, 그리고 일본인이 취체를 담당했던 상황에서 충분히 가능한 일이었다. 또한 『만선일보』는 조선 극단의 공연이 예술이나 당국의 이익적인 면에서는 추천할 바가 못 되지만 사상적으로 불온하지 않은 이상 고향을 그리워하는 재만 조선인들에 대한 위안의 차원에서, 그리고 먼 길을 떠나 만주까지 찾아온 조선 극단에 대한 동정의 차원에서 적극적으로 후원하고 있음을 피력하고 있다. 이처럼 『만선일보』는 일제 당국의 이익에 반하지 않는 이상 그들의 공연을 적극 후원함으로써 재만 조선인과 조선 극단 모두에게 일

20 『만선일보』, 1940.5.18, 2면.

제 당국에 대한 관대한 인상을 심어주고자 했다. 『만선일보』의 이러한 이중적인 태도는 일제의 식민 논리에서 비롯된 것이라고 볼 수 있다. 어쨌든 당시 조선의 극단들은 '만주국' 기관지였던 『만선일보』의 심사에 통과해야만 적극적인 후원을 보장받음으로써 원활한 공연을 진행할 수 있었다. 즉 일제 말기 만주 순연을 기획하는 조선의 극단들에게 있어 『만선일보』는 일종의 '통관문'이었던 셈이다.

2) 순연의 경로 – 전략적 이동

『만선일보』의 후원을 보장받은 극단 관계자가 다음으로 할 일은 곧 순연의 경로를 정하는 것이었다. 일제 말기 조선의 극단들이 만주로 들어올 수 있는 경로는 대체적으로 두 갈래였다. 하나는 신의주를 통해 남만주南滿洲로 들어오는 경로였고, 다른 하나는 만포선을 거쳐 동3만주東滿洲로 들어오는 경로였다. 당시의 만주 순연 기록(〈표 1〉 참고)을 보면, 대부분 극단들은 주로 첫 번째 경로를 이용했음을 알 수 있다. 남만주로 들어올 경우, 대체적으로 봉천성奉天省, 봉천–길림성吉林省(신경新京)–빈강성賓江省(하얼빈哈爾濱)–목단강성牡丹江省, 목단강–간도성間島省(용정龍井)[21]의 순으로 순연했다. 즉 남쪽에서 북쪽으로, 교북쪽에서 동쪽으로 이동했던 것이교다.[22] 그들이 이 경로를 애용했던 이유는 '만주국' 각 성의 수도를 경유하는

21 봉천성, 길림성, 빈강성, 목단강성, 간도성은 만주국 시기의 행정구획이었다. 봉천성은 지금의 요녕성(심양)에 포함되었고, 빈강성과 목단강성은 지금의 흑룡강성에 포함되어 있으며 간도성은 연변조선족자치주로 개칭되었다.

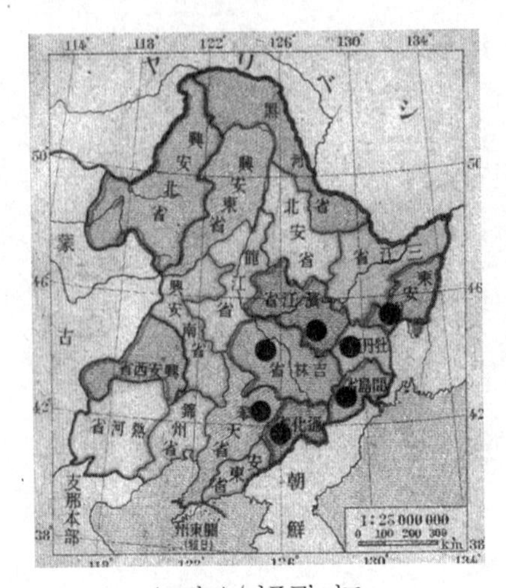

〈그림 1〉 '만주국' 지도.
●: 일제 말기 조선 극단의 주요 순연 지역

열차가 있어 이동에 편리했기 때문일 것으로 판단된다.

반면, 만포선을 통해 동만주로 들어오는 극단들은 거의 예외적이라 할 수 있다. 이 경우, 주로 길림성 지역이 첫 흥행지로 선정되었다. 하지만 이런 경우, 극단의 향후 일정에 대한 기록이 없는 것으로 보아 애초에 길림성을 포함한 동만주 위주의 공연을 계획하고 왔을 가능성이 높다. 그 이유는 1940년 5월의 기사를 통해 당시의 부득이했던 사정을 어느 정도 유추해볼 수 있다. 우선, 1940년 5월에 '연협'과 '김희좌'가 동만주로 들어와 주로 그 지역에서만 순연한 것으로 확인된다. 다음, 5월 한달 동안, '예원좌', '황금좌', '연협', '김희좌', '고협' 등 5개의 극단이 만주에서 흥행하는데, 이는 대체적으로 한달에 2~3개의 극단이 흥행하던 사정에 비추어 볼 때, 순회극단들 사이의 경쟁이 만만치 않았던 시기임을 알 수 있다. 이러한 상황에서 뒤늦게 순연을 기획한 '연협'과 '김희좌'

22 1941년 2월의 기사에 의하면 '김연실 악극단'이 3월에 만주의 남쪽끝인 안동(봉천 아래에 위치)에서부터 가장 북쪽끝(동북쪽)인 가목사까지 순연할 예정이었다(3월 3일, 4일 안동 협화회관, 3월 5일 봉황성 협화회관, 3월 6, 7일 봉천 기념회관, 3월 8일 철령 공회당, 3월 9일 개원 공회당, 3월 10, 11일 길림 공회당, 3월 12, 13일 신경, 장소 미정, 3월 14, 15일 하얼빈, 장소미정, 3월 17, 18일 목단강, 장소미정, 3월 19, 20일 림구, 장소미정, 3월 22, 23일 가목사, 장소미정, 3월 24일 녕안, 장소미정, 3월 26, 27일 도문극장). 이 기사는 「김연실 악극단 전만순회 대공연, 신경공연은 3월 12, 13일」, 『만선일보』, 1941.2.25, 3면 참고). 또한 김연실 악극단과 공연예제에 대해 자세하게 소개하고 있는데, 이는 만주 순연 중 가장 긴 이동 경로였으며 가장 많은 지역을 방문한 공연이었다.

의 입장에서는 주로 조선인들이 밀집한 간도지역을 선택할 수밖에 없었을 것이다. 이 시기의 경쟁상황을 대변해주는 또 하나의 예가 있다. 1940년 5월 21일부터 3일간 하얼빈 '상무구락부'에서 '예원좌'의 공연이 있었는데 입장자 소수로 막대한 수익손실을 보았던 사례이다. 신문 기사에서는 그 전까지 '호화선'과 '황금좌'의 공연이 있었기 때문에 일반 관객들이 연속적인 관극료를 지불하기엔 무리가 있었기 때문이라고 해석하고 있다.[23] 이와 같은 현상은 극단들 간의 경쟁이 조선 내에서뿐만 아니라 만주 순연에서도 매우 치열했음을 말해준다.

일제 말기 조선의 극단들이 순연지를 선정할 때, 편리한 교통만큼 중요시했던 것이 바로 극장이었다. 만주의 극장은 주로 열차가 정착하는 대도시나 그 주변 지역을 중심으로 개설되었다. 따라서 당시의 극단들은 주로 이동에 편리하고 극장시설도 마련되어 있는 대도시를 중심으로 순연했다. 앞에서 얘기한바와 같이 당시 조선의 극단들이 주로 공연했던 장소는 각 지역의 협화회관이나 공회당이었다. 그 중, 조선의 극단들이 신경에서 가장 많은 공연을 가졌던 장소는 바로 '만철사원구락부滿鐵社員俱樂部'와 '신경기념공회당新京紀念公會堂'이었다.

'만철사원구락부'는 1936년에 만철의 일본인 사원을 대상으로 세워진 집회당이자 구락부였다. '만철사원구락부'는 영화나 연극을 상연할 수 있는 극장을 비롯하여 도서관, 체육관, 무술관, 실외운동장까지 겸비한 그야말로 오늘날의 멀티 오락시설이었다. 극장은 상, 하 2층으로 1,150여개의 좌석을 갖추고 있었으며 내부 시설은 아주 간결하고 실용

23 「입장자 소수로 인해 순회극단 결손」, 『만선일보』, 1940.5.30, 3면.

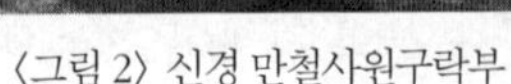

〈그림 2〉 신경 만철사원구락부

〈그림 3〉 신경 기념공회당

적이었다. 이곳에서는 종종 강연회나 영화회, 전시회 등이 열렸으며 1941년경 '만철후생회관滿鐵後生會館'으로 개칭했다. 해방 후, 1948년, '만철후생회관'은 '동북철로총국東北鐵路總局'에 접수되어 '장춘철로구락부長春鐵路俱樂部'라는 이름으로 사용되었다가 1956년 '장춘철로문화궁長春鐵路文化宮'으로 개칭한 이래 지금까지 사용되고 있다.

1941년부터 조선의 극단들이 사용한 '신경기념공회당'은 1939년의 화재로 인해 1941년에 재건된, 당시 신경 최대의 극장으로 알려져 있다.[24] 그밖에 '장춘좌長春座'와 '풍악극장豐樂劇場' 등 일계日系 극장에서도 공연되었다. 이 두 극장은 각각 1919년, 1935년에 세워진 만철부속지 소속과 일본상인 소유의 극장으로 모두 천여 명을 수용할 수 있는 극장들이었다.[25] 지역에 따라 극장의 규모나 시설에 차이가 있었겠지만 신

---

24 '기념공회당'은 일본의 대정천황 등기 10주년 기념으로 세워졌다. 화재로 재건되기 전에는 주로 일본인들의 집회장소였다.

25 '장춘좌'는 1919년에 세워진 만철부속지 내의 최초의 일본극장이었다. 이 극장은 주로 일본인을 상대로 외화 및 일본극을 상영했으며 1050명을 수용할 수 있었다. 1935년, 일본상인이 세운 '풍악극장'(오늘의 춘성극장)은 천여 명을 수용할 수 있는 공간으로 주로

경 외의 기타 지역에 대한 극장 정보는 자료상으로 확보할 수 없는 상태이다. 상술한 내용을 통해 알 수 있는 바와 같이 일제 말기 조선의 극단들은 주로 이동의 편리와 관객 수용의 공간을 고려하여 대도시 및 그 주변도시를 중심으로 전략적으로 이동했다.

3) 순연 양상 – '만주연예협회'의 설립과 악극의 부상

조선 극단의 만주 순연이 1930년대부터 시작되기는 했지만, 그 활동이 활발하지는 않았다. 현존하는 신문 자료를 정리한 결과, 1930년대 한해 동안 만주를 방문한 극단 수는 1940년대 반년 동안 만주를 방문한 극단 수와 거의 비슷했다. 이로부터 1940년대의 만주 순연이 보다 더 활발했음을 알 수 있다. 지금까지 정리한 조선 극단의 만주 순연의 연표와 관련 사항을 제시하면 다음과 같다.

〈표 1〉 1930~1940년대 조선극단의 만주 순연 연보[26]

공연 연도 및 기사 출처	공연 극단	공연 날짜 및 장소	공연 작품 및 관련 정보
1933년 12월 23일 『동아일보』	조선연극사	–	–
1936년 2월 3일 『간도신보』	유일단	3, 5일 연길 신부극장新富劇場	비극 〈울고 갈 길을 왜 왔는가〉 1막, 풍자극 〈목동과 신녀성〉 1막, 캬그극 〈사별〉 1막, 어촌애화 〈섬의 처녀〉 3막, 향토비극 〈고향에 가는 사람들〉 3막
1937년 6월 3일	청춘좌	–	–

일본인을 상대로 가부키를 공연했다.

『동아일보』			
1939년 12월 『만선일보』	황금좌	7, 8일 신경 만철사원구락부, 9, 10일 길림 기독청년회관	–
1940년 2월 『만선일보』	노동좌	15, 16, 17일 봉천대봉극장	–
1940년 4월 『만선일보』	호화선	3, 4, 5일, 봉천대봉극장, 6, 7일 신경 만철사원구락부, 8, 9일 하얼빈 캬피톨극장, 11, 12, 13일 목단강 신안전영원, 14, 15일 도문국제극장, 16, 17일 연길 신부극장, 18, 19일 용정극장	이광수 원작, 송연 각색의 비극 〈무정〉 5막, 이운방 작 비극 〈그 여자의 방랑기〉 3막 7장, 김건 작 비극 〈장한가〉 3막 7장, 임선규 작 비극 〈정열의 대지〉 4막 5장, 송영 작 비극 〈인생의 향기〉 3막 4장, 백수봉작 비극 〈귀향〉 4막 5장, 이운방 작 비극 〈나는 고아요〉 4막 6장, 송영 작 비극 〈선인가〉 3막 4장, 태백산인 작 희극 〈애처와 미인〉 1막, 낙산인 작 희극 〈따귀가 한근〉 1막, 백수봉 작 희극 〈연애특급〉 1막, 달성산인 작 희극 〈부인시험〉 3장
	노동좌	13, 14, 15일 길림 공회당, 17, 18일 신경 만철사원구락부, 23, 24, 25일 봉천극장	김건 작 사회비극 〈여수구〉 4막 5장, 희극 〈혼일변〉 1막, 화류애화 〈정조와 싸우는 사람〉 3막, 희극 〈장기광봉변화〉 1막, 음악 OB 스윙그쑈–
1940년 5월 『만선일보』	예원좌	13, 14, 15일 봉천대봉극장, 16, 17, 18일 신경 만철사원구락부, 21, 22, 23일 하얼빈, 25, 26, 27일 돈화, 28, 29, 30일 목단강	김춘광 작 〈인생안내〉3막 4장, 김춘광 작 〈신생활설계〉 4막 ?장, 강도봉 작 〈우리들의 실정〉, 예원좌 쑈(이업동, 황순덕 희극)
	황금좌	17, 18일 하얼빈	–
	연협	21, 22일 돈화 일만회관	–
	김희좌	20, 21, 22일 길림시 공회당, 23, 24, 25일 교하, 26, 27, 28일 돈화	김진문 작 재판극 〈애욕의 십자로〉 4막 5장, 인정극 〈아버지의 눈물〉 2막, 〈사나히들의 세계〉1막 3장, 김진문 작 〈천리타향〉 4막, 금희쑈–대연주
	고협	22, 23, 24일 봉천대봉극장, 26, 27일 길림시 공회당, 28, 29일 신경 사원구락부, 30, 31일 하얼빈 모데른극장, 6월 2, 3일 목단강 군인회관, 5일부터 북선北鮮 공연	유치진 작 〈춘향전〉 5막, 박영호 작 〈등잔불〉 3막 4장, 〈버들피리〉 1막
1940년 6월 『만선일보』	반도악극좌	7일 안동극장, 8, 9일 봉천공회당, 10, 11일 신경만철구락부	–
	아랑	18, 19, 20일 봉천대봉극장, 20, 21일 만철사원구락부, 22, 23일 하얼빈 外國頭道街商務俱樂部	임선규 작 비극 〈청춘극장〉 3막 6장, 임선규 작 〈김옥균〉

1940년 8월 『만선일보』	조선악극단	3, 4일 신경 풍악극장	–
1940년 10월 『만선일보』	아랑	21, 22일 안동 협화회관, 23일 본계호 공회당, 24일 개원 공회당, 신경 조일좌(날짜 미정), 28,29일 하얼빈 대승극장, 31,1일 목단강 일만 군인회관	〈바람부는 시절〉
1940년 11월 『만선일보』 1940년 11월 『만선일보』	아랑	2, 3일 도문극장, 5, 6일 연길 신부극장	〈바람부는 시절〉
	김연실악극단 / 김연실악극단 +노동좌	5, 6일 신경 장춘좌, 7, 8일 하얼빈 대승극장(노동좌와 합동공연)	제1부 〈춘향광상곡〉,〈상해의 가각에서〉, 〈봄꿈〉, 〈호◯애◯〉, 〈추◯장한몽〉, 〈인연의 노래〉, 〈자이나당고〉, 〈춘향상곡〉. 제2부 경희극 〈唄의 世上〉. 제3부 〈불타는 청공〉, 〈풍년가〉, 〈애◯야곡〉, 〈춘풍◯수〉, 〈수◯무용〉, 〈연언덕〉, 〈시어머니의 편지〉, 〈백두산 조망〉, 〈항구의 연시〉, 〈불타는 청공〉.
	김희좌+원앙선	20, 23일 목단강 동안극장	〈돌아오는 어머니〉 3막, 〈고향〉 2막 3장, 〈◯일의 일야〉 4막
1941년 1월 『만선일보』	김희좌+원앙선	2, 3, 4일 신경 만철사원구락부, 6, 7, 8일 신의주 신선좌, 27, 28, 29일 봉천	만담(개막), 인정비극 〈빰 맞은 그 여자〉, 비극 〈흘러가는 그 여자〉, 원앙선의 연주.
1941년 3월 『만선일보』	김연실악극단	3, 4일 안동 협화회관, 6, 7일 봉천 기념회관, 8, 9일 개원 공회당, 10, 11일 길림 공회당, 12, 13일 신경(장소미정), 14, 15일 하얼빈 丸商백화점, 17, 18일 목단강, 29, 20일 동안, 21일 임구, 22, 23일 가목사, 24일 벌리, 25일 녕안, 26, 27일 도문극장	*시국극〈전우〉, **〈청춘호텔〉1경 *〈가수출정기〉 4경, *희가극 〈신체제 신랑모집〉, **가극〈청춘의광란〉1경. *희가극 〈노래의 세상〉, 그 외 가요.
	예원좌	5, 6일 신경 만철후생관, 7일 공주령, 7, 8일 개원, 11, 12일 길림 공회당, 13, 14일 돈회 일만회관, 16, 17일 하얼빈 상공회관, 19, 20, 21일 목단강, 22일 왕청극장, 23, 24일 도문극장	김화 작 〈생활설계〉 4막 5장, 〈대지의 봄〉 4막 6장, 〈지나의 봄〉
1941년 11월 『만선일보』	조선악극단	4, 5, 6일 신경 기념공회당, 7일 개원	–
1942년 4월 『만선일보』	청춘좌	6, 7, 8일 봉천대봉극장, 9, 10일 신경 후생회관, 11, 12일 하얼빈아시아극장, 14, 15, 16일 목단강 군인회관, 17일 동경성공회당, 18일 녕안	新井勝夫작 〈정애천리〉 3막 6장, **송영 작 〈정열부인〉 3막 7장, 이서구 작 〈해바래기〉 3막 7장

		극장, 19, 20일 도문극장, 21, 22일 용정극장	
	반도가극단	25, 26일 신경	〈군국의 봄〉 8경, 〈단오절〉(일명 〈목란종군〉) 10경, 〈옷 산 가정교사의 권〉 4경 외 노래와 무용
1942년 6월 『만선일보』	성보악극대	6월 1일 독자할인권	–
	황금좌+ 황금 악극부	10, 11일 신경 후생회관	극단부 : 〈어머니의 노래〉 2막 3장, 〈선구자〉 2막, 악극부 : *〈지원병과 해전의 도〉(일명 〈지원병〉) 5막
1942년 7월 『만선일보』	아랑	20, 21일 신경 공회당	*송영 작 〈삼대〉 4막 7장, *임선규 작 〈동학당〉 4막, **임선규 작 〈청춘극장〉 3막 6장, **임선규 작 〈바람부는 시절〉 4막 6장
1943년 3월 『매일신보』	예원좌	29, 30일 신경 후생회관, 31일, 4월 1일 하얼빈 모데른극장	〈홍콩의 밤〉 3막 5장, **〈검사와 여선생〉 4막5장

+ 합동공연 / * 목적극 / ** 대중극 / – 공연날짜, 장소, 레퍼토리 미상

〈표 1〉을 보면 1940년 한 해 동안 9개의 극단이 총 14차례 만주를 방문했다. 이는 1940년대 만주를 순연했던 조선 극단의 수나 공연 횟수의 측면에서 최고의 기록이었다. 그러나 1940년 말, 조선과 '만주국'의 급변한 형세와 더불어 그 이듬해부터 그들의 활동은 확연히 줄어듦과 동시에 보다 조직적이고 체계적인 움직임을 보이기 시작한다.

앞에서 언급했듯이 1940년, 12월, 조선의 연극계는 '조선연극협회'가 결성되면서 큰 변화를 맞게 된다. 한편, 1941년, '만주국'의 관제개혁에 따라 그동안 문예활동을 통제해왔던 '민생부民生部'의 모든 소임이 총무청總務廳 핵심기구인 '홍보처弘報處'(그의 전신 홍보협회)로 넘어가

26 이 표는 주로 신문 기사를 통해 확보한 레퍼토리를 정리했다. 그 밖의 주변 자료를 통해 확보한 레퍼토리는 정확한 공연 연도 및 공연 지역을 파악할 수 없어 표에 넣지 않았다. 예컨대, 〈대추나무〉와 〈춘향전〉이다. 이 두 작품은 1940 년대에 '현대극장'이 만주 지역에서 공연했던 레퍼토리이다.

면서 문예활동에 대한 중앙집권화가 시작되었다. 또한 같은 해 3월, '홍보처'는 『예문지도요강藝文指導要綱』(이하 '요강'으로 약칭)의 반포를 통해 문예활동의 선전체제를 가동시켰다. '요강'이 반포된 후, '만주문예가협회', '만주극단협회', '만주미술가협회' 등 많은 단체들이 잇따라 결성되었고 이 단체들은 '홍보처' 주관의 '만주문예연맹滿洲文藝聯盟'의 일괄적인 통제를 받게 되었다.

다만 '요강'의 내용에 따르면 극단과 공연단체의 활동은 '만주연예협회滿洲演藝協會'의 발전과 더불어 점차 협회의 지도와 통제를 받게 되어 있었다.[27] 사실, '만주연예협회'는 정부의 관제개혁과 '요강'의 반포에 앞서 1940년 3월경, 홍보협회의 적극적인 추진 아래 자본금 백만 원으로 설립된 주식회사이다. '만주연예협회'의 설립 취지는 '만주국'내의 각 민족과 각 계층에게 건전한 오락을 제공하는 동시에 새로운 '만주국'의 연예문화를 창조하자는 것이었다.

1. **국외(주로 일본 및 지나)에서 수입하는 연극 기타의 연예를 精査嚴選하고 이것을 조절하야 영업자에 배급하고 또는 스스로 상연여행할 일.**
2. 從來採算上의 입장에서 돌보지 않은 벽지의 상연 興行과 慰安義捐의 여행을 풍부히 할 일.
3. 국내에 있어 연극의 향상 발달, 나아가서는 만주국극滿洲國劇 기타의 만주적 연예의 창조를 도모할 일.
4. 연예, 음악 등의 연구단체에 대하야 물심양면의 조성을 할 일.

---

27 於雷肆, 「資料」, 『東北淪陷時期文學國際學術硏討會論文集』, 沈陽出版社, 1992, 176쪽.

5. 연예에 관련하는 각본, 가사 등의 발달을 원조할 일.

6. 업자에 대한 강습회 양성소 등을 개설하고 진보 향상을 기할 일.

7. **국가의 각 기관과 연락을 긴밀히 하야 그 지도를 받어가지고 사상선전과 취체의 효과를 내게 할 기구를 만들 일.**

8. 영업의 전체적 기구를 합리화하는데서 업자와 관중과의 공영공리를 도모할 일.[28] (강조는 인용자)

그러나 '만주연예협회'의 구체적인 경영 목표(위의 인용문)를 좀 더 살펴보면 사실은 만주의 연극, 음악, 연예 등 단체들의 활동을 효율적으로 통제함과 동시에 '만주국'의 국책에 부합하거나 국책 선전에 도움이 되는 옌예활동을 추진시키려는 목적이 고스란히 노출되어 있다. 이는 '만주연예협회'가 처음부터 홍보처의 전신인 홍보협회의 주도 하에 설립된 회사로 사실상 홍보처의 직접적인 통제를 받았으며, 근본적으로 국가의 이익을 대변할 수밖에 없었기 때문이다. 또한 중요한 것은 '만주연예협회'가 '요강'의 반포에 앞서 실질적으로 만주의 공연단체를 통제하는 기능을 담당하고 있었으며 '요강'의 반포와 함께 그 기능이 강화되었다는 점이다. 본고에서 주목할 것은 이 협회가 외래 단체의 공연활동을 적극적으로 통제했다는 사실이다.

극단 원앙선은 목단강에서 조직하여 그간 조선의 중앙공연까지 하여 극계에 다대한 수확을 얻고 금번에 **조선연극 등재로 조선연극으로는 열단채밖**

28 「자본금 백만원으로 만주연예협회 설립」, 『만선일보』, 1940.3.3, 2면.

> **에 두지 않기로 되었기 때문에 김희좌와 합동**하여 그 전통을 한층 더 충실히 하여가지고 (…중략…) 오는 20일부터 23일까지 목단강 동안극장에서 본보 목단강 지국의 후원으로 다음의 푸로와 같이 공연하게 되었는바 (…중략…)[29] (강조는 인용자)

위의 기사에서는 10 개의 조선 연극 단체가 어느 기관에 등재되었는지 명시하지 않았다. 하지만 '만주연예협회'는 "국외(주로 일본 및 지나)에서 수입하는 연극 기타의 연예를 精査嚴選하고 이것을 조절"할 것을 첫 번째 경영목표로 삼았고, 1940년 7월에 협회의 첫 사업으로 '조선악극단'과 3년간 제휴하여 '민족협화'를 도모하는 공연을 했으며,[30] 그 후 종종 기타 극단의 활동을 제공했다.[31] 이러한 기록으로부터 볼 때 위의 인용문에서 언급한 10개의 조선 극단이 등재된 기관은 곧 '만주연예협회'였을 가능성이 매우 높다. 그리고 〈표 1〉을 통해 그 10개의 극단이 곧 '고협', '아랑', '예원좌', '황금좌', '김희좌', '청춘좌', '조선악극단', '김연실 악극단', '반도가극단', '성보악극대' 등이었을 것으로 추정해본다. 지금까지 확보한 자료상으로 그 이외의 극단(합동공연의 극단 제외)을 찾아볼 수 없기 때문이다. 이 10개의 극단들은 1940년 8월부터 11월까지는 매월 한, 두 극단씩 돌아가며 공연하지만 1941년이 되면 매월 거의 한 극단만이 공연하게 된다. 이는 1940년 7월, '만주연예협

29 「김희좌와 원앙선 합동대공연, 본보독자 후원으로」, 『만선일보』, 1940.11.19, 5면.
30 「조선악극단 만주연예협회와 제휴」, 『만선일보』, 1940.7.13, 4면; 1940.7.13, 조선의 『매일신보』에서도 같은 내용의 기사를 실었다.
31 『만선일보』 기사에 의하면 '만주연예협회'는 1940년 8월 3일, 1940년 11월 7일, 1941년 1월에 각각 '조선악극단', '아랑', '김희좌+원앙선'의 공연을 제공했다.

회'가 사업을 개시하기 전까지 매월 거의 두 극단씩 공연하던 상황과 비교할 때 절반이나 줄어든 셈이다. 이는 '만주연예협회'가 조선의 극단을 협회 산하에 두고 보다 효율적으로 통제했다는 것을 보여준다.

'만주연예협회'가 결성된 후, 공연의 방식이나 내용에도 약간의 변화가 나타난다. 우선, 1940년 말부터 두 극단의 '합동공연'이 종종 등장한다. 이는 '인용문 29'를 통해 알 수 있듯이 협회에 등재되지 않은 극단은 단독으로 공연할 수 없었기에 협회에 등재된 극단과 '합동공연'을 할 수밖에 없었다. 예컨대, 1940년 11월의 '김연실악극단'과 '노동좌'의 '합동공연', 1940년 11월의 '김희좌'와 '원앙선'의 '합동공연', 1941년 1월의 '김희좌'와 '원앙선'의 '합동공연', 1942년 6월의 '황금좌'와 '황금악극부'의 '합동공연'이다. 이 '합동공연'의 특징은 곧 대중극단과 악극단의 조합이다. 여기서 '원앙선'이 목단강에서 조직된 극단이라는 점 외에 그 정체성에 대해 잘 알 수 없다. 하지만, 1941년의 '합동공연'에서 '원앙선'이 연주를 맡은 것으로 볼 때 주로 밴드 연주를 담당한 것으로 보인다.

위의 변화와 더불어 '만주연예협회'가 결성된 후, '조선악극단'을 시작으로 '김연실악극단', '반도가극단', '성보악극대' 등 악극단의 만주 순연이 빈번해진다. '황금좌'와 '합동공연'했던 '황금악극부'도 사실은 '황금좌'의 또 다른 분신이라 할 수 있는 악극단이다.[32] 1940년부터 '만주연예협회'가 결성되기 전까지 악극단으로서는 6월에 '반도가극단'

---

32 1940년대에 '황금좌'는 실제로 자매극단인 악극단을 두고 있었다. '황금좌'의 진용의 변동과 관련된 글은 김남석, 「극단 황금좌 연구—1930년대 공연 활동을 중심으로」(『조선의 대중극단들』, 푸른사상, 2010) 참고.

하나만이 만주를 방문했던 상황에 비추어보면 그야말로 획기적인 변화였다.

이와 같은 일련의 변화들은 '만주연예협회'가 결성된 후, 악극이 매우 중요시되었음을 말해주고 있다. 그렇다면 왜 악극이 급부상했을까. 〈표 1〉을 보면 알 수 있듯이 협회가 결성된 후 막간의 묘미인 '쇼'의 기능이 점점 약화되고 있다. 노래와 춤, 재즈 밴드의 연주, 희극 등 다양한 장르가 혼합된 막간 공연은 관객들의 관심을 끌기 위한 기능으로 작용했다. 하지만 비상시국 하에 가요와 무용, 연주 등으로 혼합된 막간 공연이 '만주연예협회'의 관계자들에게는 오히려 풍속을 교란시키는 불건전한 오락으로 오인되었을 수 있었다. 조선의 일부 연극인들이 막간을 저급한 '여흥'으로 취급했던 것을 상기할 때 이는 충분히 상상 가능한 일이다. 이에 따라 '만주연예협회'는 종래의 막간의 기능을 약화시키고 서사성과 음악성이 구비된 악극으로 그 빈자리를 채우거나[33] 아예 악극단의 공연을 전문적으로 보여줌으로써 장르의 혼합성이 초래할 수 있는 불건전성을 통제하고자 했을 수 있다. 이는 또한 협회가 재만 조선인들에게 보다 효과적으로 시국의 메시지를 전달하려는 차원에서 채택한 방법으로 볼 수도 있다.

이상과 같은 '만주연예협회'의 시도 및 악극의 부상은 1940년대 조선 내에서의 악극의 위상과 연관시켜보면 좀 더 쉽게 이해할 수 있다. 1940년대 초, 조선 내에서 악극은 이미 막간무대나 연주회 등의 구성

33 협회 설립 전에는 대체로 인정극 또는 비극-쇼(노래, 춤, 연주, 희극 등)의 순으로 공연되었고 그 후에는 대체로 연극-악극-노래 또는 연주의 순으로 공연되었다

요소가 약화되고 일정한 서사구조를 지니게 됨으로써 대중적인 장르로 활성화되었다.[34] 뿐만 아니라 극적·오락적 측면을 동시에 구비한 악극은 대중적 흡입력이 강했기 때문에 '조선연예협회'의 결성과 더불어 국책 선전의 측면에서 매우 중요하게 활용되었던 장르이다. 그러므로 국책 선전 및 외래 극단의 통제를 목표로 삼았던 '만주연예협회'는 분명 조선 연극계의 그러한 흐름을 파악하고 그것을 적극적으로 수용하여 '만주국'내의 조선인을 향한 사상 선전에 악극을 이용하려 했을 것이다. '조선악극단'이 민족협화의 실현을 목적으로 만주 순연을 기획했던 사실,[35] 실제로 1941년에 들어와 시국 선전을 위한 목적극이 주로 악극단에 의해 공연되었던 사실 등은 '만주연예협회'가 재만 조선인을 대상으로 한 사상 선전의 도구로서 악극을 적극 활용했다는 증거가 될 수 있다.

흥미로운 것은 '만주연예협회'가 결성된 후, 악극단의 공연 기사에 '조선정서', '조선문화', '향토예술' 등을 강조한 문구들이 눈에 띄기 시작한다는 점이다. 이는 '조선악극단'의 공연 목적(각주 34 참고) 즉 조선의 문화를 보여줌으로써 '만주국'이 내세웠던 민족협화의 사상을 선전하고 그것의 실천을 보여주고자 했던 것과 같은 맥락에서 이해할 수 있다. 이러한 '조선정서' 등의 강조는 일제가 주장했던 오락 담론 즉 '건전한 오락 제공'이라는 맥락과도 일치되는 부분이 있다.

---

34 김호연, 「한국 근대 악극 연구」, 단국대 박사논문, 2003, 83쪽.

35 「조선예술의 소개가 목적, 입경한 홍금량씨 담」, 『매일신보』, 1940.7.26, 7면(이 글에서 홍금량은 조선의 참문화를 소개함으로써 '만주국'의 이상인 동시에 전 동양인의 이상인 민족협화를 문화적 궤도에 올리는 것을 목적으로 일, 선, 만, 3국어로 연습에 몰입중이라고 말하고 있다).

> 다음으로 조선 연극에 부여된 큰 문제는 문화 내지 오락의 보편화이다. 문화 내지 오락의 보편화, 특히 농촌 어촌 공장 광산 등 근로대중에 대한 건전 오락의 공여문제는 전쟁의 장기화에 수반되어 더욱 그 중요성이 강조되어 왔다. 근로대중의 생산력 증강을 촉진하면서 그들에게 기쁨을 주고, 그들을 즐겁게 하고, 동시에 시국인식을 철저하게 하고, 국책에의 협력을 촉진하는 지도계몽을 해서 전시하 생산전사의 사기를 앙양시키는 것은 외국에서나 내지에서나 적극적으로 수행되어야 할 것이다.[36]

일제는 오락을 통해 조선인들을 즐겁게 함과 동시에 자연스럽게 시국 인식을 안겨줌으로써 장기적인 전쟁에 동참시키려는 차원에서 건전한 오락을 내세웠다. 그런 점에서 서사와 음악이 적절하게 섞여 있는 악극은 조선 고유의 가락을 통해 흥을 돋움과 동시에 교묘하게 시국의 메시지를 전달 할 수 있는 장르로서 일제 말기의 문화선전에서 각광받았다. 만주에서의 이들 악극단의 공연 레퍼토리는 극단의 특성에 따라 조금씩 달랐다.

'김연실 악극단'의 경우, 대부분이 짤막한 스토리로 구성된 가벼운 가극이었다. 이는 이 극단이 일제 말기 주로 가요나 무용, 촌극이나 만담 등을 위주로 위문공연을 했던 위문대의 성격이 강했기 때문이다.[37]

---

36 星出壽雄, 「조선 연극의 신발족」, 『조선』, 1942.10.

37 일제 말기 위문대나 이동연극대와 관련된 글은 김호연(「일제 강점 후기 연극 제도의 변화 양상과 그 의미-이동극단, 위문대를 중심으로」, 『인문과학연구』 제30집, 강원대 인문과학연구소, 2008), 이화진(「전시기 오락 담론과 이동연극 연구」, 『상허학보』 제23집, 상허학회, 2008; 이화진, 「일제 말기 이동극단 활동의 전개 양상과 그 한계」, 『한국학연구』 제30집, 인하대 한국학연구소, 2013)의 논문 참고.

〈가수출정기〉(4경)는 지원병과 간호부로 출정한 남녀 두 가수가 중국인에게 대동아정신을 선전하는 내용이다. 레코드 회사의 전속 가수 이성용과 김성녀는 각각 지원병과 황군 위문대에 출정하여 전지에서 왕서방을 만나 일본의 대동아정신을 선전한다. 결국 두 사람의 따뜻한 정에 감동한 왕서방이 결국 동양의 평화를 위해 싸우게 된다. 희가극 〈노래의 세상〉(1경)은 한 레코드사의 사장이 겨우 신인가수를 발견했으나 비상 시국에 유행가란 천만 부당한 존재라고 엄담하는 안여사의 출현에 졸도한다는 넌센스이다. 그 밖에 '시국경악극'이란 용어가 전제된 〈전우〉(5경)는 결사대로 출전한 조선 군인이 적진에 돌입하여 성문을 파괴하려던 찰나에 적진에 발각되어 죽음을 맞이하게 된다. 바로 그때 그 군인은 친구로부터 구원되어 사명을 완수했다는 내용을 담았다. 이상의 작품들은 모두 '지원병', '대동아정신', '비상 시국' 등과 같은 묵직한 서사에 그들이 강조했던 '조선 정서'의 멜로디가 가미되어 공연됨으로써 '오락에 굶주린 재만 조선인들에게 건전한 오락을 제공하려'던 공연 목적[38]의 실현에 한발자국 가까이 다가갔을 것이다.

반면 '반도가극단'과 '황금악극부'는 상대적으로 극요소가 강한 악극을 선보였다. '반도가극단'의 〈단오절〉은 '일명 〈목란종군〉'으로 표기되어 있는데, 〈목란종군〉은 중국 북위시대에 목란이라는 여자애가 늙은 아버지를 대신 출정하여 외세의 침략을 물리친 이야기다. 이 작품의 구체적은 공연 내용은 알려지지 않았지만 대동아성전시기에 충분

38 「노래와 춤의 프리마돈나, 김연실악극단 전만 공연」, 『매일신보』, 1941.2.28, 3면(이 기사에서는 김연실을 소개함과 동시에 "재만동포에게 있어 오락에 굶주린 현재 건전한 오락을 제공하려"는 의도를 분명히 밝히고 있다).

히 '영미귀축'의 내용으로 탈바꿈하여 공연되었을 수 있다. 특징적인 것은 조선 내에서 워낙 조선의 고전을 소재로 한 작품을 공연하는 것으로 유명했던 '반도가극단'이 극단(반도가극단)본연의 특성을 살려 만주에서는 중국의 고전설화를 바탕으로 공연했다는 것이다. 여기서 '반도가극단'이 극단의 특성과 시국 인식, 만주라는 무대의 특성 등의 측면에서 고심苦心했던 흔적을 엿볼 수 있다. '황금악극부'의 〈지원병과 해전의 도〉는 5막으로 된 비교적 긴 악극으로 구체적인 내용이 전해지지 않았지만 제목에서 보이듯이 '지원병'에 대한 선전내지는 찬양의 내용에서 크게 벗어나지 않을 듯 싶다. 이처럼 악극단별로 극요소의 농도에 약간의 차이가 있지만 모두 조선의 정서가 담긴 멜로디와 함께 오락에 굶주린 재만 조선인들을 위로함과 동시에 시국인식을 자연스럽게 전달함으로써 일거양득의 효과에 산출하려고 했다.

이상에서 보았듯이 일제 말기 만주 순연에서의 악극단의 부상은 '만주연예협회'의 탄생과 더불어 두드러진 변화 양상이다. 본고는 '만주연예협회'의 탄생시기가 '조선연예협회'보다 빠르다는 점과 협회의 성격, 그리고 실제 공연 무대가 만주라는 점을 감안하여 '만주연예협회'와의 연관 속에서 만주 순연의 변화 양상을 살펴보았다. 그러나 이러한 양상은 '조선연예협회', 나아가 '조선연극문화협회'와의 연관 속에서도 살펴보아야 할 것이다. 이는 일제 말기 악극단 또는 이동연극대·위문대의 만주 순연과 함께 지면을 달리 하여 보다 더 구체적으로 논의할 필요가 있다. 이에 대한 연구는 차후의 연구 과제로 남겨두기로 한다. 분명한 사실은 일제 말기 만주를 순연했던 조선의 극단들이 조선과 만주의 이중적인 통제를 받아야 했다는 것이다.

4. 공연작품과 관객

1) 통속멜로와 「춘향전」－그리움과 설움의 눈물

만주 순연의 연보에 제시된 대중극 레퍼토리를 보면 상당부분이 남녀 간의 애욕 문제를 다룬 작품들이다. 제목만으로 파악가능한 작품들이 많지만 그중 대강의 줄거리가 전해지는 레퍼토리로는 〈춘향전〉(고협, 현대극장), 〈무정〉(호화선), 〈정열의 대지〉(호화선), 〈청춘극장〉(아랑), 〈바람부는 시절〉(아랑) 등이다. 〈정열의 대지〉와 〈청춘극장〉, 〈바람부는 시절〉은 각각 '호화선'과 '아랑'의 대표작이었다. 이 세 작품의 줄거리를 소개하면 다음과 같다.

임선규의 구술을 고설봉이 받아 적었다고 전해지는 〈정열의 대지〉는 한 여인을 사이에 둔 두 남자의 사랑과 '전쟁'을 다룬 작품이다. 가난한 청년과 부잣집 청년의 구애로 갈등이 생기자 여주인공 일홍은 중국으로 도피한다. 일홍을 쫓아 중국으로 갔던 두 남자는 대학생과 마적이 되었고 몇 년 뒤, 세 사람은 한 식당에서 재회하게 된다. 일홍을 사이에 둔 두 남자의 라이벌전이 또다시 시작되자 주변 사람들은 일홍의 선택에 맡겨 그 결과에 따르라고 권유한다. 결국 일홍은 가난한 청년을 선택하게 된다. 이에 불복한 부잣집 청년은 몸에 지녔던 권총을 뽑아 가난한 청년을 쏜다. 가난한 청년도 총을 뽑아 발사한다. 여러 발의 총성이 울린 채 이야기는 막을 내린다.

'아랑'의 창단작인 〈청춘극장〉은 두 형제가 홍자라는 여자를 동시에 사모하다가 결국 동생이 형에게 양보하고 동생은 박사논문 통과 소식을 전해 들으며 해피엔딩으로 끝나는 작품이다. 〈바람부는 시절〉은 〈정열의 대지〉와 마찬가지로 남녀의 삼각관계가 빚은 비극을 다룬 작품이다. 부잣집 딸이 가난한 산지기 아들을 연모하다 함께 동거하게 된다. 그런데 그녀를 사모하던 아버지 회사의 지배인이 온갖 계략으로 산지기 아들을 괴롭힌다. 이를 참다못한 산지기 아들은 그 지배인을 살해하고 도망가지만 결국 체포되고 만다.

보았듯이 이 세 작품은 남녀의 삼각관계, 그로 인한 갈등과 살인 등 자극적인 요소로 구성되어 있다. 이러한 요소는 1930년대 대중극의 특징 중 하나로 만주 관객들의 호응을 이끌어냄으로써 흥행 수익을 올렸다. 가령 〈바람부는 시절〉은 1940년과 1942년에 두 번이나 공연되었으며 배우들의 연기가 관객을 도취시킴으로써 큰 인기를 끌었다.[39]

남녀의 사랑이야기를 다룬 작품으로 〈춘향전〉을 빼놓을 수 없다. 〈춘향전〉은 조선의 고전으로서 만주의 관객들에게도 아주 익숙한 이야기다. 실제로 만주의 관객들은 〈춘향전〉과 같은 역사적 소재의 연극을 아주 선호했다고 한다.[40] 익숙한 조선의 고전이야기로나마 고향에 대한 그리움을 달랠 수 있었기 때문일 것이다. 〈춘향전〉은 '고협', '현대극장', '김연실 악극단' 등 극단에 의해 연극 또는 가극으로 여러 번 공연되었다. '고협'과 '현대극장'은 모두 유치진의 〈춘향전〉으로 공연했다. '김연실악극단'은 「청춘의 광란」이라는 제목으로 공연했는데,

---

39 「극단 아랑 국도공연 성황」, 『만선일보』, 1942.7.22, 3면. 이 기사에 의하면 「바람부는 시절」은 "배우들이 처음부터 끝까지 박력있는 연기를 보여주어 관중으로 하여금 연극의 황홀경에서 고요케 하였다"고 한다.

40 고설봉, 앞의 책, 64쪽.

그 내용은 춘향의 외출로 인해 이도령이 춘향으로, 방자가 이도령으로 대역하여 오리정의 이별 장면을 희극화한 것이다. 〈춘향전〉은 해방 후 '연변연극단' 창립기념작으로도 공연되어 열광적인 환호를 받음과 동시에 '중앙문화부'의 '1등상'이라는 명예를 얻기도 했다.[41] 이와 같은 일련의 사실들은 만주에서의 〈춘향전〉 공연이 미친 영향이 어느 정도였는지 충분히 설명해주고 있다.

〈춘향전〉(고협)의 만주 공연에 대해 한 가지 특기할만한 것은 바로 김리유의 관극평이다. 그는 〈춘향전〉의 각본에서부터 무대 연출에 이르기까지 전문가의 시선으로 꼼꼼하게 평가했다. 이 작품에서 춘향과 이몽룡의 이별 장소인 '오리정'은 생략되었다. 이에 대해 김리유는 그 장면을 생략함으로써 조선민속의 정서를 약화시켰다고 불평했다. 또한 이도령역과 배우 박창환의 나이차가 부조화를 이루었고 춘향의 정적인 연기와 짜내는 듯한 울음소리가 부자연스러웠으며 방자와 춘향 어머니의 호들갑스러운 연기가 지나치게 과장되었고 지적했다. 이어 배우가 퇴장한 뒤에도 어수선한 무대는 "넌센스"였으며 춘향의 어머니 월매가 온갖 수선을 떨며 기뻐하는 엔딩장면은 관객의 기대에 부응하려는 "비굴한 흥미"의 연출이었다고 지적했다. 한마디로 그는 〈춘향전〉이 전체적으로 "흥행식"으로, "비현실적"으로 연출되었다고 혹평했다.[42]

---

41 「춘향전」은 1950년대 초연이래, 열광적인 인기에 힘입어 80년대까지 계속 재공연되었다고 한다(방미선, 「연변조선족연극의 회고와 현실상황」, 『드라마연구』 제25집, 한국드라마학회, 2006).

42 〈춘향전〉에 관한 김리유의 관극평은 1940년 5월 31일부터 6월 4일까지의 연재 기사 참고.

김리유는 〈바람부는 시절〉에 대해서도 〈춘향전〉과 비슷한 관극평을 했다.[43] 그러나 한편으로는 〈바람부는 시절〉이 흥행극으로서는 손색이 없었다고 덧붙였다. 이는 이 작품이 관객들의 큰 호응을 이끌어냈던 결과와 부합하는 평가였다. 어쨌든 각본에서부터 무대 장치, 배우들의 연기 등의 측면에서 보다 전문적인 관극평을 했던 김리유와 일반 관객들의 관극 포인트는 달랐다.

> 관극자층의 대다수는 신극의 사실성과 예술의 표현보담도 오히려 하나의 무대의 영웅을 요구하며 따라서 연기의 현실성보담 극도로 과장된 소위 신파조를 요구하게 된다.[44]

신극을 추구하는 김리유가 연극의 사실성과 예술성에 초점을 두고 보았다면 관객들은 사실성보다는 남녀의 갈등과 이별이 빚어내는 강렬한 파토스와 같은 멜로드라마적인 요소에 주안점을 두고 보았다. 따라서 〈춘향전〉이나 〈바람부는 시절〉, 〈정열의 대지〉 등과 같은 대중극은 만주 관객들의 웃음과 눈물을 자극하며 큰 호응을 이끌어냈다. 특히 조선어만 들어도 설움에 북받쳐 눈물을 흘렸다[45]는 만주의 관객들이 연극을 통해 흘린 눈물은 보다 특별한 의미로 해석될 수도 있다.

---

43 김리유는 〈바람부는 시절〉이 흥행극으로서는 손색이 없으나 등장인물의 성격묘사가 확실하지 못하고 표정연기가 사실적이지 못하며 또한 과장된 연기와 비사실적인 무대장치와 분장기술로 인해 극의 예술성을 획득하지 못했다고 평가했다(김리유, 「"아랑"공연을 보고」, 『만선일보』, 1940.11.7, 3면).

44 김리유, 「고협만주공연 춘향전을 보고서 (1)」, 『만선일보』, 1940.5.31, 3면.

45 고설봉, 앞의 책, 93쪽.

〈정열의 대지〉, 〈바람부는 시절〉과 같은 작품 속 남녀의 이별이나 춘향과 이몽룡의 굴곡적인 사랑이야기를 바라보는 만주의 조선인 관객들은 어쩌면 고향과 이별하고 타향에서 고생하고 있는 자신들의 처지를 떠올리며 눈물을 흘렸을 수도 있다. 그 눈물은 곧 고향을 등진 이별의 슬픔, 타향살이의 설움과 고통으로 얼룩진 눈물이었을 것이다. 한편 그러한 눈물은 곧 춘향과 이몽룡의 재회와 같은 장면을 통해 언젠가는 고향으로 다시 돌아갈 수 있을 것이라는 희망과 기쁨의 눈물로 바뀌었을 지도 모른다.

조선에서 이미 그 인기를 입증한 남녀의 사랑이야기와 같은 대중극은 만주의 관객들로부터도 큰 인기를 받았음을 확인했다. 하지만 그보다 조선어 연극을 전혀 볼 수 없었던 만주의 관객들에게 더욱 중요한 것은 오로지 조선어로 된 연극과 이를 통한 조선의 정서에 대한 향수 그 이상의 것이 아니었다.

> 조선내에서 오는 극단의 전만지 흥행 성적은 어느 정도까지 양호한 성적을 시하고 있다. **국도 신경의 예에서 볼지라도 일부의 약간의 밀집구를 제하고는 이곳저곳 어느 틈에 끼어 사는지 알 수도 없으리만큼 분산되여 있는 선계시민이 조선내의 극단이 흥행하는 장소에 원거리의 이곳저곳에서 하나둘 구심적으로 모여들어 천명내외를 수용하는 장소를 2,3일 ◯◯하야 무난히 채우는 사실은 실로 기적적인 감을 준다.** (…중략…) 우선, 만주국에 적절한 모범적인 선계 극단의 ◯성(결성)이 고려되여야 할 것이다. 대동극단의 확충 강화가 실현된 오늘 그 3부(조선어)가 해체만 된채도 그 사명이 신경 조선인 협화문화부에 옮겼을 뿐으로 아직 이렇다 할 활동없는 협화문화부 제

군의 쇄신노력이 있음직한 일이다. **특히 아무 오락 위안의 시설도 없이 쓸쓸한 생활을 하고 있는 선계 개척지의 정경을 생각할 때 이들에게 인생의 기쁨의 눈물과 웃음과 희망을 줄 만주국에 적절한 조선어 극단 건설양성의 필요를 절감하는바이다.** 더욱이 일야 위안격의 선내 조선극단은 교통과 ◯산 관계로 도회지 이외는 발을 드려 놓지도 않음에 있어서이다.[46] (강조는 인용자)

일제 말기 조선의 극단은 주로 극장이 있는 도시에서 흥행했기 때문에 만주에 조선의 극단이 온다 하면 70~80리의 먼 길도 마다하고 극장으로 찾아들어 대성황을 이루었다.[47] 단순히 오락을 즐기기 위해 그 먼 길을 걸어오기에는 너무 먼 거리이며, 그렇다고 산간벽지의 사람들이 예술적 흥미로 극장을 찾을 가능성은 더욱 희박했다. 위의 인용문대로 당시의 재만 조선인 사회는 조선인으로 구성된 극단이 없었기에 문화적으로 많이 소외되어 있었다. 이로 인해 조선의 극단이 만주에 떴다 하면 그 어떤 계산도 없이 무조건 극장을 찾아주었다. 만주 관객들의 이러한 열정은 그 무엇보다도 조선의 정서에 대한 그리움의 발로였다. 그들은 조선어로 된 연극을 통해 잠시나마 고향의 정서를 만끽하며 타향살이의 설움을 달래었을 것이다. 그런 점에서 조선어 연극이 공연되는 만주의 극장은 재만 조선인들이 '민족협화'라는 허울 좋은 울타리에서 탈주하여 오로지 조선인으로서의 문화적 정체성을 확인하는 공간이었다.

---

46 『만선일보』, 1940.5.18, 1면.
47 고설봉, 앞의 책, 64쪽.

2) 만주의 이야기 〈등잔불〉과 〈대추나무〉 – 공감과 분노

만주 순연의 레퍼토리에는 중국이나 만주를 배경으로 한 작품이 적지 않다. 그중 만주에 관한 이야기를 다룬 작품으로 〈등잔불〉과 〈대추나무〉를 꼽을 수 있다. 일제의 '협화정신'과 '분촌운동'을 다룬 두 작품은 지금까지 친일성향을 띤 목적극으로 다루어졌다. 〈등잔불〉은 스토리 전개와 연관성 없는 '협화정신'에 대한 찬양과 그것에 반하는 조선 이주민들의 비극적인 삶을 다루었다는 점에서 이중적인 작품으로 논의되기도 했다.[48] 본고는 두 작품의 성격 구명究明을 떠나 만주를 배경으로 한 작품이 과연 만주의 관객들에게 어떠한 인상을 남겼을까하는 문제에 주목하기로 한다.

〈등잔불〉은 1940년 5월 극단 '고협'이 만주 일대에서 공연했던 작품이다. 이 작품은 다양한 인물군상을 통해 조선 이주민들의 비참한 삶을 보여주고 있다. 극의 중심을 이끌어가는 최가(우차부)와 선부(주막집 딸)는 서로를 연모하며 희망을 안고 열심히 살아간다. 그러나 그 희망은 선부를 첩으로 팔아넘기려는 계모의 계략과 마적단의 습격으로 산산조각이 나고 만다. 계모의 계략으로 궁지에 몰리게 된 선부가 우차부들이 마적단의 습격을 당했다는 소식을 듣고 자살을 택한 것이다. 희망적이었던 최가와 선부의 삶은 이처럼 한순간에 비극으로 끝나고 만다. 이밖에 작품은 노름에 빠져 가족의 안위는 안중에도 없는 몽술이 아버지, 술집 여자와 놀아나다 여자도 재산도 모두 빼앗겨 복권에

48 〈등잔불〉의 이중성에 대한 논문은 양수근, 「일제 말 친일 희곡의 변모양상과 극작술 연구–박영호 · 송영 극작품을 중심으로」, 명지대 박사논문, 2005.

미친 채표광과 수달피 상인 박가 등 다양한 인물들의 삶을 스케치하듯 그려내고 있다. 그들의 삶은 곧 낙토의 꿈을 품고 만주로 이주했지만 실은 허허벌판과 마적들의 습격, 민족 간의 갈등과 일제의 수탈 등에 시달리며 좌절과 타락 속에서 살아가야 했던 재만 조선인들의 고달픈 삶 그대로였다. 만주의 관객들이 그러한 자신들의 모습을 연극을 통해 비추어 보며 얼마나 많은 공감과 회의를 느꼈을 지 충분히 상상된다.

작품의 제3막에서 지국장과 소설가가 뜬금없이 '협화정신'을 찬양하고 있지만 정작 이주민들은 민적도 없이 떠돌다가 결국엔 노름과 도박에 빠지거나 서로를 속이고 음모를 꾸미는 등 최소한의 인간성마저 상실한 채 살아간다. 게다가 마적단의 습격소식과 선부의 죽음은 만주가 더 이상 희망의 땅이 아닌 좌절, 나아가 위협의 땅으로까지 느껴지게 만든다. 이는 결말에서 편지를 통해 나타난 채표광彩票狂이 갑자기 개척자가 되어 만주 이주 및 '협화정신'을 선전하는 대목과 극명한 대조를 이룬다. 복권에 빠져 도둑질까지 하던 채표광이 그 어떤 극복의 과정도 없이 갑자기 개척자가 되었다는 결말은 관객들에게 설득력이 부족하다. 뿐만 아니라 '협화정신'을 찬양하는 대목은 억지로 끼워 맞춘 듯이 작품의 전반적인 흐름에서 겉돌고 있다. 그러므로 극의 배경이 된 만주의 관객들은 부적절한 타이밍에 비현실적인 국책선전을 생뚱맞게 호소하거나 갑작스럽게 운명이 변화되었다고 전해지는 대목에 전혀 공감하지 못하게 된다. 그들이 주목하고 공감하는 것은 자신들과 비슷한 운명에 놓여있는 등장인물들의 비참한 삶이다. 그리고 작품이 시사하듯 그들에게 만주는 더 이상 희망의 땅이 아니라 '등잔불'과 같이 희미한, 미래가 불투명한 땅이었다.

〈등잔불〉이 조선 이주민들의 비참한 삶을 통해 만주가 희망의 땅이 아님을 고발한 작품이라면 〈대추나무〉는 만주를 희망의 땅으로 찬양하고 그곳으로의 이주를 주장하는 작품이다. 〈대추나무〉는 대추나무 한 그루 때문에 원수 보듯 하던 두 이웃이 사돈관계로 맺어지면서 극적으로 화해하고 다함께 만주로 이주해가는 이야기를 다룬 작품이다. 〈대추나무〉는 겨우 나무 한그루 때문에 서로 원수처럼 싸울 필요 없이 더 넓고 더 좋은 땅 — 만주로 이주해갈 것, 즉 일제의 '분촌운동'을 적극 선전하고 있다. 재만 조선인들에게 만주가 〈등잔불〉처럼 희미하고 불투명한 땅이었다면, 조선인들에게 만주는 〈대추나무〉처럼 밝고 희망찬 땅이었다. 이는 〈대추나무〉에 대한 만주 관객들의 반응을 통해서도 알 수 있다.

> 당시 연극 관중은 그런 주제에 대해서 강한 거부감을 표시하지 않았다. 적어도 도시의 관중들은 그것이 자기의 실제 생각과 부합되지 않았기 때문에 실감을 느끼지 못한 것이다. **그러나 그것이 그 무대가 되는 만주에서만은 달랐다. 즉 현대극장이 만주 순회 공연을 가서 그 작품을 공연했더니 둘째날부터는 썰물처럼 관객이 오지 않았다. 첫날 구경한 사람들이 실망해서 즉각 구두 전파된 것이었다. 결국 춘향전으로 레퍼터리를 바꾸어 공연했지만 현지 사람들은 그런 신체제의 분촌 정책에 배신감을 느낀 것 같았다.** 만주 공연에서의 관객 반응은 나에게 더 큰 충격을 안겨주었다. 나는 깊은 자책과 수치심을 사는 것 같았다.[49] (강조는 인용자)

위의 인용문은 유치진의 해방 후의 회고담으로서 신뢰성이 떨어지

49 유치진, 『동랑 유치진전집』 9, 서울예대 출판부, 1993, 160쪽.

는 것은 사실이다. 하지만 〈대추나무〉가 그 실제 배경인 만주에서 문제를 일으켰다는 말은 사실일 가능성이 높다. 아래의 인용문이 이를 뒷받침해준다.

> 사실 이 연극은 국경지방에는 어울리지 않는다. (…중략…) 매일 강 저편으로 별다를 것도 없는 만주의 산을 바라보며 살아가는 이곳 사람들에게는 이상한 일이다. 그래서 때로는 무대의 비극적인 장면을 웃어넘기는 듯한 홍소哄笑가 관중 사이에서 터져 나올 때도 있다.[50]

만주를 마주하고 있는 국경지방에서의 공연이 관객들의 공감을 사지 못했다면 작품의 실제 배경인 만주 관객들의 공감을 얻기엔 더욱 어려웠을 것이다. 이미 만주에 살고 있는 사람들에게 만주로 이주해갈 것을 주장하는 내용이 어떻게 만주 관객들의 공감을 살 수 있었을까. 뿐만 아니라 만주의 관객들은 유치진의 말처럼 이미 "신체제의 분촌 정책에 배신감"을 느끼기에 충분했다. 〈등잔불〉의 이주민들처럼 희망을 품고 만주로 이주했지만 결국 좌절과 타락에 찌든 삶을 살아가야 했으며, 심지어 마적들로부터 생명의 위협까지 받아야 했기 때문이다. 이처럼 생생한 만주의 현장을 경험하고 있는 만주의 관객들에게 허무맹랑한 '분촌운동'을 선전함으로써 당연히 외면당할 수밖에 없었을 것이다. 이는 일제 말기 '연극보국'에 앞장섰던 현대극장이 관객의 특성을 전혀 고려하지 않고 맹목적으로 일제 당국의 국책에 따른 결과이다.

---

50 山部珉太郎,「僻取に戰ふ演劇－朝鮮移動演劇第一隊を見」,『文化朝鮮』, 1943.8.

5. 나가며–만주 순연의 의의 및 향후 과제

일제 말기 '조선연극협회'가 설립되기 전까지 조선의 극단은 극단의 생존을 위한 영리 목적으로 만주일대를 순연했다. 그들은 만주에서도 서로 치열한 경쟁을 치르며 극단의 생계를 영위해나갔다. 그러나 1940년 말, 대동아성전을 위한 문화선전이 조선과 만주에서 전면적으로 개시됨에 따라 만주를 순연하던 조선의 극단들은 자신들의 생존만을 고집할 수 없게 되었다. 국가 전체가 대동아성전에 동원되고 있던 시점에서 그들 역시 연극을 통한 국책선전에 가담해야 했다. 이에 따라 1941년부터 조선의 극단들은 '연극보국'의 목적을 전제로 만주를 순연해야 했다. 하지만 그 목적을 위한 공연만으로는 극단의 생존 자체가 위협받았기에 이왕의 영리 목적을 위한 공연도 지속하지 않을 수 없었다. 한마디로 일제 말기 조선 극단의 만주 순연은 '극단생존'과 '연극보국'이라는 이중 목적 하에 이루어졌다.

일제 말기, 만주의 유일한 조선어 매체였던 『만선일보』는 조선 극단의 만주 순연에 실질적인 지주역할을 한 한편, 그들의 공연을 심사하는 등 당국의 검열에 적극적으로 협력하는 모습을 보였다. '만주연예협회'의 설립으로 조선 극단의 만주 순연은 두 가지 측면에서 큰 변화를 겪게 된다. 하나는 비교적 자유롭게 만주를 드나들던 극단이 '만주연예협회'에 소속되어 보다 조직적인 활동을 하게 된 것이다. 이로 인해 협회에 소속되지 못한 극단은 소속 극단과 '합동공연'을 하는 식으로 만주에서의 활동을 전개했다. 다른 하나는 협회 설립 후, 악극단이 급부상하게 된 것이다. '만주연예협회'가 만주의 조선인 관객들에게 건전한 오락과 함께 자연스럽게 시국의 메시지를 전달할 수단으로 악극을 적극 활용했다. 이는 '만주연예협회'가 총무청 홍보처의 직접적인 통제를 받음으로써 근본적으로 국가의 이익을 대변할 수밖에 없었기 때문이다.

조선의 극단들의 만주 순연은 고향을 그리워하는 재만 조선인들에게 매우 큰 위안이 되었다. 5족이 갈등하며 공존하는 공간에서 만주의 관객들은 오로지 조선어로 된 연극에 감동하며 타향살이의 설움과 고향에 대한 그리움을 달랬다. 또한 문화적으로 소외되었던 재만 조선인들에게 문화적 정체성, 나아가 민족적 정체성을 확인시켜주었다는 점에서 조선 극단의 만주 순연은 매우 큰 의의를 지닌다.

한편, 만주의 관객들에게 일제의 국책을 찬양하고 시국의 메시지를 전달하려는 공연을 했다는 점에서 부정적인 평가를 하지 않을 수 없다. 그들은 만주라는 특수한 지역의 관객성을 고려하지 않은 채 맹목적으로 국책선전을 시도함으로써 애초의 메시지를 확실하게 전달하지 못하거나 아예 관객들의 외면을 당하고 마는 결과를 초래했다.

일제 말기 조선 극단의 만주 순연이 긍정적이었든 부정적이었든 재만 조선인 연극의 형성과 발전에 미친 영향은 절대 부정할 수 없다. 그들의 만주 순연은 '만주국' 내의 조선인 극단 건설의 필요성을 환기시킴으로서 재만 조선인 극단의 형성을 촉진시켰다. 당시 만주를 순연했던 조선의 극단들은 교통과 영리의 관계로 극장이 있는 대도시 외에는 찾아가지 않았다. 게다가 만주국 내에 전문적인 조선인 극단이 없었기 때문에[51] 조선 극단이 만주에 떴다 하면 무조건 극장으로 모여 대성황을 이루었다. 이에 따라 만주국 내에 전문적인 조선인 극단의 양성과 건설이 절실해질 수밖에 없었다(각주 31 참고). 이는 자연스럽게 조선인 극단의 형성으로 나아갔다. 일례로 협화회 수도 계림 문화부에서 조직한 '계림극단'과 목단강에서 조직된 '원앙선'을 꼽을 수 있다. 특히 주목할 것은 극단 '원앙선'이다. 『만선일보』의 기사에 따르면 '원앙선'은 목단강에서 조직되었고 '김희좌'와 합동공연을 했던 극단이다. 현재로서는 이 극단의 탄생 연도, 극단 진용이나 활동상황에 대해 잘 알 수 없다. 하지만 '김희좌'와 합동공연을 했다는 기록과 당시 '김희좌'의 문예부 담당이자 실질적인 대표였던 김진문이 해방 후 하얼빈에서 '양양극단'을 조직했다는 사실로부터 추측컨대, '원앙선' 역시 김진문이 개입했을 가능성이 높다.[52] 이를 비롯한 재만 조선인 극단의 형성 및 발전에 대한 연구는 보다 구체적인 자료의 고증을 바탕으로 이루어져야 할 것이다. 이에 관한 연구는 추후의 과제로 남겨두기로 한다.

51 1920~1930년의 만주에 조선인 극단이 있었다고 한다면, 그것은 대부분이 학생들로 조직된 과외 단체 또는 항일유격구의 연극 단체였다. 이들은 대부분 모종의 수요에 의해 조직된 단체로서 공연 후 바로 해산되는 것이 다반사였다

52 김진문이 '김희좌'의 작가겸 실질적 대표였다는 정보는 김남석, 「1930~1940년대 대중극단 김희좌의 공연사 연구」, 『민족문화연구』, 제52집, 고려대 민족문화연구원, 2010 참고. 해방 후, 김진문은 목단강에 남아 신문을 꾸리다가 하얼빈으로 갔다. 그는 '양양극단'을 세우고 〈안중근〉을 창작 공연했는데, 이는 흑룡강성의 첫 대형작품이라 한다. 그런데 안타깝게도 순회공연도중 34세(1946)의 젊은 나이로 세상을 떴다(『20세기 중국조선족 문학사료전집』 제16집, 연변인민출판사, 2010, 183쪽).

참고문헌

자료

『동아일보』, 『만선일보』, 『매일신보』

星出壽雄, 「조선 연극의 신발족」, 『조선』, 1942.10.

유치진, 「연극계의 회고」, 『춘추』, 1941.12.

최독견, 「낭만시대 (77)」, 『조선일보』, 1965.5.18.

논문

김남석, 「1930~1940년대 대중극단 김희좌의 공연사 연구」, 『민족문화연구』, 제52집, 고려대 민족문화연구원, 2010.

김호연, 「일제 강점 후기 연극 제도의 변화 양상과 그 의미-이동극단, 위문대를 중심으로」, 『인문과학연구』 제30집, 강원대 인문과학연구소, 2011.

______, 「한국 근대 악극 연구」, 단국대 박사논문, 2003.

방미선, 「연변조선족연극의 회고와 현실상황」, 『드라마연구』 제25집, 한국드라마학회, 2006.

양수근, 「일제 말 친일 희곡의 변모양상과 극작술 연구-박영호 · 송영 극작품을 중심으로」, 명지대 박사논문, 2005.

이덕기, 「일제하 전시체제기 이동연극 연구-이동연극 제1대와 극단 현대극장을 중심으로」, 『한국극예술연구』 제30집, 한국극예술학회, 2009.

이화진, 「일제 말기 이동극단 활동의 전개 양상과 그 한계」, 『한국학연구』 제30집, 인하대 한국학연구소, 2013.

______, 「전시기 오락 담론과 이동연극 연구」, 『상허학보』 제23집, 상허학회, 2008.

於雷肆, 「資料」, 『東北淪陷時期文學國際學術硏討會論文集』, 沈陽出版社, 1992.

단행본

고설봉, 『증언 연극사』, 진양, 1990.

김경일 외, 『동아시아의 민족이산과 도시-20세기 전반 만주의 조선인』, 역사비평사, 2004.

김남석, 『조선의 대중극단들』, 푸른사상, 2010.
김미도, 『한국 근대극의 재조명』, 현대미학사, 1995.
김운일, 『중국 조선족 연극사』, 신성출판사, 2006.
양승국, 『한국근대극의 존재형식과 사유구조』, 연극과인간, 2009.
유민영, 『한국연극운동사』, 태학사, 2001.
유치진, 『동랑 유치진전집』 9, 서울예대 출판부, 1993.
이두현, 『한국연극사』, 보성문화사, 1981.
허휘훈, 『20세기 중국조선족 문학사료전집』 제16집, 연변인민출판사, 2010.

동원된 미디어, 전시체제기 만담부대와 만담가들

배선애

1. 만담, 웃음과 선동 사이

이 글의 문제의식은 근대적 공연예술로 공연 장場에 등장한 만담의 궤적을 추적하는 데서 출발하였다. 근대적 공연예술로서의 만담을 고찰할 때 반드시 언급해야 하는 인물이 바로 신불출申不出이다. 유성기 음반에 실린 〈익살맞은 대머리〉(1933)의 선풍적 인기와 함께 「웅변과 만담」[1]이라는 글을 통해 이른바 "조선 만담의 창시자"[2]로 지칭되는 신불출은 만담이라는 장르가 이전에 없던 새로운 것임을 강조하였고, 유

1 신불출, 「웅변과 만담」, 『삼천리』, 1935.6.
2 『매일신보』, 1943.2.25.

성기 음반과 극장을 아우르면서 새로운 미디어와 만담의 접합, 그리고 만담의 장르미학을 적극적으로 꾀한 인물이다. 기존 연구에서 만담보다는 신불출에 대한 연구가 많은 것은 곧 신불출이 문제적 인간이며, 만담은 물론 근대 공연예술사에서 그가 매우 중요한 위치를 차지하고 있음을 보여주는 부분이다.[3] 언변 좋고 잘생기기까지 한 신불출이라는 걸출한 스타로 인해 만담은 공연예술의 자장에 놀라운 속도로 진입하였고, 1930년대 중후반에는 무수한 만담대회로 그 흥행을 이어나간다. 이 글에서 주목하는 것은 바로 이 지점이다. 신불출이 스타 만담가라고 해도 그가 소화할 수 있는 공연은 한정되어 있기 때문에 라디오는 물론 극장 공연과 만담대회 등의 수요를 담당할 수 있는 새로운 만담가들이 필요했고 자연스레 신불출의 뒤를 이은 만담가들이 대거 등장하게 된다. 손일평孫一平, 김윤심金允心, 나품심羅品心, 조하소趙何笑, 서다출徐多出 등이 이른바 '포스트-신불출'에 해당하는 만담가들이다.[4] 언론에 이름을 알리며 풍성하게 만담의 범주를 확장하던 이들은 신불출 같은 스타만담가로 자리를 잡지 못했는데, 그 결정적 이유는 전시체제기에 따른 국민총동원이 본격화되면서 문화예술계 조직개편과

---

3 신불출과 만담에 대한 기존의 연구는 다음과 같다.
김경희, 「신불출의 문예활동과 그 의미」, 『국문학연구』 12, 국문학회, 2004; 박영정, 「만담 장르의 형성과정과 신불출」, 『웃음문화』 4, 한국웃음문화학회, 2007; 박영정, 「신불출—세상을 어루만지는 '말의 예술'」, 『한국현대연극 100년—인물연극사』, 연극과인간, 2009; 엄현섭, 「신불출 대중문예론 연구」, 『비교한국학』 17권 3호, 국제비교한국학회, 2009; 이승희, 「배우 신불출, 웃음의 정치」, 『한국극예술연구』 33집, 한국극예술학회, 2011; 천정환, 「식민지 조선인의 웃음—『삼천리』 소재 소화와 신불출 만담의 경우」, 『역사와 문화』 18, 문화사학회, 2009.

4 본격적인 총동원 정책이 시행되기 전 이들이 대거 참여한 대표적인 공연이 1940년 8월 부민관에서 공연된 '납량폭소대회'다. 여기에는 신불출, 김윤심, 박천복, 황순자 등이 만담가로 참여했으며, 신정언과 유추강은 야담으로 참가했다. 『매일신보』, 1940.8.21.

제도의 변화라는 제국의 논리에 의해 공연예술계가 기형적 양상으로 재편되었기 때문이다.

공연예술로서의 만담이 독보적인 지위를 확보한 것은 아이러니하게도 극장이 아니라 제국에 의해 강제 동원된 각종 이동위문연예대와 만담부대였다. 신불출과 몇몇 소수의 만담가를 제외하고는 만담대회나 만담의 공연 자체가 가요와 무용 등 다른 공연물과 혼종의 구성을 취했기 때문에 그 독자성이 그다지 강조되는 편이 아니었는데, 1940년대로 접어들면서 '국민오락'이라는 수식어를 붙이고 '순회'의 필요성이 강조되면서 강제된 '동원'의 논리 속에서 만담은 가장 효율적이며 경제적인 공연예술로 부각된 것이다. 이는 총독부 관할로 문화조직을 개편하면서 '동원'이 효과적으로 수행될 수 있는 환경 하에, 만담 자체의 중요 속성인 웃음이 '국민오락'의 조건을 충족시키고, 소수의 만담가로 구성된 뛰어난 기동성이 '순회'와 결합하였기 때문이다.

이미 신불출이 「웅변과 만담」을 통해 만담의 정치적 의도를 언표한 바, 신불출의 만담은 그저 웃긴 이야기가 아닌 "웃는 웅변"[5]으로서 적극적인 풍자가 전제된 것이었다. 이것이 논리적으로 성립될 수 있는 것은 웃음 자체가 지닌 정치성 때문이다. "코미디는 그것이 공연・발화되는 바로 '지금-여기'(또는 바로 '그때-거기')의 사회문화적 맥락과, 수용자의 욕망에 제대로 근거하지 않으면 전혀 웃기는 것이 아니"며, 따라서 "'웃음'은 '정치적인 것'과 '일상적인 것' 사이에서 진동하며 생산

---

5 신불출 만담의 정치성에 주목한 이승희는 신불출의 활동 전반을 고찰하면서 신불출에게 만담은 "조선말로 하는 '웃는' 웅변"이었음을 밝히고 있다. 이승희, 「배우 신불출, 웃음의 정치」, 『한국극예술연구』 33집, 한국극예술학회, 2011, 40쪽.

되기에, 일상의 정치적 의미를 고찰가능하게"[6] 하는 속성이 웃음을 절대적 원리로 삼는 만담에도 그대로 적용되는 것이다. 문제는 웃음에 내재한 정치성이 그 대상을 어디에 두느냐에 따라 그 성격과 목적 자체가 달라진다는 점인데, 권력과 지배계급 혹은 사회의 제반 모순을 대상으로 한다면 그것에 대한 신랄한 풍자와 조롱이 작동하고 그 이면의 이데올로기를 폭로하는 전복과 저항의 역할까지 담당할 수 있는 생산적 힘을 갖게 된다. 그러나 이와 반대로 권력과 지배논리의 입장에서 피지배계급을 대상으로 할 때 그들의 무지몽매와 무기력, 비겁함과 나약함을 특화시키고 교화하는 데에 목적이 있기 때문에 웃음은 권력의 이데올로기를 공고화시키는 교묘하면서도 강력한 통치수단이 되는 것이다. 웃음의 정치성을 누가 어떻게 이용하느냐에 따라 상반된 결과가 도출되는 이 역학이 식민지 조선의 만담이 맞닥뜨린 현실이자 운명이었다. 즉, 신불출에 의해 공연예술계에 "어느 무엇보다도 그 諧謔性(humour)의 縱橫無盡함과 그 諷刺性(irony)의 自由奔放한 점을 특징으로 삼는 그야말노 불같고 칼같은"[7] 새로운 예술로 모습을 드러낸 만담이 제국의 논리에 동원되면서 그 칼의 끝이 식민지 조선을 향하게 되는 역전의 양상을 보인 것이다.

만담의 이러한 면모는 비단 식민지 조선에만 국한된 것은 아닌데, 신불출이 직접 언급한 만담의 고향인 일본에서도 같은 행보를 보여주고 있다. 1920~30년대 '모던만자이'를 분석하고 있는 요네야마 리사

6 천정환, 「식민지 조선인의 웃음-『삼천리』 소재 소화와 신불출 만담의 경우」, 『역사와 문화』 18, 문화사학회, 2009, 9~10쪽.

7 신불출, 「웅변과 만담」, 『삼천리』, 1935.6.

의 연구를 보면, 1910~20년대의 일명 '모던만자이'는 재래의 민중오락인 만자이와 달리 일본 모더니즘의 성격을 적극 반영하여 신흥 부르주아 지식계급의 욕구를 충족시키면서 전복적 파괴성이나 의외성을 보여주었는데, 이것이 1930년대로 접어들어 "중일전쟁이 전면화된 이후 총력전 체제하에서 국가에 의한 통제와 손을 잡"게 되었고, 이로 인해 만자이는 "시국에 대한 관객의 동의를 형성하여 오히려 자의식과 목적을 가지고 적극적이고 능동적으로 전쟁협력에 참가하는 균질적인 국민주체를 만들어" 내는 "국책선전의 매체이자 파시즘 국가장치의 통제 메커니즘으로 기능"하였음을 밝히고 있다.[8] 제국 일본과 모든 것이 연동할 수밖에 없었던 식민지 조선의 입장에서 만담이 같은 행보를 보인 것은 당연한 일이겠지만, 자생적 오락으로 전통의 뿌리를 가지고 있던 일본에 비해 신생 공연예술[9]로 등장한 식민지 조선의 만담은 격변하는 정세에 더 민감하게 대응할 수밖에 없었고, 그 결과 제국의 동원논리와 이데올로기에 적극적으로 전유된 공연예술이 되었다.

---

8 요네야마 리사, 「오락・유머・근대-'모던만자이'의 웃음과 폭력」, 연구공간 수유+너머 '일본근대와 젠더 세미나팀' 역, 『확장하는 모더니티』, 소명출판, 2007, 154~173쪽.

9 박영정은 만담의 장르형성과정을 고찰하면서 공연예술로서의 근원을 1920년대 '야담대회'에서 찾고 있다. 그 근거로 둘의 공연형식이 비슷하며, 1920년대 후반~30년대 초에 등장하는 '야담만담대회'를 통해 장르의 친연성이 발견된다는 점을 들었다(박영정, 「만담 장르의 형성과정과 신불출」, 『웃음문화』 4, 한국웃음문화학회, 2007). 공연예술로서의 만담이 등장한 것에 대한 내재적 근거를 도출한다는 점에서 이 논리의 의미를 찾을 수 있지만, 신불출에 의해 본격 공연예술 장르로 자리 잡은 만담은 야담대회와는 공연형식이나 레퍼토리 구성에서 차이를 보이고 있으며, 야담만담대회의 경우 이 시기 연예물의 복합적 결합과 연행논리의 일반적 속성을 그대로 따르고 있는 것이기에 그 유사성은 설명될 수 있으나 만담 장르의 근원으로 삼기에는 무리가 있다(야담대회의 구체적 면모에 대해서는 배선애의 「근대적 공연예술로서의 야담과 야담대회」(『한국극예술연구』 42집, 한국극예술학회, 2013)를 참고할 것). 이 글은 만담의 장르형성을 연구대상으로 삼지 않았기 때문에 편의적으로 신불출의 의도와 목적을 중요 근거로 삼아 만담을 새롭게 등장한 근대적 공연예술로 전제한다.

이 글에서는 바로 이 시기, 제국의 동원논리에 따라 이동하는 '인간-미디어'[10]가 된 '포스트-신불출'로 호명될 수 있는 만담가들을 대상으로 그들의 구체적 활동 양상을 면밀히 추적해보고자 한다.[11] 신불출처럼 스타만담가로서의 명성을 얻지 못한 채 순회하는 이동위문연예대와 만담부대의 '부대원'이 된 이들의 활동은 전시체제기 선동의 목적 하에 웃음을 무기로 삼은 식민지 조선의 만담의 공연 현장과 공연예술인의 궤적을 복원하는 데에 중요한 자료가 될 것이다. 만담부대의 특성을 고찰하기 위한 사전 작업으로 이 시기 이동위문연예대의 활동 양상을 먼저 살펴보기로 한다. 이동위문연예대는 비록 이동과 선전, 선동의 논리 등 많은 것들을 만담부대와 공유하고 있었지만 동원의 강제성이 만담부대에 비해 상대적으로 약했기 때문에 보다 다양한 양상

---

10 이 용어는 이화진의 논문에서 베르너 파울슈티히의 개념에 근원을 두고 있음을 명확하게 밝히고 있는데, 퍼포먼스를 수행하는 인간의 몸이 매개가 된 것에 대한 명명으로 연구자들에게도 일정 정도 동의가 이루어졌다고 판단되어 그대로 사용하기로 한다. 다만 인간과 미디어 사이에 '-'를 표기한 것은 미디어로서의 역할을 시각적으로 강조하는 의도이다. 이화진, 「일제 말기 이동극단 활동의 전개 양상과 그 한계」, 『한국학연구』 30, 인하대 한국학연구소, 2013, 169쪽.

11 '이동'과 관련된 기존의 연구 중에서 주목할 것은 이화진의 연구로, 두 편의 논문을 통해 이동연극의 발상과 기획에 대한 컨텍스트적 맥락을 고찰한 후, 구체적인 활동양상을 고찰하면서 이동연극이 지닌 성격과 한계가 '이동문화운동'의 일방향성을 띠며 "관대한 시혜"의 입장을 견지한 구상이었음을 밝히고 있다. 이화진, 「전시기 오락 담론과 이동연극」, 『상허학보』 23, 상허학회, 2008; 「일제 말기 이동극단 활동의 전개 양상과 그 한계」, 『한국학연구』 30, 인하대 한국학연구소, 2013.
이외에도 이덕기, 「일제하 전시체제기 이동연극 연구—이동연극 제1대와 극단 현대극장을 중심으로」, 『한국극예술연구』 30, 한국극예술학회, 2009 등이 있으며, 일본 이동연극을 연구한 홍선영의 연구는 일본이동극단연맹의 1940년대 전반기의 활동을 정리하고 있으며, 경복궁에서 공연한 〈살로메〉를 통해 일본의 식민지 순행을 고찰하고 있어 참조할 만하다. 홍선영, 「전시기 이동연극과 '국민문화'운동—일본이동연극연맹(1941.6~1945.8)을 중심으로」, 『일본어문학』 45, 한국일본어문학회, 2010; 「제국의 문화영유와 외지순행—天勝一座의 〈살로메〉 景福宮 공연을 중심으로」, 『일본근대학연구』 33, 일본근대학회, 2011.

으로 전개되었는데, 그 활동의 공과가 만담부대의 출현을 적극 이끌어 내었기 때문이다.[12] 이 글에서 다룰 만담부대는 두 개로, 야담가 신정언이 이끈 '야담만담부대野談漫談部隊'와 개조한 자동차를 이용한 '매신교화선전차대每新敎化宣傳車隊'이다. 두 부대 모두 이동하는 인간-미디어의 속성을 공유하고 공연의 구성에서도 야담과 적극적으로 결속되어 있지만, 만담의 측면에서 본다면 신진 만담가들의 활동이 특화되고 강조된 것이 이 두 부대이기 때문이다. 특히 '매신교화선전차대'의 경우 '야담만담부대'에 비해 그 구체적 활동이 기존 연구에서 심도 깊게 논의되지 못했기 때문에[13] 이 글의 본론인 만담부대의 활동 양상을 고찰하는 데에서 큰 비중을 차지할 것이다.

---

12 이동위문연예대에 대한 본격적 연구는 김호연의 논문인데, 여기서는 다양한 위문대의 활동을 일괄하면서 "공연형태는 대부분 소규모로 이루어지지만, 다양한 레퍼토리를"(53쪽) 갖는 특징을 정리하였고, 단체의 후원 양상과 악극단 위주의 위문대 조직도 고찰하고 있다. 김호연, 「일제 강점 후기 연극 제도의 변화 양상과 그 의미」, 『인문과학연구』 30, 강원대 인문과학연구소, 2011. 위문대, 위문연예대의 양상을 포괄적으로 살펴본 이 논문의 성과를 기반으로, 본 글에서는 이 부분을 조금 더 구체화하여 그 다양한 속성들을 검토해보고자 한다.

13 이화진은 이동연극의 견고한 장르적 특징에 비해 유연하고 탄력적인 장르로 야담과 만담을 살펴보는 자리에서 두 조직에 대해 간단히 언급하고 있다(이화진, 「일제 말기 이동극단 활동의 전개 양상과 그 한계」, 『한국학연구』 30, 한국학연구소, 2013). 실상 '야담만담부대'에 대한 본격적인 연구는 공임순에 의해 진행되었다(『식민지 시기 야담의 오락성과 프로파간다』, 앨피, 2013). 이 책에서는 식민지 시기 야담을 대상으로 근대 대중매체와 결합한 현대적 오락물로 야담이 자리 잡는 과정을 살펴보고 전시 총동원 체제에서 야담이 프로파간다의 미디어가 되는 양상까지 고찰하고 있는데, '야담만담부대'는 3장 3절 "찾아가는 국책의 '메신저', 야담가의 체제 동원과 협력의 양상"의 주요 내용을 구성하고 있다. 부대 구성의 이유와 이동의 경로, 이 부대의 속성과 효과를 이 책에서 총괄적으로 다루고 있기 때문에 여기서는 그 부분을 간단하게 다루는 대신 만담가와 공연예술로서의 만담에 대한 부분은 상세히 살펴보고자 한다.

2. 위문·감사·독려의 시대 이동연예대의 위치

"전시체제기 연극통제는 시스템에 의한 동원정치"[14]였던 만큼 연극을 비롯한 모든 공연예술 조직들은 통제의 시스템으로 운용이 된다. 조선연극협회, 조선연예협회, 조선연극문화협회 등등의 무수한 조직들이 결성된 맥락과 활동의 양상들이 총동원에 의한 통제 시스템을 고스란히 보여주고 있다.[15] 이들 조직에 비해 이동위문연예대는 상대적으로 자율성을 보장받으며 조직되었고, 그만큼 다양한 활동을 보인다. 순회와 위문을 위해 조직된 각종 연예대의 명분은 매우 다양하다. 광산어촌에서 물자 생산에 박차를 가하는 '산업전사'들의 노고를 치하하고 더욱더 생산에 매진할 수 있도록 독려하며, 산간벽촌에 사는 국민

---

14 이승희, 「전시체제기 연극통제시스템의 동원정치와 그 효과」, 『상허학보』 41, 상허학회, 2014, 232쪽. 이 논문에서는 이러한 통제시스템의 안과 밖에 누수지점들이 발생했음을 지적하면서 "연극통제시스템과 관련하여 그것은 무엇보다도 — 식민지 조선인에게 있어 일본은 의사국가였지만 — 국가를 정점으로 하는 시스템의 직접적인 경험 그 자체였으며, 이로부터 '국가'에 대한 감각이 생성되었다"(233쪽)고 지적하는데, 이러한 국가 감각은 위문과 위로, 징용징병을 목적으로 한 이동위문연예대와 만담부대 역시 공유하고 있는 부분이다.

15 전시체제기 통제와 동원의 시스템을 본격화한 것이 '조선예능동원본부'이다. 이 조직은 1944년 10월에 총독부 정보과에서 "이동연극 연예 창극단의 위문공연을 금후일체통제하"는 것을 목적으로 조직된 단체이다(『매일신보』, 1944.10.12). 이 조직의 활동과 관련된 『매일신보』의 기사를 보면, 내지에 위문대를 파견한다는 것(1944.12.13), 이동극단 '문화좌'의 창립공연(송영 작, 나웅 연출, 〈고향에 보내는 편지〉)을 후원한 것(1945.3.4), 이동극단의 6월 프로그램을 결정하였으니 각 극단은 지방순회에 들어간다는 것(1945.5.31), 사리사욕을 채운 네 개 단체(동아연예정신대, 金吉子이동극단, 厚生예능반, 朝興연예반)를 해산한다는 것(1945.6.27) 등이다. 제한적인 자료로 유추할 수 있는 것은 매 월 이동극단의 조직에 관여하고 개별 프로그램을 결정하며, 이동의 지역이 내지까지 포괄하는 등 매우 적극적인 활동을 펼쳤다는 것과 관제 조직임에도 그 목적에서 이탈한 단체들도 있어서 적극적 통제가 어려웠다는 점 등이다. 아쉬운 것은 예능동원본부에 소속된 예능인과 단체가 무엇인지, 어떤 프로그램으로 구성되었는지 등의 구체적 상황을 아직까지는 파악할 수 없다는 점이다.

들에겐 교육과 홍보의 매체가 되어야 하고, 전선에서 헌신하는 황군과 그 군인 가족들에게도 감사를 표해야 한다. 이러한 전시체제기 총동원의 파시즘적 이데올로기를 수행하기 위해 식민지 조선의 반도 전체가 활동의 공간이 되었고, 식민지 조선인 모두가 위문과 감사, 독려의 대상이 되었으며, 이에 따라 '건전한 오락'이라는 미명 하에 이동위문연예대의 모든 구성원은 움직이는 '인간-미디어'가 되어야 했다.

다음의 표는 1941년부터 1945년 8월까지 『매일신보』에 실린 이동위문연예대 관련 기사 내용을 중심으로 그 활동 양상을 정리한 것이다.[16] 이 표를 중심으로 이동위문연예대의 구체적인 면모를 살펴보기로 한다.

〈표 1〉 1941~1945년 8월까지 조직되고 활동한 이동위문연예대 목록(『매일신보』)

날짜	위문대 명칭	주최 및 후원	목적	참여인원	지역	구성
1941.5	광업전사격려 위문연예대	조선광산연맹, 경무국 연맹문화부	광업전사를 격려	16명	평남	가요, 만담, 촌극
1941.5	연예폭소대	조선연예협회	재래식 흥행이 아닌 명랑한 연예	손일평 외 14명	西鮮 지방	만담 등
1941.9	황군장병위문대	조선군인원호회	황군장병들의 수고에 감사	3개반, 30명	北中支	
1942.7	황군위문연예대	한준호, 마쓰바라 등 경성 재계인사	전선의 황군부대를 위문하고자		만주	기합술, 역예

16 『조선일보』와 『동아일보』 등 식민지 언론들이 모두 폐간된 상황에서, 비록 일본 제국의 논리를 전면화하고 있지만, 전방위적으로 식민지 조선의 방방곡곡 소식을 전한 매체는 『매일신보』로, 이동위문연예대를 포함한 1940년~1945년 사이의 자료를 『매일신보』에 의거할 수밖에 없었다. 한 매체에서 자료를 찾다보니 그 결과가 제한적일 수밖에 없고 풍성한 근거를 확보하지 못한 한계가 있다. 이것은 이후 작업에서 다각적으로 보완해야 할 부분이다.

17 이 연예대는 순회를 마치고 돌아와 "농민들의 식량증산에 대한 결의를 다시 주민들에게 전달하여 도시와 농촌이 한덩이가 되어 이 결전수행에 만전을 기하고저" 부민관에서 보

1942.9	개척민위문 연예대	만주연예협회 후원	식량증산에 매진하는 재만조선인 개척민을 위문	30명 (낮 황군위문, 밤 일반공개)	만주	
1943.3	농촌감사위문 연예대[17]	경성부, 경기도 당국	"藝道報國" 생산전사에게 감사	남녀 40명 4반[18] 주야로 공연	경성	가요, 만담, 역기, 영화[19]
1943.7	보국연예대	연예관主 西原敏雄	일반의 시국인식 철저와 결전결의를 다지며 출정군인가족과 산업전사들을 위안	15명		국민극[20] 외에 가요, 무용 등
1943.8	만주개척민 위문연예대	만주개척총국 문화위담회, 만주연예협회 주최 /조선연예문화협회, 조선군보도부 후원	만주개척민 위안	대장 李福本 등		紙芝居, 경음악, 경연극
1943.9	군인위문연예대	상이군인회조선본부, 경기도 주최	육해군 병원의 상병병 또는 귀환한 상이군인 기타 군대군인 유가족 위문		경기	
1943.10	위문격려연예대	『매일신보』, 조선광산연맹, 조선연극문화협회	산업전사 노고에 감사, 명랑건전한 오락	대장 梅原, 김윤심의 만담, 독창, 합창 등	강원, 함경, 평안, 황해	음악, 만담, 촌극
1944.2	鎭海위문연예대	『매일신보』	산업전사 격려와 분발	대장 陳田	진해	야담, 재담, 만담, 가요
1944.11	반도생산전사 위문대	국민총력조선연맹, 내지 광산통제회, 일본이동연극연맹 공동주최	내지에 있는 반도산업전사들의 수고를 위로하고자	내지 연예인 6명, 기생 4명	북해도, 구주	강담라쿠코, 만담, 가요, 로교쿠, 무용
1944.11	郡직원연예대	포천군 군직원	군인가족과 농민에게 국가산업에 순응할 일과 생산증강에 매진할 것을 기대	인솔 군총력계 安東, 10명	포천	희극재담과 연극[21] 등
1945.1	應徵가족위문 연예대	조선근로동원 원호회	다채로운 근로원호 운동 일환	예능위문반, 국민음악단 등 4개반	경상, 전라	

고공연을 하려 했으나 경찰당국의 불허방침으로 중지하였다. 경찰당국이 밝힌 이유는

1945.3	산업전사위문연예대	국민총력조선연맹, 조선근로동원원호회 주최 / 육해군성 후생성 후원	내지에 있는 반도산업전사들의 수고를 위로하고자	인솔 조선연맹 후지무라 참사. 반도여인부대(경성 안의 전 기생들)	오까야마, 오사카, 북해도	
1945.4	위문연예대	안성군	근로동원과 노무원호사업의 일환	대장 田路 외 13명	안성	
1945.8	위문연예대	『매일신보』 주최	탄광노동자 위문	15명	회령, 弓心	

먼저 이동위문연예대를 조직한 주최와 그 목적을 보면, 주최는 크게 두 가지로 나눌 수 있다. 하나는 조직과 기관으로, 조선연예협회, 조선연극문화협회와 같은 문화조직을 비롯하여 상이군인회, 조선군인원호회, 조선근로동원원호회, 조선광산연맹, 국민총력조선연맹 등의 관제 조직, 이동하는 지역의 도와 군 당국, 나아가 조선총독부 경무국까지 포괄하고 있다. 다른 하나는 개인이 주최가 되는 경우로, 1942년 황

출연자들이 조선연극문화협회 회원이 아니라는 것이었다. 『매일신보』, 1943.3.26.

18 1반(수원방면) : 반장 소야사부 총력계장, 전방일, 박창원(대화만담), 고준성(재담), 이연순(가요).
2반 : 반장 좌등 부민관장, 산본윤성, 홍천풍작, 김재환, 평소태산.
3반(개성방면) : 반장 이등 부호원, 손일평(만담), 박춘복(재담), 서다출(만담), 나품심(만담).
4반(양평방면) : 반장 목호상공회 의소직원, 이경호(기술), 이세화, 이진홍, 문채홍(가요). 『매일신보』, 1943.2.27.

19 안내 기사에는 만담영화 〈조희광대〉를 상영한다고 광고하고 있으나, 구체적으로 어떤 영화인지는 설명하고 있지 않으며, 이후의 기사에서도 언급되지 않아 실체를 확인할 수 없다. 『매일신보』, 1943.2.23.

20 여기서 국민극에 명단을 올린 것은 〈백장미〉, 〈지원병의 희망〉, 〈스파이의 최후〉이다. 이 작품들이 어떤 성격을 갖고 있는지는 확실치 않다. 『매일신보』, 1943.7.8.

21 이 위문대의 기사에서는 "희극재담, 새출발(2막), 국군의 애정(3막), 미신타파(2막)"의 공연레퍼토리를 소개하고 있는데, 이 작품들 역시 정확한 실체가 파악되지 않는다. 『매일신보』, 1944.11.28.

군위문연예대는 경성의 재계 인사인 한준호와 마쓰바라 등이 주최가 되었고,[22] 1943년 보국연예대는 연예관의 극장주 西原敏雄이 이동위문연예대를 꾸렸다.[23] 이렇듯 이동위문연예대의 주최가 다양한 것은 총동원을 수행하는 데에 일본 제국과 그 말단조직까지, 그리고 그에 부합하는 개인이 모두 나섰다는 것을 보여주는 것이며, 한편으로는 이동위문연예대를 조직하는 것이 어렵고 힘든 것이 아님을 반증하는 부분이기도 하다. 즉, 이동위문연예대 조직의 명분과 운영을 위한 얼마간의 자본이 확보된다면 누구나 이동위문연예대를 기획할 수 있었던 것이다.

이러한 주최의 특징은 공연레퍼토리는 물론 참가한 이동위문연예대 대원들의 구성에도 영향을 미친다. 이동위문연예대의 일반적인 공연레퍼토리는 가요, 야담, 만담, 재담, 촌극, 영화, 무용 등을 기본으로 하는데, 부대원의 구성에 따라 이들 중 몇 가지에 집중되는 양상으로 나타난다. 여기에 경우에 따라서 종이연극紙芝居[24] 차력(기합술, 역예, 역기) 등의 볼거리들이 추가되기도 한다. 실제로 1942년 경성의 부호들은 만주의 황군장병을 위문하기 위해 '기합술氣合術'과 '역예力藝'로 위문대의 레퍼토리를 구성하였는데, 여기서 기합술은 "뜨거운 물속에

22 『매일신보』, 1942.7.1.

23 『매일신보』, 1943.7.8.

24 '紙芝居'는 우리말로 '종이연극', 일본어로는 '카미시바이'라고 하는데, 특정한 이야기를 여러 장의 종이에 연속적으로 그려 넣어 그것을 관객들에게 작은 틀 안에 넣고 차례대로 보여주는 형식을 취하는 공연이다. 카미시바이의 공연특징과 일제말 카미시바이의 활동에 관련된 자세한 사항은 이것을 본격적으로 다룬 문경연의 「일제 말기 '이동'연극의 실연實演과 제국의 이벤트」(한국극예술학회 2014년 제3차 정기학술대회 발표자료집, 2014.7.18)를 참고할 것.

들어가는 것", "가슴 위로 자동차를 보내는 것"[25] 등 지금의 차력에 해당하는 기예이다. 또한 1944년 11월의 군郡직원연예대는 포천군이 주최로, 소속 군 직원들로 이동위문연예대를 꾸렸다. 레퍼토리 구성은 '희극재담과 연극' 등 일반적이지만 그것을 연행하는 인물들이 모두 아마추어인 군 직원들이었는데, "배우를 압도할만한 연예"로, "주연급인 구니모토國本씨의 희극재담"이 돋보였다고 자평하고 있다.[26] 이 사례들은 이동위문연예대가 주최측의 특성에 따라 다양한 공연레퍼토리를 구성하였으며, 동원된 구성원 역시 전문 연예인들에만 국한된 것이 아니었음을 증명하고 있다.[27]

이동위문연예대의 목적은 ① 황군장병 / 개척민 위문 ② 생산 / 산업전사 감사와 독려 ③ 시국인식 철저와 결전 결의 ④ 명랑건전한 오락으로 정리된다. 전시체제기 총동원의 이데올로기가 적극 투사된 목적 중에서 눈여겨 볼 것은 '명랑건전한 오락'이다. 이것을 중요한 명분과 목적으로 내세운 것은 공교롭게도 조선연예협회와 조선연극문화협회가 주최한 이동위문연예대인데, 1941년 조선연예협회의 '연예폭소대'는 만담가 손일평이 이끄는 부대로, 기생의 가무와 같은 재래의 흥행이 아닌 만담과 야담 등의 "명랑한 연예"를 공연한다는 점을 강조하고 있다.

---

25 『매일신보』, 1942.7.1.

26 『매일신보』, 1944.11.28.

27 기사로 확인된 이동위문연예대 외에도 다수의 군소연예대가 비전문가들로 구성되어 활동했음을 방증하는 기사가 있는데, 내용의 핵심은 비전문가들의 미숙함에 대한 불만이다. 징용에 응한 군인들應徵士의 숙소를 방문해 그들의 실태를 인터뷰 형식으로 풀어낸 기사에서 한 군인은 3~4차례 위문연예단이 다녀갔는데, 3류 극단 아니면 매우 서툰 '시로도' 같은 단체였다는 불만을 토로하면서 "미안하지만이런 것은 보내지말고 아프로는 보잘것이있는 연예단체가 차저와주엇으면" 좋겠다고 희망했다. 『매일신보』, 1944.9.29.

특히 이 부대를 필두로 "압흐로도계속하야 연예인들을 동원식혀 산업전사들을정신적으로 위안식힐 방침"[28]을 내세우고 있어 흥행 전문가들이 대거 이동위문연예대에 적극적으로 동원될 것임을 밝히고 있다.[29] 1943년 조선연극문화협회의 '위문격려연예대'는 만담가 김윤심金允心[30]을 대표로 내세운 부대로, "명랑건전한 오락"을 산업전사들에

28 『매일신보』, 1941.5.16.

29 연예인이라고 해서 모두 연예대에만 동원된 것은 아니다. 필요에 따라, 혹은 전시의 목적으로 연예인과 문인을 포함한 문화인들을 근로봉사에도 적극 동원했는데, 1941년의 '문화인성초부대文化人聖鍬部隊'가 대표적이다. 문화인들이 대거 근로봉사에 동원된 사례는 지금까지 확인한 바 이 부대가 유일한데, 문화인들을 근로봉사로 동원한 명분은 다음과 같다. "내선일체의 발상지로서 一천수백년이래 그윽한향긔를 떨처오고잇는 성지聖地 부여夫餘에는 내선일체의 크나큰정신적전당殿堂으로서 관폐대사부여신궁官幣大社夫餘神宮이 어창건되고잇는터로 각지방에서는 근로봉사단이 그곳에서 성추聖鍬를들고 귀한땀을 흘려가며 어조영공사에 큰목을" 하고 있기에 문화인들도 여기에 동참한다는 취지이다. 이들은 8일 오전 11시 46분 기차를 타고 부여로 가서 9일 오전 9시부터 11시까지 근로봉사를 한 후 박물관 등을 둘러보고 밤 11시 4분에 경성에 도착하는 일정을 소화했다. 소속 단체와 인명은 다음과 같다. *조선연극협회 牧山瑞求 岸本寬 崔象德 柳致眞 朴珍 金泰潤 *조선문인협회 金東煥 鄭寅燮 李石薰 咸大勳 芳村香道 騰山雄天 杉本長夫 *조선연예협회 青山哲 豊川□方 三木向 李哲源 李扶風 韓昌先 *조선담우회 玄哲 申不出 張志浩 *조선영화인협회 安田辰雄 安夕影 李圭煥 徐光濟, 金田廣 李源鎔 *조선음악협회 金當. 처음 명단에는 '조선흥행협회'도 있었으나 실제로 참가하지는 않았다. 『매일신보』, 1941.2.7.

문화인성초부대,『매일신보』, 1941.2.9

30 김윤심은 신불출 이후 독자적으로 이름을 내세우고 만담공연을 할 만큼 주목받는 여성 만담가이다. "성악과 서화에 천재"라는 호평을 받는 그녀는 〈춘향전〉을 "노래와 익살로 다시 빚어 한 가지 만담으로" 각색한 〈新裝 춘향〉을 공연하기도 하였고, 자신의 재능을 살려 만담 공연에 노래와 연주까지 곁들이는 다채로운 공연레퍼토리를 혼자서 담당할 수 있는 만능재주꾼 만담가였다. 『동아일보』, 1938.2.9; 『매일신보』, 1940.8.21. 김윤심에 대한 언급은 반재식의 『만담 백년사』(백중당, 2000)에서만 발견된다. 반재식은 신불출을 잇는 만담가로 김윤심을 꼽았고, 그녀의 행적과 작품 등을 상당히 큰 비중으로 다루고 있다. 여기에 따르면, 김윤심은 1914년 황해도에서 태어났고, 1931년 신무대에서 극단활동을 하다가 본격적 만담가로 나서게 된다. 주로 독만담을 진행했으나, 1950년대에는 대화만담을 하면서 1960년대까지 만담의 명맥을 확고히 했다. 1960년대 말 자취를 감추었다가 1996년 경기도 파주시 소재 정원노인요양원에서 발견되었고, 1998년 사망

게 선보인다는 것을 중요한 목적으로 설명하고 있다.[31] 이 사례들은 연예와 관련된 조직이 주최하는 연예대이기 때문에 전문 만담가들을 내세워 '오락'으로서의 특징을 강조한 것인데, 이것은 동원과 교화의 목적이 뚜렷한 만담부대가 취해야 할 전술과 방법의 모범을 보인다는 점에서 눈여겨보아야 할 지점이다. 이들이 내세우는 '명랑'의 정체가 웃음을 전제한 정서이기 때문에 수많은 공연예술 장르 중에서 (야담)만담이 특화된 조직으로 구성될 수 있는 근거이자 계기가 된 셈이다.

이동위문연예대의 규모는 많게는 40명, 적게는 10여 명에 이르는데, 소속 대원이 많은 경우는 이들이 모두 함께 움직인 것이 아니라 순회지역을 나누고 그 지역에 따라 인원을 분반하여 각 반별로 이동하도록 운영하였다.[32] 대체로 한 개 반이 5~10여 명 내외로 구성된 것을 보면 이동과 공연을 수행하는 데에 최적화된 인원이 최대 10여 명임을 확인할 수 있다. 이후 살펴 볼 '야담만담부대'의 부대원이 4명, '매신교화선전차대'의 부대원이 10명 미만인 것도 이러한 효율성의 논리를 따르고 있는 것으로 보인다.

이동위문연예대의 이동 지역은 식민지 조선 전체는 물론이고 북으로는 만주, 남으로는 내지인 일본 본토로까지 확장된다.[33] 특히 전시

하였다(288~352쪽). 김윤심의 활동과 행적에 대해서는 다른 자리를 빌어 심도깊게 살펴보아야할 터이다.

31 『매일신보』, 1943.11.5.

32 '황군장병위문대'(30명, 1941), '개척민위문연예대'(30명, 1942), '농촌감사위문연예대'(40명, 1943), '응징가족위문연예대'(4개 반, 1945) 등.

33 이 시기보다 앞선 1942년 2월에는 조선담우협회 소속 만담가 손일평이 인솔자가 되어 유추강, 박천복, 나품심이 일본의 동경과 북해도 등으로 순회하였다. 이는 이동위문연예대 뿐만 아니라 각종의 연예조직이 일본 본토로 순연하는 것이 드물지 않았음을 보여주는 사례이다. 『매일신보』, 1942.2.27.

체제기가 막바지에 달한 1944년과 1945년에는 일본 본토로 강제동원된 조선인의 수가 많아졌기 때문에 그들의 위문을 목적으로 한 이동위문연예대가 꾸려지는데, 1944년 '반도생산전사위문대'와 1945년 '산업전사위문연예대'가 그것이다. 식민지 조선에서는 국민총력조선연맹이 주최하고 일본에서는 일본이동연극동맹과 육해군성 후생성이 각각 담당한 이 이동위문연예대의 특이한 점은 조선에서 파견된 인물이 모두 여성, 특히 기생이라는 점이다. 일본이동연극동맹과 공동주최한 경우는 라쿠코와 로쿄쿠 등 일본의 예능을 담당하는 일본 연예인 6명과 조선의 기생 4명이 한 팀을 이루었고, 후생성이 후원하는 연예대는 경성의 기생들로 구성된 '반도여인부대'가 조선인이 많이 있는 북해도와 오카야마 등을 순회하였다. 구체적인 레퍼토리를 확인할 수는 없지만, 고향을 떠나 일본 본토로 건너온 조선인 노동자들의 위로와 위안을 조선의 기생들이 담당한 것은 '명랑건전한 오락'의 웃음이 창출하는 동시대적 공감대보다는 '조선적인 것'의 연행을 통해 노동에 동원된 조선인 노동자들의 향수를 달래는 것이 보다 효과적이라고 판단한 전략적 선택으로 보인다.

전시체제기 이동위문연예대가 실천한 제국의 이데올로기는 만담부대에서는 더욱 분명한 명분과 목표가 되었고, '명랑건전한 오락'의 속성은 야담만담의 장르로 특화되면서 더욱 강조된 양상으로 변화된다. 전쟁 막바지, 제국 일본은 위안과 위문의 우회로가 아닌 직접적이고 노골적인 정책 홍보와 동원의 욕망을 만담부대의 웃음에 실어 반도 전체를 잠식해 나간 것이다.

3. 제국과 미디어 결탁의 총아, 동원된 미디어로서의 만담부대

1) 인간-미디어의 효율 : 야담만담부대(1942)

『매일신보』에서는 야담만담부대를 홍보하면서 그 결성 취지를 다음과 같이 상세히 밝히고 있다.

> 이땅 二천四백만민중은 지금 **오로지 대동아전의 필승을위하여서만 모든 노력과 활동을 총결집結集시켜야 하겟고 광영스러운 징병제徵兵制를추호의 유감도업시 마저야할 가장중대한 시기**에처하여잇슴은 이제새삼스러히더말할필요도 업거니와 이 취지의 철저한인식과 실천이야말로 二천四백만의 八割이란수를 차지하고잇는 반도농민들을 잠시라도 이저서는 아니될 것이다. 어제 본사에서는 **농민들의 시국인식과 징병제에대한 준비를 널리 고취시키고저** 조선군보도부朝鮮軍報道部와 국민총력조선연맹國民總力朝鮮聯盟의 절대적인 후원하에 야담만담반野談漫談班을 조직하여가지고 전선농촌을속속드리 순회하며 미력이나마 당국의 농촌게발운동에 一조가되게하로되엇다. 본사에서 이번 행하는 **야담만담반의 전선동원은 신문잡지나 '라디오'의 혜택을 입지못하는 농촌의 할아버지 어머니를 위하여 촌락과 산간까지 속속드리 찾고 마음과마음을 통하는총력운동을 일으키려함**에잇서 오는 二十일 경기도의 의정부를 첫출발로하여 명十八년三월 중순까지 실로 반개년이란 시일에결치어 十三도 도합 一백五十九군부를 일일이 순방하기로 되엇다.[34] (강조는 인용자)

위 인용문을 통해 두 가지 함의를 찾을 수 있는데, 첫째는 이동위문연예대와 달리 야담만담부대는 '동원'의 목적이 뚜렷하다는 것이고, 둘째는 이 부대를 '움직이는 미디어'로 규정하고 있다는 점이다. 『매일신보』가 주최이기 때문에 야담만담부대에 대한 기사는 행사 보고와 순회지역 및 일정공지의 내용으로 자주 게재되는데, 대부분의 기사에서 공통적으로 강조하는 것이 "광영스러운 징병제 취지를 보급"하려는 야담만담부대의 목적이다. 위안이나 위문이 아니라 징병제를 널리 홍보한다는 것은 곧 야담만담부대 자체가 총동원 체제의 선전과 교화의 메가폰임을 규정하는 것이다. 또한 순회와 이동의 필요에 대해서는 산간촌락의 농민들이 상대적으로 신문잡지 등의 인쇄매체와 라디오라는 소리매체 등 근대적 미디어들에 대해 소외되어 있기 때문으로 설명하는데, 이것은 야담만담부대의 정체가 미디어임을 밝히고 있는 부분이다. 즉, 신문잡지가 배달될 수 없는 곳, 라디오의 전파가 도달할 수 없는 곳, 그래서 시국이 어떤 양상으로 전개되는지, 제국의 동원정책이 무엇인지 등 급박한 현안의 정보에 대한 접속이 미디어의 부재로 인해 지연되는 지역적 한계를 극복하고 보완하려 새롭게 기획된 미디어가 야담만담부대인 것이다. 기계나 기술, 과학의 영향력이 미치기 어려운 곳이라도 인간은 갈 수 있고, 또한 눈앞에서 직접 움직이며 말하는 인간의 몸은 가장 강한 영향력을 행사하는 미디어이다. 인간의 수행성과 기동성, 직접성을 적극적으로 활용한 야담만담부대는 총동원의 이데올로기를 몸으로 전달하는 '인간-미디어'였던 것이다. 거기에, "마음과 마음을 통하"게 하는 방법으로 주목한

34 『매일신보』, 1942.10.18.

것은 웃음으로, 동시대의 감각을 공유해야만 성취될 수 있는 웃음의 효과는 그 정서를 공유하는 사람들에게 강한 연대감과 동질성을 창출하는데, 이에 따라 "웃음의 오락적 코드는 징병제 취지라는 어찌 보면 무거운 시국 '색'을 완화시켜 전달하는 효과적인 매개체"[35]로 선택되었고, 그로 인해 야담과 만담이라는 웃음의 장르를 특화시킨 이동부대를 기획한 것이다. 결론적으로, 야담만담부대는 징병제 보급과 인식 확장을 위한 메가폰으로, 웃음을 중요 방법으로 삼은 이동하는 인간-미디어였던 것이다.

야담만담부대는 『매일신보』 주최, 조선군 보도부, 국민총력조선연맹의 후원 하에 결성되었다.[36] 1942년 10월 20일 의정부를 시작으로 북선지방을 순회한 후 잠시 경성에서 휴식을 취하고[37] 1943년 1월에는 남선지방으로 순회를 하여 1943년 3월 12일 강화(공식적인 종료일은 3월 20일이다)를 마지막으로 160개소를 이동하는 5개월에 걸친 긴 일정을 마쳤다. 야담만담부대의 소요 경비는 총력연맹의 각 군연맹에서 부담하거나 각 도의 도회의원 혹은 지역의 유지가 갹출하는 방법으로 조달하였으며,[38] 부대가 도착하면 그 지역의 군수와 관리들에게 먼저 인사를 하고 주로

---

35 공임순, 앞의 책, 422쪽.

36 야담만담부대 결성의 실제 계기는 조선군 보도국의 기획을 직접 전달한 이광수였다. 8월 29일 조선담우협회로 찾아온 이광수는 징병제 취지를 농산어촌에 널리 보급하기 위해 여러 노력을 하고 있는데, 이번에는 신정언의 야담으로 그것을 알리려 한다는 군령을 전하며 신정언에게 하루바삐 떠날 수 있도록 종용했다(신정언, 「징병취지 야담만담행각」, 『매일신보』, 1943.1.11). 야담만담부대의 결성에 이광수가 적극 개입한 것에 대해 공임순은 "군보도부에 의해 전시 선전을 위한 동원 대상으로 차출된 식민지 조선의 지식인들이, 역으로 군보도부의 명령을 징병제의 동원 대상이 될 농촌인구에게 대신 전달한다는 이른바 동원 주체가 되는 모순적 자기 위상과 직결된 몇 겹의 명령 체계"라고 밝히고 있다. 공임순, 위의 책, 412쪽.

37 경성에서 휴식을 취하는 동안에도 야담만담부대 부대원은 경성부민을 대상으로 이틀에 걸쳐 공연을 하였으니 5개월에 걸친 순회 일정에서 이들이 제대로 쉬는 때는 거의 없었다. 『매일신보』, 1943.1.5.

38 『매일신보』, 1942.10.22.

〈그림 1〉 야담만담부대원 경성역 출발 직전. 왼쪽부터 신정언, 김백소, 김봉, 이화. 『매일신보』, 1942.10.21.

저녁에 연행하였는데, 공연의 개회 선언과 사회는 대부분 해당 지역의 군수가 담당하였다.[39] 부대원은 총 4명으로 구성되었고 각각 담당하는 분야를 구분하였는데, 대장 격인 신정언申鼎言은 〈국민의 최고의 영예〉라는 야담을 공연했고, 김백소金白笑는 〈욱일승천旭日昇天〉이라는 단독만담을, 이화李和와 김봉金峰은 〈총후銃後의 남녀〉라는 대화만담을 공연했다.[40] 이들의 이동경로와 행적은 신정언이 「징병취지 야담만담행각徵兵趣旨 野談漫談行脚」[41]이라는 제목으로 『매일신보』에 연재한 글에 매우 상세하게 정리되었다.[42]

야담만담부대의 부대원 중에서 스타야담가인 신정언(본명 申翊雨)을 제외한 나머지 세 명은 신진 만담가들이다. 우선 김백소를 살펴보면, 본명은 계일마桂一馬[43]로, 최초로 확인되는 기록은 강릉극장 지배인으

39 야담만담부대의 경기도 일대 순회에 대해 정리하고 있는 기사를 보면, 의정부에서는 모리야마 군수, 연천에서는 고이스미 군수, 철원에서는 다까사까 군수가 사회를 보았다고 적고 있다. 『매일신보』, 1942.10.22.

40 『매일신보』, 1942.10.18 / 1942.10.25. 이들이 공연한 〈총후의 남녀〉는 '국어(=일본어) 상용'의 필요성을 강조하는 내용으로, 이 만담을 들은 관객들은 국어의 상용에 대한 인식을 넓혔다고 소감을 밝히기도 했다.

41 이 글은 총 109회로, 1943년 1월 11일부터 6월 18일까지 『매일신보』에 게재되었다.

42 야담만담부대는 물론, 기존의 이동문화운동은 다양한 기록과 보고를 진행했는데, 이것은 "이동극단 대원들의 입장에서는 자신들의 헌신적인 '직역봉공'을 전시하면서도, 앞으로 더욱 체계적인 운영과 지원이 동반된다면 그 파급 효과도 커질 것이라고 입증해야 하는 자리"로 기능하였고, 궁극적으로는 "문화의 탈중심화가 아니라 중앙 집중적인 문화의 확산과 수렴으로 귀착되는 구조"를 보여주는 것이었다. 이화진, 「일제 말기 이동극단 활동의 전개 양상과 그 한계」, 『한국학연구』 30, 한국학연구소, 2013, 176~177쪽.

로서의 활동이다. 1938년 강릉 장날에 부하 악대를 동원하여 방공방첩 사상 선전과 '카미시바이' 공연을 진행한 것[44]을 보면 이미 그 전부터 공연예술계에 종사하고 있었음을 알 수 있다. 특히 극장 지배인 시절에도 예명을 사용했다는 점, 그리고 예명에 웃음을 강조한 '笑'를 넣고 아직은 보편화되지 않은 '카미시바이' 등을 공연한 점, 거기에 제국의 이데올로기인 방공방첩의 사상 선전을 진행한 것으로 미루어 선전과 선동에 효과적인 공연예술 장르를 잘 알고 있었던 것으로 짐작된다. 강릉에서 경성으로 활동지역을 옮긴 계기는 확실치 않으나 1942년 5월에 진행된 조선담우협회의 정기총회에서 이사로 선임된 것[45]을 보면 김백소의 관심은 야담과 만담에 있었음을 확인할 수 있으며, 신정언에 의해 급하게 꾸려진 야담만담부대에 김백소가 참여하게 된 것도 조선담우협회 이사였던 점이 크게 작용했다.[46] 만담 중에서도 단독만담은 대체로 신불출처럼 화술과 언변, 이야기 전달력이 좋은 만담가가 주로 담당했는데, 야담만담부대에서 김백소가 단독만담을 공연한 것은 다른 부대원인 김봉이나 이화에 비해 만담 공연에 대한 경험과 노하우가 풍부했음을 설명하는 부분이다. 야담만담부대 이후 김백소는 이후 살펴보게 될 '매신교화선전차대'의 1943년 순회에도 참여하여 만담가로서의 활동을 지속하지만 1944년 이후로는 기록이 발견되지 않는다.

---

43 『매일신보』, 1942.10.18.

44 「江陵金白笑氏美擧」, 『매일신보』, 1938.11.15.

45 『매일신보』, 1942.5.24. 이 총회에서 김백소와 함께 선출된 이사는 洪開明, 金濯雲, 孫一平, 李㮰宰이다.

46 이광수로부터 부대의 구성을 설명들은 다음날 신정언은 김백소에게 공식적으로 그 경과를 연락이사에게 전할 것을 부탁하고 이광수에게 김백소를 소개하였다. 「징병취지 야담만담행각」 ②, 『매일신보』, 1943.1.12.

야담만담부대에서 대화만담을 담당한 이화와 김봉은 이전의 활동을 찾아볼 수 없는, 말 그대로 신인 만담가에 해당한다. 이화의 본명은 岩本鐘遇의 남성이고, 김봉의 본명은 金澤壬洙[47]의 여성이다. 이들이 어떤 과정을 통해 야담만담부대에 합류하게 되었는지는 알 수 없으나,[48] 대화만담을 진행하는 두 사람의 호흡은 상당히 잘 맞았던 것으로 보이는데, '매신교화선전차대'의 1943년 순회에도 두 사람은 대화만담을 지속적으로 공연했기 때문이다. 김봉의 경우는 그 이후로도 다른 사람과 호흡을 맞춰 대화만담을 지속하였으나,[49] 이화는 1944년 이후로는 기록을 찾아볼 수 없다. 야담만담부대에 소속되어 신인 만담가로서 활약을 펼쳤지만 동원의 논리 속에 만담가로서의 활동을 지속할 수 있는 환경을 제공받지 못한 이들은 단명할 수밖에 없었을 것이다.

야담만담부대에 대한 관객들의 반응은 이것을 주최한 매일신보의 과장된 보도 행태를 전제하더라도 매우 적극적이었다. 이동하는 지역마다 수많은 관객이 몰렸으며, 그들은 한결같이 이들의 공연을 보고 "爆笑에 終始하면서도 徵兵制度實施의 覺悟認識 國語常用에만흔 感銘"[50]을 받았다고 소감을 밝혔다. 무엇보다, 야담만담부대의 성과는 조선군의 감사장 수여로 집약된다. 이들의 모든 순행을 마친 1943년 5월에 조선군은 "징병제의

---

47 『매일신보』, 1942.10.18. 두 사람의 본명이 창씨개명한 것이라, 그 이전의 조선 이름을 확인할 방법이 없어 이들의 만담활동 이전의 이력은 현재로서는 전무하다.

48 야담만담부대의 행적을 상세히 기록한 신정언의 「징병취지 야담만담행각」에서도 두 사람의 합류에 대해서는 언급된 바가 없다. 이광수와 함께 군부를 찾아가 10월 20일 출발하기로 결정했다는 소식(「행각」 ②) 다음에 바로 의정부 공연 현장이 서술되어 있다(「행각」 ③, 『매일신보』, 1943.1.16).

49 매신교화선전차대의 1944년 순회에 김봉은 주성택과 함께 대화만담을 공연한다. 『매일신보』, 1944.5.19.

50 『매일신보』, 1942.10.25.

취지 철저에 공헌한바가 만흠으로 군사공로자로서"[51] 부대원 모두에게 감사장을 수여하게 된다. 야담만담부대의 기획과 진행을 주도한 조선군이 수여한 감사장은 이 부대의 전선효과가 소기의 목적을 달성하였음을 보여주는 것인데, 이러한 성과에도 불구하고 야담만담부대가 1회로 그친 것은 1943년 3월 근대문명의 전시효과를 강조한 '매신교화선전차대' 때문이었고, 이들은 자연스럽게 그 부대의 활동에 함께 하게 되었다.

朝鮮軍서感謝狀

本社徵兵宣傳野談漫談部隊에

야담과만담을통하야 산간벽지의 일반민중에게 징병제의참뜻을 널리알리고저 본사에서는조선군사령부의절대한 후원아래신정언(申鼎言) 김백소(金白笑) 이화(李和) 김룡(金龍) 등사씨로 야담, 만담부대를 조직하야 작년十월二十일부터 전선각지를 순회케하엿다 일행은경기도로부터시작하야 저난三월十二일까지 전조선一백六十개소에서 수十만명의대중을 상대로하고 공연을하야 만흔성과를거두엇다 이에 조선군에서는四씨가 징병제의취지철저에 공헌한바가만흠으로군사공로자로서

〈그림 2〉 조선군의 감사장 수여 (1943년 5월 8일). 『매일신보』, 1943.5.9.

2) 과학문명 / 이동의 전시 : 매신교화선전차대(1943~45)

'매신교화선전차대每新教化宣傳車隊'(이하 '전차대')는 "決戰下 緊迫한 時局을 一般에게 再認識시키는 同時에 徵兵制의 홍보"[52]를 위해 『매일신보』 주최, 조선총독부와 조선군사령부, 국민총력 조선연맹 후원으로 조직된 것으로, 1943년 3월 1일 전남 구례를

〈그림 3〉 매신교화선전차의 외관(부대원 전원 탑승), 『매일신보』, 1944.3.2.

51 『매일신보』, 1943.5.9.
52 『매일신보』, 1943.9.17.

〈그림 4〉 매신교화선전차의 무대모습.
시연자는 구라시게 조선군 보도부장.
『매일신보』, 1943.1.28.

시작으로 1945년 8월까지 해마다 4~9개월에 걸쳐 순회 활동을 한 선전부대이다. 이 부대의 특이사항은 이동과 공연의 목적을 위해 새롭게 제작된 자동차를 이용한다는 점이다. 선전선동을 위해 자동차를 이용하는 것은 1941년 만주 '유동방송遊動放送'[53]이 이미 선보인 바가 있지만 식민지 조선에서는 처음 있는 것이라 자동차의 제작부터 주최 측인 『매일신보』는 연신 관련 기사[54]를 쏟아내어 관심을 집중시켰다.

---

53 만주의 유동방송은 '만주전신전화주식회사滿洲電信電話株式會社'에 의해 기획되어 1941년 10월부터 개시되었다. 수신과 발신 기능이 장착된 두 대의 자동차를 각각 '봉황호'와 '기린호'라고 불렀고, 이 자동차를 이용하여 만주의 산간벽지를 순회하며 활동을 전개하였다. 자동차에는 유성기가 장착되어 수시로 레코드를 틀 수 있었으며, 그 외 시국 뉴스와 중국 상성相聲(=만담), 만영의 영화 등을 방송했다. 자동차의 규모로 보아 많은 인원이 탑승할 수 없었기 때문에 상성 연행자가 동행하여 상성을 공연하기 보다는 영화처럼 상성을 녹음한 유성기 음반을 방송하는 수준일 것으로 짐작된다. 소리매체를 활용한 자동차의 순회라는 측면에서 만주의 유동방송과 조선의 매신교화선전차대는 흡사한 양상을 보이고 있어 매우 흥미로운데, 유동방송이 매신교화선전차대의 모델이 되었는지는 알 수 없지만 만주와 조선에서 진행된 자동차를 활용한 선전선동은 차후 보다 면밀히 고찰할 필요가 있다.
만주 유동방송 관련 사항 및 사진은 고려대학교에서 박사과정을 수료한 이복실에게 제공받았다. 만주 연극으로 박사학위를 준비 중이기 때문에 유동방송과 관련된 연구결과가 아직 발표되지 않은 상황이라, 참고문헌이 없는 형태로 이복실에게서 제공받은 유동방송의 대략적 내용만 적는다. 사진과 중요 정보를 제공해준 이복실에게 감사를 표한다.

만주유동방송 : '봉황호鳳凰號',
기린호麒麟號' 사진.
『大同報』, 1941.10.26. (이복실 제공)

54 『매일신보』, 1943.1.28.

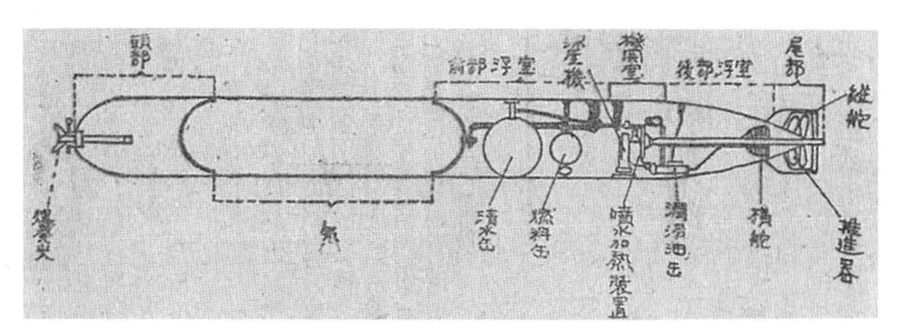

〈그림 5〉 매신교화선전차의 내부구조. 실제 차량보다 길게 그려졌다.
『매일신보』, 1943.2.25.

우선 화제가 된 자동차부터 살펴보면, 길이와 넓이가 일반 자동차보다도 커서 당시의 버스 정도의 크기로 제작되었다. 자동차 내부는 〈그림 5〉에서 보듯이 크게 세 영역으로 구분되는데, 앞은 운전실이고 중앙은 영화실, 후미는 무대이다. 차량 안에 발전기와 영사기, 라디오와 축음기를 갖추고 있었으며, 뒤편의 무대는 〈그림 4〉에서 보듯 문을 열었을 때 앞이 12척(약 3.5m), 길이가 6척(약 1.8m) 크기의 공간이 생겨 대략 12, 13인을 수용할 수 있는 무대가 만들어진다.

라디오와 축음기를 통해 현재진행 중인 '뉴스'를 방송할 수 있었고, 유성기 음반의 가요를 자유롭게 틀 수 있었다. 거기에 영화 영사기를 이용하여 무대에 영사막을 설치하고 영화 상영을 가능하게 하였으며, 후미의 무대는 야담과 만담의 실연 및 연극 공연까지 할 수 있었던, 말 그대로 다목적 자동차였고, 그 자체로 "움직이는 무대"[55]였다. 다양한 기능이 결합된 이 자동차는 제국 일본의 과학 기술 수준을 집약한 결과물이었기 때문에 식민지 조선의 반도를 방방곡곡 누비는 이동 행위

55 『매일신보』, 1945.5.13.

자체가 제국 일본의 역량을 효과적으로 전시展示하는 일이었다. 실제로 이 자동차를 만나는 많은 조선인들은 차량을 둘러싸고 그 진기한 모양과 생김새에 일차로 감탄하였고, 무대 위에서 공연이 진행되고 영화가 상영될 때는 그 기술력에 이차의 감탄을 표했다.[56]

자동차가 각종의 예술장르를 실연할 수 있는 구조였기 때문에 '전차대'의 레퍼토리 구성은 다양한 장르로 이루어졌다. 공연 순서는 ① 전기축음기 노래 소리 ② 개회사 ③ 국민의례 ④ 전차대장(三山春樹)의 주최 측 취지를 설명하는 인사 ⑤ 만담(약 40분) ⑥ 명사 강연 ⑦ 야담 혹은 만담 ⑧ 총력연맹에서 제작한 발성영화 2~3편(〈우리들은 지금 나아간다〉, 〈탄우의 노래〉, 〈동물방첩선〉(만화), 〈동물애국반〉(만화). 영화 사이사이 축음기 노래 혹은 서울이나 동경의 라디오 뉴스 방송) 혹은 촌극 공연 ⑨ 황국신민서사 제창 ⑩ 성수만세 봉창 ⑪ 폐회[57]로, 공연 시간은 대략 3시간 반 정도 소요되었는데, 이 구성과 순서는 1945년까지 유지되었다. 지역에 따라서, 혹은 공연 조건에 따라서 연극이나 영화 상영이 생략되는 경우도 있지만 자동차에 동승하여 함께 이동하던 인간-미디어 야담가와 만담가의 공연은 한 번도 빠지지 않았다.[58]

매해 순회가 진행되면서 '전차대'의 부대원들은 물론이고 공연레퍼

---

56 "언제몰녀드럿는지 마당이빽빽하게모여든군중들의 입과입에서는[그것참히안하네][세상에살다가 별일다보겟네]하는 감탄사가 폭발되어나왓고 또조곰잇다가 자동차안에서 발전發電이되어 장내를백주와가치밝게해주는 백촉짜리전등이여기저기서 一시에켜질때는 이구동성異口同聲으로 소리가 쏘다저나왓다." 『매일신보』, 1943.10.22.

57 『매일신보』, 1943.2.25. 실제로 특정 지역에 도착하면 그 지역의 군수와 서장에게 전차대가 인사를 먼저 하는 것이 사실상 첫 번째 순서였다. 『매일신보』, 1943.5.15.

58 야담과 만담의 공연이 '전차대'의 주력 공연 장르였고, 부대원의 구성 역시 운전사와 기술자를 제외하고는 야담가와 만담가가 대부분이었기 때문에 '전차대'를 만담부대로 볼 수 있는 것이다.

토리도 달라졌다. 먼저, 호기롭게 출발한 1943년, '전차대'가 출발하기 전 홍보기사에 따르면 "조선 만담의 창시자" 신불출이 자신의 신작 〈감격시대〉를 공연하고, 석와불石臥佛과 박옥초朴玉草가 대화만담 〈여성기질〉(신불출 작)을 담당하기로 되었고, 특히 박옥초는 노래와 무용까지 공연하는 것으로 광고되었다.[59] 그러나 실제로는 신불출과 박옥초가 참여하지 못해 유추강과 지최순池崔順이 합류[60]해서 유추강의 야담 〈무상무념의 심경〉과 석와불, 지최순의 대화만담 〈꽃파는 처녀〉를 공연했다. 충청도 공연부터는 지최순 대신에 김다영金茶英이 참여하여 석와불과 호흡을 맞췄다.[61] 4월 27일 부여공연에는 일본이 부여를 내선일체의 성지로 특화시켰기 때문에 그 의미를 살리고자 신정언이 특별출연하여 "내선일체의 참뜻"을 설파하는 〈三萬정신〉의 야담을 공연하기도 하였다.[62] 경성에서 잠시 휴식을 취한 후 시작된 5월 경기도 순회에서는 진용을 새롭게 짰는데, '야담만담부대'의 신정언, 이화, 김봉이 본격적으로 합류하였다. 여기서 신정언은 〈신천지〉라는 야담을, 이화와 김봉은 이미 '야담만담부대'에서 공연했던 〈총후의 남녀〉를 공연하였다.[63]

"작년의 체험을 살려서 문화의 혜택을 받지못한 농민과 및 산업전사들을 위문격려하여 소기의 목적을 달성"[64]하는 것을 목표로 한 1944

---

59 『매일신보』, 1943.2.25.

60 『매일신보』, 1943.2.28. 신불출과 박옥초가 어떤 이유로 불참하게 되었는지는 설명되지 않았다. 다만, 이 시기에도 만담의 대명사로 인정되는 신불출이 '전차대'에 이름을 올림으로써 '전차대'에 대한 기대감을 높인 것은 분명해 보인다.

61 『매일신보』, 1943.4.27.

62 『매일신보』, 1943.4.28.

63 『매일신보』, 1943.5.8 · 10 · 12 · 16 · 19.

년의 '전차대'는 미야미三山春樹 대장과 10명의 대원들로 구성되었다. 3월 18일 출발하여 20일 전남 송정리부터 시작[65]한 이들의 순회는 12월 10일까지 9개월에 걸쳐 진행되었다.[66] 이때의 레퍼토리는 신정언과 유추강이 야담 〈海軍勇子의 명예〉를 공연했고, 성희숙成姬淑은 가요를 불렀다. 대화만담은 주성택朱成澤, 김봉이 〈우리들 이겼다〉로 호흡을 맞췄다.[67] 하반기로 접어들어서는 공연되는 작품이 변경되는데, 대화만담으로는 〈태평양〉이 새롭게 선보였고, 군사강담인 〈반도의 어머니〉와 가요촌극 〈지나인과 소녀〉가 새로운 레퍼토리로 공연되었다.[68]

일본이 패전을 눈앞에 두고 있던 1945년에 '전차대'는 4월 5일 순회를 시작하여 8월 13일까지 전라, 충청, 경기를 순회하게 되는데, 시국이 긴박해진 만큼 "싸우는농산어촌의 방방곡곡을방문하야 문화의혜택과아무런오락도 밧지못하고 증산전에결투하고있는 총후의산업전사를 위안"[69]하고 "삼엄한 전쟁생활속에서도 부드러운윤택을주어 명랑한 기분"[70]을 조성하자는 '전차대'의 목적을 매우 강조하였다. 이때의 진용을 보면, 김탁운金濯雲이 야담 〈화랑도〉를 공연(경기도에서는 신정언이 담당했다)[71]하였고, 모처럼 등장한 조하소는 군국의 어머니들의 예를 주된 내용으로 삼은 군사강담[72] 〈이 어머니 이 아들〉을 공연했

---

64 『매일신보』, 1944.3.2.
65 『매일신보』, 1944.3.2.
66 『매일신보』, 1944.12.19.
67 『매일신보』, 1944.5.19.
68 『매일신보』, 1944.10.3.
69 『매일신보』, 1945.4.5.
70 『매일신보』, 1945.5.14.
71 『매일신보』, 1945.5.29.
72 조하소趙何笑가 군사강담을 담당한 것을 놓고 보면, 이 시기 만담가들은 연행의 전문성

〈그림 6〉 매신교화선전차대 논산공연. 『매일신보』, 1943.4.27.

〈그림 7〉 매신교화선전차대 과천공연. 『매일신보』, 1943.5.12.

다. 주성택은 김봉이 아닌 김영애金英愛와 대화만담을 담당했고, 이영자李英子의 노래와 환등 영화 〈승리의 길〉, 만극 〈봄소식〉 등이 공연레퍼토리로 구성되었다.[73]

부대원을 싣고 다니는 자동차부터 관심거리가 된 '전차대'는 다양한 공연레퍼토리를 갖추고 있었기에 위의 두 장의 사진에서 보듯 수많은 관객들로부터 열띤 호응을 받았다. 이동 지역이 아닌 곳에서는 추가요청이 쇄도했고,[74] 이들의 공연에 감격하여 국방헌금을 모금하여 『매

을 확보해 나갔다기 보다는 야담과 혼재된 방식으로 공연한 것을 알 수 있다. 조하소는 1937년 무렵부터 이름을 알린 만담가로, 여류만담가 김윤심金允心 등과 함께 만담대회를 진행하기도 하였다. 『동아일보』, 1938.2.9.

73 『매일신보』, 1945.5.13 / 5.29. 공연레퍼토리 장르 명칭에 해당하는 군사강담, 환등영화, 가요촌극, 만극 등은 그 용어와 개념에 대한 정리 없이 일본 용어를 직역하거나 관습적 용례에 따라 마구잡이식으로 사용된 용어들이다.

74 『매일신보』, 1943.8.22. 평남의 경우는 수많은 요청 지역 중에서 성천成川 한 곳만 추가하기로 결정됐다. '전차대'의 순회 일정 자체가 빡빡한 것도 이유겠지만, 자동차로 이동하는 여건 상 차가 도로가 없어 진입이 힘든 산간벽지는 제외될 수밖에 없었다. 이렇게 보면 인간—미디어로 최적화되어 어느 곳이든 갈 수 있었던 '야담만담부대'가 선동선전의 목적에 가장 잘 부합하는 조직이었다.

일신보』사에 기탁하기도 하였다.[75] 무엇보다 '전차대'의 목적인 징병제취지의 보급과 홍보에 대해 "징병의취지를 비로소알게된이마당에서 "우리는하로바삐 씩씩한군인이 되어나라의부르심에 응하지안흐면 안된다"는 영화와 '토-키'를 듯고서는 "올소" "그럿소"하고 감분에겨워 벌떡벌떡이러서는 씩씩한자태를 보여주"[76]는 등 적극적인 반응을 보였다. 또한 '전차대'가 순회한 지역에서는 각 도의 도지사부터 일반 개인에 이르기까지 수많은 감사문을 보내 '전차대'의 노고를 치하하고 징병제에 적극 협조할 것을 다짐하기도 했다.[77]

특별히 제작된 자동차를 중요 무대이자 이동수단으로 삼은 '전차대'와 그들의 이동은 그 자체로 제국 일본의 강력한 힘을 식민지 조선의 구석구석에 시각적으로 전시하는 효과를 구현했고, 인간-미디어인 부대원들과 각종의 공연 레퍼토리들은 전시된 자동차의 일부가 되어 제국의 위용과 권위를 주조하였으며, 웃음의 방법을 동원하여 그 이데올로기를 관객들에게 시청각적 자극으로 직접적이면서도 노골적으로 전파했던 것이다.

최첨단 기술로 제작된 움직이는 무대를 통해 만담가로 나선 사람들은 박옥초, 석와불, 지최순, 김다영, 주성택, 김영애 등이다. '전차대'의 중요 공연 장르가 만담이었고 긴 일정으로 이동을 해야 하는 조건 때문에 신진 만담가들이 대거 참여하는 것은 자연스러운 일이다. 그러나

---

75 『매일신보』, 1943.5.6.

76 『매일신보』, 1943.10.22.

77 『매일신보』, 1943.4.11 / 7.31 / 1944.5.9. 평남 지방을 순회할 당시에는 이운경 개인이 감사문을 보내기도 했다. 『매일신보』, 1943.8.19.

이들이 어떤 경로로 부대원이 되었는지, 무엇을 계기로 만담가로 나섰는지, 그리고 '전차대' 활동의 전후로 어떤 행보를 보였는지는 관련 자료가 없어 추적할 수가 없다. 이동의 레퍼토리와 작품들이 친일부역의 이름으로 사라진 것처럼 그것을 수행하던 인간-미디어의 행보도 그 흔적만 남았다. '전차대'는 분명 친일부역의 노골적 행위이지만 그런 자리에서만 만담이 존재할 수 있었던 아이러니한 상황은 식민지 조선의 굴곡진 공연예술의 현장을 그대로 보여주고 있다.

4. 전쟁과 웃음, 전복과 순응의 길항

모든 것이 전쟁과 총동원으로 수렴되던 시기, 웃음의 책무는 전쟁의 긴장과 피로감에 포박된 대중들에게 잠시나마 이완의 여유를 제공하는 '오락'으로, 배면에 감춘 제국의 이데올로기를 '선전선동'하여 적극적으로 설파하는 것이었다. 야담만담부대와 '전차대'의 순회는 이것을 가장 효율적으로 수행한 웃음의 부대였고, 이들에 의해 웃음 자체가 지닌 풍자성과 정치성의 복합적 속성은 제국 일본을 위해 복무했으며, 따라서 풍자의 칼날은 무디었고, 그 끝은 식민지 조선을 향해 있었던 것이다. 신불출 이후로 본격적 확장의 길에 들어섰던 공연예술로서의 만담은 전시체제로 접어들면서 그 자체가 동원된 미디어가 되어 극장이 아닌 자동차 무대와 각종 이동의 공간에서 존재했다. 일제 말 지식인과 문화인, 나아가 식민지 조선인 모두가 당면했던 부역과 저항의 선택지는 적어도 만담에서만큼은 동원의 명명과 허락된 공연환경이라는 조건 때문에 큰 고민과 갈등의 요인이 되지 못한 것으로 보인다.

여기서 다시금 주목되는 것은 신불출의 행보이다. 1940년 신작 만담 〈인생세탁〉을 공연하면서 "인생세탁은 눈물의 비누보다 웃음의 비누로 빨어야만 때가 훨씬 더 잘빠진다"[78]며 웃음의 전복성과 생산성을 끝까지 믿었던 그는 총동원 시기 저항을 선언하거나 그와 관련된 직접적 언표를 하지는 않았다. 대외적으로는 조선담우협회나 조선연예협회, 조선연극문화협회 등의 조직에 만담가로서 이름을 올렸고, '전차대'에도 비록 직접 참여하지는 않았지만 신작을 발표하기로 계획하는 등 일반적인 순응의 태도를 보인다. 그러나 실제로 만담가들이 인간-미디어로 동원되었을 때 신불출은 "관제적 민간기구나 행사에서 그의 역할이 그다지 두드러져 보이지 않"[79]을 만큼 공연예술계 전반에 적극적으로 그 모습을 드러내지 않았다.[80] 조직에는 합류하였으나 그 논리를 따르지 않았고, 동원의 명명도 수락했으나 적극적이지 않았던 신불출의 태도는 그가 선택한 최선의 완곡한 저항으로 읽혀진다.[81] 이른바 '포스트-신불출'이라 할

---

78 『매일신보』, 1940.8.21.

79 이승희, 「배우 신불출, 웃음의 정치」, 『한국극예술연구』 33집, 한국극예술학회, 2011, 41쪽.

80 이 시기 신불출의 행적에 대해서는 이은관의 구술 자료가 비교적 구체적으로 설명하고 있는데, '이동연극 신불출반'이라는 이름으로 이은관과 함께 전국 곳곳을 순회했다는 내용이다('구술로 만나는 한국예술사' http://oralhistory.arko.or.kr 이은관 편). 여기서 궁금한 것은 이 조직이 어떤 관제 시스템의 작동으로 만들어졌는가의 여부와, 스타 만담가로서 신불출의 행보는 그 자체로 동원과 선전의 논리를 적극적으로 견인할 수 있는 것임에도 당시 신문지면에서 그 이름을 찾아볼 수 없는 상황과 그 이유다. 이러한 궁금증을 해소하기 위해서 다른 자리를 빌어 이은관의 구술 자료는 물론 방계자료들을 수합하여 전시체제기 신불출의 행적과 '이동연극 신불출반'의 정체를 구체적으로 재구하고 밝혀볼 예정이다.

81 "완곡"하다는 표현은 신불출이 본인의 가능태 안에서 주체적인 선택을 했다는 의미이다. '배뱅이굿'을 공연하는 이은관과 함께 순회를 다녔다는 점은 신불출의 만담 구성이 만담부대의 구성논리와 차이를 보이고 있는 부분으로, 이 또한 신불출의 선택 및 행적과 관련하여 심도 깊게 다루어져야 할 지점이다.

수 있는 신진 만담가들의 설 자리가 제국에 순응한 만담부대였다는 현실적 공연 여건을 감안하더라도 신정언이 그것을 앞장서서 주도한 것에 비해 한 발 떨어져 있던 신불출의 행보는 제국과 식민지, 전쟁과 웃음의 모순적 상황에 놓인 만담의 현실을 보여주는 또다른 풍경이다.

공연예술의 장르들은 특정한 시기와 조건과 결합하여 생성하고, 변화된 환경에 의해 소멸하거나 변모하는 유동성을 지니고 있고 그 현상은 공연예술사 전반을 통해 무수히 확인되는 바다. 신불출에 의해, 그리고 유성기 음반이나 라디오와 같은 신생 미디어와 결합하면서 의욕적으로 등장한 근대적 공연예술 안타깝게도 지금 현재는 그 모습을 찾아볼 수가 없다. 분명 해방 전부터 만담가로 활동한 인물들이 많았고, 만담부대에 동원된 신인 만담가들이 있었음에도 전시체제기 이전만큼의 활력을 갖지 못한 것은 해방 후의 급변하는 정국과 예술인들의 월북, 흥행산업의 논리 등 무수한 원인과 이유가 있겠지만, '야담만담부대'와 '전차대'에서 인간-미디어로 소모되었던 만담의 순응과 동원의 결과도 중요한 이유로 설명될 수 있다. 신생 예술장르가 고유성을 확보하기 위해서는 그 장르에 대한 실험과 실천이 다각도로 이루어지고, 학문적이고 비판적 접근을 통한 담론이 형성되어 다양한 가능성과 방법들이 제시되고 공유되는 과정이 필요하다. 즉, 고유한 장르미학을 정립하기 위해서는 시간과 노력이 필요하다는 것이다. 일본의 경우, 만담은 전통 예능의 다른 이름인 '민중오락'의 하나로 생성되었고, 오랜 시간을 거쳐 장르미학을 정립하였으며, 근대의 산업자본과 결탁하면서 공연예술로서의 면모를 확고하게 다졌다. 이런 시간과 노력의 과정은 지금까지도 일본에서 만담이 중요한 공연예술로 건재할 수 있는 기반이 된 것이다.[82] 이에 비해 식민지 조선의 만담은 인적 자원이 형성되고, 관객의 수요가 확대되며, 지면을 통해 만담에 대한 담론이 생성되어 본격적인 장르미학을 구축할 시기에 제국에 의해 동원되면서 그 시간과 노력의 기회를 상실했던 것이다. 그 결과, 만담은 잡종의 예능 중 하나로 인식되어 독자적 공연을 하기보다는 여타의 다른 공연예술과 결합하는 방식으로 그 존재를 유지했으며, 김윤심이나 이은관, 장소팔, 고춘자 등 몇몇 특별한 만담가에 의해 명맥을 이어오다가 TV의 보급과 확대, 그리고 새로운 코미디 콘텐츠가 등장하면서 코미디와 개그로 급속히 전환되었고, 지금은 극장에서 그 모습을 찾아볼 수 없는 과거의 공연예술이 되었다. 전시체제기 만담부대와 만담가들의 활동을 추적하여 재구한 이 글은, 지금은 극장에서 찾아볼 수 없는 지극히 '웃긴' 공연예술인 만담에 대한 향수가 전제되어 있다. 인생세탁은 웃음의 비누로 빨아야 한다는 신불출의 웃음 논리가 다양성을 품지 못하고 편가르기의 옹색함에 갇혀 사는 지금 우리에게 더욱더 절실하기 때문이다.

---

82 2012년 10월 필자는 일본의 만담 답사를 위해 오사카를 방문했는데, 오사카에는 만담만 전용으로 공연하는 극장이 3곳이나 있으며, 그 중 요시모토흥업의 본원인 요시모토극장에서는 만담공연이 매일 아침 9시부터 진행되었다. 마술과 기예가 곁들여지고, 대화만담(남남, 남녀)과 단독만담, 그리고 간단한 희극을 포함하여 총 4시간을 공연하는 레퍼토리 구성은 만담의 공연예술적 장르미학을 극대화한 것으로, 이른 시간에도 2층 객석까지 가득 채운 남녀노소 다양한 연령층의 관객들은 연이어 진행되는 만담과 스타만담가의 일거수일투족에 적극적으로 호응하면서 만담 자체를 즐기는 것을 확인할 수 있었다.

만담전용 요시모토극장(오사카)

참고문헌

자료

『동아일보』, 『매일신보』, 『삼천리』, 『조선일보』

논문

김경희, 「신불출의 문예활동과 그 의미」, 『국문학연구』 12, 국문학회, 2004.

김호연, 「일제 강점 후기 연극 제도의 변화 양상과 그 의미－이동극단, 위문대를 중심으로」, 『인문과학연구』 30, 강원대 인문과학연구소, 2011.

문경연, 「일제 말기 '이동'연극의 실연과 제국의 이벤트」, 『한국극예술학회 2014년 제3차 정기학술대회 발표자료집』, 2014.7.18.

박영정, 「만담 장르의 형성과정과 신불출」, 『웃음문화』 4, 한국웃음문화학회, 2007.

______, 「신불출－세상을 어루만지는 '말의 예술'」, 『한국현대연극 100년－인물연극사』, 연극과인간, 2009.

배선애, 「근대적 공연예술로서의 야담과 야담대회」, 『한국극예술연구』 42집, 한국극예술학회, 2013.

엄현섭, 「신불출 대중문예론 연구」, 『비교한국학』 17권 3호, 국제비교한국학회, 2009.

이덕기, 「일제하 전시체제기 이동연극 연구－이동연극 제1대와 극단 현대극장을 중심으로」, 『한국극예술연구』 30, 한국극예술학회, 2009.

이승희, 「배우 신불출, 웃음의 정치」, 『한국극예술연구』 33집, 한국극예술학회, 2011.

______, 「전시체제기 연극통제시스템의 동원정치와 효과」, 『상허학보』 41, 상허학회, 2014.

이화진, 「일제 말기 이동극단 활동의 전개 양상과 그 한계」, 『한국학연구』 30, 한국학연구소, 2013.

______, 「전시기 오락 담론과 이동연극」, 『상허학보』 23, 상허학회, 2008.

천정환, 「식민지 조선인의 웃음－『삼천리』 소재 소화와 신불출 만담의 경우」, 『역사와 문화』 18, 문화사학회, 2009.

홍선영, 「전시기 이동연극과 '국민문화'운동－일본이동연극연맹(1941.6~1945.8)을 중심으로」, 『일본어문학』 45, 한국일본어문학회, 2010.

______, 「제국의 문화영유와 외지순행－天勝一座의 〈살로메〉 景福宮 공연을 중심으

로」, 『일본근대학연구』 33, 일본근대학회, 2011.
요네야마 리사, 「오락 · 유머 · 근대—'모던만자이'의 웃음과 폭력」, 연구공간 수유+너머 '일본근대와 젠더 세미나팀' 역, 『확장하는 모더니티』, 소명출판, 2007.

단행본
강옥희 · 이순진 · 이승희 · 이영미, 『식민지 시대 대중예술인사전』, 소도, 2006.
공임순, 『식민지 시기 야담의 오락성과 프로파간다』, 앨피, 2013.
반재식, 『만담 백년사』, 백중당, 2000.

만영 영화의 하얼빈 표상

리샹란 주연 〈나의 꾀꼬리〉(1944)론

와타나베 나오키

1. 서론

영화 〈나의 꾀꼬리〉私の鶯[Watashi no Uguisu](1944)는 리샹란李香蘭, 리코란, 1920~2014이 만주영화협회(이하 '만영')의 전속 배우로서 마지막으로 주연을 맡았고 제작사인 도호東寶가 만영과 제휴하여 시마즈 야스지로島津保次郎가 감독을 맡은 작품이다. 국제 도시 하얼빈을 무대로 망명 러시아인 집에서 성장하여 그 양아버지를 도와서 소프라노 가수가 되는 일본인 소녀를 리샹란이 맡아서 연기했다. 등장인물의 과반이 러시아인으로 대부분의 대사도 러시아어로 하는 등, 당시 일본 영화나 만영 영화로서 이색적인 작품이었는데, 영화가 완성된 당시에 일반적으로 널리 공개되지 않았고 오랫동안 볼 수 없었던 "환상의 뮤지컬 영화"로도 유명했던 작품이다. 본고에서는 이 작품이 성립된 경위나 배경에 대해서 선행 연구의 도달점을 정리하면서 작품 해석을 둘러싼 문제점이나 리샹란을 둘러싼 민족 / 젠더의 정치성에 대해서 검토한다.

배우 리샹란은 1945년 이후 일본에서 야마구치 요시코山口淑子(본명은 오타카 요시코(大鷹淑子))라는 이름으로 배우나 국회의원을 역임한 일본인이다. 1920년에 만주 봉천奉天(현재의 심양)에서 태어났고, 13세 때에 봉천 방송국에 스카우트되어 전속 가수가 되었다. 그 이후에 만주영화협회의 전속 배우가 됐고 중국인 배우 리샹란으로서 '일만친선日滿親善'의 상징적인 존재가 되었다. 중국을 무대로 하세가와 가즈오長谷川一夫와 출연한 〈지나의 밤支那の夜〉(1940)을 비롯한 영화 이외에도 가수로서도 인기를 모았고, 〈예라이샹夜來香〉(1944) 등의 히트곡도 냈다. 태평양 전쟁 종전 직후에 상하이에서 한간漢奸 재판의 피고가 될 뻔했는데, 일본인이라는 사실이 증명되어 일본에 귀국했다. 그 후에 야마구치 요시코라는 이름으로 연예계에 복귀했고 일본뿐만 아니라 미국 할리우드나 홍콩 등에서 제작된 수많은 영화에 출연했다. 결혼하여 한때 은퇴했는데 1969년에 텔레비전 사회자로 연예계에 다시 복귀했고, 1974년에는 국회의원(참의원, 자민당 다나카파)에 당선되면서 3기를 역임하는 동안에 주로 외교 분야, 특히 아랍-팔레스타인 문제에 주력했고, 참의원 외교위원회 위원장도 역임했다.[1] 국회의원을 은퇴한 후에는 종군위안부 문제를 다루는 아시아여성기금의 부이사장도 역임했다. 그에 관한 연구는 연구자로서 오랜 기간에 걸쳐 본인에게 직접 인터뷰를 실시한 요모

1 이상, 야마구치 요시코山口淑子 / 리샹란李香蘭의 약력은 「山口淑子さん死去」, 『朝日新聞』号外, 2014.9.14 등 참조.

타 이누히코四方田犬彦가 쓴 배우론이나 야마구치 다케시山口猛의 연구서를 비롯한 만주영화협회 연구 등, 주목할 만한 것이 몇 가지가 있다.[2]

만영은 1937년에 설립된 만주국의 국책 영화 회사로 그 이전에 관동대지진(1923) 직후에 아나키스트인 오스기 사카에大杉榮를 헌병대에 연행해서 학살한 아마가스 마사히코甘粕正彦가 그 후 1939년에 제2대 이사장으로 취임한 것으로도 유명하다. 이 협회는 당초에는 '오족협화五族協和'를 선전했고 대중 계몽을 위한 문화영화나 뉴스영화('계민영화(啓民映畵)') 제작을 목적으로 하고 있었는데, 점점 극영화 ('오민영화(娛民映畵)')도 제작하기 시작했고, 중국인 전속 배우나 직원들도 늘어나게 되었다. 그 제작 직원으로는 일본에서 우익적인 성향을 가진 사람부터

---

2 四方田犬彦, 『李香蘭と原節子』, 岩波書店(岩波現代文庫), 2011(원판은 岩波書店, 2000), 四方田犬彦 編, 『李香蘭と東アジア』, 東京大學出版會, 2001, 山口猛, 『幻のキネマ滿映－甘粕正彦と活動屋群像』, 平凡社(平凡社ライブラリー), 2006(원판은 平凡社, 1989) 등. 그리고 야마구치 요시코山口淑子 / 리샹란李香蘭의 자서전은 山口淑子・藤原作弥, 『李香蘭 私の半生』, 新潮社, 1987, 山口淑子, 『戰争と平和の歌－李香蘭, 心の道』, 東京新聞出版局, 1993, 山口淑子, 『「李香蘭」を生きて』, 日本経済新聞出版社, 2004 등, 지금까지 세 번 간행됐는데, 태평양 전쟁 전과 전쟁 중에 만주영화협회에서 했던 활동에 대해서는 1987년에 간행된 후지와라와의 공저가 가장 자세하다. 그리고 리샹란은 식민지시기의 조선에도 몇 번 온 바가 있는데, 만영 작품인 〈鐵血慧心〉(美しき犠牲, 1939) 시사회에서 경성을 방문했을 때, 김신재 등 식민지 조선의 영화인들과 좌담회를 가졌고, 내선 연애 영화 〈君と僕〉(너와 나 / 日夏英太郎(허영) 감독, 1941)나 지원병훈련소의 르포르타주인 〈兵隊さん〉(병정님 / 방한준 감독, 1944) 등에서도 만주에서 놀러 온 가수로서 노래를 부르는 장면이 나온다. 여기서 사용 언어는 모두 일본어였다. 리샹란이 가수로서 출연한 이 식민지 조선의 두 편의 영화에 대해서는 김려실, 『만주영화협회와 조선영화』, 한국영상자료원, 2011, 61～65쪽을 참조. 리샹란은 이때 식민지 조선의 영화인들과 좌담회 등을 가졌는데 "리샹란은 일본인이 아니냐"는 질문에, "야마구치 요시코라는 본명을 보아도 어디 사람인지 알 수 있죠"라고 그것을 부정하지 않은 적이 있다(「李香蘭・金信哉會見記」, 『삼천리』, 1941.4). 영화 〈지나의 밤〉(支那の夜, 1940)에서 서두의 타이틀백에도 "만영 전속 여배우 리샹란 출연"이라고 나온 직후에 주연의 귀란桂蘭 역의 여배우 이름에 '야마구치 요시코山口淑子'의 이름이 들어가 있다. 이러한 점으로 볼 때, 리샹란이 일본인인 것을 숨기고 있었다는 사실은 당시에 있어서도 어느 정도 신화화되고 있었던 면이 있었을 것으로 생각된다.

좌익 지식인까지 모두 받아들인 것으로도 유명하다. 리샹란의 만영 배우로서의 후기 활동을 기획자로서 지원하고, 그가 야마구치 요시코로서 태평양 전쟁 후 일본 영화계에서 활약하고 또 국회의원으로 입후보했을 때도 지원한 영화평론가 이와사키 아키라岩崎昶는, 중일전쟁 발발 후에 통제적인 색채가 농후한 영화법의 제정(1939)을 반대하여 옥생활을 하고, 출옥 후 만주영화협회에 기획자로 들어간 좌익 지식인이었다.

만영 영화는 1937년에 설립된 당시부터 일본에서 상영할 계획도 있었는데, 대체로 평판은 좋지 않았다. 만주 현지에서도 일본어 시나리오의 중국어 번역이 좋지 않아서 '뒤푸치對不起 영화'라고 야유될 정도였다.[3] 초기의 악평을 만회하기 위해서 리샹란의 인기에 주목한 만영 지도부는 그를 적극적으로 주연으로 기용하여 만주뿐만 아니라 일본 관객에게도 호평 받는 영화를 목표로 삼았다.[4] 만영 시대의 리샹란에 대해서는 국책기간 만영의 이데올로기적인 성격을 투영해서 평가한 것이 많다. 예를 들면 본고에서 다루는 영화 〈나의 꾀꼬리〉에 대해서도 중국에서는 만주사변으로 일본인도 큰 피해를 입은 것을 강조하는 작품으로 일본군의 중국 침략에 대해서 변명하고 있으며, 형식은 음악영화인데 실제는 관동군關東軍의 침략 행위를 미화하는 국책영화라는 평가이다.[5] 분명히 그러한 측면은 있다. 그런데 이 영화 〈나의 꾀꼬리〉는 1944년이라

---

3 '뒤푸치對不起'는 중국어로 "미안해요"의 뜻인데, 일본어의 "どうも(대단히) (미안합니다 / 고맙습니다 / 안녕하세요)"에 해당되는 인사를 모두 이렇게 중국어로 번역해서 중국 관객들의 웃음거리가 되었다고 한다.

4 佐藤忠男, 「映畫『私の鶯』のこと」, 『ミュージカル』, 제11호, (月刊ミュージカル社), 1985.3, 20쪽.

5 胡昶・古泉(橫地剛・間ふさ子譯), 『滿映－國際映畫の諸相』, パンドラ發行, 現代書簡發賣, 1999(원저는 中華書局, 1990), 230쪽.

는 아시아・태평양 전쟁의 절정기에 완성된 작품이면서도, 리샹란이 주연을 맡은 또 다른 작품인 〈지나支那의 밤〉(1940)과 비교해도 정신주의적으로 '오족협화'나 '일만친선'을 호소하는 면이 억제되어 있다. 그러한 요소는 인정되는데 작품에서 이와 다른 다양한 요소들을 볼 수 있어서 선전성이나 선동성이 상당부분 완화되었고, 음악영화, 뮤지컬 영화로서의 가치를 도처에 가지고 있다. 어느 시기까지 전혀 확인할 수 없었던 만영의 '오민영화'에서는 도호東寶가 제휴한 작품이었기 때문에 일본 국내에 필름이 현존할 수 있었고, "유일하게 현존하는 만영 오민영화"[6]로 평판이 높았던 이 작품이 이러한 시기에 어떻게 제작됐는지, 이 작품을 성립시키는 여러 가지 요소나 역학을 분석하고 검토하는 일은 세계영화사에서 만주영화협회의 의미를 생각하기 위해서도 지극히 유익할 것이다.[7] 이하에서 그 문제점을 구체적으로 살펴보고자 한다.

2. 제작진과 출연자에 대해서

우선 이 영화의 제작진과 출연자 등, 이 영화의 제작에 관한 기본 정보에 대해서 여기서 조금 자세히 확인하도록 한다. 이 작품이 이미 소멸된 만주국의 국책회사 만주영화협회의 작품일 뿐만 아니라 완성된 당시에 일반에 공개되지 않았고 작품에 관한 정보가 경우에 따라서 조

---

6 岩野裕一, 「『私の鶯』と音樂の都・ハルビン」 四方田犬彦 編, 『李香蘭と東アジア』, 東京大學出版會, 2001, 77쪽.

7 四方田犬彦, 앞의 책, 151쪽.

금씩 다르기 때문이다.[8]

〈나의 꾀꼬리〉(1944)—만주영화협회, 도호東寶 주식회사 제휴 작품

(원작) 오사라기 지로大沸次郎 「하얼빈의 가희歌姬」

(제작) 이와사키 아키라岩崎昶

(각본・감독) 시마즈 야스지로島津保次郎

(조감독) 이케다 도쿠池田督

(촬영) 후쿠시마 히로시福島宏

(음악) 핫토리 료이치服部良一

(무용) 시라이 데츠조白井鐵造

마리코滿里子/마리야 …… 리샹란李香蘭/야마구치 요시코山口淑子

스미다 기요시隅田淸 …… 구로이 슌黑井洵(니혼야나기 히로시二本柳寬)

스미다 에츠코隅田悅子 …… 지바 사치코千葉早智子

우에노 겐지上野憲二 …… 마츠모토 미츠오松本光男

다츠미 하루오巽春雄 …… 신도 에이타로進藤英太郎

드미트리 이바노뷔치 …… 그레고리 사야핀

우라지미루뷔치 라즈모프스키 백작 …… 와시리 톰스키

안나 스테파노프 미르스카야 부인 …… 니나 엔겔하트

아랴 …… 올가 마슈코바

---

8 이하의 작품 정보에 대해서는 山口淑子・藤原作弥, 앞의 책, 254쪽, 山口淑子, 『「李香蘭」を生きて』, 日本経済新聞出版社, 2004, 87쪽, 日本映畫傑作全集, 『私の鶯』, TND1664, 도호東寶, 2003, 99분(VHS 테이프)의 해설, 작품 〈나의 꾀꼬리〉 서두의 타이틀백 등을 참조해서 필자가 작성했다.

나타샤 …… 에리자베누 말리나

이반 …… 페오도루 후마린

아레키세이 …… 뷔쿠토루 라우로프

지리코프 …… 니콜라이 도루스토호후

포리나 …… 오리가 에르그코아

톰스키극단, 엔겔하트가극단, 사야핀가극단

하얼빈교향악단

이 작품은 영화 서두 두 번째 타이틀백에 '만주영화협회-도호東寶 주식회사 제휴 작품'이라고 나오기 때문에 일반적으로 합작 영화로 생각되는데, 야마구치 자신이 회상하고 있듯이 "실제로는 도호의 작품"이었던 것으로 생각된다.[9] 영화의 오프닝 첫 번째의 타이틀백에 '도호 주식회사'의 로고로만 표시되는 것도 그것을 방증하고 있다(그림 1).

〈그림 1〉 영화 〈나의 꾀꼬리(私の鶯)〉 서두의 타이틀백. ①→②→③ 순으로 나온다.

①

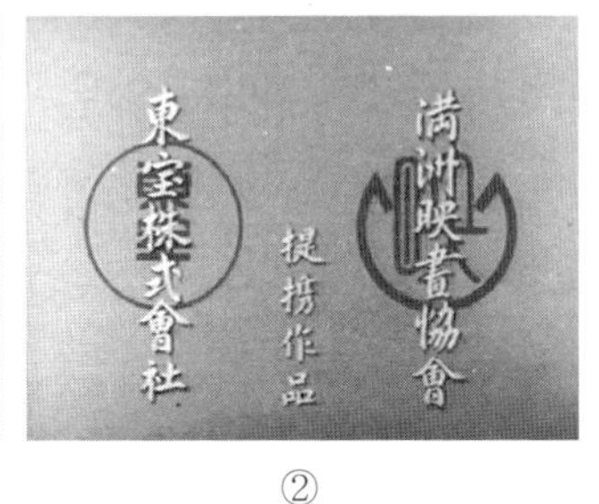

②

③

9 山口淑子・藤原作弥, 앞의 책, 254쪽.

그리고 제작 연도에 대해서도 대부분의 작품정보는 이것을 1943년도 작품으로 기록하고 있다. 이것은 영화 마지막 타이틀백에 '©1943 TOHO CO.LTD.'로 나오는 것이 가장 큰 이유일 텐데, 조감독 이케다 도쿠池田督가 증언하고 있듯이 실제 완성은 그 다음 해인 1944년 3월 24일이었다.[10] 따라서 본고에서도 1944년도 작품으로 다룬다. 하얼빈이라는 국제도시를 무대로 해서 촬영 기간 16개월, 제작비용 25만 엔(당시 보통 영화의 다섯 배), 일본에서 최초의 음악영화로 대사의 대부분은 러시아어로, 필름은 11,000피트, 상영시간 두 시간의 대작으로 일견 일본에 수입된 유럽 영화로 볼 수 있을 정도였다.[11]

작품의 기획은 일본을 방문한 하얼빈 발레단 무대를 보고 시마즈가 감격하여, 그것을 친구인 이와사키에게 상의한 것이 계기가 되었다. 1942년부터 만주영화협회 도쿄 지사 차장으로 근무하면서 독일 영화 수입이나 영화 기획을 맡고 있었던 이와사키도 이것을 환영했고, 하얼빈 가극단이나 백계白系 러시아인의 오케스트라들과 공연하는 성악가의 주역으로 리샹란을 생각하면서 기획에 착수했다.[12] 기획 단계에서는 1937년에 일본에서 개봉된 미국 영화 〈오케스트라의 소녀〉의 리메이크 판으로 구상되었고, 1939년 3월에 일본을 방문하여 공연한 하얼빈 교향악단의 연주에 기획자들이 촉발되었다고 한다.[13] 이 기획은 비상시인 만큼 통과되

---

10 야마구치의 증언에서는 조감독이었던 이케다가 가지고 있었던 수첩에 그러한 기록이 남아 있었다고 한다. 위의 책, 249쪽.

11 山口淑子, 『「李香蘭」を生きて』, 日本経済新聞出版社, 2004, 88쪽; 山口淑子・藤原作弥, 앞의 책, 247~249쪽 등.

12 山口淑子・藤原作弥, 앞의 책, 245~246쪽; 風間道太郎, 『キネマに生きる－評伝・岩崎昶』, 影書房, 1987, 149쪽.

13 岩野裕一, 앞의 글, 81쪽.

기 어려워 보였는데, 시마즈나 이와사키의 후원자적 존재였던 도호東寶의 제작 담당 모리 미츠오森光雄의 정치력으로 도호와 만영 양쪽에 제의되었고, 일본에서는 어렵더라도 만영에서라면 러시아인들도 만주국의 구성원이므로 문제가 없을 거라고 판단되어 기획안이 통과되었다.[14]

이 영화의 각본은 감독인 시마즈가 담당했고, 그 원작은 오사라기 지로大佛次郎가 쓴 「하얼빈의 가희歌姬」로 알려져 있는데, 이 오사라기의 작품이 언제 어디서 발표된 것인지, 혹은 영화 원작용으로 기획자에게만 제공된 것인지가 불분명하다. 오사라기는 하얼빈에서 백계 러시아인의 정치적 입장을 만영 영화로 찍게 되었고, 자신이 스토리를 썼다고 증언했는데,[15] 활자로 발표된 것은 확인되지 않았다. 오사라기는 이 영화의 기획 회의와 당시 『만주신문』에 연재하던 소설의 취재를 겸해서 1941년에 만주로 건너갔고 만철滿鐵 하얼빈 철로국의 구 러시아 예술연구회가 주최한 차이코프스키 가극 〈스페이드의 여왕〉을 리샹란과 함께 감상했다.[16] 그러나 이때 그가 『만주신문』에 연재한 장편소설 『장미소녀薔薇少女』는 등장인물의 대부분이 일본인이고 소설 설정도 다르고 이 작품의 원작으로 보기는 어렵다.[17] 다만 감독인 시마

---

14 山口淑子・藤原作弥, 앞의 책, 245쪽; 山口淑子, 『「李香蘭」を生きて』, 日本経済新聞出版社, 2004, 88쪽.

15 岩野裕一, 앞의 글, 83쪽.

16 岩野裕一, 『王道樂土の交響樂－滿洲・知られざる音樂史』, 音樂の友社, 1999, 283쪽; 岩野裕一, 앞의 글, 82쪽.

17 『만주신문』은 당시 만주국의 신징(新京)에서 나온 일본어 일간 신문인데, 오사라기 지로大佛次郎의 장편소설 『장미소녀』는 일본 국립국회도서관과 나고야대학名古屋大學 중앙도서관이 소장하는 마이크로필름이나 축쇄판으로 1942년 12월 1일자 제117회 연재분부터 1943년 2월 2일자 제163회(완결) 연재분까지 확인할 수 있다. 날짜로 계산하면 이 장편소설의 연재는 1941년 8월 무렵부터 시작된 것 같은데, 그 기간은 신문이 현존하지 않아서 확인할 수 없으므로 자세한 내용은 알 수 없다.

즈가 쓴 〈나의 꾀꼬리〉의 각본은 당시 활자로 발표된 것이 있기 때문에, 영화 〈나의 꾀꼬리〉가 어떤 구상을 가진 작품인지 그 전모를 많은 부분에서 확인할 수 있다.[18]

시마즈가 쓴 일본어 각본은 현장에서 바로 러시아어 등으로 번역된 것 같다.[19] 만영의 이케다 도쿠池田督와 중국인 리유시李雨時는 이때 시마즈 밑에서 조감독을 맡았는데, 리유시는 러시아어, 일본어, 중국어에 능통했고, 그 외에 러시아인 전문 통역자도 영화 촬영에 합류했다.[20] 그리고 작품 중에서 리샹란이 부른 노래는 음반사인 콜롬비아

18 島津保次郎, 「私の鶯」, 『日本映畵』, 제8권 제6호, 大日本映畵協會, 1943.6. 이 잡지는 일본 ゆまに書房이 2003년에 간행한 그 잡지의 영인본으로 비교적 쉽게 확인할 수 있다. 오사라기 지로 기념관大佛次郎記念館(神奈川縣 横浜市 소재)이 소장하는 영화 대본 〈나의 꾀꼬리〉도 시마즈가 『日本映畵』지에 써서 발표한 이 시나리오이다. 같은 호의 목차에 시나리오 저자로 시마즈의 이름이 나와 있는데, 시나리오 서두에는 "원작 오사라기 지로大佛次郎"라고 적혀 있다. 그리고 『ミュージカル』, 10호(月刊ミュージカル社, 1984.12)에 게재된 이 영화의 시나리오는 필름의 발견을 계기로 특집으로 게재된 것인데, 내용 자체는 1943년에 『日本映畵』지에 게재된 것과 동일한 것이다. 아마도 『日本映畵』지에 게재된 것을 그대로 옮긴 것으로 생각된다.

19 식민지시대의 조선 영화에서도 이렇게 일본어로 먼저 시나리오를 써서 그것이 조선어로 번역되어 제작·촬영된 것이 몇 가지 있다. 〈수업료〉(최인규, 방한준 감독, 1940)나 〈집 없는 천사〉(최인규 감독, 1941) 등이 바로 그것이다. 조선영화주식회사 도쿄 지사장이라는 직함도 있었던 야기 야스타로八木保太郎는 〈수업료〉의 시나리오 등을 쓴 다음에 그러한 경험이 평가되어 만주영화협회로 옮겨갔다(山口猛, 앞의 책, 204~207·255쪽. 『삼천리』, 1941.4, 14쪽에 "조선영화 주식회사 도쿄 지사장 야기 야스타로八木保太郎"의 인사 광고가 나와 있다). 다만 식민지 시대의 조선 영화는 만영 영화와 달리 그 후에 '국어 상용'의 이름 하에서 특히 검열 과정의 '합리화' 측면에서 배우들이 대사를 다 일본어로 말하게 된 것은 주지의 사실이다.

20 山口淑子·藤原作弥, 앞의 책, 247쪽. 그리고 이때 통역을 맡은 백계 러시아인의 알렉산드르가 소련의 스파이였던 것도 그 후에 알게 됐다고 한다. 당시 만영에서 음악을 담당하고 있었던 다케우치 린지竹内林次가 1945년 이후 시베리아 억류 중에 헌병 옷을 입은 그가 일본인 포로 조사관으로 나왔는데, 그 옛날 리샹란의 주변 상황을 몰래 살피고 있었다고 고백했다고 한다. 그리고 관동군 정보본부의 특무기관도 이 영화의 출연자에 관해서 조사하고 있었다. 이 영화 〈나의 꾀꼬리〉는 만주국의 국책기관 만주영화협회가 제작한 작품이었는데, 소련이나 관동군의 첩보활동의 대상이기도 했던 것이다. 山口淑子·藤原作弥, 앞의 책, 251~252쪽.

〈그림 2〉 러시아인 출연자들

① 그레고리 사야핀
(양아버지 드미트리)

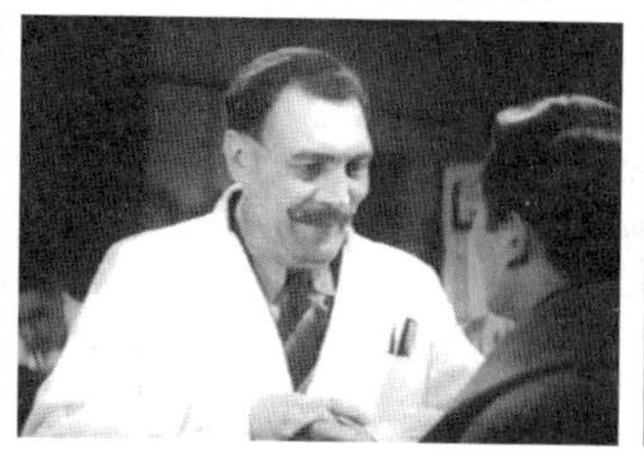

② 와시리 톰스키
(라즈모후스키 백작)

③ 니나 엔겔하트
(미르루스카야 부인)

전속 작곡가로 이미 당시 수많은 영화 음악을 맡은 바 있던 작곡가 핫토리 료이치服部良一가 편곡과 작곡을 맡았는데, 작사 및 작곡이 미상으로 알려진 〈페르시아의 새〉는 당시의 러시아 가요를 핫토리가 편곡한 것으로 생각된다. 〈새로운 밤〉과 〈나의 꾀꼬리〉의 작사자는 사토 하치로サトウハチロー로 핫토리는 이 곡의 작곡자였다.[21] 물론 이들 노래는 영화 안에서 모두 리샹란이 러시아어로 부르고 있다. 〈새로운 밤〉과 〈나의 꾀꼬리〉 두 곡은 원래 일본어 가사를 러시아어로 번역해서 부른 것으로 생각된다. 양아버지 드미트리 역의 그레고리 사야핀은 당시 세계적인 바리톤 가수로 하얼빈 사야핀 가극단의 주재자였고, 드미트리를 지원하는 미르스카야 부인 역의 니나 엔겔하트는 하얼빈 엔겔하트 가극단 단장, 그리고 작품 중에서 중요한 역할을 맡은 라즈모프스키 백작 역의 와시리 톰스키 역시 하얼빈 톰스키 극단의 단장이었으며, 작중에서 오페라 곡의 지휘를 맡고 있는 것은 하얼빈 교향악단의 지휘자 세르게이 슈바이코프스키였다(그림 2).

---

21 藤原作弥, 「歌手・李香蘭」, 李香蘭, 『私の鶯』(음악 CD), コロムビア, 1989, 해설 책자, 6쪽.

출연하는 러시아인들도 당시 만주의 러시아인 커뮤니티뿐만 아니라 내외에 이름이 알려진 가수나 배우, 음악가들이었기 때문에, 만주 오케스트라 역사나 오페라 역사를 거론하는 데에도 지극히 중요한 의미를 가지는 작품이다.[22]

3. 작품의 비공개 조치 및 1980년대의 필름 발견과 공개에 대해서

영화 〈나의 꾀꼬리〉는 그 완성이 1943년부터 1944년으로 늦어졌는데, 도호東寶와 만영은 1943년 단계에서 사전에 영화 공개를 위한 선전도 했던 모양이다. 일본어 시나리오가 1943년 6월에 발표된 것은 앞에서 언급했는데, 『週刊朝日』 1943년 8월 15일호에는 영화의 선전 광고도 게재되었다(그림 3).

그리고 하얼빈의 러시아어 잡지 『Rubezh(Border) 9』, March, 1943에서도 〈Koroleva pesni Kharbina(The Singing Queen of Harbin)〉라는 영화가 머지않아 완성되어 공개된다고 하면서 그 줄거리를 소개했다고 한다.[23] 그런데 결국 〈나의 꾀꼬리〉의 일반 공개는 이때 연기되었다. 야마구치의 회상에 따르면 당시 오페라는 '적성음악'이며,[24] 관동군關東軍

22 山口淑子・藤原作弥, 앞의 책, 247쪽; 岩野裕一, 『王道樂土の交響樂』, 앞의 책, 282쪽.
23 Thomas Lahusen, "Dr. Fu Manchu in Harbin : Cinema and Moviegoers of the 1930s", Thomas Lahusen ed., *Harbin and Manchuria : Place, Space and Identity*, The South Atlantic Quarterly, 99 : 1, Winter 2000, Duke University Press, p.157.
24 山口淑子, 『「李香蘭」を生きて』, 日本経済新聞出版社, 2004, 88쪽.

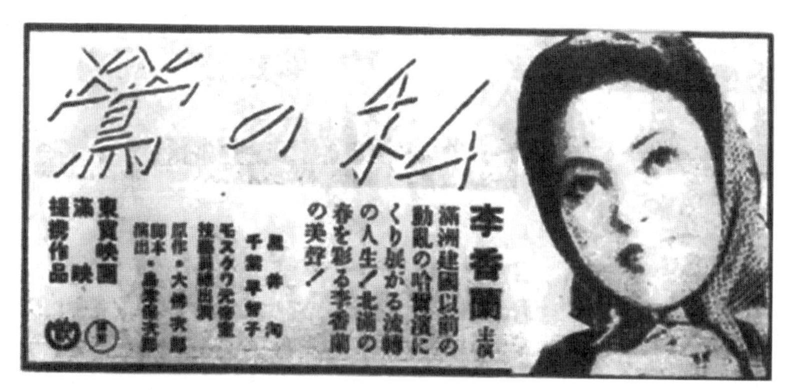

〈그림 3〉 영화 〈나의 꾀꼬리〉의 광고(『週刊朝日』, 1943년 8월 15일자)

보도부가 "만주국 사람에게 보여줘야 할 계몽의 가치나 오락 가치가 없고 국책에 어울리지 않다"고 판단했고, 또 제작 측의 도호東寶도 전의 고양 영화는 아니라서 일본에서 공개한다고 하더라도 내무성內務省의 검열을 통과시키기는 어려울 거라고 판단했기 때문일 것이라고 한다.[25]

지금까지 이 영화의 공개 연기에 대해서는 대체로 야마구치의 이러한 회상을 인용하면서 관동군에 의한 검열과 도호의 자진 유보를 이유로 드는 의견이 주류를 이루고 있었다. 공개 연기의 이유는 대체로 그러한 경위에 따른 것이었을 것이다. 다만 몬마 다카시門間貴志가 지적하듯이 러시아의 음악은 당시 적성음악이었는지, 그리고 만영이 이 만큼의 비용과 시간, 노동력을 투입해서 제작한 대작이라면 아마카스甘粕 이사장도 기획 단계에서 각 방면에 섭외했을 텐데, 그럼에도 공개가 연

25 山口淑子・藤原作弥, 앞의 책, 253쪽. 그리고 야마구치는 영화 작품 중에는 항일세력의 공격으로 고립된 하얼빈의 일본인을 일본군이 구출하러 오는 장면이 있는데, 이렇게 일본군을 영웅적으로 그린 것도 이와사키나 시마즈가 검열을 의식했기 때문이라고 하고, 이러한 고생의 흔적을 확인할 수 있다고 회상하고 있다. 山口淑子, 『「李香蘭」を生きて』, 日本経済新聞出版社, 2004, 90쪽.

기되었다는 것은 아마카스도 납득할 만한 군사적 이유가 있었을 것이라고 추측된다는 점은 검토할 여지가 있다.[26] 몬마는 그리고 그 이유에 대해서 이 영화가 백계 러시아인을 우대하고 반-소련의 메시지를 담고 있기 때문에, 일본과 당시 중립 조약을 맺고 있었던 소련을 자극할 수도 있다고 관동군이 판단했기 때문이라고 한다.[27] 이 점에 대해서 이와노 유우이치岩野裕一는 영화 완성의 지연에 의한 시국의 변화가 비공개에 영향을 줬을 것이라고 한다. 작품은 당초 1942년 8월에 완성 예정이었던 것이 1942년 11월 초순으로 연기되었고, 다시 한 번 최종적으로 1944년 3월에 완성되기에 이르렀는데, 1944년 2월 25일에 발표된 내각회의 결정 「결전 비상조치 요강決戰非常措置要綱」 및 1944년 3월 20일에 발표된 「결전 비상조치에 따른 흥행쇄신실시요강決戰非常措置ニ基ク興行刷新實施要綱」이 작품 비공개에 결정적인 이유가 되었다는 것이 이와노의 지적이다. 이들의 요강에서 교향악단의 회원제, 개인 연주와 노래 공연 금지, 그리고 4월부터는 1시간 40분을 넘는 영화 상영도 금지되었다.[28] 영화법의 제정(1939)과 그 후의 영화계의 재편은 사상을 비롯한 국민 생활 전반을 통제하는 것이었는데, 영화 생필름의 원료가 폭약 원료가 되기도 해서 영화 상영은 군의 직접적인 물자 통제의 대상이 되기도 했다.[29] 〈나의 꾀꼬리〉는 당초 2시간의 대작으로 제작되었기 때문

---

26 門間貴志, 「岩崎昶の神話－『私の鶯』への道」, 四方田犬彦・晏妮編, 『ポスト滿洲映畵論－日中映畵往還』, 人文書院, 2010, 35~36쪽.

27 門間貴志, 위의 글, 36쪽.

28 岩野裕一, 앞의 책, 287쪽. 古川隆久, 『戰時下の日本映畵－人々は國策映畵を觀たか』, 吉川弘文館, 2003, 201~210쪽. 두 가지 요강에 대해서는 東京國立近代美術館フィルムセンター 監修, 『戰時下映畵資料－映畵年鑑・昭和18・19・20年』(미간행 원고집), 日本図書センター, 2006, 제1권, 269~280쪽 및 제4권, 188~193쪽 참조.

에, 상영 시간의 제한과 내용상의 제약으로 인하여 당시 만영 이사장인 아마카스도 승낙하지 않을 수 없는, 영화의 비공개 결정에 이어지는 요인이 됐다고 생각된다.

〈그림 4〉 〈나의 꾀꼬리〉가 상영된 광고. 상단 중간에 "李香蘭主演「哈爾濱歌女」"로, 하단 우측에는 "大光明大戲院「李香蘭歌唱會」"로 나와 있다.[30]

이렇게 일본 본토나 만주에서는 영화 〈나의 꾀꼬리〉의 공개가 연기되었으나, 태평양전쟁 종전 직전에 상하이에서 공개되었던 기록은 남아 있다. 1945년 6월말에 리샹란이 핫토리 료이치가 지휘하는 상하이 교향악단의 공연을 개최했을 때, 같은 시기에 같은 상하이에 있는 극장에서 '하얼빈의 여가수哈爾濱歌女'라는 제목으로 공개된 것 같다(그림 4).

야마구치 자신은 이 작품을 1980년대에 필름이 발견됐을 때 처음 보았다고 한다.[31] 이 종전 직전의 상하이에서는 스스로가 공연을 열었던 기간에 같은 상하이에서 상영되었는데도, 이 영화를 이때 감상하지 못했던 모양이다. 그리고 이 시기에 이미 리샹란은 만주영화협회를 퇴사

29 井上雅雄, 「大映研究序說－映畵臨戰体制と大映の設立」, 『立教経濟學研究』 64(3), 2011, 51~53쪽.

30 『申報』, 1945년 6월 23일. 岩野裕一, 앞의 책, 288면에서 재인용.

31 山口淑子・藤原作弥, 앞의 책, 253쪽.

하고 상하이의 공동 조계지에서 중국 영화인들과 함께 영화를 제작하고 있었던 가와키타 나가마사川喜多長政에게 가 있었다.[32] 그러한 그가 만영 시대에 자신이 출연한 작품 공개에 얼마나 영향력을 행사할 수 있었는지는 미지수다. 아니면 상하이에 있는 중국인 영화인들 사이에서도 이름이 알려져 있었고 마지막까지 영화 공개에 노력했다는 이와사키 아키라岩崎昶가 어떤 영향력을 행사했을 가능성은 있는데, 모두 추측의 영역을 넘지 않는다.[33] 하여간 영화 〈나의 꾀꼬리〉는 적어도 일본의 패전과 만주국의 소멸 이전에는 그리 많은 관객을 얻을 수 없었던 채로 그 후에도 '환상의 뮤지컬 영화'로 기억되는 것에 머물렀고, 필름이 어디에 소장되어 있는지조차 잊혀지게 된 것이다.

영화 〈나의 꾀꼬리〉의 필름은 그 후에 오랫동안 소재도 모르는 상태였는데, 1984년 12월에 오사카大阪의 플라넷 영화자료관이 이 영화의 필름을 발견했다. 제목은 『운명의 가희運命の歌姫』로 변경되어 있었고 시간도 70분으로 단축된 필름이었는데, 1986년 6월에는 하얼빈학원 동창회 주최로 도쿄에서 두 번 일반에 공개되었다. 주연을 맡은 야마구치도 이때 처음으로 이 영화의 전체를 보았다고 한다. 에피소드로 남아 있는, 시마즈 감독이 이 영화를 제작했을 때 남겼다는 "일본은 반드시 전쟁에 패배한다. 지기 전에 좋은 예술영화를 남겨 둬야 한다. 미

32 위의 책, 273~275쪽.

33 이와사키 아키라岩崎昶와 당시 중국과의 관계에 대해서는 佐藤忠男, 『キネマと砲聲－日中映畵前史』, 岩波書店(現代文庫), 2004(초판은 リブロポート, 1985) 제3장에 자세히 나와 있다. 여기서 사토는 당시 톈한田漢이나 뤼쉰魯迅이 일본어로 된 이와사키의 번역 소설이나 영화론을 읽었고, 중국 측의 초대로 1935년 봄에 일주일 동안 이와사키가 상하이를 여행한 것을 소개하고 있다. 이때 이와사키를 통역자로서 안내한 것이 조선의 영화감독 전창근이었다고 한다.

군이 일본을 점령했을 때 일본인은 전쟁 영화뿐만 아니라 서양에도 지지 않는 뛰어난 예술영화를 만들었다는 증거를 남겨 두기 위해서"라는 말은, 조감독 이케다가 기억하고 있던 이야기를 이때 야마구치에게 오랜만에 재회하여 전한 것이다.[34]

이 작품의 조감독이었던 이케다도 이때 40년 만에 이 영화를 보았다고 하는데,[35] 영화평론가인 사토 다다오佐藤忠男는 1984년에 발견됐을 때에 본 필름의 특징에 대해서 "전후에 이 필름을 이용한 사람들이 중국이나 소련을 배려해서 작품을 많이 단축했을 것이다"라고 전하고 있다.[36] 사토가 말하듯이 1945년 이후에 이 작품을 공개하려고 한 흔적은 몇 군데에서 확인할 수 있다. 제작사인 도호는 1946년부터 48년의 3년 동안 3차에 걸쳐서 아주 큰 노동 쟁의가 있었다. 이때 도호는 새로 내놓을 만한 작품을 보충하기 위해서 전쟁 말기에 미공개가 된 작품을 이용하여 GHQ 검열에 통과한 것을 공개했다. 1945년 일본 패전 직전에 완성된 구로사와 아키라黑澤明 감독의 〈호랑이 꼬리를 밟는 남자들虎の尾を踏む男達〉(1952)은 그렇게 공개된 작품이다. 〈나의 꾀꼬리〉에 대해서도 같은 시도가 이루어졌는데, GHQ에서는 영화의 국적문제, 즉, 만주

---

34 이상, 필름 재발견의 경위에 대해서는 모두 山口淑子・藤原作弥, 앞의 책, 253~254쪽 참조.

35 池田督, 「幻の映畵『私の鶯』への私の郷愁」, 『ミュージカル』 11호, 月刊ミュージカル社, 1985.1, 22쪽. 그리고 이 작품의 촬영 담당이었던 후쿠시마 히로시福島宏의 여동생인 기시 후미코岸富美子는 당시 만영 근무 시절에 편집 작업에서 이 영화를 봤다고 한다. 岸富美子(인터뷰), 『はばたく映畵人生－滿映・東影・日本映畵』, せらび書房, 2010, 67쪽. 기시는 일본 패전 후에도 중국・창춘에 머무르면서 새 중국 초창기의 대표적 영화 〈바이마오뉘白毛女〉(1950)나 폭격으로 촬영소를 사용하지 못하게 된 북한의 종군 영화 등의 편집에도 관여한 인물이다. 門間貴志, 『朝鮮民主主義人民共和國映畵史－建國から現在までの全記錄』, 現代書館, 2012, 39・43・51쪽.

36 佐藤忠男, 앞의 책, 276쪽.

영화협회의 영화작품은 도호의 순수한 소유물이 아니라는 점이 문제가 되면서 상영도 허가되지 않았다.[37] 그 후 위에서 말했듯이 1984년에 70분판의 필름이 발견되었고, 그리고 도호의 창고에서도 별도로 101분판 필름이 발견되었다. 현재 VHS로 제작된 일본 영화걸작전집 〈나의 꾀꼬리〉(99분 흑백 / TND1664 / 도호, 2003)는 이 101분판을 바탕으로 하고 있고, 이때에 다시 가로쓰기 일본어자막이 삽입된 것으로 보인다.[38]

원래 제작된 두 시간(120분) 판의 필름의 내용은 뒤에 발견된 70분판 필름이나 101분판 필름의 내용과 어떤 관계에 있을까? 120분판 필름이 현존하지 않으므로 자세히 확인할 수 없지만, 도호의 창고에서 발견되었다는 필름의 시간이 101분이라는 점이 앞에서 언급한 「결전 비상조치 요강」(1944)이 정하는 영화 상영 시간 1시간 40분(100분)과 미묘하게 부합되는 것은 흥미롭다. 1944년 단계에서 이 영화가 비공개 조치가 된 이후에도, 이와사키나 다른 관계자들이 개봉을 위해서 하고 있었던 '노력'도, 이 조치에 맞춘 필름 단축과 관계가 있을지도 모른다. 시마즈 감독은 1945년에 세상을 떠났는데(이와사키는 1981년 작고), 필름이 120분에서 101분으로 단축되는 과정은 시마즈도 지켜보고 있었을

---

37 西久保三夫, 「幻のミュージカル映畫『私の鶯』を追跡する」, 『ミュージカル』 11호, 月刊ミュージカル社, 1985. 1, 25쪽.

38 門間貴志, 앞의 글, 37쪽. 그리고 몬마는 이 작품에 원래 자막이 없었다는 전제 하에 작품을 자막판으로 할지 녹취판으로 할지 1944년에 완성됐을 때에는 결정되어 있지 않았다고 추측하고 있다. 그런데 영화는 녹취판이 만들어질 예정이었다고 하더라도, 작품 중에서 확인할 수 있는, 오프닝 타이틀백이나, 3년 혹은 15년의 세월이 지난 것을 전하는 자막, 만주사변의 발발, 만주국의 건국을 전하는 자막 등이 모두 다 일본어로 된 것을 고려하면, 그 녹취판도 러시아어나 중국어가 아니라 일본어로 제작될 예정이었을 것이다. 그런데 VHS판 제작 시에 첨가됐다고 여겨지는 가로쓰기 일본어 자막의 문체가 역사적 가나 사용법을 따르고 있는 것으로 보아, 아마도 1944년에 완성된 당시부터 일본어 자막이 적어도 원고 상태로는 이미 존재했을 것이라고 생각된다.

가능성이 있다. 그리고 1945년 이후에 GHQ가 검열하는데 한 번 더 필름 단축이 이루어진 결과가 70분 필름의 존재가 아닐까? 모든 것은 추측의 영역을 넘지 않는데 우선 위와 같이 정리해 볼 수 있을 것이다.

4. 여배우 리샹란의 역할과 만주 러시아인 커뮤니티

오족협화를 표방한 만주국의 국책기관 만주영화협회에서 일본어나 중국어를 비롯하여 수개국어를 자유롭게 구사하는 여배우 리샹란의 입사와 인기 상승은 단지 유능한 배우가 입사했다는 차원을 넘어서 만영의 영화 제작에 다양한 영향을 끼쳤다. M. 바스켓도 말하듯이,[39] 리샹란이 대일본제국 전체 관객에게 호소하는 것은 단순히 '중국인' 여배우라는 차원을 넘어서, 다른 아시아계 민족의 의상을 자유롭게 갈아입고 말도 구사하는 카멜레온과 같은 능력에 의한 것이었다. 대일본제국의 다양한 민족과 문화가 어떤 하나의 신체적 대상 — 즉 리샹란에 의해 하나로 묶여 있었던 것이다. 문화적인 동화의 표상으로서 또한 '친선대사'로서, 그는 이들 모두의 국적을 만주국이라는 모호한 장소에 불러들였다. 그의 존재 바로 그것이 민족적 언어적 차이를 제거하고 아시아 민족 모두의 '연대'를 실제로도 비유적으로도 시사하고 있었다. 대일본제국이나 만주국의 민족 간의 차이가 심각할수록 관객들

39 マイケル・バスケット, 「日満親善を求めて」, 玉野井麻利子 編(山本武利 監譯), 『満洲ー交錯する歴史』, 藤原書店, 2008(원저는 Mariko Asano Tamanoi ed., *Crossed Histories : Manchuria in the Age of Empire*, University of Hawaii Press, 2005), 215~216쪽.

〈그림 5〉 "民族協和－李香蘭之変化"－여러 민족 의상을 입은 리샹란[40]

은 그러한 리샹란이라는 메타포에 열광한 것이다(그림 5).

영화 〈나의 꾀꼬리〉는 대사의 대부분이 러시아어였는데, 미리코滿里子 역을 맡은 리샹란이 작품 중에서 러시아어를 비롯해서 수개국어를 한 자리에서 구사하는 장면이 있다. 길거리에서 꽃을 파는 마리코는 우선 음악학교 친구 아랴를 만나서 근황을 러시아어로 주고받는데, 다음 장면에서 중국인 순경과 꽃을 파는 것을 둘러싸고 말다툼이 일어나자 마리코도 중국어로 반발한다. 그리고 다음 장면에서 중국인 순경과의 말싸움을 중재하는 일본인 화가 우에노上野와의 대화는 일본어로 이루어진다. 그 이후에 우에노와 일본어로 회화가 계속 이어지는 것으로 이 작품을 일본어로 보는 관객들은 마치 자신들이 마리코와 우에노

40 『滿洲映畫』康德7(1940)년 4월호 / 井啓介監修, 『滿洲映畫』 7 (1940.4-1940.6), ゆまに書房, 2013, 32～33면.

〈그림 6〉 꽃을 팔면서 3개국어를 구사하는 마리코(리샹란)

① 음악학교 친구와 러시아어로 대화

② 중국인 순경과 중국어로 말다툼

③ 일본인 화가 우에노와 만나서 일본어로 대화

의 대화 공간 속에 있다는 착각을 하게 된다(그림 6).

이 작품의 주인공인 일본인 소녀 마리코를 연기하는 데, 리샹란 = 야마구치는 자신이 어릴 때 봉천奉天에서 살았을 때 친하게 사귀었던 유대계 러시아인 친구 류바를 모델로 삼았다. 일본어가 유창한 유대계 러시아인이라는 그의 내력과 환경은 주인공 마리코와 매우 흡사했다. 몸짓이나 동작, 행동 양식에서 정신성에 이르기까지 류바 스타일로 연기하면서 리샹란은 이 작품에서 주인공 마리코의 배역을 열심히 맡아서 연기했다.[41] 이 영화를 촬영했을 때 리샹란은 류바와 헤어진 지 상당한 세월이 흐른 상태였다. 실제로 그가 류바와 다시 만난 것은 1945년 6월에 리샹란이 상하이에서 공연했을 때였다. 이때의 재회는 10수년 만이었는데, 류바는 리샹란에게 봉천에서 갑자기 모습을 감춘 것을, 아버지가 볼셰비키(적계(赤系))였던 것이 관동군에 발각되는 것을 피하기 위해서였다고 고백하고 있다. 이때 류바는 상하이에서 소련 영사관의 비서였다.[42] 그리고 일본의

41 山口淑子・藤原作弥, 앞의 책, 248쪽.
42 위의 책, 292~297쪽.

패전 후 리샹란이 한간漢奸 재판의 피고로 몰리게 됐을 때 리샹란 = 야마구치 요시코의 일본 호적 등본을 입수해서 관련 기관에 제출하여 그가 일본인이라는 것을 증명한 것도 류바였다.[43] 리샹란은 이 유대계 러시아인인 소련 상하이 영사관 비서의 분주로 아슬아슬하게 목숨을 건진 것이다. 리샹란이 야마구치 요시코로서 1945년 이후에 일본에서 여배우나 텔레비전 사회자, 국회의원으로 활약했고, 류바와 다시 만나는 것은 1998년이었다. NHK텔레비전 특집 〈리샹란, 머나먼 여정李香蘭、遙かなる旅路〉에서 러시아의 예카테린부르크Yekaterinburg에서 사는 류바를 찾아간 것이다. 이것은 야마구치가 1945년에 상하이에서 류바 덕분에 목숨을 건져서 일본에 귀국한 지 53년 만의 일이었다.[44]

봉천에서 생활하고 있었던 적계 아버지를 가진 유대계 러시아인 류바가 상하이로 이동하거나, 리샹란이 하얼빈에서 러시아인 커뮤니티를 배경으로 한 영화에 출연한 것처럼, 중국의 대도시, 특히 상하이나 동북지방東北地方의 도시에서 러시아인들은 일대 생활권을 형성하고 있었다. 예를 들면, 중화민국 성립 직후인 1912년, 쑨원孫文은 중국의 영토 보전에 대해서 연설하면서 '동삼성東三省'(현재 동북 삼성)은 중국의 완전한 영토가 아니라 일본과 러시아가 주권을 행사하고 있고, 그 중요한 이유로 러시아에는 동청철도東清鐵道가, 일본에는 남만주철도南滿洲鐵道가 있음을 지적하고 있다. 철도가 부설되는 지역은 일종의 식민지와 같이 주권을 행사할 수 있었다.[45] 그리고 1929년부터 30년에 걸쳐서 중국 동북지방을 여행하고

43 위의 책, 318~338쪽.

44 山口淑子, 『「李香蘭」を生きて』, 日本経済新聞出版社, 2004, 178~183쪽.

45 孫文, 「新聞界は借款による鐵道敷設を提唱すべきだ」(1912.9), 孫文(深町英夫 編譯), 『孫

1932년에 『만주—갈등의 요람*Manchuria : Cradle of Conflict*』(Owen Lattimore, New York, Macmillan, 1932)을 쓴 오웬 라티모어도, 중국의 동북지역을 중국문명, 러시아 문명, 서양문명이 각축하고 이들의 존재가 만주민족이나 몽골민족의 존재를 덮어 숨기고 있다고 썼다(여기서 라티모어가 러시아 문명을 서양문명과 다른 것으로 다루면서 당시 그곳에서 서양문명을 담당하고 있는 게 일본이라고 한 점도 흥미롭다).[46] 이후에 태평양전쟁 중에 장제스蔣介石의 개인 고문이 된 미국인 중국학자도 동북지방이 중화민국의 주권이 미치는 영토이면서 다양한 나라나 민족이 각축하고 있는 장소로 인정하고 있다.

당시 중국의 상하이 이외에 동북지역(1930년대는 만주국)에서 러시아인 인구를 많이 가지고 있었던 곳은 하얼빈이었다. 1898년에 러시아제국이 시베리아철도의 블라디보스토크까지의 지름길로 동청철도를 부설했을 때, 내륙 교통의 중요 하천이었던 송화강松花江(러시아명은 Sungari) 부근에 형성된 이 도시는, 그곳에서 다롄大連이나 뤼순旅順까지 남쪽으로 이어지는 남만주철도와 만남으로써 말 그대로 중국 동북부 교통의 요충으로 발달했다.[47] 그리고 당시 러시아에는 러시아가 18세기 후반

文革命論集』, 岩波書店(文庫), 2011, 163~164쪽.

46 玉野井麻利子, 「滿洲—交錯する歷史」, 玉野井麻利子 編, 앞의 책, 23~24쪽.

47 1909년 10월에 하얼빈 역전에서 안중근에게 암살된 이토 히로부미伊藤博文는 일본이 관리하는 남만주철도南滿洲鐵道를 따라 다롄大連에서 창춘長春까지 가서, 거기서 러시아가 관리하는 동청철도東淸鐵道로 갈아타서 하얼빈 역까지 갔다. 안중근은 블라디보스토크로 간 다음에 동청철도로 서쪽으로 가서 하얼빈에 들어갔고, 하얼빈 역에서 암살을 실행했다. 이토의 유해는 자신이 온 경로를 다시 되돌아가는 식으로 다롄까지 열차로 옮겨져 거기에서 배로 요코하마橫浜까지 송환되었다. 암살을 달성한 안중근도 같은 철도를 타고 다롄 교외에 일본의 치외법권이 미치는 뤼순旅順 감옥으로 호송되어 거기서 처형되었다. ディビッド・ウルフ(半谷史郞 譯), 『ハルビン驛へ—日露中・交錯するロシア滿洲の近代史』, 講談社, 2014(원저는 David Wolff, *To the Harbin Station : The Liberal Alternative in Russian Manchuria, 1898~1914*, Stanford University Press, 1999), 60~64쪽. 같은 책 같은 부분에 의하면 안중근에게는 세 명의 공범자가 있었다고 나오는데, 자세한 사정은 불분명하다.

부터 우크라이나, 리투아니아, 폴란드를 병합함으로써, 많은 우크라이나인, 리투아니아인, 폴란드인이 거주했는데, 거기에 거주하고 있었던 유대인들도 러시아 제국을 구성하는 민족 중의 하나가 되었다. 유대인은 시베리아 이민이 금지되어 있었는데, 19세기 후반에 일어난 반-유대주의로 인한 유대인 학살Pogrom에 의해 피난을 가는 유대인들은 다른 장소로 이주할 수밖에 없었다. 특히 1881년의 학살 사건 이후에 황제 니콜라이 2세가 유대인 추방을 위해 멀리 만주 땅에 간 유대인에게는 신앙의 자유를 허용했기 때문에, 많은 유대인들이 박해에서 벗어나 유대교 신앙을 지키기 위해 하얼빈으로 떠났다.[48] 그리고 폴란드인들도 1795년에 러시아, 프로이센, 오스트리아가 분할되어 나라를 상실했고, 러시아 제국 공민으로서 하얼빈으로 갔다. 러시아 혁명 다음해인 1918년에 폴란드공화국이 독립했을 때, 하얼빈에 거주하는 많은 폴란드인들이 고국에 귀국했는데, 역시 적지 않은 폴란드인이 하얼빈에 남게 되었다. 하얼빈에 가톨릭 성당이 많은 것은 그들 폴란드인이 생활하고 있었기 때문이다.[49] 이 폴란드인이나 우크라이나인들은 동청철도의 기술자나 노동자로서 하얼빈에 이주해 왔다. 그것 이외에 타타르인들도 모피 상인으로서 하얼빈에 거주했다.[50]

---

48 岩野裕一, 앞의 글, 83~86쪽.

49 トーマス・ラウーゼン, 「支配された植民者たち－滿洲のポーランド人」, 玉野井麻利子 編, 앞의 책, 253~254쪽. 예를 들면 1937년에 하얼빈에서 세상을 떠난 폴란드 민족주의자 가지메슈 구로호프스키는 1928년에 하얼빈에서 간행된 저서 『극동의 폴란드인』에서 독립한 신생 폴란드는 독일을 모델로 해서 바르샤바에 식민협회를 만들고 극동과 교류하면서 식민지를 가져야 한다고 주장할 정도였다. トーマス・ラウーゼン, 앞의 글, 254~258쪽.

50 麻田雅文, 『中東鐵道経營史－ロシアと「滿洲」, 1896~1935』, 名古屋大學出版會, 2012, 256~259쪽.

〈표 1〉에서도 볼 수 있듯이 하얼빈 거주 인구의 민족 구성 중에서, 러시아인은 러시아 혁명 이후에 구성이 세분화되고 있다.

〈표 1〉 하얼빈 거주 인구의 민족 구성

조사 연도	1913	1931~32
하얼빈 전 인구	88549 (100)	173283 (100)
러시아인	34313 (38)	65670 (38)
그 중 망명 러시아인 소련 시민 중국 국적 망명 러시아인	 —— —— ——	 20044 (17) 28833 (17) 6793 (4)
중국인	23537 (27)	10316 (6)
유대인	5032 (6)	——
폴란드인	2556 (3)	——
일본인	696 (0.8)	2538 (1.5)
조선인	——	823 (0.5)
독일인	564 (0.6)	——
타타르인	234 (0.3)	——
기타	——	2346 (1.4)

(단위 : 명 / 괄호 안의 숫자는 % / —— 는 통계가 없음)
[출전] 1913년은 中嶋毅, 「ハルビンの在外ロシア教育機關とロシア人社會」, 塩川・小松・沼野 編, 『ユーラシア世界(2)——ディアスポラ論』, 東京大學出版會, 2012, 80면. 1931-35년은 生田美智子, 「ハルビンの白系露人事務總局の活動」, 阪本秀昭 編, 『滿洲におけるロシア人の社會と生活——日本人との接触と交流』, ミネルヴァ書房, 2013, 21쪽에 있는 통계를 각각 재인용해서 정리했다. 각 통계의 출처가 다르므로 민족 구성의 항목도 조금씩 다르다.

망명 러시아인은 소위 '백계白系 러시아인', 소련 시민은 '적계赤系'였는데, 어떤 시기 하얼빈에서는 백계와 적계가 섞여서 생활하고 있었다. 1917년 러시아 혁명으로 중국 동북지방에 거주하고 있었던 러시아인 사회는 '재외 러시아'로 본국에서 분리되었다. 혁명 후의 러시아

사회에서는 반-공산주의 세력이 모두 하얼빈으로 향했다. 이때 하얼빈의 러시아인은 소위 무국적자로 중화민국에 영사재판권이 있었다. 그런데 1924년에 중화민국은 소비에트연방과 국교를 정상화한다. 이때 소련 국적을 가진 러시아인이 주로 철도노동자로서 하얼빈에 유입되었다. 백계 러시아인들도 이때 반 정도가 소련 국적을 취득했다고 한다.[51] 그러나 1931년 9월에 만주사변이 발발하고 1932년 3월에 만주국이 성립되면서, 소련은 동청철도의 관리권을 점차 유지하기 어려워져, 결국 소련은 1935년에 동청철도를 만주국에 매각했다. 그것으로 소련 국적을 가진 철도노동자들은 소련 본국으로 귀국했고, 그 이후에 하얼빈의 러시아인 사회는 다시 백계가 중심이 된 것이다.[52]

---

51 이상의 경위 설명은 中嶋毅, 「ハルビンの在外ロシア教育機關とロシア人社會」, 塩川・小松・沼野 編, 『ユーラシア世界 (2)ーディアスポラ論』, 東京大學出版會, 2012, 81~82쪽을 참조.

52 中嶋毅, 앞의 글, 93~97쪽. 그 후 1945년 8월의 일본의 패전 및 만주국의 와해와 함께 만주에 거주하고 있었던 러시아인들은 점차 만주를 떠났다. 소련은 우선 중화민국 국민정부와 중소 우호동맹 조약을 맺었고, 하얼빈 거주의 망명 러시아인의 관리에 착수했고, 백계 러시아인 사무국도 폐쇄되었다. 이때 주요한 반소 투쟁 활동가들은 소련 당국에 의해 강제 노동 수용소에 송환되어 많은 하얼빈 주민이 소련의 첩보 기관에 체포되었다. 남게 된 망명 러시아인들은 소련 영사관의 관리 하에서 소련 인민이 되도록 교육받았다(生田美智子, 「日本統治下ハルビンにおける「二つのロシア」」, 『言語文化研究』 35, (大阪大學 大學院 言語文化硏究科, 2009), 195~196쪽). 그리고 1950년 2월에 소련은 중화인민공화국과 중소 우호동맹 상호원조 조약을 맺는다. 이때 러시아어로 된 모든 고등 교육기관은 실질적으로 기능이 정지되었고, 1952년 말까지 중국 창춘 철도도 소련에서 중국 측으로 이관되었다(中島剛, 앞의 글, 98쪽). 다만 소련 정부는 스탈린이 사망한 다음해인 1954년에 처녀지 개척에 가는 조건으로 망명 러시아인들의 조국귀환을 허용했다. 이때 대부분의 러시아인이 하얼빈을 떠났다. 소련에 귀국하지 않은 사람들은 '약속의 땅'을 향해서 제2차 망명을 떠났다(生田美智子, 앞의 글, 196쪽). 소련에서 중국으로 하얼빈의 주권이 옮겨감에 따라서 하얼빈에 거주하는 백인들의 입장은 약화되는데, 이때 UN이 구 만주 기타 아시아 지역에 머무르게 된 백인들의 곤경에 관심을 가졌고, 그 탈출을 조직하기 시작했다. 유대인에게는 이스라엘 행의 비자가 발급되었고, 무국적 러시아인들은 남미, 특히 브라질과 파라과이에서 받아들여졌다(ヤン・ソレッキー(北代美和子 譯), 「ユダヤ人、白系ロシア人にとっての滿洲」, 藤原書店編集部 編, 『滿洲とは何だったのか(新裝版)』, 藤原書店, 2006, 404~405쪽). 같은 시기에 하얼빈 거주 폴란드인들도 고국

〈그림 7〉 오페라 〈스페이드의 여왕〉의 한 장면

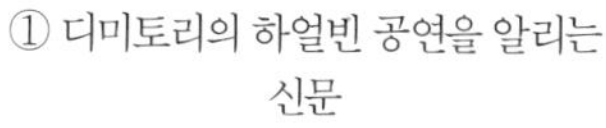
① 디미토리의 하얼빈 공연을 알리는 신문

② 무대에서 노래를 부르는 드미트리(가운데)

③ 객석에서 공연을 방해하는 볼셰비키

영화 〈나의 꾀꼬리〉는 혁명을 피해 온 러시아인 황실가극단의 단원들이 하얼빈 등에서 오페라 활동을 하면서 일본인들과 교섭하는 모습을 보여주고 있다. 그 가운데서 드미트리들 백계 러시아인들이 오페라 〈스페이드의 여왕〉 상연 중에 객석에 있는 볼셰비키(적계)가 귀족 취미 오페라 따위는 집어치우라고 일부러 큰 하품을 해서 오페라를 방해하는 장면이 있다(그림 7).

이러한 이야기도 위에서 본 중국 동북지역에서의 러시아인 커뮤니티 성립의 과정을 알아야 비로소 이해가 가능하다. 이렇게 러시아인이 일찍부터 정주한 도시인만큼 하얼빈은 중국의 역사에서도 상설영화관이 상당히 빠른 시기에 생겼다. 텐진天津에 1906년에, 상하이上海에는 1908년에 생긴 상설영화관이 하얼빈에서는 1905년 혹은 1906년에 개관됐다고 한다. 하얼빈의 영화관은 필름 입수 경로의 확보 문제나 관객 수의 변동(러시아인과 중국인들의 이동)이 크게 작용되면서 그 이

폴란드로 돌아갔고, 귀국하지 않은 사람들은 호주나 브라질, 이스라엘, 미국 등으로 떠났다(T・ラウーゼン, 앞의 글, 267~268쪽).

후 30년 동안 텐진이나 상하이보다도 부침이 심했다. 그런데 1931년의 통계에 따르면, 하얼빈의 영화관은 외국계가 9관(러시아계 4관, 프랑스계, 이탈리아계, 일본계 각 1관, 미국적 유대계 2관)과 중국계 14관을 합한 합계 23관으로, 인구 10만 명당의 영화관 수는 상하이의 2.86관인 데 비해서 하얼빈은 6.97관으로 압도적이었다고 한다.[53] 이렇게 많은 러시아계 영화관을 가진 하얼빈을 무대로 하여 수많은 저명 러시아인들을 등장시킨 영화 〈나의 꾀꼬리〉는 이들 영화관에 드나드는 하얼빈의 러시아인들도 관객으로 상정하여 제작되었다고 할 수 있을 것이다.

5. 시국성과 향수, 그리고 민족 / 젠더의 정치

여기에서 영화 〈나의 꾀꼬리〉의 내용과 구성상의 문제점에 대해서 살펴보도록 한다. 지금까지 이 영화에 관한 대부분의 연구에서 영화 내용을 언급할 때, 야마구치 요시코 자신의 회상을 인용하는 것으로 그것을 대신하고 있다. 여기서도 우선 그것을 마찬가지로 인용해 둔다.

> 1917년 러시아혁명으로 시베리아에서 만주로 망명해서 도주해 온 러시아 황실가극단의 백계 러시아인 오페라 가수들이 어떤 마을에서 일본 상사 지점장 스미다隅田(구로이슌黑井洵) 일가에게 구제된다. 그런데 그 마을도 전투에 말려들게 되면서, 오페라 가수들은 스미다 일가와 함께 마차를 타

53 白井啓介, 「『滿洲映畵』と上海映畵の距離－復刻版刊行にあたって」, 白井啓介 監修, 『滿洲映畵・1』(1937.12~1938.2)(복각), ゆまに書房, 2012, 권두 논문.

고 마을을 탈출하는데, 중간에 **스미다가 탄 마차가 낙오됐고**, 아내 (지바 사치코千葉早智子)와 어린 딸 마리코(리샹란), 다른 가수들을 태운 마차와 떨어져 버린다.

스미다는 중국 각지를 돌아다니면서 행방불명이 된 아내와 딸을 찾는데 찾지 못했고 15년이 지난다. 사실 **아내는 병으로 죽었고** 딸 마리코는 오페라 가수 드미트리(그레고리 사야핀)의 양녀가 되어 하얼빈에서 살고 있었던 것이다. 드미트리는 하얼빈 오페라 극장에서 노래를 부르면서 **마리야**에게 성악을 가르치고 있었다. 마리야도 러시아인 음악회에서 〈나의 꾀꼬리〉를 불러 호평을 받고 데뷔하는데, 때마침 만주사변이 발발해서 하얼빈 거리는 혼란에 빠진다. 소동은 일단락되었는데, 드미트리는 병으로 쓰러지고 실직해서 마리야가 나이트클럽에서 〈**검은 눈동자**〉 등을 불러서 가계를 유지한다. 그 마리야를 스미다의 친구 실업가(신도 에이타로進藤英太郎)가 찾아서 스미다에게 그 사실을 전하고 친아버지와 딸이 대면하게 되는데, 친아버지는 드미트리의 마음을 생각해서 자신에게 바로 돌아오라고 하지 않는다.

드미트리의 오페라 극장 복귀가 결정되었다. 마리야도 일본인 청년화가 우에노上野(마츠모토 미츠오松本光男)와 **만나서** 모든 사람에게 봄이 되돌아오는데, 드미트리는 화려한 무대에서 가극 〈파우스트〉 마지막 장면을 절창한 후에 쓰러져 버린다. **스미다나 우에노들과** 러시아인 묘지에 찾아간 마리코는 드미트리 무덤 앞에서 〈나의 꾀꼬리〉를 부르며 진심으로 명복을 비는 것이었다.(강조는 인용자)(그림 8)[54]

---

54 山口淑子・藤原作弥, 앞의 책, 246~247쪽.

〈그림 8〉 대단원의 장면들

① 나이트클럽에서 〈새로운 밤〉을 부르는 마리코

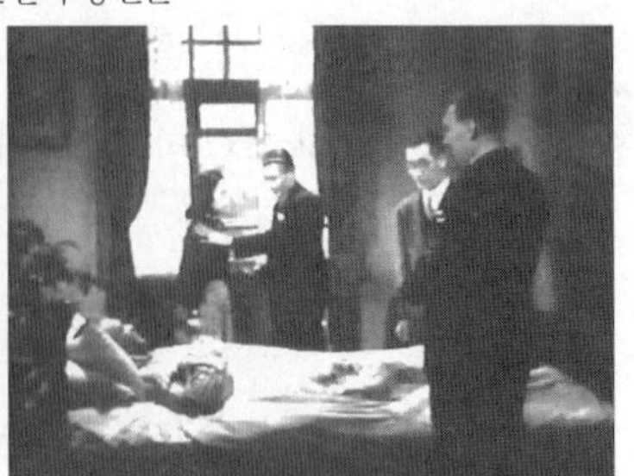

② 양아버지를 문병하러 온 친아버지를 만나서 망설이는 마리코

③ 오페라 〈파우스트〉 전경

④ 메피스토펠레스 역으로 노래를 절창하는 드미트리

⑤ 우즈벤스키 묘지

⑥ 세상을 떠난 아버지 무덤 앞에서 〈나의 꾀꼬리〉를 부르는 마리코

⑦ 묘비명 "위대한 예술가, 드미트리 이바노뷔치 파니니－편히 쉬라, 사랑하는 아버지여, 마리야"

위의 줄거리는 대체로 영화 내용을 그대로 소개하고 있다. 영화는 도처에 하얼빈 거리나 건물을 보여주면서 진행된다(그림 9).

〈그림 9〉 영화 〈나의 꾀꼬리〉에 나오는 하얼빈 거리의 풍경들

① 중앙사원

② 이베르스카야 사원

③ 기타이스카야 거리(가운데에 리샹란이 있다.)

④ 하얼빈역

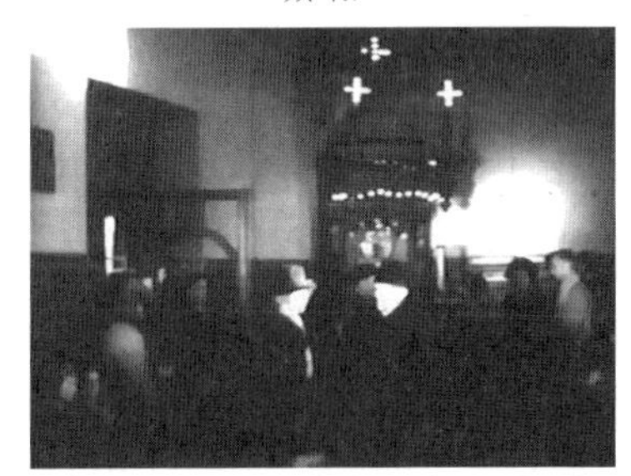

⑤ 하얼빈 역 구내에 있는 러시아정교의 간이 제단

⑥ 눈이 오는 성 소피아 대성당

인용문의 강조 부분은 야마구치 자신의 사실 오인이나 부연 설명이 필요한 부분인데,[55] 문제는 이것보다도 많은 연구자가 인용하고 참조하고 있는 야마구치 본인의 이 줄거리 소개가, 1980년대에 필름이 발견됐을 때 주연 배우였던 그도 처음 보았다는, 이 작품의 70분판의 필름의 내용에 근거해서 쓰였을 거라는 점이다. 앞에서 언급했듯이 이 작품에는 이것과는 별도로 제작사인 도호東寶의 창고에서 발견되었다는 101분판 필름도 있고, 1943년에 발표된 시마즈 감독의 시나리오도 있다. 완성된 당시에 약 2시간 = 120분쯤이었다는 이 영화의 필름(현존하지 않음)이 모두 시나리오대로 촬영되었다는 보장은 없는데, 이 시나리오를 보면 적어도 101분판의 필름에서도, 혹은 70분판 필름이 반영된 야마구치의 줄거리에서도 확인할 수 없는, 그러나 이 작품을 해석하는 데 지극히 중요한 부분이 포함되어 있다. 사토 다다오佐藤忠男는 120분이었던 영화가 70분으로 단축된 주요한 변경 지점에 대해서, ① 첫머리에서 백계 러시아인들이 적군에게 쫓겨서 만주로 도망가는 장면, ② 만주사변 때 하얼빈의 일본인들이 농성하고 일본군에게 구출되

---

55 그다지 큰 오인은 아닌데 이하에서 수정한다. 스미다隅田는 타고 있었던 마차가 낙오된 게 아니라 발에 총탄을 맞아서 타고 있었던 말에서 떨어져 낙오됐다. 그리고 스미다의 아내가 병사한 것인지 아닌지는 적어도 필름에서는 밝혀지지 않았고, 단지 드미트리의 입에서 죽었다고 전해졌을 뿐이다. 마리야라는 이름은 마리코의 러시아명으로 미르스카야 부인이 나 몰래 그를 그렇게 부른 것을 양아버지인 드미트리가 마음에 들어서 사용하게 되었다. 그리고 마리야가 필름에서 나이트클럽에서 노래를 부른 것은 러시아 가요 〈검은 눈동자〉가 아니라 사토 하치로サトウ・ハチロー 작사, 핫토리 료이치服部良一 작곡의 〈새로운 밤〉이었으며(다만 러시아어로 불렀음), 마지막의 성묘 장면은 필름에서는 마리코가 혼자 아버지 무덤 앞에서 〈나의 꾀꼬리〉를 부르는 장면이 확인될 뿐이다. 몬마 다카시門間貴志는 많은 선행 연구자가 인용하는 야마구치의 줄거리의 이러한 잘못을 수정하면서 야마구치가 언급한 범위에 한해서 필요한 부분을 수정 / 보완했고, 새롭게 작품의 줄거리를 정리하고 있다(門間貴志, 앞의 글, 31~32쪽).

는 장면, ③ 리샹란이 일본인 청년화가를 만나서 연애하는 이야기 — 라고 지적하고 있는데,[56] 여기에서 사토가 지적하는 점을 주요한 부분에 한해서 더욱 상세하고 구체적으로 검토해 보도록 한다.

1) 백계 러시아인들이 적군에 쫓겨서 만주로 도망가는 장면의 대폭 삭제

시나리오에 있는 서두 부분, 즉 백계 러시아인들이 적군에 쫓겨서 만주로 도망가는 장면은 적어도 101분판 필름에서는 대부분 생략되었다. 이 부분은 시나리오 페이지수로 50페이지 중의 6페이지 정도로 상당한 분량이다. 101분판에서는 시나리오에 있는 이 부분을 생략했기 때문에 타이틀백이 나온 후에 이 부분을 설명하는 자막을 내놓고 그것을 회상 장면으로 단축해 삽입하고 있는 것으로 보인다.

드미트리들 황실가극단의 성악가 일행들은 시베리아 설원에서 적계 군대에 쫓겨서 국경을 넘어서 만주 땅으로 도망간다. 드미트리들은 권총으로 응전했고 백계 측에서 쏜 총탄이 적계 여자 지휘관에게 명중한 틈에 썰매를 타고 도망간다. 숲속 폐옥에서 그들은 작은 만찬을 가지는데, 거기서 백계 병사로 싸웠다는 남자와 우연히 만난다. 그러나

56 佐藤忠男, 앞의 책, 276쪽. 그리고 사토는 같은 책의 272~274쪽에서 야마구치가 회상하는 줄거리를 대폭 변경해서 이 영화의 내용을 소개하고 있다. 이것은 아마도 사토가 당시에 본 70분판의 필름 내용을 바탕으로 삼아 1943년에 발표된 시마즈의 시나리오 내용을 대폭 가미해서 종합해서 쓴 것일 것이다.

그날 밤에 화재로 집을 잃고 설원을 헤맬 때 졸음을 물리치기 위해서 〈황제에게 바친 목숨〉을 부르는 동안 스미다에게 발견되어 구출된다. 마츠오카 양행松丘洋行 응접실에 가서 자기소개를 했을 때 라즈모프스키가 망설였던 것은 처음에 자신을 백계 병사인 것처럼 동료에게 소개했으나, 사실은 백작이었던 것이 알려졌기 때문이다.

이 시베리아에서의 장면에서 한 쪽의 중심인물인 적계 여자 지휘관은, 시나리오에서는 '라리사'라는 이름까지 있는데, 101분판 필름에서는 이름은커녕 인물도 전혀 나오지 않는다. 그리고 서두의 설원 장면뿐만 아니라, 드미트리들이 부르는 〈황제에게 바친 목숨〉은 필름 판에서는 거의 나오지 않는다.[57] 마지막 대단원이 되는 오페라도 시나리오에서는 〈황제에게 바친 목숨〉을 연기할 예정이었는데, 실제로는 구노의 〈파우스트〉였다. 이러한 변경은 결과적으로 공산군 병사를 나쁘게 묘사한 부분과, 황제에게 충성을 맹세하는 오페라 배우들의 모습을 긍정적으로 묘사한 부분 둘 다 상당히 억제적으로 묘사하고 있다는 점에서 작품 중에서 백계 러시아인들의 삶이 잘 드러나지 않게 되었다고 할 수 있다.

---

57 오페라 〈스페이드의 여왕〉의 상연 중에 볼셰비키의 관객이 상연을 방해하는 장면이 있고, 101분판 필름에서는 그것으로 끝나는데, 시나리오에서는 이 다음에도 잠시 동안 장내에서 볼셰비키 관객의 방해 활동이 계속되는데, 드미트리도 지지 않고 〈황제에게 바친 목숨〉을 부르기 시작한다. 갑자기 권총 소리가 나서 천장 샹들리에가 파괴되는데, 어두운 무대에서도 드미트리는 〈황제에게 바친 목숨〉을 계속 부르고 있다.

2) 백계 러시아인들이 피난 가는 장면 등의 변경과 삭제

101분판 필름이 보여주는 서두의 회상에서 중국군의 습격으로 스미다와 백계 러시아인들이 피난을 가는데, 시나리오에서는 이 피난에 이르는 경위가 스미다에 의한 상당히 치밀한 정세 판단으로 이루어지는 장면, 스미다의 마차와 떨어진 드미트리의 마차 안에서 스미다의 아내 에츠코悦子가 마리코를 안은 채 총탄을 맞아서 죽는 장면 등이 자세히 묘사되고 있다. 그리고 101분판 필름에서는 라즈모프스키로부터 정보를 얻은 스미다가 아내와 딸을 베이징, 텐진, 상하이 등으로 찾아다닌 후에(그림 10) 3년의 세월이 흐른 것을 보여주는 일본어 자막이 나오는데, 시나리오에서는 그 직전에 만주가 봉천군의 장작림張作霖 시대가 된 점, 그리고 소련의 세력도 만주 북부에 침입해 온 점 등의 장면을 묘사하고 있다. 이런 장면들이 모두 101분판 필름에서는 완전히 삭제되는데, 그럼으로써 필름의 이야기가 배경으로 삼고 있는 군사적 색채나 중국을 둘러싼 국제정세와 관련된 설명이 상당히 탈색되어 설명되고 있다.

〈그림 10〉 중국 전국에서 아내와 딸을 찾는 스미다 – ① 상하이, ② 베이징, ③ 상하이로 향하는 기차.

①

②

③

3) 중국인 순경에 대한 묘사의 변경과 삭제

101분판 필름에서는 거리에서 꽃을 파는 마리코를 중국인 순경이 괴롭히는 장면이 나온다. 이 필름에서 중국인 순경에 대한 묘사는 이곳 단 한 군데뿐인데, 시나리오에서는 다른 장면에서도 중국인 순경이 횡포를 휘두르고 있다. 예를 들면 필름에서 드미트리가 하얼빈에서 공연할 예정을 신문에서 본 라즈모프스키가 마츠오카양행의 다츠미를 찾아가는데, 다츠미가 바빠서 상대할 수 없는 것도, 라즈모프스키가 건물 안으로 좀처럼 들어갈 수 없는 것도, 시나리오에서는 중국의 세무국이나 순경의 횡포 때문으로 그려지고 있다. 그리고 시나리오에서는 마리코가 꽃을 파는 것을 막은 중국의 순경이 다음 장면에서 일본인거리에서 장을 보고 있는 중국인들을 조사하게 된다. 순경은 일본상품을 사지 않도록 전하는 중국어 공고문을 게시하는데, 마리코는 무슨 일인지 모르고 단지 중국인 순경의 험악한 얼굴이 무서워 그 자리를 떠나게 되어 있으나, 이러한 장면도 필름에는 나오지 않는다.

4) 기타 인물들의 후경화–이반, 아랴, 우에노上野(그림 11)

마리코가 거리에서 꽃을 팔고 있는데 중국인 순경이 그것을 막으려고 하는 장면이 있다. 시나리오에서는 그 전에 드미트리의 마차부 이반(페오도르 후마린)이 송화강 강가에서 클라리넷 연습을 하는 장면이 나온다. 러시아에서 조만간 다시 나라가 서게 되면 나는 국립극장 오

〈그림 11〉 후경화되는 인물들

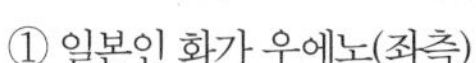

① 일본인 화가 우에노(좌측) ② 음악학교 친구 아랴 ③ 마차부 이반(가운데)

케스트라에 가입할 거라고 자신만만해 한다. 마지막에 마리코와 헤어져서 술에 취해 여인숙에서 깊은 잠에 빠진 드미트리에게 일본군의 하얼빈 입성을 전하는 것도 이반이다.

그리고 시나리오에서는 이반의 클라리넷 연습 다음에 그 옆을 마리코와 친구 바이올리니스트 아랴(올가 마슈코바)가 같이 지나가면서 음악학교에 들어간다. 음악학교에서는 아랴가 바이올린 연습을, 마리코가 성악 연습을 하고 있다. 아랴는 101분판 필름에서도 몇 번 나오는데, 그에 대한 이러한 배경 설명이 일체 삭제되어 있다.

그리고 마리코와 만나게 되는 일본인 청년화가 우에노上野(마츠모토 미츠오松本光男)에 관한 장면도, 101분판 필름에서는 시나리오에 비해서 상당히 적다. 필름에서는 우에노가 나이트클럽에서 코사크 무용을 스케치한 다음에 바로 마리코가 데뷔하는 자선음악회 장면이 뒤따르는데, 시나리오에서는 나이트클럽에서 상당히 긴 장면이 이어진다. 코사크 무용 다음에 드미트리가 훌륭한 연미복을 입고 눈에 검은 마스크를 감고 무대에 나와 〈볼가Volga의 뱃노래〉를 부른다. 그러자 객석에서 볼셰비키가 마스크를 떼라, 혹시 전 황실극장의 가수 드미트리 이바노뷔치가 아니냐며 소란을 피운다. 자리가 어수선해지자 드미트리는 퇴장한다. 다음 장면에서 우에노는 교회 앞에서 교회 건물을 스케치하고 있다. 그러자 바이올린 소리와 함께 마리코가 부르는 〈나의 꾀꼬리〉의 노랫소리가 들린다. 바이올린은 역시 아랴가 연주한다. 두 사람은 자선음악회에서 부를 노래를 연습하고 있다. 그 후에 꽃을 또 집에 배달해 달라고 해서 마리코는 우에노 집에 가서 방 정리를 한다. 우에노가 집에 와서 마리코가 일본에 한 번도 가 본 적이 없다고 하니 마리코에게 미술사진집을 보여주면서 일본의 명승사적을 설명한다. 그리고 마지막에 드미트리의 복귀 공연 직전에 우에노는 마리코에게 청혼을 한다. 이러한 몇 가지 중요한 장면이 필름에서는 생략되고 있어서, 마리코와 우에노의 관계가 어떻게 깊어져 가는지, 필름을 보고 있는 단계에서는 잘 이해되지 않는다. 우에노와의 이런 장면들은 시나리오 상에서는 50페이지 중의 3페이지 정도로, 서두의 백계 러시아인들의 피난 장면 다음으로 길다. 그 6페이지와 이 3페이지를 합치면 시나리오 전체의 20% 정도를 필름에서 확인할 수 없다는 이야기가 되고, 필름 시간이 120분에서 101분으로 단축된 것과 거의 부합된다고 할 수 있다.

5) 만주사변–일본인 거류민단의 농성 장면의 간략화

101분판 필름에서는 일본군과 장쉐량張學良군의 충돌 다음에 하얼빈의 일본인 거류민단이 농성을 계속하고, 마리코의 안전을 위해서 드미트리도 그곳에 딸을 맡기고, 결국 일본군의 하얼빈 입성으로 전쟁

〈그림 12〉 만주사변으로 농성하는 일본인 거류민단

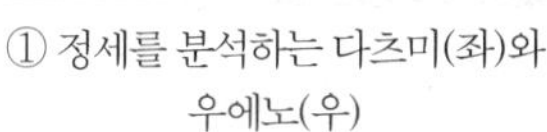

① 정세를 분석하는 다츠미(좌)와 우에노(우)

② 마리코를 다츠미에게 맡기는 드미트리

③ 농성장에서 각오를 다지는 거류민들

상태가 종결되는 것이 상당히 간단하게 묘사된다. 그러나 시나리오에서는 그전에 농성 사무소 내부의 일본인들의 모습들이 101분판 필름보다도 상당히 자세히 묘사되고 있다(그림 12).

초등학생들의 수업, 일본 기생들의 모습들도 보이고, 간부들은 서로 전황을 보고하고 있다. 그 후에 중국군이 무장 해제를 요구하거나 외부와의 전화선이 단절되는 등, 긴박한 상황도 시나리오에서는 확인할 수 있는데, 필름에서는 이러한 부분이 상당 부분 생략되고 있다.

6) 노래 곡목과 오페라 연목의 변경

그리고 작품 중에 삽입되는 마리코가 부르는 노래 곡목이나 러시아인 오페라단이 연기하는 희곡의 연목이 101분판 필름과 시나리오에서는 상당 부분 차이를 보이고 있다. 서두에서 백계 러시아인들이 만주로 유입하는 장면이나 볼셰비키에게 공연을 방해받는 장면에서, 그들은 〈황제에게 바친 목숨〉을 부르게 되는데, 필름에서는 대부분 확인할 수 없다. 또한 마지막 오페라도 시나리오에는 〈황제에게 바친 목숨〉으로 되어 있는데, 결국은 프랑스 구노의 〈파우스트〉로 변경되었다. 그리고 미르스카야 부인이 드미트리의 집을 방문해서 처음으로 마리코를 소개받았을 때, 마리코가 부른 것은 필름에서는 러시아 가요의 〈페르시아의 새〉였는데, 시나리오에서는 〈나의 꾀꼬리〉였다. 그리고 자선음악회 출연을 의뢰하러 러시아인 청년 두 명이 찾아왔을 때, 드미트리와 마리코가 연습하고 있었던 노래는 시나리오에서는 프랑스의 마스네 작곡의 〈오페라타이스〉였다(필름에서는 생략). 그리고 나이트클럽에서 드미트리가 〈볼가Volga의 뱃노래〉를 부르는 장면이 필름에서 생략된 것을 앞에서 언급했는데, 자선음악회에서 마리코가 〈나의 꾀꼬리〉를 하얼빈 교향악단의 반주로 부르기 전의 연목도, 시나리오에서는 '도보로프'라는 젊은이의 노래가 나오게 되어 있었지만, 실제 필름에서는 남성의 첼로 연주가 나온다. 이것은 하얼빈 교향악단에서 최고 기술 소유자로 유명했던 첼리스트 아레키세이 파고진으로 생각된다.[58] 그리고 앞에서 말했듯이, 나이트클럽에서 노래를 불러 돈을 벌 수 있게 된 마리코가 부르는 노래는 시나리오에서는 러시아 가요의 〈검은 눈동자〉인데 필름에서는 〈새로운 밤〉이다. 이들 곡목이나 연목을 변경한 이유는 불확실하나, 〈새로운 밤〉이나 〈나의 꾀꼬리〉가 채용된 것으로 보아, 이들 음악을 작곡하고 이 영화의 음악담당이었던 핫토리 료이치服部良一의 의향이 크게 작용했던 것으로 추측된다(그림 13).

이런 모든 점들이 필름의 단축화, 내지는 시나리오에서 원판 120분

58 岩野裕一, 앞의 책, 286쪽.

〈그림 13〉 자선음악회

① 친구 아라(좌)의 반주로 〈나의 꾀꼬리〉를 부르는 마리코(우)

② 알렉세이 파고진(가운데)의 첼로 독주(우측 지휘자는 셀게이 슈바이코프스키, 연주는 하얼빈교향악단)

③ 음악회 전경.

판을 제작하는 데 보여준 변경점이다. 시국성이 감소됐다고는 해도 101분판의 필름에는 아마 만영이 다른 곳에서 촬영한 사변하의 하얼빈의 모습과 일본군의 하얼빈 입성 장면들이 그것을 설명하는 자막과 함께 상당히 오랫동안 삽입되고 있다(그림 14).

그리고 필름 단축화에 의한 스토리 변경 이외에도, 이 영화 〈나의 꾀꼬리〉가 원래 가지고 있는 서사상의 문제점에 대해서도 지적해야 할 것이다. 만주국의 건국이념인 오족협화란, 만주, 몽고, 중국, 조선, 일본의 다섯 개 민족으로 여기에 러시아인은 들어 있지 않은데, 하얼빈은 수많은 망명 러시아인이 거주하는 국제 도시였다. 그런데 영화에서, 예를 들면 스미다隅田나 다츠미巽는 세련된 신사로서 유창한 러시아어를 구사하고 예술을 사랑하는 이상화된 일본인으로 묘사되고 있다. 작품에서는 그 일본인이 오족인 아시아인뿐만 아니라 이들 망명 러시아인을 비호하고 있고, 그들로 하여금 일본인이 보이는 단결심의 아름다움을 칭찬하도록 하고 있다.[59] 그리고 그렇게 감격하는 러시

59 門間貴志, 앞의 글, 33쪽.

〈그림 14〉 사변하의 하얼빈

①이나 ⑦와 같은 자막도 나온다. 실제로 촬영된 당시 영상이 영화 속에 계속 삽입된다. ⑥은 일본군이 실제로 하얼빈으로 입성하는 장면.

아인, 나쁜 중국인, 고상하고 세련된 일본인뿐만 아니라, 무방비한 일본인 여성과 무력한 러시아인 피난민이 작품의 중심에 자리 잡고 있는 것이다.[60] 이것이 레이 초우Rey Chow가 말하는 '원초화', 즉 '원초적인 것primitive으로의 열정'이라고 생각한다면, 대상을 그렇게 묘사하는 것으로 스스로를 근대적이고 높은 수준의 기술에 뒷받침된 위치를 부여하는, 그 시선의 주체는 과연 무엇인가?[61] 그것은 이 영화의 서술자이며, 그것에 자기동일화하는 관객들이다.

그 지점에서 '무방비한 일본인 여성'으로서의 마리코 = 마리야(리샹란)의 위치가 상당히 중요할 것이다. 스미다隅田들 일본인은 만주사변 때의 농성전으로 죽음의 고비를 헤맨다고 하더라도, 기본적으로는 항상 비호자의 입장에 있다. 거기서는 무방비한 여성인 마리코도 비호를 받는 입장이다. 양아버지인 드미트리에게서도 애인인 우에노에게서도 마리코는 딸로서 여성으로서 온갖 비호를 받는다. 그런데 한편으로 마리코는 가수로서뿐만 아니라 민족과 언어를 넘은 코스모폴리탄적인 사람으로서 홀로 서는 퍼포먼스를 도처에서 보여준다. 그가 친아버지의 나라인 일본으로 돌아가도록 결말이 설정되고 있다는 점은 여기에서 그다지 문제가 되지 않는다. 비호를 받는 여성이 언어와 민족을 뛰어넘어서 인간관계를 구성해 가는 것의 상징성을, 이 영화 〈나의 꾀꼬리〉는 관객에게 내보이고 있다. 이때에는 물론 여배우 리샹란의 능

60 Lahusen, *ibid.*, p.158.

61 レイ・チョウ(本橋哲也・吉原ゆかり 譯), 『プリミティブへの情熱－中國・女性・映畫』, 青土社, 1999(원저는 Rey Chow, *Primitive Passions : Visuality, Sexuality, Ethnography and Contemporary Chinese Cinema*, Columbia University Press, 1995), 39~45쪽.

력이 크게 공헌하고 있다. 젠더와 민족의 경계를 넘나드는 듯 보이는 작품, 입장에 따라서 다른 향수nostalgia와 동상이몽을 보장하는 작품—비공개 작품이었던 〈나의 꾀꼬리〉가 백계 러시아인들의 망명자로서의 비애와 음악의 권능을 주안으로 삼으면서도,[62] 만영 영화의 프로파간다의 정수가 될 가능성이 있었던 이유는 그러한 점에 있다고 할 수 있을 것이다.

6. 소결

지금까지 리샹란 주연의 만영 영화 〈나의 꾀꼬리〉(1944)가 가지는 문제점에 대해 검토해 왔다. 이 작품은 리샹란이 만주영화협회의 전속 배우로서 마지막으로 주연을 맡았고, 도호東寶가 만영과 제휴해서 시마즈 야스지로島津保次郎가 감독을 맡은 작품이다. 국제도시 하얼빈을 무대로 해서 망명 러시아인이 키우고 그 양아버지를 도와서 소프라노 가수로 성장해 가는 일본인 소녀를 리샹란이 연기하고 있다. 촬영 기간 16개월, 제작비용이 25만 엔(당시 보통 영화의 다섯 배), 일본에서 최초의 음악영화로 유명했고, 대사의 대부분은 러시아어로, 필름 11,000피트, 상영시간 2시간의 대작이었다. 감독의 시마즈가 쓴 일본어 각본은 현장에서 바로 러시아어 등으로 번역되었다. 그리고 작품 중에서 리샹란이 부른 노래는 콜롬비아의 전속 작곡가로서 이미 당시에 수많은 영

---

62 四方田犬彦, 『李香蘭と原節子』, 岩波書店(岩波現代文庫), 2011(초판은 岩波書店, 2000), 151쪽.

화음악도 다룬 작곡가 핫토리 료이치服部良一가 편곡과 작곡을 맡은 것이었다. 출연하는 러시아인들도 당시 만주의 러시아인 커뮤니티뿐만 아니라 내외에서 이름이 알려진 가수, 배우, 음악가들이었다.

그런데 이 영화 〈나의 꾀꼬리〉의 일반 공개는 연기되었다. 야마구치 요시코山口淑子의 회상에 따르면, 당시 오페라는 '적성음악'이며, 관동군 보도부가 계몽가치나 오락가치가 없다고 판단했고, 또 제작 측의 도호東寶도 내무성의 검열 통과는 어렵다고 판단했기 때문이라고 한다. 1945년의 종전 직전에 상하이에서 공개된 기록은 있지만 소규모로 끝났고, 영화 〈나의 꾀꼬리〉는 적어도 일본의 패전과 만주국의 소멸 이전에는 그렇게 많은 관객을 불러 모으지 못한 채, '환상의 뮤지컬 영화'로 기억되는 것에 머물렀다. 그 후 1984년 12월에 오사카大阪 플라넷 영화자료관이 이 영화 필름을 발견했다. 제목은 〈운명의 가희運命の歌姫〉로 변경되었고 시간도 70분으로 단축되어 있었는데, 1986년 6월에는 도쿄東京에서 두 번 일반에 공개되었다. 그 후에 도호 창고에서도 별도로 101분판의 필름이 발견되었다. 오족협화를 표방한 만주국의 국책기관인 만주영화협회에서 일본어나 중국어를 비롯해서 수개국어를 자유롭게 구사하는 여배우 리샹란의 입사와 인기 상승은 단지 유능한 배우가 입사했다는 차원을 넘어서 만영의 영화 제작에 다양한 영향을 끼쳤다. 하얼빈은 러시아인이 일찍부터 거주한 도시로, 중국의 역사에서도 상설영화관이 상당히 빠른 시기에 생겼고, 인구수 대비 영화관수도 상하이보다 훨씬 많았다.

영화 〈나의 꾀꼬리〉의 내용은 VHS테이프가 일본에서 나온 적도 있어서 101분판 필름 내용에 대해서 자주 거론된다. 다만 1943년에 발표된 시마즈 감독의 시나리오와 비교해 보면, 백계 러시아인들이 적군에 쫓겨서 만주에 도망가는 장면이나, 중국군의 습격으로 일본인이나 백계 러시아인들이 피난 가는 장면, 중국인 순경의 횡포를 그린 부분이나 만주사변에서 일본인 거류민단이 농성하는 모습들이 삭제되고 간략화되어 있어서, 적어도 시나리오에서 예정되어 있었던 내용보다도 시국성이 희박해지고 있다. 그리고 다른 조역들의 장면도 생략되었고 스토리의 일부가 이해하기 어렵게 되어 있다. 이들의 변경은 1944년의 영화 완성 당시에 이루어진 것인지(그때 작품은 120분 정도였다고 한다), 혹은 1945년 이후에 일본에서 공개할 때에 단축된 결과인지는 확실하지 않은데, 적어도 시나리오 단계에서는 다양한 구상이 있었다고 할 수 있다. 그 외에도 작품 중에서 삽입된 노래나 오페라의 연목에서 역시 시나리오와 101분판의 필름의 내용은 차이를 보여준다. 음악 담당의 핫토리 료이치服部良一의 영향으로 시나리오가 변경되었을 가능성이 높은데, 다른 변경 부분에 대해서도 그 원인을 검토해 볼 가치는 앞으로도 적지 않게 남아 있다.

영화에서 스미다隅田나 다츠미巽는 세련된 신사로 유창한 러시아어를 구사하고 예술을 사랑하는 이상화된 일본인으로 묘사된다. 작품에서는 그 일본인이 오족의 아시아인뿐만 아니라 이들의 망명 러시아인을 비호하고, 이들 러시아인으로 하여금 일본인이 보이는 단결의 아름다움을 칭찬하게 하고 있다. 그리고 그렇게 감격하는 러시아인, 나쁜 중국인, 고상하고 세련된 일본인뿐만 아니라, 무방비한 일본인 여성과 무력한 러시아인 피난민이 작품의 중심으로 설정되어 있다. 이 "무방비한 일본인 여성"으로서의 마리코 = 마리아(리샹란)의 위치가 지극히 중요하다. 마리코는 딸로서 여성으로서 온갖 비호를 받는다. 그런데 한편으로 마리코는 가수로서뿐만 아니라 민족과 언어를 넘은 코스모폴리탄적인 사람으로서 홀로 서는 퍼포먼스를 도처에서 보여준다. 비호를 받는 여성이 언어와 민족을 뛰어넘어서 인간관계를 구성해 가는 것의 상징성을, 이 영화 〈나의 꾀꼬리〉는 관객들에게 내보이고 있다. 그것에는 물론 여배우 리샹란의 능력이 크게 공헌하고 있다. 젠더와 민족의 경계를 넘나드는 듯 보이는 작품, 입장에 따라서 다른 향수nostalgia와 동상이몽을 보장하는 작품—비공개 작품이었던 〈나의 꾀꼬리〉가 백계 러시아인 망명자들의 비애와 음악의 권능을 주안으로 삼으면서도 만영 영화의 프로파간다의 정수가 될 가능성이 있었던 이유는 그러한 점에 있다고 할 수 있을 것이다.

참고문헌

자료

日本映畵傑作全集,『私の鶯』, 99분 / T N D1664 / 도호東宝, 2003(VHS 테이프).

島津保次郎,「私の鶯」,『日本映畵』, 제8권 제6호, 大日本映畵協會, 1943.『『日本映畵』第29卷・昭和18年6月号～9月号』, ゆまに書房, 2003에 수록

「名作ミュージカル映畵『私の鶯』－脚本・島津保次郎」,『ミュージカル』 10호, 月刊ミュージカル社, 1984.

야마구치 요시코山口淑子 자서전

山口淑子・藤原作弥,『李香蘭　私の半生』, 新潮社, 1987.

山口淑子,『戰爭と平和の歌－李香蘭, 心の道』, 東京新聞出版局, 1993.

山口淑子,『「李香蘭」を生きて』, 日本経濟新聞出版社, 2004.

논문

池田督,「幻の映畵『私の鶯』への私の鄕愁」,『ミュージカル』 11호, 月刊ミュージカル社, 1985.1.

生田美智子,「日本統治下ハルビンにおける「二つのロシア」」,『言語文化硏究』 35, 大阪大學大學院言語文化硏究科, 2009.

井上雅雄,「大映硏究序説－映畵臨戰体制と大映の設立」,『立教経濟學硏究』 64(3), 2011.

岩野裕一,「『私の鶯』と音樂の都・ハルビン」, 四方田犬彦 編,『李香蘭と東アジア』, 東京大學出版會, 2001.

佐藤忠男,「映畵『私の鶯』のこと」,『ミュージカル』 11호, 月刊ミュージカル社, 1985.

白井啓介,「『滿洲映畵』と上海映畵の距離－復刻版刊行にあたって」, 白井啓介 監修,『滿洲映畵・1(1937.12～1938.2)』, ゆまに書房, 2012.

孫文,「新聞界は借款による鐵道敷設を提唱すべきだ」(1912.9), 孫文・深町英夫 編譯,『孫文革命論集』, 岩波書店(文庫), 2011.

玉野井麻利子,「滿洲－交錯する歷史」, 玉野井麻利子 編(山本武利 監譯),『滿洲－交錯する歷史』, 藤原書店, 2008(원저는 Mariko Asano Tamanoi ed., *Crossed Histories :*

Manchuria in the Age of Empire, University of Hawaii Press, 2005).
トーマス・ラウーゼン, 「支配された植民者たち－滿洲のポーランド人」, 玉野井麻利子 編(山本武利監譯), 『滿洲－交錯する歴史』, 藤原書店, 2008.
中嶋毅, 「ハルビンの在外ロシア教育機關とロシア人社會」, 塩川・小松・沼野　編, 『ユーラシア世界 (2)－ディアスポラ論』, 東京大學出版會, 2012.
西久保三夫, 「幻のミュージカル映畵『私の鶯』を追跡する」, 『ミュージカル』 11호, 月刊ミュージカル社, 1985.
藤原作弥, 「歌手・李香蘭」, 李香蘭『私の鶯』, 음악CD 해설책자, コロムビア, 1989.
マイケル・バスケット, 「日滿親善を求めて」, 玉野井麻利子 編(山本武利 監譯), 『滿洲－交錯する歴史』, 藤原書店, 2008.
門間貴志, 「岩崎昶の神話－『私の鶯』への道」, 四方田犬彦・晏妮 編, 『ポスト滿洲映畵論－日中映畵往還』, 人文書院, 2010.
ヤン・ソレッキー(北代美和子 譯), 「ユダヤ人, 白系ロシア人にとっての滿洲」, 藤原書店編集部 編, 『滿洲とは何だったのか(新裝版)』, 藤原書店, 2006.
Thomas Lahusen, "Dr. Fu Manchu in Harbin : Cinema and Moviegoers of the 1930s", Thomas Lahusen ed., *Harbin and Manchuria : Place, Space and Identity*, The South Atlantic Quarterly, 99 : 1, Winter 2000, Duke University Press.

단행본
김려실, 『만주영화협회와 조선영화』, 한국영상자료원, 2011.

麻田雅文, 『中東鐵道経營史－ロシアと「滿洲」, 1896～1935』, 名古屋大學出版會, 2012.
岩野裕一, 『王道樂土の交響樂－滿洲・知られざる音樂史』, 音樂の友社, 1999.
胡昶・古泉, 横地剛・間ふさ子 譯, 『滿映－國際映畵の諸相』, パンドラ發行, 現代書簡發賣, 1999(원저는 中華書局, 1990).
風間道太郎, 『キネマに生きる－評伝・岩崎昶』, 影書房, 1987.
岸富美子(인터뷰), 『はばたく映畵人生－滿映・東影・日本映畵』, せらび書房, 2010.
佐藤忠男, 『キネマと砲聲－日中映畵前史』, 岩波書店(現代文庫), 2004(초판은 リブロポート, 1985).
ディビッド・ウルフ(半谷史郎譯), 『ハルビン驛へ－日露中・交錯するロシア滿洲の近代史』, 講談社, 2014(원저는 David Wolff, *To the Harbin Station : The Liberal*

Alternative in Russian Manchuria, 1898 ~1914, Stanford University Press, 1999).
東京國立近代美術館フィルムセンター　監修, 『戰時下映畵資料－映畵年鑑・昭和18・19・20年』(미간행 원고집), 제1권, 제4권, 日本図書センター, 2006.

古川隆久, 『戰時下の日本映畵－人々は國策映畵を観たか』, 吉川弘文館, 2003.
門間貴志, 『朝鮮民主主義人民共和國映畵史－建國から現在までの全記錄』, 現代書館, 2012.
山口猛, 『幻のキネマ滿映－甘粕正彦と活動屋群像』, 平凡社(平凡社ライブラリー), 2006(초판은 平凡社, 1989).
四方田犬彦, 『李香蘭と原節子』, 岩波書店(岩波現代文庫), 2011(초판은 岩波書店, 2000).
_________ 編, 『李香蘭と東アジア』, 東京大學出版會, 2001.
レイ・チョウ(本橋哲也・吉原ゆかり譯), 『プリミティブへの情熱－中國・女性・映畵』青土社, 1999(원저는 Rey Chow, *Primitive Passions : Visuality, Sexuality, Ethnography and Contemporary Chinese Cinema*, Columbia University Press, 1995).

기타(신문, 잡지 기사 등)
「李香蘭・金信哉會見記」, 『三千里』, 1941.4.
「山口淑子さん死去」, 『朝日新聞』 号外, 2014.9.14.

전시의 극장, 선동과 공감의 매개체

한국 전쟁 시기 북한의 공연활동을 중심으로

정명문

1. 들어가며

한국전쟁 시기(1950.6.25~1953.7.27)동안 전선과 점령자의 잦은 변화는 군인, 민간인, 예술인 모두에게 혼란을 줄 수밖에 없었다. 당대 문화예술계 상황 상 체제를 강력하게 옹호하는 작품이 아니면 거론되지 못하거나 저평가 받는 경우가 많았다. 그러다보니 이 시기 공연예술은 전쟁 경험자의 회고와 증언, 종군작가의 작품을 통한 '반공문학'의 범주,[1] 월북 작가의 전쟁 직전 혹은 직후의 작품 분석[2] 등 당대를 파악하

1 남한에서는 육군종군작가단이 창작한 시, 소설, 수필, 종군기, 좌담회가 실린 『전선문학』(1952.4~1953.12)을 중심으로 연구가 축적되어 있다. 신영덕, 『한국전쟁과 종군작가』, 국학자료원, 2002; 김진기, 「반공호국문학의 구조」, 『상허학보』 20집, 상허학회, 2006; 배개화, 「『전선문학』에 나타난 한국전쟁의 이데올로기와 전쟁 체험의 문학화 방식」, 『개신어문연구』 제28집, 개신어문학회, 2008; 김옥선, 「『전선문학』에 나타난 감정 정

는 방식으로 연구되어 왔다. 또한 남북 중 한쪽만을 연구한 것이 대다수였다. 북한 희곡의 전반적 양상을 그려낸 연구[3]는 전쟁 시기 텍스트를 반영하지는 못했으며, 1950년대 희곡연구는 전쟁 이후 생산된 텍스트 중심이었다.[4] 이는 실증적인 자료 부족으로 당대에 대한 접근하는 것이 어려웠기 때문이었다.

근래 특정한 기간(적치 90일—1950.6.25~9.28)에 발행한 북한의 문서, 사료 발굴로 인해 북한 점령 지역의 실상(토지개혁, 동원, 심판)이 확인되고 있다.[5] 특히 북한에서 당대 발행한 신문과 전단지(『해방일보』, 『조선인민보』, 『로동신문』, 『민주전선』)[6]와 『조선문학』, 『문학예술』 등에서 각종 희곡과 공연 예술에 관련한 자료가 발견되면서 이 시기에 대한 실질적인 재구 가능성이 높아지기도 했다.

치」, 『인문학논총』 25집, 경성대 인문과학연구소, 2011.

2 김정수, 「한국 전쟁 시기 북한 연극의 공연양상 연구—인물과 연기를 중심으로」, 『북한연구학회보』 14—1, 북한연구학회, 2010.

3 이상우, 「극 양식을 중심으로 본 북한 희곡의 양상」, 『한국극예술연구』 11집, 한국극예술학회, 2000.

4 민족문학사 연구소 희곡분과, 『1950년대 희곡연구』, 새미, 1998; 오영미, 『한국전후연극의 형성과 전개』, 태학사, 1996.

5 미군 보유 자료 공개로 인해, 남한이 점령 통치되었던 시기의 신문을 중심으로 연구되거나, 각종 정책들에 대한 연구들이 이루어졌다. 김영희, 「한국전쟁기간 북한의 대남한 언론활동—『조선인민보』와 『해방일보』를 중심으로」, 『한국언론정보학보』 40호, 한국언론정보학회, 2007; 서용선, 「한국 전쟁 시 점령정책 연구」, 『점령정책, 노무운용, 동원』, 국방군사연구소, 1995. 구체적인 점령통치 연구사는 한모니까, 「한국전쟁기 남한(유엔군)·북한의 '점령통치'에 대한 연구사 검토와 제언」, 『역사와 현실』 84, 한국역사연구회, 2012 참조. 개별적인 방법론에 대한 연구사는 조은정, 「한국전쟁과 문화(인)의 배치」, 『반교어문연구』 38, 반교어문학회, 2014 참조.

6 1950년 7월 당시 서울에서 판매되었던 정기간행물은 『민주조선』, 『로동신문』, 『(조선)인민보』, 『해방일보』, 『문화전선』 포함 12종의 신문과 인민, 조쏘친선, 문학예술 포함 12종의 잡지와 16종의 국외출판물이 있었다. 『조선인민보』, 1950.7.20. 이중 상기 명시한 간행물들은 2000년대 이후 다양한 루트로 공개된 것들로, 본고는 이들을 기본 텍스트로 활용한다.

전쟁 시기 북한은 서울의 대형 극장 뿐 아니라 전선 이동에 따라 다양한 지역과 공간에서 개최했던 것이 확인된다. 치열한 전투 환경에서 공연이 진행된 이유는 효과적인 프로파간다 기능 때문이기도 했겠지만 실제 극단의 이동, 극장 활용, 레퍼토리와 변화양상 등 포괄적인 접근과 검증을 통한 증명도 이루어질 필요가 있다.

본고는 한국 전쟁 시기 북한 공연의 형태와 변화에 주목하였다. 북한에서는 이 시기를 해방전쟁기라 통칭하지만 공연 양상은 정세에 따른 변화가 있었다. 한국전쟁 중 북한의 공연양상 재구를 통해 분석할 사항은 다음과 같다. 첫째, 극단이 파견된 형태와 레퍼토리를 살펴봄으로써 극장의 역할을 살펴보고자 한다. 전쟁 변화에 따라 달라진 극장의 기능을 통해 북한의 체제 유지 전략들을 확인한다. 둘째, 가요, 단막극, 종합예술무대 등 주목받지 못했던 장르의 메시지 전달 양상을 규명하고자 한다. 이는 북한 사회주의 체제 선전 과정 고찰인 동시에, 대중 호소 방식을 이해하는 연구로 의미가 있을 것이다.

2. 직설적 가사 반복을 통한 감성 유지

전쟁 직후 북한은 서울에서 총궐기대회, 위문대회, 기념경축대회, 위안대회, 경축보고대회 등의 다양한 명칭을 붙인 각종 행사를 진행하였다. 극장은 점령지에서 프로파간다를 수행하는 직접적인 공간이었기에 승인을 받은 것만 올라 갈 수 있었다.[7] 1950.7.4~5일에는 연극, 영화, 가극, 무용, 국악 각 부문별 예술인 총궐기회의가 개최된 뒤 의용군을 모집하였으며, 7월 7일 부민관 강당에서 연극 동맹 심영의 연설 이후 인민의용군으로 출진하는 예술가들에 대한 환송회가 개최되었다. 이후 1,000여 명이 서울시 임시 인민위원회 앞 광장에서 가두 행렬을 하기도 하였다.[8] 이렇게 전쟁 직후 예술인들은 의용군 모집과 같은 행사에 동원되어 감정 호소를 직접적으로 선도하는 역할을 담당하였다.

이들 중 '8 · 15 5주년 행사'는 꽤 큰 규모를 자랑했다.[9] 5주년 기념행사는 서울 외에 해주, 강제, 신의주, 청진 등의 회관, 인민학교, 도립극장에서 열렸다. 서울에서는 8.14일 혜화인민학교 강당에서 열렸으며, 참가자는 근로자, 문화예술인, 사회단체 대표 등 1,000명이었다. 식은 개회선언, 조선과 소련의 국가 제창, 각종 보고의 순서로 진행되었다.[10] 같은 날 문화연맹위원회(문연)는 연맹회관에 200여 명의 예술인을 모아 '조선인민에게 보내는 조국통일 민주주의 전선 중앙위원회의 호소문'[11]전파를 위한 선전 사업 전개에 대해 서명을 받았다. 호소문의 핵심은 미술인은 만화 포스터를 만들고, 사진동맹은 인민이 자각하는 모습을 찍고, 음악인은 가요곡을 작곡하여 보급시키고, 문학가 연극인은 합동하여 시, 각본 가사를 제작하는 등 각자의 특기로 도와야 한다는 것이었다. 여기에는 작곡가 리건우, 연극대표 권순월, 무대예

---

7 「출판물과 오락시설 서울인위의 승인이 필요」, 『조선인민보』, 1950.7.3.

8 「인민의용군으로 출진하는 예술가들의 환송회 성황」, 『로동신문』, 1950.7.11.

9 북한에서 해방 기념일(8월 15일)은 각 부문별 예술인을 결집시키고, 새 작품을 선보이는 중요한 날로 1946년부터 현재까지 빠짐없이 진행되고 있다.

10 「8.15 해방주년을 기념하여」, 『민주조선』, 1950.8.17.

11 호소문 내용은 1. 외국 침략자들의 군대를 즉시 철퇴시킬 것 2. 이승만 정권을 타도할 것이었으며, 서울시 40여개 직장에서 서명이 진행되었다. 「불같은 증오심으로 통신노동자도 서명에 궐기」, 『조선인민보』, 1950.8.18.

술 대표 안영일, 문연 선전부장 박찬모가 참가하였다.[12] 시청각의 예술 활동이 군중에게 적극성을 발휘시킬 것이라는 판단을 한 것이다. 이후 여러 단체들은 조선문학예술총동맹[13]에 소속되었고 주제구성, 선정, 작업, 작품평가 등 노동당의 지시에 따른 활동을 하게 된다.

9월 이후 대회는 복구건설 등을 독려하게 된다. 서울임시인민위원회 전차사업소의 '조선민주주의인민공화국 창건2주년 경축보고대회'의 경우 9월 11일 사무원 등 천여 명의 종업원이 참석하였다. 대회는 〈해방의 노래〉, 〈김일성 장군의 노래〉를 제창하여 분위기를 조성하였으며, 김일성의 방송연설을 낭독한 다음 감상과 의견을 덧붙이는 방식으로 진행되었다. 이후 이들은 연료수송을 위한 철도복구를 위해 노력할 것을 결의한다.[14] 각 직장 단체들에서 수행해야할 복구와 목표치 등을 구체적으로 제시하고 독려하기 위한 자리에도 제창은 필수적이었다.

이렇게 각종 대회는 극장에 사람들을 모아두고 교육, 연설, 군인 모집, 서명 등을 받는 형태였다. 대회에는 일정한 양식과 순서가 있었다. 대회장 정면 상부에 스탈린, 김일성, 적성기를 붙이고, 중앙 단상 탁자 뒤로 참가자가 앉았다. 악단은 대부분의 대회에 참여하였는데, 이들은 단상 옆 혹은 중앙에 자리하고 있었다. 초창기 대회는 소련국가와 북한 국가國歌로 시작하였는데, 얼마 지나지 않아 가요풍의 〈해방의 노래〉,

---

12 「예술 각 분야를 동원하여 호소문선전계몽을 결의」, 『조선인민보』, 1950.8.19.

13 '조선문학예술총동맹'(문예총)은 1946년 3월 26일 발족되었고, 1951년 3월 10일 월북한 남한 예술인들을 흡수 개편하여 만들어졌다. 여기 소속된 동맹은 조선작가동맹, 조선미술가동맹, 조선무용가동맹, 조선음악가동맹, 조선영화인동맹, 조선연극인동맹, 조선사진가 동맹 등 7개가 있다. 『문학예술사전』 중, 과학백과사전종합출판사, 1991, 502쪽.

14 「전선의 승리를 보장하기 위한 후방사업을 더욱 강화하자!」, 『조선인민보』, 1950.9.12.

〈악보 1〉 김일성 장군의 노래(리찬 작사, 김원균 작곡)

〈김일성 장군의 노래〉, 〈조국보위의 노래〉로 시작곡이 변경되었다.

〈김일성 장군의 노래〉는 1946년 리찬이 창작한 〈김장군의 노래〉에서 출발했다.[15] 북한에서는 이 작품을 '사상성, 형상성, 평이성, 통속성을 모두 가진 혁명송가의 모범'으로 높이 평가한다.[16] 이 곡은 국가國歌나 국명國名이 확정되기 전부터 최고 지도자를 칭송하는 작업이 진행

15 리찬 작사, 평양음악동맹 작곡, 「김장군의 노래」, 『문화전선』 창간호, 1946.7.
16 오정애・리용서, 『조선문학사 10—해방후편 평화적 민주건설시기』, 사회과학출판사, 1994, 59쪽.

되었음을 보여주는 증거이다.[17] 또한 해방의 주체가 이미 '붉은 군대'에서 '빛나는 존재(위대한 태양)'로 변경된 것을 알 수 있다.

현재 남아있는 가사와 1946년의 가사를 비교하면, 1절 '면류관'이 '꽃다발'로 3절 '봉엽도'가 '모두다'로 바뀌었는데, 이는 중복되는 가사를 없애되 한자어를 한글로 변경한 것이었다. 가사는 만고의 빨치산, 불굴의 애국자, 북조선에 새봄을 줄 자, 떠오르는 해가 누구인지 묻고 대답하는 방식으로 구성되어 있다. 한글사용과 질의응답 활용과 같은 방식은 가사를 쉽게 전달하고 이해시키는데 도움을 주었음이 분명하다.

〈김일성 장군의 노래〉는 4/4박자의 다장조, 20마디이며 총 3절로 구성되어 있다. 멜로디는 3번 변화(A-A'-B-C-C')한다. 이 곡은 전반부 8마디까지 유사한 리듬으로 부르기 쉽게 제시된 후, 중반 4마디에서 두 번째 음의 박자를 짧게 해 메시지를 끊어서 전달한다. 그리고 후반 8마디는 전반부와 유사한 박자이지만 차별화된 멜로디로 숭배의 분위기를 살려준다. 이 곡은 후렴부가 반복되고 쉬운 가사와 리듬, 활기찬 박자로 인해 명랑한 분위기 조성에 기여했다. 이 노래는 반복된 구조로 인해 어린아이들이 쉽게 따라 불렀으며, 어린이 합창에서 주로 채택하는 노래이기도 했다. 4성부의 악보 형태가 존재하는 것으로 보아, 화려한 화음의 합창곡으로도 불려졌다. 이후 이 곡은 혁명송가의 전범이 되었다.

〈조국보위의 노래〉는 조령출 작사, 리면상 작곡으로 1950년 2월경에 창작되었으며, 인민군협주단과 예술단체에서 제창되면서 전쟁 시기 지속적으로 불려졌다.[18] 가사를 살펴보면 앞 8마디는 지켜야 할 대

17 김응교, 『이찬과 한국 근대문학』, 소명출판, 2007, 190~196면 참조.

〈악보 2〉 조국보위의 노래(조령출 작사, 리면상 작곡)

상과 목적성을 드러내며 뒤 8마디는 행동을 촉구한다. 또한 젊은 피는 조국과 부모형제를 지키는 데 써야하며, 목숨 바쳐 조국을 지키는 것이 정당함을 주장한다. 전 후반 가사가 유사한 내용으로 구성되었으며, 노래 대상이 취해야 할 행동을 직설적으로 드러낸 것이 특징이다. 특히 개인의 희생을 '영예로운 별빛'으로 드높이고, 나로 인해 부모-형제-나라가 편안할 것이라는 점층적인 이미지 강화를 통해 가창자는 자기 암시와 분위기 감염[19]을 일으키는 고도의 전략을 활용한 것이다.

---

18 신효경 편, 『전시가요유래집』, 문학예술출판사, 2013, 19~21쪽.

19 일체의 감정과 행위는 군중사이에서 쉽게 전파되는데 개인은 집단의 이익을 위해 개인의 이익을 쉽게 희생한다. 구스타브 르봉, 이재형 역, 『군중심리』, 문예출판사, 2013, 31~32쪽.

이 곡 역시 4/4박자, 사장조, 16마디이며, 총 3절로 구성되었다. 멜로디는 전반부와 후반부로 나누어진다. 전반부는 낮은 솔음으로 시작하여 음을 상승 진행하고, 후반부는 높은 솔음으로 시작해서 반복 강조한 후 내림진행을 하여 곡의 호소력을 높인다.[20] 박자 역시 이 곡의 분위기 고조에 기여한다. 멜로디와 박자를 확인해 보면 이 곡은 3번 변화(A-A'-B-C)된다. 첫 4마디(A) 음표는 3-4-5-1로 나누어졌지만, 다음 4마디(A')는 4-4-7-1, 후렴구 시작 4마디(B)는 3-4-6-1, 후렴구 마지막 4마디(C)는 6-3-7-1로 변화하였다. 이는 강조할 가사는 긴 박자로 처리하고, 유사한 위치에 쉬게 하여 다음 가사를 힘차게 부를 수 있게 강약 배치한 것이었다. 또한 첫 음에 비해 다음 음의 박자를 짧게 하여 씩씩한 느낌과 함께 메시지를 전달할 수 있게 하였다. 〈조국보위의 노래〉는 멜로디와 박자가 따라 부르기 쉬운 구성인 동시에 가사의 이미지가 행동 제청이라는 목적을 수행하는 데도 적합하였다. 이 곡은 이후 북한 행진곡의 전형적 형태가 되었다.

〈김일성 장군의 노래〉와 〈조국보위의 노래〉와 같은 송가와 행진곡이 포함된 전시가요는 절도 있는 박자로 인해, 행진의 분위기에 적합하였다. 후렴구의 경우 쉬운 단어를 반복적으로 들려주면서 집단 속에서 함께 해낼 수 있음을 암시하며 자신감이나 집단소속감을 촉구한다. 또한 따라 부르기 쉬운 구성은 제창자에게 직설적인 가사도 거부감 없이 수용되어[21] 이념 주입에도 효과적이었다. 이러한 집단적 가치는 행

---

20 함덕일, 『조국해방전쟁시기 음악예술』, 사회과학출판사, 1987, 44~45쪽.

21 반공주의자인 가정환경 임에도 아이들이 거리나 민청사무실을 드나들면서 인민가요를 아무렇지도 않게 불렀던 전쟁 당시 유년기의 기억을 회상한 기록들이 발견된다. 장을병,

동의 방향성을 투쟁으로 몰아가게 하는 선동기술의 한 면모였다. 이후로도 이 곡들은 전쟁 시기 대회와 공연의 시작에 배치되었다.

가요는 전시의 상황을 즉각 반영하여 제작되기도 하였다. 1950년 8월, 작곡가들은 군대를 격려하고, 대중이 쉽게 부를 수 있는 가요 곡을 여럿 발표하였다. 임화 시, 리건우 곡의 〈의용군의 노래〉, 임화 시 김순남 편곡 〈용감한 땅크병〉, 심봉원 시, 김순남 곡 〈적의 무덤 앞에서〉, 박세영 시, 김순남 곡 〈영웅찬가〉, 임화 시, 김순남 곡 〈개선행진곡〉 등이 그것이다. 이중 〈의용군의 노래〉, 〈영웅찬가〉는 8월 11일 시공관에 개최된 인민군 위문대음악회에서 발표되었다.[22] 발표된 5곡 중 4곡을 창작한 김순남은 해방 전후부터 현대적 음악 작곡가로 주목을 받았던 이[23]로 전시에도 활발한 활동을 했다. 이 곡들은 박진감 넘치는 장단감과 전통노래가락을 현대식으로 바꾸었으며, 치열한 가사로 투쟁적인 성향을 보였다.[24]

이렇게 북한이 주최한 각종 대회는 유사한 형태로 구성되어 있었다. 사람들을 극장으로 동원한 뒤, 중앙에서 나온 호소문을 공유하고, 대표자 2~3명이 그에 관련한 결의를 보여주는 것이다. 이때 노래는 각종 대회장에서 의례를 구성하는 한 요소였다. 이 방식은 이후 무형의 극장에도 유사하게 적용되었다. 가요의 반복 활용은 동일한 분위기 빠르게 전파하는데 효과적인 전략이었다.

『옹이 많은 나무』, 나무와숲, 2010, 37쪽.

22 「해방의 감격 속에서 작곡가들 환영곡창작에 전념」, 『조선인민보』, 1950.8.13.

23 송방송, 『한겨레음악인대사전』, 보고사, 2012, 161~162쪽.

24 노동은, 『김순남 그 삶과 예술』, 낭만음악사, 1992, 123쪽.

3. 시각적 스펙터클과 문화과시

〈그림 1〉 제2전선의 배후 공연안내 프로그램

서울에서는 '적치 90일' 동안 북한의 전문 예술 단체들이 파견되어 대규모 공연이 연속적으로 이루어졌다. 서울에 파견되었던 북한 극단들은 인민군 예술극장, 인민군협주단, 국립극장, 평양시 위문단, 방쏘예술단 등이었다.[25]

전쟁 직후 첫 서울 공연은 군 소속 단체의 전쟁 소재 작품이었다. 1950년 7월 15일부터 부민관에서는 조선인민군 예술극장과 인민군협주단[26]이 공연을 하였다. 연극은 밤에 우크라이나 작가 와씨 쏘보그 작, 윤홍기 연출로 〈제2전선의 배후〉(4막5장)가 공연되었다. 이 작품은 장막으로 모든 배역들이 인민군 장교복을 입고 공연하였다.[27] 또한 강호 장치와 주영진 조명 등 무대 방식이나 주제의식이 북한 사회주의 사실주의 연극의 발전에 영향을 끼친 것으로 평가된 작품이었다.[28] 인민군 협주단은 낮에 합창 〈김

---

25 이 당시 북한에는 지역별 극단과 예술분야별 단체들이 있었다. 북조선가극단(1947.5), 중앙교향악단(1945), 국립합창단(1946.7), 정지수 무용연구소(1947.9), 조선고전악 연구소(1947.4)는 1948년 2월 18일에 국립가극장으로 통합하였다가 1948년 12월에 '국립예술극장'으로 개칭된다. 그 외 평양가무단, 평양모란봉예술단, 중앙예술공작단, 조선인민군협주단은 현재까지 이름만 바뀌었을 뿐 활동하고 있는 단체이다. 리히림, 『해방 후 조선음악』, 조선작곡가중앙위원회, 1956, 157~158쪽.

26 조선인민군협주단은 북한 군 전문예술단체로 1947년 4월 조선인민군 보안간부훈련대대 협주단으로 창립한 뒤, 1948년 2월 현 이름으로 개칭되었다. 군 예술 단체 중 가장 높은 수준과 규모를 지닌 단체이다. 300명 정도의 작가, 음악, 미술, 무용, 연극 분야의 예술가들이 가요, 민요, 무용, 성악, 단막극을 비롯한 연극, 가극까지 공연예술 전 분야에 걸친 공연을 하고 있다. 전영선, 『북한의 문학예술 운영체계와 문예이론』, 역락, 2002, 85쪽.

27 「서울 점령 인민군' 해방경축' 연극 공연-6·25 당시 '제2전선의 배후' 공연안내 프로그램 본지 단독 입수」, 『경향신문』, 1999.1.29, 19면.

일성 장군의 노래〉, 〈어머니의 노래〉, 〈압록강〉과 춤〈해방된 마을에서의 휴식〉, 관현악을 상연하였다. 이들 공연은 입장료가 무료였다.[29] 이후 인민군 예술극장은 부민관에서 8월 1일에 쏘련작가 르 레오노브의 〈조국을 지키는 사람들〉(4막5장)을 상연하기도 하였다.[30] 장막의 소련 번역극이 선별된 것은 규모와 사회주의 세계관을 감화시키기 위한 전략적 구성이었다.

평양시 위문단의 경우 리학수의 인솔 하에 평양시민과 예술대표 146명으로 구성되어 7월 19일에 서울에 도착하였다. 이들은 평양의 여러 단체가 연합한 형태로 북한 예술의 우월함을 드러내기 위한 레퍼토리 위주로 움직였다. 7월 23일 동양극장에서는 평양시 민청 학생 써클의 음악과 무용 발표가 있었는데, 그 내용은 친선단결을 소망하는 것이었다. 같은 날 '국립극장'[31]은 시공관에서 김일용 연출의 번역극〈흑인 부베르 중위〉를, '시립극장'은 국도극장에서 김태진 작, 라웅 연출, 김일영 무대로 〈리순신 장군〉을 각각 상연하였다.[32]

〈리순신 장군〉은 이미 여러 번 수정된 작품이었다.[33] 1950년 당시

---

28 황철, 「애국주의적 사상 교양자로서의 연극 예술의 사회 인식적 기능을 더욱 제고시키자」, 『생활과 무대』, 국립출판사, 1956, 17쪽; 김일영, 「무대 미술의 발전을 위하여」, 『생활과 무대』, 국립출판사, 1956, 93쪽.

29 「인민군예술극장, 인민군 협주단 서울공연 대성황」, 『노동신문』, 1950.7.22.

30 「인민군예술극장 제2회 공연〈조국을 지키는 사람들〉 오늘부터 전 부민관에서 상연」, 『해방일보』, 1950.8.1.

31 1946년 5월 23일에 국립연극단으로 창립되었던 연극단체로 1947년에 국립극장으로 개칭되었다가, 이후 국립연극단으로 바뀌었다. 전영선, 앞의 책, 79쪽.

32 「평양시 위문단공연 서울시민들 절찬」, 『해방일보』, 1950.7.25; 「민주문화의 향연, 평양시위문단공연대성황」, 『조선인민보』, 1950.7.27.

33 1946년 5월 20일 김태진 작, 안영일 연출, 김일영 장치, 김순남 음악으로 조선예술극장에서 〈임진왜란〉(6막)을 공연하였고, 1946년 10월 31일부터 김태진, 안영일, 김일영이 예술극장에서 〈충무공 이순신〉(4막4장)을 공연한다. 이후 1948년 8월 〈리순신 장군〉

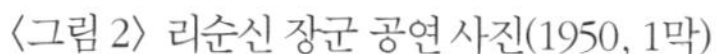

〈그림 2〉 리순신 장군 공연 사진(1950, 1막)

〈그림 3〉 리순신 장군 무대 스케치 (1948, 1막 2장)

공연은 〈그림 2〉을 참조하면, 군인들은 무대 전면에 배는 후면 중앙에 원근감을 살려 배치하고, 무대 왼쪽에는 좌수영을 오른편에는 깃발과 대포 등 사실적인 소품을 사용하였다.[34] 이는 1948년 무대 1막 2장 스케치 〈그림 3〉[35]와 유사하며, 1950년 공연 무대가 1948년 무대를 기반으로 진행하였음을 확인시켜준다. 한편 〈리순신 장군〉의 무대 스케치는 1947년(정순모)과 1954년(김일영) 작품으로도 남아있는데[36] 1947년-

---

공연(1948.8.15)과 작품집 발간으로 월북 후 김태진이 이전 작품을 개작 여부에 대한 상이한 논의가 있다. 전지니, 「우상에 갇힌 민족연극의 구상－김태진의 〈리순신장군〉(1948)에 대한 소고」, 『한국문학이론과 비평』 56, 한국문학이론과 비평학회, 2013; 문경연, 「월북예술인 김태진과 발굴희곡 〈임진왜란〉(1946)고찰」, 『한국극예술연구』 40, 한국극예술학회, 2013.

김태진의 〈리순신 장군〉은 이미 1948년 1월 9일부터 2월 8일까지 인민예술극장이 공연한 기록이 있다. 『민주조선』, 1948.1.28. 같은 해 8월에 공연된 것이 이를 보완한 최종 형태로 판단된다.

34 김일영은 스타니슬라브스키의 이론을 무대 미술로 적용하기 위해 애썼다. 그는 무대미술은 사실주의적 형상화와 생활의 반영을 해야 한다고 주장하였다. 그 구체적 방법으로 얼굴, 의상, 장신구 등의 섬세한 표현이나 원근법을 살린 무대 장치에 대한 논의를 펼쳤다. 김일영, 「무대미술에 있어서의 사실주의」, 『무대미술과 사상성』, 국립출판사, 1955, 152~172쪽 참조.

35 김태진, 『리순신 장군』, 국립조선인민출판사, 1948.

36 김일영, 『무대미술』, 조선예술사, 1959(엄국천, 「배우 황철 연구」, 중앙대 석사논문, 1999, 118쪽 재인용).

1950년-1954년 사이 무대는 좌수영과 거북선의 세밀하게 표현하는 것으로 변화하였다. 시립극장의 〈리순신 장군〉(1950)은 많은 인물의 등장과 사실적인 무대 장치 구현 등 규모가 큰 공연이었다.

평양시 위문단은 제 2차 중앙공연을 하였다. '평양시립극장'은 국도극장에서 유기홍의 〈원동력〉을, '국립극장'은 시공관에서 함세덕 작, 안영일 연출 〈산사람들〉을 상연하였고, 8월 9일부터 단막극 뜨레제오브작 〈그 여자의 길〉을 공연하였다. 〈그 여자의 길〉은 1947년 10월 초연된 작품으로, 혁명에 충실한 여 주인공의 개성적인 표현과 반혁명적인 행동들에 대한 폭로로 주목을 받았었다.[37] 평양시 위문단이 7월 23일부터 30일까지 진행한 공연의 누적 관객 수는 연극만 총 13,766명으로 대규모 동원 공연이었다.[38] 이들은 서울에 20여 일 동안 머무르며 연극, 영화, 만담, 사진전람, 민주도서열람 등의 행사도 주최하였다.[39]

전쟁 초창기 서울에서는 2~3일 시간차를 두고, 여러 공연단이 부민관, 동양극장, 시공관, 국도극장 등에서 유사한 형태로 공연을 진행하였다. 이들의 공연은 대부분 무료였으며, 규모가 큰 단체 혹은 연합된 단체들의 공연의 경우 종합 예술적 형태(노래, 연주, 연극 등)로 진행되었다. 이 시기 무대화 된 연극은 전쟁이전에 공연되었던 소련 번역극이 대부분이었다. 연극 장르의 특성상 대본작성 및 배우 연습이 필요한데, 이 시기는 신작을 창작하고 연습할 만한 시간이 부족하였기에 주제의식이 검증된 작품 위주로 올릴 수밖에 없었다. 또한 대규모의 사실적

---

37 리령, 「해방후 연극 예술의 발전」, 『빛나는 우리 예술』, 조선예술사, 1960, 45쪽.
38 「평양시위문단 제2차 중앙공연」, 『해방일보』, 1950.8.4.
39 「피끓는 적개심을 앙양시킨 열연의 성과에 감사」, 『조선인민보』, 1950.8.13.

인 무대 장치를 통해 문화과시의 한 면모를 드러내기도 했다. 무료 공연은 서울에 남았던 이들의 눈귀를 모으는 계기가 되었으며, 대규모 공연단의 다양한 장르 전파는 북한의 문화발전 면모를 선전하기 위함이었다. 이는 음악평론가, 극작가, 배우 등 전문예술인들이 매체에 발언하는 부분[40]에서도 확인된다. 이들은 북한의 공연이 높은 수준임을 주지시키는데 기여했다. 결국 대규모 극장 공연은 공연 형태와 전문가의 포섭으로 남과 북의 문화적 격차를 상기시키는 역할을 하였다.

서울에 내려온 공연 단체들은 '이동위문 공연' 이란 명칭으로 극장 뿐 아니라 병원, 직장으로도 관객을 찾아갔다. 1950년 7월 19일까지 평남도 예술단체와 여맹직장 문화 써클 단체들은 부상병이 있는 병원에서 공연하였다.[41] 인민군 협주단은 8월 2일까지 소, 중 편대로 나뉘어 인민군 부대와 야전병원에서 공연활동을 하였다. 평양시위문단도 부상병사와 공장을 찾아 이동공연[42]을 하여 일의 능률을 올리기 위해 노력하였다. 〈그림 4〉는 약초 공장에서 한복을 입은 여가수가 관객 앞에 서 있는 장면이다. 여기서는 배우의 자세(손을 앞으로 모아서 가창하는 태도)와 공장 직원의 경청하는 자세가 확인된다. 노래를 듣는 모습이 진지하기까지 하다. 자의적인 공연 참석은 아니었겠지만 한 장소에 모여 같은 내용을 공유하였음을 알 수 있다.

〈그림 4〉 약초공장 위문 공연

40 「혁혁한 문화발전에 감탄」, 『조선인민보』, 1950.8.5.
41 「각종 선물과 연예공연으로 부상병들을 위문」, 『로동신문』, 1950.7.22.
42 「각 공장을 이동위문」, 『조선인민보』, 1950.8.5.

〈그림 5〉 방쏘예술단의 축하연예

소련에서 공연을 했던 방쏘예술단[43]도 귀국 후, 1950년 8월 29일 연초공장 경축대회에서 첫 선을 보인다. 이 대회는 노동법령 실시 결의문 채택과 모범노동자 표창, 〈김일성 장군의 노래〉 제창이라는 노동자 관련 행사였다. 공식 의례 이후 방쏘예술단 소속 배우들은 음악, 무용으로 위안 격려하였다.[44] 〈그림 5〉 같이 공연자들은 투피스, 양복에 악보를 들고 합창을 하였는데, 외국을 다녀온 이들의 전면 투입은 선진적인 문화를 시청각으로 전파하기 위한 이미지 메이킹이기도 했다.

당대 위안 연예대(예술대) 공연은 다양성이 강조되는 방식이었다. 심지어 전통 장르와 서구 장르도 혼합되어 있었다. 이런 구성은 대중의 취향을 모두 반영하겠다는 목적의식과 연합 공연의 특성 상 일정기간 함께 연습할 시간이 충분치 않았던 정황 때문이었다.

다채로운 볼거리 제시는 위문공연에서 반복적으로 드러났다. 내무성 협주단 역시 해방 5주년을 기념하기 위해 8월 16일부터 국도 극장에서

---

43 방쏘예술단은 문화선전장 허정숙과 박길, 신고송 외 100여 명으로 구성된 단체로, 전쟁 직전인 1950년 6월 7일 평양 출발하여 모스크바, 레닌그라드, 끼예프와 같은 러시아 주요도시 공연하였다. 레퍼토리는 〈스탈린 교성곡〉, 〈김일성 장군의 노래〉, 〈압록강〉 등의 노래, 〈조선노동자의 노래〉 연주, 최승희, 안지희, 김백선의 무용 등이었다. 이들은 7월 31일 평양에 돌아온 뒤 다시 '대남예술공작대'를 꾸려서 서울로 내려와서 7개의 소편대로 나뉜 뒤 인천, 목포, 안동, 여수 등으로 흩어져서 공연하였다. 『조선중앙년감』 1951~1952, 478쪽; 『조선인민보』, 1950.7.4 ; 『조선인민보』, 1950.7.16; 『민주조선』, 1950.8.1.

44 「자재를 아껴 증산에 돌격, 윤태선씨 지도하의 약초공장노동자들 선약」, 『조선인민보』, 1950.9.2.

〈그림 6〉 연예대회의 춤 공연

공연하였다. 합창 〈김일성 장군의 노래〉, 〈인민공화국선포의 노래〉, 〈법성포 배노래〉, 〈방아타령〉, 독창 〈산업건국의 노래〉, 〈밭갈이노래〉, 〈조국보위의 노래〉, 〈진군 또 진군〉, 트럼펫 독주와 취주악 합주, 관현악 등 종합예술위주의 프로그램이 무료로 진행되었다.[45] 이중 〈방아타령〉과 〈법성포 배노래〉는 민요의 선율을 화성과 복성으로 합창화한 데 성공한 곡으로 꼽힌다.[46] 민요 활용 공연이 이후 지속적으로 발견되는 것으로 보아 당시 인기가 높았던 레퍼토리였음을 유추할 수 있다. 시공관에서는 신준원 작 리서향 연출 〈원수에게 죽음을 주라〉, 림화 시 박상진 연출 〈서울〉을 비롯하여 음악, 무용 등의 공연도 이루어진다.[47]

문연의 '위안연예대'는 9월 12일 공화국 건설 2주년을 기념하여 서울 시내의 병원에서 부상병을 위한 공연을 했다. 이 위안연예대는 국립서울예술극장, 국립서울극장, 국립서울민족예술극장이 연합하여 음악, 무용, 예술인들이 포함되어 있었다. 레퍼토리는 계정식 바이올린 독주, 이인범, 한평국, 김형로의 독창, 한영숙의 고전무(그림 6), 정남희의 가야금 산조, 조동성, 임소향, 신숙, 박록주의 남도노래, 이제남의 낭송,

45 함덕일, 『조국해방전쟁시기 음악예술』, 사회과학출판사, 1987, 137쪽.
46 「해방5주년을 경축 내무성협주단공연」, 『조선인민보』, 1950.8.13; 문종상, 「해방후 음악예술의 발전」, 『빛나는 우리 예술』, 조선예술사, 1960, 224쪽.
47 『민주조선』, 1950.8.17.

김창음의 남도창 〈미제완전구축의 노래〉로 구성되었다.[48] 이 역시 서구 악기 연주와 독창, 고전무용과 소리, 시낭송이라는 각기 다른 장르를 나열하는 방식이었다. 여기에는 작창한 소리가 등장하며, 제목부터 목적성이 직접적으로 드러나는 곡이였음이 확인된다. 이렇게 익숙한 곡과 신곡을 혼합 배치한 것은 각인시켜야 할 내용들을 자연스럽게 받아들이고자 하는 고도의 전략이었다.

전쟁 초기 공연은 북한전문예술단체 위주로 진행되었으며, 서울의 대극장에서 북한 예술의 선진성을 부각시키는 것이 최대의 목적이었다. 선진국인 소련에서 공연을 하고온 방쏘예술단이 귀국하자마자 서울에서 공연을 하게 된 것도 이러한 이유 때문이었다.

전쟁 시기 북한 공연은 극장 형태에 따라 주안점을 다르게 하였다. 일반 극장에서의 공연은 인원, 장르, 무대 등을 대규모로 진행하여 선진성과 화려함을 강조하였다면, 병원, 공장 등의 가변 무대에서는 소규모로 진행하여 위문과 격려에 집중하였다. 또한 공연 장르에 따른 섬세한 배치도 있었다. 연극은 전쟁을 직접 다룬 창작 작품 보다는 검증이 완료된 기존 작품을 통해 시대와 상황에 적합한 작품을 올렸다. 노래, 춤, 관현악 연주, 소리 등의 장르를 나열하는 이동예술대 방식은 관객층을 넓히는 동시에 주제의식을 자연스럽게 흡수하는데 기여하였다. 이렇게 극장은 시각적 스펙터클과 문화과시를 형성하는 공간이었다.

---

48 「음악, 무용 등 호화푸로로 부상장병을 정성껏 위안」, 『조선인민보』, 1950.9.15.

4. 소규모 조직을 통한 선동의 극대화

북한 측 중앙 예술단체들의 초기 공연이 대규모로 조직되어 서울 위주로 움직였다면, 이동연예대는 이들을 소편대로 조직하여 각 지역(중부, 동부, 서부)으로 파견하였다. 7월 25일 공연을 끝낸 평양시 위문단은 전체 단원 중 30명을 3대로 편성한 '전선이동공연대'를 각 전선에 파견하였다. 나웅이 인솔한 제1대는 일주일간 인천, 수원, 평택에서 위문공연을 한 뒤 8월 2일 서울에 귀환한다.[49] 내무성 예술극장은 중부전선, 청년예술단은 동부전선, 농민극장은 서부전선으로 움직였다. 이후 전쟁이 장기화 되면서 이동연예대는 평양과 서울에 머무르는 편대와 군대를 따라 낙동강 경계와 남해기슭으로 진출하는 편대로 나누어진다.

그 외에도 다양한 성향의 이동연예대가 조직된다. '농민축하단'은 7월 27일 경기, 강원도 남부, 황해도 3지역에 나누어져 이동하였다. 농민축하단 구성원은 다수확 등으로 공로메달을 받은 모범농민과 농민극단 무대예술가 등 70여 명이었다. 축하단은 이동문고와 사진을 통해 문화생활을 소개하였으며, 농촌복구를 격려하는 연극도 공연하였다. 그 외에 토지조사사업 실시, 농민궐기대회 개최 등을 통해 농촌의 토지개혁에 대한 의의를 다지기도 하였다.[50] '시민청년연예반'의 경우 총 82명이었는데, 9월 10일에 조직되었으며 총 2대로 나뉘어 인민군대와 생산직장에서 노래와 무용을 중심으로 매일 순회 공연했다.[51]

---

49 「전선이동공연대 각지서 계속 활동」, 『해방일보』, 1950.8.7.

50 홍양욱, 「북조선농맹에서 축하단 파견」, 『민주조선』, 1950.8.1.

51 「노래 무용으로 용사들 위안」, 『조선인민보』, 1950.9.14.

예술인 위주의 이동연예대는 '대남예술공작대', '전선경비 사령부 협주단', '예술공작단', '예술공작대'이 있었다. '예술공작단은 단장 심영, 단원 대표 소프라노 조경을 위시하여 전체 인원 100여 명이었다.[52] '예술공작대'는 8백 명의 예술가 및 선전원으로 구성되었으며 130대로 편성되었다. 이중 21개 대는 9월 6일까지 각 지역으로 파견되었으며, 나머지 백여 대도 농촌 각지로 이동하였다. 이들은 촌극, 노래, 춤, 시 낭송 등 다양한 공연을 개최하였다.[53] 공연 장소는 참호, 방공호, 오솔길, 병실 등 유무형의 공간이었다. 이동식 무대에 맞추어 장치, 의상, 대도구, 소도구 등이 제작, 이동되었다.[54] 이동연예대의 주 목적은 군대와 점령주민을 위안 격려하는 것이었다. 군인을 위문하는 공연은 그러므로 당연한 활동이었다. 여기에 소규모 편대로 조직되면서 생산직장과 농촌 순회공연, 농촌 예술 써클 지도, 군중 계몽 사업에 기여하는 선전 활동까지 참여하게 되었다.

직장 내 문화 써클 운동과 같은 소규모 조직도 활성화된다. 문학, 무용, 음악 등의 써클에 가입된 노동자들은 휴식시간과 작업이 끝난 저녁 시간을 이용하여 연습에 참여하였고, 여기서 시, 소설, 수필과 같은 종군 문학도 창작되었다. 성동구의 공장 연극 써클에서는 인민군에 대한 희곡이 상연되었고, 또 다른 공장 써클은 무용, 음악 써클의 활발한 활동으로 20여회에 걸친 인민군위안회와 타 공장 순회공연을 하기도 한다.[55]

52 「인민군 등 위안 예술공작대 출발」, 『조선인민보』, 1950.8.18.
53 「예술공작대, 남반부 각지서 활약」, 『조선인민보』, 1950.9.15.
54 김일영, 「무대 미술의 발전을 위하여」, 『생활과 무대』, 국립출판사, 1956, 93쪽.
55 「서울시 각 직장들에서 예술 써-클 활동개시」, 『민주조선』, 1950.9.15.

신동기 위원장 지도 직장에서는 50여 명의 써클원들이 신고송 〈쌍나무 고개〉를 비롯 다채로운 프로를 상연하였으며, 김상진 직맹 위원장이 지도하는 직장에서는 전기직장 노동자 박창진이 쓴 〈어제와 오늘〉, 〈싸우는 여성들〉의 연극을 상연하였다. 홍덕규 직맹위원장이 지도하는 써클원들은 공동 창작한 연극 〈나의 로－무〉를 상연하였으며, 김유필 지배인이 지도하는 공장에서는 안대성 작 〈박로민 일가〉, 〈인터내슈날〉, 〈승리의 노래〉등 합창곡과 무용 시낭송이 공연되었다. 공장의 증산투쟁을 형상화한 〈5월의 승리자〉나 뗏목을 만들기 위한 상황들을 형상화한 희곡 〈뗏목〉등도 만들어졌다.[56] 이렇게 각 지역의 직장 문화 써클은 음악, 무용, 연극, 문학, 미술, 사진, 영화 등 다양한 장르를 창작하기도 하고, 타 직장에 공연을 하기도 하였다. 또한 소속된 직장 환경을 배경으로 직접 경험이 바탕이 된 사실주의적 작품들을 창작하기도 하였다.

소규모 공연은 보통 각 지역의 민주 선전실에서 진행되었다. 북한은 남한의 북한 체제화를 위해 토지개혁, 각급 인민위원회 구성, 선거, 인민의용군 모집, 공산주의 의식화와 같은 사업들을 추진했다. 이러한 사업이 추진되려면 선전선동사업은 필수적이었다. 선전은 비교적 적은 사람들이 이해할 수 있는 깊이 있는 사상을 전달하는 것이고, 선동은 대중에게 누구나 알고 있는 사실을 이용해 하나의 사상을 이해시키는 활동이다.[57] 민주선전실은 군중선동사업과 문화계통사업을 일상에서 조직하기 위한 목적성을 가진 장소였다. 이 공간의 확산 속도는 상당히 빨

56 『조선중앙년감』 1951～1952, 476쪽.

57 까 깔라슈니꼬브, 리경률 역, 「볼쉐위끼적 선동의 제 기본 특징」, 『선전자』 창간호, 문화선전성출판사, 1949, 100～112쪽.

랐다. 1950년 하반기 794개에서 1951년 상반기에는 북반부 전지역에 12,833개로 늘어났다. 또한 1,723개의 문화 써클 조직이 만들어졌으며, 4,463명의 민주선전실장이 유급으로 배치되었다. 이는 군중 문화 수준의 향상, 농촌문화의 발전, 대중적 정치사업의 강화를 위함이었다.[58] 개체가 늘어나는 속도는 상부의 지향이 확산되는 속도가 빨라졌음을 의미하며, 각 조직의 책임자는 전문직으로 의식화 했던 것이다.

민주선전실에는 고정적인 선전원이 3~6명 가량 있으며, 선전실의 내부 장치는 도서, 잡지, 신문이 책장에 정리 배치되었으며, 신문을 스크랩한 사진첩, 필요한 표어, 벽보, 흑판 등을 배치하였다. 이 곳은 일반 군중에 선전교양을 주는 중심장소로 여기서는 30분 정도 기사를 읽거나 해설해주는 독보회讀報會, 음악회, 무용회, 좌담회, 토론회, 경기대회 등이 열렸다.[59]

> 비록 오늘 밤, 우리들의 극장이 휘황한 전광 대신에 몇 개의 간데라 불이 껌벅이고 배경도 막도 간소한 사간통방의 부락 민주선전실이나 우리들은 결코 섭섭하지 않았다. 원쑤들에 의하여 부서지고 뭉겨지고 찢겨진 천정과 벽과 문짝들을 다시 바르고 매만져 허수히는 보이나 우리들의 머리위에는 우리의 수령 김일성 장군의 초상과 아울러 쓰딸린 대원수와 모택동 주석의 초상이 단정히 걸려있고 오색이 찬찬한 화보들로 장식된 눈부신

58 1951년 8월 30일 내각결정 제321호로 농촌 민주선전실에 관한 규정이 승인되었다. 『조선중앙년감』 1951~1952, 475쪽.

59 국사편찬위원회 편, 「민주선전실을 어떻게 이용할가」, 『북한관계사료집 11-1947~1951』, 1991, 118~125쪽 참조.

> 벽마다에는 또한 가슴을 설레이게 하는 '한 치의 땅도 묵히지 말자' ' 파종은 전선이다' '식량을 전선으로' 등등의 구호들이 있어 도모지 신산하지 않을뿐더러 도리어 기운이 버쩍 용소슴쳐진다.
>
> 더운데도 불구하고 방공막을 꽉 둘러쳐서 숨이 차도록 무더워도 우리들은 조금도 불평이 없다. (…중략…) 방안에 빽빽히 앉고 선 실팍한 백여 명의 젊은이들은 얼마나 훌륭하고 믿음직한 우리들을 신바람 나게 하는 구경꾼들이냐! 그들 하나하나의 얼굴마다 눈동자마다에 투지가 날카롭고 승리에 대한 신심이 샛별처럼 번뜩이는 그들은 모두가 우리나라의 자랑스런 무력이다. 이들을 위하여 우리들의 예술은 창조되는 것이다. (…중략…)
>
> 박수와 갈채 속에서 우리는 농촌 사람들과 한 덩어리가 되어 '증산은 승리의 원천이다' 파봉은 전선이다'라는 구호를 맞부르며 이 8·15의 밤을 즐기는 동시에 8·15의 진의를 굳게 지키며 래일의 새 힘을 돋구는 것이다.[60]

민주 선전실에서 공연은 간데라 불을 밝힌 저녁에 진행되었고, 한여름에도 불빛이 새어나가지 않게 방공막을 둘러쳐야만 했다. 전쟁으로 천정, 벽, 문짝 등이 부서진 부분을 손질한 작은 방이 곧 무대이며, 벽면에는 김일성, 스탈린, 모택동의 초상과 식량에 관련한 선전구호들이 붙어있다. 공연이 올라갈 때, 농민, 군인 백 여 명의 관객으로 공간이 채워질 정도로 인기가 있었다. 공연 끝에는 '증산은 승리의 원천이다', '파봉은 전선이다'와 같은 구호를 선·후창 했다.

소규모의 서클과 공연은 중앙의 지시를 효과적으로 파급하는 하나

---

60 리재현, 「8·15의 농촌공연」, 『문학예술』, 문학예술출판사, 1951, 70~71쪽.

의 기재였다. 특히 민주선전실은 중앙과 지역을 연결하고 극장을 대체하는 등 일상의 흐름이 통제될 수 있는 공간이 되었다. 소규모의 공연은 이동 예술대와 문화 써클에서 주도하였다. 문화 써클은 주 관객과 밀접한 활동을 하는 단체가 맡아 진행하였다. 인민군에게는 인민군 예술단이 공연을 하였고 농민, 청년을 위한 공연단이 조직되었으며 직장 내에서 소규모 조직을 통한 활동들이 이루어졌다. 소규모 단체 조직은 소속된 집단의 분위기와 밀착되면서 체험에 근거한 작품창작의 토대가 되었다. 또한 민주선전실과 같은 극장 외의 공연장 개발은 공감대 조성과 선동을 극대화하는 데에 도움이 되었다. 서클과 민주선전실은 전쟁 시기 가장 효과적으로 활용된 모임과 공간으로 전쟁 이후로도 선동에 기본적인 전략이 되었다.

5. 이상적 모델 제시와 교훈 주입

미국, 중국의 가세와 정전 회담 제안 이후로 한국전쟁은 소수의 전투지와 후방으로 이원화되었다. 그로 인해 공연환경도 소편대 이동 공연과 극장에 소속된 극단들의 후방 공연으로 나누어지게 되었다.

대표적인 소편대 공연은 인민협주단의 공연에서 찾을 수 있다. 이들은 낙동강, 남해, 고산진, 105탱크사단, 강원도, 개성 등 최전방에서 공연하였기에, 야산 중턱, 화물자동차의 적재함과 같은 가설무대를 기본으로 삼았다. 인민군협주단은 군소속의 공연단이었기에 초창기 위문공연의 형태와 그리 다르지 않다. 우선 〈김일성 장군의 노래〉으로 시작하여, 〈끝까지 싸우리라〉라는 마무리 노래의 구성을 지켰다. 여기에 〈영웅들에게 영광이 있으라〉, 〈남해항로〉, 〈반격의 노래〉, 〈승리의 노래〉등과 같은 15종의 합창과 〈정찰병의 노래〉, 〈비행기 사냥군조의 노래〉, 〈우리는 땅크 사냥군〉, 〈간호원의 노래〉, 〈심산속의 오솔길〉, 〈우리 님 영웅 되셨네〉 등 10여종의 중창, 〈전호속의 나의노래〉, 〈동무여 앞으로〉등 8종의 독창, 노래이야기, 노래와 춤, 관현악 등의 레퍼토리가 추가되었다.[61] 이들 노래에는 정서고양, 유토피아 제시와 같은 기존 주제 외에도 전쟁 중 에피소드를 담아낸 스토리텔링형 노래도 다수 등장한다. 이러한 작품들은 일반 군인들의 영웅적인 일상을 작품화하면서 동질감과 공감을 얻어내는 효과를 가지게 되었다.

원래 위치로 돌아온 각 극단들은 1951년에 도합 60편(장막 3편, 단막 45편, 가극 3편, 창극 1편, 방속극 7편)의 창작품을 만들어 낸다. 조선중앙연감에 따르면 1951년 총 공연 횟수는 1,963회이며 관람인원은 787,383명이었다. 작품 내용은 인민군대의 투쟁(17편), 후방인민의 투쟁(17편), 미군의 만행폭로(10편), 빨치산의 투쟁(9편), 조중친선(7편) 등 전쟁이란 상황의 직간접적인 배경이 포함된 것이었다.[62] 후방인민에 대한 작품들은 증산, 파종, 모내기, 반관료 반낭비 증산촉진 등 농촌과 밀접한 것을 소재로 삼았다.[63]

51년 6월 평양에 모란봉지하극장이 건립되면서 극장무대의 공식 공연이 재개되었다.[64] 공연 집단에서 전쟁을 반영한 창작품이 등장한 시

61 함덕일, 앞의 책, 140~141쪽.
62 『조선중앙년감』 1951~1952, 474쪽.
63 「희곡의 날」, 『문학예술』, 북조선문학동맹출판사, 1952.7, 98쪽.

기도 이때부터이다. '국립극장'은 조령출의 〈전우〉(1막, 1951)와 한봉식 작, 안영일 연출 〈탄광사람들〉(3막4장, 1951)을 창작했다.[65]

조령출의 〈전우〉는 1951년 평양에서 진행한 '3·8절 경축대회'에서 박영신(인철모 역), 김양춘(길려 역), 배용(유장의 역), 이대덕(인철 역)에 의해 공연되었다. 이후 1952년 음력설에 중국 천진시 총공회 제1구 공회 문공단工會文工團에서 다시 공연된다.[66] 〈전우〉에는 전쟁에 노출된 마을의 면모가 상세하게 그려진다. 미군의 폭격으로 인해 죽은 아버지 장례를 밤에 겨우 치르는 에피소드의 경우 폭격으로 인한 북한의 일상을 반영한 것이었다. 또한 지주 신분의 남한 측 인물과 젊은 여자를 밝히는 미군(브라운)에 비해 만주에서부터 친분이 있었던 중국군(유장의)의 정의로운 도움을 부각시켜 적과 동지를 확연히 구분하였다. 또한 행동하는 여인(길려, 인민군의 부인)의 희생으로 유격대가 진격의 힘을 발휘하게 된다는 비장함을 보이고 있다. 이 작품은 단막극이면서 10명이 넘는 인원을 효율적으로 배치하여 진행하였으며, 직접적인 전투는 드러나지 않지만 포성과 총소리의 지속적인 음향처리로 인해 전쟁 한가운데 있는 면모를 효과적으로 형상화하였으며, 전쟁에 임하는 자세와 누가 동지인지를 명확하게 알리는 목적을 드러내었다.

〈탄광사람들〉에서는 애국정신, 낙관주의 등을 묘사하였으며, 배우와 연출가가 형식주의적인 과장을 제거하고 사실주의적인 연기를 보

64 리근실, 「위대한 조국해방전쟁시기에 창조된 수령형상문학의 특성」, 『조선어문』, 과학백과사전종합출판사, 2008.1, 14쪽.

65 박종원·류만, 『조선문학개관』 2, 사회과학출판사, 2010, 164~165쪽.

66 조령출, 이열 역, 「전우」, 『평화전선문총』, 문광서점, 1953. 조령출의 이 작품은 현재 북경도서관에서 소장된 중국어 본이 유일하다.

여주기 위해 노력하였다.[67]

'시립극장'에서는 1285고지의 영웅들을 형상화한 윤두현 작 〈소대앞으로〉(3막)을 공연하였다. '인민군 예술극장'은 인민군대의 면모를 박영호 〈푸른 신호〉(1막, 1952)를 통해 드러내었으며, 후방인민의 투쟁을 한태천의 〈고향사람들〉(1막)을 통해서 형상화하였다. 〈푸른신호〉는 세련된 대사, 유머의 삽입이 있어서 재미있지만, 결정적인 스토리가 부재하고, 생활의 일관성이 부족하며, 설명으로 사건을 끌고나가려는 것으로 인해 박력이 없다는 송영의 평가를 받기도 하였다.[68] 이들 작품은 1951년 6월 이후 창작된 것으로 자연주의 수법을 의식적으로 제거하고 평범한 인물들의 감정과 생활 묘사를 드러내려고 애썼다.

'내무성 예술극장'의 경우 연극, 가극, 창극 등 다양한 장르에서 작품을 만들었다. 구체적인 작품으로는 한성 〈어머니와 정찰병〉(1막), 리지웅 〈고지의 별들〉(1막, 1951), 가극 정서천 〈샘터마을의 전설〉, 창극 조령출 작 박상진 연출 〈리순신 장군〉 출전 편(1막)이 있었다.

리지웅의 〈고지의 별들〉[69]은 15명 내외가 등장하는 단막극이다. 극 배경은 비행기 사냥군의 진지로 비행기 격추 임무 수행 중인 부대원이 격추에 실패했을 때 사상에서 문제가 있다는 점을 깨달은 뒤, 마지막에는 여러 대의 비행기를 격추하는 용맹스런 장면으로 마무리된다. 전투를 상세하게 그리고 있으며, 전투원 모두를 영웅화한 것이 특징이다.

---

67 신고송, 「연극에 있어서 형식주의 및 자연주의적 잔재와의 투쟁」, 『문학예술』, 북조선문학동맹출판사, 1952.1.

68 「희곡합평회」, 『문학예술』, 북조선문학동맹출판사, 1952.7, 100~101쪽.

69 리지용, 「고지의 별들」, 『문학예술』, 북조선문학동맹출판사, 1951.10.

그 외에도 김중구 〈새벽에 온 사람들〉은 서울해방과 남한의 패배 묘사, 허준 〈수원회담〉(1950)은 수치스런 모습, 일시적 강점기 때 만행을 폭로한 신고송 작 〈쌍나무 고개〉, 〈한낮에 꿈꾸는 사람들〉이 있었다.

당대 작품들은 3~4가지의 유형으로 유사한 배경 속 인물들이 형상화 되었는데, 그 이유는 51년 3월 11일~12일간에 걸쳐 개회된 북조선 문학예술 총동맹과 남조선 문화단체 총연맹과의 연합중앙위원회가 개최되면서, 문학예술인을 단일한 조직으로 만들고 '자연주의적 요소' 대신 '사실주의'에 입각한 작품 창작이 강조되었기 때문이었다.[70] 17명의 종군작가들은 실제 전선에서 군대의 모습들을 본 뒤, 다시 파견되는 방식으로 작품을 창작하였다. 내용을 살펴보면, 직접적인 전쟁을 다루는 소재도 있지만, 전쟁을 치르지 않는 후방이 어떻게 살아야 하는지에 대한 메시지가 담긴 극의 비중도 상당히 높아졌음이 확인된다.

전쟁 후기는 전선이 고착되고, 중앙예술단체들은 극장무대종합공연으로 돌아오되 필요시 소편대순회공연이 추가로 편성되는 방식으로 진행된다. 이동영사대와 이동예술대는 극장과 구락부를 상실한 농촌을 순회 상연하는 동시에, 전후방의 군대와 중국 부대를 수시로 방문하여 연극 영화를 상연하였다.[71]

국립예술극장은 전쟁 이후 1951년 8월말까지 1년 동안 743회의 공연을 하였다.[72] 국립예술극장 가극단의 대표 단막가극은 〈진격의 노래〉, 〈우물가에서〉(1952), 〈앞마을 뒷마을〉(1952)이었다. 〈앞마을 뒷마

---

70 『조선중앙년감』 1951~1952, 471쪽.
71 위의 책, 476쪽.
72 위의 책, 476쪽.

을〉은 경가극의 대표작품이다. 경가극은 1막 내외의 작은 극을 지칭하는 용어로 경쾌한 음악, 흥미있는 극적 행동, 재치 있는 대사 등 다양한 표현수단들을 통하여 생활을 반영한 작품이다. 이 작품의 작곡가는 리면상으로 노래가 총 8개 등장하며, 한곡 외에는 모두 합창곡이다. 대부분 민요제창형식으로 이루어져있었다. 이 작품은 두 마을의 긍정적인 경쟁과 협력을 통해 자신의 역할을 수행하면 모든 사람들이 잘 살 것이라는 이상적인 주제의식을 담고 있다. 이 작품은 막간가수, 코믹한 상황 설정과 같은 해방기 이전의 막간과 유사한 면모가 들어있으며, 웃음을 통한 희망적 메시지 전달을 하고자 하였다. 이 작품은 중앙무대, 소편대 공연에서도 지속적으로 상연될 정도로 경가극의 원형이 되었다.[73] 즉, 단막가극의 경우 전쟁터가 아닌 마을을 배경으로 하며 남아있는 자들의 생활과 서정을 그려내어 후방에서의 역할을 자각시키는 것을 그 역할로 삼았다.

경가극 외에도 서정가요와 여성중창도 이전의 전투적인 내용보다 생활적인 가사와 노래들로 변화하게 되었다. 여성중창 〈샘물터에서〉와 〈봄노래〉는 큰 인기를 끌었다.[74] 〈봄노래〉는 단막가극 〈우물가에서〉의 주제곡으로 리서향 작사와 리면상의 작곡으로 창작되었다.[75]

〈봄노래〉는 사장조의 6/8박자의 16마디의 곡으로 총 3절로 구성되어 있으며, 중간 중간 의성어를 넣어서 경쾌한 분위기를 조성하였다. 민요조의 친근한 리듬에 아름다운 마을과 조국을 그리는 가사로 인해

---

73 정명문, 「남북한 음악극의 비교연구」, 고려대 박사논문, 2013, 85~97쪽 참조.
74 강철부 편, 『조국해방전쟁시기 음악예술』, 사회과학출판사, 1987, 134~143쪽.
75 리면상, 『리면상가요곡선집』, 조선작곡가동맹중앙위원회, 1957, 80쪽.

〈악보 3〉 봄노래(리서향 작사, 리면상 작곡)

전쟁의 처절함 보다는 애국심을 높이며 서정적인 면모를 북돋게 하는 곡이였다. 리면상이 창작한 대중가요들은 친근한 리듬인 민요조의 형태가 대부분이며, 이러한 곡들은 가극 외에도 자주 불려졌다. 작사는 군인들이 음을 따라 붙였다는 에피소드가 있다.

〈샘물터에서〉의 경우 라장조의 2/4박자로 22마디의 곡이다. 이 작품의 경우 마을처녀와 군인과의 애교스런 장면을 목격한 간호병의 작사로 먼저 만들어졌으며, 이후에 국립예술극장의 작곡가의 손에 만들어졌다. 제일 처음 공연된 곳은 평양모란봉지하극장무대였으며, 처음부터 여성중창으로 구성되었다.[76] 이곡은 밝고 경쾌한 리듬에 장면을 상상할 수 있는 가사들로 인해 이후 여성중창무대에는 반드시 포함되

76 원민향 편, 『전시가요 유래집』, 문학예술출판사, 2013, 127~128쪽.

었다. 이 두 곡에서 확인되는 것은 전쟁에 관련된 내용들이 전면화 되지 않고, 생활의 일부로 그려지게 되었다는 것이다.

인민군협주단은 민족적인 선율과 장단, 억양의 특성을 구현한 민요 제창, 독창, 민족 악기 합주 등 민족음악의 비중을 높인다. 인민협주단은 전선에서 3개의 소편대를 구성하여 기동공연을 지속적으로 하였다. 1952년 7월 협주단 전체에게 훈장과 메달을 수여하기도 하였다.[77]

국립예술극장의 고전악단은 창극을 손질하고, 새민요, 경악극이란 형식도 만들었다. 경악극은 전시환경에 맞는 형식으로 인해 전선과 후방의 기동소편대 공연에서 주로 공연되는 종목이었다.[78] 공연 내용은 전시 상황의 비감함을 감정적으로 선동하는 것과 후방에서의 모범적인 생활로 나뉘어졌다.

지방예술 단체들은 각 도에서는 예술경연대회를 조직하였고, 신인 육성사업도 진행하였다. 그중 강원도에서 활발한 활동을 벌였다. 강원도 도립예술극장은 가극〈고향의 바다〉(3막), 〈봄〉(2막), 교성곡〈백두산〉〈싸우는 우리 마을〉, 노래와 춤〈모든 것을 전선에로〉와 같은 작품들을 700여석의 지하극장을 거점으로 공연하였다. 강원도 이동예술대에서는 스케치〈승리를 향하여〉와 〈고향땅을 지키는 사람들〉, 합창〈아세아는 일떠섰다〉〈평화투사의 노래〉, 도농민이동예술대도 스케치, 가요 등을 창작하였다. 그 외 황해도는 스케치, 노래 등을 창조하였으며, 평안남도는 합창, 중창, 독창, 스케치 등을 공연하였으며,

---

77 강철부 편, 앞의 책, 146쪽.

78 리히림 외, 『해방후 조선음악』, 문예출판사, 1979, 122쪽.

평안북도는 가극, 경가극 등을 자강도에서는 합창, 스케치를 함경북도는 가극, 합창, 함경남도는 경가극, 합창 등을 창작하였다.[79]

각 지역 공연에서 확인되듯 다양한 예술장르가 혼합된 무대 방식은 여전히 유지되고 있었다. 이동예술대의 주 공연 장르는 합창, 가요였으며 창작자의 역량과 단체의 규모에 따라 가극이 추가되는 형태였다. 특히 대규모의 극장 소재의 단체들은 극의 형태를 반드시 공연하였다. 여기에 추가된 신생 장르는 경가극이었다. 이렇게 이동예술대는 합창, 중창, 독창, 단막극으로 된 가극, 스케치, 노래와 춤과 같은 간편한 형식의 작품들을 대부분 새롭게 창작하여 공연의 기동성을 보장하였다. 중앙극단에서 분리된 소편대 공연단은 각자 레퍼토리를 지녔으며, 전시가요와 단막가극을 활용하여 짧은 시간 안에 효과적인 구성을 꾀하였다.

소편대 공연들은 최전선에서 프로파간다의 역할을 수행하였는데, 그 성과를 인정받아 중앙으로 공유되는 양이 점차 늘어났다. 특히 평양모란봉지하극장이 재 건립된 후로는 공연을 통해 정서를 공유하고 재분배하는 구조도 강화되었다. 당국에서 좋다고 인정한 작품은 전후방 구분 없이 여러 극단에서 공유되었다. 또한 한문에서 한글로, 일상생활을 반영한 언어를 활용[80]하여 즉각적인 이해를 돕기 위한 형식 정렬이 이루어졌다.

이렇게 극장은 전쟁의 위험을 시각화시키는 공간인 동시에 후방 인민이 취해야 할 태도를 교육시키는 장이었다. 특히 단막가극은 이완과

79 강철부 편, 앞의 책, 149～151쪽.

80 리근실, 「위대한 조국해방전쟁시기에 창조된 수령형상문학의 특성」, 『조선어문』, 과학백과사전종합출판사, 2008.1, 9～11쪽.

재충전에 적합한 방식이었다. 적에 대한 적개심 유지와 웃음이라는 이중 지향은 1950년대 북한 공연의 이중성을 보여주는 직접적인 사례이기도 하다.

6. 결론을 대신하여

북한은 한국 전쟁기의 상황 변화에 따라 극장의 기능을 변화시켰다. 한국 전쟁 초기 극장은 대규모 인원을 동원하고, 북한의 뜻을 전파하는 공간이었으며, 북한문화의 우수성을 증명하는 곳이었다. 초창기 전문 극장에서는 전쟁 이전에 창작된 연극, 노래, 무용 등 종합 예술을 나열하는 공연 형태를 보여주었다. 각종 대회의 전 후에는 반드시 노래를 불러 대회의 취지를 받아들일 수 있는 감성적 토대를 쌓는 것이 기본 전략이었다. 이는 동원과 같은 직접적인 목적을 달성하는데 기여하였다. 또한 공연장에서는 검증된 레퍼토리와 이념을 드러내는 번역극 등을 통해 사회주의 문화를 선전하고 교육하고자 했다.

전선의 변화로 극장을 대체하는 공간들도 생겨났다. 이동연예대는 기존의 극장 외에 민주선전실, 학교, 공장, 병원, 군부대 등에 파견되어 공연을 진행하였다. 각 계층의 생활에 밀착된 소규모 공연과 자생적인 써클 활동을 통한 자치적인 창작활동은 이후 북한의 기본 전략이 되기도 했다. 군인, 농민, 청년, 여성, 기술자들은 최전방 혹은 생산의 핵심 역할을 담당했기에 당국이 원하는 각각의 이상적인 모델 제시를 통한 공감대 조성이 필요했다. 이는 곧 선동을 극대화하는데 기여할 것이란 판단의 근거가 되었다. 소규모 조직은 중앙과 지역을 잇는 역할을 하면서 실제에 근거한 작품 생산이 이루어지는 토대가 되었다. 이는 전쟁이라는 특수한 시기를 잘 활용한 전략이었다. 움직이는 극장에서는 전쟁 경험을 바탕으로 창작한 단막극과 전시가요가 공연되었다. 이를 통해 군인의 애국적인 면모, 전쟁 책임 소재, 후방 인민의 자세 등 변화하는 정책과 이상적인 인간상을 반복적으로 주입하게 되었다.

전선이 고착되고 휴전협정이 진행되면서 예술단체들은 기존의 극장으로 돌아온다. 극장은 후방의 인민에게 전쟁 체험을 통한 교훈을 전달하는 공간이 되어야 했다. 그러기에 대규모 극장이 신설되었으며, 예술단체들이 정돈되었고, 공연된 작품들은 합평회를 통해 검증, 수정되어야 했다. 특히 '자연주의적 요소' 대신 '사실주의'에 입각한 작품 창작이 강조되면서, 전쟁을 전면화하기 보다는 후방 인물들의 삶을 통한 교훈적 메시지가 담긴 극들의 비중이 점차로 높아지게 되었다. 또한 경가극과 같은 새로운 형식도 나타나게 된다.

한국전쟁 시기 북한은 극장을 선동과 공감의 매개체로 활용하였다. 극장은 대규모 공연과 선진성을 통해 체제의 조직력을 과시하는데 최적의 공간이었다. 북한은 전쟁 초기 남한 관객을 극장에 끌어와 공연을 통해 압도하였고 정책을 주입, 동원하였다. 이러한 극장에 대한 인식과 기준은 이후 1950년대 북한 공연 방향을 결정하는 기준이 되었다.

이렇게 한국 전쟁 시기 북한의 공연은 체제 선전을 위해 대중의 속성을 이해하였으며, 극장은 국가와 민중을 사로잡기 위한 공간이었다.

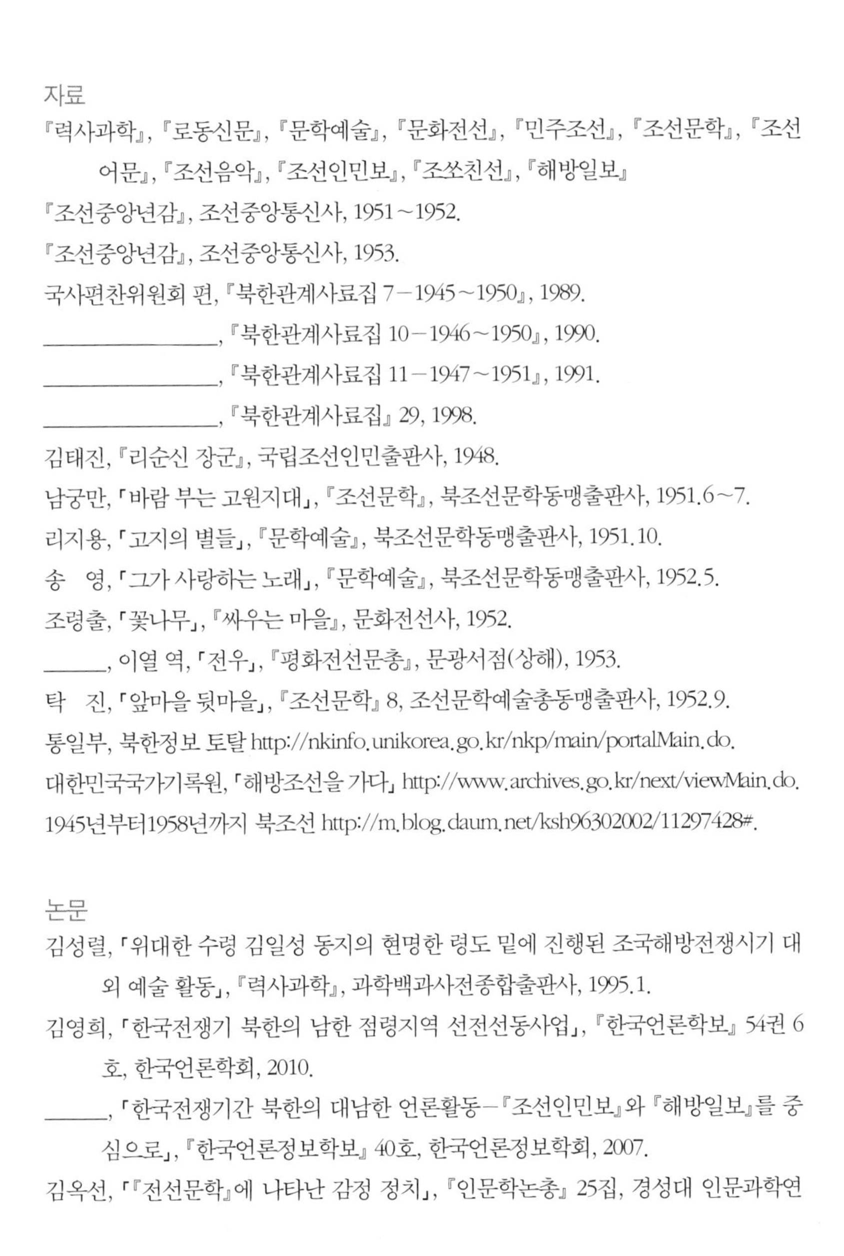

참고문헌

자료

『력사과학』, 『로동신문』, 『문학예술』, 『문화전선』, 『민주조선』, 『조선문학』, 『조선어문』, 『조선음악』, 『조선인민보』, 『조쏘친선』, 『해방일보』

『조선중앙년감』, 조선중앙통신사, 1951~1952.

『조선중앙년감』, 조선중앙통신사, 1953.

국사편찬위원회 편, 『북한관계사료집 7-1945~1950』, 1989.

________________, 『북한관계사료집 10-1946~1950』, 1990.

________________, 『북한관계사료집 11-1947~1951』, 1991.

________________, 『북한관계사료집』 29, 1998.

김태진, 『리순신 장군』, 국립조선인민출판사, 1948.

남궁만, 「바람 부는 고원지대」, 『조선문학』, 북조선문학동맹출판사, 1951.6~7.

리지용, 「고지의 별들」, 『문학예술』, 북조선문학동맹출판사, 1951.10.

송 영, 「그가 사랑하는 노래」, 『문학예술』, 북조선문학동맹출판사, 1952.5.

조령출, 「꽃나무」, 『싸우는 마을』, 문화전선사, 1952.

______, 이열 역, 「전우」, 『평화전선문총』, 문광서점(상해), 1953.

탁 진, 「앞마을 뒷마을」, 『조선문학』 8, 조선문학예술총동맹출판사, 1952.9.

통일부, 북한정보 토탈 http://nkinfo.unikorea.go.kr/nkp/main/portalMain.do.

대한민국국가기록원, 「해방조선을 가다」 http://www.archives.go.kr/next/viewMain.do.

1945년부터1958년까지 북조선 http://m.blog.daum.net/ksh96302002/11297428#.

논문

김성렬, 「위대한 수령 김일성 동지의 현명한 령도 밑에 진행된 조국해방전쟁시기 대외 예술 활동」, 『력사과학』, 과학백과사전종합출판사, 1995.1.

김영희, 「한국전쟁기 북한의 남한 점령지역 선전선동사업」, 『한국언론학보』 54권 6호, 한국언론학회, 2010.

______, 「한국전쟁기간 북한의 대남한 언론활동-『조선인민보』와 『해방일보』를 중심으로」, 『한국언론정보학보』 40호, 한국언론정보학회, 2007.

김옥선, 「『전선문학』에 나타난 감정 정치」, 『인문학논총』 25집, 경성대 인문과학연구소, 2011.
김일영, 「무대미술에 있어서의 사실주의」, 『무대미술과 사상성』, 국립출판사, 1955.
김정수, 「한국 전쟁 시기 북한 연극의 공연양상 연구－인물과 연기를 중심으로」, 『북한연구학회보』 14－1, 북한연구학회, 2010.
김진기, 「반공호국문학의 구조」, 『상허학보』 20집, 상허학회, 2006.
김하영, 「선전 선동 사업을 대중적으로 더욱 깊이 침투시키자」, 1949, 『북한관계사료집 11－1947～1951』, 국사편찬위원회, 1991.
리광철, 「조국해방전쟁시기 대외 선전예술활동」, 『조선예술』, 문학예술출판사, 2003.7.
리근실, 「위대한 조국해방전쟁시기에 창조된 수령형상문학의 특성」, 『조선어문』, 과학백과사전종합출판사, 2008.1.
배개화, 「『전선문학』에 나타난 한국전쟁의 이데올로기와 전쟁 체험의 문학화 방식」, 『개신어문연구』 28집, 개신어문학회, 2008.
배경식, 「남한지역에서 북한의 전시동원」, 『한국전쟁사의 새로운 연구』2, 국방부군사편찬연구소, 2002.
북조선노동당중앙본부 선전선동부, 「민주선전실을 어떻게 이용할가」, 『선전원수첩』 제10～11호, 1947.12.
서용선, 「한국 전쟁 시 점령정책 연구」, 『점령정책, 노무운용, 동원』, 국방군사연구소, 1995.
엄국천, 「배우 황철 연구」, 중앙대 석사논문, 1999,
윤두헌, 「극문학과 그 무대형상에 대하여」, 『문학예술』, 문예총출판사, 1953.2.
이영미, 「낙동강에서 입영열차까지－노래 속의 군인 표상과 그 의미」, 『한국문학연구』 46, 동국대 한국문학연구소, 2014.
전지니, 「우상에 갇힌 민족연극의 구상」, 『한국문학이론과 비평』 58, 한국문학이론과 비평학회, 2013.
정명문, 「남북한 음악극의 비교연구」, 고려대 박사논문, 2012.
조은정, 「한국전쟁과 문화(인)의 배치－"적치 90일"의 선전선동사업과 문화공작대 활동」, 『반교어문연구』 38, 반교어문학회, 2014.

단행본

강철부 편, 『조국해방전쟁시기 음악예술』, 사회과학출판사, 1987.
김응교, 『이찬과 한국 근대문학』, 소명출판, 2007.

로익화 편, 『(전시가요집)결전의 길로』, 문학예술종합출판사, 1989.
리 령 외, 『빛나는 우리 예술』, 조선예술사, 1960.
리면상, 『리면상가요곡선집』, 조선작곡가동맹중앙위원회, 1957.
리히림 외, 『해방 후 조선음악』, 문예출판사, 1979.
______, 『해방 후 조선음악』, 조선작곡가중앙위원회, 1956.
미래사 편, 『김일성 저작집 6－1971～1973』, 미래사, 1971.
박종원・류만, 『조선문학개관』, 사회과학출판사, 2010.
서동수, 『한국전쟁기 문학담론과 반공프로젝트』, 소명출판, 2012.
서우석 외, 『1945년 이후 북한의 음악에 관한 연구』, 서울대 사회과학연구소, 1989.
신영덕, 『한국전쟁과 종군작가』, 국학자료원, 2002.
오정애・리용서, 『조선문학사 10－해방후편 평화적 민주건설시기』, 사회과학출판사, 1994.
원민향 편, 『전시가요 유래집』, 문학예술출판사, 2013.
장을병, 『옹이 많은 나무』, 나무와숲, 2010.
전영선, 『북한의 문학예술 운영체계와 문예이론』, 역락, 2002.
통일연구원 편, 『2009 북한개요』, 통일연구원, 2009.
함덕일, 『조국해방전쟁시기 음악예술』, 사회과학출판사, 1987.
황 철 외, 『생활과 무대』, 국립출판사, 1956.
구스타브 르봉, 이재형 역, 『군중심리』, 문예출판사, 2013.

◎초출일람

파시즘과 민족사이야기–일제 말기 역사극이 '민족'을 기억하는 방식

이상우, 「파시즘과 민족사이야기」, 『한국문학이론과 비평』 61, 한국문학이론과비평학회, 2013.

점령지 상하이 사람의 자화상 그리기–리젠우(李健吾)의 번안극 〈진샤오위(金小玉)〉에 숨겨진 의미

오명선, 「점령지 상하이 사람의 자화상 그리기–리젠우(李健吾)의 번안극 〈진샤오위 金小玉〉에 숨겨진 의미」, 『중국어문논총』 65, 중국어문연구회, 2014.

결혼이라는 불온한 제도–일제 말기 국민연극에 나타난 결혼

이주영, 「결혼이라는 불온한 제도–일제 말기 국민연극에 나타난 결혼」, 『우리문학연구』 47집, 우리문학회, 2015.

항일조선인 병사의 연극

윤진현, 「항일조선인 병사의 연극」, 『세계문학비교연구』 50, 세계문학비교학회, 2015.

두 개의 조선, 혁명과 전쟁 사이–남궁만 〈홍경래〉(1947)의 전후

양근애, 「두 개의 조선, 혁명과 전쟁 사이–남궁만 〈홍경래〉(1947)의 전후」, 『한국극예술연구』 45, 한국극예술학회, 2014.

월경과 전향 사이–박현숙 희곡 〈사랑을 찾아서〉(1960) 연구

백두산, 「월경과 전향 사이 : 박현숙 희곡 〈사랑을 찾아서〉(1960) 연구」, 『한국극예술연구』 47, 한국극예술학회, 2015.

전시체제기 연극통제시스템의 동원정치와 효과

이승희, 「전시체제기 연극통제시스템의 동원정치와 효과」, 『상허학보』 41, 상허학회, 2014.

『文化朝鮮』(1939~1944)의 미디어 전략과 제국의 디스플레이

문경연, 「『文化朝鮮』(1939~1944)의 미디어 전략과 제국의 디스플레이-조선의 연극·영화 기사를 중심으로」, 『한국문화연구』 46, 동국대 한국문화연구소, 2014.

극단 낭만좌, 좌파 연극인들의 존재 방식

이민영, 「극단 낭만좌, 좌파 연극인들의 존재 방식」, 『한국극예술연구』 46, 한국극예술학회, 2014.

전쟁과 연예-전시체제기 경성에서 악극과 어트랙션의 유행

이화진, 「전쟁과 연예-전시체제기 경성에서 악극과 어트랙션의 유행」, 『한국학연구』 36, 인하대 한국학연구소, 2015.

철로와 부속지가 형성한 중국 동북지역의 초기 영화문화

장동천, 「철로와 부속지가 형성한 중국 동북지역의 초기 영화문화」, 『중국학논총』 46, 고려대 중국학연구소, 2014.

일제 말기 조선 극단의 만주 순회공연

이복실, 「일제 말기 조선 극단의 만주 순회공연 연구」, 『한국극예술연구』 45, 한국극예술학회, 2014.

동원된 미디어, 전시체제기 만담부대와 만담가들

배선애, 「동원된 미디어, 전시체제기 만담부대와 만담가들」, 『한국극예술연구』 48, 한국극예술학회, 2015.

만영 영화의 하얼빈 표상-리샹란 주연 〈나의 꾀꼬리〉(1944)론

와타나베 나오키, 「만영 영화의 하얼빈 표상-리샹란 주연 〈나의 꾀꼬리〉(1944)론」, 新稿.

전시의 극장, 선동과 공감의 매개체-한국전쟁 시기 북한의 공연활동을 중심으로

정명문, 「전시의 극장, 선동과 공감의 매개체-한국전쟁 시기 북한의 공연활동을 중심으로」, 『한국극예술연구』 48, 한국극예술학회, 2015.

◎필자 소개

이상우 李相雨, Lee, Sang Woo

고려대학교 국어국문학과 교수이다. 주요 논저로는 『유치진 연구』(1997), 『근대극의 풍경』(2004), 『우리연극 100년』(2005, 공저), 『세기말의 이피게니아』(2006), 『식민지 극장의 연기된 모더니티』(2010) 등이 있다.

오명선 吳明善, Oh, Myeong Seon

고려대학교 중어중문학과 박사과정을 수료했다. 주요 논문으로는 「中國現代話劇在韓國」(2011) 등이 있다.

이주영 李柱咏, Yi, Joo Young

서울과학기술대학교 강사이다. 주요 논문으로 「광무대연구－제국의 시선으로 비껴간 근대 극장」(2012), 「일제 말기 조선영화와 연설의 정치학」(2012) 등이 있다.

윤진현 尹振賢, Youn Jin Heon

인하대학교 강사이다. 주요 논저로는 『공연을 이해하면 인간이 사랑스럽다』(2013), 『희곡, 어떻게 읽을 것인가』(2014), 「유치진 희곡 〈토막〉의 공연성 연구」(2014), 「연극인 홍사용 연구」(2014) 등이 있다.

양근애 梁槿愛, Yang, Geun Ae

서울대학교 강사이다. 주요 논문으로는 「해방기 연극, 기념과 기억의 정치적 퍼포먼스」(2009), 「일제 말기 역사극의 감성적 문화정치」(2013), 「일제 말기 송영 희곡의 역사적 시간성」(2013) 등이 있다.

백두산 白斗山, Baek, Doo San

홍익대학교 강사이다. 주요 논저로는 『윤백남 선집』(2013, 책임편집), 「식민지 조선의 상업・오락 공간, 종로 권상장(勸商場) 연구 : 1920년대를 중심으로」(2013), 「전후 희곡에 나타난 전쟁미망인의 '자기갱신'문제 : 임희재 희곡 〈꽃잎을 먹고 사는 기관차〉 연구」(2013) 등이 있다.

이승희 李承姬, Lee, Seung Hee

고려대학교 민족문화연구원 HK연구교수이다. 주요 논문으로는 「식민지조선 흥행시장의 병리학과 검열체제」(2012), 「계몽의 감옥과 근대적 통속의 시간」(2013), 「박영호의 연극, 대중극의 젠더」(2014), 「연극/인의 월북 : 전시체제의 잉여, 냉전의 체제화」(2014) 등이 있다.

문경연 文京蓮, Moon Kyoung Yeon

동국대학교 다르마칼리지 강의초빙교수이다. 주요 논문으로는 「재일 한국인 극작가 정의신의 낯선 역사 재현」(2012), 「초기 여성국극의 장르 정착과 서사적 특징 연구-〈황금돼지〉를 중심으로」(2013), 「무대 위의 러시아, 번역된 고리키-고리키의 〈나 드네 (На дне)〉에서 함대훈의 〈밤주막〉까지」(2014) 등이 있다.

이민영 李旼映, Lee, Min Yeong

경북대학교 강사이다. 주요 논문으로는 「카프의 연극대중화론과 정치연극의 대중적 형식」(2010), 「대중극의 정치학, 박영호의 전략」(2012), 「프로연극운동의 또 다른 지층-민병휘와 개성 대중극장」(2014) 등이 있다.

이화진 李和眞, Lee, Hwa Jin

인하대학교 한국학연구소 HK연구교수이다. 주요 논저로 「'기모노'를 입은 여인-식민지 말기 문화적 크로스드레싱의 문제」(2012), 『조선영화와 할리우드』(2014, 공저), "Liberator or Intimate Enemy : On South Korean Cultural Circles' Ambivalence toward Hollywood"(2015) 등이 있다.

장동천 張東天, Zang, Dong Chion

고려대학교 중어중문학과 교수이다. 주요 논저로는 『영화로 읽는 중국』(2006, 공저), 『상하이 모던』(2007, 공역), 『영화와 현대중국』(2008), 「마천루의 출현과 문학적 수용-1930년대 상하이 작가의 도시조감」(2010), 「중국 근대건축의 문학적 장소성-작품의 표현양상과 문학사적의 장소화에 관한 시론」(2013) 등이 있다.

이복실 李福實, LI FUSHI

고려대학교 국어국문학과 박사과정을 수료했다. 주요 논문으로는 「한중 가족드라마 비교연구-〈보고 또 보고〉와 〈엽기 시어머니와 며느리〉」(2009) 등이 있다.

배선애 裵善愛, Bae, Seon Ae

성균관대학교 학부대학 초빙교수이다. 주요 논문으로는 「1920년대 준(準)극장기관과 주체 형성의 양상-소년회 활동을 중심으로」(2010), 「대구경북지역의 문화 환경과 조선인 극장의 로컬리티-대구 만경관을 중심으로」(2010), 「근대적 공연예술로서의 야담(野談)과 야담대회」(2013), 『텔레비전드라마, 역사를 전유하다』(2014, 공저) 등이 있다.

와타나베 나오키 渡辺直紀, Watanabe Naoki

일본 무사시[武藏]대학교 교수이다. 주요 논문으로는 「식민지 조선의 프롤레타리아 농민문학과 '만주'-'협화'의 서사와 '제발명된 농본주의'」(2010), 「식민지 조선의 '만주' 담론과 정치적 무의식-문학평론가 임화의 1940낸대 전반의 논의를 중심으로」(2011), 「장혁주의 장편소설 『개간』에 대해서」(2011), "The Colonial and Transnational Production of "Suicide Squad at the Watchtower" and "Love and the Vow""(2013) 등이 있다.

정명문 鄭明文, Jeong, Myung Mun

고려대학교 강사이다. 주요 논문으로 「남북한 음악극의 비교 연구」(2013), 「반도가극단의 후기 가극 연구」(2013), 「텔레비전 역사드라마에서 나타난 미시적 일상 재현의 시도」(2014) 등이 있다.